Wandel und Kontinuum

Helmut Bernsmeier/Hans-Peter Ziegler (Hg.)

Wandel und Kontinuum

Festschrift für Walter Falk zum 65. Geburtstag

Verlag Peter Lang
Frankfurt am Main · Bern · New York · Paris

Die Deutsche Bibliothek - CIP-Einheitsaufnahme

Wandel und Kontinuum : Festschr. für Walter Falk zum 65. Geburtstag / Helmut Bernsmeier ; Hans-Peter Ziegler (Hg.). - Frankfurt am Main ; Berlin ; Bern ; New York ; Paris ; Wien : Lang, 1992
ISBN 3-631-40809-9

NE: Bernsmeier, Helmut [Hrsg.]; Falk, Walter: Festschrift

ISBN 3-631-40809-9

Satz: A. Müller, Tübingen

Printed in Germany 1 3 4 5 6 7

Inhaltsverzeichnis

Zu dieser Festschrift

Am 8. Februar 1989 beging Walter Falk, Professor für Neuere Deutsche Literaturwissenschaft an der Philipps-Universität Marburg, seinen fünfundsechzigsten Geburtstag.

Aus diesem Anlaß haben sich Freunde, Kollegen und Schüler zusammengefunden, ihm Dank abzustatten für seine hervorragenden, richtungsweisenden Forschungsbeiträge, die vortreffliche wissenschaftliche Ausbildung und die zahlreichen Jahre gemeinsamen Forschens. Der Jubilar ist gleichermaßen ein Mann von herausragenden menschlichen Qualitäten, der durch seine Güte, seine Hilfsbereitschaft, durch sein Verständnis und Engagement für andere besticht und zum Vorbild wurde. Seine hohen ethisch-moralischen Normen, die er auch sich selbst abverlangt, haben ihren Ursprung in einer überzeugten christlichen Haltung. Im Glauben liegt die Quelle seiner optimistischen Schaffenskraft.

Der Lebens- und Berufsweg des 1924 in Sandweier bei Baden-Baden geborenen Jubilars ist nicht nur von der Wissenschaft geprägt. Als junger Mann legte er mitten im Krieg 1942 am Humanistischen Gymnasium in Baden-Baden sein Abitur ab. Bis 1943 schloß sich der Militärdienst im Afrikakorps an, es folgten vier Jahre Gefangenschaft in den USA und in Großbritannien, wo er sich als Baumwollpflücker, Koch und Sekretär betätigte. 1947 nahm er das Studium der Germanistik und Philosophie, der Anglistik und Romanistik in Freiburg auf. Während seiner Arbeit an der Dissertation über Frieda Bettingen, der nahezu unbekannten expressionistischen Dichterin, verdiente er sich seinen Lebensunterhalt als Werkstudent. Nach der Promotion 1957 erhielt Walter Falk von 1958 bis 1960 ein Stipendium der Görres-Gesellschaft in Madrid, wo er anschließend von 1960 bis 1965 an der Universität als Lektor für Deutsche Sprache und Literatur tätig war. Diesem Spanienaufenthalt verdanken wir mehrere wissenschaftliche Arbeiten, in denen er die beiden Kulturkreise, den deutschen und den spanischen, beleuchtet. Schon damals läßt sich in einer Studie über den Stierkampf in deutschen Reiseberichten Falks wissenschaftliche Fragestellung erkennen, die dann sein ganzes weiteres Werk bestimmen sollte: das Problem des Wandels von Epochenstilen, der sich in verschiedenartigsten Lebensbereichen und auch unter unterschiedlichsten Bedingungen manifestiert, ebenso in der Literaturgeschichte wie auch in der sozialen Geschichte, so z.B. auch im Stierkampf.

In Madrid lagen auch die Anfänge der Komponentenanalyse, dem Verfahren, das Walter Falk weiterentwickelte und das richtungsweisend für seinen Forschungsansatz wurde. Die ersten komponentialanalytischen Experimente ermöglichten es, das Sinnganze eines Textes rational zu thematisieren und erlaubten die Herausarbeitung epochaler Sinnstrukturen. Letztendlich kam es hierdurch auch zu der Entdeckung einer Ordnung in der Geschichte. Wie alle

Menschen, so sind auch die Dichter dann geschichtlich wirksam, wenn sie produzieren. Jeder menschliche Produktionsakt vollzieht sich in einer Auseinandersetzung mit einer bestehenden Wirklichkeit. Der gestaltend tätige Mensch ergreift jedoch eine Möglichkeit, die bis dahin nicht existent war, und wandelt sie um in ein neues Wirkliches. Jede realisierte Möglichkeit weist einen Sinn auf, jeder dichterische Akt bedeutet die Gestaltung einer Sinnmöglichkeit in einer bestimmten historischen Situation. In der Dichtung offenbaren sich epochale Sinnsysteme, die mit Hilfe der Komponentenanalyse erkennbar werden. Falk führte für diese durch den Analytiker entdeckbare Geschichte von Sinnmöglichkeiten den Begriff "Potentialgeschichte" in die wissenschaftliche Diskussion ein.

Die Jahre in Spanien sind unter wissenschaftlichem Gesichtspunkt sehr hoch einzuschätzen, sie erfahren aber erst durch ein rein privates Ereignis ihre eigentliche Krönung: 1962 heirateten Christina Villacanas und Walter Falk in Madrid.

1968 wurde Walter Falk wissenschaftlicher Assistent seines Lehrers Erich Ruprecht an der Philipps-Universität in Marburg, wo er sich 1968 im Fach Neuere Deutsche Literatur habilitierte. Noch als Privatdozent wählte man ihn zum Institutsdirektor, 1971 erfolgte die Ernennung zum Professor.

Ein Jahr später, 1972, fand die erste Begegnung mit dem Christlichen Jugenddorfwerk Deutschlands statt, dem zahlreiche Einladungen und auf Vorschlag des damaligen Präsidenten des Werkes, Herrn Professor Pastor Arnold Dannenmann, die Mitgliedschaft in der Generalversammlung folgten. Seiner christlichen Grundeinstellung und der Überzeugung folgend, daß soziales Engagement für Benachteiligte in unserer Gesellschaft unerläßlich ist, nahm Walter Falk 1975 die Ernennung zum Vorstandsmitglied des Christlichen Jugenddorfwerkes an. Neben der Vorstandsarbeit ist er noch Mitglied in zahlreichen Kuratorien von einzelnen Jugenddörfern und darüber hinaus begleitet er den Studentischen Ausschuß des CJD.

Die siebziger Jahre in Marburg sind von harten wissenschaftlichen Arbeiten geprägt. Obwohl sein Hauptarbeitsgebiet in der neueren deutschen Literatur liegt, führt Walter Falk bereits in Madrid begonnene Studien zur mittelalterlichen Literatur fort, die ihren erfolgreichen Abschluß in einer umfangreichen Interpretation des Nibelungenliedes sowie dessen Epoche habe. Der eigentliche wissenschaftliche Schwerpunkt liegt aber in der modernen Literatur dieses Jahrhunderts und ist bestimmt u.a. vom Werk Rilkes und Döblins, vom Werk Bölls und Muschgs, aber ganz besonders von dem Kafkas.

Falk folgte in seinem Leben immer der Devise, die gute Tradition zu bewahren, aber den notwendigen Wandel mutig zu wagen und zu gestalten. Immer wieder setzte sich Falk für Reformen ein, sei es im Hochschulbereich, sei es in der wissenschaftlichen Methodik. Von der Überzeugung getragen, daß nur ein interdisziplinäres Forschen, verbunden mit dem Studium fremder, auch nichteuropäischer Lebensbereiche das eigene Fach fortschreiben läßt, widmet sich

Falk sowohl sozialwissenschaftlichen und gleichermaßen philosophischen Fragestellungen und Studien. Um die These zu verifizieren, daß auch epochale Sinnsysteme außerhalb der europäischen Kultur vorzufinden seien, etablierte er in den Jahren 1976 bis 1979 ein Forschungsprojekt an der Universität Kairo, in dem repräsentative ägyptische Dichtungen des 20. Jahrhunderts untersucht wurden. Das Ergebnis war überraschend und zugleich herausfordernd: ägyptische Autoren haben dieselben epochalen Sinnsysteme erfahren wie die mitteleuropäischen. Dieses führte zu einem weiteren Forschungsschwerpunkt in Marburg, der Untersuchung von Gegenwartsliteratur, um einen Einblick in gegenwärtige Sinnzusammenhänge zu erlagen, deren Offenlegung Aufschluß über psychische Dispositionen in unserer Gesellschaft erlauben.

Ehrung für sein umfangreiches wissenschaftliches Werk erfuhr der Jubilar bereits durch Übersetzungen ins Arabische, ins Japanische, Chinesische, Französische und Spanische. Eine Würdigung besonderer Art bedeutet auch die Bereitschaft der Wissenschaftler, diese Festschrift entstehen zu lassen. Insgesamt spiegelt die thematische Vielfalt der Aufsätze des vorliegenden Bandes auch Walter Falks Bemühen wider, sich mit Fragen seines Faches, aber auch mit denen anderer Disziplinen auseinanderzusetzen, den Kontakt über die Grenzen der Germanistik zu pflegen. (Leider verstarb der Sozial- und Wissenschaftshistoriker Ingmar Bog 1987 frühzeitig, ohne seinen Beitrag für den "lieben Freund Falk" fertigstellen zu können.)

Ein besonderer Dank gilt dem Christlichen Jugenddorfwerk, dabei besonders dem Präsidenten Dr. Christopher Dannenmann und dem Kurator P. Matthias Dannenmann, die wesentlich mitgewirkt haben, daß diese vorliegende Festschrift finanziert werden konnte. Ein weiter Dank geht aber auch an die beiden Sekretärinnen der Jugenddorf-Christophorusschule Oberurff, Frau Schade und Frau Verch, die neben ihrer Berufstätigkeit oftmals Tag und Nacht die Artikel direkt in den Computer geschrieben haben.

Als auch noch technische Pannen die Herausgabe des Bandes zunächst verzögerten und dann völlig in Frage stellten, waren die Herausgeber zutiefst ratlos.

Eine glückliche Fügung wollte es, daß die Herausgeber ins Gespräch mit Andreas Müller kamen, der Informatik in Tübingen studiert und ehemaliger Schüler der Jugenddorf-Christophorusschule Braunschweig ist. Seinem stundenlangen, ja wochen- und monatelangen Einsatz ist es zu verdanken, daß diese Festschrift jetzt doch noch nach langer Verzögerung erscheinen kann.

Nicht versäumen wollen wir, den Autoren für ihren Langmut und ihre Geduld zu danken. Aber wir hoffen, was lange währt, wird endlich gut.

Dem Jubilar wünschen wir, daß er noch viele Jahre erfolgreich forschen kann.

Christopher Dannenmann

Gesichtspunkte einer Erziehung zur Freiheit aus christlicher Sicht

In unseren Zeitungen, Zeitschriften und Medien wird von mancherlei Freiheitskämpfen von Völkern und Gruppen gegeneinander berichtet. Ebenso vielfältig ist die Rede von der Selbstbefreiung des Menschen aus den Zwängen gesellschaftlicher Rollen. Dies hängt mit dem Wesen solcher Freiheit zusammen, daß es der Mensch selbst sei, der sie für sich erringen oder sich zu bewahren habe.

Wir können nicht frei sein wollen, wenn wir nicht wissen, was Freiheit ist. Paul de Lagarde hat einmal gesagt: "Frei ist nicht, wer tun kann, was er will, sondern wer werden kann, was er soll."

Im allgemeinen Bewußtsein ist Freiheit zu dem Vermögen degeneriert, zu tun, was man will. Dann nimmt man sich heraus, an das Leben Ansprüche zu stellen und individuelle Rechte zu behaupten gegenüber der Gemeinschaft. Freiheit wird als Spielraum begriffen, etwas zu tun und zu lassen, ohne daß darüber Rechenschaft verlangt oder gegeben wird. Die Bindungslosigkeit einer Freiheit, die uns nur erlaubt zu tun, was wir wollen, wäre eher die Tarnung eindeutiger Unfreiheit. Wir würden dann nämlich von den stärksten Kräften getrieben werden, die in uns wirksam sind: Zum Beispiel vom Willen zur Macht oder von den egoistischen und von den sexuellen Kräften. Damit würden wir uns einer anonymen Hörigkeit unterwerfen. Die wirkliche Freiheit dagegen, daß man nämlich werden darf, was man soll, ist nur als eine bestimmte Form von Bindung zu definieren. Das, was man soll, stellt ja nun einmal eine Bindung dar. Frei ist nur derjenige, der eine echte und sein Dasein tragende Bindung eingeht.

Frei sein für sich selbst, das heißt für sehr viele Menschen heute, zu spüren bekommen, wie einsam sie sind. Es gibt kaum eine tiefere Krankheit unserer Zeit als die Einsamkeit und darum kaum ein elementareres Bedürfnis als das nach wirklicher Gemeinschaft und menschlicher Heimat. Für den Vereinsamten ist Freiheit leer und sinnlos, so leer und sinnlos, wie er eben sein Dasein empfindet. Positiv erlebt wird Freiheit erst dort, wo das Leben eines Menschen mit Sinn gefüllt, wo es geborgen, wo es heil ist.

Wir verstehen im Westen, wenn ich es recht sehe, heute unter Freiheit das Vermögen, zu tun, was man will. Dabei ahnt man aber nicht, welche geheimen Steuerungskräfte — der Geschichte zum Beispiel — unsere vermeintliche Freiheit durchwirken und sie damit zur Illusion machen. Zur Auseinandersetzung mit der Freiheit gehört aber auch die Auseinandersetzung mit den Mächten des Notwendigen, etwa mit der Bedeutung des Milieus, in dem ein Mensch lebt. Wir können von Freiheit nur reden, wenn wir diese begrenzenden Mächte im Auge behalten.

Die Freiheit zu tun, was ich will, wird auch begrenzt durch die Interessen der Gemeinschaft oder durch die Staatsraison oder durch den unmittelbaren Nächsten. Freiheit ist immer dann gefährdet, wenn man nicht mehr weiß, was sie ist. Das ist dann der Fall, wenn man unter Freiheit lediglich versteht, von etwas frei zu sein, während sie wesensmäßig immer als Freiheit wozu begriffen werden muß. Ohne dieses Wozu, also ohne dieses Ziel, kann Freiheit nicht begriffen werden.

Ein anderes Zeichen für die heimliche Bedrohung der Freiheit sind die unterschwelligen Einflüsse, die auf die Formung des menschlichen Bewußtseins genommen werden, zum Beispiel in der Reklame, mit der Vermittlung von Modetrends, zum Beispiel auch in der Verherrlichung von Gewalt in mancherlei Videofilmen. Selbstverständlich steckt in solchen Suggestivmethoden eine Beschneidung menschlicher Freiheit.

Für viele schließlich bedeutet Freiheit, sich einen bestimmten Lebensstandard leisten zu können. Freiheit gehört zu den Konsumgütern des Komforts, den man braucht, verbraucht oder verschleißt. Wir sind Konsumenten von Freiheit geworden. Produzieren wir sie noch in unserem Leben? Wo ist die Nachschubquelle? Die Freiheit degeneriert zur bindungslosen Liberalität, wenn sie nicht mehr aus ihrem Ursprung gespeist wird.

Freiheit hat der Mensch also nur in der Gebundenheit. Aber woran? Bindung an die Gruppe oder Bindung an die Mode? Dann verliert der Mensch die Freiheit; er wird zum Funktionär, oder er verliert sich.

Freiheit ist letztlich nur in der Bindung an Gott möglich. Nur hier verwirklicht der Mensch seine wahre Natur. Denn die Natur des Menschen besteht darin, Kind dieses Gottes zu sein. Nur der, der Gott findet, findet sich selbst und ist dann wahrhaftig frei. Wenn wir also in unserer Zeit etwas bewegen wollen, dann müssen wir dies durch die Erziehung bewußt machen und vor allem auch einüben.

Erziehungsaufgaben

Wir leben heute in einer Gesellschaft, die in einer Orientierungskrise steckt. Diese Orientierungskrise ist aber eine Krise der Wertorientierung. Das heißt, es ist eine Krise der Überzeugung von dem, was Wert hat, was anzustreben ist und was abzulehnen ist, was höher oder niedriger zu bewerten ist. Unsicherheit beim Werten führt aber immer auch zur Unsicherheit beim Erziehen. Hierfür gibt es insbesondere drei Ursachen:

1. Der unkritische Glaube an die Vernunft, daran, daß die intellektuellen Fähigkeiten des Menschen zur Lebensführung genügen. Die einseitige Überschätzung von Intelligenz und Wissen und die Blindheit für den Wert der seelischen Kräfte und des Glaubens bewirkte die Abkehr von einem realistischen, das heißt von einem christlichen Menschenbild. Nur die beständige Liebe zu wenigen ausgewählten Gütern, das können Personen sein oder Ideen oder Gegenstände der Natur oder der Kultur, vermittelt Lebenssinn und gibt vor allem persönlichen Halt.

2. Eine zweite Ursache ist die Überbetonung der Einzelpersönlichkeit und ihrer Freiheitsrechte, ebenso ihrer Interessen auf Kosten der Gemeinschaft und auf Kosten der Bindungen an die Normen der Gemeinschaft. Die einseitige Überbetonung der Interessen des einzelnen hat die Bereitschaft geschwächt, sich in Gemeinschaften einzuordnen. Die unbeschränkte Selbstbestimmung wurde zum Leitideal. Die Emanzipation wurde für die Erziehung zum wichtigsten Grundsatz erhoben. Der Trend wurde aber auch dadurch gefördert, daß der Eintritt der Volljährigkeit auf das vollendete 18. Lebensjahr herabgesetzt wurde. Das geschah ohne Berücksichtigung tatsächlicher Gegebenheiten, wonach es unter den komplizierter gewordenen modernen Lebensbedingungen eben länger dauert als früher, bis die geistige und sittliche Reife, erst recht die wirtschaftliche Selbständigkeit, durch einen jungen Menschen erworben wird.

3. Schließlich gewann der Wert der sinnlichen Lust, des Vergnügens, des Genusses für das private Glück, eine außergewöhnlich Überbetonung, wie noch nie in der Menschheitsgeschichte. Wenn man nur sie im Sinn hat, kann das Leben nicht gelingen. Wenn sie gar als höchste Güter bewertet werden, dann leiden andere Güter, die für das Wohl des Einzelmenschen und für das Gemeinwohl von größerer Bedeutung sind. Zur Sicherung des Wohlstands bleibt die Gesellschaft aber auf den Fleiß, auf die Einordnungsbereitschaft, das heißt auf die Selbstdisziplin des Menschen angewiesen.

Der ständige Ruf nach Selbstverwirklichung ist letztlich auch eine Ursache der Krise der Demokratie. Demokratie ist nur dort möglich, wo sie eine Herrschaft zum gemeinen Nutzen ist, wo diese Herrschaft sich einbinden läßt in einen sinnvollen Organismus des Leibes: Wo ein Glied leidet, da leiden alle Glieder mit, wie der Apostel Paulus sagt, oder wo diese Herrschaft zu einer Partnerschaft der Verantwortung wird: Einer trage des anderen Last, so werdet ihr das Gebot Christi erfüllen. Ja, Paulus warnt sogar davor, die Freiheit, die uns geschenkt ist, für unsere eigenen Zwecke zu mißbrauchen. Sie soll vielmehr dem einen Zweck dienen, dem auch Christus diente, um uns frei zu machen: der Liebe für die Brüder. Freiheit ist die Voraussetzung zur Liebe. Nur wer in sich selbst frei ist, kann anderen dienen, ohne von ihnen abhängig zu werden. Wir können uns eben nicht selbst lieben, solange wir nach uns selbst süchtig, auf der Flucht sind vor uns selbst. Der Mensch hat immer noch Spuren der Ewigkeit und verabscheut den Gedanken, daß sein Leben mit dem Tod aufhört.

Manchmal veranlaßt diese Sehnsucht den Menschen, Entlastung durch Arbeit und Betriebsamkeit zu suchen. Manchmal stellt sich das Verlangen stärker ein als zu anderen Zeiten. Insbesondere wenn Krankheit und die damit verbundene Abnahme von Aktivitäten einsetzen: Dann kehrt das alte Verlangen zurück und man beginnt, darüber nachzudenken, was denn wohl der Sinn von Leben und Tod sein mag. Dem kann ein Mensch nie entfliehen. Einige ziehen sich zurück und meditieren und finden bis zu einem gewissen Grad das, wonach sie suchen. Diejenigen, die die christliche Botschaft hören, erfahren, daß die Ursache des Verlangens in der Entfremdung von ihrem Schöpfer liegt. Sie können entdecken, daß die Vergebung der Sünde aufgrund des Todes Christi den Schleier zwischen ihnen und dem Transzendenten entfernt. Sie entdecken, daß Gemeinschaft mit Gott möglich ist.

Unsere moderne materialistische Gesellschaft aber ist derart vom Materiellen erfüllt, daß sie für Gott, daß sie für den Teufel, die Engel, das Transzendente, ja das Heilige, wenig Verständnis hat. Wir haben unsere fünf Sinne des Sehens, Hörens, Schmeckens, Fühlens und Riechens bis zum Äußersten überladen. Und das Ergebnis ist, daß der sechste Sinn verlorengegangen ist.

Der Mensch wurde eigentlich zum Leben in Zeit und Ewigkeit erschaffen, aber er lebt weiterhin allein für die Zeit. Die fünf Sinne werden überfüttert und der sechste Sinn verkümmert. Daraus resultiert ein großes, oft gar nicht benennbares Unbehagen. Die Reaktion darauf ist, daß man die Überfülle der Wohlstandsgesellschaft satt hat. Eine andere Reaktion ist, daß man an dem Entzugssyndrom auf dem Gebiet des sechsten Sinnes leidet. Die Erfahrung von der Entbehrung des sechsten Sinnes wirkt sich in einem Unbehagen aus. So begegnet uns in unserer Gesellschaft so wenig Begeisterung und so viel Nörgelei und Unzufriedenheit.

Ein Gymnasiast fragte vor seiner Einberufung zur Bundeswehr: "Was verteidige ich eigentlich, die Freiheit? Eine Gesellschaft von Unzufriedenen, von Nörglern, mit Alkohol und Drogen, mit politischer Gleichgültigkeit, mit persönlichem und gruppenmäßigen Eigennutz?"

Ist es nicht so, daß unsere junge Generation, weithin in einer fast ausschließlich materialistischen Atmosphäre erzogen, als Mensch ohne den sechsten Sinn beschrieben werden kann? Sinn für die Ewigkeit in ihren Herzen, aber sie hat ihn nie gebraucht und sich daran gefreut. Die Droge ist ein Ersatz und bietet eine Möglichkeit zur transzendenten, ja zur mystischen Erfahrung. Die neue Hinwendung zum Okkulten, zu Sekten, zu New Age, zur Esoterik, zum Glauben an die Astrologie, ist ein Zeichen dafür, daß der sechste, daß heißt der mystische Sinn, einen Mangel an Erfahrung mit dem Transzendenten, mit dem Ewigen, aufweist, so daß man sich von den neuen Hinwendungen Erfüllung erhofft. Die größte Gefahr besteht dann darin, daß mancher so seine persönliche Identität verliert, indem er sich, ohne daß er es merkt, dem Dämonischen hingibt. Er stellt sich einem fremden Geist zur Verfügung. Der Apostel Paulus war ein Menschenkenner, wenn er im Galaterbrief 5,13 mahnt: "Ihr seid zur Freiheit berufen. Nun seht zu, daß ihr durch die Freiheit nicht eurer Selbstsucht Raum gebt!" Nur wer in sich selbst frei ist, kann anderen dienen, ohne von ihnen abhängig zu werden. Und nur in solchen Dienen bewährt sich Freiheit, sonst ist sie leer.

Wie sieht eigentlich ein freier Mensch aus? Der freie Mensch fürchtet sich vor niemand, und er will nicht, daß sich andere vor ihm fürchten. Er haßt Unterwürfigkeit und Augendienerei ihm gegenüber. Der freie Mensch handelt als verantwortliche Person, nicht aber als Teil eines Kollektivs. Er nimmt deshalb seinen Nächsten für voll. Der freie Mensch liebt das freie Wort, auch ihm selbst gegenüber.

Wie ist es aber, wenn einer die angeführten Voraussetzungen zur Freiheit nicht hat, wenn er zum Beispiel bei den Eltern keine Geborgenheit erfuhr, wenn er jetzt keinen Menschen liebt und wenn er nicht aufmerksam wird auf seine schöpferischen Fähigkeiten? Dann steht er in Gefahr, von irgendwelchen Dingen oder Gewohnheiten abhängig zu werden — das ist das, was man Sucht nennt. Diese Gebundenheit ist kennzeichnend für mangelnden personellen Beistand im Reifungsprozeß, für mangelnde Hilfe bei der Einübung maßvollen Verzichts.

Ist damit aber der Verzicht etwa eine Voraussetzung für Freude und Glück? Zumindest unsere gegenwärtige Konsumgesellschaft ist da ganz anderer Ansicht. In allen Lebenslagen gibt es etwas als Trost zu kaufen. Das bedeutet eine Erziehung zur totalen Lust durch Konsum. Die im Menschen liegende Sehnsucht nach Glück ist die Wurzel für das panikartige Suchen nach kurzfristigem Glück, das die Werbung zum Konsum verheißt.

Dieses Suchen nach kurzfristigem Glück aber vermag diese Sehnsucht nicht zu befriedigen, die wird eher verstärkt. Spannungen, Schmerz, Leid gehören ebenso wesentlich zum Leben wie Lust, Freude und Glück. Spannungen durch zwischenmenschliche Beziehungen sind ebenso an der Tagesordnung wie die zwischen den Menschen und Kräften der Natur und auch zwischen Mensch und Gott.

Ohne Verzicht aber ist die Entfaltung, ist die Reifung eines jungen Menschen gar nicht möglich, denn Reifung ist immer mit Spannungen verbunden. Wer nicht gelernt hat, Spannungen auszuhalten, ist nicht belastungsfähig und auch nicht leistungs- und verantwortungsfähig. Ohne das Aushalten von Spannungen ist der Mensch auch nicht gemeinschaftsfähig. Wer nicht fähig ist, auf sich immer wieder bietende Möglichkeiten zu verzichten, unterliegt einem Zwang. Freiheit schlägt in Zwang um. Erziehung zur Freiheit muß also den Opfersinn beim Heranwachsenden schulen.

Die Notwendigkeit der Konsumerziehung

Für viele Menschen sind Produkte und Dienstleistungen zum Maßstab für Lebensglück geworden, das man sich leisten muß. Ob Auto, Surfbrett, CD-Anlage, Drachenfliegen — "Glück" ist machbar. Aber solche vordergründige Suche nach Lebensglück stößt schnell an Grenzen. Sie läßt das Leben fad erscheinen, sobald das Geld nicht mehr reicht, um den Wohlstand nutzen zu können, oder wenn das Geld gar nicht da ist, um an diesem "Glück" teilhaben zu können. Schnell nagen die Zweifel: "Das kann doch wohl nicht alles sein", was man sich vom Leben verspricht. Junge Menschen, die sich das alles noch nicht leisten können — sich das Glück noch nicht leisten können, auch Arbeitslose zum Beispiel, fühlen sich dann von den Möglichkeiten eines erfüllten glückhaften Lebens, ja von den Möglichkeiten der Freiheit ausgeschlossen.

In unserer Gesellschaft haben sich Lebensverwirklichung und Bedürfnisbefriedigung zu obersten Zielen für Lebenssinn entwickelt. Die Werbung stößt in eine Lücke, die früher vom christlichen Glauben ausgefüllt worden ist. Denn wenn alles machbar ist, erscheint der Begriff "Schicksal" längst als überholt. Wenn alles psychologisch erklärt werden kann, dann werden Sünde und Vergebung zu alten Ladenhütern. Mangel und Verzicht sind für viele Heranwachsende während ihrer Erziehung völlig unbekannte Begriffe.

Die grenzenlose Verwöhnung, die sie von klein auf erfahren haben, ist Grund für manche Verhaltensstörungen; denn eine seelisch gesunde Entwicklung erfordert eben auch Bedürfnisaufschub und Verzicht als Elemente der Erziehung. Das heißt, nicht jeder Wunsch kann erfüllt, nicht jedes Hindernis aus dem Weg geräumt werden.

Der Jugendstatus ist und bleibt ein offener, ein labiler Status und heute mehr denn je den Einflüssen von Markt und Werbung zugänglich. Konsumbeteiligung heißt teilnehmen an der Welt der Erwachsenen, heißt anerkannt zu sein, mithalten können. So ist es verständlich, daß vor allem Eigentumsdelikte, in denen es darum geht, sich auf unerlaubte Weise in den Besitz von Gegenständen zu bringen, als Beweis für eine gelungene gesellschaftliche Eingliederung begriffen werden können! Hier kommt zum Ausdruck, daß Orientierung am Besitz als einem zentralen Wert unserer Gesellschaft übernommen wird. Konsum hat etwas mit Selbstdarstellung, Selbstwertgefühl, zu tun. Aber daraus resultiert auch eine Kultur des Egoismus, gewissermaßen eine Ex-und-Hopp-Mentalität im Umgang mit Sachen und mit anderen.

Um so wichtiger sind stattdessen personale Beziehungen. Gelungene personale Beziehungen, getragen vom Geben und Nehmen, die das eigene Leben und das der anderen bereichern, die dem Leben erst einen rechten Sinn verleihen — das sind Bedingungen für das Freisein des Menschen. Auf der Grundlage einer tragfähigen personalen Beziehung kann herausgearbeitet werden, daß jeder

Mensch einen Maßstab in sich trägt. Er kann nein zu dem sagen, was Leben zerstört. Er kann Quellen suchen, aus denen Leben erneuert werden kann.

Aufmerksamkeit — zum Beispiel — ist eine solche Quelle. Aufmerksamkeit ist nämlich eine Form der Selbstlosigkeit. Indem ich von mir absehe, fällt mir auf, daß der andere ein Problem hat, einer Gefahr ausgesetzt ist, daß einer meiner persönlichen Zuwendung bedarf.

Am Falle des Samariters zeigt Jesus: Es kommt zunächst auf das Hinsehen an. Aber dann geht es um die Frage: Was mache ich aus dem Erlebten? Wissen, was ich will, das ist eine Vorbedingung für das Gelingen des Lebens. Das aber muß frühzeitig eingeübt werden. Man muß sich darüber klar werden: Was soll überhaupt geschehen, was könnte das erstrebte Ziel für mein Leben sein und für das Leben meines Nächsten, mit dem ich zusammenlebe, was könnte Gottes Willen sein? Indem wir aussprechen und anstreben, was wir wollen, sollen wir uns aber von allem Eigensinn und aller Kurzsichtigkeit trennen und uns Gottes Willen anbefehlen, nämlich dem besseren, dem offeneren, dem weiteren Willen. Dann wird unser Leben zu einem Suchverhalten: Dem Suchen nach den stets besseren Zielen, das die Trägheit und Gleichgültigkeit überwindet.

Zur Geschlechtererziehung

Die Überbetonung der Rechte des Einzelmenschen, die in der Vergangenheit viel wichtiger erschien als alle Pflichten, hat maßlose Ansprüche auf privates Wohlleben, auf unbeschränkte Freiheit, auf Bedürfnisbefriedigung und Glück zur Folge gehabt. Eine Erziehung zum Eigennutzen, ja zu einem klugen Egoismus, wurde praktiziert. Das hat auch die Geschlechtserziehung des Kindes erfaßt, die ja letztlich ein Teil der Erziehung zur Liebesfähigkeit, zur Bindungs- und zur Ehefähigkeit aus christlichem Verständnis heraus sein sollte. Da sollte der junge Mensch Hilfen bekommen, sich selbst und seine Geschlechtlichkeit, seine Sexualität, anzunehmen und zu bejahen. Er sollte lernen können, damit menschlich und verantwortungsbewußt zu leben.

Für einen großen Teil der Jugendlichen sind sexuelle Intimbeziehungen im Rahmen von Freundschaften selbstverständlich geworden, aber inzwischen wird immer deutlicher, daß sexuelle Freizügigkeit den Menschen nicht glücklicher macht. Auch junge Menschen sind im allgemeinen nicht glücklicher heute, trotz ihres materiellen Wohlstandes und der immensen Freiheiten, die sie haben. Viele sind problembeladen, unzufrieden mit sich selbst und ihrer Umwelt, gleichgültig, nörglerisch oder resigniert. Das erlaubte Glück will sich eben nicht einfangen lassen! Manche junge Menschen leben mit einem Partner zusammen, ohne zu heiraten. Sie wollen entweder die spätere Ehe erproben oder überhaupt nicht heiraten, weil sie sich für eine dauerhafte Bindung überfordert fühlen. Sie sehen das als ein Zeichen von Freiheit an, wie sie leben wollen. Sie wollen dann zwar eine Überforderung vermeiden, aber sie überfordern sich erst recht, weil das

Zusammenleben mit seinen Höhen und Tiefen letztlich nur auf der Basis einer festen Zusage zu verwirklichen ist. Die ständige Unsicherheit, in der beide Partner stehen, führt leicht zur Verdrängung ihrer Probleme oder neurotisiert die Partner.

Es ist aber leichter gesagt als getan, die Freundschaften der Jugendlichen zu steuern. Ihr Drang nach Kontakt, Wärme und Zärtlichkeit untereinander zeigt oft die mangelnde Geborgenheit im Elternhaus an. Junge Menschen sollten die Erfahrung machen: Meine Erzieher, ob Eltern, Lehrer oder Jugendleiter, wollen mir helfen, damit mein Leben gelingt. Durch eine kosequente Erziehung zur Selbständigkeit, durch Impulse für ein sinnerfülltes Leben, verbunden mit einem großen Vertrauensvorschuß, können solche Erfahrungen vermittelt werden.

Junge Menschen sollten durch ihre Pädagogen darüber informiert werden, daß sexuelle Glückserfahrungen von dem Ausmaß und von der Stärke einer personalen Gemeinschaft abhängig sind. Sie sollten erfahren, daß zum Kennenlernen notwendigerweise auch Distanz und Zurückhaltung erforderlich sind, weil dadurch erst persönliche Freiheit gewonnen wird. Mittelpunkt der gemeinsamen Überlegungen sollte dabei eine inhaltliche Füllung der Begriffe Liebe, Treue, Vertrauen, Geborgenheit, Verantwortung, Glück und Befriedigung sein. Wer junge Menschen zur Bindungs- und Ehefähigkeit führen will und auf dem Weg dahin notwendigerweise auch Zurückhaltung und Verzicht fordert, verlangt von ihnen, gegen den Strom der Zeit zu schwimmen. Dabei brauchen sie Hilfe! Und sie brauchen vor allem die Liebe ihrer Eltern und ihrer Pädagogen. Wenn man nur autoritär Forderungen stellt, dann treibt man sie hinein in den Strom der Zeit.

Jede menschliche Geschlechtsgemeinschaft verwirklicht sich nur so, daß sich der eine dem anderen schenken will. Wenn er zuerst danach trachtet, dem anderen zur Erfüllung zu verhelfen, dann gewinnt er auch seine eigene Erfüllung. Die Frage aber, was habe ich davon, kann die viel wichtigere Frage, wo und wem habe ich zu dienen, verdrängen.

Das Schlagwort von der Selbstverwirklichung ist ein Verführungsprinzip, dessen Destruktivität in dem Maße wächst, wie es zu einer allgemeinen Modemasche wird. Die Mutter fürchtet, durch die Hingabe an die Kinder und ihre Erziehung nicht mehr zu sich selbst zu kommen. Der Ehemann fürchtet, sein Selbst in Ehe und Familie aufgehen zu lassen. Die Erwachsenen befürchten, daß Mutterbindung, behütetes Eingebettetsein in die Familie, und damit autoritäre Bindung, eine mögliche Selbstwerdung im Keim erstickt. Aber Selbstfindung kann sich niemals ereignen, wenn sie zum Selbstzweck wird. Es ist zwar paradox, aber es ist so: Nur in der Hingabe werden wir uns selbst geschenkt. Die vermeintliche, durch unsere Freiheit begründete Emanzipation von Autorität und Tradition führt eben nicht zur erstrebten Freiheit. Das vermeintlich freiheitliche Emanzipationsbestreben wird vielmehr als überfordernder Zwang zur dauernden Selbstbestimmung empfunden, und dann entscheidet die stärkste Kommandostimme, die im jeweiligen Augenblick in uns das Wort nimmt. Und damit liefern wir uns immer an die in uns die Stimme erhebenden Triebe und Zwänge aus und werden unfrei.

Und schließlich dürfen wir als Christen wissen, daß das Gebot "Du sollst nicht ehebrechen" ein Maßstab für Recht und Unrecht ist. Du sollst Treue halten, denn alle Treue ist Geborgenheit, und daß dies nicht ein Gebot ist, das den Menschen vernichten will, vielmehr daß die Frage Jesu über der Ehebrecherin steht: "Hat dich niemand verdammt? So verdamme ich dich auch nicht." Jesu schenkt der Ehebrecherin einen neuen Anfang, weil für ihn dieses Gebot kein verdammendes Gesetz ist, sondern ein Weg zum Leben. Und dahin sollten junge Menschen auch gegen den Strom unserer Zeit erzogen werden.

Ein weiterer Aspekt auf dem Weg der Erziehung zur Freiheit beleuchtet das Thema Freizeit: In den letzten 100 Jahren lautete für die Menschheit die Hauptfrage: Was können wir für den sozialen und den technischen Fortschritt eigentlich tun? Heute geht es wohl weniger um die Frage des Fortschritts, vielmehr geht es um den Rückgriff auf die menschliche Substanz. Der technische und soziale Fortschritt hat uns eine erhebliche Arbeitszeitverkürzung, also Freizeit, geschenkt. Aber was wissen wir damit anzufangen? Die Not im Umgang mit der Freizeit kommt in Redewendungen zum Ausdruck: "Sich die Zeit vertreiben", "Die Zeit totschlagen", wen? Jemanden, der einen bedroht? Ja, die Zeit wird von manchen als eine Art Feind betrachtet. In der Tat: Wenn man nicht mehr weiß, wozu man da ist und den Sinn seines Lebens gar verloren hat, dann wird die Zeit zu unserem Feind. Dann bewegen wir uns in alle Himmelsrichtungen, wir flüchten in den Betrieb, aber wohin? Ist es nicht die Bewegung auf einem Karussell, das immer an seinen Ausgangspunkt zurückkehrt? Wir sollten also über unsere Zeit, insbesondere über unsere Freizeit, nicht nur unter dem Gesichtspunkt nachdenken, wie wir Freizeitgestaltung betreiben könnten, sondern wir sollten uns durch dieses Problem auf die tiefen Fragen unseres Lebens stoßen lassen. Wir sollten versuchen, Elemente des Glaubens in unserem täglichen Leben zu entdecken. Kennen wir die Erfahrung der Geborgenheit? In welchen Situationen wären wir ohne Vertrauen hilflos? Wir sollten uns an die Situationen erinnern, in denen wir von unserem Leben etwas zur Verfügung stellten. Konnten wir dabei erfahren, wie dieses andere aufbaute, wie das anderen weiterhalf? Welche Handlungen haben wir gewagt auf ein bloßes Versprechen hin? Wo hat uns das Vertrauen anderer Menschen in unserem eigenen Weg gestärkt? Wo haben wir durch unser eigenes Vertrauen anderen Menschen Zuversicht gegeben?

Wenn einer sagt: Ich habe Zeit, dann zeigt er damit, daß er sich selbst und seine Zeit im Griff hat. Das ist eine wirkliche Erfahrung von Freiheit. Das ist für die Persönlichkeitsbildung notwendig: Indem ich meine Zeit beherrsche, beherrsche ich mich selbst. Ich muß die Zeit nicht totschlagen; ich kann sie nämlich auch anderen schenken.

Wenn wir wissen, wozu wir da sind, wenn wir die Kraft erfahren, ja sagen zu können zu uns und unserem Nächsten, zu unseren und seinen Lebensmöglichkeiten, dann reicht das bei weitem nicht für uns selbst. Denn wenn wir unsere Kräfte wirklich ausschöpfen, bleibt noch sehr viel übrig für die anderen.

Durch die neuen technischen Errungenschaften der vergangenen Jahrzehnte ist uns ein Übermaß an freier Zeit geschenkt worden. Aber gerade dort, wo die Freizeit einen hohen Stellenwert hat, dient sie oft dazu, Zerstreuung zu suchen. Die Aufgabe, eine sinnvolle, nämlich erfüllende Gestaltung für die frei verfügbare Zeit zu finden, ist genauso dringlich, wie einen Inhalt für die Arbeitszeit zu finden. Zeitgestaltung ist eine ganz wichte Herausforderung an die Pädagogik heute. Wer eine Kanufahrt erlebt, bei der Wanderung die Landschaft aufnimmt, ein gutes Gespräch führt, einen Film intensiv erlebt, dessen Augenblicke sind erfüllt, das Leben wird reich und konzentriert erfahren. Es entsteht ein Gefühl der Dankbarkeit: "Es ist schön, daß ich dies alles haben darf und erleben kann." Es geht darum, daß wir die Zeit gestalten lernen. Das heißt insbesondere, daß wir Ziele setzen. Mit der Zeit umgehen lernen, das heißt, die Zeit gliedern zu können. Das kann am besten verdeutlicht und verankert werden an dem Auftrag: Du sollst den Feiertag heiligen. Da geht es nämlich um den Gebrauch, den wir mit der Zeit machen. Nicht irgend etwas tun mit der Zeit, ist hier Gebot, sondern etwas lassen. Feiertag heißt im dritten Gebot, "Ruhen" und: Der Feiertag gehört Gott. Der Mensch soll eine bestimmte Zeit Gott zurückgeben. Wir werden daran erinnert, daß wir nicht über unsere Lebenszeit verfügen können.

Damit uns dies deutlich eingeprägt wird, sollen wir ein Stück unserer Zeit opfern, hergeben für den Herrn über die Zeit. Es ist daher so wichtig, daß wir in der Erziehung junger Menschen die Zeit gliedern und den Sonntag ernst nehmen. Wie können wir das einüben?

Den Sonntag wieder ernst nehmen

- eine stille Zeit einrichten

- für sich und füreinander Zeit haben

- Abstand nehmen von dem Betrieb des Alltags

- die Tischgemeinschaft pflegen

- ein kleines Fest feiern

- Gottesdienst besuchen

- Tischgebete sprechen

- eine Kerze anzünden

- Freude verbreiten, zum Beispiel durch den Besuch alter oder kranker Menschen

- einen Text aus der Heiligen Schrift lesen und darüber reden

- über die vergangene Woche nachdenken, sich miteinander versöhnen

- über die kommende Woche nachdenken

- eine gemeinsame Aktion planen und festlegen

- über die Anforderungen in der Schule, in der Ausbildung ... sprechen

- mal gemeinsam ein Buch lesen oder vorlesen

- über Verzichtsleistungen sprechen

- gemeinsam ein Bild malen

- eine Wanderung machen usw.

Zusammenfassung:

Jeder Mensch verlangt nach Freiheit, sei es bewußt oder unbewußt. Der Schrei nach Freiheit läßt sich verbieten. Der Drang nach Freiheit läßt sich unterdrücken. Töten läßt er sich nicht. Nach Freiheit begehrt die menschliche Natur mit allen Fasern. Die Freiheit hat aber ihre heilsamen Grenzen: Sie hat ihren Ursprung in der Wahrheit. Ohne Wahrheit ist Freiheit nicht zu haben. Die Freiheit wächst nur dann, wenn wir ihre Grenzen bejahen. Unbegrenzt frei sein wollen — das ist der vermessene Wille, der in die Knechtschaft führt. Jesus Christus aber sagt: "Ich bin der Weg, die Wahrheit und das Leben!" Wer sich an ihn bindet, findet den Weg in die Freiheit.

Paulus spricht von Freiheit nicht im Aktiv, sondern im Passiv: Christus hat uns frei gemacht. Der Christ gewinnt also seine Freiheit erst durch die Bindung an Christus. Zu dieser Freiheit wurde er berufen. Das ist so etwas wie ein übertragenes "Amt", auf keinen Fall ein natürlicher Besitz — das aber meint der neuzeitliche Mensch. Ja Paulus warnt sogar davor, die Freiheit, die uns geschenkt ist, für unsere eigenen Zwecke zu mißbrauchen. Sie soll vielmehr dem einen Zweck dienen, dem auch Christus diente, um uns frei zu machen: Der Liebe für den Mitmenschen. Freiheit ist die Voraussetzung zur Liebe. Nur wer in sich selbst frei ist, wer von sich lassen und sich an Christus binden kann, kann anderen dienen, ohne daß er von ihnen abhängig wird. Und nur in solchem Dienen bewährt sich Freiheit, sonst ist sie leer.

Wenn wir so einige Gesichtspunkte der Freiheit und der Erziehung zur Freiheit bedacht haben, dann sind wir auch der Frage nach dem Sinn unserer eigenen Existenz nachgegangen, einer Frage, die junge Menschen heute in besonderer Weise bewegt. Das ist auch klar; denn ein Jugendlicher hat den größten Teil seines Lebens noch vor sich. Warum stehe ich am Morgen auf, muß in die Schule oder zur Ausbildung oder zur Arbeit gehen? Wofür das Ganze? Die Jugend ist unruhig, mit vielem nicht einverstanden und traut sich auch zu, das zu sagen. Kein Wunder, daß sie rebelliert, wenn sie keinen Sinn findet. Für Christen, die Pädagogen sind, ist es wichtig, diese Signale der jungen Generation, die einmal die Zukunft unseres Landes gestalten wird, nicht zu überhören. Ein Auszubildender sagte: "Wenn ich all das Schlechte in der Welt betrachte, frage ich mich, ist das Leben sinnlos geworden?" Sinn finden wir auf drei Wegen:

1. Indem wir ein Werk schaffen, eine Tat setzen, im Dienst der Mitmenschen unsere Gaben voll einsetzen. Wer dazu fähig ist, ist ein freier Mensch. Erziehung muß dazu den Blick schaffen und die Talente, Begabungen und Möglichkeiten junger Menschen wecken und fördern.

2. Indem wir die Natur, die Kultur und vor allem die Menschen intensiv erleben. Frei ist der Mensch, der von sich absehen und Gottes Schöpfung voll in sich aufnehmen kann. Erziehung dazu geschieht durch vielfältige erlebnispädagogische Möglichkeiten.

3. Indem wir dem Schweren in unserem Leben durch Bejahung einen Sinn geben. Das fordert unser ganzes Herz und erfordert die Erziehung zu einer Zivilisation der Liebe als Leitbild für unsere Gesellschaft. Gott aber kommt in Christus als Liebe in unser Leben. Ein Leben der Freiheit, ein Leben von sinnerfüllter Freiheit, verwirklicht sich und wird möglich. Christian Morgenstern sagt es einmal so: "Der Mensch ist ein Samenkorn des Schöpfers. Die Sonne, die ihn reift, ist Jesus Christus." Der Christ weiß: Nur in der Bindung an ihn ist Freiheit.

Leonhard Froese

Das andere Ich
oder
Über die Bedeutung der Kindheit in der Erwachsenheit

Nicht nur die Pädagogik seit dem 18., die Psychologie seit dem 19. und die Soziologie des 20. Jahrhunderts, auch die Philosophie und die Dichtung dieser Zeit und unseres Raumes haben die Frage nach dem 'Kind' resp. 'der Kindheit' in Rücksicht auf den Erwachsenen thematisiert. Es ist der allgemeine neuzeitliche Säkularisierungsprozeß des Denkens, der sich schrittweise von dem von der Theologie kreierten Begriff der **Gotteskindschaft** absetzt. Zwar läßt dieser den Begriff der 'Gotteskindschaft' noch bestehen, setzt ihm jedoch die "weltliche Kindschaft" gegenüber, bei Kant als **Gottes- und Eltern-Kindschaft** verstanden. Der "Ausgang des Menschen aus seiner selbstverschuldeten Unmündigkeit" heißt, daß der Mensch, um Mensch zu werden, der Erziehung bedarf, d.h. es handelt sich um das, was Kant ein "moralisches Wachsen" nennt und wir heute einen 'qualitativen Prozeß' des "Aufgehens", "Aufhebens" des **Kindes** im **Erwachsenen**, der **Kindheit** in der **Erwachsenenwelt** nennen würden. Die Idee des Kindes, das "Reich des Kindes", die "Welt des Kindes" der Romantik stellt diese Vorstellung auf den Kopf, indem sie aus der 'Gotteskindschaft' eine Art 'Kind-Gott-schaft' macht, indem sie das Kind zum "**Prometheus**" (H.U. v. Balthasar) erhebt. Nun ist es umgekehrt der aufgeklärte **Erwachsene**, der sich am **Geist-Wesen Kind** aus- und aufrichten soll. Novalis meint: Denn der wirklich Gebildete sei der "höchste synthetische Grad des Kindes", eben ein "idealisches Kind".

Gewiß, diese "Vergötterung" des **Kindes** bzw. der "Kindlichkeit" des Friedrich von Hardenberg wurde von anderen **Romantikern** so nicht geteilt. Doch der Novalis'sche "Blütenstaub" — oder besser: der anthropologische Denkansatz, der sich dahinter verbarg, verursachte "Blütenträume", die in der Reformpädagogik und Jugendbewegung der Jahrhundertwende in Titeln wie "Das Jahrhundert des Kindes" (Ellen Key) und "Vom Genius des Kindes" (Lichtwark) Ausdruck fanden. Und nicht nur dort. Es setzt jene bekannte Anthropologisierung des Denkens ein, die — von der **Aufklärung** in Gang gesetzt und von der **Romantik** verstärkt —, die Philosophie, in Korrespondenz mit anderen Disziplinen bzw. Bereichen wie **Literatur und Kunst, Politik und Recht**, sich zu eigen gemacht und auf den Begriff gebracht hat. Seit Feuerbach und Marx, Kierkegaard, Schopenhauer und Nietzsche die überkommene Metaphysik "entthronten", die dem Kind gleichsam nicht gewährte, was des Kindes war, konnte sich die Philosophie um so intensiver der "Weltlichkeit" der Kindeswelt zuwenden. Es ist, prinzipiell gesprochen, jene "Kehre des Denkens" Martin Heideggers, die zum

"Weltentlassen der Welt" führt. Der Mensch existiert als "Hirt des Seins", wie das Kind in der Dimension "der Nähe", und diese ist ihm "Haus des Seyns"![1]

Wir kennen die Kritik von Marcuse bis Bloch, die darauf hinausläuft, in Heidegger II einen, wenn man so will, bürgerlich-metaphysischen Rückfall hinter Heidegger I zu sehen. Noch gegen Sartres Feststellung: "Unser Sein ist genau unsere ursprüngliche Wahl" wendet Marcuse ein, daß es eine "absolute Freiheit" der Wahl eben nicht gebe, vielmehr nur die, welche die konkrete gesellschaftlich-geschichtliche Situation einräume. Marcuse lapidar: "'Die Wirklichkeit des Menschen' ist zum Beispiel ein französischer Arbeiter während der Besetzung durch die Deutschen ..."[2]

Und doch spricht etwa auch Ernst Bloch "vom Umbau der Welt zur Heimat" und weiß, daß der Mensch in jeder Situation "die Sehnsucht kennt", die eben nicht nur 'Vom Brot allein', vielmehr auch vom 'Prinzip Hoffnung' lebt: "Hoffen, über dem Fürchten gelegen, ist weder passiv wie dieses, noch gar in ein Nichts gesperrt ... Die Arbeit dieses Affekts ... erträgt kein Hundeleben, das sich ins Seiende nur passiv geworfen fühlt ... Kein Mensch lebt je ohne Tagträume, es kommt darauf an, sie immer weiter zu kennen und dadurch unbetrüglich, hilfreich, aufs Rechte gezielt halten. Möchten die Tagträume noch voller werden..."[3]

Träume sind folglich nicht notwendigerweise "Schäume", sondern eine ideelle Wirklichkeit in uns, die existenznotwendig ist. F. J. Buytendijk spricht in seinem 1985 erschienenen Werk "Das Menschliche" davon, daß dieses eben auch "das Lächeln des Kindes" umfasse. Wir sehen: Nicht nur das Weinen, auch das Lachen ist eine Realität, die der Erwachsene seiner Kindheit verdankt, wie "zum Weinen" diese auch gewesen sein mag. Wenn der Mensch lacht, lacht er zuerst und zuletzt als Kind: zuerst im zeitlichen, zuletzt im prinzipiellen Sinne. Denn es lacht — und sicher auch weint — eben das Kind in ihm, wann immer er später lacht oder weint. "Lachen und Weinen", heißt bekanntlich der Titel eines der Hauptwerke **Hellmuth Plessners**. In einer Auseinandersetzung mit Adolf Portmann zieht der Autor dort in Zweifel, ob das Kind sich seiner realen Lage voll bewußt sei. Er sagt: "Schreien und Weinen sind auch motorische Ersatzformen für fehlende Sprache und dürften für das Kind sowohl in unbeantwortbaren als auch in beantwortbaren Lagen am Platze sein."[4] Aber auch für den Erwachsenen gilt, daß er auf die Begrenzung seines Spielraums, den er zur Entfaltung braucht, eben seines "Zuhause", mit Lachen oder Weinen antwortet.

---

1 Zur "Geschichte der Kindheit" bzw. deren Begrifflichkeit vgl. neben Philippe Aries' "L'enfant et la vie familiale sous l'ancien regime" (Paris 1960) u.a. Helmut Stoffer "Die Bedeutung der Kindlichkeit in der modernen Welt", München/Basel 1964.

2 H. Marcuse, Kultur und Gesellschaft 2, Frankfurt 1965, S. 63

3 Ernst Bloch, Wissen und Hoffen, Berlin 1955, S. 64 ff.

4 H. Plessner, Lachen und Weinen, Bern 1961, 3. Auflage, S. 225

Das Kind ist vermöge der — gerade auch von Helmuth Plessner erkannten — Nichtfähigkeit, seine reale Situation voll zu erfassen, einer unbefangeneren, mithin intensiveren, weil unmittelbareren Subjektivität fähig. Doch in dem Maße, in dem das Kind bzw. der aufwachsende Mensch in der Realität die Grenzen dieses Prinzips erfährt — das heißt, indem die Subjektivität des Erlebens mit der Objektivität des Lebens konfrontiert wird, mit Erfahrungen, die dazu im Widerspruch stehen — nimmt es die Illusion zurück, die "Behausung" der uterinen bzw. auch der extrauterinen Phase lasse sich auf das ganze Leben projizieren. Entscheidend für die Transposition dieses in der Entwicklungsphase der Kindheit und bedingt auch des Jugendlichen "geborgenen Schatzes" in die Welt der Erwachsenen ist ein **Doppeltes**: Einerseits geht es um die "inneren Bedingungen, das heißt darum, wie intensiv und extensiv diese Komponente "aufgenommen" bzw. inwieweit sie durch reale Erfahrungen "überlebenfähig" geworden ist. Andererseits geht es um die "äußeren" Bedingungen, das heißt darum, wieweit der Prozeß der Selbstentfremdung durch die konkreten gesellschaftlichen Bedingungen den bzw. die Erwachsenen daran hindern, jene "konkrete Utopie" Wirklichkeit werden zu lassen. Denn diese kann nur in der **Dialektik** von **Subjektivität** und **Objekitivität**, von **Idealität** und **Realität** durchstanden und umgesetzt werden. Um hier nochmals Ernst Bloch anzuführen: "Es kommt darauf an, das Hoffen zu lernen. Seine Arbeit entsagt nicht, sie ist ins Gelingen verliebt, statt ins Scheitern."[5]

Es gibt verschiedene Perioden und Situationen des Lebens, in denen der Erwachsene unter den sowohl notwendigen als auch möglichen Bedingungen steht, auf diese andere, primäre Identität zurückzugreifen: In der Zeit des Übergangs vom Jugendlichen zum Erwachsenen, in der Begegnung mit dem anderen Geschlecht, bei der Ausgestaltung seiner arbeitsfreien Zeit, bei Krankheit, im Alter und beim Sterben.

Dies ist nicht die 'Nova Natura', wie sie Dieter Claessens sieht, der die hier explizierte Fragestellung zwar nicht kennt, diese jedoch immanent zentral berührt: "Distanzieren wird nun ein bewußter Akt, kein Vollzug eines phylogenetischen Auftrages, aber Weitertreiben einer Chance im Zulassen des Unbewußten, der Vergangenheit mit ihren Schrullen, der Infantilität und Skurilität, Zurücknahme des feindlichen Anspruchs, der doch immer nur Unterdrückung war. Der Mensch kann entscheiden, womit er sich befreunden will."[6] H. Claessens fragt im Nachwort seines Buches, ob man gegen eine solche Position, neben dem Vorbehalt, den er selber macht — nämlich, daß es sich um eine solche des europäischen Denkens handelt —, nicht auch den Einwand vorbringen werde, die Position sei "bildungsbürgerlich." Damit soll eingewandt werden, daß hier "aus der Sicht Bildungspriviligierter" ein Anspruch erhoben werde, der nicht

---

[5] Ernst Bloch, a.a.O., S. 63

[6] D.Claessens, Nova Natura. Anthropologische Grundlagen modernen Denkens, Düsseldorf 1970, S.96

einmal klar mache, "ob er nicht einem neuen Romantizismus das Wort rede, der letztendlich auch wieder auf Eskapismus hinausliefe", das heißt auf ein Ausweichen vor der Auseinandersetzung mit "einer zu verändernden Realität ...".

Die Antwort von D. Claessens lautet: "Die Herausforderung geht an sein Ich-Verständnis, sein Rollenverständnis, sein Verständnis seiner Rechte und Pflichten. Der alte Topos der Verantwortung tritt damit wieder auf, einer Ver-Antwortung, die auf den anderen Menschen verweist, auf den fragenden Anderen, dem geantwortet werden muß, und zwar in adäquaten Strukturen."[7]

Ver-Antwortung vor dem Anderen? Wer oder was ist das? Doch wohl kein abstraktes Wir, sondern ein anderes konkretes Ich oder mehrere solcher '**Ich**'. Diese personale und soziale Realität kann durch keine "Interessenlage" unterlaufen werden, weil das Interesse des **Ich** immer ein Interesse an und mit einem oder mehreren konkreten Anderen ist — und nicht das einer allgemeinen "Solidarität" mit einer Gruppe, einer Klasse, einer Nation, einer Gesellschaft. Und dieses "Interesse" ist wiederum rückgekoppelt mit einem anderen **Ich**, anderer "Qualität", nämlich mit meinem früheren, kindlichen **Ich**. Ich bin, was und wer ich bin, indem ich beides bin, mein doppeltes "dialogisches" oder auch "dialektisches" **Ich**.

---

[7] D. Claessens, a.a.O., S. 97 f.

Hans G. Skitter

Abschied vom Traum

Bewußtseinsveränderungen in Europa und den USA

I. Postmoderne Tendenzen in Europa

Aufklärung und der beginnende Industrialisierungsprozeß haben im 18. Jahrhundert einen radikalen Wandel in den geistigen Grundlagen Europas eingeleitet und eine Neudefinition des Menschen in seinem Wesen, seinem Lebenssinn und der zu bewältigenden Lebensaufgabe eingeleitet.

Die Ablösung der Theologie durch eine metaphysikfreie Moralphilosophie und der Einfluß naturwissenschaftlicher Denksysteme im 19. und 20. Jahrhundert wurden zur Voraussetzung einer Ehtik, die den Menschen zum Schöpfer seiner selbst und seines Wertsystems machte. Eine solche Ethik autonomer Selbstbestimmung war nach dem Bruch mit religiösen und metaphysischen Orientierungen nur noch denk-, begründ- und praktizierbar als reine Vernunftethik. Der Mensch suchte sein Heil nicht länger mehr im Jenseitigen, außerhalb von Welt und Zeit, sondern in der Welt, in der er lebte, und innerhalb der irdischen Zeitspanne, die ihm zur Verfügung stand. Durch diese neue Ethik wuchs dem Menschen nicht nur die Würde seiner eigenen Freiheit zu, sie belastete ihn auch mit einer neuen Verantwortung: Er hatte sich zum Herrn der Geschichte gemacht; er bestimmte ihren Verlauf, und er tat es nach den Kriterien einer Ethik, die das Sittliche im Vernünftigen sucht.

Dieses emanzipatorisch-aufklärerische Projekt der Moderne wird im letzten Viertel unseres Jahrhunderts von einer kulturpessimistischen Bewegung als gescheitert betrachtet. Ein Stimmungs- und Denkwandel hat sich seit dem letzten Jahrzehnt vollzogen und ist im Begriff, ein neues Wertsystem zu begründen. Phänomene aus verschiedenen Lebensbereichen lassen sich als Symptome des Wandels deuten und unter der Bezeichnung "postmodern" subsumieren.

Zeitsignale des Neuen sind der auf das Scheitern der sozialpolitischen Reformexperimente der sechziger und siebziger Jahre folgende enttäuschte Rückzug aus der Sphäre des Öffentlichen, die Abwendung von der staats- und gesellschaftspolitischen Realität und die Emigration in die höchst private Welt eines radikalen Subjektivismus. Apokalyptische Katastrophenangst und das Gefühl von Ohnmacht gegenüber den anscheinend unangreifbaren Mächten der Geschichte verbinden sich zu einer Stimmungslage, in der nicht länger mehr auf den Intellekt zur rationalen Erhellung, nicht länger mehr auf die politische Aktion zur praktischen Überwindung von Problemen gesetzt wird, sondern in der die Flucht ins Affektive, ins Irrationale unausweichlich scheint.

Eine neue Haltung manifestiert sich: der Verzicht auf die rationale, die intellektuell überzeugende Erklärung der Welt. Widersprüche und Konflikte werden nicht länger mehr als Herausforderung zu ihrer Überwindung erlebt, sondern als Bestätigung und Ausdruck einer prinzipiellen Inkohärenz der Phänomene, die sich in keinen der von der menschlichen Vernunft nach Gesetzen der Logik konstruierten Zusammenhänge mehr bringen lassen, mit denen man seit über zwei Jahrhunderten abendländischen Denkens die Welt 'in den Griff' zu bekommen suchte. Es scheint, als habe die Vernunft lange genug ihre Chance gehabt und sie nicht genützt. Die Versprechen von Aufklärung und Emanzipation, Wissenschaft und Technologie sind unerfüllt geblieben. Weder ist die Welt verbessert noch das menschliche Glück gemehrt worden. Die Eskalation des Fortschritts wird heute nicht mehr gefeiert, sondern als Bedrohung und Verhängnis empfunden. Es scheint erwiesen, daß der Mensch doch nicht der Herr einer sich kontinuierlich entwickelnden Geschichte ist, sondern das Opfer einer sich in anscheinend sprunghaften und in willkürlichen Abläufen vollziehenden Geschichte, die er nicht begreifen und erst recht nicht beeinflussen kann.

Folgen und Ausdrucksformen dieser sich auf alle Lebensbereiche erstreckenden Absage an Kontinuität und Konsistenz sind eine "Neue Unübersichtlichkeit"[1], ein fragmentiertes Weltbild und ein ethischer und ästhetischer Relativismus, der sich z.B. in der Jugendkultur als "schriller Kult gestylter Standpunktlosigkeit" und in "inflationierenden Bekenntnissen einer demonstrativen Unvernunft"[2] dokumentiert.

Die Abdankung des Menschen als Herr seines Geschicks, die Erkenntnis seiner Ohnmacht gegenüber geschichtlichen Entwicklungen, deren Ursachen, Zusammenhänge und Ziele er nicht länger mehr zu deuten wagt, zwingen ihn zu Entscheidungen. Die populärste Entscheidung scheint gefallen zu sein zugunsten des konsequenten Verzichts auf die Deutung der Welt als eines ganzheitlichen Sinnsystems, das aufgrund seiner logischen Konsistenz dem sich bemühenden menschlichen Intellekt prinzipiell zugänglich ist. So ist die Absage an den Marxismus — in diesem Lichte gesehen — nicht nur die Ablehnung einer bestimmten und in wichtigen Elementen als fehlerhaft erkannten Philosophie, sondern es ist die Absage an den letzten großen Versuch einer intellektuell befriedigenden ganzheitlichen Weltdeutung. Der philosophische Glaube, daß alle Dinge sich letztlich zur großen Synthese vereinen lassen, wurde verdrängt durch geschichtliche Phänomene, die in ihrem Wesen als so disparat erlebt werden, daß sie nicht mehr im Rahmen eines integrativen Bedeutungssystem gesehen werden können. Die Konsequenz ist sichtbar in dem generationstypischen

---

1 Habermas, J.: Die Neue Unübersichtlichkeit. Die Krise des Wohlfahrtsstaates und die Erschöpfung utopischer Energien, in: Merkur, 39 (1985) 1, S. 1 - 14.

2 Guggenberger, B.: "Liebt, was Euch kaputtmacht!" Intimität und Identität - "postmoderne" Tendenzen in der Jugendkultur, in: Aus Politik und Zeitgeschichte/Beilage zur Wochenzeitung 'Das Parlament', B 40-41/86, 4. Oktober 1986, S. 15.

Lebensstil der Jugend, die "glücklich in der Konfusion"[3], sich nur allzu willig der Neigung hingibt," die Dinge disparat zu halten, ja sie lustvoll auseinanderzureißen und die Erfahrung der Widersprüchlichkeit auf engstem Raum in vollen Zügen auszukosten."[4]

"Das postmoderne Begehren nach Unvernunft" kann sein Korrelat finden etwa im "Vergnügen, einen Jaguar zu fahren."[5] Es kann aber auch ins Metaphysische transzendieren, und zwar dann, wenn das Scheitern der Vernunft nicht als Tragödie betrauert, sondern als Sieg des Irrationalen schadenfroh gefeiert wird: "Der Rationalismus beißt sich die Zähne aus am irrationalen Kern."[6] Die Postmodernen "glauben nicht daran, daß sich die Geschichte auf einer Linie, und sei sie dialektisch noch so gebrochen, vorwärts bewegt; sie glauben eher an die Spirale, die kreisend immer wieder andere, aber ähnliche Orte erreicht. Sie wissen: Gott gibt die Nüsse, und auch Marx und Freud knacken sie nicht auf."[7]

Hier kündet sich eine andere Alternative des Reagierens auf die Krise an. Allem Anschein nach am Ende seiner Weisheit angekommen, im Bewußtsein der Ohnmacht gegenüber den durch menschliches Vermögen nicht lösbaren Problemen, eröffnet sich dem Menschen als Ausweg die Möglichkeit, das Unerklärliche und Nicht-Zubewältigende seiner Existenz ins Übermenschliche zu transzendieren. Nach der Abdankung des Menschen als Herr der Geschichte, als Ingenieur seiner Welt und seines Geschickes, erinnert er sich der Existenz Gottes, an den er nun die 200 Jahre lang usurpierte Verantwortung zurückgibt. Wohl mag das keine den Intellekt befriedigende Lösung sein, denn die Widersprüchlichkeit der Welt ist nicht wirklich aufgehoben. Aber der Ort ihres Ursprungs ist bezeichnet, und damit scheint sich eine Art von Erlösung zu verbinden: der Mensch wird nicht nur befreit von der Hybris der Selbstbestimmung, sondern auch von dem mit ihr verbundenen Zwang, die Verantwortung für den Gang der Geschichte allein tragen zu müssen. Wie lange wird es wohl diesmal dauern, bis man wieder zu wissen glaubt, ob dies der wirkliche Ausweg oder nur die neue Version eines alten Irrtums ist?

Es scheint nicht nur, als seien durch die Verlagerung der Kausalitäten für Probleme aus dem Innerweltlichen ins Jenseitige die Voraussetzungen für eine neue Religiosiät gegeben, es gibt in der Tat Hinweise auf Phänomene, die als Manifestationen einer neuen religiös orientierten Weltsicht gewertet werden

---

[3] Guggenberger, S. 15.

[4] Guggenberger, S. 19.

[5] Nieß, M.: Das postmoderne Begehren nach Unvernunft. Oder: Das Vergnügen, einen Jaguar zu fahren, in: Baacke, D./Frank, A./Frese, J./Nonne, F. (Hrsg.): Am Ende - postmodern?, Weinheim - München 1985.

[6] Hensel, G.: FAZ-Aufsatz, abgedr. in: Kultur-Chronik, 5 (1987), S. 35.

[7] Hensel.

können. Dies gilt nicht nur für deutsche Verhältnisse. Der Marburger Epochenforscher Walter Falk hat nachgewiesen, daß die neue Bewußtseinserfahrung nicht auf die Bundesrepublik Deutschland beschränkt blieb. Sie manifestiert sich auch in anderen Ländern Europas, ja sogar im islamischen Kulturbereich, so daß von einem globalen Epochenwandel gesprochen werden muß, dessen ganze Bedeutung zur Zeit allerdings noch nicht absehbar ist.[8]

II. Die amerikanische Krise und ihre historischen Voraussetzungen

Aufschlußreich im Hinblick auf die Tragweite dieses Epochenwandels dürfte ein Blick auf die USA sein, das Land, dem seit langem eine Vorreiterrolle zukommt, insofern sich hier in der 'Neuen Welt' das 'Neue' schon immer früher als anderswo ankündigte, insofern hier kulturelle und gesellschaftliche Zeitströmungen vorweggenommen werden, bevor dieselben Tendenzen sich auch in anderen Ländern beobachten lassen.

Amerika als Idee entsprang einer Verheißung, einem Traum, der seinen europäischen Ursprung hatte. Zwei Jahrzehnte nach Columbus Landung auf dem unbekannten Kontinent im Westen beschrieb Thomas More in seiner Utopia das 'Nirgendland' in einem mythischen Westen, in dem, fern der europäischen Realitäten, der ideale Staat verwirklicht war. Die Entdeckung einer unerschlossenen, von der Zivilisation noch unberührten Welt weckte die Hoffnung auf neue Möglichkeiten einer menschschlichen Gesellschaft und den Glauben an eine Alternative zu den in Europa etablierten Staaten. Sollte sich der alte Menschheitstraum vom Paradies doch noch auf dieser Erde verwirklichen lassen, dann nicht in der sündigen Welt des alten Europa, sondern in einer neuen, noch nicht von der Menschheitsgeschichte korrumpierten Welt.

Als im folgenden Jahrhundert die ersten, aus religiösen Gründen verfolgten Gruppen das unerträglich gewordene Leben in der alten Welt flohen und sich ein neues Leben in Amerika aufbauten, begann das religiös motivierte Experiment der Gründung einer neuen menschlichen Gesellschaft durch Menschen, die als 'Pilger' gekommen waren, um in Freiheit ein gottgefälliges Leben führen zu können: die Idee 'Amerika' war in ihre erste Konkretisierungsphase eingetreten, deren wichtigste Determinante der religiöse Impuls war.

Die zweite Konkretisierungsphase setzte im folgenden Jahrhundert ein, allerdings nicht mehr primär religiös motiviert, sondern im Zeichen der sozialreformerischen Vernunft der europäischen Aufklärung stehend. Die Entstehung der Einzelstaaten seit 1775 und ihre föderale Organisation durch Verträge erinnern an Rousseaus Contrat social. Die Transformation einer Kolonie in eine freie, unabhängige Gesellschaft war eine bewußt geplante und philosophisch durchdachte Tat, vollzogen in der optimistisch-aufklärerischen Überzeugung

---

[8] Falk, W.: Die Ordnung in der Geschichte. Eine alternative Deutung des Fortschritts. Stuttgart-Bonn 1985.

von der wissenschaftlichen Machbarkeit aller Dinge. Wie das wichtigste Dokument des geistigen Amerikas, die Unabhängigkeitserklärung von 1776, zeigt, war die Staatsgründung von Anfang an gebunden an die Menschen- und Bürgerrechte. Der Staat wurde verstanden und rational konstruiert als die Lebensform, die seinen Bürgern die Verwirklichung der höchsten Werte ermöglicht: Freiheit und das Streben nach Glück. Jeffersons Formulierung ist realistisch differenzierend und folgenreich zugleich: nicht Glück an sich solle der Staat garantieren, sondern nur die Möglichkeit des 'Strebens' danach. Aber diese Möglichkeit, dieses Recht auf das Streben nach Glück, beinhaltet unendlich viel. Die Formulierung Jeffersons, Kernstelle in jenem Dokument, das Manifest der ersten Verwirklichung eines alten Mythos ist, postuliert einen neuen Mythos — die Amerikaner nennen ihn: "the American dream."

'Der amerikanische Traum' wurde zur Zentralidee des amerikanischen Selbstverständnisses, zur Leitidee der Nation, von Generationen in politischen Reden beschworen, in patriotischem Zeremoniell gefeiert und in den Schulen der nachfolgenden Generation weitervermittelt. Der Optimismus des 18. Jahrhunderts, der Glaube an die Perfektibilität des Menschen, der Gesellschaft und der Verhältnisse schlechthin durch Einsatz der Vernunft und der menschlichen Freiheit zur Entscheidung für das Gute verbinden sich im Begriff des amerikanischen Traums mit den religiösen Vorstellungen des Gerettetsein aus dem Sündenpfuhl Europa, der Ankunft im 'Gelobten Land' Amerika und dem daraus abgeleiteten Erwähltheitsstatus der Nation. Aus letzerem resultiert der für Europäer oft so irritierende Missionseifer der Amerikaner. Nicht nur ist für den Amerikaner die Zugehörigkeit zu einer Nation, die er — weil er ihren Wesenskern als Synthese göttlicher Gnade und menschlicher Vernunft versteht — für die beste aller Nationen hält, sondern es ergibt sich für ihn daraus auch der Wunsch und die Verpflichtung, den amerikanischen Traum unter den anderen Nationen zu propagieren, in der Hoffnung, daß auch sie Amerika als die 'beste aller Welten' anerkennen und als Modell für die Gestaltung der eigenen Gesellschaft akzeptieren. Ihren chauvinistischten Ausdruck fand diese Ideologie 1845 in dem Begriff des 'Manifest Destiny', das die Ausdehnung des politischen Systems Amerikas über seine Grenzen hinaus als Wohltat für die Menschheit rechtfertigte.

Anscheinend kann kein Traum für immer währen. Als erstes wachten die Dichter auf. Im 19. Jahrhundert schon erkannten sie, daß auch dem Amerikaner als neuem Adam in einer neuen Welt der Sündenfall nicht erspart geblieben war. In unserem Jahrhundert erlitt der 'amerikanische Traum' seine erste große Erschütterung unter den Vertretern der Generation, die man die 'verlorene' genannt hat. Insbesondere an den letzten drei Romanen von F. Scott Fitzgerald lassen sich die Entwicklungsstadien des zerbrechenden Traumes deutlich ablesen.[9] Die anfängliche Kraft des 'amerikanischen Traumes', basierend auf dem religiösen Glauben an den Auserwählten-Status der Nation und der optimistisch-aufklärerischen Überzeugung, daß individuelles und kollektives 'Streben nach Glück'

---

[9] Schitter, H.G.: Die drei letzten Romane F. Scott Fitzgeralds. Untersuchungen zur Spiegelung von zeitgeschichtlichem und mythischen Bewußtsein im literarischen Kunstwerk. Bonn 1968.

und ständigem Fortschritt im Sinne der Verbesserung der Verhältnisse das Ziel in immer größere Nähe rückten, hatte sich abgeschwächt und verflachte schließlich zu den Trivialaspekten des Phänomens, das man sich auf der ganzen Welt als 'American way of life' zu bezeichnen gewöhnt hat. Gemeint ist damit meist ein Lebensstil, der geprägt ist von technologischer Überlegenheit und daraus resultierendem stetig wachsendem materiellen Wohlstand mit all den Bequemlichkeiten, die das Leben angenehmer und lebenswerter machen sollen, geprägt aber auch von einem untragischen Optimismus, der die dunklen, unheilbaren Aspekte menschlicher Existenz nicht wahrzunehmen scheint und somit das Menschliche seiner metaphysischen Dimension beraubt.

Welch tiefe Ironie liegt in dem Sachverhalt, daß ein Phänomen, an dem sich das Spezifische des amerikanischen Wesens am charakteristischsten erkennen lassen soll, längst seine national-spezifische Bedeutung verloren hat: der 'American way of life' ist heutzutage der in zunehmendem Maße sich durchsetzende Lebensstil aller industriellen Massengesellschaften, die — bewußt oder unbewußt — ihre nationale Entwicklung definieren im Rahmen einer optimistischen Fortschrittsideologie, die Lebensqualität für machbar und Probleme für grundsätzlich lösbar hält, vorausgesetzt, Wissenschaft und Technologie können in einem freien gesellschaftlichen System operieren, das ihnen die materiellen Voraussetzungen bietet und ihnen keine Grenzen ideologischer oder moralischer Art setzt. Es ist offensichtlich, daß kapitalistisch basierte westliche Demokratien diese Bedingungen am besten erfüllen, und so nimmt es nicht Wunder, daß der 'American way of life' täglich mehr auch zum 'European way of life' wird. Es ist, als sei der in seinem Ursprung europäische Geist der Aufklärung, der seine konsequenteste historische Konkretisierung in der neuen Welt Amerika erfuhr, in der Form des sogenannten 'American way of life' wieder in seine alte Heimat zurückgekehrt, zu einer Zeit, da traditionelle Hindernisse, die seiner früheren Entfaltung im Wege standen — wie etwa christliches oder tragisches Lebensgefühl — ihre Kraft verloren hatten. Dies bedeutete aber auch, daß Amerika seine Geschichte wieder der europäischen eingliederte, von der es sich ursprünglich für immer zu trennen können glaubte. Amerikas Verstrickung in zwei Weltkriege, die Polarisierung der Welt in West und Ost und das Zeitalter der globalen Massenkommunikation taten das ihre, diesen Zusammenführungsprozeß in die Wege zu leiten.

Die den Epochenwandel begründende Kritik an Fortschrittsglauben und Technokratie äußert sich in Europa nicht selten in Formen eines latenten oder auch aggressiven Antiamerikanismus. Amerika muß hier eine Sündenbockfunktion übernehmen, insofern man die durchaus genuin europäischen Tendenzen zur materialistischen Lebensauffassung und Konsumvergötzung als amerikanischen Import denunziert und dabei einem gravierenden Irrtum erliegt: Reiner Materialismus als Philosophie ist dem amerikanischen Wesen ebenso fremd wie Zynismus. Zwar gibt es die amerikanische Jagd nach dem Geld, die unwiderstehliche Faszination des Reichtums, die nicht schamhaft verschwiegen wird — wie etwa in Europa —, sondern zu der man sich bekennt, ob man nun schon reich ist, oder nur erhofft, es eines Tages zu sein, was ja — mit Gottes Hilfe und eigener

Anstrengung in einer freien, alle Möglichkeiten bietenden Gesellschaft — als durchaus realistisches Ziel 'erträumt' werden kann. So unglaublich es auch klingen mag: es ist aber diese Jagd nach dem Geld hinter all dem materialistischen Anschein ein romantisch-idealistisches Streben. Idealistisch wird dieses Streben durch das Objekt seiner höchsten Sehnsucht, für deren Erfüllung Geld nur das Mittel ist. Geld, so glaubt der Amerikaner, wird ihm einen kultivierten Lebensstil, die Gestaltung seiner Umwelt mit schönen Dingen, die Förderung der Künste ermöglichen. Geld, so glaubt er weiter, wird ihm ermöglichen, mehr 'gute Werke' zu tun, Arme und Bedürftige zu unterstützen. Auch wird Geld es möglich machen, daß er seine Kinder auf ein gutes College schicken kann, damit sie es einmal besser haben als er. Sollten dies alles nur Vorwände sein? Amerikanische Opern- und Konzerthäuser, Orchester und Theater werden, anders als in Europa, fast ausschließlich durch private Initiativen finanziert. Nirgendwo gibt es soviel private Wohltätigkeit wie in Amerika. Egal wie gut sie es selbst schon haben, meinen amerikanische Eltern jedoch immer, ihre Kinder müßten es noch besser haben, und eine gute Ausbildung sei die wichtigste Voraussetzung dafür, die zu schaffen ihre und nicht die Verantwortung des Staates sei. In ihrem Glauben an Fortschritt im Sinne der verbesserten Lebensqualität von Generation zu Generation und in ihrem Glauben an Erziehung als das wichtigste Mittel zu diesem Zweck stehen sie ganz in der Tradition der Aufklärung. Die hinzukommende Überzeugung aber, daß zu dem Unterfangen des Fortschritts auch noch Gottes Segen nötig sei, charakterisiert das spezifisch Amerikanische ihres Fortschrittsoptimismus.

Wenn auch das amerikanische Streben nach Geld nicht Manifestation einer eindeutig materialistischen Philosophie ist, sondern die nicht direkt als solche erkennbare Erscheinungsform eines idealistisch motivierten Strebens, so bleibt doch die Frage, ob der Glaube an das Geld und seine instrumentale Funktion im Hinblick auf fortschreitende Lebensverbesserung, ob ganz allgemein der Glaube an die Machbarkeit des 'Glücks' — kurz: ob der 'amerikanische Traum' nicht doch letztlich ein Irrtum, eine Illusion ist.

Ein zentrales Thema des schon erwähnten F. Scott Fitzgerald war die von Reichtum ausgehende Faszination. An seinem Protagonisten "The Great Gatsby" in dem gleichnamigen Roman demonstriert er 1924 das Scheitern eines Mannes, der dem Reichtum magische Kräfte beimißt, wenn er glaubt, durch ihn seinen Traum vom Glück realisieren zu können. Reichtum, den der anfangs Besitzlose auf undurchsichtige, wahrscheinlich nicht ganz legale Weise erworben hat, soll ihm die Geliebte seiner Jugend zurückbringen, die er an einen reichen Mann verloren hatte: das einst mit ihr erlebte Glück will er der Vergangenheit entreißen und es zu seiner Zukunft machen, denn er besteht darauf: "Man kann die Vergangenheit wiederholen." Was Gatsby sich in romatischer Realitätsferne zu einem "Gral" idealisiert hat, ist jedoch eine korrupte Wirklichkeit, die ihn schließlich tötet. Durch meisterhafte symbolische Darstellung läßt Fitzgerald Gatsbys individuellen Glückstraum transparent werden für den Kollektivtraum Amerikas: den Traum von der Möglichkeit des menschheitsgeschichtlichen

Neuanfangs, von der Wiederherstellbarkeit des verlorenen Paradieses.[10] Gatsby stirbt, ohne aus dem Traum zu erwachen. Amerika als Nation war es vergönnt, noch eine Zeitlang weiterzuträumen.

Die auf die 'verlorene Generation' folgende Schriftstellergeneration setzte sich zwar sehr sozialkritisch mit der amerikanischen Wirklichkeit auseinander, war aber von ihrem überwiegend marxistischen Ansatz her nicht in der Lage, die Fortschrittsideologie, der der Marxismus ja selber in anderer Weise anhängt, grundsätzlich in Zweifel zu ziehen. Die Nachkriegsgeneration der vierziger und fünfziger Jahre befand sich in einer äußerst zwiespältigen Lage. Sie lebte in einer Gesellschaft, die 1958 von Galbraith in seinem gleichnamigen Buch als die "Affluent Society" beschrieben wurde. Während nach außen hin die Vereinigten Staaten politisch und militärisch die unangefochtene Vormachtstellung in der Welt innehatten, herrschte im Inneren der Überfluß. Der 'American way of life' schien sich triumphierend als der beste aller Lebensstile bewiesen zu haben, der Traum vom Glück, definiert als Wohlstand für die Mehrheit, schien vor der Erfüllung zu stehen: was sollte man gegen diese Gesellschaft und ihre Utopie, die zu immer größerer Prosperität antrieb, einzuwenden haben? In einer Gesellschaft, gegen die Protest als absurd erscheint, bietet sich Anpassung als das Vernünftigste an, und sie wurde in der Tat von der Mehrheit der Amerikaner mit Überzeugung und Hingabe praktiziert.

Das Resultat war ein exzessiver Konformismus, war die Unterwerfung unter die Tyrannei des Gesellschaftlichen und des von ihm ausgehenden Zwanges, Wertmaßstäbe ausschließlich sozial, d.h. vom gesellschaftlichen Umfeld bestimmt, zu sehen. Nur wenige merkten, daß der Preis für die Überwindung von Armut und materieller Not der Verlust jener metaphysischen Dimension war, die das Wesen des alten 'amerikanischen Traums' ausmachten. War diese Pervertierung der Utopie der Beweis dafür, daß sie von Anbeginn nichts als ein grandioser Irrtum war?

Für einen Teil der Jugend war die Grunderfahrung dieser Jahre das Gefühl der Ohnmacht gegenüber einer Gesellschaft, deren Strukturen zunehmend verkrusteten in immer größer werdenden Organisationsformen, in der durch immer effizienteres Management und wachsende Bürokratie Menschen wie Dinge verwaltet wurden. Der traditionelle Pioniergeist, der über die Jahrhunderte immer lebendig geblieben war und immer störrisch auf der Unabhängigkeit des Einzelnen beharrt hatte, schien vor der Niederlage zu stehen. Die Rechte und Freiheiten des Individuums, die Möglichkeiten, seine Umwelt selbst zu gestalten und zu kontrollieren, der Stolz, Herr des eigenen Schicksals zu sein, d.h. all das, was seit den ersten Siedlern als das spezifisch Amerkanische gegolten hatte — es schien keine Chance mehr zu haben in dieser Gesellschaft, in der nicht mehr der Einzelne seine Welt selbstverantwortlich gestalten konnte, sondern in der anonyme Kräfte sein Leben manipulierten. Diese Gesellschaft war nicht länger mehr Heimat, man hatte sich ihr entfremdet.

---

[10] Schitter.

Die Entfremdung führte zu unterschiedlichen Formen des Widerstands: zunehmende Gleichgültigkeit gegenüber Gesellschaft und öffentlichen Belangen, Rückzug ins Private, Apathie, Ekel vor dem ganzen System. Handeln zum Zwecke der Veränderung schien vergeblich, und so lebte man taten- und sprachlos in stillem Protest weiter. Die 'schweigende Generation' hat man daher diese Jugend genannt. Doch dann kamen jene, die ihren Ekel lauthals in die Welt schrien: die Beatniks der späten fünfziger Jahre. Nicht als auf Reform drängende Kritiker traten sie auf, sondern als Rebellen, die die bestehende Ordnung radikal ablehnten. Die vorwiegend aus der Mittelklasse stammenden jungen Leute brachen aus der Gesellschaft aus und entwickelten einen Lebensstil, der in seiner Exzentrik und Exotik gelebte Provokation des Establishments sein sollte und auch war. Ihre Nachfolger im Geist, wenn auch bei ihnen das Aggressive der Provokation abgemildert wurde, waren die Hippies der sechziger Jahre, die im friedlichen Symbol der Blume eine subtilere und raffiniertere Form der Provokation entdeckten.

Die Bedeutung der Beat- und Hippie-Bewegung besteht darin, daß es die bisher radikalste Verneinung all dessen war, was Amerika für den Durchschnittsamerikaner repräsentierte. Zum ersten Mal in der amerikanischen Geschichte war eine Gegenutopie zum 'amerikanischen Traum' entworfen worden. Das 'Streben' der vorigen Generationen wurde als Irrweg, ihre Definitionen von 'Glück' als nationale Heuchelei und Selbstbetrug entlarvt. Dem Establishment wurden vorgeworfen die Glorifizierung des Geldes, die Einführung des materiellen Erfolgs als höchtes Wertkriterium, die daraus resultierenden Zwänge, die den Menschen auf seine Produzenten- und Konsumentenfunktion reduzieren, ihn zu einem möglichst reibungslosen Rädchen in einer sinnlosen Maschinerie degradieren. Dieser Enthumanisierung des Menschen durch die existierende Gesellschaft stellten die Beatniks und Hippies ihren Lebensentwurf gegenüber. Was sie in Grüppchen und Kommunen als sinnerfülltes Leben zu praktizieren versuchten, war die Bemühung um die Rückgewinnung einer verlorengegangenen metaphysischen Perspektive, um die Befriedigung jener spirituellen Bedürfnisse, für die es in der herrschenden, auf Erfolg programmierten Überflußgesellschaft keinen Platz gab und die im Konsumrausch verdrängt worden waren.

Am deutlichsten offenbart sich die radikale Absage an das Erbe der Gründerväter aus dem 18. Jahrhundert in dem Sich-Öffnen für das Irrationale, in der Bereitschaft, sich allem Mystischen hinzugeben, als könne das Heil nur von ihm kommen. Marihuana und LSD wurden entdeckt als Wege zur Erzeugung höherer Bewußtseinszustände. Ähnliche Erfahrungen vermittelte der Jazz, die Musik der Schwarzen und damit jener anderen Minderheit, für die der 'amerikanische Traum' nie gegolten hatte. Gegen die Heuchelei und Repression puritanischer Moralvorstellungen praktizierte man freie Liebe, die auch die alten rassischen Tabus aufhob, und erlebte die Sexualität als ein weiteres Mittel mystischer Selbsterweiterung. Die Dichtung der Beatniks wollte bisher Nie-Artikuliertes zur Sprache bringen, aber da sie es mit einer recht unartikuliert wirkenden Sprache versuchte, war die Folge, daß ihre Werke längst nicht das Aufsehen erregten, wie der von den Beatniks in Subkulturen propagierte Lebensstil. Bezeichnenderweise gibt es keine kohärente Philosophie der Beat- und Hippie-Bewegung, ihr philosophisches Interesse jedoch orientierte sich vor allem am Zen-Buddhismus, der als fernöstliche Denk- und Lebensform den äußersten Gegenpol zu westlichrationalem Denken einnimmt. Man übte sich in Selbstversenkung und Meditation, überzeugt davon, daß Wahrheit sich nur in der Intuition offenbare und nicht im rationalen Philosophieren des Westens, dem man vorwarf, durch seine Methoden des differenzierenden, analytischen Denkens den Zugang zur Wahrheit als einem allumfassenden Sinnzusammenhang längst verloren zu haben.

Da sie in der Politik nicht einen Weg zur Problemlösung, sondern das Problem an sich sah, war die Beat- und Hippie-Bewegung ihrem Wesen nach zutiefst antipolitisch. Die Wende zum politischen Interesse vollzog sich bei der Jugend erst unter dem Schock des Vietnamkrieges, der die Nation erschütterte, weil er in Frage stellte, was bisher das noch immer tragende Fundament des amerikanischen Selbstverständnisses war: der Glaube an Amerikas Auserwähltheitsstatus, an seine Einzigartigkeit unter den Nationen. Amerika war seit dem Anfang 'one nation under God'. Gott hatte die Amerikaner ausgewählt, hatte sie aus der Korruption des alten Europas herausgeführt in eine neue Welt — 'the promised land' —, um ihnen hier die Chance des Neuanfangs zu geben: der Amerikaner als ein neuer Adam, für den der Sündenfall aufgehoben worden war. Seit Jahrhunderten hatte Amerika an seine Sündlosigkeit, seine Unschuld geglaubt. Indianerausrottung, Sklaverei, ein allmächtiger Kapitalismus mit seinen Aspekten der egoistischen Besitz- und Machtgier, die Arroganz militärischer Vormachtstellung in der Welt — alle diese historischen Tatsachen hatten zeitweise das nationale Gewissen belastet und Zweifel über die Berechtigung des amerikanischen Sendungsbewußtseins aufkommen lassen. Doch war es nationalen Verdrängungsmechanismen immer wieder gelungen, diese Zweifel in letzter Instanz zum Schweigen zu bringen. Der Vietnamkrieg hatte all dies geändert. Konnten alle vorherigen Kriege, an denen die Vereinigten Staaten beteiligt waren, grundsätzlich als Kämpfe des Guten gegen die Kräfte des Bösen interpretiert werden — der Krieg gegen Hitler und Faschismus war in diesem Sinne recht nach dem Herzen der Amerikaner —, so ließ der Vietnamkrieg diese Deutung nicht mehr zu. Bei ihm war eine Schwarzweißsicht der Fronten nicht mehr möglich, die Kategorien von Gut und Böse waren durcheinander geraten, und Amerika selbst fand sich tief in das Böse verstrickt. Den Vietnamkrieg erlebten die Amerikaner als ersten, nicht mehr zu leugnenden nationalen Sündenfall, als traumatischste Erfahrung ihrer Geschichte. Ist damit der alte amerikanische Traum zu Ende?

In den sieben Jahren seiner Amtszeit als Präsident hat Ronald Reagan das Seine getan, die Stimmung des Selbstzweifels, der Scham, des Defaitismus und Pessimismus, die während der Amtszeit seines Vorgängers Carter Amerika überschattete, zu überwinden. Sein Versuch, Amerika das verlorene Selbstvertrauen zurückzugewinnen, bedient sich dazu in erster Linie der Erinnerung an die alten Tugenden der Nation und der Beschwörung der Ideale, für die die Vorväter gelebt, gekämpft und gearbeitet hätten und die dieses Amerika zur 'größten' Nation auf Erden bzw. zur 'Nummer Eins' unter den Völkern gemacht hätten.

Inwiefern seine Darstellung der amerikanischen Geschichte auf Tatsachen beruht oder nur nostalgisch verklärte Idealisierung ist, ist nicht das Problem Reagans, der seine emotional-irrationale Geschichtsbetrachtung nicht zum Zwecke der Wahrheitsfindung, sondern als kollektive Therapie betreibt. Dem patriotischen Pathos und der volksnahen Sprache Reaganscher Redekunst allein wäre es niemals gelungen, den weite Kreise umfassenden neuen Konservatismus einzuleiten, wenn nicht vorher schon die Bereitschaft dazu in der Gesellschaft bestanden hätte. Der untragische Optimismus Amerikas, sein Fortschrittsglaube, daß morgen alles besser sein werde als heute, schien widerlegt durch eine erschrekkende gesellschaftliche Wirklichkeit. Im Inneren: Drogenmißbrauch, Kriminalität, Menschengruppen am Rand des Existenzminimums; Egoismus, Einsamkeit, Ohnmacht und Anonymität des in der Masse verlorenen Individuums; Verlust des Vertrauens in gesellschaftstragende Einrichtungen wie Justiz, Gesundheitssystem, Kirchen, Großkonzerne, Gewerkschaften; seit der Energiekrise Furcht vor dem Ende des steten Wirtschaftswachstums. Im globalen Rahmen: Schwinden der militärischen Vormachtstellung und — erstmalig in der Geschichte — die Bedrohung amerikanischen Heimatbodens durch einen möglichen nuklearen Angriff.

Zum ersten Mal bedeutete Zukunft nicht mehr das Versprechen auf Besserung der Dinge, sondern löste vielmehr Angst und Ratlosigkeit aus und verhieß keine Antworten auf die Probleme der Gegenwart. Wie in Europa schien auch in Amerika das Ende der Überzeugung von der Machbarkeit der Dinge gekommen zu sein. Der Mensch als Herr seines Schicksals — und dies war ja die spezifische Selbstdefinition des Amerikaners —: diese Konzeption schien auch hier ihre Tragkraft verloren zu haben.

Den Ausweg aus dieser allgemeinen Krise sucht das konservative Amerika in der Rückbesinnung auf die Vergangenheit. Dort hofft man die Orientierungspunkte für die Zukunft zu finden. Reagans nostalgisches Bild der 'großen' amerikanischen Vergangenheit verbindet sich mit den rigoristischen Moralanschauungen der einflußreichen fundamentalistischen Kirchen, die die Krisenstimmung anheizen, indem sie überall 'unamerikanische' Einflüsse wittern, die sie für die Demoralisierung des Landes verantwortlich machen. Dabei sind für sie die Begriffe 'unamerikanisch' und 'kommunistisch' praktisch austauschbar, beide sind Synonyme für die Verkörperung des 'Bösen' schlechthin, das die Vereinigten Staaten in vielerlei Tarnungen korrumpiere. Böse seien z.B. nationale Selbstzweifel und Selbstkritik, weil sie das Land schwächten und so in die Hände des Erzfeindes, des Kommunismus, spielten. Die Anführer des Kreuzzugs sind nicht länger nur die im ganzen Land gehörten Fernsehprediger, die ja schon immer mit biblischer Wortgewalt die Welt als den Schauplatz des Konflikts zwischen Gott und Satan dargestellt haben. Auch der politische Hauptakteur der Nation, der Präsident, stellte sich in ihre Reihen, als er offiziell das 'Reich des Bösen' ("evil empire") in der Sowjetunion ausmachte und dies mehrmals der Welt mitteilte. Solche Dämonisierung aus dem Mund nicht eines religiösen Fanatikers, sondern eines Präsidenten, der sich der Zustimmung der

Mehrheit der Amerikaner sicher sein kann, zeigt, wie weit diese religiös moralisierende Kreuzzugsmentalität verbreitet ist.

Mit der Anheizung antikommunistischer Gefühle stellen sich die neuen Konservativen in eine knapp über siebzig Jahre alte Tradition. Wie die Generationen seit 1917 verzichten auch die neuen Konservativen in ihrem Rückgriff auf alte Werte ganz und gar auf die Wiederbelebung jenes großen revolutionären Erbes Amerikas, das seit dem Unabhängigkeitskrieg viele andere Nationen zur Befreiung von verhaßter Herrschaft angeregt hat. Die Abdankung Amerikas als revolutionärer Weltinspirator fällt für Arnold Toynbee zusammen mit seiner Entscheidung, die freiheitlichen Elemente, die an Lenins und Trotzkis Revolution beteiligt waren, zu leugnen. "Im dramtischen Kontrast zu seiner geschichtlichen Rolle" habe sich Amerika seit 1917 mit seiner Festlegung auf eine total antikommunistische Haltung an die Spitze der antirevolutionären Bewegung gestellt, um im Sinne der Besitzenden alle emanzipatorischen Bemühungen zu unterdrücken.[11] Die paradox scheinende, aber interessante Möglichkeit, daß eine konservative Bewegung auch zum Bewahrer emanzipatorischer und revolutionärer Tendenzen wird, harrt auch in den Vereinigten Staaten noch ihrer Verwirklichung.

Einen anderen Hauptfeind sieht der neue moralische Rigorismus in der Philosophie des 'Secular Humanism', also jener Denkweise, die im Sinne von Humanismus und Aufklärung kritische Rationalität und Wissenschaftlichkeit zum Kriterium und Instrument menschlicher Projekte macht. Seine 'amoralischen' Methoden des wissenschaftlichen Objektivierens und pragmatischen Instrumentalisierens hätten zu einem alles zersetzenden Wertrelativismus geführt, der schuld sei am moralischen Chaos der Gegenwart. So sei er z.B. verantwortlich für die unseligen liberalen und emanzipatorischen Reformen in den verschiedensten Lebensbereichen, besonders aber im Erziehungssystem, das keine Werte mehr vermittle und mit dem täglichen Gebet auch Gott aus den Schulen vertrieben habe. Konsequent fordern die neuen Dogmatiker Wiedereinführung des Schulgebets, strenge Zensur der Lehrbücher, Behandlung der wörtlich zu verstehenden biblischen Schöpfungsgeschichte als zumindest gleichrangig mit der 'unbewiesenen' Evolutionstheorie. Schon konnten sie durch Gerichtsurteile in einigen Schuldistrikten ihre Forderungen durchsetzen. Liberaler Moral und sexueller Emanzipation haben sie auf breiter Front den Kampf angesagt. In der zum passenden Zeitpunkt auftretenden neuen Krankheit AIDS sehen sie eine verdiente Strafe Gottes für die nicht reuigen Sünder.

Von solch extremistischen Auswüchsen abgesehen, finden die konservativen Wortführer bei weiten Teilen der Gesellschaft, besonders bei der Mittelklasse, durchaus Zustimmung für ihre dogmatische Insistenz auf Werten, die sie verabsolutieren aufgrund wörtlich verstandener Bibelaussagen oder anderer unkritisch übernommener Konventionen. Ihrer Weltaufteilung in Gut und Böse scheint eine tiefe Sehnsucht zugrunde zu liegen: die Sehnsucht nach einer

---

[11] Zitiert nach Borch, H. von: Amerika. Dekadenz und Größe. Frankfurt a.M. 1983. S. 9.

einfachen, übersichtlich geordneten Welt, wie sie früher einmal gewesen sein soll. Die Wiederherstellung einer klaren moralischen Weltordnung aus solch illusionärer und irrationaler Nostalgie birgt Gefahren, ist sie doch vom Wesen her auf Polarisation, auf Konflikterzeugung angelegt, um dem 'Guten' zum Sieg zu verhelfen. Verdrängen würde sie eine Tradition, die auf Vernunft setzend sich bemühte, die Wahrheit jenseits der Kategorien von 'Gut und Böse' zu finden, weil sie überzeugt davon war, daß diese Kategorien ausgedient haben und die Lebenswirklichkeit nicht adäquat beschreiben können.

Kein Zweifel besteht, daß in dem von einer konservativen Welle erfaßten Amerika der Reagan-Jahre ein neues, sehr patriotisch gefärbtes, nationales Selbstvertrauen wiedererwacht ist. Daß dies ein Zeichen der Heilung ist, muß in Frage gestellt werden, denn die Probleme, die die seelisch-geistige Krise auslösten, bestehen weiter. Sie bestehen im tiefsten Sinne ja gerade darin, daß Amerika sein altes 'Selbst' verloren hat, weil irreversible geschichtliche Entwicklungen eine neue Bewußtseinslage hergestellt haben, der das alte Selbst nicht mehr entspricht. "Man kann die Vergangenheit wiederholen." Dies war die Illusion Gatsbys.
Sollte es auch heute noch die Illusion Amerikas sein? Wäre nicht die wirkliche Heilung dies: Abschied vom alten amerikanischen Traum? Schmerzlich, wie es auch sein möge — dieser Abschied ist die Voraussetzung für eine 'nowendige' neue Utopie im Sinne einer zukunftgerichteten, Hoffnung gebenden Leitidee. Diese aber wäre dann kein amerikanisches Monopol mehr. In ihr könnten sich Amerika und Europa begegnen.

III. Walker Percys Diagnose der amerikanischen Krise

Daß es sich bei der Krise Amerikas im tieferen Sinne um eine metaphysische handelt, haben wenige Autoren so klar erkannt wie der einundsiebzigjährige Walker Percy. Der europäische Leser, meist auf der Suche nach dem spezifisch 'Amerikanischen' in der amerikanischen Literatur, ist versucht, Percys Werke als Variationen des europäisch-existentialistischen Romans zu verstehen. In der Tat verrät das Werk des zu den 'Southern Writers' zählenden Percy überall die Spuren seiner Beschäftigung mit Philosophie, insbesondere der des Existentialismus, und europäischer Literatur. Der zum Katholizismus konvertierte Autor ist sich des Einflusses bewußt, den die nach einem wegen Krankheit abgebrochenen Medizinstudium begonnene Lektüre von Kierkegaard, Dostojewski, Tolstoi, Hegel, Mann, Kafka, Sartre, Camus, Marcel, Heidegger auf sein Denken gehabt haben.

Zentrales Thema seiner Romane und philosophischen Essays ist die Frage, wie der Mensch überleben kann in einer Welt, die durch Hybris der allgewaltigen Wissenschaft und Technologie, durch das moralische Chaos und den Wahnsinn ihrer Bewohner an den Rand des Untergangs gebracht worden ist. Die Protagonisten sind sich ihrer selbst und der Welt entfremdet, leiden an Verzweiflung und einer allumfassenden "Malaise", die sie Betäubung suchen läßt in der Ersatzwelt des Kinos oder im Alkohol und sie zu wunderlichen Außenseiter macht.

Seinem ersten Roman (The Moviegoer, 1960) stellt Percy ein Zitat aus Kierkegaards Die Krankheit zum Tode voran: "... the specific character of despair is precisely this: it is unaware of being despair." Wollte man die Grundintention von Percys gesamten Werk in einem Satz fassen, ließe sich vielleicht sagen, daß es ihm darum geht, diese von Alltäglichkeiten ("everdayness", leitmotivisch in MG verwendet) zugedeckte Verzweiflung aufzudecken und ans Bewußtsein zu heben als die wichtigste Voraussetzung zu einer Heilung, wenn denn Heilung überhaupt möglich sein sollte.

Percy zeigt nicht nur den modernen, gottverlassenen Menschen schlechthin, sondern er diagnostiziert und beschreibt vor allem das spezifisch Amerikanische der Lebensproblematik seiner Protagonisten. In besonderen Augenblicken seines Lebens dämmert in dem 'Kinogeher' Binx Bolling das Bewußtsein, daß er sich auf einer 'Suche' ("search"-MG, 18) befindet. Das Bewußtsein des Sich-auf-der-Suche-Befindens erhebt Bolling über die Trivalitäten des Alltags, gibt ihm die Möglichkeit zu glauben, daß hinter der offensichtlichen Ziellosigkeit des Lebens doch ein letztes Ziel steht: ein Einheit stiftender Sinn, ein "Schlüssel", ein "geheimer Hebelpunkt" (MG, 70). Gleichzeitig ist diese metaphysische Suche aber auch Symptom seiner Isolation von der amerikanischen Gesellschaft. Auf die Frage, ob das Objekt seiner Suche vielleicht Gott sei, gibt Bolling eine Antwort, die amerikanische Wirklichkeit beschreibt und gleichzeitig sein Verhältnis zu ihr als bewußt gewähltes Außenseitertum definiert. Würde er nämlich Gott zum Objekt seiner Suche machen, erwidert er, hätte er sich ein Ziel gesetzt, das jeder andere schon erreicht habe und an dem daher nicht mehr das "geringste Interesse" bestünde:

> "Who wants to be dead last among one hundred and eighty million Americans? For, as everyone knows, the polls report that 98 % of Americans believe in God and the remaining 2 % are atheists and agnostics — which leaves not a single percentage point for a seeker. - Am I, in my search, a hundred miles ahead of my fellow Americans or a hundred miles behind them? That is to say: Have 98 % of Americans already found what I seek or are they so sunk in everydayness that not even the possibility of a search has occurred to them? On my honor, I do not know the answer" (MG, 18 f).

Bolling setzt sich hiermit ab von dem standardisierten Gottesglauben der amerikanischen Gesellschaft, dessen scheinbare Selbstverständlichkeit und Konventionalität ihn zutiefst fragwürdig erscheinen lassen. Wer so gedankenlos lebt und glaubt, wie es die Mehrheit der Amerikaner tut, muß — so meint Bolling — so tot sein wie ein Automat:

> "For some time now the impression has been growing upon me that everyone is dead. It happens when I speak to people. In the middle of a

> sentence it will come over me: yes, beyond a doubt this is death. - At such times it seems that the conversation is spoken by automations who have no choice in what they say" (MG, 83).

Fasziniert lauscht Bolling abendlich einem Radioprogramm, in dem unter dem Titel "Was ich glaube" hunderte von "hochherzigen, nachdenklichen und intelligenten" Menschen ihr öffentliches Glaubensbekenntnis ablegen. Alle zwei- oder dreihundert Bekenner, die er hörte, waren "ausnahmslos bewundernswerte Menschen" (MG, 89). Zweifeln muß Bolling, ob jemals ein anderes Land oder eine andere Zeit solch großartige Menschen hervorgebracht hat, als deren wichtigsten gemeinsamen Charakterzug er ihre 'Nettigkeit' ("niceness", MG, 89) erkennt: "Their lives are triumphs of niceness. They like everyone with the warmest and most generous feelings. And as for themselves: it would be impossible for even a dour person not to like them" (MG, 89). In Reaktion auf so viel Nettigkeit und Großherzigkeit hatte Bolling früher einmal sein eigenes Glaubensbekenntnis auf Tonband an die Radiostation geschickt: "I believe in a good kick in the ass. This — I believe" (MG, 90). Hier drückt sich aus der Ekel vor der amerikanischen Konvention der ständigen Bereitschaft zur exhibitionistischen und gleichzeitig auf Sympathie kalkulierenden Selbstoffenbarung, des anscheinend unbezähmbaren Dranges zum öffentlichen Glaubensbekenntnis, das bei aller scheinbaren Demut dennoch nichts anderes als Selbstwerbung und Selbstbestätigung der eigenen Wichtigkeit ist.

Nettigkeit, Offenherzigkeit, Gottesgläubigkeit — solche amerikanischen 'Tugenden' sind Aspekte eines umfassenden amerikanischen Ideals, nämlich das des 'common man'. Auch dieser höchste Inbegriff demokratischer Menschenbestimmung, ursprünglich konzipiert als positive Alternative zum europäischen Aristokraten, wird von Percy in Zweifel gezogen in der Form einer vernichtenden Kritik aus dem Munde von Bollings Tante, aus der das sich auf dem Rückzug befindende Klassenbewußtsein der Südstaaten spricht. Sie sieht in ihm den Typ des Menschen, der danach trachtet, der Verantwortung für sich und andere zu entgehen, der Mittelmäßigkeit um der Mittelmäßigkeit wegen schätzt:

> "Oh I am aware that we hear a great many flattering things nowadays about your great common man — you know, it has always been revealing to me that he is perfectly content so to be called, because that is exactly what he is: the common man and when I say common I mean common as hell. Our civilization has achieved a distinction of sorts. It will be remembered not for its technology nor even its wars but for its novel ethos. Ours is the only civilization in history which has enshrined mediocrity as its national ideal" (MG, 176 f).

Das neue, auf dem Ideal des 'common man' beruhende Ethos, ursprünglich konzipiert mit dem Anspruch, dem Individuum zu seiner wahren menschlichen Würde zu verhelfen, wird hier radikal abgelehnt, weil es in der amerikanischen Gesellschaft Verhaltensmuster produzierte, die in ihrer Trivialität und

Vulgarität genau das Gegenteil der ursprünglichen Intention erreichen, nämlich die Zerstörung der Menschenwürde.

In Bolling sieht die Tante die Verkörperung eines neuen Menschentyps, zu dem er sich selber erschuf durch eine Entdeckung besonderer Art. Seit Anfang der Menschheit hätten Menschen auf schwierige Situationen mit bestimmten Verhaltensweisen reagiert: "... well or badly, courageously or cowardly, with distinction or mediocrity, with honor or dishonor. They are recognizable. They display courage, pity, fear, embarrassment, joy, sorrow, and so on" (MG, 174). Bollings Entdeckung sei nun gewesen, daß er zu diesen Verhaltensweisen eine Alternative gefunden habe:

> "It is that one finding oneself in one of life's critical situations need not after all respond in one of the traditonal ways. No. One may simply default. Pass. Do as one pleases, shrug, turn one's heel and leave. Exit. Why after all need one act humanly?" (MG, 174).

Was die Tante als bewußten Willensakt denunziert, ist letztlich die Unfähigkeit zu einem starken, reinen Gefühl, in dem der Mensch zu sich selbst käme, in dem er seine Identität fände und seine spezifische Menschlichkeit verwirklichte. In letzter Konsequenz bedeutet diese Unfähigkeit außer dem Verlust der Menschlichkeit auch die Unmöglichkeit der moralischen Entscheidung. Nicht Toleranz, sondern die Unfähigkeit zur Parteinahme für das Gute oder das Böse, sind die Basis dieses postmodernen Wertneutralismus.

An der Sexualität in ihrer heute praktizierten Form, von Bolling als "this latter-day post-Christian sex" (MG, 164) bezeichnet, offenbart sich das Phänomen dieses Wertneutralismus. Sexualität als flüchtig-unverbindliche, voreheliche oder außereheliche Begegnung entzieht sich traditioneller moralischer Wertung:

> "To be pagan it would be one thing, an easement taken easily in a rosy old pagan world: to be Christian it would be another thing, fornicaton forbidden and not even to be thought of. - But to be neither pagan nor Christian but this: oh this is a sickness" (MG, 164).

Verloren ist das Erlebnis heidnisch-unschuldiger Sinnenfreude, verloren auch das Erlebnis christlich sündhafter Wollust mit den Möglichkeiten von Schuldbewußtsein und Reue. Geblieben ist Sex als eine kleine Flucht vor der "Malaise" (MG, 110) und die Erkenntnis, daß das "traurige kleine Glück der Drinks und Küsse" kein schlechtes Mittel ist, über die Aussichtslosigkeit der "großen Suche nach dem großen Glück" (MG, 111) hinwegzutrösten.

"The everydayness is everywhere now" (MG, 118). Sieht Percy dennoch irgend eine Hoffnung für die Menschen, die ihr Leben wie Automaten leben, betäubt von der Routine des Alltäglichen, das ihre Leben zerstört? Seine Protagonisten läßt er einige Überlebensmöglichkeiten andeuten. Als eines der "wenigen noch existierenden Zeichen des Lebens in der Welt" erscheint der Haß: "This is another thing about the world which is upside-down: all the friendly and likable people seem dead to me; only the haters seem alive." (MG, 83). Angesichts des allgemeinen Gefühlssterbens in einer "auf dem Kopf stehenden Welt" kann schon ein an sich negatives Gefühl als Positivum erlebt werden.

Aber auch eine Hoffnung, die die Ebene des Emotionalen transzendiert, wird angedeutet:

> "Christians talk about the horror of sin, but they have overlooked something. They keep talking as if everyone were a great sinner, when the truth is that nowadays one is hardly up to it. There is very little sin in the depths of the malaise. The highest moment of a malaisian's life can be that moment when he manages to sin like a proper human" (MG, 159 f).

Sündigen heißt: "We're succeeding! We're human after all!" (MG, 159 f). Sünde, nach christlichem Verständnis den Menschen in Verdammnis stürzend — wenn ihn nicht Reue und göttliche Gnade erretten —, erfährt wie der Haß eine Umwertung in dieser 'verkehrten' Welt. Sie wird zu einer Art Erlösung, indem sie den Menschen an seine Menschlichkeit erinnert. Wie aber vermag sie dies zu tun? Der Begriff der Sünde überführt den rationalen oder psychologischen Begriff des Schuldbewußtseins auf die Ebene des Metaphysischen, des Religiösen. Sündenbewußtsein ist eine Möglichkeit des Menschen, sich zu transzendieren, zu erkennen, daß er mit einem wesentlichen Teil seiner Existenz irgendwo anders als in der Welt der 'Alltäglichkeit' beheimatet ist.

Eines, wenn nicht das Kernproblem der nach-christlichen Zeit besteht für Percy darin, daß sie keinen Raum mehr läßt für die Sünde. Nicht daß Sünde wie in früheren Zeiten tabuisiert und schamhaft-heuchlerisch verleugnet würde, nein, sie ist einfach kaum mehr vorhanden als das sich aus religiöser Verantwortung motivierende Schuldbewußtsein, das über Leid und Reue zur Gnade der Erlösung führen könnte. Daher läßt Percy Lancelot, den Protagonisten seines gleichnamigen Romans von 1977 und Abkömmling einer distinguierten Südstaaten-Familie, fast flehentlich bitten:

> "But what if you could show me a sin? a purely evil deed, an intolerable deed for which there is no explanation? Now there's a mystery. People would sit up and take notice. I would be impressed. You could almost make a believer out of me" (L, 52).

Zwar mag die heutige Zeit Schuldgefühle durchaus noch kennen, aber sie hat sie unter Kontrolle, kann sie rationalisierend, psychologisierend und realtivierend erklären und somit ad acta legen. Verloren gegangen jedoch ist ihr das Bewußtsein der Sünde, weil die Voraussetzungen dafür nicht mehr existieren: ein Schuldbewußtsein, das aus der Ahnung kommt, daß Schuld nicht allein gesellschaftlich definiert und zwischenmenschlich abgegolten werden kann, sondern sich innerhalb eines metaphysischen Beziehungs- und Wertsystems zu verantworten hat. Dies wiederum setzt eine andere, in nach-christlicher Zeit verlorene Fähigkeit voraus: die Unterscheidung zwischen dem Guten und dem Bösen, d.h. der Glaube an ein kategorial geordnetes Wertsystem, dessen Bezugspunkt und Ursprung im Metaphysischen liegen.

In der Konsequenz dieses Gedankenganges stellt sich die Frage nach Gott. Percys Protagonisten nähern sich ihr und kreisen um sie. Während sich der 'Kinogeher' seiner katholischen Mutter erinnert als einer Frau, für die Gott lediglich dem praktischen Zweck dient, mit den Schicksalsschlägen des Lebens besser fertig zu werden (MG, 115), stammt er väterlicherseits aus einer aufgeklärten Familie, in der man "denkt, daß die Welt auch ohne Gott einen Sinn ergibt und nur ein Dummkopf nicht weiß, was das gute Leben ausmacht" (MG, 118). Er selber dagegen — obgleich "in unbesiegbarem Unglauben" (MG, 118) — befindet sich auf der Suche nach einem ganz anderen Sinn. Wenn ihm auch das Objekt seiner 'Suche' nicht positiv bestimmbar ist, weiß er jedoch ohne allen Zweifel, daß jener Gott, den laut Statistik 98 % aller Amerikaner längst gefunden haben, unmöglich identisch sein kann mit dem Ziel seiner Suche. Weder die konventionelle, zur Gewohnheit gewordene Religiosität einerseits, noch die in einer wissenschafts- und technologiegläubigen Welt überlebende säkularisierte und banalisierte Gottesvorstellung andererseits, besitzt für die Percyschen Protagonisten noch irgendwelche Relevanz. Niemand mehr interessiert sich heute noch für den "Großen-Uhrmacher" (L, 49), d.h. für den rational-wissenschaftlich aus den Naturgesetzen bewiesenen Gott. Das "Gerede von Gott und den Beweisen seiner Existenz, von der Ordnung und Schönheit dieser Welt" war der "falsche Weg" (L, 48). Was aber ist der richtige Weg?

> "In times when nobody is interested in God, what would happen if you could prove the existence of sin, pure and simple? Wouldn't that be a windfall for you? A new proof of God's existence! If there is such a thing as sin, evil, a living malignant force, there must be a God!" (L, 52).

Wenn einerseits Sünde und Gott dialektisch aufeinander bezogen sind und einander bedingen, wenn andererseits zu Gott kein direkter Zugang mehr besteht — sollte nicht dann die Sünde eine neue Möglichkeit bieten, Gott zu entdecken? "Hast du je an die Möglichkeit gedacht, nicht Gott zu suchen, sondern das Böse?" (L, 48), fragt Percys Lancelot in an Dostojewski erinnernder Verzweiflung und nennt an anderer Stelle das Wort "Böse" das Schlüsselwort zu diesem Zeitalter der Wissenschaft und Humanität, das durch Rationalisierung und Relativierung das Böse abgeschafft hat (L, 121). Nostalgisch erinnert Lancelot sich in diesem gott- und sündlosen Zeitalter des mythischen Gegenspieler Gottes, des Teufels:

> "God may be absent, but what if one should find the devil? Do you think I wouldn't be pleased to meet the devil? Ha ha, I'd shake his hand like al long-lost friend" (L, 139).

Die Logik dieses Denkens mag schlüssig erscheinen, vermag aber dennoch nicht Lancelots Problem zu lösen. Er, der glaubte, in die innerste Wirklichkeit des Bösen eingedrungen zu sein, muß eine letzte große Enttäuschung erleben: "There was no 'secret' after all, no discovery, no flickering of interest, nothing at all, not even any evil" (L, 253). Für eine Weile beschäftigt ihn noch die Frage: "Why did I discover nothing at the heart of evil?" (L, 253), dann erkennt er die Müßigkeit auch dieser Frage: "So I have nothing to ask you after all because there is no answer. There is no question. There is no unholy grail just as there was no Holy Grail" (L, 253).

Angesichts des Scheiterns des modernen 'Gralsritters' und seiner Konfrontation mit der Leere bleibt für Lancelot nur die syllogistische Zusammenfassung der desperaten Situation der Welt, die sowohl die Existenz als auch die Nicht-Existenz Gottes als Möglichkeiten in Betracht zieht. Für den Fall der Nicht-Existenz Gottes kündigt Lancelot an, daß er dessen Rolle übernehmen werde: "I will start a new world single-handedly" (L, 255). Doch zunächst wird er "abwarten" und Gott noch etwas "Zeit lassen" (L, 255).

Die Aussage des Romanschlusses trifft die Quintessenz der Percyschen Auseinandersetzung mit seiner Zeit, die sich in Form zweier Erkenntnisse zusammenfassen läßt. Erstens: Heilsgewißheit kann es nicht geben, da alte Glaubenslehren ihre Verbindlichkeit verloren haben und ein neues Gottesbild nicht in Sicht ist. Zweitens: Die Existenz Gottes läßt sich nicht beweisen, wohl aber die Notwendigkeit seiner Existenz. Der Beweis für die Notwendigkeit Gottes liegt in der verzweifelten Situation der Menscheit, wie sie Percy immer wieder beschreibt.

IV. Percys amerikanischer Teufel

Walter Falk, dessen besonderes Interesse der Epochenforschung gilt, hat als erster auf ein überraschendes Phänomen der neueren Literatur aufmerksam gemacht, nämlich auf das plötzliche Auftauchen des Teufelsmotivs in den Werken der ausgehenden siebziger und beginnenden achtziger Jahre (vgl. Walter Falk: Des Teufels Wiederkehr[12]). Ist des Teufels Wiederkehr in unserer doch so 'aufgeklärten' Zeit an sich schon erstaunlich, so muß es um so mehr verwundern, daß das Phänomen nicht nur in der westdeutschen Literatur auftritt, sondern auch in Werken des DDR-Autors Stefan Heym, des Schweizers Walter Muschg und sogar des Ägypters Naguib Mahfouz. Woher dieses Bedürfnis der Dichter von so unterschiedlicher sozialer und kultureller Herkunft, "bei ihren Deutungen der gegenwärtigen menschlichen Situation das Bild des Teufels aufzugreifen?" (TW, 9). Dieser Frage nachgehend, entdeckt Falk "eine hochbedeutsame Gemeinsamkeit" (TW, 29) aller untersuchten Teufelsdichtungen: "Der Teufel erscheint nicht als das Produkt subjektiver Phantasie (einer der dichterischen Gestalten), sondern als eine real existierende Macht, ja sogar als eigentli-

12 Falk, W.: Des Teufels Wiederkehr. Alarmierende Zeichen der Zeit in der neuesten Dichtung. Stuttgart - Bonn 1983.

cher Herr der ganzen jeweils geschilderten sozialen Wirklichkeit" (TW, 29). Falk sieht darin "alarmierende Zeichen" (Untertitel von TW) für den Anbruch einer Zeit, in der die Menscheit einer Bedrohung ausgesetzt ist, die tiefer geht als andere, offensichtlichere Bedrohungen wie etwa die der nuklearen Selbstzerstörung. "Mehr und mehr werden wir unsere Lebenswirklichkeit im Zeichen einer Destruktionsmacht sehen, die wir nicht zu beherrschen vermögen. Wir werden in eine Situation geraten, die vergleichbar ist derjenigen eines Menschen, der sich von einer unheilbaren Krankheit behaftet weiß" (TW, 75).

Das zu Ende gehende Jahrtausend hat die Menscheit an den Rand des Abgrunds gerückt. Sollte es überhaupt eine Rettung vor dem Absturz geben, ist es zunächst notwendig, die Krise als solche in ihrer ganzen Tragweite zu erkennen. Unglücklicherweise aber scheint die große Gefahr postmodernen Lebensgefühls in seinem Zustand gepflegter Gedankenlosigkeit zu bestehen, in der Grundhaltung einer allgemeinen Unverbindlichkeit, auf der Illusion, man könne durch das Ausweichen vor Verpflichtung und Bindung, vor Sinn und Ziel unterschwellig gefürchteten Folgen entgehen. Doch auch die Absage an Entscheidung ist eine Entscheidung, auch die Absage an Zukunft wird Zukunft und kann das, was sie bringt, nicht verhindern, und die Verdrängung der Krankheit aus dem Bewußtsein führt mit Sicherheit nicht zu ihrer Heilung. Dagegen kann das Wissen um die Unheilbarkeit einer Krankheit nicht nur ertragen, sondern sogar "als Befreiung zu höchsten menschlichen Möglichkeiten empfunden werden" (TW, 75). Deswegen sollte man Falks Rat, die Krisenbeschreibungen der Dichter ernst zu nehmen, folgen, denn: "Es ist durchaus möglich, daß des Teufels Wiederkehr eine tiefe Veränderung der gesellschaftlichen Lebensform zur Folge haben wird; denn sie könnte bisher schlafende positive Gegenkräfte erwecken" (TW, 75).

Auch in Love in the Ruins (1971), seinem dritten Roman, beschreibt Walker Percy ein Welt am Abgrund. Als individuelle und kollektive Aspekte einer nach-christlichen Ära thematisiert er auch hier die Phänomene der seelischen Krankheit und Verzweiflung, des allgemeinen moralischen Chaos und der Ablösung des religiösen Glaubens durch Wissenschaftsgläubigkeit.

Anders als in den anderen Romanen wird hier das Böse in einer überraschenden Konkretisierung dargestellt, nämlich als Teufel. Erstaunen muß die Darstellung des Bösen in der Gestalt eines Teufels in doppelter Hinsicht. Man würde sie nicht bei einem zeitgenössischen Autor erwarten und schon gar nicht bei einem Amerikaner, den man aufgrund seiner nationalen Zugehörigkeit für immun halten sollte gegen mystizistisch-irrationale Vorstellungen, die spätestens seit der Aufklärung ins Reich der Fabel gehörten und nur noch bis ins 19. Jahrhundert, etwa bei Goethe oder Dostojewski, einen gewissen metaphorischen Wert besaßen. Daß Percy trotz des scheinbaren Anachronismus seiner Darstellung gerade diese und keine andere wählte, läßt vermuten, daß seine persönliche Auffassung des Bösen die Einführung einer Teufelsfigur geradezu erforderte.

"For a long time I have secretly hoped for the end of the world and believed ... that only after the end could the few who survive creep out of their holes and discover themselves to be themselves and live as merrily as children among the viny ruins" (MG, 183). Diese Vorstellung des Weltendes ist die des "Kinogehers". Aber auch der Theoretiker Percy hat sich mit ihr in dem Essay "Notes for a Novel about the End of the World" auseinandergesetzt. Über das Zu-Ende-Gehen einer Welt und das Heraufkommen eines neuen Zeitalters zu schreiben, gäbe — so meint Percy — dem Autor die Möglichkeit, vor gegenwärtigen Übeln und Mißständen zu warnen, um dadurch das Ende abzuwenden (MB, 101). Etwa fünf Jahre nach dem Essay entsteht Love in the Ruins, der Roman, in dem die eschatologische Hoffnung des "Kinogehers" ihrer Erfüllung entgegenzugehen scheint und in dem die moralischen und prophetischen Absichten seines Autors ein komplexes Szenarium des bevorstehenden Weltuntergangs aufbauen. Die Erzählersperspektive bewirkt eine ironische Brechung insofern, als Percy einen Mann zum Schilderer des moralischen Chaos und zum Propheten der Apokalypse wählt, dessen Perspektive kaum verläßlich erscheint.

Erzähler und Mitakteur ist Dr. Thomas More, Arzt, genialer Erfinder, "schlechter" Katholik, dem Alkohol und den Frauen verfallen. Von all dem berichtet er, an all dem leidet er, ganz besonders aber an einer seelischen Zerrissenheit, an der er zugrunde zu gehen droht. Seine innere Verfassung korrespondiert mit dem Zustand einer chaotischen Welt, die, von gewaltsamen Konflikten zerrissen, kurz vor ihrer Selbstzerstörung steht. Fiktiver Zeithintergrund des 1971 erschienenen Romans ist das Amerika der sechziger Jahre. Der Roman beginnt mit Mores Erwartung der unmittelbar bevorstehenden "Katastrophe", des "Endes der Welt" an diesem 4. Juli, dem höchsten amerikanischen Nationalfeiertag, an dem es nichts mehr zu feiern gibt, da die Nation am Ende ihrer ins Verderben führenden Geschichte angelangt scheint. More denkt über die Gründe nach:

> "Is it that God has at last removed his blessing from the USA and what we feel now is just the clank of the old historical machinery, the sudden jerking ahead of the roller-coaster cars as the chain catches hold and carries us back into history with its ordinary catastrophes, carries us out and up toward the brink from that felicitous and privileged siding where even unbelievers admitted that if it was not God who blessed the USA, then at least some great good luck had befallen us, and that now the blessing or the luck is over, the machinery clanks, the chain catches hold, and the cars jerk forward?" (LR, 3f).

Hier offenbart sich, was im tieferen Sinne zu Ende geht. Es ist der Mythos des amerikanischen Traums vom Glück, von einer Gesellschaft, deren Mitglieder individuell frei und dennoch in harmonischer Eintracht miteinander leben, kurz: der Traum von der Möglichkeit des amerikanischen Ausbruches aus der Menschheitsgeschichte und der Wiederherstellung des Paradieses durch den sündlosen amerikanischen Adam. More dämmert die Erkenntnis, daß die Zeit amerikanischer Erfolge, ob zufällig oder gottgegeben, ausgelaufen ist. Der Versuch des Neubeginns ist gescheitert, Amerika war in den alten Lauf der

Menschheitsgeschichte zurückgeworfen worden, die wie eine Berg- und Talbahn die Nationen über Höhen und Tiefen einem unbestimmten Ziel entgegentreibt.

Das zeigt sich auch daran, daß More die Lage nicht mehr nur als spezifisch amerikanischen Notstand ansieht:

> " 'You think there ist a national emergency?' 'More even than that, Max! It's not even the USA, it's the soul of Western man that is in the very act of flying apart HERE and NOW.'...' Well now. The soul of Western man, that's a large order, Tom. Besides being rather uh metaphysical-' " (LR, 109).

An der Krankheit Amerikas offenbart sich seine lange verdrängte Schicksalsgemeinschaft mit Europa, die Krankheit ist nämlich die Seelenkrankheit der westlichen Zivilisation, und das hat in der Tat metaphysische Implikationen. Der Brückenschlag über die Jahrhunderte zwischen Europa und Amerika wird von Percy auch ironisch angedeutet im Namen seines Protagonisten. In kritischen Augenblicken seines Lebens findet der "schlechte" Katholik More Kraft und Orientierung durch Anrufung des guten Katholiken Sir Thomas More, der aber über seine Bedeutung für die Kirche hinaus auch Autor jener Utopia war, die einerseits wohl durch die Entdeckung der neuen Welt angeregt wurde, andererseits aber auch Amerika als Idee mit inspiriert hat.

Das Scheitern des amerikanischen Experiments — wo liegen seine Anfänge, was sind die Ursachen?

> "The USA didn't work! Is it even possible that from the beginning it never did work? That the thing always had a flaw in it, a place where it would shear, and that all this time we were not really different from Ecuador and Bosnia-Herzegovina, just richer ... Was it the nigger business from the beginning? What a bad joke: God saying, here it is, the new Eden, and it is yours because you're the apple of my eye; because you the lordly Westerners ... believed in me and the outlandish Jewish Event even though you were nowhere near it and had to hear the news from strangers ... And all you had to do was pass one little test, which was surely child's play for you because you had already passed the big one. One little test: here's a helpless man in Africa, all you have to do is not violate him ... One little test: you flunk!" (LR, 94).

Geschichtliches wird hier als mythisches Ereignis beschrieben: die Sklaverei als Sündenfall Amerikas, resultierend in der Vertreibung aus dem "neuen Eden" hinein in das von Konflikten zerrissene Amerika der Gegenwart, wo "Americans have turned against Americans; race against race, right against left, believer against heathen" (LR, 17), wo selbst die katholische Kirche sich in drei Splitterkirchen gespalten hat und wo ein Aufstand der "Bantus" gegen die Weißen die von More erwartete Katastrophe auslösen soll. Doch dieses Gegeneinander gesellschaftlicher Gruppen ist letztlich Folge und Ausdruck der inneren Zerrissenheit des Individuums.

An dieser inneren Gespaltenheit leidet vor allem More selber, vermag aber dank Ausbildung — er ist Psychiater — die eigene Seelenkrankheit zu analysieren, wobei ihm zugute kommt, daß er ein Genie ist oder sich zumindest dafür hält:"a genius...who sees into the hidden causes of things and erects simple hypotheses" (LR, 11). Dank dieser Fähigkeiten ist ihm nichts weniger gelungen als die Entwicklung einer Therapie, die die Seelenkrankheit der "westlichen Welt" (LR, 27) ihre Schmerzen und Hysterien, ihre "mörderischen Impulse" (LR, 27) heilen soll. More hält seine Entdeckung für noch größer als die Entdeckungen Newtons und Einsteins,

> "because my discovery alone gives promise of bridging the dread chasm between body and mind that has sundered the soul of Western man for five hundred years (LR, 86)...ever since the famous philosopher Descartes ripped body loose from mind und turned the very soul into a ghost that haunts its own house" (LR, 181).

Die Problematik des gespaltenen Ichs wird hier — wie auch in anderen Werken Percys — zurückgeführt auf die Dichotomie von Geist und Körper, die entstanden war als Folge von Descartes Verabsolutierung des Denkens, dem er als Beweismittel für die eigene Existenz den Vorrang gegenüber dem Körper eingeräumt hatte. Seitdem ist der Mensch ein "mythical monster, half angel, half beast, but no man" (LR, 360). Der Diagnostiker More gibt der Krankheit seinen Namen — "More's syndrome, or: chronic angelism-bestialism" (LR, 360). "Angelism" ist zu verstehen als der Zustand extremer Vergeistigung, Beziehungslosigkeit und Prinzipienbesessenheit, die den Menschen dem eigenen Selbst und der konkreten Welt entfremdet, mit der Konsequenz,

> "that he will fall prey to the first abstract notion proposed to him and will kill anybody who gets in his way, torture, execute, wipe out entire populatons, all with the best possible motives and the best possible intentions, in fact in the name of peace and freedom, etcetera" (LR, 311).

Bestialismus dagegen bedeutet im Sinne Mores/Percys die Verfallenheit an die Welt der Sinne und ihrer Genüsse. Ein besonders tückischer Aspekt der Krankheit besteht darin, daß die beiden Zustände einander nicht ausschließen und es passieren kann, daß ein Mann "can feel at one and the same time extremely abstracted and inordinately lustful toward lovely young women who may be total strangers" (LR, 26).— Unglücklicherweise ist es diese Gleichzeitigkeit widersprüchlicher, bewußtseinsspaltender Zustände, an denen More selbst leidet.

More bleibt nicht bei der Diagnose der Krankheit stehen, sondern versucht darüber hinaus eine Therapie der Entfremdung zwischen Geist und Körper zu entwickeln. Das Gerät, das durch Gehirnstimulation die Wunderheilung vollbringen soll, nennt er "lapsometer". Die Etymologie des Wortes ist bedeutsam. Er wird nach ihr gefragt: "It implies, I take it, a lapse or fall.' 'Yes,' I say tonelessly. 'A fall perhaps from a state of innocence?' 'Perhaps,'" (LR, 194). Aufhebung des Sündenfalls, Rückführung des Menschen in den Stand der Unschuld, Wiederherstellung Amerikas als 'neues Eden': das ist die Verheißung Mores. Es gibt keinen Zweifel, daß er sich als einen neuen, einen amerkanischen Messias sieht, der das Land im letzten Augenblick retten kann:

"It is still not too late. I can save you, America!... I can save the terrible God-blessed Americans from themselves! With my invention! Listen to me. Don't give up. It is not too late. You are still the last hope. There is no one else" (LR, 54f). Die Heilung der Gesellschaft vollzieht sich als Erlösung des Individuums von dem alten Fluch des gespaltenen Selbst. Die Wiederherstellung der verlorenen Einheit von Körper und Geist, Denken und Fühlen würde bedeuten: "... man could reenter paradise, so to speak, and live there both as man and spirit, whole and intact man-spirit..." (LR, 35).

Mores Messias-Komplex nimmt groteske Formen an, wenn er in einer Bar sich selbst im Spiegel sieht:

> "In the dark mirror there is a dim hollow-eyed Spanish Christ. The pox is spreading on his face. Vacuoles are opening in his chest. It is the new Christ, the spotted Christ, the maculate Christ, the sinful Christ. The old Christ died fo our sins and it didn't work, we were not reconciled. The new Christ shall reconcile man with his sins. The new Christ lies drunk in a ditch" (LR, 145).

Der selbsternannte neue Christus trifft auf Hindernisse bei der Erfüllung seiner Sendung. Die von ihm behauptete größte wissenschaftliche Entdeckung seit Newton und Einstein findet in der Fachwelt keine Anerkennung, und so ist die Erprobung des 'Lapsometers' in praktischer Anwendung gefährdet. Außerdem ist More noch nicht der entscheidende Durchbruch gelungen, den beim Diagnostizieren bewährten 'Lapsometer' auch therapeutisch erfolgreich einsetzen zu können. An einem Abend sitzt er in seiner Praxis und brütet frustriert über dem Problem, draußen tobt ein Gewitter, vom Tonband erklingt Don Giovanni. Im Augenblick, da Don Giovanni seine Höllenfahrt beginnt, schlägt der Blitz ein, Funken sprühen, die Lichter gehen aus, und Ellen, die Sprechstundenhilfe meldet einen späten Besucher. Im Licht der Blitze sieht More einen Mann auftauchen, der sich in "Sprüngen" vorwärts bewegt und sich vorstellt, erstaunlicherweise nicht als Mephisto, sondern als Art Immelmann — man beachte die deutsche Schreibweise des Namens. Er sieht aus wie ein "Kleinstadtgeschäftsmann", doch strömt er einen starken Geruch aus — ein Umstand, der More auch bei späteren Begegnungen mit Immelmann irritiert (LR, 156 f).

Immelmann behauptet, Beziehungen zu haben sowohl zum National Institute of Health als auch zu großen privaten Stiftungen. Man sei aufmerksam geworden auf Mores Entdeckung, die man finanzieren wolle, so daß binnen eines

Jahres Mores Gerät, das den Untergang der USA verhindern werde, in der Hand jeden jungen Arztes und Sozialwissenschaftlers sei. Im Aufzucken des letzten Blitzes sieht More ein Dokument vor sich, das er unterschreiben soll. Als More erfährt, daß die Unterschrift die Abtretung seiner Patentrechte bedeutet, verweigert er sie. Immelmann sagt, er werde in ein paar Tagen wieder vorsprechen. Erst Sekunden später merkt More, daß Immelmann gegangen war und zwar durch den Hinterhof, den kürzesten Weg zum Hotel einschlagend. Woher konnte er von dieser Abkürzung wissen, wundert sich More. Vorher hatte er sich schon einmal über den Besucher mit dem "jung-alten Gesicht" (LR, 158) gewundert. Als er einmal gedankenlos "Gott verdammt" gesagt hatte, wurde Immelmann plötzlich weiß und trat einen Schritt zurück.

Das erste Auftreten Immelmanns wird — wie alles Geschehen — aus Mores Perspektive dargestellt. Die oben erwähnten Beobachtungen Mores hinsichtlich des gelegentlich merkwürdigen Verhaltens werden wie absichtslos berichtet, More selbst scheint ihnen kein besonderes Gewicht beizulegen. Im weiteren Verlauf des Geschehens hat More des öfteren Anlaß, über Immelmann erstaunt zu sein, der über geheimnisvolle Kräfte zu verfügen scheint, wie z.B. über die Fähigkeit, gleichzeitig an verschiedenen Orten zu sein. Aber an keiner Stelle seines Berichts kommt es durch More zur direkten, expliziten und bewußten Entlarvung Immelmanns als realem Teufel. Percys Technik des Erzählens gelingt es, dem Leser aus vielen Beobachtungen des Protagonisten Immelmann als Teufelsfigur erkenntlich zu machen, ohne daß der Protagonist selbst diese Tatsache je ausspräche. Dahinter steht eine besondere Erzählstrategie. Hätte More Immelmann bewußt als Teufel erkannt und als solchen bezeichnet, hätte er seinen eigenen Status als Wissenschaftler verleugnen müssen, denn aufgeklärtes Denken kann dem Teufel keine objektive Existenz zubilligen. Hätte Percy aber seinen Protagonisten dennoch dazu gebracht, über den eigenen Schatten zu springen und in Immelmann den Teufel zu sehen, hätte er im aufgeklärten Leser Widerstände erzeugt, die dieser dann aus dem Weg geräumt hätte, indem er Immelmann lediglich als das Produkt einer überspannten Phantasie interpretiert hätte, resultierend aus Schuldbewußtsein und der Absicht, eigenes Versagen abzuwälzen auf eine übermenschliche Kraft. All diese Möglichkeiten hat Percy ausgeschlossen, weil sie offensichtlich nicht jene Intention auszudrücken vermögen, auf die es ihm ankam. Daraus läßt sich nur ein überzeugender Schluß ziehen: Percy beabsichtigte, den Teufel als eine real und objektiv existierende Macht darzustellen.

"Wenn man vom Teufel spricht" (LR, 189) — mit diesen Worten leitet More seinen Bericht von der zweiten Begegnung mit Immelmann ein, der plötzlich und unvermittelt direkt neben ihm in der ansonst leeren Herrentoilette steht. Zwar wird hier das Wort 'Teufel' mit Immelmann in Verbindung gebracht, aber als redensartliche Formulierung, die — aus Mores Sicht — leichtfertig und gedankenlos dahin gesprochen, das Wort nicht wirklich ernst nimmt. Für den Leser aber setzt so Percy wieder ein unauffälliges Zeichen, das teuflische Präsenz signalisiert.

Eine andere Technik, das Teuflische Immelmanns für den aufgeklärten Geist goutierbar zu machen, ist seine relative Neutralisierung durch Satire. (Satire durchzieht übrigens den ganzen Roman, wobei sie einerseits zur kritischen Karikatur gesellschaftlicher Verhältnisse eingesetzt wird, zum anderen aber auch der Absicht dient, dem zeitgenössischen Leser die Schilderung von Ereignissen und die Erörterung von Ideen schmackhaft zu machen, die er in ernsthafter Präsentation nicht akzeptieren würde.) Ein Beispiel ist Immelmanns eklatante Mißachtung der in Herrentoiletten geltenden Benimmregeln. Er stellt sich direkt neben More:

> "Here is a minor breach of the unspoken rules between men for the use of urinals. If here are six urinals and one uses the first, the second man properly takes the sixth or perhaps the fifth, maybe the forth, tolerably the third, but not the second" (LR, 189).

Immelmann wiederholt nicht nur das Angebot der Finanzierung von Mores Erfindung, er verhilft ihm auch zu der noch fehlenden Lösung des Problems, wie das 'Lapsometer' effektvoll in der Therapie eingesetzt werden kann. Durch Stimulation eines besonderen Hirnbereichs, wo das Zentrum des "Musikalisch-Erotischen" liegt, werden sich nun phantastische Wirkungen erzielen lassen, insofern das "Abstrakte konkret und das Konkrete abstrakt erlebt" werden, was Immelmann am Beispiel der Frauen erläutert. Mit richtiger Therapie werde der Mann eine Frau weder als Individuum um ihrer selbst willen in Treue lieben, noch werde er sie physisch wie ein Tier lieben, sondern er werde in ihr gleichzeitig die Frau an sich als auch die Vertreterin ihres Geschlechts lieben. Umgekehrt werde er dann Frauen nicht mehr im Abstrakt-Allgemeinen lieben, sondern in dieser einen konkreten Frau. Dies sei zwar keine "treue", aber die "wahre" Liebe — dieselbe Liebe wie die zur Musik. "A woman is the concrete experienced abstractly, as women. Music is the abstract experienced as the concrete, namely sound" (LR, 201 f). Amoralische Sinnlichkeit und Musik — sie verbinden sich in der Figur des Don Giovanni, wie schon Kierkegaard im Tagebuch eines Verführers — ganz offensichtlich auch für Percy — eindrucksvoll dargestellt hat. Nicht zufällig stellte Mozarts Oper die Hintergrundmusik zu Mores erster Begegnung mit Immelmann, sie war Ausdruck von Mores Disposition für die Verführungskraft, die von solchen Lebensentwürfen ausgeht.

Die Liebe zu den Frauen hat sich in Mores Leben zur Besessenheit gesteigert. So hat er z.B. Vorbereitungen getroffen, die bevorstehende Weltkatastrophe zusammen mit drei Frauen zu überleben, von denen zwei schon seine Liebhaberinnen sind, die dritte seine Sprechstundenhilfe. Wenn er sich einen "schlechten" Katholiken nennt, dann weiß er auch, daß die Gründe dafür etwas mit seiner exzessiven Frauenliebe zu tun haben. Obwohl er an alle Thesen des katholischen Bekenntnisses glaubt, ist er sich der radikalen Diskrepanz zwischen seinem Glauben und seiner Lebensführung bewußt:

> "Some years ago, however, I stopped eating Christ in Communion, stopped going to mass, and have since fallen into a disorderly life. I

> believe in God and the whole business but I love women best, music and science next, whiskey next, God fourth, and my fellowman hardly at all" (LR, 6).

Das "unordentliche Leben" wurde ausgelöst durch den Tod von Mores innigst geliebter Tochter Samantha und der zwischen ihm und seiner Frau resultierenden Entfremdung, weil beide sich dafür "entschieden, einander (den Tod der Tochter) nicht zu vergeben" (LR, 259). Seine Frau verließ ihn wegen eines anderen Mannes und starb bald darauf. Seitdem hat er sich in sexuelle Abenteuer nicht nur aus Sinnenlust gestürzt, sondern auch aus dem verzweifelten Bedürfnis, sich zu betäuben und die traumatischste Erfahrung seines Lebens zu verdrängen. Von der Musik erhofft er sich dieselbe Wirkung: "Music ransoms us from the past, declares an amnesty, brackets and sets aside the old puzzles. Sing a new song. Start a new life" (LR, 321). Doch immer wieder steigt die Erinnerung an das Glück vergangener Tage, an das verlorene Paradies in More auf:

> "The best of times were after mass on summer evenings when Samantha and I would walk home in the violet dusk, we having received Communion and I rejoicing afterwards, caring nought for my fellow Chatholics but only for myself and Samantha and Christ swallowed, remembering what he promised me for eating him, that I would have life in me, and I did, feeling so good that I'd sing and cut the fool all the way home like King David before the Ark" (LR, 12).

Auf ihrem Sterbebett fragte die Tochter More, warum er nicht mehr zur Messe ginge und bat ihn um das Versprechen, nicht die eine Sünde zu begehen, für die es keine Vergebung gäbe — die Sünde gegen die Gnade: "If God gives you the grace to believe in him and love him and you refuse, the sin will not be forgiven you" (LR, 352). More hat sein Versprechen gehalten. Wenn Johannes recht hat, der sagte, daß ein Lügner sei, wer behauptet an Gott zu glauben, ohne aber seine Gebote zu halten — "then I am a liar. Nevertheless, I still believe" (LR, 6). In anderen Worten: More ist ein schlechter, aber gläubiger Katholik.

Eine Parallelität zeichnet sich ab. Wie der geschichtliche Skandal der Sklaverei zum sichtbarsten Ausdruck eines kollektiven amerikanischen Sündenfalls wurde, so ist Mores Sündenfall das Ergebnis seiner privaten Familientragödie, seit der sein Leben in Trümmern lag. Wenn auch Gott nicht aus diesem Leben verdrängt war, so spielte er doch eine untergeordnete Rolle. Nach dem Sündenfall waren die neu gefundenen Werte: Frauen, Musik, Wissenschaft und Whiskey, um den schmerzlichen Preis einer innerlich zerrissenen und verzweifelten Existenz.

Das ist Mores Situation, wenn Immelmann mit dem Versprechen lockt, durch Behandlung mit dem Wundergerät, nicht nur als Liebhaber, sondern auch als Wissenschaftler zu höchsten Leistungen beflügelt zu werden, wobei keine Fähigkeit auf Kosten der anderen ginge, sondern beide sozusagen in Harmonie zusammenwirkten zum Wohle der ganzen Menschheit:

" 'Science to help all men and a happy joyous love to help women. We are speaking here of happiness, joy, music, spontaneity, you understand. Fortunately we have put behind us such unhappy things as pure versus impure love, sin versus virtue, and so forth. This love has its counterpart in scientific knowledge: it is neutral morally, abstractive and godlike-' 'Godlike?' 'In the sense of being like a god in one's freedom and omniscience' " (LR, 202).

More sieht sich mit der klassischen Versuchung konfrontiert. Es lockt ein Leben der Sinnenfreude, jenseits von Gut und Böse, und es lockt die Selbstverwirklichung als Wissenschaftler, dessen geniale Tat ihn zunächst selbst — "Physican, heal thyself" (LR, 203) —, dann die Menschheit von allem Leid befreien wird durch die Heilung des unseligen Risses, der seit Jahrhunderten den Menschen mit sich selbst entzweit hat. Die Versöhnung von Geist und Körper stände bevor. Fausts Streben nach wissenschaftlichem Triumph und Don Giovannis Verlangen nach fleischlicher Lust fänden beide ihre Erfüllung bei gleichzeitiger Emanzipation von moralischen Skrupeln und Schuldbewußtsein. Aus der Synthese von Faust und Don Giovanni wäre der neue Christus entstanden, an dem zuerst die USA und dann die ganze Welt genesen würden. Das alles ist zu viel, als daß More widerstehen könnte. Er unterzeichnet Immelmanns Kontrakt (LR, 205).

Was ist das Teuflische daran? Was ist die böse Täuschung, auf die das Unternehmen aufgebaut ist? Sie besteht in Mores Irrtum zu glauben, er könne eine Seelenkrankheit heilen mit einer Therapie, deren Prinzip auf jenem Menschenbild beruht, das die Spaltung des Selbst und seine Entfremdung ins Leben gerufen hat. Die seit der Aufklärung erstrebte Emanzipation des Menschen von metaphysischer Autorität und der Anspruch auf die Verwirklichung des Selbst in eigener Verantwortung und nach eigenen Wertvorstellungen ließ den Menschen sich selber zum Objekt werden. Rationale, wissenschaftliche Methoden wurden entwickelt, um die jeweils gewünschte Wirkung auf das Objekt Mensch auszuüben.

Die wissenschaftlich ausgeübte und sanktionierte Manipulation des Menschen zu seinem eigenen Glück und Wohl hat nach Percys Überzeugung besondes auf den Gebieten der Psychologie und Psychiatrie groteske und bedrohliche Formen angenommen. Daher widmet er ganze Kapitel seines Romans der satirischen Darstellung dieser Auswüchse. So werden etwa in der "Liebesklinik" Freiwillige einzeln, zu zweit und in Gruppen zu sexuellen Aktivitäten veranlaßt, damit die sie beobachtenden Ärzte Verhaltensforschung betreiben können. Oder es wird berichtet von den "Glücklichen Inseln", wohin die aussichtslosen Fälle gebracht werden, um ihnen über einen Knopfdruck ein glückliches Ende zu bereiten. All diese Auswüchse beobachtet More und entlarvt sie in ihrer Inhumanität. Wenn er Einwände gegen die artifizielle Herstellung euphorischer Zustände und Euthanasie äußert, hält man ihm vor, daß "nicht-wissenschaftliche" — sprich: religiöse — Überlegungen sein Urteil beeinflußt hätten. Auch einer anderen emanzipatorischen These kann er nicht seine Zustimmung geben, nämlich der, daß es "eines Menschen heiliges Recht sei, sein eigenes Schicksal zu wählen und sein Potential zu verwirklichen" (LR, 187). More weiß, daß die Emanzipation des Menschen, in deren Prozeß der Mensch sich zum Schöpfer seiner Selbst macht, diesem Selbst seine Transzendenz nimmt und es gleichzeitig zum manipulierbaren Objekt reduziert. Da nach der Emanzipation die ethischen Kriterien der Manipulation in menschlichem Ermessen liegen, ist auch die Basis für die Relativierung zwischenmenschlicher Beziehungen geschaffen. So ist in einem tieferen Sinn auch die Sklaverei, die ja von More als kollektiver Sündenfall Amerikas erkannt war, Manifestation jener menschlichen Anmaßung, die den Menschen zum form- und manipulierbaren Objekt macht, dessen nur relativer Wert im Sinne des Stärkeren definiert werden darf.

Trotz all dieser inneren Widerstände gegen das aufklärerische Menschenbild verfällt More der Illusion, er könne als ein messianischer Seeleningenieur mit Methoden einer progressiven Wissenschaft menschliche Seelen heilen. Daß er als gläubiger, wenn auch "schlechter" Katholik mit dem Glauben an die schicksalsbestimmende Kraft göttlicher Gnade dennoch danach strebt, Heil und Erlösung innerweltlich und aus eigener Kraft zu verwirklichen, muß als ein so tiefer Widerspruch verstanden werden, daß nicht nur seine menschliche Glaubwürdigkeit, sondern auch seine Glaubwürdigkeit als literarische Figur in Zweifel geraten könnte. Doch durch die Behauptung der Existenz einer bösen, objektiven Macht, die von außen negativen Einfluß nimmt, durch die Einführung eines ganz besonders definierten Teufels gewinnt Mores ethische Schizophrenie psychologische Einsehbarkeit. Immelmann selbst definiert das Wesen und die Funktion der Macht, die er verkörpert:

> "Doc, we operate on a cardinal principle, which we never violate. We never 'do' anything to anybody. We only help people do what they want to do. We facilitate social interaction in order to isolate factors. If people show a tendency to interact in a certain way, we facilitate the interaction in order to accumulate reliable data...Doc, we're dedicated to the freedom of the individual to choose his own destiny and develop his own potential" (LR, 343).

Immelmann erklärt seine Macht als eine katalytische Funktion, die bestimmte Seins- und Lebensmöglichkeiten aus ihrer Latenz erweckt und zu aktualisieren hilft, indem sie den Menschen veranlaßt, aus dem in ihm ruhenden Potential von Lebensentwürfen jene Möglichkeiten zu realisieren, die er realisieren möchte. Die Wahl der zu realisierenden Daseinsmöglichkeiten sei dabei die freie Entscheidung des Menschen. In eben dieser Behauptung Immelmanns, daß die Mächte, die er repräsentiert, sich der Freiheit des Individuums verpflichtet fühlten und ganz im Dienst der freien menschlichen Selbstverwirklichung ständen, liegt das Illusionäre und damit spezifisch Teuflische seiner Wirkung. Wenn es auch wahr ist, daß Immelmann More nichts aufzwingt, was diesem wesensfremd wäre, so zieht er aber sehr wohl das Register seiner teuflischen Künste, More zugunsten einer Entscheidung zu beeinflussen, die sowohl dessen katholischen Glauben an die rettende Gnade Gottes als auch seiner Einsicht in die Unmenschlichkeit einer sich allmächtig glaubenden Wissenschaft entgegengesetzt ist. Immelmann bietet nicht die freie Auswahl aus einem universalen Reservoir von Lebensentwürfen, sondern repräsentiert eindeutig und parteiisch die Mächte des herrschenden Systems und wirbt für die Ideologien des dominierenden Zeitgeistes, dessen zwei große Leitideen 'Erfolg' und 'Glück' sind.

Wenn die Vereinigten Staaten die einzige Nation sind, die ihren Bürgern das Recht auf Glücksstreben verfassungsmässig garantiert, so sind sie auch die Vorläuferin in der Auffassung, daß Glück mit äußerem Erfolg zusammenhänge, ja daß Erfolg ein sichtbares Kriterium des Glücks sei. Historisch und religiös begründet ist diese Auffassung in der Prädestinationslehre der Puritaner, die den materiellen Erfolg, den Reichtum als sichtbares Zeichen göttlicher Gnade ansahen, das ihnen ihren Erwähltheitsstatus bestätigte. Auf diese Weise war es den Gründergenerationen möglich gewesen, Arbeit und Geld nicht primär als materialistische, sondern als religiöse Kategorien zu definieren. Dieser im Anfang spirituelle Impetus schwächte sich im Lauf der Geschichte ab zugunsten einer säkularen Haltung, die statt nach der Gnade Gottes zu streben sich zunehmend darauf verlegte, Ansehen, Respekt und Popularität bei den Mitbürgern zu gewinnen. Eine Instanzenablösung hatte im öffentlichen Bewußtsein stattgefunden: in der aktuellen Wirklichkeit war die normsetzende Gesellschaft an die Stelle Gottes getreten und hatte diesen in die Latenz der nicht zeitgemäßen Möglichkeiten verdrängt; und die Sehnsucht nach göttlicher Gnade und Seelenheil war abgelöst worden von dem Streben nach gesellschaftlicher Anerkennung und innerweltlichem Glück.

Immelmann und More haben beide teil an derselben Seinsstruktur. Immelmanns teuflische Funktion im Hinblick auf More ist, daß er aus der Fülle der in der Seinsstruktur inhärenten Möglichkeiten nur jene zur Realisation anbietet, denen im Selbstverständnis der Zeit die größte Verführungskraft innewohnt: Erfolg und Glück. "What is the purpose of life in a democratic society?...Isn't it for each man to develop his potential to the fullest?" suggeriert Immelmann und folgert für More daraus: "Develop your genius" (LR, 344). Die berufliche Selbstverwirklichung wird nicht nur als demokratisches Privileg postuliert, sondern sie wird für More zur Verheißung höchsten Ruhmes, da Immelmann ihm als dem genialen Wissenschaftler das spektakulärste Zeichen des Erfolgs, den Nobelpreis, in Aussicht stellt.

Zur Verheißung des Erfolgs gesellt sich die des Glücks. Doch wie definiert sich dieses Glück, wie wird es erlangt? Während Immelmann More mit dem von diesem erfundenen Gerät behandelt, will er von More wissen: "Isn't it better to feel good rather than bad?" und "Isn't it better to be happy than unhappy? (LR, 203)" Die Überzeugungskraft dieser Logik scheint in ihrer Banalität zu liegen. More muß beide Fragen bejahen, muß zugeben, daß der künstlich erzeugte Bewußtseinszustand als Glück erlebbar ist. Bei anderer Gelegenheit manipuliert More sich selbst mit Hilfe seiner Erfindung in einen euphorischen Zustand, in dem er das Wesen des Glücks zu erleben glaubt:

> "What does a man live for but to have a girl, use his mind, practice his trade, drink a drink, read a book, and watch the martins wing it from the Amazon and the three-fingered sassafras turn red in October? Art Immelmann is right. Man is not made for suffering, night sweats, and morning terrors. Doctor, heal thyself, I say, and give Brodman 11 one last little buzz (LR, 319)".

Glück definiert sich hier vor allem negativ: als die Abwesenheit von Leid und Angst. Es wird nicht mehr erlebt als intensiviertes Lebensgefühl, als ein Zustand der Seelenerhebung, sondern als etwas, das sich nur noch durch Reduzierung der Lebensaspekte auf körperlich-sinnliche Genüsse verwirklichen läßt.

Immelmanns wichtigste Bedeutung liegt darin, daß er die aktuelle Wirklichkeit einer postmodernen Zeit und Gesellschaft repräsentiert, die mit allen ihr zur Verfügung stehenden Verführungskräften versucht, den Einzelnen zu vereinnahmen für die Ideologie des Hedonismus, in dem das alte 'carpe diem' wieder aufzuleben scheint. Leben wird reduziert auf eine schmerzlose Gleichgültigkeit, auf das Hier und Jetzt, auf den Genuß ohne Reue, der möglich wird durch Vergessen der Vergangenheit und Verdrängen der Zukunft. "All you have to do is never look back and never be sorry, as per agreement" (LR, 205). Auf das Individuum More bezogen impliziert der Teufelspakt die Bedingungen des Vergessens, der Verantwortungslosigkeit gegenüber der Vergangenheit und der Dispensierung des Gewissens. Als kollektives Korrelat zu Mores Daseinsproblematik wäre zu sehen Amerikas Ablehnung seiner nationalen geschichtlichen Verantwortung, seines spezifisch amerikanischen Sündenfalles, und die Propagierung eines Wertrelativismus, der unter dem Vorwand der Wissenschaftlichkeit metaphysische Positionen und spirituelles Streben aufgibt zugunsten der Propagierung eines nur noch materialistisch definierten Lebenssinnes.

Percy findet für seinen Protagonisten eine Möglichkeit, sich im letzten Augenblick der teuflischen Verstrickung zu entziehen. Doch nicht der eigenen Kraft verdankt More seine Rettung, sondern Kräften, die, wie die ihnen entgegenstehende Macht Immelmanns, Elemente einer Seinsstruktur sind, die der Aktualisierung bedürfen, um ihre Wirkung zu entfalten. Es bleibt die Frage, ob es auch Amerika als Nation gelingen wird, ähnliche Kräfte zur Bewältigung der nationalen Krise fruchtbar zu machen.

Zitierte Werke Walker Percys

The Moviegoer. New York 1960. (Zitiert wird nach der Avon-Taschenbuchausgabe. Abkürzung: MG)

Love in the Ruins. The Adventures of a Bad Catholic at a Time Near the End of the World. New York 1971. (Zitiert wird nach der Avon-Taschenbuchausgabe. Abkürzung: LR)

Lancelot. New York 1977. (Abkürzung: L)

The Message in the Bottle: How Queer Man Is, How Queer Language Is, and What One Has do Do with the Other. New York 1975. (Abkürzung: MB)

Rainer Paslack

Potentialismus und Selbstorganisation

Vorbemerkung

Die Entstehung komplexer Ordnung könnte das große wissenschaftliche Thema in der zweiten Hälfte unseres Jahrhunderts werden. Vor 25 Jahren hat Walter Falk den Grundstein zur Komponentenanalyse (KA) gelegt und damit einen wichtigen Schritt auf dem Wege zu dem vollzogen, was heute zurecht als "Neue Epochenforschung" ("NE") gilt. Der von Falk begründete "Potentialismus" ist dann der Versuch einer theoretischen Gesamtbegründung der "NE". — Unabhängig davon zeichnet sich seit den frühen 60er Jahren in der Erforschung dynamischer Systeme ein weiterer neuer wissenschaftlicher Ansatz ab, der ebenfalls die Frage nach dem Ursprung komplexer Ordnung und ihrer Evolution stellt. Ich möchte diesen Ansatz als "Neue Systemforschung" ("NS") bezeichnen; der theoretische Kern der "NS" ist das Konzept der "Selbstorganisation". Dessen Rezeption hat nun — wenn ich recht sehe — bislang noch kaum eine Rolle in der Entwicklung der "NE" gespielt[1], obwohl sich eine intensive Auseinandersetzung mit diesem neuen Ansatz gerade für das von W. Falk inaugurierte Konzept des Potentialismus durchaus lohnen könnte (dasselbe gilt natürlich auch vice versa): und zwar in mindestens zweifacher Hinsicht:

- zum einen im Hinblick auf eine forschungsstrategische Stärkung des Falkschen Ansatzes (i. S. einer Fortsetzung der Suche nach potentiellen "Bündnispartnern" für einen allgemeinen "Paradigmenwechsel" in der Wissenschaft, der von der "NE" und der "NS" gemeinsam getragen werden könnte);

- zum anderen in Hinsicht auf einen möglichen gegenseitigen Lernprozeß beider Konzeptlinien: einerseits könnte nämlich die vom Potentialismus postulierte Dreierstruktur von "Sinnsystemen" die "NS" insgesamt auf eine neue Basis stellen; andererseits könnte umgekehrt die "NS" besser verstehen helfen, wie es in komplexen Systemen zur Entstehung und Evolution von Ordnung kommt, wie also eines der Zentralprobleme der "NE" auf der Grundlage natürlicher Prozesse — d.h. ohne Rekurs auf "transzendente" Potenzen — gelöst werden könnte.

---

[1] Meines Wissens hat bisher nur A. Nitschke von der Synergetik H. Hakens expliziten Gebrauch gemacht: erstmals wohl in: "Revolutionen in Naturwissenschaften und Gesellschaft", Stuttgart-Bad Cannstatt 1979; sollten sich meine Überlegungen zu einer Synthese von Potentialismus und Selbstorganisation (wozu die Synergetik eine Theorievariante bildet) halten lassen, so wäre erstmals auch eine theoretische Annäherung der Ansätze von Falk und Nitschke leistbar.

Der vorliegende Aufsatz gliedert sich in drei Hauptteile: zunächst werden die zentralen Entdeckungen der KA vorgestellt und problembezogen diskutiert:

1. Erkenntnisse und Probleme des Potentialismus
1.1. Epochaler Sinn und Ganzheitlichkeit
1.2. Der Rhythmus der Geschichte
1.3. Das Synchronizitätsproblem

Sodann wird die "NS" in ihren theoretischen Grundlinien und bedeutendsten Leistungen vorgestellt:

2. Die "Neue Systemforschung"
2.1. Das Ende des Mechanizismus
2.2. Selbstorganisation, Autopoiese und Radikaler Konstruktivismus
2.3. Die Universalität der Selbstorganisation

Schließlich soll der Versuch gewagt werden, die "NE" und die "NS" in ein übergreifendes Potentialismus-Konzept zu integrieren:

3. Erste Schritte zu einer Synthese
3.1. Vielschichtigkeit und Universalität der PAR-Struktur
3.2. Produktionslogik und Wirklichkeitskonstruktion
3.3. Potentialität als systemische Fluktuation
3.4. Biologische und epistemische Evolution
3.5. Ordnung aus Unordnung im Rahmen autopoietischer Prozesse
3.6. Die Rehabilitierung der schöpferischen Natur

Die Überlegungen dieses Artikels kreisen um zwei Grundthesen:

(1.) Das ternäre Prinzip der KA ist die epistemologische Voraussetzung jeder denkbaren (Meta-)Theorie des Mensch-Welt-Verhältnisses; sowie

(2.) die Entstehung epochaler Sinn-Strukturen verdankt sich selbstorganisativen Prozessen innerhalb unseres cerebralen "epistemischen Systems", so wie die Entstehung von (neuen) Ordnungsstrukturen überhaupt das Resultat systemischer Selbstorganisation ist.

1. Erkenntnisse und Probleme des Potentialismus

Die KA ist sicherlich eine Methode, deren empirische Ergebnisse es verdienten, in der Fachwelt mehr Aufmerksamkeit als bisher zu finden. Hat sie doch nicht nur neue Einsichten geliefert, die die Epochenforschung auf eine neue Grundlage stellen (könnten), sondern darüber hinaus ein Strukturmodell erarbeitet, das auch die Theorie evolutionsfähiger Systeme in einem neuen Licht erscheinen lassen könnte. Hier ist allerdings zu unterscheiden zwischen der KA als einem im wesentlichen literaturwissenschaftlichen Verfahren und dem Potentialismus als deren epistemologischer Deutung, deren Reflexionskraft zudem weit über den Rahmen der Literaturgeschichte hinausreicht. Der Potentialismus avisiert ein neues Verständnis des Menschen, ja sogar des gesamten Weltprozesses. — Das vorrangige Ziel des vorliegenden Artikels ist es, die Frage nach den Möglichkeiten einer konsistenten potentialistischen Theorie zu untersuchen. Im Vordergrund wird dabei der Versuch stehen, die Grundvorstellungen des Potentialismus, wie sie W. Falk entwickelt hat, mit denen der Selbstorganisationstheorie (als dem Kern der "NS") zu verbinden. Diese Verknüpfung wird natürlich nicht ohne z.T. erhebliche Modifikationen beider Theroriekonzepte zu bewerkstelligen sein. Ein die "NE" und die "NS" übergreifendes potentialistisches Konzept wird sich daran messen lassen müssen, wie weit es einerseits die epochengeschichtlichen Erkenntnisse der KA und andererseits die größtenteils naturwissenschaftlichen Befunde zur Selbstorganisation komplexer Systeme in sich zu integrieren vermag. — Wir fragen daher zunächst: Worin bestehen die zentralen Leistungen der KA und welche Probleme wirft sie auf? — Ich wende mich dabei an den mit der KA vertrauten Leser, so daß ich mich auf die "essentials" beschränken kann. Diskutieren möchte ich i.F. vor allem drei Hauptergebnisse der KA:

1.1. Epochaler Sinn und Ganzheitlichkeit

Die wohl wichtigste Entdeckung der KA besteht in dem Nachweis, daß es wandelbare Epochenstrukturen gibt, die unsere je historische Grunderfahrung modellieren. Diese epochalen Sinnstrukturen lassen sich produktionslogisch stets in drei Grundkomponenten oder -konstitutiva gliedern: eine Aktualität (A), der eine Potentialität (P) als "Innovationskraft" gegenübersteht, und eine Resultativität (R), die als das "Neue" dem Zusammenwirken von A und P entspringt. Diese ternäre oder Tripel-Struktur sei fortan als "PAR-Struktur" bezeichnet. Was bedeutet nun die Existenz epochaler PAR-Strukturen für unser Leben? Hierzu einige philosophische Reflexionen allgemeiner Natur:

Epochale PAR-Strukturen sind die mentalen "patterns", innerhalb derer wir die soziokulturelle Evolution, d.h. unsere eigene Geschichte wahrnehmen. Sie umreißen den weitesten Rahmen oder Horizont unserer Selbstinterpretationen, mithin die Art und Weise, wie wir uns — je epochenspezifisch — zu uns selbst und zum Universum (dem gesellschaftlichen wie dem naturhaften) verhalten; kurzum: PAR-Strukturen definieren "die Stellung des Menschen im Kosmos". Sie sagen hingegen nichts darüber aus, was der Kosmos bzw. der Mensch "an sich" ist. Immerhin formen oder konfigurieren sie unsere fundamentalen Vorstellungen über die Welt sowie unsere tiefliegenden Einstellungen zu ihr. Diese ihre "Tiefenwirkung" schließt allerdings weder das Vorhandensein höchst unterschiedlicher gegenstandsspezifischer Anschauungen — etwa in den verschiedenen wissenschaftlichen Disziplinen — noch etwa die Existenz diverser klassen-, gruppen- und schichtspezifischer Norm- und Wertorientierungen aus. Dazu wirken PAR-Strukturen auf einer viel zu tiefliegenden Ebene: nämlich in der Schicht unserer grundlegenden ontologischen und epistemologischen Vorstellungen bzw. unserer Grundwertentscheidungen. Sie treffen das Grundverhältnis von Mensch und Wirklichkeit, die je geschichtliche Mensch-Welt-Konstellation im Ganzen; d.h. ihre Wirkungsweise ist wesentlich "holistisch", auf ein Wirklichkeitsganzes gerichtet, weshalb spezielle Vorstellungen über spezielle Sachzusammenhänge sich bis zu einem gewissen Grade von gegebenen PAR-Strukturen wegentwickeln bzw. sich epochal gewandelten PAR-Strukturen gegenüber in Grenzen resistent verhalten können. Es treten dann allerdings die üblichen epistemischen Integrationsprobleme zwischen derartig "eigenlogisch" ausdifferenzierten Sachgebieten oder Konzeptlinien bezüglich des Versuchs einer weltbildhaft-synthetischen Gesamtschau menschlichen Wissens auf.

PAR-Strukturen vertreten immer eine holistische Perspektive auf den Weltzusammenhang; gewissermaßen versuchen Sie die Welt in einfache "Weltformeln" zu fassen, die dann durchaus zur Grundlage reichverzweigter Weltbildsysteme werden können. Sie verkörpern also die mentalen Keime zur Formierung (und Formulierung) mehr oder minder theoretisch elaborierter Weltbilder oder -anschauungen. Eine derartige systematische Ausarbeitung kann freilich auch unterbleiben: die PAR-Strukturen entfalten ja ihre "Macht" primär in lebens- oder alltagsweltlichen Zusammenhängen. Hier bilden sie die Basis lebensweltlicher Sinndeutungen der Wirklichkeit (denen gegenüber mögliche wissenschaftliche, philosophische oder theologische Ausarbeitungen sekundär sind) und besitzen sie eine essentiell "mytho-poetische" (wirklichkeits- schöpferische) Potenz und Funktion, die an alltagsweltlichen Erlebnis- und Handlungszusammenhängen ansetzt. Erst über einen komplexen kognitiven Transformationsprozeß gehen PAR-Strukturen auch in hochreflexive systematische Konzeptualisierungen der Wissenschaft, Philosophie usw. ein: hier steuern sie dann die ontologischen Prämissen solcher "Großkonzepte" wie des Mechanizismus, des Evolutionismus, des Idealismus, des Materialismus etc. oder auch politischer Lehren wie des Absolutismus, des Liberalismus usf. Die fundamentale lebensweltliche Bezogenheit der PAR-Strukturen oder auch ihr gesamtgesellschaftlicher Bezug — und eben nicht primär auf bestimmte Institutionen, gar formale Organisationen oder zweckfunktional ausdifferen- zierte soziale Subsysteme wie das politische, ökonomische, wissenschaftliche Subsystem usw. — begründet ihre Nähe zu mythischen und künstlerischen Darstellungs- bzw. Erlebnisweisen der Wirklichkeit. PAR-Strukturen lassen aufgrund ihres produktionslogischen Charakters die Welt als einen erzählbaren Prozeß- oder Handlungszusammenhang erscheinen: als eine Welt sozialer oder religiöser Konflikte, spannungsreicher Vorgänge, bedeutsamer Ereignisse, kurzum als Geschichte, die narrativ einholbar ist, weil sie sinnhafte Züge trägt. Mithin fokussieren PAR-Strukturen vorzugsweise auf solche Gegenstände oder Ereignisse der Wirklichkeit, die von sich selbst her sinnbezogen sind: also etwa Handlungen, Werte, Einstellungen, Intentionen, Erwartungen, Erlebnisse, Träume und Visionen. Demgegenüber sind z.B. eine physikalische Theorie der Elementarteilchen oder das Periodensystem der chemischen Elemente, die beide nicht Sinnstrukturen zum Gegenstand haben, nur insoweit von PAR-Strukturen betroffen, als sie als symbolische Repräsentationen des wissenschaftlichen Geistes und damit als Ausdruck einer bestimmten (paradigmatischen) Geisteshaltung auch Ausdruck einer bestimmten Epoche sind: hier sind es mehr die Art eines bestimmten Theoretisierens oder etwa der spezifische Argumentationsstil, woran sich gewisse PAR-Struktur-Effekte aufzeigen lassen, als einzelne theoretische Behauptungen, Begründungen und Modellierungen (z.B. bezüglich der Anzahl und der Eigenschaften subatomarer Teilchen oder chemischer Elemente). Dem "Zugriff" epochaler PAR-Strukturen zweifellos näher stehen alle soziokulturellen Prozesse des Handelns und Erlebens, da diese dem Bereich des Verstehens und der Verständigung unmittelbar zugehören. Die PAR-Strukturen dienen daher vornehmlich der hermeneutischen "Erhellung" des menschlichen Daseins oder genauer: sie fixieren den je epochalen Sinn aller menschlichen Praxis und strukturieren so den Weltbezug des kommunikativen Handelns der Menschen, ihre Prozesse der Verständigung und Selbstdefinition. Entsprechend kommt der KA der Rang eines sozusagen "tiefenhermeneu- tischen" oder "daseinsanalytischen" Verfahrens zu.

Damit freilich haben wir nur erst *eine* Bedeutungsebene der PAR-Struktur erfaßt: die epochale Sinnebene. Wir werden indes später sehen, daß die PAR-Stuktur generell die Grundstruktur aller selbstorganisierenden Systeme beschreibt: nicht nur des menschlichen Bewußtseins und Produzierens, sondern jedes evolutionsfähigen Systems — vom einfachen Einzeller bis hin zum menschlichen Gehirn — von Natur und Gesellschaft. Überall dort kommt sie zum Tragen, wo systemische Ganzheiten in Erscheinung treten, die epistemisch gar nicht anders denn PAR-strukturiert gedacht werden können.

Fragen wir also nach dem Wesen der Ganzheit. Die KA hat hierauf bezüglich der semantischen Geschlossenheit poetischer Texte eine Antwort zu geben versucht. Zurecht hat W. Falk festgestellt, daß bei dichterischen Texten das "Relationsnetz" nicht mit dem Sinnganzen eines Textes identisch ist.[2] Dies gilt aber auch ganz allgemein bei ganzheitlichen Phänomenen, weshalb etwa die strukturalistische Methode (z.B. bei C. Levi-Strauss) "allein die Gesamtheit der bei einem bestimmten Phänomen bestehenden Relationen zwischen Elementen" erfaßt, nicht aber das Sinnganze.[3] So ist die Anzahl der Relationen zwischen den Einzelelementen etwa eines Textes prinzipiell beliebig groß und es ist eine Frage des jeweiligen Text-Interpreten, welche Elemente er (oberhalb der schlicht grammatischen Beziehungen) wie miteinander verknüpft, wo er motivische, metaphorische, strukturelle usw. Verbindungen sieht; insofern sind Interpretationen immer subjektiv. Bei dynamischen Systemen wie Organismen, Sozialsystemen etc., die ja keine fiktionalen Texte sind, ist die Situation methodisch insofern anders, als solche Systeme die Relationen zwischen ihren Elementen prozessual selbst regeln. Diese Selbstkoordination ist Bedingung ihrer Funktionstüchtigkeit und mithin Überlebensfähigkeit; die Elemente haben ihren systemisch wohldefinierten Ort und erfüllen präzis spezifizierte Aufgaben. Welchen Ort und welche

---

2 W. Falk: "Handbuch der literaturwissenschaftlichen Komponentenanalyse", Ffm. 1983, S. 38.

3 Ebenda, S. 39.

Aufgaben, das bestimmt das System jeweils selbst und zeigt sich für einen Beobachter an ihrem eigendynamischen Funktionieren. Die interpretatorische Willkür des außenstehenden Beobachters wird also eingeschränkt durch die Bedingung, daß er bei seiner Systembeschreibung (Modellierung) zeigen können muß, wie die von ihm wahrgenommenen Elemente und ihre prozessualen Verknüpfungen (nach systemischen Regeln) zusammen tatsächlich ein funktionierendes (lebensfähiges) System erzeugen. Und da wird es im konkreten Falle kaum mehr als eine Möglichkeit geben. So muß seine theoretische System-Simulierung z.B. (prognostisch) ausweisen können, wie das betreffende System ganz bestimmte Leistungen (Problemlösungen, Situationsbeherrschung usw.) erbringen kann. Er muß zeigen können, wie die Elemente aufgrund ihrer rekursiven Verknüpfung nicht mehr alle ihnen möglichen Beziehungen, sondern nurmehr systemfunktionale Relationen untereinander eingehen können (dies ist gemeint mit der vielzitierten "Reduktion von Komplexität" im System).

Dennoch wird von der Analyse ein grundsätzlich ganz anderer Abstraktionsgrad verlangt, wenn die Ganzheit eines Phänomens als solche zur Diskussion steht. Dies gilt für Texte und dynamische Systeme gleichermaßen. Hier genügt es nicht, bloß induktiv zu zeigen, wie die einzelnen Elemente/Operationen eines Textes/Systems konkret zusammenspielen und ihren "Eigenschaftsraum" wechselseitig restringieren, sondern es braucht einen deduktiven Ansatz, der es analytisch ermöglicht, die Relationen/Operationen eines Text- oder Systemganzen zu wenigen Klassen zusammenzufassen, die immer vorhanden sein müssen, um eine strukturelle Ganzheit zu definieren. Kurzum: es geht jetzt darum, die Prinzipien der gestalthaften Einheit für alle Texte/Systeme zu bestimmen. Für Texte hat nun W. Falk die Existenz von Potential- (P), Aktual- (A) und Resultativstrukturen (R) postuliert (eben die PAR-Struktur). Alle Elemente bzw. Element-Relationen oder -Strukturen müssen sich dann bezüglich der PAR-Struktur relationieren lassen, die so gewissermaßen die "Superstruktur" des Textes ausmacht. Hierdurch erst wird die qualitative Sinneinheit des Textganzen definiert.

Ich akzeptiere Falks Unterscheidung von drei Textebenen[4], also (1.) der Ebene isolierbarer Elemente, (2.) der Ebene der Element-Relationen und (3.) der Ebene des Sinnganzen, der PAR-Struktur, wobei das Ganze in der Tat mehr ist als die Summe der Elemente und ihrer Relationen. Andererseits möchte ich jedoch betonen, daß die PAR-Struktur *als Struktur* ebenfalls relationalen Charakter besitzt: sie bildet gewissermaßen die "Meta-Relation" zu allen Element-Relationen. Gerade Falks Schachspiel-Illustration[5] zeigt dies ja sehr eindrücklich: die Figuren bzw. ihre Relationen werden (1.) über die beiden Merkmale "weiß" und "schwarz" zu der höheren Relationsklasse "Zwei-Parteien-Relation" zusammengefaßt (dem untergeordnet sind die Relationsklassen "weiße Figuren-Relationen" und "schwarze Figuren-Relationen"); diese "Zwei-Parteien-Relation" wird

---

[4] Ebenda, S. 40 ff.

[5] Ebenda.

ihrerseits (2.) über die Merkmale "Weiß gewinnt" bzw. "Schwarz gewinnt" bzw. "Remis-Situation" in die dynamische Relationsklasse des Spiel(end)stands überführt ("Wechselwirkungs-Relation"). Allgemeiner formuliert: jede PAR-Struktur enthält eine binäre (dabei antagonistisch oder komplementär modalisierte) "Gegensatz-Relation" (P/A) und eine auf diese bezogene resultative "Wechselwirkungs-" oder "Produkt-Relation" (R) und verkörpert damit im Ganzen eine letztlich noch höherstufige "Gegensatz/Ergebnis-Relation" (P/A > R). Da nun die PAR-(Relations-)Struktur interessesanterweise eine dynamische Beziehungseinheit darstellt, ist sie grundsätzlich nicht nur auf Texte, in denen alles Geschehen ja bloß "fiktiv", d.h. als "narrativer Prozeß" existent ist, anwendbar, sondern auch auf real-dynamische Systeme (Organismen etc.); und zwar sowohl, was deren immanente Prozeßabläufe (speziell ihre innovativen Restrukturierungen) als auch deren externe Interaktionsbeziehungen zu ihrer Umwelt anbetrifft. Die PAR-Struktur ist folglich nicht nur für *Sinn*-Ganzheiten, sondern ganz generell für *System*-Ganzheiten vom dynamischen Typus gültig; kurzum: alle komplex-dynamischen Ordnungsgefüge sind essentiell PAR-strukturiert.

Es lohnt für unser Vorhaben (die universelle Bedeutung der PAR-Struktur herauszustellen), den inneren Zusammenhang von Sinn, Ordnung und Struktur etwas genauer zu untersuchen. Fragen wir also: Was ist "Sinn"? Die allgemeinste und zugleich ideologiefreieste Definition ist wohl: Sinn ist Ordnung. Insofern es sich darüber hinaus um Ordnung handelt, die für jemanden (subjektiv) "Sinn macht", d.h. seinen Ordnungsbedürfnissen entspricht bzw. mit bestehenden Ordnungen in seinem Inneren korreliert oder resoniert, wird er ihr Bedeutung zuweisen: "diese Ordnung behagt mir" bzw. "diese Ordnung entspricht einer anderen". In weiteren ("höheren") Verarbeitungsschritten der so wahrgenommenen Ordnung (im Verhältnis zu bereits vorhandenen Ordnungsvorstellungen des Wahrnehmenden) kann dann die Idee "symbolischer Beziehung" (Repräsentation) ausgebildet werden, z.B.: "dieser wohlgeformte Satz S bringt die Vorstellung V bzw. die Absicht A zum Audruck". Eine Ordnung "meint" dann eine andere, "verweist" auf sie. Über (psychisch-mentale) "projektive" und assoziative Mechanismen kann dann dieser Prozeß wechselseitiger Ordnungs-Substitution, -Assoziation und -Hierarchisierung so weit gehen, daß die eine Ordnung als entstanden aus einer anderen interpretiert wird (Ursache-Wirkungs- bzw. Entschluß-Handlungs-Beziehung). Auf dieser höchsten Ebene gilt Ordnung dann als "Sinn", wenn sie Teil hat an einem übergeordneten Ordnungs*kontext*: am Kontext einer individuellen Biografie, einer spezifischen Handlungssituation, einer bestimmten Kultur oder Gesellschaft, der Geschichte, einer Theoriekonstruktion, eines Kunstwerks, eines Ökosystems usf., schließlich gar der kosmischen Gesamtordnung oder eines göttlichen Planes. Doch damit befinden wir uns bereits mitten im ideologisch-weltanschaulichen Streit um die "wahre" bzw. "beste" Ordnung, die stets den "höchsten Sinn" macht. Uns hier genügt die Beschreibung: Sinn ist jede Form von Ordnung, die auf einen Kontext (eine Rahmen- oder Referenzordnung) bezogen werden kann und dadurch etwas "bedeutet" (i.S. einer bestimmten, historisch oder individuell relativen, "Semantik" des Wissens, Fühlens oder Wollens).

Dann aber ist jede Wahrnehmung von Sinn oder Ordnung stets Interpretation, d.h. kontext-funktionale Bedeutungszuweisung, auf welcher Deutungsebene auch immer (z.B.: "Ich sehe diesen Baum als Teil der Natur", oder: "Ich sehe diesen Baum als Nutzholzressource für die Forstwirtschaft", oder: "Ich sehe diesen Baum als Symbol des Lebens" etc.). Darüber hinaus ist die Wahrnehmung, daß und wie etwas geordnet ist, selbst abhängig von dem je kontextuellen Bezugsrahmen, in dem es wahrgenommen wird und aus dem heraus es erst seinen jeweiligen Informationsgehalt (seine je funktionale, symbolische usw. Bedeutung) für den Wahrnehmenden erhält; dieser "Sinngehalt" versteht sich nicht von selbst, sondern ergibt sich erst aus der jeweiligen Perspektive eines Beobachters, aus dessen Ordnungsinteresse und Ordnungsvermögen. Eine Besonderheit der Konstitution von "Sinn-Ordnung" durch einen Beobachter ist es dabei, daß dadurch ein "Horizont von Verweisungen" geschaffen wird, der wesentlich von der Differenz zwischen der je *aktual* gegebenen Ordnung und der Verweisung auf andere (letzthin unendlich viele) *potentiale* Ordnungen lebt. Sinn-Ordnung bedeutet mithin immer auch die Möglichkeit von Um- oder Neu-Ordnung, damit aber auch der Ent-Ordnung, des Ordnungsverlustes; allgemein: Sinn verweist auf Leben und Tod zugleich, aber auch auf "Anders-leben"! Der Kontext sinnreicher Ordnung ist folglich nicht zuletzt ein Kontext noch latenter Möglichkeiten.

Wenn also Sinn kontextgebundene Ordnung ist, was ist dann Ordnung? Antwort: Ordnung ist Struktur. Wir können etwas als geordnet/als Ordnung nur wahrnehmen und wiederholbar identifizieren, insofern es strukturiert ist: innerhalb einer Ordnung müssen sich immer Strukturen von anderen Strukturen abheben, sei es in Form einer räumlichen Gliederung, einer logischen Deduktionenfolge, semantischer Muster, interpersoneller Beziehungen oder geregelter zeitlicher Ereignisketten. Immer müssen Unterscheidungen möglich sein, die Relationsspielräume zwischen den unterschiedlichen Strukturen/Strukturmomenten einer Ordnung ermöglichen. Es muß dann aber auch Ordnung bzw. Struktur von Unordnung bzw. Strukturlosigkeit ("Chaos") unterschieden werden können, um Ordnung/ Struktur als solche überhaupt erkennen zu können.

Was aber ist Unordnung? Unordnung zeigt sich je nach Ordnungsbezug z.B. als Zufälligkeit aufeinderfolgender Ereignisse, als regellose räumliche Punktverteilung ("weißes Rauschen"), als sinnlose Zeichenverknüpfung oder — in realen physikalischen Systemen — als (Zunahme von) Entropie. Für das Folgende besonders interessant ist der Entropie-Fall. Nach dem zweiten Hauptsatz der Thermodynamik ("Entropiesatz") wohnt jedem dynamischen Ordnungszustand (i.U. zu statischen Kristallstrukturen) die Tendenz inne, in Unordnung überzugehen. Klassisches Beispiel: in einem adiabatisch abgeschlossenen physikalischen System (etwa einem isolierten Wasserbehälter) sind zwei unterschiedlich temperierte Fraktionen immer bestrebt, ihren Temperaturunterschied (= Ordnung) durch Wärmefluß so auszugleichen, daß im Ergebnis das ganze System eine mittlere Temperatur annimmt (= Ent-Ordnung): es wird dadurch thermisch homogen und mithin strukturlos. Bei thermodynamisch offenen Systemen bedeutet dies, daß sie laufend ihre Eigentemperatur mit der ihrer Umwelt auszugleichen bemüht sind, was entweder ihre Erwärmung oder Abkühlung zur Folge hat. Unordnung wird also durch thermischen Energiefluß bewirkt. Ganz allgemein kann man deshalb formulieren: Energiefluß (Wärme, Strahlung) tendiert prinzipiell dazu, Ordnung/Struktur zu zerstören. — Einerseits muß jeder strukturierte Prozeß Energie verbrauchen, um überhaupt ablaufen zu können (Beispiel: Motor), andererseits erzeugt er dadurch entweder Wärme, deren Dissipation (Streuung) seine Struktur bzw. Funktion bedroht (Beispiel: Überhitzung des Motors), oder er verliert sie an seine Umwelt, wodurch seine Funktionstüchtigkeit ebenfalls in Gefahr gerät (Beispiel: Vereisung eines fließenden Gewässers bei starkem Frostwetter).

Gegenüber mechanischen Systemen (siehe die eben genannten Beispiele) sind nun allerdings organische Systeme, also Lebewesen, durch eine Besonderheit ausgezeichnet. Sie verstehen es offenbar, ihre Stoffwechselprozesse und damit ihre strukturelle Organisation trotz Entropie über längere Zeit hinweg aufrechtzuerhalten: stoffwechselbedingte "Überhitzung" vermeiden sie durch Wärmeabstrahlung (Entropieexport in die Umwelt) und Unterkühlung innerhalb gewisser Grenzen durch interne Temperaturregelung (homöostatischen Wärmeausgleich bzw. Wärmeisolierung). Im Gegensatz zu mechanischen Systemen folgen biologische Systeme den Spezialgesetzen einer "raffinierten", nicht-linearen Thermodynamik, die eine in Grenzen "neg-entropische" Prozeßorganisation und sogar eine Steigerung von Eigenkomplexität (Ordnung) durch Evolution erlauben. (Es gibt aber, wie wir noch sehen werden, auch anorganische Systeme, die Ordnung innovieren und sogar aus Chaos erzeugen können!)

Das physikalische Verständnis einer derartigen der Entropieerzeugung entgegenwirkenden, strukturerhaltenden und evolutionsfähigen Prozeßorganisation ist erst in den letzen beiden Jahrzehnten allmählich möglich geworden: durch die Entdeckung sogenannter "dissipativer Strukturen" (durch I. Prigogine) bzw. der "Autopoiese" (durch Maturana und Varela), deren Grundlage die Fähigkeit komplexer dynamischer Systeme zur Selbstorganisation bildet. Deren Wesen werden wir später noch ausführlich erläutern. — An dieser Stelle wollen wir einstweilen nur eine Konsequenz festhalten, indem wir behaupten: den gegebenen Strukturen/Operationen eines selbstorganisierenden Systems entspricht in potentialistischer Sprache seine Aktualität (A), den allgegenwärtigen energetischen Dissipationen oder Fluktuationen seine Potentialität (P) und seine evolutionäre Neuordnung macht seine Resultativität (R) aus. Wenn diese These/Zuordnung zutrifft, dann muß allerdings ein "Grundrätsel" gelöst werden: wie ist es vorstellbar, daß ausgerechnet aus der (Tendenz zur) Unordnung, aus Fluktuationen also, Ordnung bzw. Ordnungsevolution hervorgehen kann? Verraten sei vorerst nur, daß der Prozeß der Neuordnung durch Fluktuation das Bestehen spezifischer Randbedingungen der Selbstorganisation voraussetzt.

Etwas aber sollte für alles Folgende stets im Auge behalten werden: je nach Systemtyp/Systemebene können dynamikbedingte Fluktuationen recht unterschiedliche Formen annehmen: so treten sie etwa in physikalischen Systemen als thermische Unruhe (bzw. Turbulenz) oder chaotischer "Wellensalat", in chemischen Systemen als instabil-alternierende Molekülverbindungen ("chemische Oszillatoren"), in biologischen Systemen als genetische Replikationsfehler oder Chromosomenbrüche (Mutationen) bzw. als Fieberanfälle infolge von Infektionen, in neuronalen Systemen als Auflösung "plastischer" Netzwerkstrukturen (synaptische Entkopplung) oder als Fehlschaltung, in psychischen Systemen als (subjektiv erlebte) Verwirrung oder Panikgefühle bzw. als schizoide oder rauschhafte Zustände und in sozialen Systemen schließlich als Anomie, Mißverständnis, Bevölkerungsdruck oder Desorganisation in Erscheinung. — In jedem dieser Fälle besitzen Fluktuationen ein janusartiges "Doppelgesicht": sie können zerstörerisch wirken, sie können aber auch das System strukturell innovieren! Im letzteren Falle bewirkt die Fluktuation, daß — zufallsabhängig — irgendeine Restrukturierungs-Möglichkeit aus dem strukturellen Möglichkeits-"pool" des Systems realisiert wird (R); wegen dieser Wirkung kann die Fluktuation mit Recht als "Innovationskraft" bezeichnet werden. "Unruhe" ist dann in der Tat "schöpferisch". Solcherart neuordnend wirken Fluktuationen allerdings nur innerhalb selbstorganisativer Systeme.

Eine wichtige Unterscheidung muß an dieser Stelle eingeführt werden: Genau genommen ist mit "System-P" immer zweierlei gemeint: nämlich (a) die Existenz systemischer Restrukturierungsmöglichkeiten, die bloß logisch gegeben sind i.S. reiner Re-Kombinationsmöglichkeiten der Systemelemente (und die natürlich z.B. beim Menschen andere sind als bei einem Einzeller); und (b) die systemmöglichen Fluktuierungen, die systemisch wirksam, also strukturverändernd und die bei einem physikalischen System andere sind als bei einem biologischen System usw. (s. oben). Uns braucht hier nur der aktive Aspekt der P, also (b), zu interessieren. Die "passive" P, also (a), ist demgegenüber trivial. Dies führt zu einer weiteren bedeutsamen Unterscheidung: Eine eigene aktive P besitzt ein System nur dann, wenn es Fluktuationen für seine Selbstorganisation zu nutzen imstande ist (also für Phasenübergänge, phänotypische Selbstvariation, Lernprozesse, kreatives Handeln usw.). Dagegen besitzt z.B. ein Marmorblock nur eine rein passive P, die jedoch von der aktiven P eines Bildhauers genutzt werden kann, um aus dem Block eine Skulptur zu schaffen; zu der der Block selbst sich niemals selbstorganisieren könnte: alle natürlichen Veränderungen des Blocks — etwa infolge Verwitterung — sind nicht Resultat einer block-eigenen P, sondern der universell wirkenden, allgemeinen Entropie, die hier nur desorganisierend wirken kann. Uns sollen daher i.F. nur selbstorganisative Systeme beschäftigen, die es über die besondere Form ihrer ganzheitlich-dynamischen Organisation verstanden haben, die allgemeine (destruktive) Entropie in eigene, aktiv ordnungsstiftende P zu verwandeln. Immer wenn wir künftighin von der P eines Systems sprechen, soll damit dessen eigene, aktive P gemeint sein.

Über die Erörterung des Sinnbegriffs waren wir schließlich beim Strukturgebriff angelangt. Struktur ist nun freilich der allgemeinere Begriff gegenüber "Sinn", denn nicht jede Struktur ist eine Sinnstruktur ("Sinn" macht eine Struktur nur für jemanden innerhalb eines Bedeutungskontextes mehrerer aufeinander verweisender Strukturen). Infolgedessen ist auch die PAR-Struktur nicht nur auf "Sinnsysteme" (= denkende oder kommunizierende Systeme) beziehbar, sondern ganz allgemein auf selbstorganisierende Systeme, die Energiefluktuationen zur Generierung eigener Strukturen benutzen.

Eine letzte Anmerkung noch, die für später wichtig werden wird. Im Falle evolvierender, selbstorganisierender Systeme, also etwa Organismen oder auch neuronaler Mentalsysteme (Gehirne), kann man statt von PAR-Strukturen auch von PAR-*Systemen* sprechen, da hier die evolutionär sich entfaltende Systemdynamik mit der PAR-Dynamik identisch ist. Im Falle gewisser mentaler oder ideeller *Produkte* unseres selbstorganisativen Mentalsystems, also unseres Gehirns, scheint es mir hingegen angeraten, ganz präzis von "PAR-*strukturierten* Ganzheiten" zu sprechen. Bei dichterischen Texten ist dies offensichtlich, da sie nicht sich selbst erzeugende und erhaltende Systeme darstellen, vielmehr von einem Autor gestaltete Ganzheiten sind, die eine epochale PAR-Struktur lediglich "symbolisch" repräsentieren; so besitzen sie auch keine eigene aktive Potentialität, sondern eben bloß Potentialstrukturen. Dasselbe ist nun aber auch von den epochalen PAR-Strukturen anzunehmen: auch sie sind m.E. ein Produkt cerebral-neuronaler Aktivität. Während unser Gehirn ein selbstorganisierendes PAR-System mit eigener P-Aktivität ist, verkörpern epochale Sinnstrukturen gleichsam "geronnene" Aktivitätsmuster unseres Gehirns, mit denen dieses sich selbst programmiert. Wenn also unser Gehirn ein komplizierter Computer sein sollte, wie oft behauptet wird, dann freilich einer, der sich selbst — und zwar von Epoche zu Epoche neu — programmiert; d.h. unser Gehirn "schreibt" sich seine eigenen Programme, denen es sich dann für eine gewisse Zeit unterwirft; solange, bis es sich über neuronale Eigenfluktuationen (P) wieder re-programmiert, also epochal "umstimmt". Wie das abläuft, darauf werden wir noch zurückkommen. — Es wäre jedenfalls irreführend, würde man die epochalen Sinnstrukturen zu quasi autonomen Sinnsystemen reifizieren; denn nicht sie, sondern unsere Gehirne sind "Sinnsysteme", die sich selbst "sinnstrukturieren", um sich auf "Wirklichkeit" sinnhaft beziehen zu können. Auch dazu später mehr.

1.2. Der Rhythmus der Geschichte

Wir kommen nunmehr zu der zweiten bedeutenden Entdeckung durch die KA. Die Abfolge der epochalen PAR-Strukturen weist ein rhythmisches Muster auf, d.h. gewisse (formale) Merkmale kehren zyklisch immer wieder (solche Rhythmen sind übrigens für die selbstgeregelte Arbeitsweise selbstorganisierender Systeme, zu denen auch unser Gehirn zählt, nicht untypisch). Die Abfolge epochaler PAR-Strukturen zeigt also einen eigentümlich oszillierenden Charakter, d.h. sie vollzieht sich offensichtlich in einem festen Rahmen alternierender A/P-Dominanzen. Entweder herrscht Potentialpriorität (PP) oder Aktualpriorität (AP). Daraus läßt sich indirekt schließen, daß unser "kognitiver" oder "epistemischer Apparat" (in der Großhirnrinde), insofern er auf der Basis von

PAR-Strukturen operiert, ein sogenanntes "bistabiles System" darstellt, da es lediglich zwischen zwei Zuständen (AP und PP) "wählen" kann. Wohlgemerkt: diese Zweiwertigkeit ist langfristig stabil, nicht aber sind es die beiden Zustände des Systems, das ja jeden von ihnen immer nur auf Zeit annehmen kann und daher beständig zwischen ihnen hin- und herschwankt (fluktuiert). Jeder seiner beiden Zustände für sich genommen ist nur temporär stabil.

Faßt man nun A und P als die sozusagen Grundfunktionen unseres epistemischen Systems sowie die Zeit (t) und die Dominanz (D) als seine Variablen auf, so kann man — in Form einer geometrischen Analogie — den graphischen Verlauf der beiden Funktionen als zwei Sinuskurven beschreiben, die gegeneinander um genau eine halbe Schwingung phasenverschoben sind. (*Schaubild I*)

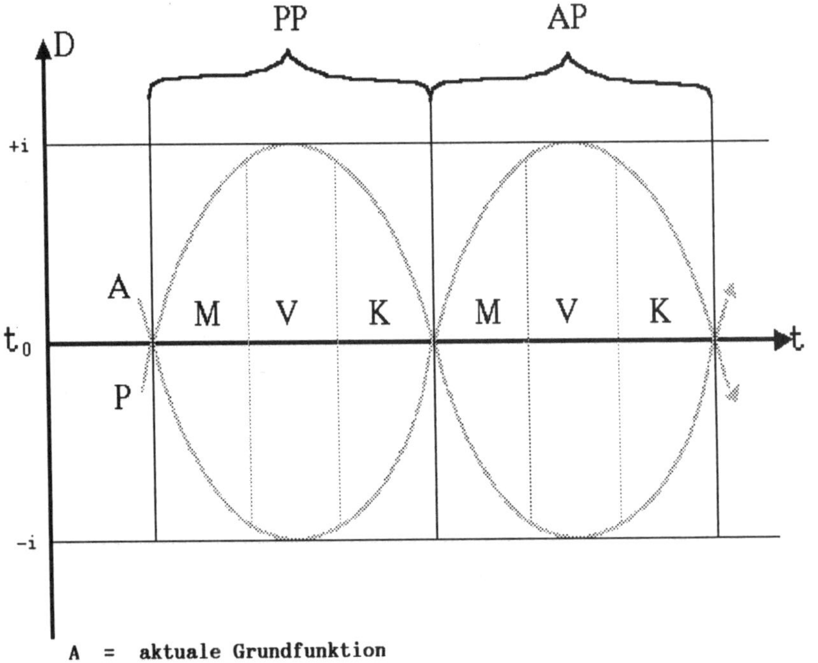

A = aktuale Grundfunktion
P = potentiale Grundfunktion
AP = Aktualpriorität
PP = Potentialpriorität
D = Dominanz
M = Markierungsphase
V = Visualisierungsphase
K = Konkretisierungsphase

Schaubild I

Positive D-Werte für eine der beiden Funktionen bedeutet, daß diese "impulsgebend" ist. Nimmt D, die Zustandsvariable, für eine der beiden Funktionen einen negativen Wert an, so verhält sich die Funktion "sub-dominant" gegenüber der anderen, d.h. sie geht in "Opposition" (O) zu ihr. Beim D-Wert 0 wechselt die Dominanz zwischen den beiden Funktionen (Prioritätswechsel); die D-Werte i bzw. -i sollen die jeweils "kritischen" Werte markieren, welche die Funktionen im Dominanz- bzw. Oppositionsbereich extremal annehmen können (Richtungswechsel der Funktionen). Jedes Fortschreiten der Graphen in der Zeit (t) bedeutet, daß die Funktionen ihr Verhältnis zueinander, damit aber auch sich selbst verändern: sowohl i.S. einer phasischen Veränderung innerhalb einer bestimmten Halbschwingung als auch i.S. einer periodalen Veränderung bei jedem Prioritätswechsel (R). Dieser Prozeß ist in die Zukunft hinein prinzipiell endlos, also offen, und sein unvordenklicher Anfang (bei t_0) ist als mit dem Anfang der Menschheit identisch vorzustellen. Wie das Schaubild I zeigt, schließen die beiden Funktionsgraphen mit jeder Halbschwingung ein Feld quasi "komponentialer Spannung" ein; dabei nimmt die "Feld-Spannung" (d.h. die A/P- bzw. ihre D/O-"Divergenz") von der Markierungsphase (M) zur Visualisierungsphase (V) zu und von der V-Phase zur Konkretisierungsphase (K) wieder ab. Daß sie dies "stetig" tut, wie das Sinuskurven-Analogon suggeriert, muß natürlich nicht der Realität unseres "kognitiven Apparates" entsprechen; wie überhaupt die vorgelegte geometrische Darstellung bloß einen metaphorischen Wert besitzt und zwangsläufig die tatsächlichen Verhältnisse, wie immer sie sein mögen, idealisiert. Immerhin demonstriert das Modell wohl recht anschaulich, wie die A- und P-Funktion sich in der M-Phase immer deutlicher voneinander abgrenzen, um in der V-Phase für ihre Differenz die extremale (bisweilen sogar "antagonistische") Interpretation zu finden, bis sie sich schließlich in der K-Phase wieder einander annähern und scheinbar konvergieren. Je nach dem nun, wie das D/O-Verhältnis der beiden Funktionen "gepolt" ist, befindet sich das kognitive System entweder in einem AP- oder PP-Zustand: je nach dem auch ist das Verhältnis von A und P entweder "aggressiv/protektiv" oder "konservativ/progessiv" (dem KA-kundigen Leser werden diese Begriffspaare aus den Schriften von W. Falk vertraut sein; ich erspare mir übrigens auch die das Bild verkomplizierende Unterscheidung von sich überlagernden Hierarchieebenen des Epochenwandels: Periodenebene — Ärenebene — Zeitalterebene; am Prinzip der Bistabilität würde dadurch nichts geändert).

Die rhythmischen (bistabilen) Oszillationen, denen unser kognitives System via PAR-Struktur offenbar unterworfen ist, stellen m.E. ein weiteres interessantes Beispiel für die Existenz sogenannter "Biorhythmen" dar, hier allerdings lokalisiert auf der Ebene der "Mentation", d.h. geistiger Prozesse. Ganz so wie im Falle der bereits bekannten Biorhythmen (etwa oszillierender Konzentrationsgradienten, die den zellulären Metabolismus, die Zelldifferenzierung usw. regulieren[6]), so ist auch der rhythmische Prioritätswechsel als ein Indiz dafür zu werten, daß

---

[6] Z.B. B. Hess/M. Markus: "Chemische Uhren", in: A. Dress/H. Hendrichs/G.Küppers: "Selbstorganisation — Die Entstehung von Ordnung in Natur und Gesellschaft", München 1986, S. 61 ff.

es sich bei unserem kognitiven System um ein selbstorganisierendes System handelt, das sich über einen epochalen AP/PP-Rhythmus immanent regelt und evoluiert.

1.3. Das Synchronizitätsproblem

Wir kommen nunmehr zu der dritten zentralen Entdeckung der KA, die auf den Epochenwandel ein neues Licht wirft und lange Zeit unter dem Titel "Faktor X" gehandelt worden ist. — Muß es nicht einigermaßen rätselhaft anmuten, wenn die KA belegt, daß die Texte zahlreicher verschiedener Autoren, selbst dann, wenn sie in keinerlei persönlichem Kontakt zueinander stehen, zu ungefähr demselben Zeitpunkt denselben epochalen PAR-Struktur-Wechsel aufweisen? Legt dies doch den Gedanken an das Wirken einer geheimnisvollen "invisible hand" nahe. Immerhin sollte man doch meinen, daß es sehr unterschiedliche Fortsetzungen nach einer "erschöpften" epochalen Sinnstruktur geben kann: "starrsinniges" Beharren auf der alten Struktur (was auch tatsächlich vorkommt), völliges Versinken in Strukturlosigkeit (Chaos) oder aber Übergang zu einem beliebig neuen PAR-Muster. Man mache sich dies an einem einfachen Bilde deutlich: gegeben sei eine ideale Kugel, die aufgrund starker destabilisierender Kräfte aus ihrem "Heimat-Tal", wo sie sich in relativ stabiler Ruhe befand, auf die ideal-punktförmige Spitze eines Berges getrieben wurde und dort nun in völliger Ruhe verharrt: ihr Zustand ist jetzt natürlich vollkommen instabil, denn bereits der kleinste Anstoß aus irgendeiner Richtung — sozusagen ein beliebig leichter Windhauch — wird sie wieder vom Berg herunterrollen lassen, und zwar in irgendeines der umliegenden Täler hinab, um dort eine neue "Heimat" zu finden. Dieses kann übrigens — zufällig — auch wieder das alte Tal sein, es kann aber auch der "Ozean des Chaos" sein, in den die Kugel dann rettungslos versinken wird. Mathematisch gesehen befindet sich die Kugel auf der Bergspitze an einem Bifurkationspunkt, der mehrere mögliche Bewegungsfortsetzungen gestattet. — Ganz so müßte es sich auf den ersten Blick auch mit einem Autor verhalten, der sich am Ende einer Epoche in eine neue Epochenstruktur hineinschreiben "möchte". Die KA lehrt uns aber, daß es stets nur eine neue Fortsetzung gibt! — Wie nun ist diese eigentümliche Synchronizität der Koinzidenz aller oder doch der meisten innovativen Schriftsteller zu erklären? Wodurch — durch welchen "Faktor X" — wird diese kollektiv-mentale Umdisposition verursacht?

W. Falk hat sicher recht, wenn er sowohl auf marxistisch-materialistische (nach dem "Basis-Überbau-Schema" konstruierte) als auch auf idealistische (auf eine Hegelsche Dialektik des Weltgeistes hinauslaufende bzw. — nach kantischem Vorbild — subjektphilosophisch begründete) Lösungsversuche des Synchronizitätsproblems zurückweist. Demgegenüber erlauben die empirischen Belege der KA für die Existenz einer Epochenrhythmik einen ganz anders gearteten Lösungsansatz, der — wenn ich recht sehe — nur noch relativ geringe "Koordinationsleistungen" bezüglich der epochalen "Gleichstimmung" der individuellen Produzenten (Autoren) erfordert. Die Argumentation könnte etwa so erfolgen:

1. Eine bestimmte epochale Weltsicht (E-1) gerät in innere Schwierigkeiten, d.h. an die Grenze ihrer Glaubwürdigkeit (speziell: die "Vision" der V-Phase verblaßt, erschöpft sich, weshalb die Epoche in ihre K-Phase übergeht und sich einem Prioritätswechsel nähert); dieser problematische Zustand löst mentale Fluktuationen, sozusagen "Suchbewegungen" oder Innovationsbestrebungen bei einer wachsenden Anzahl von Autoren aus.

2. Wenn nun E-1 z.B. A-Priorität besitzt (AP), wird E-2 in jedem Falle P-Priorität (PP) aufweisen (dies folgt aus der "entwicklungsbiologischen" Bistabilität der Epochendynamik).

3. E-2 wird dann aber bestimmte Merkmale von E-0 (dem direkten Vorgänger von E-1) bzw. — dann in der Regel aber wohl schwächer ausgeprägt — mit noch früheren Vorgängern mit PP-Charakteristik zeigen.

4. Dennoch wird es zu keiner platten "Wiederauflage" von E-0 (i.S. der zyklischen Wiederkehr einer "ewiggleichen" PP-Sinnstruktur) kommen, da einesteils die historische Gesamtsituation, die soziale Lebenswelt der Autoren, inzwischen eine andere ist (überhaupt ist selbst nur eine partielle "Wiederholung" bestimmter Ereignissituationen oder Handlungskonstellationen in der Geschichte komplexer Gesellschaften wohl ausgeschlossen), und da andernteils die historische Reflexion auf Vergangenes (also auf E-0) selbst dort, wo sie eine "Renaissance" emphatisch anstrebt, durch das bloße Bewußtsein, einstige Lebens- und Denkformen wiederzubeleben, deren tatsächliche Wiederkehr gerade verhindert!

5. E-2 wird gleichwohl E-0 *strukturell* gleichen und nur "inhaltlich" (z.B. andere "komponentiale Motive") abweichen, wobei sich die Abweichung in toto dem historischen Stand der gesamtgesellschaftlichen Entwicklung verdanken dürfte, der seinerseits über subtile, z.T. "unterschwellig" wirksame, sozialsystemische Mechanismen zwischen den Individuen vermittelt wird (zumal bei Autoren, gestandenen wie "newcomern", die alle demselben literarisch-sozialen Subsystem angehören).

Insgesamt kann also die kollektiv-mentale Re-disponierung als ein Ergebnis selbstreferentiell geregelter, mentaler Selbstorganisation betrachtet werden, die in jedem Individuum (Autor) derselben Gesellschaft denselben strukturellen Gesetzmäßigkeiten einer endogenen Epochenrhythmik folgt und die sich darüber hinaus — zum Zwecke ihrer näheren Spezifikation — mit einer (subliminaren) sozialsystemischen "Feinsteuerung" verbindet (was gleichwohl der je individuellen "Gestaltungsfreiheit" noch genügend inhaltlichen und stilistischen Freiraum beläßt). Auch Falk hat ja betont, daß allein schon die pure Existenz einer Epochenrhythmik zumindest eine grobe Prognose zukünftiger Epochenstrukturen erlaubt.

Warnen würde ich in jedem Falle davor, aus den *inhaltlichen* Merkmalen von bestimmten Epochenstrukturen irgendwelche Rückschlüsse auf deren *Ursachen* zu ziehen! Wenn z.B. in der gegenwärtigen Periode der Teufel als Wirklichkeit erscheint[7], so sagt dies lediglich aus, daß wir — oder einige von uns — alltagsweltlich die Wirklichkeit als "teuflisch" erfahren, nichts aber darüber, wie die Wirklichkeit "an sich" beschaffen ist. Andernfalls müßte man ja damit rechnen, daß die heutige Wirklichkeit eine völlig andere ist (wohlgemerkt: als solche und nicht nur für uns!) als sie es in einer Epoche war, deren Epochenstruktur andere Gestalten als Teufel, Götter, Engel usw. zur Erscheinung brachte. Nicht, daß es Gott/Götter bzw. Teufel/Dämonen tatsächlich geben könnte, soll hier bestritten werden, sondern lediglich, daß unser (subjektives) Erleben solcher Wesenheiten bzw. unser Spekulieren über ihre Existenz irgendeine beweiskräftige Evidenz besitzen kann. Jede Erfahrung von Realität und jede Aussage über sie ist stets zuallererst eine Modellierung von Realität, d.h. eine Konstruktionsleistung unseres "epistemischen Apparates", empirisch also: unseres Gehirns — wie immer dieses im einzelnen auch beschaffen sein mag (dies ist ja wiederum eine Frage der Selbst-Modellierung unseres Gehirns, insofern es über sich selbst nachdenkt.). Wir kommen aus dem erkenntnislogischen Zirkel, daß alle "Erkenntnis", also auch unsere "Erkenntnis" unserer "Erkenntnismöglichkeiten", immer *unsere* "Erkenntnis" ist, nicht heraus. Wir können uns mithin nicht selbst denkend "hintergehen". Nichtsdestoweniger ist es ein offenbar tiefsitzendes Merkmal unserer "theoretischen Neugierde", nach wenigstens logisch konsistenten und empirisch fruchtbaren Modellen der Wirklichkeit Ausschau zu halten, auch wenn wir über deren Gültigkeit aus prinzipiellen Gründen niemals absolute Gewißheit erlangen können.

Der oben skizzierte Argumentationsgang bezüglich eines "autor-synchronen" Epochenwandels (von E-1 zu E-2) hatte eben den Zweck, ein solches konsistentes Modell vorzubereiten. — Aber es gibt noch andere denkbare Möglichkeiten (außer der Hypothese "gottgewirkter Wunder", die ein wenig an Leibniz' "prästabilisierte Harmonie" erinnert), um das Synchronizitätsproblem anzugehen. Eine davon hat vor langer Zeit C. G. Jung im Hinblick auf parapsychische Phänomene (Telepathie, Präkognition usw.) vorgeschlagen: dabei ging er von der Existenz eines "Kollektiven Unbewußten" unterhalb der Individualpsychen aus, das deren Tiefen-Koordination raum- und zeitunabhängig bewerkstelligt. Es läßt sich schließlich nicht ausschließen (sowohl Kant als auch etliche Wahrnehmungspsychologen und Neurobiologen stehen dafür), daß Raum und Zeit (auch als physikalische Parameter) lediglich Konstruktionen unseres Gehirns sind, sozusagen ein neuronaler "Trick", der unserem epistemischen System eine bewußte Erfahrung erst ermöglicht. Unbewußt, d.h. in seinen tiefsten Schichten, mag unser Gehirn/Geist sehr wohl ohne solche Parameter auskommen: dort dann könnten unsere Gehirne unmittelbar füreinander "kommunikativ offen" sein, direkt miteinander resonieren und so sich kollektiv abstimmen (sogar ohne Verletzung des "Energieerhaltungssatzes"). Dies könnte auch für epochale PAR-Strukturen gelten. — Eine andere Möglichkeit hat vor einigen Jahren der Biologe

---

[7] W. Falk: " Die Ordnung in der Geschichte"; Stuttgart/Bonn 1985, S. 309 ff.

R. Sheldrake vorgeschlagen[8]. Nach seiner Vorstellung richtet sich das Universum nicht nur nach unveränderlichen starren Mustern/Gesetzen, sondern folgt "Gewohnheiten", die sich im Lauf der Zeit durch Wiederholung von Ereignissen ausbilden. So postuliert Sheldrake z.B. für biologische Systeme die Existenz sogenannter "morphogenetischer Felder", die (gemeinsam mit den genetischen Mustern) das organische Leben und seine Evolution in raumüberbrückender Weise steuern. Diese "morphogenetischen Felder" sind als solche unsichtbar und wirken "morphisch", nicht energetisch. Eignet sich nun ein Angehöriger einer biologischen Spezies — aus welchem Grund auch immer (über innere Fluktuationen jedenfalls) — ein neues Verhalten unabhängig von genetischer Mutation an, so wird sein morphogenetisches Feld verändert; behält er sein neues Verhalten lange genug bei, übt er es "gewohnheitsmäßig" aus, so beeinflußt er über "morphische Resonanz" die morphogenetischen Felder aller anderen Artangehörigen, gleichgültig wo diese leben, und prägt dadurch der gesamten Spezies das neue Verhalten auf. Sheldrake bringt hierfür zahlreiche Beispiele, übrigens auch aus dem anorganischen Bereich, und bietet sogar Möglichkeiten einer experimentellen Überprüfung seiner Thesen an (diese soll inzwischen sogar positiv gelungen sein). Dasselbe könnte nun natürlich auch für die Morphogenese epochaler Sinnstrukturen gelten: erst erzeugt ein Individuum die Spezifika einer neuen PAR-Struktur über mentale Fluktuation und alle oder doch die meisten anderen Individuen ziehen dann über "morphische Resonanz" nach (insofern die speziellen soziokulturellen Lebensbedingungen eines Individuums dies nicht unterbinden); und je mehr Individuen auf die neue Struktur "einschwingen", desto stärker werden die morphischen Resonanzen innerhalb einer Kultur, desto rascher auch vollzieht sich die kollektiv-mentale Redisposition. — Mit diesen Spekulationen wollen wir die Erörterung der zentralen Entdeckungen der KA vorerst abschließen und uns den Kernvorstellungen der Theorie selbstorganisierender Systeme zuwenden.

---

[8] R. Sheldrake: "Das schöpferische Universum — Die Theorie des morphogenetischen Feldes", München 1984.

2. Die "Neue Systemforschung"

2.1. Das Ende des Mechanizismus

Das mechanistische Weltbild ist in unserem Jahrhundert zumindest zweimal stark erschüttert worden. Den ersten Schock lösten zu Anfang des Jahrhunderts die Quantentheorie (QT) und die Relativitätstheorie (RT) aus. Die QT zeigte u.a., (1.) daß die Natur "Sprünge macht" (Quantelung der Energie), was die mechanistische Kontinuumsvorstellung zerstörte und den "horror vacui" in die Physik zurückbrachte (besonders auch, als sich zeigte, daß Materiepartikel aus dem "leeren Raum" spontan durch energetische Fluktuationen erzeugt werden können); (2.) daß quantenphysikalische Ereignisse prinzipiell nicht voll determiniert sind, sondern nur mit statistischer Wahrscheinlichkeit eintreten (Beispiel: die Halbwertszeit beim Betazerfall radioaktiver Elemente), womit der strenge Determinismus der klassischen Mechanik im Grundsatz aus den Angeln gehoben wurde; und (3.) daß der Vorgang des Messens im mikrophysikalischen Bereich die zu messenden Größen beeinflußt (eine Folge davon ist die sogenannte Heisenbergsche "Unschärferelation", die zum Ausdruck bringt, daß der Ort und der Impuls eines Teilchens nicht zugleich mit beliebiger Genauigkeit bestimmt werden können; ebensowenig kann die Messung seiner Energie und die Festlegung des Zeitpunktes, für den diese Messung gilt, gleichzeitig vorgenommen werden, so daß die exakte Vorausberechnung künftiger Bewegungen des Teilchens unmöglich wird), womit das klassische Ideal der objektiv-distanzierten Naturbeobachtung radikal eingeschränkt wurde (diese Tatsache wird noch verstärkt durch den Umstand, daß sich ein Quant je nach Experimentieranordnung entweder als Korpuskel oder als dazu komplementäre Welle präsentiert). — Die RT Einsteins schließlich zeigte (4.), daß es die "absolute Zeit" und den "absoluten Raum" der klassischen Mechanik Newtons ebensowenig gibt wie beliebig große Geschwindigkeiten ("absolute Konstanz" der Lichtgeschwindigkeit im Vakuum) noch vollkommen starre Körper oder bewegungsunabhängige Massenverhältnisse: jedes physikalische Bezugssystem verfügt über seine eigene "Raum-Zeit" (neues Relativitätsprinzip). — Dieser Schock ließ sich immerhin noch in Grenzen halten, da man die neuen Erkenntnisse einerseits auf den mikroskopischen Bereich (QT), andererseits auf den Fall extremer Geschwindigkeiten bzw. kosmologischer Größenordnungen (spezielle und allgemeine RT) beschränken konnte.

Seit den 60er Jahren indes rollt eine zweite "Schockwelle" heran, die das Erbe der QT gewissermaßen in den jedermann sichtbaren makroskopischen Größenbereich fortsetzt. Hier nun setzt die "NS" ein. Denn ganz offensichtlich vollzieht die Natur auch im makroskopischen Bereich gleichsam "Quantensprünge": hin zu neuer Ordnung — wofür die biologische Evolution der Arten (schon immer ein "Ärgernis" der klassischen Physik) das Paradebeispiel liefert. Wie ist dies zu erklären? Zumal eine Reduktion komplexer lebender Systeme auf einfache physikochemische Systeme offenbar unmöglich ist.

2.2. Selbstorganisation, Autopoiese und Radikaler Konstruktivismus

Der "NS" ist es zu verdanken, daß wir heute makroskopische Struktursprünge mit mikroskopischen "Sprüngen" (fein-energetischen Fluktuationen) in einen "nicht-linearen" Zusammenhang bringen können, ohne reduktionistisch verfahren zu müssen. Von zentraler Bedeutung für die "NS" wurde die Entdeckung bzw. das Ernstnehmen von Komplexität, also von komplexer Ordnung in Systemen, die mit sich selbst (auf allen Strukturebenen) und mit ihrer Umwelt in nicht-linearer Wechselwirkung stehen. Komplexe Systeme gleichen damit "nicht-trivialen Automaten", deren (innerer) Qutput zugleich ihr Input ist (infolge zyklischer Ereignisverkettung) und die dadurch fixe "Eigenwerte" ausbilden können (dazu eine mathematische Analogie: zieht man aus einer beliebigen rationalen Zahl die Wurzel und zieht dann aus dem Ergebnis wiederum die Wurzel und immer so weiter, so erhält man schließlich den festen Wert "1" als den Eigenwert dieser Operation). Ein anderer Aspekt: komplex-dynamische Systeme beziehen ihre Energie aus der Umwelt (z.B. durch Nahrungsaufnahme oder, autotrophisch, von der Sonne) und benutzen sie zu ihrer Selbsterhaltung bzw. -reproduktion, zu ihrem Wachstum und zu ihrer evolutionären Selbstveränderung (i.S. von Komplexitätssteigerung). — In der "klassischen Systemforschung" war das zentrale Problem die Stabilität von Systemen und deren Erhaltung (Homöostase); Veränderung wurde hingegen in der Hauptsache als negative "Störung" des Systemgleichgewichts thematisiert. In der "NS" wird umgekehrt — und eben darin zeigt sich der paradigmatische "switch" — die (Selbst-)Veränderung von Systemen in den Mittelpunkt des Interesses gerückt und Stabilität zum Grenzfall evolutionsfähiger und allenfalls "fließgleichgewichtiger" Systeme erklärt; "offene" und wandlungsfähige Systeme, die in der Natur (und in der Gesellschaft) die Regel sind, existieren grundsätzlich "fern ab vom Gleichgewicht" und sind daher stets nur angenähert stabil ("metastabil"). Insgesamt könnte man deshalb das Unternehmen der "NS" als die Wiederentdeckung der schöpferischen Natur ("natura naturans") bezeichnen. — Diese Wiederentdeckung besitzt nun mehrere, zunächst voneinander unabhängige, disziplinäre "Wurzeln"[9]:

Zuerst führte der Physiker und Kybernetiker Heinz von Foerster 1960 das Prinzip des "order from noise" ein, um die Wechselwirkungen eines selbstorganisierenden Systems mit seiner Umwelt beschreiben zu können; dabei wandte er den bekannten Shannon'schen Redundanzbegriff auf originelle Weise an[10].

---

[9] Für den historischen Entstehungskontext s. W. Krohn/G. Küppers/R. Paslack: "Selbstorganisation — Zur Genese und Entwicklung einer wissenschaftlichen Revolution", in S.J. Schmidt (Hg.): "Der Diskurs des Radikalen Konstruktivismus", Ffm. 1987, S. 441 ff. Und neuerdings: R.Paslack: "Urgeschichte der Selbstorganisation", Braunschweig/Wiesbaden 1991.

[10] H. v. Foerster: " On Self-Organizing Systems and their Environment", in: M.C. Yovits/S. Cameron (Hg): "Self-Organizing Systems", London 1960, S. 31ff.; als Einstiegslektüre für den ganzen Komplex "Selbstorganisation" sei empfohlen: E. Jantsch: "Die Selbstorganisation des Universums", München 1979.

Dann gelang es dem Chemiker Ilya Prigogine (1967)[11], im Zusammenhang mit seinem Studium nicht-linearer, irreversibler Prozesse, eine Theorie "dissipativer Strukturen" zu entwickeln, die zeigt, wie ein System sich fern ab vom thermodynamischen Gleichgewicht ("Bénard-Instabilität") durch den Aufbau energetischer Streustrukturen aufrechtzuerhalten vermag. Solche Streustrukturen beziehen ihre Wachstumsenergie von außerhalb des Systems, doch die notwendigen und hinreichenden Bedingungen für diskontinuierliche "Quantensprünge" zu neuer Organisation erreichen sie durch Fluktuationen im Systeminnern ("evolutionäres Feedback"). In Normalzeiten funktioniert ein System bei "unterkritischen" Fluktuationen um einen Gleichgewichtspunkt ("Attraktor") herum. Werden die Fluktuationen jedoch durch "positives Feedback" amplifiziert, so können sie den existierenden Stabilitätsspielraum überschreiten und das gesamte System zu einer neuen dynamischen Funktionsweise "transzendieren". — Ein einfaches anorganisches Beispiel sind die bienenwabenförmigen "Bénard-Konvektionszellen", die sich spontan in einer dünnen, rundum abgeschlossenen Flüssigkeitsschicht bilden, wenn man die Flüssigkeit von unten entsprechend erhitzt (bei übermäßiger Erhitzung löst sich dieses Strömungsmuster allerdings wieder auf und die Flüssigkeit turbuliert chaotisch). Ein anderes Beispiel sind Prigogines "chemische Uhren", also chemische Reaktionen fern vom chemischen Gleichgewicht, die ein kohärentes, rhythmisches Verhalten zeigen. Prigonine zieht dabei das Konzept der Bifurkationen (Verzweigungen) heran, um die Bildung dissipativer Strukturen zu beschreiben. Interessanterweise zeigen Systeme in der Nähe von Bifurkationen große Schwankungen. Das System scheint zwischen verschiedenen Entwicklungsmöglichkeiten zu zögern, wobei das berühmte "Gesetz der großen Zahn" versagt. Eine beliebige und beliebig kleine Fluktuation kann eine neue Entwicklung einleiten, wodurch das makroskopische Gesamtverhalten des Systems drastisch verändert wird. Dies läßt sich übrigens mathematisch beschreiben mit Hilfe der Theorie sogenannter "seltsamer Attraktoren", die die im System ablaufenden, ungleichgewichtigen Prozesse gleichsam "magisch" anziehen und die Systeme an fluktuativen "Scheidewegen" zu quasi "Rechts-Links-Entscheidungen" nötigen.[12] — Viele Systeme können übrigens mehr als nur eine dissipative Struktur aufweisen; und stets sind die neuen Ordnungszustände, die ein System nach dem "Ordnungssprung" einer solchen Struktur besitzt, physikalisch gesehen völlig zufällig.

Bereits Anfang der 60er Jahre begann Hermann Haken damit, eine Theorie des Lasers zu entwickeln, die das spontane kohärente Zusammenwirken unabhängiger Materiepartikel (der Atome des Lasermediums) erklären konnte: normalerweise besteht ja Licht aus einem "Gemisch" von mit unterschiedlichster

---

[11] I. Prigogine: "Introduction to Thermodynamics of Irreversible Processes", 3. Aufl., N.Y. 1967; s. aber dessen spätere Publikationen: "Vom Sein zum Werden", München 1984 sowie (zusammen mit I. Stengers): "Dialog mit der Natur", München 1981.

[12] Sehr anschaulich etwa: "Harmonie in Chaos und Kosmos", hg. von der Bremer Sparkasse anläßlich einer Ausstellung, Bremen 1984.

Frequenz und Phase schwingender Photonenwellen. Durch die besondere Konstruktion der Laserapparatur (Spiegelausrichtung und -abstand) erhält nun ein bestimmter Wellenzug einen minimalen Vorteil gegenüber den anderen, sich zu verstärken; dadurch wird die Symmetrie der "gleichberechtigten" Wellenzüge "gebrochen" und der geringfügig bevorzugte Wellenzug kann sich sehr rasch so amplifizieren, daß er schlagartig alle anderen Laseratome dazu zwingt (in einer Art "Kettenreaktion"), ihre Photonenwellen in gleicher Phase mit ihm zu emittieren (dies nennt Haken "Versklavung"). Die Folge ist, daß das den Laser verlassende Licht schließlich aus nahezu vollkommen kohärenten (wohlgeordneten) Wellenzügen besteht. Der ordnungsstiftende "Symmetriebruch" wurde hier freilich von außen, durch den Laserhersteller (die Konstruktion), künstlich angeregt: in der Natur werden hingegen auch die Randbedingungen der Selbstorganisation von den Systemen bestimmt. Entsprechend hat Haken selbst 1971 eine allgemeine Theorie der "Synergetik" formuliert[13], die folgendes vorsieht: sobald die Energiezufuhr eines Systems in ihm zu "überkritischen" Fluktuationen führt, werden sogenannte "Ordnungsparameter", die den systembedingten Umwelteinfluß kennzeichnen, wirksam und bringen die Elemente des Systems dazu, "synergetisch" neue kollektive Ordnungsmuster zu erzeugen. Dieses "Synergie"-Prinzip gilt nach Haken übrigens auch für innovative Prozesse in Wirtschaft, Politik und Kultur (überall da, wo Kollektive eine Rolle spielen).

1971 konnte der Biochemiker Manfred Eigen zeigen, daß sich Darwins Ideen der Variation und Selektion auch auf die "präbiotische" Ebene anwenden lassen; zusammen mit P. Schuster stellte er 1978 ein "Hyperzyklus"-Modell der Entstehung des Lebens aus ungeordneter Materie vor[14], das demonstriert, wie komplexe organische Strukturen mit an ihre Umwelt angepaßten Eigenschaften scheinbar "zielgerichtet" entstehen, in Wirklichkeit aber über einen evolutionären Ausleseprozeß ihre Anpassung an die Umwelt selbst optimieren. Eigen hatte beobachtet, daß sich — vergröbert dargestellt — verschiedene Nukleinsäuremoleküle (N) spontan in diffusen Lösungen zu replikationsfähigen Katalyse-"Ringen" zusammenschließen: dabei produziert ein N-1 ein Protein E-1, das nun die Produktion eines E-2 durch ein N-2 katalysiert; dieses neue Protein wiederum katalysiert die Produktion eines Proteins E-3 durch ein N-3 usw., bis schließlich eine späteres N-x ein E-x produziert, das die Produktion von E-1 durch N-1 katalysiert, womit sich der sogenannte "autokatalytische Hyperzyklus" schließt. Ein solcher Hyperzyklus ist in hohem Maße zur Fehlerkorrektur in seiner Selbstreproduktion und damit zur Erhaltung und Weitergabe komplexer Information fähig. In einer und derselben Lösung konkurrieren nun viele

---

13 H. Haken/R. Graham: "Synergetik — Die Lehre vom Zusammenwirken", in: Umschau in Wissenschaft und Technik, 1971, S. 191 ff.; ausgearbeitet dann in: H. Haken: "Erfolgsgeheimnisse der Natur", Ffm./Berlin/Wien 1984.

14 Als Grundlegung: M. Eigen: "Self-Organization of Matter and the Evolution of Biological Macromolocules", in: Naturwissenschaften, 58, 1971, S. 564 ff.; ausformuliert in: M. Eigen/P. Schuster: "The Hypercycle", Heidelberg/ Berlin/N.Y. 1979; s. auch: M. Eigen/R. Winkler: "Das Spiel — Naturgesetze steuern den Zufall", München 1975.

verschiedene Hyperzyklen miteinander um die knappen Aminosäuren zur Produktion von Proteinen; dadurch stimulieren sie wechselseitig ihre Evolution, d.h. "unterlegene" Hyperzyklen mutieren entweder vorteilhaft oder sie fallen auseinander und aus den freiwerdenden N bilden sich neue Hyperzyklen mit neuen Eigenschaften. Eigen konnte zeigen, daß hierbei hocheffektive Optimierungsmechanismen wirksam werden. Damit hat er den vielleicht entscheidenden Übergang vom präbiotischen in den biotischen Bereich und mithin den "Ursprung des Lebens" unserem Verständnis näher gebracht. Von jedenfalls zentraler Bedeutung ist sein Nachweis der zyklischen (selbstreferentiellen) Geschlossenheit (prä-)biotischer Prozeßorganisation. — Bei ausgeprägt biologischen Systemen, vom Prokaryonten an aufwärts, zeigt sich diese fundamentale Geschlossenheit vor allem daran, daß Lebewesen über ihren "genetischen Code" die inneren Randbedingungen ihrer Existenz selbst regeln (Vernetzung von Geno- und Phänotyp): "genetische Fluktuation" in Form von Mutationen führt zur biologischen Evolution unter Beachtung der phänotypischen Funktionstüchtigkeit.

1979 schließlich postulierten die Neurobiologen H. Maturana und F. Varela[15], daß Lebewesen "autopoietische Systeme" sind, d.h. Systeme, die organisationell geschlossen und autonom sind. "Alle Informationen, die das System für die Aufrechterhaltung seiner zirkulären Organisation braucht, liegen in dieser Organisation selbst. Das System ist operational geschlossen, seine Operationen hängen vom dem jeweiligen Zustand vor jeder Operation ab; in diesem Sinne sind autopoietische Systeme struktur- bzw. zustandsdeterminiert. Autopoietische Systeme sind selbstreferentiell, d.h. sie beziehen sich im Prozeß der Aufrechterhaltung ihrer Organisation ausschließlich auf sich selbst. Die funktionale Organisation selbst-herstellender Systeme wird erklärt als zyklische, selbstreferentielle Verknüpfung selbstorganisationeller Prozesse".[16] "Autopoietisch" sind lebende Systeme dann deshalb, weil sie zyklisch die Elemente, aus denen sie bestehen, aus eben diesen Elementen selbst erzeugen (vgl. Eigens "Hyperzyklen"). Dies können "allopoietische" Systeme, wie etwa Maschinen, nicht. Diese "kreisproduktionale" Geschlossenheit definiert die autopoietische Organisation von Lebenwesen überhaupt, während ihre je artspezifischen Strukturen (ihre Anatomie, Physiologie usw.) diese Organisation nur jeweils spezifizieren.

Nervensysteme, die als neuronale Subsysteme fungieren, stellen nun ihrerseits selbstreferentiell geschlossene Systeme dar (die allerdings vom Gesamtorganismus versorgt werden müssen, sich also nicht selbst erhalten können): und zwar sind sie neuronal-operational bzw. informationell-semantisch geschlossen. Das

---

15 H.R. Maturana/F.J. Varela: "Autopoiesis and Cognition", Boston studies in the philosophy of science, Boston 1979; s. auch H.R. Maturana: "Erkennen: Die Organisation und Verkörperung von Wirklichkeit", Braunschweig/Wiesbaden 1982; und neuerdings: H.R. Maturana/F.J.Varela: "Der Baum der Erkenntnis", Bern/München/Wien 1987.

16 S.J. Schmidt: "Der Radikale Konstruktivismus: Ein neues Paradigma im interdisziplinären Diskurs", in: ders. (Hg): s. Anm. 9.

bedeutet, daß Gehirne zwar Umweltreize über die Sinnesorgane (über "afferente Bahnen") perzipieren, nicht aber die Umwelt als solche erkennen können. Alle Information über die Umwelt und jede Informationsbewertung (jede "Sinn"-Zuweisung) müssen sie selbstgeregelt selber leisten. Gehirne können Außenkontakte nur über Selbstkontakte "sinnvoll" herstellen: sie "wissen" von der "Realität" nur insofern und insoweit, als sie sie *konstruieren*![17] Dies ahnten aus anderen Gründen schon die frühen Quantenphysiker. "Es scheint..., daß die Kartierungen oder Beschreibungen, die wir benutzten, um die Welt anzusehen, die Wirklichkeit selber erschaffen".[18]

Diese Ahnung wird nun im Lichte der neuen neurobiologischen Befunde quasi zur Gewißheit, was den sogenannten "Radikalen Konstruktivismus" auf den Plan gerufen hat, der eine verschärfte Fortsetzung des klassischen Konstruktivismus Kants mit z.T. neuen Mitteln darstellt.[19] Der radikale Konstruktivismus muß indes nicht in die Sackgasse des Solipsismus führen. Denn auch wenn die Umwelt als solche prinzipiell unerkennbar ist, so ist die selbstorganisative Entwicklung eines Systems doch auf Umwelt-Reizungen angewiesen (wie immer es diese Reize dann auch interpretieren mag). Dies zeigen z.B. sehr eindrücklich die entwicklungspsychologischen Befunde J. Piagets: offenbar durchläuft die Entwicklung unserer Fähigkeit, logische Operationen durchzuführen, eine wohldefinierte und universell gültige Stufenfolge. Die selbstgeregelte Entfaltung epistemischer Kompetenzen ist freilich nur möglich, insofern das System sich gegenüber seiner Umwelt sensomotorisch aktiv verhält und Erfahrungen sammelt (bezüglich der "Widerständigkeit" oder "Nachgiebigkeit" der Umwelt), d.h. operative Bestätigung erfährt oder aber sich Irritationen aussetzt, die es fluktuativ zu Lernprozessen anregen, ohne welche seine epistemischen Anlagen gar nicht zur Darstellung und Reife gelangen könnten. Andernfalls kümmert das System dahin und degeneriert (ganz dasselbe gilt für die Entwicklung normativer Regelkompetenzen: ohne Sozialkontakte keine Entwicklung sozialer Fähigkeiten). — Die Idee der Selbstorganisation, ob nun als entwicklungsbiologisch geregelt oder fluktuativ bewirkt vorgestellt (beides greift ja ineinander), ist für alle genannten Ansätze der zentrale Bezugspunkt. Diese Idee zeichnet sich im wesentlichen durch zwei Momente aus:

1. Die Offenheit der Systeme für Materie- und Energiefluß aus der Umwelt einerseits (was bedeutet, daß offene Systeme niemals ein stabiles thermodynamisches Gleichgewicht erreichen und daß sie im Falle hoher interner Schwankungen im allgemeinen spontan von einem Ordnungszustand in einen anderen übergehen:

---

[17] Z.B. G.Roth: "Erkenntnis und Realität. Das reale Gehirn und seine Wirklichkeit", in S.J. Schmidt (Hg.): s. Anm. 9, S. 229 ff.

[18] J.C. Pearce: "The Crack in the Cosmic Egg", N.Y. 1971.

[19] Etwa P. Watzlawick (Hg.): "Die erfundene Wirklichkeit", München/Zürich 1981; oder auch S.J. Schmidt (Hg.): s. Anm. 9.

nicht ausdämpfbare Instabilitäten sind demnach der Motor der Systemevolution).

2. Die operationale und/oder informationelle Geschlossenheit der Systeme andererseits (was bedeutet, daß Systeme auf der Grundlage rekursiver Input-Output-Beziehungen ihr Verhalten gegenüber ihrer Umwelt autonom oder selbstselektiv regeln; anstatt auf "Informationen" aus der Umwelt bloß gleichsam "mechanisch" zu reagieren, sichern solche Systeme ihr Überleben, idem sie gegenüber beliebigen Störungen ein selbstgesteuertes "Eigenverhalten" generieren).

Nur Systeme, die diese beiden Momente aufweisen, sind zur spontanen Selbstorganisation auf der makroskopischen Ebene fähig. Die wichtigsten Folgen davon sind: selbstorganisierende Systeme hinreichender Komplexität

- regeln und normieren sich selbst (d.h. die Umwelt wirkt lediglich negativ oder restriktiv auf das System ein, das sein Verhalten im übrigen selbst definiert: es gibt keine "positive", sondern nur eine "negative" Auslese seitens der Umwelt; was überleben kann, überlebt; und dies muß keineswegs das "Bestangepaßte" sein).

- manipulieren ihre Umwelt, insofern sie nur hoch genug entwickelt sind (Organismen-Stufe), d.h. sie nehmen Einfluß auf die äußeren Randbedingungen (Milieubedingungen) ihrer Existenz:

- sind polyzentrisch organisiert (d.h. sie besitzen relativ autonom ausdifferenzierte komplexe Teilsysteme, die miteinander in selbsterzeugter Hierarchie vernetzt sind: dies gilt besonders für Organismen und soziale Systeme);

- zeichnen sich durch Irreversibilität ihrer internen Prozesse aus;

- weisen kreiskausale Verknüpfungen auf, in dem Sinne, daß Ursachen und Wirkungen zirkulär miteinander verwoben sind;

- koordinieren ihre internen Prozesse gemäß einer Eigen- oder Systemzeit;

- erzeugen Ordnungsübergänge durch synergetische Prozesse aus Fluktuation.

2.3. Die Universalität der Selbstorganisation

Nachdem das neue Paradigma erst einmal da war, fand es ziemlich bald zahlreiche neue disziplinäre Anwendungen und eine — noch wachsende — kulturelle Anerkennung.

So weiß man in der Geologie seit einiger Zeit um die Existenz riesiger geothermischer Konvektionszellen innerhalb des Erdmantels, deren selbstorganisative Dynamik erstmals die beobachteten plattentektonischen Driftbewegungen der Erdkruste zu erklären imstande ist.

Ähnliche konvektionelle Strukturen spielen auch innerhalb der Erdatmosphäre eine bedeutende Rolle: sie bestimmen die tägliche Wetterlage (z.B. bei der Wind-, Tief- und Wolkenbildung) nicht weniger als die großräumigen Klimaverhältnisse. — Vergleichbares gilt für die komplizierten Strömungsmuster in unseren Weltmeeren.

In der Brüsseler Arbeitsgruppe um Prigogine werden mit dem Konzept der Selbstorganisation derzeit solch unterschiedliche Forschungsgebiete untersucht wie z.B.: Aktienmarkt, Verkehrsfluß, urbane Entwicklung ("Brussaville"-Projekt), Sozialverhalten von Insekten (Termiten), Wetter, Krebs (Entstehung und Dynamik).

Ökologen wie C.S. Holling[20] richten ihr Forschungsinteresse zunehmend auf die Elastizität ("resilience") von ökologischen Systemen und deren damit verbundene Fähigkeit, diskontinuierliche Übergänge in neue fließgleichgewichtige Stabilitätszustände zu vollziehen (i.S. einer "Ko-Evolution" aller relevanten Ökosystemgrößen). — Ebenso arbeiten auch neuere Konzepte der Populationsdynamik (bezogen auf den natürlichen wie auf den menschlich-gesellschaftlichen Bereich) mit Selbstorganisations-Modellen.

Eine herausragende Rolle spielen selbstorganisative Prozesse in der gegenwärtigen Hirnforschung oder Neurobiologie: das menschliche Gehirn ist einer der komplexesten Fälle selbstorganisativer Systembildung; allein von der genetischen Ausstattung her wäre der komplizierte Aufbau von Gehirnen/Nervensystemen gar nicht vollständig möglich; die Gene setzen hier nur die Anfangsbedingungen (Dispositionen) einer neuronalen Entwicklung, die sich im wesentlichen über Selbstkontakte und Umweltreize selbst steuert.[21] Über das "Wie" werden wir später noch berichten.

Das Selbstorganisationskonzept läßt sich auch in der Kosmologie bzw. Astrophysik anwenden: so wurde das Modell eines "fluktuierenden Universums" entwickelt, das zu erklären vermag, wie es aufgrund anfänglich minimaler Fluktuationen einerseits zur inhomogenen Verteilung der kosmischen Massen in Form von Galaxienhaufen und -superhaufen und andererseits zum asymmetrischen Massenverhältnis von Materie und Antimaterie gekommen ist (Symmetriebruch). Auch der sogenannte "Urknall" könnte eine Folge destabili-

---

20 C.S. Holling: "Resilience and Stability of Ecological Systems", in Ann. Rev. Ecol. and Syst. 4, 1973, S. 1 ff.

21 Z.B. G. Roth, s. Anm. 17; oder ders.: "Die Selbstreferentialität des Gehirns und die Prinzipien der Gestaltwahrnehmung", in Gestalt Theory, Vol. 7, No. 4, 1985.

sierender und sich allmählich aufschaukelnder Anfangsfluktuationen gewesen sein, zumal Instabilität und damit Dissipation (sprich: "kosmische Expansion") viel wahrscheinlicher ist als in sich ruhende Stabilität. Übrigens würde auch die alte Vorstellung eines oszillierenden Universums, das rhythmisch zwischen Expansion und Kontraktion hin und her schwankt, gut in das Bild eines sich selbst organisierenden Kosmos passen (der virtuelle "Punkt Alpha" jeweils vor Beginn einer neuen Expansionsphase wäre dann sozusagen jener Zustand, in dem A und P noch nicht aus- und gegeneinandergetreten sind: jener unvordenkliche "prä-ordiale" Zustand absoluter "Einheitswirklichkeit" also).

In der "KI-Forschung", der Erforschung und Entwicklung "künstlicher Intelligenz", gibt es erste vielversprechende Ansätze, parallel verarbeitende Computer zu entwickeln, die nach dem Vorbild der neuronalen Organisation des Gehirns ihre internen Informationsnetze selbstorganisieren, indem sie nach den biologischen Prinzipien der "Fehlerfreundlichkeit" und der "analogen Optimierung" operieren; es ist ihnen dadurch bereits möglich, einfache bildliche und sprachliche Muster (Gestalten) zu erkennen bzw. zu produzieren (in einigen Fällen wenden sie dabei sogar "holographische" Mustererzeugungsverfahren an, was u.a. ganz neue Speichermöglichkeiten eröffnet). Aber all das sind nur erste Schritte auf einem langen Weg zu einem "neuro-analogen" Computer, der seine Informationen selbst erzeugt und bewertet sowie sich adaptiv selbst re-programmieren kann.

In der systemischen Familientherapie begreift man zunehmend die Familie als ein sich selbst definierendes und von der Umwelt abgrenzendes System, das eigenen selbstgesetzten Regeln folgt, die es — im Falle pathogener Strukturfolgen — auch nur selbst zu ändern imstande ist. Dies verbietet dem Familientherapeuten jede direkte Intervention: er muß daher einen Weg finden, um das Familiensystem zu einem Therapiesystem zu erweitern, in dem er selbst Teilnehmer ist und allenfalls Selbstheilungsschritte der Familienangehörigen initiieren oder "katalysieren" kann.[22] — Auch die berühmten Versuche einer "offenen Psychiatrie" (vor allem in Triest und Mailand) gehören in diesen Rahmen.

Die Gestaltpsychologie hat bereits recht frühzeitig und theoretisch eigenständig die selbstorganisativen Prozesse der Gestaltwahrnehmung und -genese erkannt und für die Gestalttherapie fruchtbar gemacht.[23] — Auch verschiedene gruppentherapeutische Ansätze und Teile der "humanistischen Psychotherapie" (z.B. F. Perls) arbeiten mit selbstverändernden Techniken. — Ebenso geht die Entwicklungspsychologie und "genetische Epistemologie" Piagets, die wir oben bereits behandelt haben, von selbstorganisativen Mechanismen aus.

---

22 Z.B. G. Schiepek: "Systemische Diagnostik in der Klinischen Psychologie", Weinheim/München 1986; oder schon früher: S. Minuchin: "Families and Family Therapy", Cambridge, Mass., 1974.

23 Man siehe nur die zahlreichen Beiträge zum Zusammenhang von Gestaltgenese und Selbstorganisation in der Zeitschrift "Gestalt Theory", 1981 ff.

Große Resonanz hat die Selbstorganisationstheorie innerhalb der Managementforschung (z.B. "St. Galler-Ansatz") und der "operations research" (z.B. S. Beer) gefunden (z.T. auch bereits in der ökonomischen Praxis). So haben etwa einige Betriebsforscher an der Hochschule in St. Gallen erkannt, daß nur ein "ganzheitlicher Ansatz" der Managementlehre in der Lage ist, einem so komplexen Gebilde, wie es ein Wirtschaftsunternehmen darstellt, die nötige Flexibilität, Anpassungsfähigkeit, Innovationskraft und das Vermögen zu kontinuierlicher Evolution zu verschaffen, um sein Überleben in einer überkomplexen und turbulenten Umwelt (dem Markt) zu sichern. Wird aber ein Unternehmen erst einmal als entwicklungsfähiges System begriffen, so "zeigt" sich bald, "daß die komplexen Ordnungsmuster, die jede reale Unternehmung aufweist, niemals als Ganzes auf bewußter Planung, Gestaltung und Lenkung beruhen können, sondern diese zu einem erheblichen Teil auf autonomen Wirkungsprinzipien der Eigendynamik beruhen".[24] Zwar erzeugen sich Wirtschaftsunternehmen als soziale Systeme nicht selbst, andererseits verfügen sie aber, einmal in die Welt gesetzt, über eine mehr oder minder große selbstregulatorische Überlebensfähigkeit und ein internes Selbstentwicklungspotential, was sie fundamental von bloßen Automaten unterscheidet. Die Größe des Innovationspotentials wird dabei abhängen (a) von der Kreativität seiner Mitarbeiter und (b) von der Offenheit und Vernetztheit der innerbetrieblichen Kommunikation. Zu den wichtigsten Aufgaben des Managements gehört es deshalb, das Unternehmen so zu "designen", daß seine Mitarbeiter eigenverantwortlich und nach ganzheitlichem Aufgabenzuschnitt arbeiten und über Kooperation das System an geänderte Umweltlagen anpassen können. Diese Manager müssen mithin lernen, daß sie "not doers and commanders, but catalysts and cultivators of a self-organizing system in an evolving context" sind.[25]

Auf der Grundlage der "Selbstorganisation der Forscher" innerhalb von Forschungsgruppen bzw. der Wissenschaftler innerhalb des Wissenschaftssystems läßt sich der von T.S. Kuhn aufgezeigte soziale Prozeß des "Paradigmenwechsels" erstmals verständlich darstellen, womit die Wissenschaftsgeschichte ein neues theoretisches Fundament erhält.[26]

In der Rechtswissenschaft haben Teubner und Wilke das neue Konzept eines "reflexiven Rechts" eingeführt und das Rechtssystem als ein autopoietisch geschlossenes System definiert, das seine Strukturen selbst regelt und erhält.[27]

---

[24] F. Malik/G. Probst: "Evolutionäres Management", in: Die Unternehmung, Nr. 2, Bern 1981, S. 126.

[25] F. Malik/G. Probst: "Evolutionary Management", in: H. Ulrich/G. Probst (Hg.): "Self-Organization and Management of Social Systems", Berlin/N.Y. 1984, S. 118.

[26] Besonders: W. Krohn/G. Küppers: "Die Selbstorganisation der Wissenschaft", Frankfurt a.M. 1990.

[27] G. Teubert/H. Wilke: "Kontext und Autonomie: Gesellschaftliche Selbststeuerung durch reflexives Recht", in: Zeitschrift für Rechtssoziologie 5/1984, S. 44 ff.

N. Luhmann schließlich hat für die Soziologie die autopoietische Organisationsform ganz generell auf soziale Systeme angewandt und deren je zweckfunktionale "kommunikative Geschlossenheit" betont.[28] Entscheidend ist hier die rekursive Geschlossenheit der semantisch-kommunikativen Operationen sozialer Systeme, also der wissenschaftlichen Kommunikationen (Wahrheits-Kommunikation) im Wissenschaftssystem, der politischen Kommunikationen (macht- und rechtsgestützte Entscheidungshandlungen) im Politiksystem, der ökonomischen Kommunikationen (Zahlungen) im Wirtschaftssystem, der "intimen" Kommunikationen (Zuneigungsbezeugungen) im Ehe-/Familiensystem usw. Rekursivität bedeutet dann etwa im Wissenschaftssystem bzw. innerhalb einer Forschungsgruppe: M erhebt einen wissenschaftlichen Geltungsanspruch, indem er für These T Argumente "x" vorbringt, deren Geltung von N mit ebenfalls wissenschaftlichen Argumenten "y" bestritten wird, worauf wieder M seine These mit wissenschaftlichen Gegenargumenten verteidigt oder aber zurücknimmt oder zu modifizieren sich bereit erklärt. Dieser Prozeß ist zeitlich prinzipiell offen, "semantisch" aber abgeschlossen, solange die Diskussion wissenschaftlich bleibt. Über solches rekursives Kommunizieren seligiert die Forschergruppe, hier bestehend aus M und N, selbstorganisativ, was wissenschaftliche Akzeptanz erhalten kann und was nicht.

In der Linguistik hat Th. Ballmer selbstorganisative Beziehungen zwischen unserer biologischen Organisation und der Sprachentwicklung herausgearbeitet.[29] — In der Literaturwissenschaft wendet besonders S.J. Schmidt das Konzept der Autopoiese erfolgversprechend auf die Prozesse der Textgenese, -verbreitung und -rezeption innerhalb des sozialen "Literatursystems" an.[30]

Parallel zur Entwicklung der Selbstorganisationstheorie in zahlreichen wissenschaftlichen Disziplinen und zu ihrer transdisziplinären "Synthese" zu einem neuen gesamtwissenschaftlichen Paradigma hat sich, seit Mitte der 70er Jahre, innerhalb der sogenannten "Neuen sozialen Bewegungen" (kurz: NSB) weitgehend eigenständig die Vision einer selbstorganisierenden Zukunftsgesellschaft ("Regenbogengesellschaft") herausgebildet. Soziale Selbstorganisation wird aber auch innerhalb der NSB-Szene praktiziert: in Form lose miteinander vernetzter Bürgerinitiativen, Selbsthilfegruppen, Wohngemeinschaften und selbstverwalteter Betriebe etc., die sich insgesamt als Gegenbewegung zu den bestehenden zentralistischen, bürokratischen und patriarchalischen Planungs- und Entscheidungsstrukturen in Verwaltung, Wirtschaft, Gesundheits- und Bildungswesen sowie Kirchen verstehen. Ihr Hauptanliegen ist die protektive Erhaltung und Sicherung unserer natürlichen Lebensgrundlagen (Umweltschutz und "sanfte

---

[28] Vor allem N. Luhmann: "Soziale Systeme", Ffm. 1984.

[29] Th. Ballmer: "Biological Foundations of Linguistic Communication", Amsterdam 1982.

[30] J.S. Schmidt: "Vom Text zum Literatursytsem — Skizze einer konstruktivistischen (empirischen) Literaturwissenschaft", in: "Einführung in den Konstruktivismus", Schriften der Carl-Friedrich-von-Siemens-Stiftung, Bd. 10, München 1985.

Technologie"), historisch gewachsener Lebens- und Siedlungsformen ("neues Geschichtsbewußtsein"), politischer Partizipation ("Basisdemokratie", Plebiszit) sowie der sozialen Freiräume selbstbestimmten Lebens, Arbeitens und Lernens (Pluralität, Dezentralität). Von den zahlreichen Anhängern der NSB und allgemein "grüner" Ideen wird nun seit den 80er Jahren zunehmend die Selbstorganisationstheorie zur wissenschaftlichen Legitimation ihrer neuen "Vision vom Leben" herangezogen. Vermittelt wird dieser Vorgang oftmals über die sogenannte "New-Age-Bewegung", d.h. über Autoren wie F. Capra und M. Ferguson, die sich ausdrücklich auf Prigogine, Eigen, Bateson usw. berufen und an der Grundlegung eines neuen Weltbildes des "Wassermannzeitalters" arbeiten: hier fließen alteuropäische Esoteriktraditonen (Gnosis, Hermetik, Alchemie usw.) zusammen mit indischer und fernöstlicher Mystik (Taoismus, Zen usf.), "grüner" Spritualität ("Gaia"-Mythos), aber eben auch den neuesten Erkenntnissen der modernen Naturwissenschaften.[31]

3. Erste Schritte zu einer Synthese

3.1. Vielschichtigkeit und Universalität der PAR-Struktur

Wie sind PAR-Struktur und Selbstorganisation zusammenzudenken? — Betrachten wir zunächst das "dialogische" Zusammenspiel von A und P, den Prozeß ihrer Wechselwirkung.

Jede interaktive Kopplung zwischen A und P ist aufgrund ihres zirkulären Charakters essentiell "resultativisch": Wechselwirkung (und eben nicht "einfache" oder einseitig-lineare Kausalwirkung) ist ständiges Resultieren der interagierenden Komponenten (A und P); sie kann gar nicht anders denn als unablässiges Erzeugen von "Resultanten" und damit — durchaus paradoxal — als unentwegtes "Konvergieren" (Sich-Vereinigen) innerhalb der "Divergenz" unaufhebbarer A/P-Differenz gedacht werden.

Dabei ist allerdings zu beachten, daß die Anteile von A und P an der produktionalen Wechselwirkung, d.h. an der Resultativität, ihrer Qualität nach unterschiedlich sind: sinnhafte Innovationen gehen immer von P aus, auch wenn die Anregung dazu von A kommt. Der Grund dafür liegt in der Produktionslogik: kreative Neustrukturierungen von Systemem bzw. von Umweltgegebenheiten

---

[31] Über den Zusammenhang von NSB, New Age und Selbstorganisation s.: R. Paslack: "Selbstorganisation und Neue soziale Bewegungen", in: W.Krohn/G.Küppers (Hg.): "Selbstorganisation — Aspekte einer wissenschaftlichen Revolution", Braunschweig/Wiesbaden 1990, S. 279 ff.

sind immer nur unter selektiver Nutzung eines "Variationspools" möglich; dessen Nutzung aber ist stets eine Leistung des Produzenten (seiner P), der dazu seine produktionalen Möglichkeiten nutzt, um auf bestimmte, für ihn interessante Prozesse oder Zustände in sich selbst bzw. in seiner Umwelt (A) strukturierend einzuwirken; im Falle der Umwelteinwirkung geschieht dies in der Absicht (Hoffnung/Erwartung), daß die erzielten Wirkungen in A ihrerseits günstige Rückwirkungen auf ihn selbst zeitigen mögen (resultative Wechselwirkung).

Innerhalb dieser Rückkopplungsschleife — mit sich selbst bzw. mit der Umwelt — hat stets die P des Produzentensystems den innovativen Primat. Entsprechend empfiehlt es sich, sowohl bei der produktions- als auch bei der systemtheoretischen Analyse immer von dem Produzentensystem auszugehen; zumal bei einem sinngenerierenden Produzentensystem (etwa einem Menschen), das sich selbst als Produzent sinnhafter Ereignisse und Gestaltzusammenhänge definiert und weiß. Es ist immer der Produzent, der sich selbst und — im Rahmen seiner freilich stets beschränkten Möglichkeiten — auch seine Umwelt organisiert. — Nun kann ein konkreter Produzent zwar der (irrigen) Ansicht sein, daß er "von außen" fremdorganisiert wird (auf dieser Sicht bauen schließlich alle klassischen Sozialisationsmodelle der Pädagogik und ebenso diverse psychotherapeutische Interventionskonzepte sowie alle ideologischen Manipulationsstrategien auf); genau dies aber ist nach der "NS" nicht zutreffend, zumindest bei Wahrung theoretischer Strenge: die Umwelt eines Produzenten, der ja nach der "NS" als operational und selbstreferentiell geschlossenes System betrachtet werden muß, kann diesen — sofern sie ihn nicht einfach vernichtet — lediglich in dem Entfaltungsspielraum seiner Selbstorganisation bzw. Umweltbeeinflussung einengen (restringieren); d.h. die Umwelt kann durch starke — affirmative oder repressive — Reize die eigendynamische Selbstentwicklung eines Systems allenfalls dazu anregen, unter den vielen ihm möglichen "Entwicklungspfaden" einen bestimmten zu bevorzugen. Diese Verhaltenswahl trifft indes das Produzentensystem — wie unbewußt und spontan auch immer — durchaus selbst: aus dem "Pool" des ihm Möglichen. Das Produzentensystem wird also strenggenommen niemals fremdorganisiert, sondern lediglich zur Selbstselektion und Eigenstabilisierung einer seiner vielen eigenen Möglichkeiten angehalten.

Determiniert ist ein Produzentensystem immer nur durch seine eigenen Strukturen (Maturanas Prinzip der Strukturdeterminiertheit autopoietischer Systeme). Im Prinzip kann daher die (z.B. soziale) Umwelt nie sicher sein, ob das Produzentensystem (etwa ein Kind) sich so verhalten wird, wie sie (z.B. ein Erzieher) es möchte, weil das System sich entweder verweigern kann oder aber gar nicht über die gewünschte Verhaltensmöglichkeit verfügt. So ist also Sozialisation, wie Luhmann betont hat, stets "Selbstsozialisation" (vor allem moderne, an der "NS" orientierte Familientherapeuten praktizieren diese Erkenntnis mit bereits beachtlichen Erfolgen). Auch muß die Umwelt damit rechnen, daß ein Produzentensystem spontan — d.h. aufgrund seiner eigendynamischen Potenzen — ein Verhalten realisiert, das für die Umwelt völlig unverständlich oder jedenfalls unerwartet ist. Die selbstorganisative Autonomie eines Produzentensystems (die etwas ganz anderes als die klassische Subjektautonomie ist) kann grundsätzlich nicht angetastet werden.

Gleichwohl kann empirisch der Fall eintreten, daß viele biologisch gleichartige Produzentensysteme, die ja allesamt füreinander Umwelt sind, sich über Interaktionen wechselseitig zu hinreichend gleichgerichteten Selbstorganisationen ihrer inneren (kognitiven, normativen und affektiven) Zustände anregen, so daß diese Systeme ein ihnen übergeordnetes "konsensuelles Feld" aufbauen, d.h. ein soziokulturelles Kollektiv auf der Grundlage gemeinsam geteilter Erwartungen, Anschauungen und Einstellungen erzeugen, das nun seinerseits über eine relative Autonomie seiner Organisation mit eigendynamischen Strukturen und selbstorganisativen Potenzen verfügt, die in irreduzibel-ganzheitlicher Weise ein Resultat der partiell "strukturell gekoppelten" Selbstorganisations-Potenzen der einzelnen Produzentensysteme sind. Gesellschaft und gemeinsame Kultur bilden somit letztlich emergente Resonanzphänomene mit relativ stabilen und ihrerseits evolutionsfähigen Ordnungsmustern (das sind: Institutionen, Wertorientierungen, Traditionsbestände usw.), insofern und insoweit sie sich auf die zeitbeständig wiederholbare Kommunikation hinreichend kompatibler (und daher resonanzfähiger) Ordnungsmuster, die sich in den Kommunikationsteilnehmern selbst-organisiert und abrufbar verankert haben, auch unter wechselnden sozialen Situationen verlassen können. Insofern nun evolutionsmächtige sozialkulturelle Systeme von den "strukturell gekoppelten" Selbstorganisations-Potenzen der Gesellschaftsmitglieder in soziokulturell spezifischer Weise Gebrauch machen, entwickeln sie ihrerseits eine eigene Form von Potentialität, die zwar nicht unabhängig von der Potentialität der "wirklichen Produzenten" zu existieren vermag, aber doch in dem Sinne eigenkreativ ist, als sie zum einen eigene institutionelle und sozialsystemische Entwicklungstrends erzeugt (soziale Evolution), die den Produzenten oder Individuen als Einschränkungen ihrer sozialen Freiheit erscheinen können, zum andern aber auch der Potentialität der Produzenten einen neuen — eben soziokulturellen — Spielraum ihrer selbstorganisativen Selbstverwirklichung einräumt. Kurzum: einerseits kann unter den Bedingungen gesellschaftlicher Potentialität/Aktualität nicht mehr alles sinnvoll kommuniziert werden, sondern nur das, was mit sozialer/kultureller Akzeptanz rechnen kann, andererseits ermöglicht Gesellschaft aber auch ganz neue Kommunikationsmöglichkeiten — sowohl -formen als auch -themen —, die es ohne sie nicht geben würde. — Wir müssen die Diskussion der Möglichkeiten gesellschaftlich-kultureller Selbstorganisation hier abbrechen und auf die systemisch niedrigere Emergenzebene des Produzentensystems "Individuum" zurückgehen. Denn bereits hier sind die Verhältnisse kompliziert genug, um mit ihrer Erörterung gut und gern ein ganzes Buch füllen zu können.

Die jeweilige Zuordnung von A und P zu bestimmten Bereichen der "Wirklichkeit" hängt stark davon ab, welche Relationen man jeweils ins Auge faßt, d.h. welches Bezugssystem man jeweils zum Gegenstand der Analyse macht. Im produktionslogischen Bezugssystem "Produzentensystem/Umwelt/Produktionshandlung" entspricht, wie gesagt, P dem Produzentensystem und A der Umwelt sowie R den Produktionshandlungen oder -beziehungen bzw. den Produkten. Betrachtet man dagegen nur das Produzentensystem und, in einem ersten Schritt, nur dessen psychische Binnenstrukturen, so kehrt eigentümlicherweise die PAR-Struktur wieder: die selbstorganisativen Potenzen (P) des Produzentensystems stehen seinen "alten" (oder gewohnten) Vor- und Einstellungen (A) gegenüber; aus ihrer systeminternen Interaktion entspringt ein Wandel dieser alten kognitiven und emotiv-normativen Orientierungen: neue Wertmuster, Ideen, Pläne usw. entstehen (R). — Aber auch innerhalb der Umwelt eines bestimmten betrachteten Produzentensystems (PS-1) findet man wiederum die bekannte PAR-Strukturierung, insofern man nämlich davon ausgeht, daß sich auch dort Produzentensysteme (PS-2 bis PS-n) befinden, die jedes für sich Potentialität (P) verkörpern und füreinander Umwelt (A) sind sowie untereinander ("intersystemisch") resultative Interaktionsbeziehungen (R) unterhalten. — Aber die PAR-Struktur kann auch innerhalb der Resultativsphäre in verselbständigter Form wiederkehren: dann nämlich, wenn sich die interaktive Wechselwirkung zwischen einem beliebigen PS-x und (einem Ausschnitt) seiner Umwelt zu einem Produkt "objektiviert" oder "substantialisiert", das den Charakter relativer (systemischer) Autonomie aufweist. Ein solches Produkt-"Sediment" stellt immer ein komplexes Sinnganzes mit einer quasi-eigendynamischen Binnenstruktur dar (vielleicht eines Tages auch mit einer *realen* Eigendynamik, sofern es einst gelingen sollte, neue Lebewesen oder echte "künstliche Intelligenz" zu erschaffen). Dies ist der Fall bei komplexen Symbolprodukten wie literarischen Texten, Werken der bildenden Kunst u.ä. Gerade an solchen Produkten hat ja die KA eine epochale Sinnstruktur nachweisen können, die ebenfalls dem PAR-Muster folgt. Innerhalb "semantisch geschlossener" Symbolprodukte wird das Produktionsverhältnis gewissermaßen reproduziert und auf den Epochensinn hin spezifiziert.[32]

Was die Beschäftigung mit der PAR-Struktur so schwierig macht, ist ihre Eigenschaft, auf den verschiedensten Systemebenen mit jeweils unterschiedlicher Funktion wiederzukehren.[33] Man muß sehr darauf achtgeben, die einzelnen

---

32 Am Beispiel der Kunstwerkproduktion ließe sich demonstrieren, wie die einzelnen Arbeitsgänge des Autors zu einem allmählichen Herausformen nicht nur der stilistisch-ästhetischen Einheit des Werkes, sondern auch der tiefliegenden PAR-Struktur führen: sowohl das werdende Arrangement der Kompositionselemente (das "work in progress") als auch die epochalen Mentalitätsstrukturen im Autor selbst durchlaufen einen gleichsam spiralförmigen Kristallisationsprozeß. Autor und Werk sind aktiv aneinander rückgekoppelt in Form eines "Autor-Werk-Systems": jede Werkveränderung stimuliert neue "Einfälle" und Konstruktionsschritte beim Autor und die sichtbaren Fluktuationen der Werkgenese sind quasi die "Objektivation" der autor-internen (PAR-Struktur-) Fluktuationen; die relative ("narrative") Autonomie des "gelungenen" Werkes ist mithin nicht zuletzt auch Ausdruck der relativen Autonomie der PAR-Struktur.

33 Offenbar ist die PAR-Struktur eine *fraktale* Struktur i.S. der Mandelbrotschen "Fraktalgeometrie": unabhängig von der jeweils betrachteten Emergenzebene (Skalierungsstufe) finden sich stets "selbstähnliche" PAR-Muster. - Zu dem Zeitpunkt, als der Artikel geschrieben wurde (Ende 1987), hatte ich mich noch nicht näher mit der Chaosforschung i.e.S. (Lorenz, Mandelbrot, Feigenbaum u.a.) befaßt, was insofern bedauerlich ist, da sich hier interessante Anknüpfungspunkte für die KA bzw. den potentialistischen Ansatz aufweisen ließen. Dies soll in einem späteren Artikel nachgeholt werden.

Ebenen nicht miteinander zu verwechseln. Zunächst haben wir die PAR-Struktur auf der globalen Ebene der Beziehung "Produzent/Umwelt/Produkt" behandelt (dies entspricht weitgehend dem Falkschen "Produktionsmodell"), wobei wir uns wenig später klar machten, daß es auch innerhalb der Umwelt eines bestimmten Produzentensystems PS-1 andere Produzentensysteme gibt, für die umgekehrt PS-1 zur Umwelt gehört (d.h. die Begriffe "System" und "Umwelt" können je nach Systemreferenz vertauscht werden). Alle PS verkörpern — in "globaler" Perspektive — jeweils eine Eigen-P, der gegenüber die Potentialitäten aller anderen PS als umwelthafte A erscheinen. Nur dann, wenn mehrere PS kooperieren, können sie ihre je individuellen Potentialitäten — bis zu einem gewissen Grade jedenfalls — "koppeln" und gemeinsame Produktionen (R) in einer gemeinsamen Umwelt (A) vollziehen; diese relative Kopplung individueller Potentialitäten bildet dann die Grundlage von Gesellschaft und Kultur und mithin für die Entstehung soziokultureller PAR-Strukturen, wie wir oben bereits gesehen haben. Im Falle anhaltender Kooperationen ist also anzunehmen, daß sich oberhalb der individual-systemischen P eine quasi höherstufige soziokulturelle P ausbildet. Auf noch höherem Emergenzniveau ist schließlich die ökologische P des "Raumschiffs Erde" innerhalb des Sonnensystems, der Milchstraße usw. (A) anzusiedeln (man könnte hier auch von "Gaia"-Potentialität sprechen).

In einem weiteren Schritt haben wir dann die PAR-Struktur innerhalb eines individuellen PS in psychologischer Hinsicht thematisiert, d.h. im Hinblick auf die psychodynamische Wandlung von Vor- und Einstellungsmustern des PS: damit stießen wir auf eine sozusagen psychodynamische PAR-Struktur. Als einen Teilbereich, gewissermaßen als "Tiefenprogramm" dieser sich wandelnden Muster können wir endlich die epochalen PAR-Strukturen ausmachen, die die Weltsicht eines individuellen PS jeweils für die Dauer einer Epoche festschreiben. Diese epochalen PAR-Strukturen entdeckten wir freilich nicht direkt im Kopf eines PS, sondern anhand seiner komplex-symbolischen Handlungsprodukte, die das PS zur Kommunikation mit anderen PS freigibt. — Wir werden i.F. sehen, daß es noch mindestens zwei weitere Ebenen innerhalb eines PS gibt, auf denen die PAR-Struktur wiederkehrt:

(1.) Auf der Ebene "metatheoretischer" Reflexion; hier bildet die PAR-Struktur die Basis für jede theoretische Modellierung von Wirklichkeit überhaupt; so gründen z.B. sowohl das kybernetische System-Umwelt-Modell als auch das klassische Subjekt-Objekt-Modell auf der allgemeinen (erkenntnislogischen) PAR-Struktur, die das Falksche Produktionsmodell erstmals herausgearbeitet hat; m.a.W.: man kann die Welt als Welt gar nicht anders sehen denn als PAR-strukturiert! Demgegenüber spezifizieren die epochalen PAR-Strukturen die allgemeine PAR-Struktur nur i.S. einer historischen Semantik der Wirklichkeitserfahrungen und können sich daher wandeln. Die allgemeine PAR-Struktur dagegen ist historisch invariant, eine epistemische Konstante oder anthropologische Grundstruktur. Alle erkenntnistheoretischen und ontologischen Modelle sind daher stets nur Varianten dieser Grundstruktur.

(2.) Auf der Ebene selbstorganisativer Prozesse aus Fluktuationen: dies ist in gewisser Weise die wichtigste Ebene, insofern wir hier den Ursprungsbereich aller strukturellen Ordnung und Neuordnung berühren. Natürlich wird auch ein theoretisches Verständnis selbstorganisativer Prozesse nicht umhin können, von der allgemeinen PAR-Struktur Gebrauch zu machen. Denn wenn es zutrifft, daß Menschen autopoietische Systeme sind, deren Gehirne in semantischer Hinsicht selbstreferentiell geschlossen operieren, dann wird jede Interpretation von Systemen vom autopoietischen bzw. selbstreferentiellen Typ letztlich auf eine Selbstexplikation solcher Systeme hinauslaufen: Menschen können Menschen immer nur auf der Grundlage ihres Menschseins verstehen. Wenn also die allgemeine PAR-Struktur die epistemische Basis des Verstehens von ordnungserzeugenden Prozessen schlechthin ist, dann wird sie sich auch in jedem denkbaren Versuch zeigen, die Selbstorganisation von Ordnung zu begreifen. So auch in unserem Vorhaben, die selbstorganisative Erzeugung neuer Ordnung (R) aus einem "synergetischen" Zusammenspiel von Fluktuationen (P) und systemisch vorhandenen "Alt"-Strukturen (A) unter der Bedingung ihrer operativ-rekursiven Geschlossenheit zu deuten.

3.2. Produktionslogik und Wirklichkeitskonstruktion

Betrachten wir zunächst die allgemeine PAR-Struktur, insofern sie den epistemischen Bezugsrahmen jeder philosophischen (z.B. metaphysischen) Wirklichkeitskonstruktion vorgibt. Wir stellen dazu eine Reihe epistemologischer Überlegungen an, die Einblick in die Produktionslogik des PAR-Struktur-Modells auf der Ebene mentaler Prozesse vermitteln sollen. Bei dieser mehr philosophischen Reflexion wird zunächst bewußt von der Frage nach dem neuronalen und allgemein biologischen Hintergrund der PAR-Struktur abstrahiert; andererseits wird von dem begrifflichen Instrumentarium der "NS" bereits ein gewisser Gebrauch gemacht, da gezeigt werden soll, wie weit sich die potentialistische Sprache mit der systemtheoretischen Ausdrucksweise zur Deckung bringen läßt. Da, wie gesagt, die PAR-Struktur vorerst losgelöst von realen Systemen i.S. der (Neuro-)Biologe behandelt wird, soll sie i.F. wie ein eigenständiges (autonomes) System reflektiert werden (was insofern als legitim erscheint, als — wie anschließend gezeigt werden wird — die PAR-Struktur zu der systemischen Beschaffenheit unseres cerebralen kognitiven Systems nicht eben wenig beiträgt).

Eine erkenntnistheoretische Reflexion, die auf ein abstrakt-logisches Verständnis der PAR-System-Relationen abstellt, wird vor allem zwei Probleme zu klären haben: zum einen das Problem des Ursprungs von A und P, also das Phänomen ihrer Differenzierung aus einer "Ur-Einheit", und zum anderen das Problem der resultativen Einheit (oder Vereinigung) von A und P in jedem ihrer zahllosen Produkte (jeder zeithaften Erscheinung), deren Gesamtheit schließlich der historisch sich entfaltende Kosmos selbst ist. (Wohlgemerkt: hier ist nicht von dem

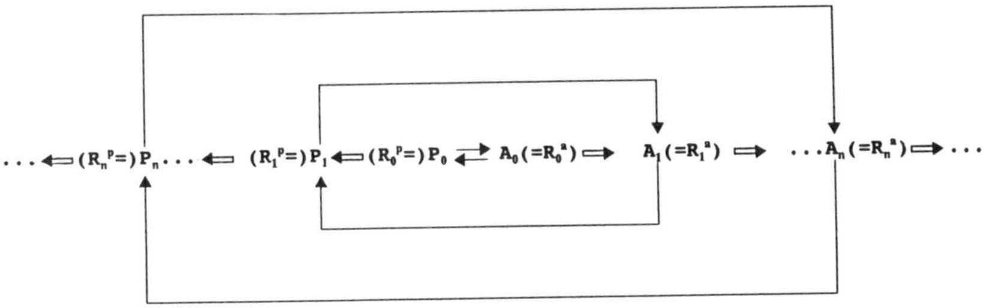

⇄ : "Wechselwirkung" (Zeit-Konstitution)

⇒ : "geht über in"

R^a : "aktuale R" (veränderte A-Strukturen)

R^p : "potentiale R" (veränderte P)

Schaubild II

Kosmos *an sich* die Rede, sondern von unserer Erfahrung und theoretischen *Modellierung* des Weltganzen: davon, wie wir uns die Welt als PAR-System notwendig vorstellen.) — Das zweite Problem, um es vorweg zu sagen, erscheint lösbar nur unter der Annahme, daß P nicht nur A, sondern auch sich selbst unablässig evoluiert.

Die Differenzierung von A und P bedeutet epistemologisch eine "Symmetriebrechung" innerhalb einer unvordenklichen "Einheitswirklichkeit"[34], die für uns aus unbekannten Gründen auseinandergebrochen ist. Wir gliedern in der Folge die Gesamtwirklichkeit in einen A- und einen P-Bereich, aus deren

34 Der Begriff der "Einheitswirklichkeit" ist von dem C.G.Jung-Schüler Erich Neumann eingeführt worden, um das totale symbiotische Einssein des intrauterinen Embryos mit der werdenden Mutter zu kennzeichnen: es ist dies jener Zustand, in dem Subjekt und Objekt noch völlig verschmolzen sind; ähnlich ist die uranfängliche Indifferenz von A und P zu denken, bevor Bewußtsein überhaupt anfangen kann. "Einheitswirklichkeit" steht mithin für den Zustand "erfahrungsloser Unbewußtheit".

Zusammenspiel sodann die mannigfaltigen Erscheinungsformen der Welt hervorgehen. Denn von einem philosophischen Beobachterstandpunkt aus wird mit der Differenz von A und P zugleich auch die übergeordnete "Differenz von A/P-Differenz und A/P-Einheit (Welt)" gesetzt. Damit kommt ein Drittes ins Spiel: Die A/P-Einheit. Diese wiederum besitzt zwei Aspekte, die sich aus dem zeitlichen Charakter der A/P-Differenzierung erklären: zum einen den Aspekt

der verlorengegangenen einheitswirklichen Indifferenz (d.i. der Zustand der Ungeschiedenheit von A und P vor ihrer Differenzierung) und zum andern den Aspekt der zeitgebundenen Wiedervereinigung (d.i. der Zustand der resultativen Verknüpfung von A und P infolge dynamischer Wechselwirkung). Das Eigentümliche ist aber nun, daß die Verknüpfung von A und P in Form von Resultativität (R) keine ent-differenzierende Verschmelzung und damit Rückkehr von A und P in den "primordialen" und erfahrungslosen Zustand ihrer Indifferenz bedeutet, sondern vielmehr die Differenz von A/P-Differenz und A/P-Einheit (Resultativität) gerade aufrechterhält! Dies erklärt sich wiederum aus der zeitlichen Natur der Resultativität: Resultativität bedeutet den Übergang von "alt" nach "neu". In dem damit bezeichneten Transformationsprozeß vereinigen sich A und P zu einem Wechselwirkungs- oder "Kommunikations"-System, mit der Folge, daß mit der Hervorbringung immer neuer Erscheinungsformen der Weltwirklichkeit immer zugleich auch A und P selbst verändert (erneuert) werden. Damit unterscheiden sie sich im Resultat aber wieder: als noch "alte" bzw. nunmehr "neue" A und P. Womit der Prozeß der A/P-Interaktion von neuem anheben kann. — Vergleiche hierzu *Schaubild II* .

In einem Prozeß rein zirkulärer Wechselwirkung bleiben alle Resultate (Veränderungen) prozeß-immanent. Resultativität in einem solchen geschlossenen Kreisprozeß bezeichnet dann die potentiell unendliche Iterierbarkeit von (Selbst-)Innovationen aller am Prozeß beteiligten Konstitutiva (also von A und P). Insofern aber Innovation die Transformation von "alt" in "neu" meint und mithin die zeitabhängige (bzw. Zeit konstituierende!) Differenzierung von qualitativ unterschiedlichen Zuständen des Wechselwirkungssystems nach "vorher" und "nachher" bewirkt, erhält Innovation zugleich die Differenz von A/P-Differenz und resultativer A/P-Einheit. Die A/P-Symmetriebrechung wird durch Resultativität nicht zurückgenommen, sondern durch die Einführung von Zeit (i.S. qualitativ unterscheidbarer Vorher/Nachher-Systemzustände) gerade fortgeführt in Form eines — logisch gesehen — prinzipiell nie zur Ruhe kommenden Geschichtsprozesses, der ständig neue Neu-Zustände generiert. Die selbstinnovative Entfaltung der A/P-Differenz in der Zeit ist also ein "Mechanismus" der Erzeugung immer neuer A/P-Differenzen. — M.a.W.: Die A/P-Symmetriebrechung innerhalb einer hypothetischen und zeitlosen (aber offenbar instabilen) "Einheitswirklichkeit" ist ihrerseits instabil, weil P ein von Natur aus A-"transzendierendes" Prinzip verkörpert (ohne freilich A jemals aufheben zu können), das die Einführung von "qualitativer" Zeit erfordert bzw. erst ermöglicht. Das wiederum führt zu einer erneuten Symmetriebrechung, diesmal in der Zeitdimenssion: "alter Zustand vs. neuer Zustand" (versehen mit einer eindeutigen und nicht-umkehrbaren Zeitrichtung). Der dadurch eröffnete "historische"

Transformationsprozeß ist zeitlich sogar doppelt gebrochen: einerseits zwischen Vergangenheit (ehemaliger alter Zustand) und Gegenwart (jetziger neuer Zustand) und andererseits zwischen Gegenwart (jetziger Zustand) und Zukunft (möglicher neuer Zustand), bei deren Eintreten die Gegenwart in Vergangenheit übergeht (und zu einem alten Zustand wird). Dies zeigt aber, daß grundsätzlich kein Gleichgewicht zwischen A und P erreicht werden kann, da jede neue A/P-Konstellation in R (einer bestimmten Gegenwart) in sich mit anderen zukünftigen A/P-Konstellationen schwanger geht. — Das A/P-Kommunikationssystems oder PAR-Systsem ist folglich, wendet man die Sprache der "NS" auf es an, ein notwendig zukunftsoffenes, fern ab vom Gleichgewicht operierendes, in seinen Grundkomponenten zirkulär vernetztes System. Bildlich gleicht es somit einem "aus sich" rollenden Rade, welches eigentümlicherweise seinen "Weg", seine Geschichte, gleich miterzeugt!

Es ist nun an der Zeit, daran zu erinnern, daß das epistemische PAR-"System" m.E. im menschlichen Gehirn, in unserem Zentralnervensystem (ZNS) verortet werden muß. Ich plädiere dafür, die PAR-*Struktur* — wie ich nunmehr wieder präziser sagen möchte — als eine Teilstruktur unseres "kogniven Apparates", von freilich überragender epistemischer Bedeutung, zu betrachten. Denn die PAR-Struktur ist vermutlich diejenige cerebrale Struktureinheit, die gleich einer "Superstruktur" alle neuronalen Aktivitätsmuster, insofern diese die epistemischen Gehirnfunktionen (d.h. unsere interne Wirklichkeits- konstruktion) betreffen, überlagert und kontrolliert. Deshalb dürfte sie auch kaum an einer bestimmten Stelle unseres Großhirns (des Neo-Cortex) zu lokalisieren sein; allenfalls könnte man spekulieren, ob sie vielleicht für die linke Großhirnhemisphäre von besonderer funktionaler Bedeutung ist, insofern der oft geäußerte Verdacht zutreffen sollte, daß diese Hemisphäre für unser intuitives und ganzheitliches Wirklichkeitserfassen zuständig ist. Die PAR-Struktur organisiert jedenfalls — ob nun direkt oder indirekt — den Gesamtkomplex der höheren (epistemischen) Hirnfunktionen zu einer Ganzheit. Neurologisch ist aber davon auszugehen, daß sich "hinter" der PAR-Struktur hochkomplexe neuronale Netzwerkstrukturen verbergen, die jeweils die Potential-, Aktual- und Resultativfunktion unserer Wirklichkeits- konstruktion tragen. Speziell die epochalen PAR-Strukturen, die die allgemeine PAR-Struktur spezifizieren und die sich komponentialanalytisch aus der menschlichen Aktivität bzw. aus den Produkten dieser Aktivität erschließen lassen, stehen komplexitätsmäßig wohl immer hinter den sie tragenden neuronalen Prozeßstrukturen zurück; ganz so wie auch jede Form der Selbstreflexion immer nur die "phänotypische" Oberfläche des "Selbst" repräsentieren kann, während die "eigentlichen" Vorgänge im unbewußten Dunkel bleiben. Die komponentialanalytisch erschlossenen epochalen PAR-Strukturen verhalten sich wie formelhafte Abstraktionen gegenüber den "wirklichen", d.h. neurologisch tiefliegenden Prozeßmustern unserer Großhirnrinde, von denen sie "abgesondert" werden. Nichtsdestoweniger erscheint es nicht verfehlt, von der PAR-Struktur als dem Organisationsmuster unseres "kognitiven Systems" zu sprechen, wie immer die neuronale Feinorganisation auch beschaffen sein mag. Denn ist sie erst einmal neuronal erzeugt worden, dann führt sie ein relativ autonomes Dasein und koppelt regulierend und kontrollierend auf alle epistemisch relevanten Gehirnvorgänge zurück! Der Aufbau, die Aufrechterhaltung und schließlich die Evolution der epochalen PAR-Strukturen ist folglich die Bedingung der Möglichkeit jeglicher geordneten und mithin sinnhaften "Wirklichkeits"-Erfahrung bzw. "Welt"-Konstruktion.

Diese Bedingung teilt übrigens unser kognitiver Apparat mit sozialen Systemen jeder Art (also Institutionen, Organisationen, Subsystemen oder ganzen Gesellschaften), insofern auch diese historisch "sinnstrukturierende" Systeme sind, d.h. je funktionspezifische Realitätsmodelle oder "Wirklichkeits- semantiken" ausbilden (wobei sie freilich i. S. von N. Luhmann alle ihre Operationen auf spezifische "Kommunikationsmedien" wie Macht, Geld, Wahrheit usw. beziehen). Alle sinnerzeugenden und -erhaltenden Systeme verdanken die Ausrichtung ihrer epistemischen oder kommunikativen Operationen auf "Welt" der Existenz solcher PAR-Strukturen. Dies gilt sogar in besonderem Maße für die selbstreflexiven Systemoperationen: ohne impliziten Rekurs auf die allgemeine (noch epochal unspezifizierte) PAR-Struktur könnte ein System weder sich selbst (als P) von seiner Umwelt (A) unterscheiden, noch seine (sinn-)produktionalen Austauschbeziehungen (R) zur Umwelt überhaupt als solche wahrnehmen und thematisieren. Allgemeiner formuliert: Die Existenz einer allgemeinen PAR-Struktur ist ein systemtheoretisches Postulat bezüglich der Konstitution jeglicher System-Umwelt-Differenzierung sowie -Interaktion und -Koevolution durch einen Beobachter, der epistemisch kompetent ist. Der Beobachter kann übrigens mit dem betrachteten Systsem identisch, d.h. ein interner Beobachter sein (in diesem Falle haben wir es mit der Selbstbeobachtung eines Systems zu tun). Grundsätzlich müssen sich alle sinnstrukturierten bzw. -generierenden Systeme selbst beobachten können (sei es i.S. bewußter Selbstreflexion, sei es "unbewußt" — über neuronale Selbstkontakte), um sich auf sinnhafte Weise von ihrer Umwelt unterscheiden sowie mit ihr auseinandersetzen zu können (Identitätsbedingung). Über die PAR-Struktur gewinnt jedes "Sinnsystem" erst ein Verhältnis zu sich selbst und zur Umwelt, d.h. vermag es sogenannte "Selbst-" und "Fremdreferenzen" auszubilden. Indem es nun in einem weiteren — sozusagen "metatheoretischen" — Schritt seine Selbst- und Fremdreferenzen ihrerseits aufeinander bezieht und miteinander verknüpft, erreicht es darüber hinaus ein Bewußtsein von Welttotalität ("ich und meine Umwelt bilden/erzeugen zusammen die Welt als ganze"), unter deren Begriff die Differenz von System ("ich") und Umwelt ("alles andere" oder "Nicht-Ich") als in einem übergreifenden Sinn- und Seinshorizont gleichsam "aufgehoben" erscheint ("aufgehoben" dabei in der Doppelbedeutung von "überwunden" und gleichzeitig "bewahrt"). "Welt" ist dann — systemphilosophisch betrachtet — der ins Ontologische gewendete Name für die "letztgültige" Immer-schon-Verknüpftheit (Einheit) von "Selbst" (System) und "allem übrigen" (Umwelt) und mithin der gesamtphänomenale Ereignisraum jeder produktionalen System-Umwelt-Kommunikation. Kurzum: "Welt" ist Resultativität "auf höchster Ebene", ist der Kosmos aller sinnhaft geordneten Austausch- beziehungen zwischen Systemen. "Welt" ist das notwendige "Dritte" gegenüber System und Umwelt (anderen Systemen).

Von einem systemtheoretischen Standpunkt aus, der die Prämissen des "Radikalen Konstruktivismus" ernst nimmt, ist nun aber zugleich klar, daß diese ontologische Interpretation von "Welt", die jedes aktive "Sinnsystem" aufgrund seiner inhärenten PAR-Struktur spontan vornimmt und vornehmen muß (andernfalls es seine "Wirklichkeits"-Erfahrung nicht intuitiv als einheitliche — i.S. einer prinzipiell möglichen Übereinstimmung von Wahrnehmung/Erkenntnis und dem Gegenstand derselben — unterstellen kann), nur eine erfahrungslogische "Illusion" ist, gleichwohl eine "notwendige Illusion". Alle Welt- oder Totalitätsvorstellungen, die ein "Sinnsystem" erzeugt, sind immer nur Resultat seiner eigenen wirklichkeitskonstruierenden Tätigkeit, die ihrerseits dem epistemologischen "Zwang" der allgemeinen PAR-Struktur folgt: es kann sich die "Welt" nicht anders vorstellen als unter PAR-Bedingungen (diese sind erfahrungsmäßig sozusagen nicht "hintergehbar"); es kann jedoch, insofern es in unserem Sinne systemtheoretisch-konstruktivistisch denkt, "meta-ontologisch" darauf reflektieren, daß jede seiner Weltauffassungen (einschließlich des Weltbegriffs als solchen) stets nur eine von ihm selbst geleistete Konstruktion ist, und so damit rechnen, daß es "in Wirklichkeit" (also ontologisch) keine Einheit der Realität gibt; daß mithin jede hypostasierte Einheit nur ein konstruktionslogischer (PAR-vermittelter) Denkzwang ist: den man freilich als solchen akzeptieren muß, um als (Selbst-)Beobachter überhaupt Systeme von Umwelten sinnvoll unterscheiden und als miteinander in Wechselwirkung stehend erfahren zu können. "Realität" ist also eine notwendige Illusion, die man zwar als solche durchschauen, aber ohne die man gleichwohl nicht leben kann. Was ein System und seine Umwelt "an sich" sind und wie ihr Zusammenhang "an sich" beschaffen ist, kann niemand (kein System) beobachten und damit wissen. Dennoch muß jedes Beobachtersystem Systeme und ihre Umwelten als Teile derselben Realität unterscheiden, um überhaupt etwas beobachten zu können. Und dies wird es stets auf der Basis der allgemeinen PAR-Struktur tun.

3.3. Potentialität als systemische Fluktuation

Jede beoachterabhängige Selbst- oder Fremdbeschreibung einer Einheit eines Systems dient der Identitätsdefinition desselben. Diese Beschreibung oder Definition ist, wie gesagt, nur möglich auf der Basis einer Diskriminierung, einer Abgrenzung gegenüber Anderem, also einer Umwelt. Wenn wir uns nun der Beschreibung "selbstorganisierender Systeme" i.S. der "NS" zuwenden, dann muß sie, insofern sie Vollständigkeit wenigstens anstrebt, immer zweierlei zu leisten trachten: einerseits — auf der "globalen Ebene" — eine Diskriminierung von System (entspricht P) und Umwelt (entspricht A) unter Angabe der Modalitäten ihrer wechselseitigen Bezogenheit (Struktur- und Austauschbeziehungen) (entspricht R); und andererseits — auf der Ebene eines individuellen (Produzenten-)Systems — die Darstellung der Binnenverhältnisse des Systems, d.h. (1.) seiner relativ stabilen (fließgleichgewichtigen) Prozeß- und Semantikstrukturen (sytemimmanente A), die seine Selbsterhaltung und Reproduktion (Stoffwechsel bzw. Fortpflanzung) sichern, (2.) seiner selbstorganisativen

Restrukturierungspotentiale (systemimmanente P), die die evolutionäre Überlebens- oder Funktionsfähigkeit des Systems auch unter Bedingungen "überkritischer" Fluktuationen aufrechterhalten sowie (3.) der strukturellen Veränderungen (d.h. der variierten, optimierten oder "fulgurierten" Strukturen), die die fluktuative Neuordnung des Systems abschließen (systemimmanente R).

Dabei ist allerdings zu beachten, daß die selbstorganisatorischen Potenzen eines Systems sich genau diesen Fluktuationen *verdanken* und keineswegs bloß — als von diesen essentiell geschieden — auf diese reagieren (dies ist vielmehr die "dämpfende Funktion" konservativer A-Strukturen. Alle Ordnung — auch Neuordung eines Systems — entsteht aus Fluktuationen, d.h. Prozessen relativer "*Ent*ordnung". Innerhalb gewisser Grenzen müssen Fluktuationen nämlich keineswegs ins Chaotisch-Strukturlose entarten, sondern können das System spontan in einen neuen — oft sogar komplexeren — Ordnungszustand überführen, der allerdings, wie die Theorie der Selbstorganisation lehrt, in der Mehrzahl der Fälle nicht exakt vorausgesagt, sondern allenfalls mit einiger Wahrscheinlichkeit gewichtet werden kann: denn in der Regel stehen Systemen, deren Ungleichgewicht infolge zunehmender innerer Fluktuationen an eine kritische Grenze (Neuordnungsschwelle) gerät, mehrere mögliche Pfade eines "innovativen" Phasenübergangs gleichwahrscheinlich zur "Auswahl". Letztendlich "entscheidet" über die "Wahl", d.h. die Richtung der Bifurkation oder die Qualität des Symmetriebruchs innerhalb des Möglichkeits-"pools", bereits eine beliebig kleine ("mikroskopische") und prinzipiell unvoraussehbare "Kipp-Fluktuation", die das gesamte System in die eine oder andere Entwicklungsrichtung treibt, wobei es völlig neue Makroeigenschaften zeitigen kann — eben ein vollständig neues Systemganzes wird (man vergleiche die Kugel-Berg-Analogie im Abschnitt 1.3). Dieses neue System wird dabei nicht nur über neue, wiederum relativ stabile Strukturen (eine neue System-A), sondern auch über neue Möglichkeiten seiner künftigen Fortentwicklung infolge erneuter destabilisierender Fluktuationen verfügen (also über eine neue System-P).

An dieser Stelle scheinen einige Hinweise über den zirkulären Zusammenhang von intrasystemischen A-Strukturen und P-Fluktuationen angebracht. Die fluktuative Neuordnung findet immer unter systemimmanenten Randbedingungen statt, d.h. ist abhängig von dem jeweils zum Zeitpunkt der Fluktuation bereits erreichen Komplexitätsgrad des Systems bzw. von der Qualität seiner evolutionär errungenen Gesamtstruktur: denn natürlich besitzt z.B. eine Amöbe eine andere Potentialität als etwa ein Mensch. Die jeweiligen Möglichkeiten der fluktuativen Neuordnung (P) eines bestimmten Systems sind also stets rückgebunden an den bisherigen Verlauf seiner "Geschichte" bzw. den aktuellen Stand seiner inneren Organisation (A), der sich aus der Sequenz vergangener resultativer Systemveränderungen (R) ergeben hat: damit ist aber auch die jeweils gegebene System-P Resultat eben dieser Wandlungssequenz, mithin der Systemgeschichte. Jedem neuen A-Zustand entspricht ein neuer P-Zustand, der auf dem Wege "überkritischer" Fluktuationen wiederum sowohl den A-Zustand als auch sich selbst verändert usw. (vgl. *Schaubild II* .)

Die vorstehenden Überlegungen schließen die Möglichkeit eines "Wunders", eines ordnenden "transzendenten Eingriffs" nun freilich nicht gänzlich aus, relativieren oder verengen aber seinen Wirkungsbereich: die entscheidende "Kipp-Fluktuation", die schon aus naturgesetzlichen Gründen seitens des Menschen prinzipiell nicht manipuliert werden kann, könnte immerhin, so ließe sich spekulieren, "trans-" oder "supranatural" so gesteuert werden, daß von den möglichen Entwicklungspfaden, die ein fluktuativ destabilisiertes System einschlagen kann, ein ganz bestimmter seligiert wird. Dazu bedarf es lediglich der Ersetzung des wahrscheinlichkeitstheoretischen Begriffs des "absoluten Zufalls" (der zwischen Alternativen mit absolut gleicher Ereigniswahrscheinlichkeit den Ausschlag gibt) durch den theologischen Begriff des "Schicksals" bzw. der "göttlichen Fügung". Eine solche "schicksalhafte Intervention" in den Verzweigungsbaum evolutionärer Alternativen könnte immerhin eine zentrale, von der KA hermeneutisch-empirisch gewonnene Entdeckung verständlich machen: den Befund nämlich, daß gleichartige neue Sinnstrukturierungen in den Texten zahlreicher Schriftsteller — freilich nicht aller — gleichzeitig und offensichtlich völlig unabhängig voneinander (d.h. ohne erkennbaren empirischen Zusammenhang) regelmäßig entstehen und dabei epochale Zäsuren markieren. Die Möglichkeit einer solchen "Regelung von oben" soll hier nicht weiter diskutiert werden. Man bedenke zudem, daß es noch andere Möglichkeiten gibt (vgl. den obigen Abschnitt 1.3), etwa die Möglichkeit einer über intersystemische "morphische Resonanzen" selbstgeregelten "Kipp-Steuerung" i.S. von Sheldrake. — Dagegen erscheint es mir wichtiger, den Vorgang der Neustrukturierung, speziell in biologischen Systemen, noch etwas genauer zu untersuchen.

3.4. Biologische und epistemische Evolution

Da ein System mit seiner Umwelt (und zumal mit den darin existierenden Fremdsystemen) immer nur sehr beschränkt koordiniert ist, muß es seitens der Umwelt stets mit unliebsamen Überraschungen rechnen und sich daher auf Umweltveränderungen aktiv einstellen können: sollte dies nicht durch Interventionen in die Umwelt, mit dem Ziel, die dort eingetretenen Veränderungen rückgängig zu machen, möglich sein, so bleibt dem System nur der Weg einer Selbstveränderung, um sein Überleben zu sichern. Die Umwelt kann das System über Perturbation dazu anregen, sich selbst zu variieren (insofern es für die Umweltanreize sensibel ist). Diese systemimmanente Variation setzt neben die bestehende Struktur des Systems ein neues Strukturangebot, das sodann auf seine Überlebenstüchtigkeit in der Umwelt hin vom System selbst getestet wird: erweist die Strukturvariante sich als hinreichend überlebensfähig, dann kann das System sie als seine neue Struktur an die Stelle der alten Struktur setzen (Selbstsubstitution); ist dies nicht der Fall, so wird das System — wiederum fluktuativ — eine andere Strukturvariante produzieren, um diese wiederum darauf hin zu prüfen, ob sie ihm ein ausreichend stabiles Auskommen mit der Umwelt erlaubt. Mißlingt es dem System, eine geeignete neue Struktur zu realisieren, dann wird es wahrscheinlich zugrundegehen (wofern es nicht das Glück hat, eine "ökologische Nische" zu finden, in der es vor den gefährlichen Umwelt-Perturbationen geschützt wird).

Der Prozeß der strukturellen Selbstvariation ist dabei als "feingeregelt", bisweilen sogar als determiniert vorzustellen, jedenfalls nicht als "rein zufällig". Voraussetzung dieser "experimentellen" Selbstvariation ist dabei die Fähigkeit zirkulär selbstgeregelter Systeme, ihre Operationen auf ihre eigenen Strukturen anwenden und dadurch die kontingenten Außenanstöße der Umwelt zur (partiellen) "Selbstverwirrung" und mithin zur Selbst-Neuorganisation durch innere Fluktuationen nutzen zu können. Das Vermögen, sich selbst (in Teilen) einer relativen "Ent-ordnung" zu unterziehen (eine absolute Ent-ordnung hingegen wäre der Tod des Systems), ist die Bedingung der Möglichkeit für die Suche nach neuen Strukturen selbstreferentiell-operativer Geschlossenheit, ohne die es kein Weiterleben gibt.

Im Falle der biologischen Variation eines Phänotyps ist sogar davon auszugehen, daß der Organismus in den ausgedehnten "stummen" Abschnitten seiner DNS — des Genotyps — neue phänotypische Strukturmöglichkeiten bereits vorfindet, die dort unter völliger Entlastung von Umweltdruck laufend mutativ erzeugt werden, und nur zum "Überlebenstest" abzurufen braucht. Die rekursiven Wechselwirkungen zwischen der phänotypischen und genotypischen Beschaffenheit eines Organismus erlauben es diesem, gegenüber der Umwelt mit dem Aufbau sogenannter "epigenetischer" Komplexität zu reagieren, also flexibel über sein genetisches Potential zu verfügen.[35] — Eine derartige Rückkopplung kann auch die merkwürdige Unstimmigkeit erklären, daß der Mensch von einem Schimpansen genotypisch nur geringfügig, phänotypisch aber recht stark abweicht; offenbar reichen diese wenigen Abweichungen aus, um den menschlichen Organismus so zu "programmieren", daß ihm während seiner Ontogenese (Zelldifferenzierung etc.) partiell ein völlig anderer Zugriff ("Mosaik"-Verfahren) auch auf solche DNS-Sequenzen möglich ist, die mit der Schimpansen-DNS identisch sind. — Vor allem aber: In komplex — d.h. auf allen Organisationsebenen — mit sich selbst rückgekoppelten biologischen Systemen treten nicht nur "Punktmutationen" mit rein lokaler Strukturwirkung auf (solche isoliert wirkenden Mutationen bräuchten z.B. für die Hervorbringung eines so komplexen Sinnesorgans wie das Auge wahrscheinlich mehr Zeit, als das Universum bislang verbraucht hat), sondern immer mal auch solche, die ihre stimulierende Wirkung kaskadenartig durch das ganze System (bzw. die gesamte Erbsubstanz) ausbreiten und dabei — in Verbindung wahrscheinlich mit phänotypisch rückgekoppelten Optimierungsstrategien — Innovationsschübe auslösen, die über innere Netzwerkkausalitäten selbstverstärkend das ganze Strukturgefüge verändern. Erst dadurch werden systemisch sinnvolle, d.h. aufeinander abgestimmte Veränderungen in Geno- und Phänotyp möglich, die endlich sogar zur Genese eines neuen Organs oder einer völlig neuen Art mit bislang unbekannten Makroeigenschaften führen können (Lorenz' "Fulguration"). Dies ist natürlich

[35] Z.B. schon bei C.H. Waddington: "The Evolution of an Evolutionist", Edinburgh/Ithaca, N.Y. 1975.

ein Prozeß, der in der Regel die Lebensspanne eines Einzelorganismus übersteigen, d.h. sich über eine längere Generationenfolge innerhalb der "umweltgestreßten" Population erstrecken wird (was wiederum bei bisexuellen Arten den Vorteil hat, daß auf dem Wege der zygotischen Fortpflanzung die Variationsmöglichkeiten der chromosomalen Rekombination genutzt werden können; zumal die Verknüpfung von mutagenen Veränderungen in den Erbsubstanzen verschiedener Organismen über ihre gemeinsame Vererbung beschleunigt die Häufung und Verbreitung von Erbänderungen ganz erheblich).

Die Evolution eines ganzen Ökosystems schließlich, die ja im wesentlichen aus der Ko-Evolution der in ihm beheimateten Pflanzen- und Tiergemeinschaften (ökologische Subsysteme) resultiert, kann man sich grob so vorstellen, daß über sich rekursiv verstärkende und allmählich das ganze Ökosystem erfassende Fluktuationen die normalerweise recht eng gekoppelten Untersysteme relativ "freigesetzt" werden, was es ihnen gestattet, autonom innovative "Freiheitsgrade" zu entwickeln und zur Selbstevolution zu nutzen; da andererseits die Auskopplung nicht absolut ist, besteht stets die Möglichkeit einer Re-Integration der innovativ "entfesselten" Subsysteme zu einem neuen Ökosystem mit z.T. völlig neuen Makroeigenschaften. Die kreiskausale Vernetzung vieler sich wechselseitig stimulierender Variantenbildungen mündet in einen "übersummativen" Prozeß der Ko-Evolution aller beteiligten Ökosystemkomponenten (Tiere, Pflanzen, Medien usw.), ohne dabei eines inneren Telos oder einer Progressionsnorm (i.S. des Fortschrittsmodells, das eine immer bessere Umweltanpassung eines Systems fordert) zu bedürfen. Denn ein System/Organismus ist allein dadurch hinreichend angepaßt, daß es in seiner Umwelt zu bestehen vermag; dies erklärt den ansonsten unverständlichen Tatbestand der stabilen Koexistenz von Lebewesen unterschiedlichsten Komplexitätsgrades in ein und demselben Ökosystem.[36]

Immer ist es die undurchschaubare Komplexität der Umwelt, mit der ein gegebenes System sich lebensnotwendig verkoppeln muß und die es zu evolutionärer Selbstvariation anreizt, d.h. dazu bringt, sein Potential zur Restrukturierung eigener Komplexität zu nutzen. Dieses Potential ("pool") besteht dabei entweder — im Falle genotypischer Variation — aus mutativ erzeugten, aber vorerst latent bleibenden Strukturmöglichkeiten oder — wie man im Falle mentaler (neuronaler) Systeme eher vermuten darf — aus über eigenfluktuative "Entordnungen" mentaler (neuronaler) Muster aktivierbare, Neuordnungsmöglichkeiten (i.S. rekombinanter Musterbildung). Neuronale Rekombination ist natürlich viel leichter möglich als genetische Rekombination qua Mutation (obwohl es, wie gesagt, Organismen in für die Population besonders kritischen Überlebenssituationen offenbar verstehen, über phänotypisch vermittelte "Selbstreizung" das Mutationstempo ihrer Gene zu beschleunigen, also mit ihrer Erbsubstanz "geregelt" zu "experimentieren"). Unser mentales Gehirnsystem

---

36 Z.B. G. Roth: "Selbstorganisation — Selbsterhaltung — Selbstreferentialität: Prinzipien der Organisation der Lebewesen und ihre Folgen für die Beziehung zwischen Organismus und Umwelt", in: A. Dress/H. Henrichs/G. Küppers (Hg.): "Selbstorganisation", München 1986, S. 149 ff.

produziert laufend neue Gedanken oder denkt sie (etwa beim Lesen) nach, aber das meiste davon wird gleich wieder weggefiltert, oft sogar noch unterhalb der Bewußtseinsschwelle ("unbewußte Zensur"): mentale Fluktuationen sind also der Normalfall, was imgrunde nichts anderes bedeutet, als daß wir ein Lebtag lang lernen! Aber erst in Situationen "mentalen Stresses", z.B. wenn ein bestimmtes (sachliches oder existentielles) Problem uns nicht losläßt, wird das "Neue" geradezu gesucht, werden wir aufmerksamer und empfänglicher — vor allem auch mutiger — für neue Lösungen (Ideen, Lebensformen etc.). Von der "Größe" des Problems wird es dann abhängen, wie "groß" der neue Gedanke, wie weitreichend oder "revolutionär" die Umorientierung, so sie uns gelingt, ausfällt. Die unseren geistigen Prozessen zugrundeliegenden neuronalen Netzwerkmuster können also über Fluktuationen ineinander übergehen, ohne daß uns diese Transformationen auf der Bewußtseinsebene spürbar werden müssen.

Man bedenke, daß auch in dem eklatanten Falle, wo ein neues kognitives Schema — etwa ein neues wissenschaftliches Paradigma i.S. Kuhns — logisch nicht aus dem alten hergeleitet werden kann, da es mit diesem "inkommensurabel" ist, damit doch keineswegs ausgeschlossen ist, daß das dem neuen kognitiven Scheme zugrundeliegende neue neuronale Muster seinerseits sehr wohl als aus dem alten neuronalen Muster hervorgegangen gedacht werden kann (ohne daß dabei ein kausaler Determinismus unterstellt werden muß). Was auf einer Ebene logisch unvereinbar ist, kann es auf einen anderen (tieferen) durchaus sein. Metaphorisch gesprochen: Auch wenn es unmöglich erscheint, von einer Bergspitze auf eine andere, weit entferntliegende hinüberzuspringen, so können die beiden Berge doch an ihrem Sockel bzw. über ein gemeinsames Tal miteinander verbunden sein. Der Übergang von Berg zu Berg muß dann also durch ein Tal mit möglicherweise schwierigem Terrain (Bodenwellen, Nebelschwaden, reißende Wildbäche usw.: alles Fluktuationsmetaphern!) erfolgen, aus dem heraus es zudem den richtigen Aufstieg auf den "neuen" Berg zu finden gilt, was i.d.R. zu mehreren Fehlversuchen (Einstiegsvarianten) führen wird. — Es ist also davon auszugehen, daß jene Epochen- und Weltbildstrukturen, die nach und nach in unserem Bewußtsein erscheinen, nur gleichsam die Spitzen einer "Bergkette" darstellen, die ihrerseits in einer Folge kognitiver Evolutionsschübe aus der "neuro-tektonischen" Tiefe unseres Gehirns "aufgefaltet" wird. Wir werden auf den Zusammenhang von PAR-Struktur und "neuronaler Basis" noch zurückkommen.

Ein anderer Gesichtspunkt noch: In fast allen alltagsweltlichen Situationen handeln wir nicht konsequent oder systematisch nach rational vorüberlegten Plänen, sondern weitgehend spontan: wir nehmen eine Situation — teils bewußt, teils un- oder vorbewußt — auf verschiedenen, miteinander vernetzten Erlebensebenen, mithin komplex wahr; d.h. aber, daß wir uns sowohl gegenüber der Umwelt als auch in Hinsicht auf unsere eigenen Verhaltensmöglichkeiten normalerweise (i.U. zum Neurotiker) weitgehend offen verhalten. Die verschiedenen Schichten unserer "plastischen" psychophysischen Organisation (von den Körperzellen bis hin zu den höheren Denkprozessen) erzeugen interaktiv von Augenblick zu Augenblick wechselnde ad-hoc-Einheiten, was zur Folge hat, daß in jedem Augenblick unterschiedliche Fortsetzungsmöglichkeiten unseres Erlebens und Handelns in fast jeder beliebigen Situation bestehen. Ständig werden wir einem schier unversieglichen Strom von kognitiven, affektiven und kommunikativen "Wahl"- oder "Anschlußmöglichkeiten" ausgesetzt, wobei die "Wahl" in aller Regel spontan — also wiederum auf der Basis unmerklich "feiner" Fluktuationen innerhalb unseres psychophysischen Gesamtsystems — getroffen wird (was eine gewisse rationale und normative Selbstkontrolle des Eigenverhaltens — z.B. Affektbeherrschung — keineswegs ausschließt, solange uns die Situation nicht "panisch" überrollt; aber auch die jeweils dominanten Verhaltensregulative können von Moment zu Moment die "Führung" wechseln). Dieser komplexen Ausgangslage unserer inneren Prozesse entspricht es, daß uns das, was in uns eigentlich abläuft, wenn wir denken, erleben oder einen Handlungsakt vorbereiten, nie oder nur äußerst selten recht bewußt wird, i.U. zu den Resultaten dieser Vorgänge: unsere aktuellen Gedanken, eindrücklichen Erfahrungen, Handlungsvollzüge usw. Unsere bewußten Begründungen dafür, warum wir dies oder das getan oder gesagt haben, dies und nicht jenes wichtig finden usf. sind nach den einschlägigen psychologischen Befunden fast immer nachträgliche (rational-kausale) Selbstinterpretationen und nicht Beschreibungen wirklich erlebter Denk- oder Wahrnehmungsprozesse. Die tatsächliche Arbeitsweise der eigenen Psyche, einschließlich des eigenen Bewußtseins, entzieht sich uns ins "Dunkel des gelebten Augenblicks" (E. Bloch), d.h. in die Tiefe komplexer organismisch-mentaler Selbstorganisation.

3.5. Ordnung aus Unordnung im Rahmen autopoietischer Prozesse

Was könnte nun "Selbstorganisation durch Fluktuation" konkret, also innerhalb eines menschlichen Gehirns bedeuten? Obwohl hier nicht der Platz ist, die dazu bereits reichlich fließende neurobiologische Literatur zu diskutieren[37], sollen wenigstens — modellartig vergröbert — die Grundvorstellungen zur selbstorganisativen (Neu-)Strukturierung des Gehirns (speziell des "kognitiven Apparates") erwähnt werden. Kognitive Fluktuation setzt immer dann ein, wenn jemand selbsttätig lernt, ein neues Problem zu lösen, eine neuartige Situation oder Erfahrung zu bewältigen, "kognitive Dissonanzen" und sonstige Irritationen verdrängungsfrei zu beseitigen. Ein solches Lernen, das immer auch ein Umlernen (eine Veränderung mentaler "patterns") beinhaltet und nicht bloß die rein gedächtnismäßige Aufnahme weiterer — dem vorhandenen Wissensbestand bruchlos anschließbarer — Informationen bezeichnet (obwohl auch das wahrscheinlich nur über "Fein-Fluktuationen" möglich sein dürfte), dieser psychisch-geistige Lernvorgang also wird auf neuronaler Operationsebene vermutlich über einen selbstorganisativen Prozeß des Auflösens bestehender und der Knüpfung neuer neuronaler Netzwerkstrukturen oder -muster bewerkstelligt; wobei das, was auf psychisch-bewußter Ebene normalerweise als "Verwirrung" (Konfusion), als Gefühl der "Desorientiertheit", ja als "Verzweiflung" erscheint, auf neuronaler Ebene als "produktives Chaos" entkoppelter und relativ frei fluktuierender,

---

[37] Siehe etwa G. Roth, Anm. 21.

sich unentwegt versuchsweise rekombinierender Neuronen genutzt wird. Dieser völlig unbewußt ablaufende "trial-and-error"-Prozeß "experimenteller" Selbst-Reprogrammierung, an dem möglicherweise auch Optimierungsstrategien beteiligt sind, hält in der Regel solange an, bis ein neues, relativ stabiles Verknüpfungsmuster gefunden ist, das dann auf der Ebene des Bewußtseins oftmals als "Befreiung" von Ungewißheit oder innerem Druck, als "Erkenntnisglück", ja als plötzliche "neue Weltsicht" (als Paradigmenwechsel, religiöse Konversion oder mentale "Fulguration") erlebt wird. Der Prozeß kann dabei im Prinzip sowohl umweltinduziert (über Wahrnehmungen angeregt) als auch selbststimuliert (durch sich akkumulierende neuronale Eigenfluktuationen verursacht) sein (gelegentlich kommt wohl auch beides zusammen). Im ersteren Falle ließe sich von Aktualpriorität (AP), im letzteren von Potentialpriorität (PP) i.S. der KA sprechen. "Kreatives Lernen" — wobei auch jedes "kreative Gestalten" stets mit innovativen Lernprozessen des Gestaltenden rückgekoppelt ist — stellt sich demnach auf der Ebene bewußter Selbsterfahrung anders dar als auf der Ebene neuronaler Organisation: zum einen als schier unerklärliches Um- oder Durchbruchserlebnis, das dann — je nach Weltanschauung — als Eingriff "transzendenter Mächte" (Götter, Musen usw.) oder als Ausfluß eigener Begabung und Intelligenz interpretiert werden kann; zum andern als "Neuordnung durch Fluktuation" innerhalb zirkulär wechselwirkender Neuronennetze, als neuronal-dissipativer Prozeß also.

Was für Innovationen innerhalb des menschlichen Gehirns gilt, gilt auch für Neustrukturierungen in selbstorganisierenden Systemen ganz allgemein. Betrachten wir deshalb den Zusammenhang zwischen der selbstorganisativen Neuordnung und der PAR-Strukturierung solcher Systeme etwas genauer. Wir befinden uns damit bereits auf jener "tiefsten" Ebene, auf der die Selbstorganisationsdynamik mit der PAR-Dynamik verschmilzt. Die PAR-Struktur ist hier nicht mehr nur ein neuronal erzeugtes Strukturmuster (also ein allgemeiner epistemischer Bezugsrahmen oder eine epochale Sinnstruktur), sondern der reale selbstorganisative Prozeß selbst. — Daß innere Fluktuationen ein System "kreativ" verändern können, hängt damit zusammen, daß diese Fluktuationen (P) innerhalb komplexer Netzwerkstrukturen (A) des Systems auftreten. Gelingt es den gegebenen Netzwerkstrukturen nicht, die Fluktuationen zu "dämpfen" ("negatives Feedback") und damit die vorhandene Systemordnung zu "konservieren", dann werden die Fluktuationen in der Regel sehr rasch "überkritisch" und verändern die Systemorganisation schlagartig. Ganz entscheidend ist nun aber, daß sie, gewissermaßen in Vorbereitung des Systemumschlags, die alte Netzwerkarchitektur des Systems dazu benutzen, um sich kaskadenartig über das ganze System auszubreiten — anstatt bloß lokal wirksam zu bleiben; ja sogar schon in der unterkritischen Phase könnten Fluktuationen u.U. die strukturell vorhandenen Rückkopplungsschleifen eines Systems zu ihrer Selbstverstärkung nutzen ("positives Feedback"). Damit haben wir die eigenartige — um nicht zu sagen: paradoxe — Situation vor uns, daß die aktuale Systemordnung zur Steigerung bzw. systemischen "Globalisierung" potentialer Fluktuationen beitragen kann! M.a.W.: Die System-A setzt der System-P einerseits restriktive Wirkungsgrenzen (durch "konservative Opposition" oder —

kybernetisch formuliert — durch "negatives Feedback"), andererseits erhöht die System-A mitunter aber auch die Intensität und Effektivität der System-P ganz erheblich, insofern sie ihr ihre rekursive Netzwerkorganisation "zur Verfügung stellt", so daß die System-Fluktuationen nunmehr, anstatt (mechanisch oder thermisch) zerstörerisch zu sein, reorganisierend wirken können. Beides ist für das System als ganzes überlebenswichtig; sowohl die zeitbeständige Strukturerhaltung in "Normalzeiten" als auch die Möglichkeit zu evolutionärer Reorganisation im Falle problematischer System-Umwelt-Beziehungen bzw. interner Selbst-Labilisierung. In beiden Fällen ist die rekursive Netzwerkorganisation von Systemen von Vorteil, ja Überlebensbedingung. Selbstorganisierende Systeme können zwar den Zufallscharakter ihrer Evolution als solchen nicht aufheben, wohl aber aufgrund ihrer autopoietischen/selbstreferentiellen Organisation die inneren Randbedingungen ihrer Entwicklung selbst bestimmen (Autonomie).

Das einigermaßen rätselhafte A/P-Verhältnis in solchen Systemen läßt sich indes durchaus "ent-paradoxieren" und ineins damit das Grundproblem lösen, wie man sich vorstellen soll, daß aus Unordnung, also Fluktuation, regelmäßig Ordnung und sogar Evolution hin zu immer komplexeren Systemen entspringen kann. Gleichzeitig läßt sich zeigen, was es systemtheoretisch — bezogen auf autopoietische bzw. selbstreferentiell geschlossene Systeme — bedeutet, wenn man, wie oben geschehen, produktionstheoretisch sagt, daß die A- und die P-Funktion eines produktionalen Gestaltungszusammenhangs anfänglich aus einer "Einheitswirklichkeit" ausdifferenziert wurden und sodann über den Mechanismus resultativer Wechselwirkung wieder zu einer (freilich produktgebundenen) Einheit zusammenfinden.

Man erinnere sich: ein komplexes selbstorganisierendes System ist (a) ein operational geschlossenes (z.B. autopoietisches) System, das (b) aufgrund seiner entropieerzeugenden, dissipativen Eigendynamik (alle Dynamik verbraucht Energie, erzeugt dadurch Wärme und folglich Unordnung) niemals ein stabiles thermodynamisches Gleichgewicht finden, sondern lediglich (c) ein sogenanntes (metastabiles) "Fließgleichgewicht" aufrechterhalten kann. — Die versprochene Entparadoxierung kann dann so aussehen: Auf den letzten Seiten haben wir undifferenziert von "den Systemstrukturen" (A) gesprochen. Nunmehr wollen wir mit Maturana eine folgenreiche Unterscheidung vornehmen: bei einem autopoietischen System muß zwischen seiner autopoietischen *Organisation,* d.h. der zyklischen Verknüpfung seiner Elemente/Operationen (das System erzeugt seine Elemente aus den Elementen, aus denen es besteht) und seinen jeweiligen konkreten *Strukturen,* die innerhalb der zyklischen Systemorganisation die ablaufenden Prozesse (Stoffwechsel, Sinneswahrnehmung usw.) regulieren, unterschieden werden. So verfügt etwa das Darmbakterium Escherichia coli über völlig andere Systemstrukturen als etwa ein Gorilla; hingegen ist die Organisation beider Lebewesen als *autopoietischer* Systeme dieselbe! Autopoietische Organisation bedeutet Leben. Man kann dies auch so ausdrücken: es besteht ein Unterschied zwischen "autopoietischer Organisation" und "struktureller Organisation", wie wir fortan sagen wollen, was aber nicht heißt, daß es zwischen beiden Organisationen keine realen Beziehungen gibt — im Gegenteil: beide Organisationen bedingen einander und werden materialiter von denselben Substraten (Biomolekülen, Zellen usw.) getragen. Der Unterschied ist lediglich relationaler bzw. funktionaler Art. Solange die autopoietische oder selbstreferentielle Organisation eines Systems unangetastet bleibt, kann seine dem untergeordnete strukturelle Organisation im Prinzip beliebig oft variiert oder innoviert werden. So ist die autopoietische Organisation im Reiche des Lebendigen noch niemals zum Erliegen gekommen (außer bei einzelnen Organismen), seit es auf der Erde Lebewesen gibt: sie hat sich durch den ganzen Artenstammbaum der biologischen Evolution durchgehalten, da sie als solche nicht art-, sondern vielmehr lebensspezifisch ist. — Wir sagen nunmehr: der "uranfänglichen" A/P-Einheit entspricht auf biologisch-systemischer Ebene die autopoietische Organisation des Lebens selbst, innerhalb derer in jedem einzelnen Lebewesen sich A und P dergestalt "differenzieren", daß sich eine relativ stabile strukturelle Organisation (A) und unablässig eigendynamisch erzeugte Fluktuationen (P) "gegenüberstehen"; aus deren Wechselwirkung entspringt — in Fällen "überkritischer" Fluktuation — ein evolutionärer Wandel bzw. eine partielle Variation der strukturellen Organisation des betroffenen Organismus (R), was einer resultativen Vereinigung von A und P in jedem ihrer Produkte ("erneuertes" Individuum) gleichkommt. (Siehe dazu *Schaubild III*).

Dynamische Autopoiese bzw. operative (oder "hyperzyklische") Geschlossenheit kann aus dem Grunde den Titel der A/P-"Ureinheit" beanspruchen, als darin beide Momente noch sozusagen ungeschieden enthalten sind: sowohl das Moment der gegebenen Ordnung (Rekursivität), was A entspricht, als auch das Moment der "fluktuativen Unruhe" (stetige Entropieerzeugung), also P, ohne daß P bereits systemverändernd wirksam sein muß (P bedeutet im Normalzustand der Autopoiese lediglich "prinzipielle Instabilität"). Anders gesagt: Die Autopoiese als solche verändert sich nicht, eine Differenz zwischen A und P ist nicht "sichtbar". — Noch bleibt die Denkschwierigkeit auszuräumen, wie man sich Unordnung oder doch die (entropiebedingte) Tendenz zu ihr als "schöpferischen" Ordnungsfaktor vorzustellen hat. Diese Schwierigkeit ist indes im Hinblick auf Systeme aufzulösen, die den speziellen Gesetzen einer nichtlinearen Thermodynamik des Ungleichgewichts folgen, die mithin Entropie entweder — im Normalfall — in die Umwelt "exportieren" (etwa durch Ausscheidung von Exkrementen oder Abstrahlung von Körperwärme, wodurch einerseits die Entropie der Umwelt erhöht wird, während andererseits die lokale Ordnung des Systems "neg-entropisch" aufrechterhalten wird) oder aber — wie im Evolutionsfall — zu ihrer internen Neustrukturierung verwenden.

Uns interessiert hier vor allem der letztere Fall: die selbstorganisative Neustrukturierung. Solange die (Tendenz zur) Unordnung in einem System sich die autopoietische bzw. selbstreferentielle Organisation desselben *zunutze* macht und nicht zerstört, wird sie das System höchstwahrscheinlich nicht ins Chaotisch-Strukturlose degenerieren lassen, sondern neu strukturieren. Fluktuative Energiestreuungen (Dissipationen) können also deshalb "geregelt" innovativ sein, weil sie in sich selbst regelnden (regelkreisförmig organisierten)

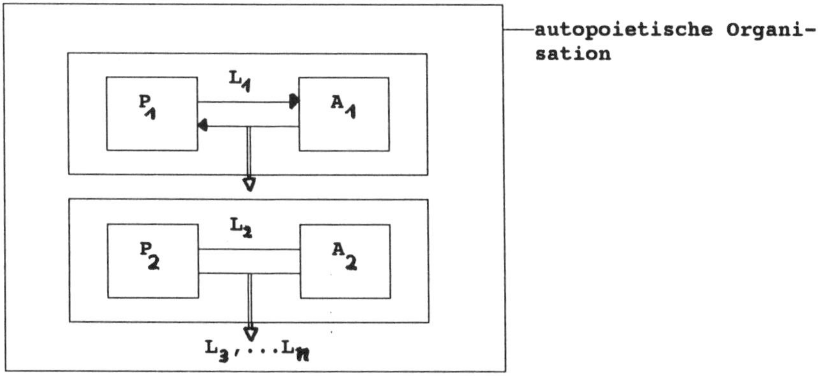

L = Lebewesen
P = Potentialität (Fluktuationen)
A = Aktualität (strukturelle Organisation)

Schaubild III

Systemen stattfinden. "Geregelt" heißt natürlich nicht, daß die Fluktuationen und ihre neustrukturierenden Wirkungen im mechanistischen Sinne determiniert sind (wir erinnern uns, daß in aller Regel gleichwahrscheinliche "Wahl"-Möglichkeiten innerhalb eines Bifurkationsbaumes bestehen, deren Selektion eine Frage prinzipiell unberechenbarer "Kipp-Fluktuationen" ist), sondern lediglich zweierlei: zum einen, daß die Neustrukturierung innerhalb einer unter allen Umständen aufrecht zu erhaltenden Autopoiese zu erfolgen hat (also rekursive Organisationsmuster durchläuft), und zum andern, daß sie unter den Bedingungen der evolutionär bereits vorgegebenen Strukturen (A), welche die autopoietische Netzwerkstruktur jeweils spezifizieren, nicht mehr schlechthin alles Mögliche realisieren kann. Die Rekursivität der autopoietischen Organisation ist jedenfalls der entscheidende "Trick", mit dem die Natur dafür sorgt, daß die fluktuative Neustrukturierung von Systemen sowohl indeterminiert als auch effektiv-"geregelt" sich vollziehen kann; die Spontaneität in der Möglichkeits-"Wahl" (Zukunftsoffenheit) und zugleich die Berücksichtigung systemischer Regelparameter gehen so Hand in Hand und ermöglichen gemeinsam eine "blinde" (nicht-teleologische) und gleichzeitig "effektive" intrasystemische Komplexitätssteigerung i.S. "fortschreitender" Evolution.

3.6. Die Rehabilitierung der schöpferischen Natur

Die ganze Welt — einschließlich unserer selbst — ist ständig im "Fluß", wandelt sich unablässig ("panta rhei"). Würde man für alle diese zahllosen Wandlungsprozesse, diesen unaufhörlichen Strom struktureller Innovationen (angefangen von der Bildung von Atomen aus Elementarteilchen, über den Aufbau komplexer Biomoleküle, Zellen, Nervensysteme und ganzer Organismen, die phylogenetische Ausdifferenzierung ungezählter Arten, bis hin zur Formierung sozialer Gruppen, Organisationen, Institutionen, ja kompletter Gesellschaften und eben auch epochal-mentaler Sinnstrukturen), würde man also für all das sich immer auf das Wirken supranaturaler oder transzendenter Kräfte berufen, so würde man letztlich den gesamten Kosmos künstlich "theologisieren". Zumindest würde man die Entstehung jeder im mechanistischen Sinne indeterminierten Struktur, d.h. jedes neues Strömungsmusters, jeder neuen Spezies oder jeden innovativen Einfalls (Goethes "Apercu") usw., nur weil solche Phänomene nicht streng kausal abgeleitet werden können, zum "Wunder" erklären bzw. verklären — und damit letzthin nichts erklären! Evolution aber ist ein natürliches Merkmal aller offenen dynamischen Systeme, ob belebt oder nicht, ob physikalisch, biologisch, sozial oder sonstwie geartet; und bedingte A-Kausalität ist ein ebenso natürliches Moment evolutionärer Prozesse.

Es scheint an der Zeit, die Natur selbst als kreative und geschichtliche zu rehabilitieren, d.h. als "natura naturans" wiederzuentdecken und insofern "wiederzuverzaubern" (was ja nicht logisch ausschließt, daß sie trotzdem auch eine "natura naturata", eine Schöpfung, ist, insofern sie nämlich überhaupt existiert! "Nicht wie die Welt ist, ist das Mysterium, sondern daß sie ist", meinte schon L. Wittgenstein). Es gilt, die Natur aus ihrer reinen Objektstellung als dem menschlichen Form- und Zweckwillen "untertänige" Materie, in die eine platonisch inspirierte und christlich fortgeführte "Zweiweltenlehre" (der berüchtigte "Geist-Materie-Dualismus") sowie schließlich der neuzeitliche Subjektivismus und Mechanizismus mit ihrer Berechen- und Planbarkeitsgläubigkeit sie hineingezwängt haben, zu befreien. An der Schwelle zu einem wirklichen "New Age" hat somit die Idee eines in sich selbstschöpferischen, sich selbst organisierenden Universums oder auch — spirituell gewendet — einer sich selbst *als* Natur, *als* Kosmos (und zwar ohne jede deterministisch/teleologische Zwang- oder Zweckhaftigkeit) in unendlicher Formenvielfalt erschaffenden Gottheit zu stehen: eines trans- oder apersonalen "deus sive natura" zumal, dessen Größe dann nicht in einem allwaltenden und allwissenden Machtwillen besteht, sondern in der Fähigkeit, sich selbst (evolutionär) überraschen zu können; denn nur eine Gottheit (Gott-Natur), die sich selbst zum Ereignis zu werden vermag, kann wahrhaft schöpferisch genannt werden: diese "pantheistische" Lösung wäre denn auch die m.E. einzig akzeptable Form (mystisch zwar, doch wissenschaftsverträglich), das Weltganze auf natürlich-zeithafte Weise (und eben nicht alttheologisch: "sub specie aeternitatis") zu "theologisieren".

Der Potentialismus sollte sich mithin davor hüten, von einer Vielzahl "potentialer" oder "kreativer" Kräfte oder auch nur von einer einzigen intentionalen bzw. "geistigen" oder "vitalen" Innovationskraft neben den bekannten Naturkräften auszugehen, da es offenbar genügt, die kreativen Fähigkeiten der Natur, des Menschen und der Gesellschaft auf energetische Fluktuationen innerhalb selbstorganisierender Systeme — unter Wahrung der jeweiligen Emergenzebene — zurückzuführen. Ich würde daher raten, dem Prinzip des

"Ockhamschen Rasiermessers" zu folgen und die Hypothesen (sprich: Kräfte) nicht unnötig zu vermehren, solange anderweitige Denkmodelle zur Verfügung stehen, die auf der Basis einer "raffinierten", nicht-linearen Thermodynamik "neg-entropische" (also ordnungs- und komplexitätserzeu- gende) Prozesse ohne Unterstellung "besonderer" Kräfte *im Prinzip* zu erklären vermögen. Hier sollte sich der Potentialismus nicht voreilig — d.h. vor Ausschöpfung der Ideen der "NS" — auf einen Weg begeben, der sich schon einmal — im Falle des Vitalismus nämlich — als Sackgasse empirisch unfruchtbarer Spekulationen erwiesen hat. *Zumindest* aber wären (unter Voraussetzung der bisherigen, gewiß noch lückenhaften Erkenntnisse der "NS") die Bedingungen genauer zu spezifizieren, unter denen eine Intervention "transzendenter (und personaler) Kräfte" in die natürliche/menschliche Kreativität (speziell auf der tiefliegenden Ebene neurologischer Vernetzung oder gar mikroskopischer "Kipp-Fluktuationen") am wahrscheinlichsten stattfinden kann. Dessenungeachtet erlaubt aber das ternäre Strukturprinzip des Potentialismus schon jetzt eine Reformulierung der *Ganzheits*vorstellungen der Theorie selbstorganisierender Systeme.

Moustafa Maher

Stereotype Motive in der deutschen Ägypten-Reiseliteratur

Der Matareya-Balsamgarten

Reiseberichte[1] von Goethe, Herder, Seume oder Heine haben ihren festen, unumstrittenen Platz in der Literaturgeschichte. Sie stellen eine literarische Kunstform mit eigenen typologischen Merkmalen dar.[2] Scheinbar aber unterscheiden sich davon jene Reiseberichte, die von Nicht-Literaten geschrieben worden sind — etwa von Pilgern, Kaufleuten, Abenteurern, Kriegsgefangenen oder Forschern. Nicht selten wird ein einleitender Teil — Vorwort, Vorrede, Einleitung oder wie immer genannt — dem Bericht vorausgeschickt, in dem der Autor mit echter oder vorgetäuschter Bescheidenheit um Verzeihung bittet, er sei ja kein Dichter und denke nicht im geringsten daran, für sein Werk dichterische Geltung zu beanspruchen. Und doch entstehen auch diese Reiseberichte oft wie dichterische Werke zu entstehen pflegen. Sie richten sich an ein Leserpublikum, dem sie Angenehmes und Nützliches bieten, und scheinen in ihrer Abgeschlossenheit und künstlerischen Gegenständlichkeit eigene Aufbau- und Gestaltungsweisen zu haben, die ihnen Einzug in die Welt der Dichtung ver-

---

1 An dieser Stelle möchte ich der Herzog August Bibliothek in Wolfenbüttel meinen besonderen Dank für die Förderung meiner Forschungsarbeiten über Reiseberichte aussprechen. In Wolfenbüttel konnte ich während zwei Aufenthalten 1978 und 1979 viele Lücken schließen und weitere Forschungsschwerpunkte entwickeln. Ein von mir ausgearbeites Katalogmanuskript über die arabische Welt in den Schätzen Wolfenbüttels — u.a. die Reiseliteratur — habe ich 1979 der Bibliothek für eine geplante Ausstellung übergeben.

2 M. Link, Deutscher Reisebericht als literarische Kunstform von Goethe bis Heine. Diss. Köln 1963. Wir verweisen weiterhin auf: Hans-Joachim Lepszy, Die Reiseberichte des Mittelalters und der Reformationszeit, Diss. Hamburg 1952; Hans Joachim Possin, Das Genrebild der englischen Reisebeschreibung des 18. und 19. Jahrhunderts, in Literatur-Kultur-Gesellschaft in England und Amerika. Aspekte und Forschungsbeiträge, Friedrich Scubel zum 60. Geburtstag, hrsg. v. Gerhard Müller-Schwefe und Konrad Tuzinski, Frankfurt/M. 1966; William E. Stewart, Die Reisebeschreibung und ihre Theorie im Deutschland des 18. Jahrhunderts in: Literatur und Wirklichkeit, hrsg. v. Karl Otto Conrady, Bonn 1978; Joseph Strelka, Der literarische Reisebebericht, in Jahrbuch f. intern. Germanistik, Frankfurt/M. 1971; Ralph-Rainer Wuthenow, Die erfahrene Welt, Europäische Reiseliteratur im Zeitalter der Aufklärung, Frankfurt/M. 1980; Uwe Ebel, Studien zur skandinavischen Reisebeschreibung von Linné bis Andersen, Frankfurt/M. 1981; Aleya Khattab, Das Ägyptenbild in den deutschsprachigen Reisebeschreibungen der Zeit von 1285-1500, Frankfurt/M. 1982; Tarik Mustapha Kamil Abdulbary, Das Bild Ägyptens in Carsten Niebuhrs Reisebeschreibung, Magisterarbeit, Kairo 1988. Geoffroy Atkinson, Les relations de voyage du XVIIe siècle et l'évolution des idées. Contribution à l'étude de la formation de l'esprit du XVIIIe siècle. Paris 1924.

schaffen.[3] Wir denken hier hauptsächlich an die Orientreiseliteratur, insbesondere an die Ägypten-Reiseliteratur, die es schon in der Antike[4] gab und die sich nach langer Pause im frühen Mittelalter wieder belebte und bis zum heutigen Tag fortbesteht.

Jedoch dürfte eine Übernahme der Reiseliteratur in die Dichtung nicht den mehr oder minder außerdichterischen Charakter dieses oder jenes Berichtes ausklammern.[5] Eine Geschichte der Geographie[6] ist ohne Auswertung der Arbeit früherer Reisender undenkbar. Umgekehrt lassen sich Tabellen von Entfernungen, Messungen oder Temperaturen schlecht in die Dichtung einordnen, obwohl uns dichterische Werke mit Kochrezepten bekannt sind.[7] Steht die Reiseliteratur mit einem Fuß in der Geographie, so steht sie mit dem anderen in der Geschichte. Als Alexander von Humboldt die Auswertung der Reiseliteratur anregte, lenkte er die Aufmerksamkeit nicht nur auf den geographischen, sondern auch auf den historischen Nutzen.[8]

An dem dichterischen Charakter vieler Berichte — besonders der älteren, die der Exaktheit moderner Methoden der Geographie und Geschichte nicht mehr genügen — ist nicht zu zweifeln. Durch das Altern haben sie zusätzliche Nuancen in Naivität, Leichtgläubigkeit, Kuriosität und Rätselhaftigkeit erhalten. Es

---

3 Friedrich Sengle, Vorschläge zur Reform der literarischen Formenlehre. 2. Aufl. Stuttgart, Metzler 1969.

Daß die Qualität der dichterischen Sprache von einem Dichter zum anderen, ja von einem Werk zum anderen, variiert, braucht nicht sonderlich hervorgehoben zu werden. Das Bild eines "breiten Spektrums mit graduellen Übergängen", das Weidle zeichnet, spiegelt in etwa den Sachverhalt wider. Wladimir Weidle, Die Zwei "Sprachen" der Sprachkunst. In: Jahrbuch für Ästhetik und Allgemeine Kunstwissenschaft, Bd. XII, 2 154-191.

4 Wir nennen als Beispiel: Herodot, das 2. Buch der "Historien".

5 In der Einleitung zu seiner Dissertation "Die Reiseberichte des Mittelalters und der Reformationszeit", Hamburg 1952, schreibt Hans-Joachim Lepszy: "Es wird sich demjenigen, der diese Arbeit zur Hand nimmt, wahrscheinlich die Frage aufdrängen, die mir in Gesprächen wiederholt begegnete: 'Ist das nicht ein historisches oder geographisches Thema, was hat das mit der Literaturwissenschaft zu tun?' "

6 Alexander von Humboldt, Kosmos, Entwurf einer physischen Weltbeschreibung, in: Gesammelte Werke von Alexander von Humboldt, Bd. II, 1. Aufl. 1889, Reprint München 1969; Hanno Beck, Geographie, Europäische Entwicklung in Texten und Erläuterungen, München 1973; Carl Ritter, Geschichte der Erdkunde und der Entdeckungen, Berlin 1861; derselbe, Einleitung zur allgemeinen vergleichenden Geographie und Abhandlungen zur Begründung einer mehr wissenschaftlichen Behandlung der Erdkunde, Berlin 1852.

7 Günter Grass, Der Butt, 2. Aufl., Darmstadt und Neuwied, Luchterhand 1977.

8 Alexander von Humboldt, op. cit. in: Runciman, Geschichte der Kreuzzüge, München 1978, 3. Kapitel, S. 38-49, haben wir ein Beispiel, wie Reiseberichte historisch ausgewertet werden. Einige Reiseberichte enthalten Exkurse, die in die Gebiete der Botanik, Tierkunde, Theologie, Archäologie usw. fallen. Hier können wir Rauwolff erwähnen.

wäre falsch, dem so gern gelesenen Orient-Reisebericht die Zugehörigkeit zur Dichtung abzusprechen, weil "die Mehrzahl der Reisenotizen, unterwegs aufgeschrieben und zu Haus überarbeitet, in ihrer sprachlichen Darstellung nicht den Anforderungen entspricht, die man an ein Kunstwerk zu stellen gewohnt ist. Nicht immer ist hier Erlebtes formvollendet gestaltet."[9]

Wir müßten von der "Formvollendung" absehen und versuchen, diese Werke nach ihren eigenen existenzberechtigenden Maßstäben zu beurteilen.[10] Um das Feld abzustecken, empfiehlt es sich, Einteilungen allgemeiner Art vorzunehmen, die durch die Forschungsergebnisse bestätigt oder aufgehoben oder verbessert werden könnten. Dabei können wir uns an den neuen Epochenschemata orientieren.[11] Wir beschränken uns hier grundsätzlich auf die deutsche Ägypten-Reiseliteratur[12] und greifen auf Reiseberichte in anderen Sprachen nur zurück, um Informationslücken zu schließen oder Parallelerscheinungen zu zeigen. Wir verfolgen längsschnittartig die Entstehung und Entwicklung eines Motivs, das in den verschiedenen Epochen im Hinblick auf Ausdruckspotentialität, Vielfalt und Präsenz in verschiedenen Erscheinungsformen auftritt: der Balsam.

Der Balsam ist eines der Motive, die zum Ägypten-Bild gehörten. Das Balsam-Motiv hat im Mittelalter, wie das Ägypten-Motiv selbst, eine neue Prägung erhalten, die weitgehend auf die Heilige Schrift zurückgeht. Die Ägypten-Reiseliteratur im christlichen Mittelalter verdankt dem Christentum ihre Entstehung. Im Abendland interessierte man sich nur für Ägypten, insofern, als es mit der Heiligen Familie in Verbindung stand, und so haben die abendländischen Reisenden,

---

[9] Editha Wolf-Crome, Pilger und Forscher im Heiligen Land, Reiseberichte aus Palästina, Syrien und Mesopotamien vom 11. bis zum 20. Jahrhundert, Giessen 1977, S. XX des Vorwortes.

[10] In seiner Einleitung zur französischen Übersetzung des Reiseberichtes von Felix Fabri, die das Französische Institut in Kairo herausgab, schreibt Jacques Masson: "Il (= Felix Fabri) a voulu en faire un livre à lire avec plaisir."

Voyage en Egypte de Felix Fabri 1483, traduit du latin, presenté et annoté par le R.P. Jacques Masson. Publications de l'Institut Français d'Archéologie Orientale (I.F.A.O.), Le Caire, 1975.

[11] Wir weisen hier auf die grundlegenden Arbeiten von Walter Falk hin, insbesondere auf: Handbuch der literaturwissenschaftlichen Komponentenanalyse, Theorie, Operationen, Praxis einer Methode der Neuen Epochenforschung, Frankfurt/M., Peter Lang 1983, sowie: Parallele Ägypten, Frankfurt/M., Peter Lang 1984. (Eine arabische Übersetzung liegt vor: Moustafa Maher, Al-'adab al-misri al-hadith fi dau' manhag at-tahlil ila-l-mukawyinat, Publikationen des Ägyptischen Obersten Kulturrates, Kairo 1986.)

[12] Vgl. Hans-Rudolf Singer, Dt. Forschungsreisende in arabischen Ländern, in: "Araber und Deutsche", Tübingen 1978.

Informationen über die Ägypten-Reiseliteratur finden wir in: Titus Tobler, Bibliographia Geographica Palaestinae, Leipzig 1867; H. Jolowicz, Bibliotheca Aegyptiaca, Leipzig 1858; Reinhold Röhricht, Bibliotheca Geographica Palaestina, Berlin 1890; derselbe, Deutsche Pilgerreisen nach dem heiligen Land, Innsbruck 1900 (zusammen mit Heinrich Meisner); Philipp Paulitschke, Die Arfika-Literatur in der Zeit von 1500 bis 1750 nach Chr. Ein Beitrag zur geographischen Quellenkunde, Wien 1882, Reprint New York 1962.

die es nach dem Heiligen Land zog, das Land, wohin die Heilige Familie vor Herodes geflohen war, miteinbezogen.

Arculfus[13], der um 670 das Heilige Land bereiste, kam auch nach Ägypten. In dem Reisebericht, den Adamnanus über diese Reise schrieb (Arculfus scheint bei einem Schiffsunglück ums Leben gekommen zu sein), wird Alexandrien, das "nach dem berühmten Alexander von Mazedonien" benannt wurde, erwähnt. Hier ist die Kirche, in der der Apostel Marcus begraben liegt.

Wir lesen über den Nil, den See Marjut und andere geographische Stätten, die der Geographie von Strabo[14] entnommen zu sein scheinen. Kurze Hinweise auf Klima, Flora und Fauna (Krokodile) kommen vor.

Erstaunlicherweise fällt kein Wort über die Flucht der Heiligen Familie nach Ägypten, und die Bedeutung Ägyptens bleibt auf die Alexandriner Kirche beschränkt.

Der überlieferte Reisebericht läßt auf die Benutzung einiger Werke der Antike schließen, die neben der Bibel[15] eine wichtige Quelle darstellen.

Als später das Pilgern zu einer christlich religiösen Praxis wurde, entwickelte sich eine Route, die die Pilger zu verfolgen hatten. Man wandelte in den Fußstapfen der Heiligen Familie in Palästina und in Ägypten. Nach und nach kamen zu den Wallfahrtsstationen andere Stätten auf dem Wege hinzu, die im Alten Testament erwähnt sind oder die mit den Heiligenlegenden in Verbindung stehen (Sinai, das Rote Meer, das Katharinen-Kloster).

Die Berichte der Wallfahrer — soweit sie von ihren Verfassern für die Öffentlichkeit gedacht waren — weisen in der dichterischen Qualität Unterschiede auf, wie es nicht anders zu erwarten ist. Aber Richtlinien tauchten auf, und die Gattungsart erhielt ihre bestimmenden Merkmale.

---

[13] Corpus Scriptorum Ecclesiasticorum Latinorum. Vol. XXXVII, Itinera Hierosolymitana Saeculi II - VIII., Hrsg. v. Paulus Geyer, Prag, Leipzig 1898, S. 278-283.
Vgl. Joachim Heinrich Jäck, Taschen-Bibliothek der wichtigsten und interessantesten See- und Land-Reisen, 3. Aufl. Nürnberg 1828, 3. Bändchen, S. 13-17.

[14] Strabo, Georgraphica.

[15] Jäck schreibt: "... Denn wer auch der Bibel, als ältester Urkunde, nicht in allen Stellen des alten Bundes seinen unbegrenzten Glauben widmen wollte, würde diesen wenigstens dem neuen Bunde nicht versagen und seine Theilnahme an den mancherlei Schicksalen der Völker, welche das gelobte Land auf kürzere oder längere Zeit bewohnten, nicht verleugnen." J.H. Jäck, op cit.,3. Bändchen, S. 13.

Aus dem Wunsch, die Route der Heiligen Familie im Heiligen Land und in Ägypten[16] nachzuvollziehen, entstand der erste Plan, nach dem das von dem Reisenden gesammelte Material (bestehend teils aus eigenen Beobachtungen und Eindrücken,teils aus abgeschriebenen Texten oder verwerteter Literatur) geordnet wurde. Aus den unbeholfenen Anfängen[17] gingen die reiferen Bemühungen um kunstgerechte Aufbaupläne hervor.

So liegen den Reiseberichten, so einfach sie auch sein mögen, kunstgerechte Aufbaupläne zugrunde, die zwar von einem Werk zum anderen variieren, aber grundsätzlich zwei Gruppen bilden:

- gegenstandsbezogene Aufbaupläne und
- ich-bezogene Aufbaupläne.

Bei den gegenstandsbezogenen Aufbauplänen läßt sich der Autor von den zu beschreibenden Gegenständen und den zu schildernden Ereignissen leiten. Die extreme Form, die aus einer solchen Konzeption hervorgeht, ist das Sachbuch, das streng systematisch eingeteilt ist.

Bei den ich-bezogenen Aufbauplänen stellt sich der Autor in den Mittelpunkt oder in eine Beobachtungsposition und verleiht seinen Beobachtungen, Eindrücken und Erlebnissen Ausdruck. Unter den möglichen Formen, die auf dieser Basis entstehten, nennen wir die Reiseberichte, die sich wie Tagebücher, lockere Episoden oder Briefe lesen.

Die Aufbautypen kommen selten unvermischt vor.[18] Dem gleichen Werk liegen mehrere Typen zugrunde, die parallel bestehen oder ineinander übergehen. Dabei gibt gewöhnlich ein Typ den Ton an und bestimmt den prägenden Charakter.

Durch diese Komplexität, die in der Kunst nichts Außergewöhnliches ist, gewährt der Autor seinem Streben nach Objektivität und seinem Drang nach Subjektivität vielfältige Wirkungsfelder, auf denen sich der schöpferische Prozeß

---

16 Martin Sommerfeld, Die Reisebeschreibungen der dt. Jerusalempilger im ausgehenden Mittelalter. In: DVjs 2, 1924. "Die Stationen der Reisen entsprechen chronologisch den Fußspuren von Jesus."

17 Man denke an den Reisebericht des fränkischen Mönchs Bernard, der um 865 in Palästina und Ägypten war. Text in: J. Mabillon Acta sanctor. ordin. S. Benedicti. Saec. 3 pars. 2. Lut. Paris 1672.

18 Am Beispiel von Felix Fabris Werk ließ sich folgende Aufbaukonzeption feststellen: "Le plan de l'ouvrage est simple dans les deux recensions; il suit le calendrier du voyage; et ce calendrier devient systématique pour le plan de l'Evagatorium, ou chaque mois constitue un traité de l'ouvrage, et chaque jour un chapitre. Les renseignements de source livresque prennent alors place au gré des événements vécus, sous forme de digressions ou de 'divagations'. Parfois le lecteur pressent que tel ou tel événement a été placé là pour équilibrer le récit, donne à chaque jour sa petite aventure."

im Rahmen epochaler Sinnsysteme abspielt. Die Perspektiven sind vielfältig, und die Hauptkonstituenten treten in zahlreichen Kombinationen auf.

Die Einbahnigkeit der Palästina-Ägypten-Reiseberichte, die durch das Ziel der Reisenden bestimmt wird, ist einer der wichtigen Gründe, auf die die Stereotypisierung[19] zurückgeführt werden kann, die im Laufe der Zeit in Erscheinung trat.

Die stereotype Route, die auf die Disposition wirkte, griff nach und nach auf die anderen Aspekte des Reiseberichtes über. Unter den Faktoren, die auf diese Entwicklung bestimmend wirkten, nennen wir: Benutzung der gleichen Standardreiseführer, Rückgriff auf die gleichen Quellen (das Alte Testament und eine beschränkte Anzahl von Werken älterer Autoren, besonders der Antike) und Übernahme abgerundeter Teile verschiedenen Umfangs aus früheren Reiseberichten.

Wir können uns gut vorstellen, daß für Autoren, die nicht ausreichend mit der Dichtkunst vertraut waren, sowie für Berufsautoren, die mit der Bearbeitung und Drucklegung laienhafter Reiseberichte betraut waren, der Gebrauch von stereotypen Aufbauelementen eine Selbstverständlichkeit darstellt. Wem die schöpferische Kraft fehlte oder nur unzulänglich zu Gebote stand, dem half das Wandeln auf betretenen Pfaden. Topoi füllten die Lücken. Anders motiviert, bedienten sich die Berufsautoren der Erfolgswerke , aus denen sie Material zur Bereicherung der ihnen vorgelegten ersten Fassungen zu schöpfen und handwerklich fach- und kunstgerecht zu verwenden wußten.[20]

Die stereotypen Motive lassen sich in zwei Spalten auflisten: die ich-bezogenen und die gegenstandsbezogenen. Zu den ersten gehören[21]:

- die außerordentlichen Gefahren, denen der Reisende ausgesetzt ist,

---

[19] Zum Sterotypen vgl. die Fraternitas-Reihe und meinen darin veröffentlichten Beitrag: Das Bild des Deutschen in der arabischen Literatur und das Bild des Arabers in der dt. Lit., Düsseldorf 1978. Die Wirkung der sogenannten Pilgerführer auf die Stereotypisierung kann auch hier erwähnt werden. Pilgerführer gab es z.B. im 15. Jahrhundert zu kaufen. In bezug auf die Reise Sebald Rieters schreiben Röhricht und Meisner: "Eine hauptquelle, welche Sebald (=Sebald Rieter jun.) und Tucher gemeinschaftlich benutzten, war ein pilgerführer, also ein Büchlein über die heiligen stätten, wie es Sebald Rieter senior und andere pilger in Venedig sich kauften und auf der reise mit sich führten." Das Reisebuch der Familie Rieter, hrsg. v. Röhricht und Meisner, Tübingen 1884, S. 4.

[20] Johann Wild, der von 1604 bis 1606 große Teile der islamischen Welt als Sklave der Türken bereiste, hat mit Sicherheit seine Reisebeschreibung nicht allein verfaßt. Ein Stilmacher von Grimmelshausens Kaliber steckt dahinter.

[21] Interessant sind die Topoi in den Einleitungen der Reiseberichte, etwa: "Ich bin kein Dichter und denke nicht daran, als Dichter aufzutreten. — Ich habe meinen Bericht geschrieben, weil viele Leute mich darum gebeten haben. — Die meisten Reiseberichte wimmeln von Lügen und komischen Geschichten, meiner aber ist durch und durch wahr." Vgl. Voyage et aventures de François Legnat & de ses Compagnons en deux isles désertes des Indes Orientales, Londres, 1708, Tome Premier, S. VI/VII, Préface.

- die seltsamen Abenteuer, in die der Reisende sich verwickelt,
- die besondere Fähigkeit des Ich-Erzählers, sich aus den schwierigsten Situationen herauszuhelfen,
- Einzelheiten des alltäglichen Lebens, die eine Verbindung zwischen Autor und Leser herstellen.[22]

Unter den gegenstandsbezogenen, stereotypen Motiven, die wir in den Ägypten-Reiseberichten treffen, ragen folgende hervor:

die Wüste,
das Rote Meer,
der Nil, der im Paradies entspringt,

die Orientalen mit ihrer typischen Kleidung,
die Beduinen,
die Renegaten,

die Pyramiden,
die Mumien,
die Hieroglyphen,

Moses in Ägypten,
der Auszug der Kinder Israel aus Ägypten,
die Heilige Familie in Ägypten,

ein negatives Islam-Bild,
Wunder, Legenden und sagenhafte Geschichten,

die Brutöfen zum Ausbrüten von Eiern,

der Balsam-Garten,
die Bananen,
die Palmen.

Auf diese Motive einzeln oder in kleineren Gruppen einzugehen, wäre ohne Zweifel eine lohnende Aufgabe. Sie müßten auf zwei Ebenen erforscht werden, einmal vom rein ästhetischen Blickwinkel aus und zum anderen vom außerdichterischen.

Wir gehen hier auf das Balsam-Motiv ein, das plötzlich in den Palästina-Ägypten-Reiseberichten auftauchte und zum stereotypen Motiv wurde. Der

---

[22] W. Stewart spricht vom "Mikrologismus" und A. Khattab von der "Innerlichkeit".
William Stewart, Die Reisebeschreibung und ihre Theorie im Deutschland des 18. Jahrhunderts, in: Literatur und Wirklichkeit, hrsg. v. K.O. Conrady, Bd. 20, Bonn 1978; Aleya Khattab, Das Ägyptenbild in den deutschsprachigen Reisebeschreibungen der Zeit von 1285-1500, Frankfurt/M. 1982.

Karawanenweg von Suez (Kolsum) nach Kairo, den die Reisenden aus Palästina kommend benutzten, führte an dem Dorf Matareya vorbei, wo es einen Balsam-Garten, einen Brunnen und eine Sykomore gab, die von den ägyptischen Christen — aber auch von den Muslimen — in Ehren gehalten wurden, weil man sie mit der Heiligen Familie in Verbindung zu bringen pflegte.

In seiner "Story of the Church of Egypt" schreibt Butcher[23]: "The village of Matarieh had been regarded as sacred since the time that the Holy Family had rested there on their way to Babylon. Pilgrims came there from all parts of the world (we have a very interesting account of the pilgrimmage undertaken by an European in this century, but it was also famed for its balsam gardens, which to a certain extent chared its sanctity, and the miraculous spring of pure water which was regarded as the miraculous gift of Jesus."

Matareya wurde eine der wichtigen Stationen der Ägypten-Reise, die die Pilger unternahmen. Sie betrachteten die drei Wunder, die es dort gab: den Balsam-Garten, die Sykomore und den Brunnen und waren für alles aufnahmebereit, was deren wunderbaren, heiligen Charakter bekräftigen konnte. Ihre erste Informationsquelle waren die Dragomane, die auf ihre Art auf Stellen aus der Heiligen Schrift, auf das apokryphe Pseudo-Matthäus-Evangelium und das koptische und äthiopische Synaxarium hinwiesen. In den vier Evangelien ist weder vom Balsam noch von Matareya die Rede. In dem apokryphen Pseudo-Matthäus-Evangelium wird erzählt, daß Joseph einen Stock hatte, den er, in Matareya angekommen, Jesus gab. Jesus sagte seiner Mutter, man solle sich an diesem Ort niederlassen; er pflanzte den Stock in die Erde und grub nach Wasser; ein Brunnen mit süßem Wasser entstand; aus dem Stock wurde eine Palme.[24]

In manchen koptischen und äthiopischen Heiligenlegenden kommt anstatt "Palme" "Balsam" vor. In der Tat werden in Verbindung mit Matareya mindestens vier wunderbare Bäume genannt: der Balsam-Baum bzw. -strauch, die Palme, die Sykomore (= Marienbaum) und der Bananenbaum.[25] In den äthiopischen Lehrbüchern kommt die wunderbare Geschichte von Matareya mit dem Balsam vor. Meinardus hält den Bericht eines äthiopischen Geistlichen, Heile Mariam, darüber fest:

"Auf dem Weg nach Matariyah trug Joseph in seiner Hand einen Stock, mit dem er Jesus ab und zu schlug. In Matariyah angekommen, übergab Joseph diesen an Jesus, der daraufhin zu seiner Mutter sprach: 'Wir wollen uns hier niederlassen', und der Ort, sowohl die Wüste als auch die Quelle, hieß von nun an Matariyah. Jesus nahm den Stab von Joseph und zerbrach ihn in kleine Stücke und pflanzte

---

[23] E.L. Butcher, The story of the Church of Egypt, Bd. II, London 1897, S. 83.

[24] Otto F.A. Meinardus, Auf den Spuren der Heiligen Familie von Bethlehem nach Oberägypten, Koblenz 1978, S. 36.

[25] In vielen Reiseberichten des Mittelalters enthält die Matareya-Episode alle vier Bäume.

diese Stücke in die Erde, und mit seinen eigenen Händen grub er nach Wasser, und frisches und klares Wasser mit einem süßlichen Geschmack quoll hervor. Jesus nahm daraufhin von diesem Wasser und begoß die von ihm gepflanzten abgebrochenen Stücke des Stabes, die sogleich Wurzeln schlugen, Blätter erhielten und einen süßen und angenehmen Duft, süßer als jedes wohlriechende Parfüm, ausströmten. Und die Holzstäbchen wuchsen, und man nannte sie 'Balsam'. Daraufhin sprach Jesus zu seiner Mutter: 'O Mutter, dieser Balsam, den ich hier gepflanzt habe, soll an diesem Ort immer und ewig wachsen, denn von diesem Balsam soll das Öl für die Taufe genommen werden, wenn die Christen im Namen des Vaters, des Sohnes und des heiligen Geistes taufen.' "[26]

Die apokryphische Literatur enthält weitere, bedeutungsträchtige Elemente. Meinardus schreibt:
"In dem Ersten Kindheits-Evangelium wird noch erwähnt, daß Maria die Windeln von ihrem Sohn auswusch und dieselben zum Trocknen aufhing. Da trat ein von bösen Geistern besessener Knabe hinzu und nahm eine dieser Windeln und zog sie über seinen Kopf, und siehe da, der böse Geist kam aus seinem Mund und entwich in der Gestalt von Krähen und Schlangen. Von diesem Tage an war der Jüngling durch die Kraft von Jesu geheilt, und er dankte Gott für diese Heilstat."[27]

Im Alten Testament ist der ägyptische Balsam in Bet-Schemsch (Jer. 43/13) lokalisiert. Bet-Schemsch ist wohl Heliopolis der Griechen und Ein-Schams der Araber, auch Matareya genannt. Dem Bericht des Alten Testaments nach muß der Balsam eine kostbare Ware und ein begehrtes Heilmittel gewesen sein, das nicht nur in Ägypten wuchs:

1. Mose 43.11:
"Da sprach Israel, ihr Vater, zu ihnen: muß es denn ja also sein, so tut's und nehmt von des Landes besten Früchten in eure Säcke und bringt dem Manne Geschenke hinab: ein wenig Balsam und Honig, Würze und Myrrhe, Datteln und Mandeln."

1. Mose 37.25:
"Und setzten (Josephs Brüder) sich nieder, zu essen. Indes hoben sie ihre Augen auf und sahen einen Haufen Ismaeliter kommen von Gilead mit ihren Kamelen; die trugen Würze, Balsam und Myrrhe und zogen hinab nach Ägypten."

---

[26] Meinardus, op. cit., S. 36.

[27] Meinardus, op. cit., S. 38.

Hesekiel 27.17:
"Juda (Tyrus) und das Land Israel haben auch mit dir gehandelt und haben dir Weizen und Minnith und Balsam und Honig und Öl und Mastix auf deine Märkte gebracht."

Im Buch Jeremias (8: 22-46: 15-51:8) ist in der deutschen Übertragung die Rede von Salbe. Die arabische Übertragung verwendet das Wort "Balsam".

Diese Stellen im Alten Testament, die koptischen Legenden, die die Dragomane aufbauschten, der mysteriöse genius loci Matareyas mit dem Balsam-Garten und die Bedeutung des Balsams in der damaligen Heilkunde trugen zur Ausformung des Balsam-Motivs in den mittelalterlichen Reiseberichten bei.

Wunderbar wirkte Matareya auf Pilger, die nach langer Wanderung durch die Wüste Wasser und Gärten zu sehen und entzückende Geschichten zu hören bekamen.

Der erste wichtige Text über den Matareya-Balsam geht auf das 13. Jahrh. zurück. Bruder Burkhard[28], der 1283 gepilgert war, schrieb einen Reisebericht, der sehr beliebt war. "Im Mittelalter", schreibt Tobler, "hat Burkhard die mönche oder gelehrten nicht wenig beschäftigt, und viele bibliotheken besitzen daher handschriften"[29] und "Arculf und Burkhard haben im mittelalter die leser von schriften über das heilige Land völlig beherrscht."[30] In Burkhards Reisebericht, wie er in Feyrabends "Reyßbuch"[31] abgedruckt ist, heißt es:

"Zwischen Heliopolis und Babylonia zeigt man die örter/ darinnen die heylige Jungfrauw mit dem Kindlin Jesu und jrem vertraweten Joseph sich sol verhalten haben/ wie sie vor Herodes auß dem Jüdischen Land geflohen/ Vnd ist daselbst auch der Balsamgart/ der von einem kleinen/ aber vberauß wasserreichen

---

[28] Titus Tobler, Bibliographia Geographica Palaestinae, Leipzig 1867, S. 27, 30.
Burkhards Name wird verschieden geschrieben: Graf Burchard (Burkhard) von Barby, Ordensbruder im Kloster vom Berge Zion, auch Brocard, Borchard, Brocardt, Burcard usw. Hinweise auf den Balsamgarten finden wir in der Dissertation von Lepszy op. cit., auch Aleya Khattab, op. cit S. 92, 93, 94 nennt folgende Reisenden: Burkard, Boldensele, Sudheim, Mandeville, Egen, Katzenellenbogen, Ketzel, Rieter, Tucher, Fabri, Breydenbach, Harff ..., die in ihren Reiseberichten über den Balsamgarten berichten. Vgl. auch S. 69-77.

[29] Tobler, op. cit., S. 28.

[30] Tobler, op. cit., S. 30.

[31] "Eigentliche und wahrhaffte Beschreibung dess Heiligen und anderen anliegenden Ländern, wie die im 1282. Jar, an allen gelegenheiten beschaffen gewesen, und damit ein fleissige verzeichnuß aller Reyß durch diese Länder, wie diesselb vorzunehmen, und wie weit jedes Ort vom andern gelegen. Sonders fleiss vom Bruder Brocardt, der dieselbige zeit diese Länder durchzogen, Lateinisch in einem Buch an tag geben, Aber jetzundt erst zu besserer und mehrer außführung dieses unseres vorhabenden Wercks, trewlich verteutschet, und in Truck gefertiget." In: Sigmund Feyrabend, Reyßbuch des heyligen Landes, Frankfurt am Main 1583, S. 466.

Brunnen gewässert wirdt/ in welchem Brunn die heylig Jungfrauw das Kind Jhesum sol gebadet haben/ derwegen er von Christen und auch von Saracenen in ehren gehalten wirdt/ wie man aber den Balsam zuricht/ haben mir die Saracener diese weise angezeiget/ Sie brechen ein Blat von dem Stamm (denn die Blätter hangen an dem Stamm) vnd zerreissen es gegen der Sonnen Stralen zu/ so fleußt ein sehr liechtheller vnd vber die maß wolgeschmackter Tropfen darauß vnd das ist der rechte Balsamsaft/ den man in Glaßschalen auffhebt/ vnd hin vnd wider in die Welt schickt/ wiewol er selten vnvermischt in vnser Land kompt/ Sie sagen auch/ wenn das Blat nicht gegen der Sonn zerbrochen wirdt/ so könne man den Saft nicht darauß bringen/ vnd haben die Saracener/ wie der erst Brunn den ganzten Garten nicht gnug wässern können/ noch einen Brunnen gegraben/ darauß vier Rinder das Wasser ziehen/ so viel zu erfeuchtung vnd wässerung dieses Gartens von nöten seyn wil."

In dem Text sind in knapper Form die wichtigen Aspekte des Matareya-Balsam-Motivs enthalten, die später im Sinn gesteigerten Wunderglaubens ausgebaut werden:

- der Ort, an dem sich die Heilige Familie aufhielt,
- der Balsamgarten,
- der wasserreiche Brunnen, in dem die Jungfrau das Kind Jesus gebadet haben soll, bewässert den Balsamgarten,
- Christen und Muslime verehren den Brunnen,
- die besondere Art, das Balsam-Öl zu gewinnen,
- die besonderen Eigenschaften des Balsams, lichthell, über die Maße wohlriechend,
- echter Balsam ist selten.

Burkhard griff auf die früheren Berichte zurück, und die späteren Autoren von Reiseberichten "plünderten" sein Werk. Das wußte man schon seit langer Zeit. Tobler schreibt: "Natürlich benutzte er bei der ausarbeitung des werkes manche vorlage, wie, nach eigner angabe, den Jacques de Vitry; indessen bleibt immer noch ein ansehnliches stück original. Er wurde nicht häufig gelesen, sondern auch von andern schriftstellern oft geplündert."[32]

Ein halbes Jahrhundert später bekräftigt Wilhelm von Boldensele (Boldensleve), der 1332 in Ägypten war, daß das Wasser in Matareya durch Jesus Christus die Kraft erhalten hat, den Balsam hervorzubringen:

"In der Nähe von Kairo gegen die Wüste ist ein zwar nicht großer, aber ganz ausgezeichneter Balsam-Garten, welcher weder mit einem starken Zaune, noch mit einer Mauer verwahrt ist, welche Sicherheit bei einer so köstlichen Sache mich sehr in Staunen setzte. Der Garten wird von einer kleinen Quelle, die in demselben entspringt, bewässert. Die Christen erzählen, daß Maria den Knaben Jesu öfters in dieser Quelle gebadet und seine dürftigen Kleider darin gewaschen habe,

[32] Tobler, op. cit., S. 30.

wodurch sie die Kraft empfangen haben soll, daß die mit ihrem Wasser befeuchtete Erde den Balsambaum hervorbringt. Die Balsambäume sind weder sehr dick, noch hoch, sondern wie Weinreben, Aeste von mittelmäßiger Dicke."[33]

In dem Reisebericht Ludolph von Sudheims[34] — die Reise geht auf die Jahre 1336 bis 1350 zurück — kommt das Matareya-Balsam-Motiv in gesteigerter Form vor. Nach der deutschen Fassung von Feyrabends "Reyßbuch"[35] heißt es:

"Bey Tarra gegen der Wüste deß Syrischen Landts/ ligt ein Balsam Gart/ kaum eines halben Steinwurffs lang/ ist mit einer Maur eyngefast oder verwaret/ in gemeldtem Garten seind fünff Brunnen/ welche die Zweig deß Balsams vnd die Balsamstöck begiessen/ vnnd hat ein jedes Zweig vnd ein sondern Hüter/ der dasselbig wie sein eignen Leib verwahrt/ reinigt/ säubert vnd begeust/ Die Zweig aber vnnd Stöck deß Balsam spreiten sich nicht vber zwo Elen weit auß/ haben bletter gleich wie Kleebletter/ Im anfang deß Mertzens/ so der Balsam anfangen wil zeitig zu werden/ wirdt sein fleissiger gepflegt/ vnd so er gar zeitig worden/ schneidet man die Zweig von den Stöcken ab/ vnnd verbindet sie mit Baumwoll/ alsdann tropffet der Balsam herauß/ wie ein Wasser/ so man die Weinstöck schneid/ in die Baumwoll so herumb gebunden ist/ vnnd vnter einem jeglichen Zweig hangt ein silberins Fläschlin/ dareyn der Balsam tropffet/ Als ich in diesem Garten war/ ist stätigs der Soldan auß Babylonia persönlich zugegen gewesen/ vnnd hat so fleissig achtung drauff geben/ daß niemandt ein einig tröpflein mochte zutheil werden/ So aber auß frembden Landen Königliche oder Fürstliche Legaten vnnd Gesandten kommen/ gibt er einem jeden ein klein Gläßlein voll dieses Balsams zur verehrung/ vnd helt solches für ein groß Kleinot/ Wann nun der rechte vnnd gute Balsam außtroffen ist/ alsdann schneiden die verordneten Gärtner das öberst an den Zweigen ab/ vnnd siedens in einem Wasser/ so kompt der Balsam der oben in Zweigen gesteckt/ herauß/ vnd schwimmet vber sich im Wasser wie ein Oel/ vnd wirt mit einem Löffel abgehebt/ vnd in ein Geschirr behalten/ Den Balsam muß man ein zeitlang also stehen lassen/ vnnd wirdt derselbig auch in hohem werth gehalten/ ob er schon also gekocht wirt/ vnd vberkompt schier ein rötliche farb/ mit schwartzem ein wenig vermengt/ Der natürliche rohe Balsam aber ist weiß/ wie er herauß tropfft/ Man soll hie wissen/ daß der lautere rohe Balsam/ das alleredelst Kleinot ist/ so auff der Welt gefunden mag werden/ vmb welches willen die heiligen Altväter denselbigen im Crisam gebraucht haben/ vnd welches Fleisch mit rohem Balsam bestrichen wirt/ das faulet vnd verdirbt nimmer/ so er auch

---

[33] Jäck, op cit., Bd 24, S. 126.
Tobler nennt ihn Otto von Nyenhusen aus Minden, genannt Wilhelm von Boldensele, S. 35/36.

[34] Ludolph (Ludolfus de) Sudheim, Itinere Terrae Sanctae Liber, Stuttgart 1851, Kap. XXX, S. 52, Hortus Balsami. Der Herausgeber, Dr. Ferdinand Deycks, notiert in der Fußnote 4, S. 52: "Mit diesem Abschnitt über den Balsam stimmt fast wörtlich überein der 24. Abschnitt des Büchleins des Johannes von Hildesheim, von den h. drei Königen."

[35] Ludolph von Suchem, Fleissige Aufzeichnung aller Begebenheit ..., in: Feyrabends "Reyßbuch des heyligen Landes", S. 444.

herauß tropffet/ vnnd diesselbigen tropffen aufgefangen werden/ dringen sie durch/ daß die Hand an dem andern ort von dem Balsam befeuchtiget wirt/ wann man vier oder fünff tropffen in die Augen eines Menschen/ so Alters halb nicht wol mehr sihet/ fallen läßt/ von stund an vnd auff der stätt/ bleibt jm das Aug wie es zu derselbigen zeit gewesen/ wirdt auch nicht ärger noch besser/ vnnd were derwegen böß zu versuchen/ es were dann kein Hoffnung mehr da/ sonst braucht man jn an den verstorbenen Leiben der fürnemen Edlen vnd Herren/ Wann auch frische Wund nur mit einem halben tropffen dieses Balsams bestrichen wirt/ heilt es dieselbig so sauber zu/ daß man auch die Wundmassen nicht mehr sehen kan/ Der gekocht Balsam hat auch sein sondere krafft/ vnnd kan mit dem Crisma wol vermenget werden/ vnd insonderheit ist er denen nütz vnnd gut/ so von einer höhe gefallen/ dann er alles was innwendig in dem Leib gebrochen oder beschädiget ist/ wider heylet/ Nutzet auch sonderlich den Augen/ vnd verhütet das Fleisch so darmit bestrichen wirt/ daß es nit faulet/ Aber der gekocht Balsam ist nimmer so kräfftig/ als der von Natur vnd für sich selbst herauß tropffet/ dann durch das sieden/ wirt jm etwas von seiner krafft genommen/ Diesen Balsam Garten aber kan niemandts erhalten noch pflantzen/ er sey dann ein Christ/ Dann so es sich ander Leut vnterstanden haben/ ist alles darinn verdorben/ welches darinn die erfahrung offt geben hat/ An dem ort hat auch vnser liebe Frauw Maria mit jrem Kind Jesu gewohnet/ als sie für dem Angesicht des Königs Herodis geflohen ist/ in das Land Egypten/ In welchem Garten bey dem Brunnen/ sie jre vnd deß HERRN Jesu Kleider gesäubert vnnd gewaschen hat/ welches man dann meynet/ daß es ein vrsach sey/ daß an dem/ vnnd sonst an keinem ort der Welt der Balsam gefunden werd/ Es ist nicht von nöten weiter zu sagen/ was dieser Balsam sonst für Krafft vnnd Tugent an sich hab/ Zu meinem zeiten haben diesen Garten Christen/ so teutsche gewesen/ verhütet vnd bewart/ vnter welchen einer gewest von Schwartzenburg/ so bey Erfford gewohnet/ vnnd darnach zu einem Mammelucken worden/ vnd ein anderer/ so nur ein Aug gehabt/ Niclaus geheissen/ vnd vor Acon gefangen worden/ der den Christen/ wie sie jm nachsagen/ viel liebs vnnd guts gethan/ welcher auch hernach deß Soldans Kämmerling worden."

Ludolph bekennt, daß er Teile aus "älteren Niederschriften übernommen hat, etwa von Boldensele."[36]

Der Text Ludolphs zeigt die Tendenz, das Balsam-Motiv immer mehr ins Mysteriös-Wunderbare zu ziehen. Wir halten folgende Punkte fest:

Jede Balsam-Pflanze ("ein jedes Zweig und Stock") hat einen Hüter, der sie besonders pflegt und dafür sorgt, daß sie nicht angetastet wird.

Die Staude wird beschrieben, auch die außergewöhnliche Art, den kostbaren Balsam zu gewinnen. Der Vorgang ist von höchster Bedeutung, wohnt ihm doch

---

[36] Editha Wolf-Crome, op. cit. S. 561.

der Sultan bei. ("... auß Babylonia" = Kairo, wegen der Babylon-Festung so genannt.)

Der Balsam ist eine Seltenheit. Man wünscht sich höchstens ein Tröpfchen. Mächtige Könige erhalten ein kleines Fläschchen, das ein Kleinod "das alleredelst Kleinod" ist.

Die wunderbare Wirkung des Balsams wird erwähnt: Fleisch, das mit Balsam bestrichen wird, verdirbt nicht. Man denke an die Einbalsamierung, an die Mumien der "Altväter".

Der Balsam behandelt die altersbedingte Blindheit.

Wunden, die mit Balsam bestrichen werden, hinterlassen keine Narben.

Echten Balsam erkennt man an der lichthellen Farbe. Die Probe mit der Hand wird angeführt: Der Balsam dringt sofort vom Handrücken durch zur Handfläche.

Der alleinige Anspruch der Christen auf den Balsam. Die Pflanze gedeiht nicht, wenn sie von Nichtchristen gepflegt wird.

Der Balsam ist durch das Wasser entstanden, das von der Kleidung des Jesus-Kindes eine besondere Kraft erhielt.

Balsam gibt es nur an diesem bestimmten Ort.

Der gleichen Tendenz begegnen wir in dem Reisebuch von John de Mandeville, das zu den beliebtesten Reisewerken bis ins 19. Jahrhundert hinein gehörte.[37] Auch dieses Reisebuch ist — wie Eric John Morrall, der Herausgeber der deutschen Übersetzung von Michel Velser[38], schreibt: "eine geschickte Kompilation der Berichte anderer echter und unechter Reisender."

Die Matareya-Balsam-Episode mutet hier wie eine Erweiterung der entsprechenden Episode bei Ludolph an. Mandeville fügt Einzelheiten hinzu, die der Steigerung des Mysteriös-Heiligen dienen. Er schreibt:

"Item vor der stat ze Cayr da ist der gart da der balsam inne wachsset, und wachsset uff clainen bomen, die gond ainem bys an die gurtel, und ist ainer wilden winreben gelich. In dem selben garten sind suben brunnen, und den

---

[37] Vgl. Goethe, West-Östlicher Divan, Insel-Ausgabe 1965, Noten und Abhandlungen, S. 225 ff. Der Reisebericht ist u.a. in Feyrabend "Reßbuch ...", S. 411 ff. gedruckt worden.

[38] John Mandeville, Sir John Mandevilles Reisebeschreibung in deutscher Übersetzung von Michel Velser. Hrsg. v. Eric John Morrall, Berlin 1974, S. XIII.

ainen machet unser herre mit sinen fussen, do er schertzet mit den andern kinden.
Der gart ist nit als wolbeschlossen denn das man wol hin in mag komen. Wenn aber die zitt ist das der balsam wachset, so ist er gar wol behut in der maß das nieman hin in mag. Der balsam wachsset nienen anderswa wann da selbs. Ob man joch der bom anderswa zwigette und satze, so wachsent sie, aber die tragent kain frucht. Und wenn sie wollent die bom beschniden, daz tund si mit ainem scharpfen bain oder mit etwas anders. Wann tattent sie es mit yßen, so verlur der bom sin natur und sin krafft. Der bom der haisset in haidescher sprach Ethnoch balte. Und die frucht haissent sie Abebisitis, und ist geschaffen nach als ain kurbs. Und der balsam der da von tropffet und tropfft haissent sie Grisble. Und sie haissent es die cristen lut buwen, anders es trug kain frucht, als sie selb sprechen, wann sie dick und vil versucht hond.
Man seyt ouch das des selben balsam wachßet in India in der wusty da Allexander redt mit dem Böm der Sunnen und des Mons. Ich hon sin aber nit gesenhen, wann ich nit so ferre geweßen bin, wann es da hin vat sorgsamglich und unsicher ist ze komende. Nun sollent ir wissen das er muß ain maister sin der balsam sol kouffen, das er nit betrogen werd. Da von so sag ich uch das man dick und ouch vil verkoufft ain hartz das haist Cerbertina an balsam statt. Wann sie wenig balsam dar in tund, das git in den schmack von dem balsam. Etlich legent die frucht von dem bom in ole, das gewint den geschmack und die farwe von dem balsam, und sprechent, es sy balsam. Und also wurt menig herr betrogen, wann die haiden die felschen in sere mit den worten das sie die cristen betriegent, dar nach koufflut, dar nach appotecker, wann yeglicher wil sin me machen. Und also wurt es nuntzit wert. Ist aber das er uch gefelt, als ich uch in zogen wil, so mugent ir nit betrogen werden, und zog uch wie ir in versuchen sollent byß uff den letschen ort. Item ir sollent wissen das der recht balsam ist lutter und clar und ist gelfar und hat gar ain grossen schmak. Ist er aber dick und rott, so ist er gefelschet. Versuch in also: niement ainen tropffen in uwer hand und hond sie an der sunnen. Ist der balsam gut, so mugent ir die hitz von der sunnen nit geliden noch die hand still haben, wann uch duncket, ir habent die hand gen ainer haissen glut. Und niement ainen tropffen an ain messer und hebent das messer gen ainem füer. Brint der balsam, das ain gut zaichen. Item niement ain silberin kopff oder ain beckin mit gaiß milch und rurent sie fast und tund des balsams dar in ain tropffe. Ist er gut, so gerint die milch zehand. Oder nim ain tropffe balsams und wurff in in ain beckin vol wassers und rur es fast. Ist der balsam gerecht, so wurt das wasser nit trub, und der balsam felt an den boden als kecksilber. Ist er nit gerecht, so wurt das wasser trub. Ir sollent wissen das der recht balsam gar schwer ist und wigt zehen stund als vil als der falsam."[39]

Zu den üblichen Elementen (Ort, Brunnen, gesegnetes Wasser, Beschaffenheit der Pflanze, Beschaffenheit des Saftes, Pflege, Bewachung, Gewinnung des Balsams, Verfälschungsmöglichkeiten, Heilkraft, christlicher Allein-Anspruch usw.) kommen neue hinzu:

---

[39] ebenda S. 34, 35, 36.

- die Balsamstaude darf nicht mit Eisen beschnitten werden,
- Fälschung des echten Balsams,
- Ausführungen über die Proben, die zur Erkennung des echten Balsams dienen (Ziegenmilchprobe, Brennprobe, Wasserprobe, spezifisches Gewicht des Balsams).
- Zweifel daran, daß der Balsam woanders wachsen kann (Indien).

Diese zusätzlichen Fragen führen zur Bereicherung der Episode. Die späteren Reisenden und Pseudoreisenden fühlen sich veranlaßt, mehr Belesenheit, Gelehrsamkeit und Wunderglauben herauszukehren.

Johannes Schildtberger (Schiltberger), der Ägypten 1410 als versklavter Kriegsgefangener besuchte, ließ die Matareya-Balsam-Episode nicht fehlen. Hier handelt es sich offensichtlich um eine kurze Zusammenfassung[40] von Mandevilles Bericht. Darauf weist Valentin Langmantel, der Herausgeber der Nürnberger Handschrift von "Schildtbergers Reisbuch", hin. Er schreibt: "Viele Kapitel geographischen Inhalts sind aus Johann von Montevilla entnommen..."[41] Das betrifft die Matareya-Balsam-Episode, die alle stereotypen Elemente enthält.

Die gleichen Bemerkungen treffen auf den Bericht zu, den Graf Katzenellenbogen[42] über seine Reise (1433-1434) geschrieben hat. Das durch Jesus gesegnete Wasser in Matareya, dessen Wunderkraft im Balsam offenbart ist, lädt zum Baden ein. Das Baden, das für die aus der Wüste kommenden Reisenden eine Erfrischung bedeutet, wird langsam zu einem Ritus.

---

40 "Vor der Stadt Misser und haissentz die Christen Chair da ist der garten, do der balsam innen wechst; auch wächst er nyndert mer, dann doselbst und inn India do wechst er auch. Chönig soldan nimpt groß gut von dem balsam ein. In velchen auch die haiden vast mitt mancherlay das sie darein thun und die kauffleutt und die apoteker, darumb, das sie vil doran wollen gewinnen; aber rechter balsam ist lautter und clar und ist gelvar und hatt ein starcken geschmack, ist er aber dick und rot, so ist er nicht gerecht; nempt ainen tropfen balsams in die handt und halt in gegen der sunnen, ist der balsam gerecht, so mugt ir der hitz von der sunnen nicht geleyden, wann euch dünkt, ir habt sie gar in ainer grossenn glut; nempt ein tropfen balsams an ain messer und halt das messer gegen ainem feur, print der balsam, so ist er gerecht; nempt ein silbere schalen oder ein silberen pecher vol gaißmilche und rürert sie vast und thutt ein tropffen balsams dorein, ist er gutt, so gerint die milch zuzestund; und mitt dem bewärtt man den balsam." Hans Schiltberger, Reisebuch, Tübingen 1885, hrsg. v. Langmantel, S. 78/79.
Siehe auch: Reisen des Johannes Schiltberger aus München in Europa, Asien, Afrika von 1394-1427, hrsg. v. Fallmerayer und Hammerpurgstall, München 1859.

41 ebenda, S. 164

42 "... riedden zu dem Balsame, und baten in dem borne, da unser liebe frouwe unsern lieben herrn got uss gehocht hat, und hait eme syne wyndleln daruss gewischen, als sie was geflogen von Bethlehem yhene Alkeyer in Egiptenland, und wo sie die wyndelen ufsluge, da wuschen alle die wile kleyne rysser, daruß der balsame flusset ..." Vgl. die Pilgerreise des letzten Grafen von Katzenellenbogen 1433-1434, hrsg. v. R. Röhricht und H. Meisner, 1882.

Sebald Rieter junior hinterließ einen Erlebnisbericht[43] über den Matareya-Balsam. Die Beschreibung verrät den gleichen Glauben an religiöse Wunder. Nur das besondere Wasser, das die Ochsenschöpfräder aus dem wunderbaren Brunnen schöpfen, dürfe dem Balsam zugeführt werden. Balsam gebe es außer in Matareya nirgends auf der Welt. Der echte Balsam sei so rar, daß man in Europa nur gefälschten bekomme. Der Sultan beschenke damit die vier mächtigen Fürsten: den Khan von Katthay, den Priester Johannes, Usong Hassan und den großen Türken.

Das Reisebuch Rieters war nur in kleinen Kreisen bekannt, bis sich Hans Rieter (geb. 1564, gest. 1626) um die Herausgabe der Aufzeichnungen seiner Vorfahren bemühte.[44]

Johannes Tucher, der mit Sebald Rieter junior die Reise unternahm, scheint aus der Handschrift seines Reisegefährten geschöpft zu haben.[45] Die Matareya-Balsam-Episode, wie wir sie in seinem Bericht lesen, ist mit der Rieters fast identisch. Tuchers Buch wirkte stark auf die späteren Reisenden wie Fabri und Tschudi.[46]

Die Mamlucken-Fürsten scheinen die Schönheit der Matareya-Oase erkannt und sie für einen Schloßbau erschlossen zu haben. Zur Zeit des Sultans Qait-Bey (1467-1496) baute Prinz Yaschbak ein Gästehaus für die Prominenz. Die Pilger durften gegen hohes Eintrittsgeld den Garten besichtigen, der in die Gästehausanlage miteinbezogen worden war.[47] Butcher schreibt: "... the Sultan had enclosed the sacred fountain and tree in the garden of his own palace built at Heliopolis, but that they were permitted to enter and visit the sacred spots ..."[48]

Die ummauerte, streng bewachte Anlage, deren Betreten schwierig und teuer geworden war, scheint die Anziehungskraft des Balsams gesteigert zu haben. Aus

---

[43] Das Reisebuch der Familie Rieter, hrsg. v. R. Röhricht und H. Meisner, Tübingen 1884. Die Matareya-Balsam-Episode steht auf den Seiten 111-113.

[44] ebenda, S. 2.

[45] ebenda, S. 3. "Wir (= Röhricht und Meisner) haben in den beigegebenen anmerkungen deutlich hervorgehoben, dass die berichte Tuchers und Sebalds (jun.) in vielen punkten, ja in ganz längeren abschnitten, theils wörtlich, theils dem sinne nach übereinstimmen..."

[46] ebenda, S. 3.
Tuchers Reisebuch gehörte — wie Röhricht und Meisner schreiben — "zu den gelesensten pilgerschriften des Mittelalters und ist von anderen pilgern wie Fabri und Tschudi stark ausgeschrieben worden." Benutzte Ausgaben: Johannes Tucher, Druck Augsburg 1482, in Wolfenbüttel unter der Signatur 162 Qu. 2 o. Die Episode beginnt mit: "Und als wir gen materia kamen ..." In Feyrabends "Reyßbuch", S. 367-368.

[47] Meinardus, op. cit., S. 38.

[48] Butcher, op cit., Bd II, S. 232.

vielen Ländern Europas kamen die Pilger dorthin und griffen — sofern sie Reisewerke schrieben — auf die vorgeformte Episode zurück, der sie oft Nuancen hinzufügten. Joos van Ghistele (1482-1483) schreibt z.B., zu den Besonderheiten des Balsambaums gehöre, daß man ihn sonntags nicht bewässern dürfe. Auch, daß der Baum eingehe, wenn ihn Nichtchristen berührten.[49]

In den Reiseberichten von Johann Graf zu Solms und Bernhard von Breydenbach, die fast identisch sind, haben wir weitere Belege für die Matareya-Balsam-Episode, die eine straffe, formvollendete Gestaltung aufweisen. Beide Reisenden waren 1483 in Ägypten.[50]

Der fromme, humanistisch gebildete Reisende Felix Fabri (geb. 1434, gest. 1502), der Ägypten 1483 mit einer Pilgergruppe besuchte, interessierte sich für den Matareya-Balsam, über den er in seinen beiden Reiseberichten — dem deutschen und dem lateinischen — schrieb. Die beiden Fassungen sind nicht identisch. In der deutschen, die in Feyrabends "Reyßbuch"[51] enthalten ist, haben wir das stereotype Motiv mit leicht humanistischer Nuance. Die lateinische Fassung ist merklich kritischer und gelehrsamer.[52]

Felix Fabri glaubt an die religiösen Wunder, wie der deutschen Fassung zu entnehmen ist. Die Behauptung, Balsam gebe es nur in Matareya wegen des durch Jesus gesegneten Wassers, läßt er gelten. Aber er kann nicht verbergen, daß der Balsam woanders wachsen könnte, zum Beispiel in der Nähe des Toten Meers. "Die Berge heissen Engaddi auff denen vorzeiten der Balsamgart gestanden ist." Das Kapitel "Von Egyptenland/ von dem Balsamgarten/ und von dem Nylo"

---

[49] Joos van Ghistele, Le Voyage en Egypte, Publikationen des I.F.A.O., hrsg. v. Renée Bauwens-Préaux, Kairo 1976, S. 160.

[50] Beide Berichte sind in Feyrabends "Reyßbuch", op cit., enthalten. Wir verweisen auch auf die schöne Ausgabe, die Elisabeth Geck 1977 im Verlag Guido Pressler, Wiesbaden, herausgegeben hat. Bernhard von Breydenbach: Die Reise ins Heilige Land. Ein Reisebericht aus dem Jahre 1483. Mit 17 Holzschnitten, 5 Faltkarten und 6 Textseiten in Faksimile. Übertragung und Nachwort von Elisabeth Geck. Im Zusammenhang mit diesen Reisenden stehen nach Röhricht zwei wichtige Werke: 1) Der Hortus sanitatis ist "ein Werk welches gewöhnlich dem Frankfurter Dr. med. Johannes (Dronnecke oder Wonnecke) de Cuba (aus Blaub) zugeschrieben wird und in alphabetischer Reihenfolge alle medicinischen Pflanzen Italiens, Slavoniens, Griechenlands, Cyperns, Palästinas und Aegyptens (mit lateinischen, griechischen und arabischen Namen) abbildet und behandelt." Der Hortus erschien 1485, und Röhricht vermutet, das Buch stehe mit der Reise Breydenbachs und seiner Begleiter in Verbindung. 2) Das zweite Buch "Herbarius", erschien in Mainz, 1484, auch darin sind die medizinischen Pflanzen alphabetisch geordnet. H. Röhricht, Deutsche pilgerreisen nach dem Heiligen Lande, Innsbruck 1900, Reprint Aalen 1967.

[51] Beschreibung der Wallfahrt zum Hl. Grab/ Eigentliche beschreibung der hin und wider Fahrt zu dem heyligen Land gen Jerusalem/ von den wohlgebornen/ edelen/ strengen/ unnd vesten Herrn/ Herrn Hans Werli von Zimber ... im Jahre nach Christi geburt 1483 vorgenommen ... Durch den wirdigen/ andächtigen Herrn Felix Fabri ... Mitbilger und der gantzen Wallfart Reyßgenossen/ gestellt und an tag geben. In: Feyrabends "Reyßbuch", S. 122 ff.

[52] Tobler, op. cit., S. 53-54.

zeigt schon im Titel, welche Bedeutung Fabri dem Balsamgarten beimißt. Nur der Nil, der dem Paradies entspringt, kann damit wetteifern.[53] Er schreibt: "(Der Balsam), ... der sonst niergends in der ganzen Welt wechst/ denn da/ Und ist da der Balsamgarten darvon worden. Wiewol die alten heydnischen Historien sagen/ daß der Balsamgarten zum ersten auff dem berg Engaddi/ im H. Land/ gestanden sey/ und des Königs Tochter von Egypten/ Cleopatra/ hab lassen die Stauden außrotten/ und die in Egypten/ an diß ort/ geführet/ und dahin gepflanzt. Dem sey nun wie im wölle/ so ist das die Wahrheit/ die wir Christen/ und die Sarracenen Heyden mit uns wissen/ daß der Balsam niergendts kommen unnd wachsen wil/ denn bey der wässerung deß Brunnens an diesem Ort."
Nicht nur der Balsam heile alle Krankheiten, sondern auch das Wasser des Brunnens, den er "unser Frauwen Brunne" nennt. Das Wasser hält er für heilig ("halten wir Christen") "... von Jesu dem Kinde/ das Maria in dem Wasser badet/ und dar auß wusche und von Maria und Joseph/ die da etliche Tage ihr wesen gehabt haben." Darüber hinaus "hat (der Brunnen) sein Wasser unter der Erden her/ auß dem H. Nyl/ der auß dem Paradyß kompt."

So berichtet er: "alle unsere Siechen kamen da an dem ort zu iren Kräfften."[54]

Die lateinische Fassung der Matareya-Balsam-Episode spiegelt eine beginnende humanistische geistige Haltung wider. Das Reisebuch ist, wie Masson schreibt, "une oeuvre d'humaniste du plus grand intérêt" oder "c'est une véritable encyclopédie de culture de l'humanisme au XVe siècle." Das Matareya-Balsam-Motiv, das bis dahin in dem religiösen, semi- oder pseudoreligiösen Nährboden gedieh, wird im Lichte des humanistischen Schrifttums neu geprüft. Dadurch kommt eine Vielfalt von Zutaten und Nuancen hinzu.

Da mir der lateinische Text[55] im Moment nicht zugänglich ist, beziehe ich mich auf die ausgezeichnete französische Übersetzung Jacques Massons.[56] Der Brunnen wird in der deutschen Fassung, wie erwähnt, "Frauwen Brunne" genannt. Weiter schreibt Fabri nichts. In der lateinischen Fassung aber breitet er sich aus und schreibt, daß dieser Brunnen von manchen "Sonnenquelle" genannt wird. "Cette source est comme la larme de l'oeil du soleil". Die Juden nennen ihn "source de Joseph", was er der "perfidie juive" zuschreibt. Die Juden meinen, schreibt er, daß an dieser Stelle Joseph seinen Vater Jakob getroffen habe. Die drei Benennungen veranlassen den Autor, Herodot, Aristoteles und Plinius u.a. zu

---

53 Mustafa Maher, Das Motiv der orientalischen Landschaft in der dt. Dichtung von Klopstocks "Messias" bis zu Goethes "Divan", Stuttgart 1979.

54 Feyrabend, "Reyßbuch", S. 170.

55 Fratis Felicis Fabri Evagatorium in terrae sanctae arabiae et egyptiae peregrinationem, hrsg. v. K.D. Hassler, Stuttgart 1843 ff.

56 Felix Fabri, Voyage en Egypte, übersetzt, eingeleitet und erläutert von Jacques Masson, 3 Bde, Publikationen des I.F.A.O., Kairo 1975.

zitieren. Er zählt alle möglichen Brunnen der Antike auf und ruft die Mythologie wach. So mischen sich christliche und antike Elemente miteinander. Fabri schöpft ausgiebig aus Vincent de Beauvais.[57]

Auf die gleiche Weise verfährt Fabri, wenn er über den Balsam schreibt. Er greift auf Vincent de Beauvais zurück, der sich wiederum auf Flavius Josephus[58] beruft, um das Wunderbare am Balsam zu ergründen. Hier scheint er an der Beschränkung auf Matareya zu zweifeln. Der Baum sei ursprünglich in Indien beheimatet, und die Königin von Saba habe Salomo einen Steckling geschenkt, den er auf den Bergen von Engadi gepflanzt habe. Er erwähnt in dieser Fassung nicht, daß es Kleopatra war, die den Balsam schließlich nach Matareya brachte (vgl. die deutsche Fassung). Dafür geht er auf die antike Mythologie ein, um das Motiv der streng bewachten Schätze reichlich zu belegen. Der Balsamgarten hätte noch besser gehütet werden müssen als der Garten von Jupiter oder der Garten von den Hesperiden, den ein Drache bewachte.

Über die Geschichte des Dorfes Matareya bringt Fabri eine Reihe von Einzelheiten, die er aus alten Schriften, zumal aus dem Werk von Diodorus[59] schöpft. Matareya soll früher "Busiris" genannt worden sein. Ptolomäus, Neptum und Herkules werden genannt. Der Tyrann Busiris soll hier den Göttern seine Gäste geopfert haben.

Der Balsambaum selbst wird aufgrund des einschlägigen Schrifttums beschrieben. Avicenna[60] wird angeführt. Nach ihm heiße der Garten "Sonnenauge". Der Balsambaum heiße bei ihm "Balsamus vel cyprus". Masson bemerkt mit Recht, daß cyprus oder cypros eine andere Pflanze, henne (= lawsonia alba), ist.

Wie Kleopatra die Balsamstauden auf Engadi und in den Jerichogärten zerstörte und Balsamstecklinge nach Ägypten brachte, darüber schreibt Fabri ausführlich. Er vertritt die Ansicht, es stimme, daß Kleopatra die Balsamstecklinge nach Busiris (= Matareya) brachte, aber er behauptet, daß sie nicht wuchsen. Erst durch die Heilige Familie, die das Wasser heiligte, sproß der Balsam "en consolation perpétuelle pour toute la Chrétienté". Der Balsam gehöre zum Salbungsakt.

Fabri führt alle stereotypen Elemente der Matareya-Balsam-Episode an, die er reichlich erweitert und belegt. Daß die Balsamstaude Einschnitte mit eisernen oder sonstigen metallenen Instrumenten nicht verträgt, schreibt er auch.

---

[57] Vincent de Beauvais, Spec. Hist. und Spec. Nat.

[58] Flavius Josephus, Antiquitatum judaicarum libri XX. Edition Firmin-Didot, Paris 1865.

[59] Diodorus, Bibliotheke.

[60] Avicenna (arab. Ibn Sina), geb. 980, gest. 1037, wirkte u.a. mit seinem umfangreichen Buch "Kitab asch-Schifa'" (= Buch der Genesung) und "Al-Quanun fit-t-tibb" (Der Kanon der Medizin) auf das Denken im Abendland — wie wir hier erkennen können. Vgl. auch Plinius, Naturalis Historia.

Die vier mächtigen Fürsten, die Balsamgeschenke erhalten, sind genannt: der "Cham de Catheji" (nach Plinius: "Les monts de Cathei sont en Samartie asiatique), der "prêtre Jean des Indes (=personnage fabuleux dont l'invention revient à Marco Polo) ..." usw. Zusätzlich dazu bringt Fabri eine Geschichte über ein Balsamgeschenk, das der Sultan Kaiser Friedrich I. geschickt haben soll. Sie ist unbelegt, paßt jedoch wegen ihrer naiven Art sehr gut in den erdichteten Rahmen.[61]

Die Episode enthält die Proben, die man machen muß, um die Echtheit des Balsams zu prüfen. Fabri schreibt sie von Plinius ab. Dann führt er eine lange Liste von Krankheiten an, die durch den Balsam geheilt werden. "le Baume est extrèmement efficace en multiples cas d'infirmité. Il dissout la pierre de la vessie, il provoque la menstrue et fait sortir le foetus mort, il est utilisé contre les douleurs iliaques de l'intestin, contre tous les maux de tête, contre toutes les plaies, contre tous les maux d'oreilles, contre les maux de dents ou des yeux; imposé sur l'oeil, en quelqu'état que soit l'oeil, il le conserve dans cet état pour toujours; on l'utilise encore contre les fièvres, contre le venin et la morsure des animaux venimeux. II conserve les corps des morts .."

Die weitere Entwicklung des Matareya-Balsam-Motivs ist dadurch bestimmt, daß die Balsam-Stauden immer weniger wurden, bis sie schließlich ausstarben. Die Beschäftigung mit dem Balsam in den gelehrten und theologischen Kreisen hörte jedoch nicht auf.

Die Zahl der Stauden, die Rieter mit Tausenden bezifferte, betrug zur Zeit Fabris (1483) nur noch etwa fünfzig. Im Laufe des 16. Jahrhunderts wurden es immer weniger. In einigen Berichten ist die Rede von vertrockneten Balsamstauden. Anfang des 17. Jahrhunderts gab es keine mehr. "Le dernier périt en 1605", schreibt M. Jullien.[62] Nach dem Bericht von Harff soll der Balsamgarten schon 1497 oder kurz davor verwüstet worden sein.

---

61 "S'il (= le Sultan) veut honorer de façon grandiose quelqu'autre prince, il lui envoie de cette précieuse et très célèbre essence, comme quelque chose de plus précieux que l'or, l'argent ou les pierres. C'est ainsi qu'on lit dans les Chroniques que le Sultan, entendant parler de la réputation de Frédéric premier, Empereur, lui envoya un vase d'or (incrusté) d'émeraudes, rempli de baume. Lorsqu'il le reçut, l'empereur apprécia vivement le cadeau; admiratif, il loua la grande beauté du vase, il vanta la libéralité du Sultan et ajouta: "Etant le Maître du monde, il ne convient pas que je sois seul à posséder un tel trésor et je la partagerai donc avec d'autres". Et ayant prononcé ces mots, il projeta avec force le vase à terre, où il se brisa en mille morceaux, puis il invita tous ceux qui l'entouraient à recueillir le baume répandu, dispersé sur le sol. Les envoyés du Sultan demeurèrent stupides devant ce geste, ne sachant s'il fallait l'attribuer au caprice, à la libéralité, à la passion ou à quelqu'autre raison, ou bien à la grossièreté ou à la sauvagerie. Le Sultan avisé du geste accompli commença à redouter l'homme et à craindre fortement pour tout son royaume."

62 M. Jullien, L'Egypte, souvenirs bibliques et chrétiens, Le Caire 1891, S. 204.

E. von Groote, der Herausgeber des Reisewerkes Harffs, bemerkt, "dass A.v. Harff[63] neben einem frommen Gemüthe, mit dem er die Wunder des Orients betrachtet und beschreibt, auch eine Fülle von Kenntnissen besitzt und mit einer scharfen Beobachtungsgabe ausgerüstet, alle Interessen verfolgt, die für den damaligen Standpunkt des Rittertums, der Industrie, der Kunst, der Geschichte, der Politik, der Geographie, der Naturforschung und der Sprachkunde irgend von Wichtigkeit waren."

Fast die Hälfte des Reisebuches des Ritters von Harff, das Italien, Syrien, Ägypten, Arabien, Äthiopien, Nubien, Palästina, die Türkei, Frankreich und Spanien umfaßt, ist Ägypten gewidmet, wo er sich 1497 aufhielt.

Der Matareya-Balsam wird an drei Stellen erwähnt, zunächst auf S. 88 in Verbindung mit den Mamluckenkämpfen. Harff schreibt, daß bei einem solchen Kampf die Balsamstauden ausgerottet und die Wasserräder zerstört wurden: "ich myt ougen saich dat an den neisten tzeyn jaeren geyn balsem me dae en weyst." Die zweite Stelle ist auf Seite 91 — in Verbindung mit den Hauptstraßen Kairos, deren eine von "Materya" nach "Babylonien" (= Altkairo) führt. Die dritte Stelle auf Seite 109/110 ist die ausführlichste. Harff beschreibt den Ausflug nach Matareya und flicht dabei die stereotype Matareya-Balsam-Episode in sein Buch ein. Aber er stellt nochmals fest, daß der Balsamgarten zu seiner Zeit gänzlich zerstört ("gantz destruiert") war. Die ausgerissenen Stauden "legen off der erden". Aber man erzählte ihm, wie der Balsam gewonnen wurde, wie der Sultan die vier mächtigen Fürsten beschenkte und wie der Balsam in Matareya wachsen konnte.

Die Matareya-Balsam-Episode ist in dem Reisebericht des Grafen Albrecht zu Löwenstein (Löuwenstein)[64] sehr kurz. Er schreibt, er sei nach "Madarea" mit den ihn begleitenden Pilgern geritten. Dort sahen sie "den Balsam wachsen , denn an keinem Ort auff der Welt sonst wechst."

Sein Begleiter Jacob Wormbster[65] beschreibt den Balsamgarten, den es also wirklich noch gab: "... und wechset der Edelste Balsam darinnen". Die knappe Beschreibung folgt dem stereotypen Modell. Wormbster schreibt, daß der Balsam nach Konstantinopel zum "Türckischen Keyser" gebracht würde. Seit 1517 war Ägypten eine Provinz des Ottomanischen Reiches.

---

63 Arnold von Harff, Die Pilgerfahrt des Ritters Arnold von Harff, hrsg. von E. von Groote, Cöln 1860, S. IX.

64 Albrecht Graf zu Löwenstein, Beschreibung der Wallfahrt zum Heiligen Grab/ Pilgerfahrt gen Jerusalem/ Alkayr/ In Egypten/ und auff den Berg Synai, in: Feyrabends "Reyßbuch", S. 189.

65 Jacob Wormbster, Eigentliche Beschreibung der Außreysung und Heimfahrt, in: Feyrabends "Reyßbuch", S. 213 ff.

Wormbster und Löwenstein teilen uns nicht mit, wieviele Balsamstauden sie gesehen haben. Samuel Kiechel (1563-1619), der 1585 in Ägypten war, also 13 Jahre später, fand den Balsamgarten wüst oder fast wüst: "... aber es wechst düser zeitt kein balsam mehr doselbsten; werden nicht mehr dann noch zwei cleiner Bömlin gesehen, wölche vast aller dürr, dann düe blettlin meistheils davon gerissen worden".[66]

Sonst liegt das stereotype Motiv vor, und der Reisende beruft sich auf die vorigen Berichte, wie die von Fabri, der die Matareya-Gegend "ein recht yrrdisch paradis" genannt hatte.

Michael Heberer von Bretten, der 1585/86 in Ägypten war, erwähnt den Balsamgarten verständlicherweise sehr kurz: "Aber wir dorfften leider solche (die Balsam-Gärten) nicht besichtigen/ sondern musten bei den Cameelen bleiben."[67]

In den humanistischen Kreisen blieb das Interesse am Balsam, wie an Ägypten überhaupt, erhalten. Ägypten hat eine besondere Bedeutung als Wiege der Kultur.

In seiner "Cosmographey"[68] schreibt Sebastian Munster (Basler Ausgabe von 1588) unter "Egyptenlandt":

"In dem gantzen und weiten Landt Africa... ist kein Edler, älter unnd Fruchtbarer Landt, ja das auch besser mit Stetten besetzt ist dann Egypten. Es wird geschetzt das ältest Königreich auff Erden nach dem Königreich Assyrie."

Er beruft sich auf die Berichte der Reisenden, von denen er Felix von Ulm und Bernhard von Breitenbach (Breydenbach) nennt. Die Schwerpunkte in dem Ägypten-Kapitel sind vielfältig. Der Matareya-Balsam fehlt nicht. Auf der Karte Kairos, das fünfmal so groß sein soll wie Paris, ist Matareya angegeben. Ein ganzer Abschnitt ist dem "Balsam-Kraut" gewidmet, das durch zwei Abbildungen (Pflanze und Garten) erläutert wird. Nur in Ägypten ist "das edel Kraut Balsam" zu finden. Die stereotype Episode kommt vor, aber der theologische Aspekt tritt merklich zurück.

---

66 Samuel Kiechel, Die Reisen, hrsg. v. K.D. Haszler,Stuttgart 1866, S. 364/365. Vgl. auch: Ein deutscher Kaufmann des 16. Jahrhunderts. Hans Ulrich Kraffts Denkwürdigkeiten, bearbeitet von Adolf Cohn, Göttingen 1862.

67 Michael Heberer von Bretten. Aegyptiaca Servitus. Wahrhafte Beschreibung einer Dreyjährigen Dienstbarkeit/ so zu Alexandrien in Egypten ihren Anfang/ und zu Constantinopel ihr Endschaft genommen, Heydelberg A.D. 1610, Reprint Graz 1967; derselbe: Vayages en Egypte (Oleg V. Volkoff), Kairo 1976, S. 53 — I.F.A.O.

68 Die Cosmographey von Sebastian Munster (Druck Basel 1588), Reprint 1977, Grünwald bei München.

Die geistige Einstellung der beginnenden Neuzeit, die die Humanisten einnahmen, tritt deutlich in der Behandlung des Balsam-Motivs in Erscheinung. Die Erwähnung des Wunderbaren tritt immer mehr zurück. Die übernatürlichen Konstituenten der Episode überlassen denen ihren Platz, die auf Beobachtung, Welterfahrung und Gelehrsamkeit beruhen. Der Wandel erfolgt verständlicherweise nicht plötzlich, denn das Wunderbare verschwindet leicht, weil es eine außergewöhnliche Anziehungskraft besitzt. Es ruft Erheiterung hervor, wenn ihm Belehrung abgesprochen wird.

Das neue Weltbild Haimendorffs[69], der 1565 im Rahmen seiner Pilgerfahrt Ägypten besuchte, kommt schon in der Vorrede des Herausgebers, Dr. Georg Richter (1645), zum Ausdruck. Der gelehrte Herausgeber überprüft die traditionelle Form der Pilgerfahrt, kritisiert die Reisenden, die aus Aberglauben nach Jerusalem ziehen und ihre Reisebeschreibungen "mit allerhand Fabeln und abergläubischen Mährlein" füllen. Er beruft sich auf Erasmus von Rotterdam. Das Reisen sei nützlich, um die Bibel und die anderen alten Schriften zu verstehen.[70]

Die stereotype Matareya-Balsam-Episode kommt in Haimendorffs Reisebuch vor. Der Balsamgarten war aber zu seiner Zeit "übel gebawet und gehalten und auch sonders kein Balsam mehr darinnen zu sehen/ es mögen die guten Stöcke seithero von den Türcken und andern meistentheil heraußgenommen worden seyn/ wie dann die Christen selbst etliche damals heimlich darvon bekommen."

Aufschlußreich ist der Hinweis auf die Erneuerungsversuche im Garten: "Man hatte newlich 18 solcher Balsamstöcke von Meccha gebracht und eingepflantzet/ welche uns der Gärtner sehen ließ/ waren fast wie ein grosser Rosmarin- oder Majoranstock an dem Holtz/ hatten kleine Blätlein."

Er zieht, wie die Humanisten es zu tun pflegten, die einschlägige Literatur heran und nennt Josephus, Justinus, Plinius und Tacitus. Philipp Melanchthons Deutung des Balsams schließt sich an die überlieferte Behauptung, die Balsampflanze dürfe nicht mit Eisen beschnitten werden, an: "Dahero der fürtreffliche Mann Philip. Melanchtton die Christliche Kirche darmit verglichen/ daß nemlich auch selbige nicht mit Gewalt und Tyranney zu regiren/ sondern mit Sanfftmut und Gelindigkeit zu erhalten und fortzupflantzen."

---

[69] Christoph Fürer von Haimendorff, Reis-Beschreibung in Egypten, Arabien, Palästinam/ Syrien etc., Nürnberg 1646.

[70] In der Vorrede werden Belege für die historische Bedeutung des Balsams angeführt: Der römische Kaiser Augustus, in dessen Regierungszeit Jesus Christus geboren wurde, soll jährlich "etlich Palmbäumlein aus Palästina als ein sonderlich köstlich Geschenk" erhalten haben. Auch Pompejus Magnus habe etliche Zweige von den köstlichen Balsamstauden getragen, als er im Triumph in Rom einzog.

Hanß Jacob Breüning von und zu Buochenbach[71], der seine siebenjährige Reise 1579 angetreten hatte, veröffentlichte 1612 sein umfangreiches Reisebuch. In der Vorrede hebt er die Veränderung hervor, der alles Menschliche unterliegt und knüpft daran die Begründung der Reise an. Er ist von Frömmigkeit und dem Verlangen nach Sieg des Christentums beseelt. Aber er bemüht sich nichts destoweniger um die Wahrheit "ohne superstition". Die Liste der Autoren, deren Werke er kannte und zitierte, bezeugt seine Belesenheit. An Wunder glaubt er gern: "wer wolte dergleichen sonst erdenken, wann es nicht war were."

Die stereotype Matareya-Balsam-Episode fehlt auch hier nicht. Das Loch im Marienbaum wird erwähnt, durch das die Pilger und Touristen schlüpfen, um — nach altem Brauch — zu beweisen, daß sie keine "Hurensöhne" sind! Der Reisende macht sich lustig über den dicken Geistlichen, der die Probe bestehen wollte. Er hatten "einen dicken Wanst und Feisten Balg" und hatte überaus große Mühe, durch das Loch zu kriechen. "Als er aber auff der andern seiten/ wiederumb herab begerte/ mißlunge ihm die schantze/ dann er fiel uber und uber/ die Kutte kam ihm uber den kopff/ also das er sich eine gute weil nicht auffraspeln konnte und weil er under der Münchekutten/ allein ein lang röcklein/ aber keine hosen an hatte/ war es desto mehr lachens wert."

Den mit Lehmziegeln ummauerten Balsamgarten gab es zu der Zeit, aber er war "sauber verdorben". Keine Balsamstauden waren mehr dort. Von Buochenbach vertritt die Meinung, daß der Balsam ursprünglich aus der Gegend von Mekka in "Arabia felice" geholt wurde. Also "weder von dem See Genezareth, zwischen dem berge Libano und Antelibano, noch auch auß Judaea oder anderwehrts her." Diese "Erkenntnis" hatte er von den Kaufleuten und zuverlässigen Gewährsleuten.

Das Balsam-Motiv drang immer tiefer in die christliche Theologie und behielt seine Anziehungskraft, obwohl der verwüstete Matareya-Balsamgarten nicht mehr zu retten war. — Haimendorff besichtigte die in der Nähe liegenden pharaonischen Denkmäler der alten Stadt Heliopolis, die in der Bibel genannt wird.

Er hatte die humanistischen Fächer, die freien Künste und Sprachen studiert und sich die humanistische Denkmethode angeeignet, war aber ein frommer Christ und glaubte an die Wunder, etwa die des Brunnens in Matareya. Auch die Legende um das Loch oder die Öffnung im Marienbaum, von dem es hieß, daß keine unehelich Geborenen hindurchschlüpfen können, bezweifelte er nicht.

Die Reiseliteratur vom ausgehenden 16. Jahrhundert bis zum ausgehenden 17. Jahrhundert zeichnet sich dadurch aus, daß die Überlieferung über den Balsam immer tiefgreifender überprüft wurde. Die großartige Geschichte, in der die Königin von Saba, Salomo oder Kleopatra vorkommen, wird angezweifelt. Auch

[71] Orientalische Reyß Deß Edlen unnd Besten/ Hanß Jacob Breüning von und zu Buochenbach ..., Straßburg 1612.

der Ausschließlichkeitsanspruch Matareyas auf den Balsam stößt auf starke Gegenargumente.

Der böhmische Reisende Christophe Harant (1564-1621) widmete dem Matareya-Balsam einen ausführlichen Bericht.[72] 1598 sah er "une bonne quantité de ces buissons"! Er macht Theophrast, Plinus, Solin, Serapion und Dioscorides für die Verbreitung des Fehlers verantwortlich, der Balsam wachse nur in Judäa. Andererseits behaupten Flavius Josephus, Diodorus, Siculus, Strabo und Pausanias, daß der Balsam seit eh und je im glücklichen Arabien wachse. Harant baut auf direkter Erfahrung, die jeder aufmerksame Ägypten-Reisende machen konnte, daß man Balsamstauden wieder aus dem glücklichen Arabien nach Ägypten holte, um den Balsamgarten, der verwüstet war, neu anzulegen.

Der geheimnisvolle Herkunftsort — zwischen Mekka und Medina — ist der Berg Arafat, zu dem die muslimischen Pilger ziehen !

Harant beruft sich auf den "éminent docteur Alpin, qui séjourna en Egypte plusieurs années" und sein Buch "De Plantis Aegyptiorum", um die wunderbare Heilkraft des Balsams zu belegen. Darüber hinaus ist der Balsam ein begehrtes Hautpflegemittel für die Frauen, die dadurch "une peau belle et lisse comme de la soie" bekommen. (Alpin, De Balsamo Dialog. und Belon, Livre 2 des Observations, Chap. 39.)

Der Belgier Vincent Stochove[73], der 1631 Matareya mit Gilles Fermanel und Robert Fauvel besichtigte, fand keine Balsamstauden mehr. "... ce fut là où croissoit autrefois ce baume si odoriferant et si précieux, mais à présent il n'eu a plus: l'on nous dict qu'yavoit environ vingt ans que les arbrisseaus ... estoient seichez par la grande negligence et peu de soing des Turcs."

Der belgische Reisende Antonius Gonzales[74] war im November 1665 in Matareya. Sein Bericht über den Balsam ist noch ausführlicher als der Harants, geht aber vom gleichen geistigen Ausgangspunkt aus. Es gab keine Balsamstauden

---

72 Christoph(e) Harant, Putowánj..., Prag 1608; Deutsche Übersetzung: Der Christliche Ulysses..., Nürnberg 1678; Französ. Teilübersetzung: Le Voyage en Egypte, Introduction, traduction et notes de Claire et Antoine Brejnik, Kairo 1972, Publikationen des I.F.A.O.

73 Jos. Vincent Stochove, Voyage..., Bruxelles 1643, Teilausgabe: Voyage en Egypte, Kairo 1975, Publikationen des I.F.A.O.
M. Jullien stellt fest, daß es 1610 keine Balsamstaude mehr in Ägypten gab: "En 1610 il n'y avait plus que sept pieds de baumes à Mataria. Le dernier périt en 1615. Aujourd'hui, le baumier est tout à fait inconnu en Egypte. Il ne croît plus que les côteaux entre la Mecque et Médine et dans les environs de Souakim." Michel Jullien, L'Egypte, souvenirs bibliques et chrétiens, 1891, S. 204.
Vgl. auch vom gleichen Autor: L'arbre de la Vierge à Matarieh, souvenirs du séjour de la Sainte Famille en Egypte, Le Caire 1904.

74 Anton (ius) Gonzales, Hierusalemsche Reyse..., Antwerpen 1673; Französische Teilübersetzung: Le Voyage en Egypte, 2 Bde, hrsg. v. Charles Libois, Kairo 1977, Publikationen des I.F.A.O.

mehr in Matareya. In seinem Bericht fehlt die Matareya-Balsam-Episode nicht, aber sie ist nach den Ermittlungen Prosper Alpins korrigiert. Der letzte Versuch, Balsamstauden wieder anzubauen, geht auf das Jahr 1575 zurück. Die 40 aus Mekka eingeführten Stauden gingen ein. Als möglichen Herkunftsort nennt er "Bedrunia". Nach Charles Libois wäre das vielleicht die Ortschaft "Badr Hunein".

Daß der Balsam nach Meinung einfältiger Menschen ein "miracle de Mahometh" (=Wunder Mohammads) sein soll, darüber schreibt Gonzales.

Die Behauptung, die Balsam-Pflanze vertrüge keine Berührung mit Eisen, geht auf Tacitus zurück. In Wirklichkeit sollte man hauptsächlich bei zarten Pflanzen vorsichtig sein.

Die heilende Kraft des Balsams wird ausführlich beschrieben. Man wundert sich über die Vielfalt der Leiden, die nach Prosper Alpin damit behandelt werden:

"Le baume est doté d'une vertu quasi-miraculeuse pour guérir rapidement toutes les blessures. Prosper Alpin écrit qu'il n'existe pas de médicament en Egypte, dont l'usage soit aussi fréquent que le baume, employé par les Égyptiens dans presque toutes les maladies. Il est fort apprécié dans le traitement de toutes les blessures, qui guérissent en quelques jours. Il est également employé contre tous les ulcères malpropres et purulents, qu'il assainit et guérit. Ceux qui son empoisonnés par des animaux venimeux, mordus par des serpents ou piqués par des scorpions, de sentent immédiatement soulagés, s'ils boivent ou appliquent (du baume). Pour se préserver de la contagion de la peste, il n'y a rien de meilleur, de plus efficace et de plus sûr, que d'en prendre une demi-drachme par jour. Pris sous forme de boisson, (le baume) guérit aussi de nombreuses fièvres putrides, en provoquant une sudation abondante. Pour les fièvres venant des humeurs crues et froides, et dans le cas d'obstructions des intestins, il n'est rien de plus utile ou efficace que deux ou une drachme de baume véritable, absorbé chaque jour par voie buccale. Il libère puissamment les intestins de leurs obstructions, il entretient la chaleur naturelle et digère les humeurs crues. C'est ce qui explique son emploi généralisé parmi les Egyptiens contre toutes les maladies froides.

Des instillations de baume rendent la vue et l' ouie, et guérissent les douleurs d'oreille. Pour les spasmes provoqués par l'humidité ou le froid, pour les vertiges, les tremblements, la toux due aux humeurs froides, les difficultés respiratoires, la langue pâteuse, les humidités et les douleurs, la froideur de l'estomac, l'enrouement, l'orthopnée, l'humidité et le froid dans l'utérus, l'etouffement, les douleurs, la stérilité, la rétention d'urine provoquée par le froid, la flatuosité ou les calculs, ainsi que pour les calculs dans les reins qu'il nettoie."

Die Matareya-Balsam-Episode schrumpfte[75] in den späteren Berichten, weil es den Balsam-Garten nicht mehr gab. Aber die Matareya-Heliopolis-Gegend hatte

[75] Johann Wild erwähnt den Garten in Matareya, den Balsam nicht.

ihre historische Bedeutung, und die Reisenden hörten nicht auf, sie aufzusuchen. Die Bemühungen in den akademischen Kreisen eine systematische, methodisch sichere, objektive Erschließung der Dinge im Rahmen abgegrenzter Wissenschaften machten sich hier bemerkbar. Der Beitrag von Carsten Niebuhr und seinen Expeditionsgefährten stellt ein wichtiges Beispiel dafür dar.

Unter den Reiseberichten, die vor Carsten Niebuhr erschienen sind, greifen wir zwei heraus. Georg Christoff von Neitzschitz[76], der eine Weltreise unternommen hat, war 1636 in Matareya. Die stereotype Beschreibung kommt vor, was den Garten im allgemeinen betrifft. Der Balsam wird nur beiläufig erwähnt.

Seine Ausführungen über die epistemologische Bedeutung des Reisens verdienen besonders beachtet zu werden. Durch das Reisen könne man aufgrund von Beobachtungen — "mit Augen" — die Wahrheit über Länder und Leute erschließen. Durch in Zeitabständen wiederholte Reisen könne man die Entwicklung der Dinge verfolgen, weil nichts unverändert bleibe. Man müsse alle Reiseberichte lesen und sie miteinander vergleichen. Das historisch bedingte Verständnis setzte sich immer mehr durch und bestimmte das Weltbild und alle Motive, die dazugegeben oder die damit in Bezug gebracht werden können.

Jonas Korte, dessen Reisebuch 1743 erschien[77], besichtigte 1738 die Matareya-Gegend, in der sich Joseph und Maria mit dem "Kindlein Jesu alda aufgehalten" haben sollen. Von Balsam ist keine Rede. Korte wollte in seinem Buch nur das aufnehmen, was "wahrhaftig" ist. Man merkt jedoch, daß er seine Vorurteile nicht unterdrücken kann.

Auch hier können wir das Buch von Johann Christoph Wagner über Ungarn und die Türkei erwähnen, das 1684 erschien und in dem der Autor eine Reihe von Reiseberichten verwertete und über Matareya und den Balsam eine sachbuchmäßige Beschreibung lieferte.[78]

Carsten Niebuhrs Reisebuch, das durch seine "Geographie"[79] ergänzt wird, zeichnet sich durch die ausgeprägte wissenschaftliche Intention aus. Sein Reisegefährte, der Naturforscher Forskal, war bemüht, den Balsam wissenschaftlich aufzunehmen. C. Niebuhr schreibt:

Johann Wild, Neue Reysbeschreibung eines Gefangenen Christen, Wie derselbe neben anderer Gefährlichkeit zum siebenden mal verkaufft worden, welche Anno 1604 angefangen und 1611 ihr end genommen ..., Nürnberg 1613.

[76] Georg(e) Christoff von Neitzschitz, Weltbeschauung, Druck 1666, S. 163-164.

[77] Jonas Korte, Reise nach dem weiland gelobten ... Lande, wie auch nach Egypten ..., Halle 1743.

[78] Johann Christoph Wagner, Beschreibung deß ganzen Königreichs Ungarn und der ganzen Türckey, Augsburg 1684, Reprint Lindau 1978.

[79] Carsten Niebuhr, Beschreibung von Arabien, Kopenhagen 1772, Reprint Graz 1969.

"Der so genannte Mekke Balsambaum welchen die Araber Abu schâm nennen, d.i. ein Baum, welcher einen angenehmen Geruch hat, wächst in verschiedenen Gegenden von Jemen. Herr Forskal fand ihn auf einer Nebenreise, welche wir beyde von Beit el-Fakih aus in die bergigte Gegend machten."[80]

Die arabische Bezeichnung "Abu schâm" ist richtig. Das Wörterbuch "Tag el'arus" führt sie neben "bascham" an. Die Pflanze heißt auch "balsan". In dem Wörterbuch, das Ende des 18. Jahrhunderts zusammengestellt wurde, lesen wir, daß der Balsam nach einigen Berichten nur in 'Ain-Schams bei Kairo, d.i. Matareya, wächst. Az-Zabidi korrigiert diese Behauptung und schreibt, daß der Balsam in Arabien zwischen Mekka, Medina und Yanbu wächst.[81]

Der Matareya-Allein-Anspruch ist demnach auch in der arabischen Literatur belegt, und az-Zabidi, der aus Zabid im Jemen stammt, fand das seltsam. Die Einzelheiten der Suche nach dem Balsam, der nicht Matareya-Balsam, sondern Mekka-Balsam hieß, werden in Thorklid Hansens Buch über Niebuhrs Reise erzählt.[82]

Forskal hatte von Linné einen besonderen Auftrag bekommen: "die Suche nach dem seltenen Mekka-Balsam-Baum", "von dem Linné so gerne vor seinem Tod einen Zweig sehen würde."[83] In Ägypten war die Suche erfolglos. Im Jemen fand Forskal den "opobalsamum".

Hansen schildert die Sensation:
"So vergehen die Tage, ohne daß große Begebenheiten sie voneinander unterscheiden. Aber am Nachmittag des 4. April, als sie bereits Djöbla und Tais passiert haben und auf dem Rückweg nach Beit el-Fakih sind, gibt es eine Sensation. Sie reiten dahin wie gewöhnlich, Seite an Seite, stumm und dösend in der Mittagshitze. Nur das Tappen der Esel auf dem steinigen Pfad ist zu hören. Plötzlich erblickt Forsskal eine merkwürdige Helligkeit in der Landschaft vor ihnen. Sie reiten noch einige Minuten, bis ihm aufgeht, was es ist. Auf einem Höhenzug, nicht weit vom Weg entfernt, steht ein Baum in Blüte. Noch ehe er ihn ganz erreicht hat, dreht er sich um und ruft aufgeregt nach Niebuhr, der unten am Weg halten blieb. Forsskal ist völlig außer sich vor Begeisterung. Es ist kein Zweifel möglich. Sie stehen vor dem größten botanischen Fund, den sie von der ganzen Expedition erwarten konnten. Sie haben den echten Mekka-Balsam-Baum gefunden."

---

80 ebenda, S. 145.

81 Mahmud Mustafa ad-Dumyati, Mu'gam asma'en-nabatat (= Die Pflanzennamen, die im arabischen Wörterbuch Tag el' 'arus des Zabidi enthalten sind), Kairo 1965.

82 Thorkild Hansen, Reise nach Arabien, Hamburg 1965.

83 ebenda, S. 108. Siehe auch: Uwe Ebel, Studien zur skandinavischen Reisebeschreibung von Linné bis Andersen, Frankfurt/M. 1981.

Der Balsam hatte seinen Platz in den Fachbüchern der Botanik und der Arznei, aber man erwähnte den Balsam-Garten von Matareya immer weniger und knapper. Im letzten Viertel des vergangenen Jahrhunderts hatte der Khedive in der Ain-Schams-Gegend Gärten angelegt.

Georg Ebers[84] berichtet über den berühmten Matareya-Garten, die Sykomore, den Brunnen und den Balsam: "Der Chediw Ismail hat sie (= die Sykomore, unter der Maria mit dem Christuskind gerastet haben soll) während seines Aufenthalts zu Paris 1867 galanter Weise der Kaiserin Eugenie von Frankreich geschenkt." "Unweit des (...) Marienbaums (...) entquillt ein Born mit süßem Wasser der Erde, welche sonst in diesen Breiten nur salziges, bitterliches Naß zu spenden pflegt, und tränkt den Garten mit Hülfe eines doppelten Schöpfrades. Schon im frühen Alterthum wird erwähnt, und wenn die Balsamsträucher (...), wie man Jahrhunderte lang fälschlich glaubte, hier und nur hier gedeihen konnten, so wurde das dem wohlthätigen Einflusse seines Wassers zugeschrieben, das mit in die Marienlegende verflochten ward. Das Christkindlein, heißt es, sei in unserem Quell gebadet worden, und seitdem habe er nicht aufgehört, mit süßem Wasser zu fließen. An einer andern Stelle wird erzählt, Maria habe die Windeln des Heilands hier gewaschen und wo dabei ein Tropfen auf die Erde gefallen, sei eine Balsamstaude entstanden. Als die Verfolger sich den Rastenden nahten, soll sich die Jungfrau mit dem Kinde in einer Spalte der Sykomore verborgen und eine Spinne sie durch ihr Gewebe den Blicken der Suchenden entzogen haben." Ebers kommentiert: "Wie Vieles mag doch heidnisch sein von dieser Legende. Jedenfalls weiß die ägyptische Mythe von einem Gott zu erzählen, der in einem Baum vor seinen Verfolgern gesichert ward, und ferner von Balsampflanzen, die aus dem Naß entstanden, mit dem Himmelbewohner die Erde benetzten." Ebers breitet sich über die historische Bedeutung der Gegend aus. Sein Bericht hat einen ausgeprägt wissenschaftlichen Charakter.

Am 25. April 1888 berichtete die Tageszeitung "Al-Ahram" darüber, daß al-Matareya zu einer beliebten Wohngegend geworden sei. Heute stehen zwar an der Stelle des Balsam-Gartens Sozialbauhäuser, aber die Spuren der Paläste und der großzügigen Villen sind nicht ganz verwischt.

In dem "Guide de Terre Sainte", von Barnabé Meistermann, Paris 1923, wird der Balsam-Garten aber erwähnt:

"Mataréyé. Arrivé à la station de Mataréyé, on laisse le village à dr., et l'on s'achemine par une belle avenue vers un jardin, appelé le jardin de Baume. L'évangile apocryphe de l'enfance du Sauveur (c. XXIV) dit: 'De là ils s'en allèrent au sycomore qui est appelé aujourd'hui Matarea, et Jésus fit jaillir une source à Matarea, dans laquelle Dame Marie lava ses langes. De la sueur du Seigneur Jésus qu'elle y répandit, provient le baume de la région."

---

[84] Georg Ebers, Ägypten in Bild und Wort, Stuttgart und Leipzig 1879, Bd. I, S. 209.

Auch lesen wir über eine süße Quelle, die einzige in der Gegend: "A 40 m. de l'arbre coule une source d'eau douce et excellente, tandis que toutes les autres sources et puits de la région ne fournissent que de l'eau saumâtre."

Daß der Balsam ein Wundermittel ist, das unzählige Krankheiten behandelt, scheint keine ganz überholte Erkenntnis zu sein. Vor wenigen Jahren habe ich in der Schweiz folgenden Prospekt gefunden:

"Roter Luzerner Balsam
Dies köstliche Medikament vereinigt zur Herstellung und Erhaltung der Gesundheit so vielerlei vortrefflicher Kräfte in sich, dass es in Wahrheit ein Lebensbalsam genannt werden kann. Ganz vorzüglich wirkt dieser Balsam erfrischend und stärkend auf die Nerven und ist kaum ein anderes Mittel zu finden, das in dieser Hinsicht so ausgezeichnete Dienste leistet. — Er belebt die Sinne, stärkt das Gedächtnis und leistet besonders bei Schwindel, Ohnmachten, Schlagflüssen, Lähmungen und Zittern der Glieder vortreffliche Dienste. Es werden in diesen Fällen 10-20 Tropfen mit Zucker, Tee oder Wasser eingenommen und dabei das Hinterhaupt, der Kopfwirbel und die Schläfe mit einigen Tropfen benetzt, was nervenschwache Personen täglich 2-3 mal wiederholen. Bei Ohrenbrausen und Gehörschwachheiten werden 1 bis 2 Tropfen auf Watte in die Ohren gelegt, wodurch die Organe zu frischer Tätigkeit gebracht werden. Nicht minder köstlich ist dieser Balsam für Augenübel, wo durch Benetzen der Lider die Sehkraft gestärkt, das Auge belebt und klar gemacht wird. Eine ausserordentliche Heilkraft besitzt der Balsam ferner in Magen- und Unterleibsbeschwerden, bei Erbrechen, Übelkeiten, Durchfall, Kolik, Blähungen, verlorenem Appetit und in kalten Fiebern, wobei die schmerzhaften Teile und namentlich die Magen- und Nabelgegend damit gewaschen und je nach Umständen 20 bis 30 Tropfen in Tee oder Wein auch innerlich gebraucht werden. Es ist ein unschätzbares Mittel zur Herstellung der monatlichen Regel; während der Schwangerschaft und im Wochenbett kann kaum ein Mittel angewendet werden, das so gelind erwärmend und stärkend wirkt, Krämpfen und wilden Wehen Erleichterung verschafft, den Appetit herstellt und Reinigung, Stuhlgang etc. in Ordnung bringt. Er wird in diesen Fällen innerlich nur sparsam gebraucht, desto fleissiger dagegen äusserlich mit Waschen und erwärmten Umschlägen. — Der Luzerner Balsam hat sich schon aufs beste bewährt als Präservativ bei ansteckenden Krankheiten, wie Nervenfieber, Pest, Friesel, Ruhr, Blattern u. dgl., indem er die Luft reinigt und so den Körper vor Ansteckung bewahrt. Es werden in diesen Fällen einige Tropfen bloss auf die Zunge genommen und das Aroma mit dem Atem eingesogen. Zur Erfrischung und Belebung der Haut wird ein Teelöffel voll in das Waschwasser getan; es können auch die Wäsche und Kleidungsstücke damit parfümiert werden. Bei Verwundungen, Quetschungen, Brandungen u. dgl. werden Überschläge gemacht von Balsam, mit reinem Wasser verdünnt; es sind auf diese Weise bei gleichzeitigem innerlichen Gebrauche schon alte, böse Schäden in auffallend kurzer Zeit zur Heilung gekommen. — Bei Mundfäule, stinkendem Atem, Brustbeschwerden und besonders bei Zahnschmerzen auf Baumwolle in hohle Zähne u. dgl. gebraucht man den Balsam ebenfalls mit sicherem

Erfolg. Man wird überhaupt den Luzerner Balsam in vielen körperlichen Übeln als wahres Hausmittel schätzen lernen. Dieser Luzerner Lebensbalsam wird nur echt hergestellt in der Weinmarkt-Apotheke in Luzern."

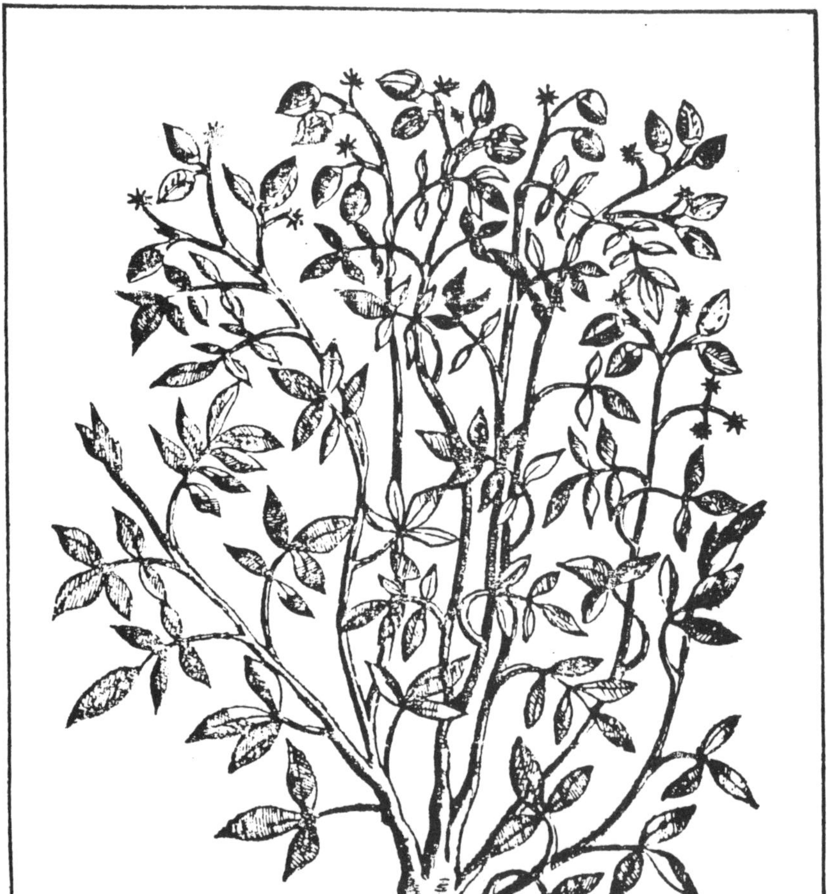

L'arbre à baume de Matarieh.

Abb. 1 Die Balsam-Staude, wie sie im Reisebuch Harants abgebildet ist.

Abb. 2 Matareya auf der Karte Kairos in Sebastian Munster's "Cosmographey". Nach der Ausgabe von 1588 (Ausschnitt).

Abb. 3 Der Matareya-Balsamgarten

Von dem Balſam Kraut. Cap. xviij.

ES iſt auch hie zu mercken / dz man allein in Egypten vnd ſonſt an keinem andern ort in aller Welt findt das edel Kraut Balſam / darvon man macht das köſtlich vñ edel wolriechende Balſamöl. Sein form vñ geſtalt iſt anzuſehen gleich wie der Mairon. Dann es hat lange Stengelein vñ kleine Bletter daran / die ſind formiert wie die Mairon Bletter / vñ ſein Steudlein wird nicht gröſſer dañ eins Elenbogens hoch von der Erden. Es ſchreibt Dioſcorides / daß diß Bäwmlein allein im Indianiſchen vñ Egyptiſchen Landt wachſe / hab Bletter gleich wie Rauten / aber ſeyen etwas weiſſer / vnnd bleiben Sommer vnnd Winter grün. So man das Oel oder Safft darauß haben will / verwundt man das Bäwmlein ein wenig mit einem Meſſer / vñ alßdann tropfft der Edel Safft darauß / vnd der wird genennt Opobalſamum / vnnd vbertrifft weit ſeiner güte den Balſam / den man darnach auß den Aeſtlein truckt. Sein Samē iſt rot gleich wie die Rinden an ſeinē Aeſtlein / vñ ſchmeckt auch nach dē Safft. Der Garten dariñ dz Kraut wechßt ligt zwo kleine Meil ferr von Alkair gegē Syria vñ heißt Materia / iſt beſchloſſen vnd mit einem Hüter verwahret / vnd wird niemandt dareyn gelaſſen er gebe dann Gelt. Man laßt auch

Abb. 4 Das Balsam-Kraut (Sebastian Munster, op. cit.)

Joël Pottier

Die "weiblichen Werte" des Christentums

Versuch eines Vergleichs zwischen Paul Claudel, Georges Bernanos und Gertrud von le Fort *

Der Name Gertrud von le Forts wird oft mit denen von Georges Bernanos und Paul Claudel zusammen genannt. Und zwar nicht ohne Grund, denn ohne **Die Letzte am Schafott** hätte Bernanos nicht die **Dialogues des Carmélites** geschrieben; und was Claudel betrifft, der für die französische Übersetzung der **Hymnen an die Kirche** ein großartiges Vorwort verfaßte, so hat ihm Gertrud von le Fort bei mancher Gelegenheit ihre Verehrung bezeugt. Es wäre dennoch übereilt, daraus schließen zu wollen, daß die deutsche Dichterin einen Einfluß auf Bernanos ausgeübt hätte oder daß sie ihrerseits von Claudel beeinflußt gewesen wäre. Bis heute haben die Kommentatoren nur zwischen einzelnen Werken Parallelen gezogen, und es ist wohl noch nicht unternommen worden, ein vergleichendes Urteil über die drei Autoren aufzustellen, das den Wert einer Synthese hätte. Der vorliegende Versuch erfordert also besondere Umsicht.

Es existieren unleugbare Punkte der Übereinstimmung, Interferenzen zwischen den monumentalen Werken der drei Dichter. Die wichtigsten werden im gegebenen Moment noch hervorgehoben werden. Doch lassen sich auch ohne Schwierigkeiten wirkliche Divergenzen entdecken, wie denn auch einige private oder öffentliche Stellungnahmen unserer Autoren dafür ein offenbarer Beweis sind: so z.B. der bekannte Streit zwischen Claudel und Bernanos (der unter anderem im **Tagebuch eines Landpfarrers** seinen Niederschlag gefunden hat); so auch das abschätzige und eher ungerechte Urteil Claudels über Gertrud von le Fort als Romanschriftstellerin,[1] oder schließlich die leisen, aber tatsächlich vorhandenen Bedenken, von welchen die Bewunderung Gertrud von le Forts für die beiden Franzosen begleitet war.[2] Welches Kriterium also würde es gestatten,

* Ergänzte Fassung eines am 9. Februar 1983 in Marburg anläßlich der von der Philipps-Universität veranstalteten Ausstellung über Gertrud von le Fort gehaltenen Vortrags.

[1] "Ses romans sont illisibles" ("Ihre Romane sind unlesbar"), schrieb Claudel im März 1934 in sein Tagebuch (P.C., *Journal* II. Paris: Gallimard, 1969; S. 53).

[2] S. Gertrud von le Forts strenges Urteil über Bernanos' *Jeanne, relapse et sainte*: *Johanna, Ketzerin und Heilige. Zu dem Buch von Georg Bernanos*, in: *Die katholische Schweizerin* (Einsiedeln), 22. Jg., Nr. 11, August 1935, S. 307-309; dazu meinen Kommentar in: Joël Pottier, *Gertrud von le Fort et la*

nicht nur gelegentlich, sondern grundsätzlich von den festgestellten Konvergenzen und Divergenzen zugleich Rechnung abzulegen?

Ein interessanter Ansatzpunkt findet sich in einem Urteil des Kritikers Günter Blöcker. Dieser schrieb schon 1953 in seiner Rezension von le Forts Sammelband **Gelöschte Kerzen** einige Sätze, die es verdienen, aufmerksam gelesen zu werden. In einer Reihe von knappen Formulierungen, deren reichen Inhalt man gerne weiter entwickelt gesehen hätte, verglich Blöcker die drei katholischen Schriftsteller miteinander wie folgt:

„Um erzählen zu können wie Gertrud von le Fort, bedarf es innerer Gewißheiten von der Art, wie unsere Zeit sie im allgemeinen nicht mehr zu vergeben hat. Denn wo man wirklich einmal solchen Geschenken begegnet, der Geborgenheit in der Frömmigkeit oder in der Allgegenwart der Traditionen, da stellt man zumeist fest, daß es gar keine Geschenke sind, sondern daß sie mit beträchtlichen Einbußen auf der anderen Seite bezahlt werden müssen: mit einem Mangel an Weltoffenheit und Weite, an Empfänglichkeit und Verständnis für alles, was jenseits des einmal akzeptierten Ordnungsgefüges liegt. Claudels erschrekkende Äußerung "Das Nichtverstehen gehört zu meinen Eigenschaften" steht stellvertretend für viele andere. Im Gegensatz dazu liegt der Grund für die starke, berechtigte Wirkung, die etwa die Werke eines Bernanos oder Graham Greene heute ausüben, nicht zuletzt darin, daß wir hier die tatsächliche oder vermeintliche Ordnung nicht im Zustande der Erstarrung antreffen, sondern als Gegenstand des Kampfes und der Sehnsucht, oder, wie bei Gertrud von le Fort, als Ausdruck einer großen, schwer errungenen Haltung, eines mächtigen, ja heldenhaften Ordnungswillens, der diese Frau vom liberalen Protestantismus ihrer ... Vorfahren zum Katholizismus führte, auf den Weg vom "ewigen Allein" zur "vertrauensvollen Hingabe der Seele an die übernatürliche Wahrheit und Liebe der Kirche"."[3]

Es scheint mir also möglich, folgende These zu verteidigen: nicht nur ist Gertrud von le Fort in ihrem Denken selbständig und verdankt sie Bernanos und Claudel so gut wie nichts, sondern sie ist auch diejenige der drei Autoren, deren Werk — durch seine Katholizität, durch das Bild, das es uns von der gesamten Kirche gibt — als Ganzes am harmonischsten, ja vielleicht am vollständigsten sich zeigt. Aus dieser Behauptung ergibt sich der Folgesatz, daß Gertrud von le Fort es ist, die — wenn sie sich von Claudel und Bernanos distanziert — die authentischste katholische Linie bewahrt.

Weit davon entfernt, das Thema hier erschöpfend behandeln zu wollen, möchte ich nur ein bei Gertrud von le Fort ohnehin naheliegendes und vielverspre-

---

France, Diss. Université de Toulouse - Le Mirail, 1981; S. 96-108. S. ferner le Forts nicht weniger strenges Urteil über Claudels *Mort de Judas* in ihrem Brief an Paul Petit vom 10.01.1934 und meinen Kommentar dazu, in: J.P., ebd., S. 66-69 und 308-309.

[3] G. Blöcker, *Vergangenheit und Gegenwart,* in: *Der Tagesspiegel,* 18.10.1953.

chendes Kriterium vorschlagen: die "weiblichen" Werte des Christentums. Nach einer theoretischen Umgrenzung dieses Begriffs unter besonderer Berücksichtigung von le Forts Essay **Die ewige Frau** soll untersucht werden, welchen Platz diese Werte jeweils im dichterischen Werk der drei Schriftsteller einnehmen und bei wem sich folglich der vollkommenste, ja getreueste künstlerische Ausdruck der katholischen Glaubenslehre findet.

*

DIE WEIBLICHEN WERTE DES CHRISTENTUMS

Das Christentum bietet dem Menschen keine Flucht in eine Art von Nirwana. Das Leben ist ein Kampf, wo es nicht genügt, das Böse nicht zu tun; man muß auch das Gute wollen und es tun, und um das zu können, Gott hören und seine Gebote halten. Der Weg, den Christus zu gehen lehrt, ist weder breit noch bequem; er führt "durch die enge Pforte". Aber er ist nicht unmenschlich: der Mensch hat die Zusicherung erhalten, daß er nicht über seine Kräfte versucht werden wird (1. Kor 10,13), und Gott erwartet von ihm zuerst, daß er einfach das tut, was er *kann* (vgl. Didache 6,2). Diesem Anruf gegenüber kann der Mensch zwei Haltungen einnehmen. Eine davon ist die Weigerung: "Non serviam" — ich diene nicht. Die andere Haltung ist die der Demut und des Gehorsams, die einer totalen Verfügbarkeit. "Fiat" — dein Wille geschehe —, so lautet die Antwort Marias an den Engel, die Antwort Christi an den Vater im Garten der Todesangst und die Bitte der Gläubigen im Vaterunser. Die Zustimmung zum Willen Gottes geht mit dem Versprechen zusammen, mit Hilfe der Gnade am Kommen seines Reiches mitzuwirken. Sichvergessen, Selbsthingabe, Mitwirkung: das ist der Rhythmus, welcher die Atmung des "inneren Menschen" regelt, das ist das Modell, welches das Christentum den Menschen guten Willens bietet.

Von diesem allgemeinen Schema ausgehend, hat Gertrud von le Fort nie aufgehört, auf eine besondere Berufung der Frau hinzuweisen. Diese Berufung, die ihren Grund in der weiblichen Physiologie und Veranlagung selbst, in der mütterlichen Fähigkeit zur totalen Selbsthingabe findet, besteht darin, den Mann, der eher die führende, in der Zeit wirkende Persönlichkeit ist, zur Erkenntnis seiner eigenen Relativität zu führen und ihn den ewigen "weiblichen" Werten zu öffnen: der Liebe, der Güte, dem Erbarmen, der bedingungslosen Hingabe. Aber weil die Frau in gewisser Weise die unmittelbare Beziehung des Einzelnen mit dem Universum und die des Geschöpfes mit dem Schöpfer verkörpert, so ist sie auch diejenige, die die Anwesenheit des religiösen Elementes in der menschlichen Natur offenbart.

„Das Passiv-Empfangende des Weiblichen, in dem die antike Philosophie das rein Negative sah, erscheint in der christlichen Gnadenordnung als das Positiv-Entscheidende: das marianische Dogma bedeutet, auf eine kurze Formel gebracht, die Lehre von der Mitwirkung der Kreatur bei der Erlösung", heißt es in der **Ewigen Frau.**[4] So integriert Gertrud von le Fort in die katholische Glaubenslehre die von Kierkegaard entwickelte Idee, daß der Mensch — Mann oder Frau — in seinen Beziehungen zu Gott immer "weiblich" ist.

Die vollkommene Verfügbarkeit Gott gegenüber, dieses „Mysterium der Frau" ist notwendigerweise von Zurückhaltung und von Schweigen begleitet: das Opfer soll, wie Gertrud von le Fort es öfter betont hat, „unter dem Schleier" vollbracht werden. Und wahrlich: was hieße es, sich zu opfern, wenn man noch seinen Opfersinn gleichsam als eine Herausforderung an Gott und die Welt zur Schau stellen sollte? Das Opfer ist nichts als die Demut, in die Tat umgesetzt.

*

CLAUDEL

„La femme sera toujours le danger de tous les paradis."
(Conversations dans le Loir-et-Cher)

Geben wir zuerst die meistverbreitete Meinung wieder. Bei Claudel, so heißt es, kommt der Frau — die immer Trägerin einer symbolischen Bedeutung ist[5] — eine Erlösungsmission zu. Als natürliche "Lehrmeisterin" des egoistischen, nach Taten und Eroberungen begierigen Mannes wird sie in einer religiösen Schau die "geistige Mutter", die durch ihr Opfer ihn Entsagung und Selbsthingabe lehrt. Sie führt ihn von der irdischen zur himmlischen Liebe. Etienne Gilson hat davon in einem sehr "claudelschen" Stil ein packendes rekapitulierendes Fresko gezeichnet:

---

[4] G. von le Fort, *Die ewige Frau. Die Frau in der Zeit. Die zeitlose Frau* (zit. *EF*), München: Kösel & Pustet, 1934; S. 15. Den Leser mag folgendes Urteil der 1987 seliggesprochenen Edith Stein über die *Ewige Frau* interessieren: "Ich finde, daß eigentlich alles andere, was in den letzten Jahrzehnten über die Frau geschrieben wurde, jetzt überflüssig ist. Es steht manches bei Ihnen, was wir auch schon früher gewußt haben. Aber das ist alles jetzt erst auf seine letzten Wurzeln zurückgeführt und an seinen Platz gestellt. Und es ist ein Strich unter alle "Problematik" gemacht" (Brief an G. von le Fort vom 31.01.1935 im Deutschen Literaturarchiv in Marbach).

[5] "Pour moi, la femme représente toujours quatre choses: soit l'âme humaine, soit l'Eglise, soit la Sainte Vierge, soit la Sagesse sacrée" ("Für mich stellt die Frau stets viererlei dar: entweder die menschliche Seele oder die Kirche oder die heilige Jungfrau oder die heilige Weisheit"), P. Claudel, *Mémoires improvisés*, Paris: Gallimard, 1969; S. 63.

„Eine Frau: bei diesem einen Wort ersteht vor uns das ganze Theater von Claudel mit seinem Gefolge von unvergeßlichen Heroinen, unglücklich wie Königinnen von Frankreich und, weil auch sie ihr "Fiat" gesprochen haben, zu einem tragischen Schicksal verurteilt ... . Und das nicht ohne Grund, denn der Mann und die Frau müssen sich gewaltsam suchen, aber ohne sich vereinigen zu können, um durch das unvermeidliche Scheitern dieses Suchens zu lernen, daß sein wirkliches Objekt anderswo ist. Wie Beatrice sterben muß, damit die Pilgerfahrt Dantes zu Gott beginnen kann, so verweigert Claudel in ganz gleicher Weise Ysé dem Mésa und Proëza dem Rodrigo, und aus dem gleichen Grund. ... Alle diese menschliche Liebe ist Liebe zu Gott, die sich nur im Objekt irrt."[6]

Man kann nicht leugnen, daß Gertrud von le Fort sich dieser allgemeinen Ansicht angeschlossen hat. Sie hat bei Claudel ihren eigenen Ideen entsprechende Personen und dramatische Situationen vorgefunden (oder vorzufinden geglaubt), und es scheint, daß sie in ihrem Bemühen, das ihr und Claudel Gemeinsame zu unterstreichen, nicht gesehen hat (und vielleicht nicht sehen oder sagen wollte), was sie von ihm trennte. Eine weniger oberflächliche Kritik, die das zeigt, was Gertrud von le Fort nicht wußte oder was sie mit Schweigen übergeht, wird zugleich deutlich machen, daß die von Claudel geschaffene Welt weit davon entfernt ist, immer eine katholische Denkweise auszudrücken.

Beschränken wir uns auf die Beziehungen zwischen Mann und Frau, und vornehmlich auf das Sakrament der Ehe bei Claudel. Nehmen wir als Musterbeispiel das alte Ehepaar Anne und Elisabeth Vercors, die Eltern Violaines in **L'Annonce faite à Marie**, und fragen wir uns, ob wir folgendem Urteil Gertrud von le Forts zustimmen können:

„Das ist Anne Vercors, der alte Vater, aus dem kein männlicher Erbe entsprossen ist, sondern nur Töchter — "nichts als dieses, das sich schenkt und geschenkt wird".
Der Letzte eines edlen Stammes repräsentiert hier die letzte Situation der Welt überhaupt, ihre Situation vor Gott. Die alte Gattin aber, die ihm ihr Jawort wie einst zur Vereinigung, nun zur Trennung, zur heiligen Wallfahrt nach Jerusalem schenkt, sie spricht mit diesem Jawort auch für den Mann das fiat mihi.

---

6 "Une femme: à ce seul mot tout le théâtre de Claudel surgit, avec son cortège d'héroïnes inoubliables, malheureuses comme des reines de France et, pour avoir prononcé elles aussi leur *fiat*, condamnées à quelque sort tragique ... . Et non sans raison, car il faut que l'homme et la femme se cherchent avec violence, mais sans se rejoindre, pour apprendre, par l'échec inévitable de cette quête, que son objet véritable est ailleurs. Comme Béatrice doit mourir pour que le pèlerinage de Dante vers Dieu commence, tout de même Claudel interdit Ysé à Mésa et Prouhèze à Rodrigue, et c'est pour la même raison. ... Tous ces amours humains sont des amours de Dieu qui se trompent d'objet" (Etienne Gilson, *Paul Claudel poète catholique*, in: *La pensée religieuse de Claudel*, Paris: Desclée De Brouwer, 1969 (Recherches et Débats 65); S. 42).

Hier schimmert die ergreifende Tiefe der christlichen Bedeutung der Ehe auf. In ihr, so heißt es, ist alles zu gleichen Teilen — das Ja der Frau als des Mannes andere Hälfte ist zugleich sein eigenes tiefstes Ja."[7]

Nun — man braucht den hier womöglich weniger gesunden als nachsichtigen Optimismus von Gertrud von le Fort, um in den Beziehungen zwischen Anne Vercors und seiner Frau „die ergreifende Tiefe der christlichen Bedeutung der Ehe" noch zu erkennen. Dieses Wort Gertrud von le Forts gilt nur, wenn man gleich hinzufügt, daß Elisabeth nichts als das duldsame Opfer ihres wunderlichen Gatten ist. Es ist doch nicht zu übersehen, daß das Sakrament der Ehe hier eigentlich seinem Ziel entfremdet wird, wenn Anne Vercors im Wunsch nach einer extravaganten Wallfahrt nach Jerusalem, mittels Sophismen und sentimentaler Tiraden, seiner unglücklichen Frau ein "Ja" zur Trennung entreißt, das zu geben keineswegs ihre Absicht gewesen war und dem Claudel, wie es scheint, die gleiche Kraft und den gleichen Wert verleiht wie dem "Ja" zu ihrer Vereinigung. (Nebenbei bemerkt: durch eine in ähnlichem Maße abstoßende Erpressung erzwingt in **L'Otage** (II,2) der Pfarrer Badilon — indem er zugleich das Sakrament der Ehe und das der Buße vergewaltigt — das "Fiat" der Sygne de Coûfontaine.)

In Claudels Theater verläuft alles so, als ob die *Demut* der Frau von vornherein ihre *Demütigung* durch den Mann rechtfertigte; so daß die Frage sich bald aufdrängt: ist dieses Theater auf einem gesunden Begriff der christlichen Ehe aufgebaut? In diesem Punkte trennt ein Abgrund Claudel und Gertrud von le Fort. Was sieht man bei Claudel an Stelle der schönen und richtigen Formulierungen, die man z.B. in der **Ewigen Frau** findet? Bruchstücke von Definitionen, zerstreut über sein Werk: sie gehen vom „Sakrament der Eifersucht", das von der Frau „am Tage ihrer Demütigung" entdeckt wird[8], bis zum berühmten Satz im **Seidenen Schuh**: „Nicht die Liebe macht die Ehe aus, nein, die Einwilligung".[9] Wie sollte man hier die christliche Lehre der Ehe wiedererkennen?

Die Wahrheit ist wohl, daß Claudel durch seinen gescheiterten Eintritt ins Klosterleben und durch die wenig später begangene Schuld (**Mittagswende**!) so nachhaltig — beinahe manisch — gezeichnet war (das zeigen u.a. seine "Beichte" an Georges Duhamel[10] und sein Briefwechsel mit Henri Massignon[11], in dem er

---

[7] *L'Annonce fait* (sic) *à Marie*, in: *Aufzeichnungen und Erinnerungen*, 3. Aufl., Einsiedeln: Benziger (1951) 1956; S. 69.

[8] *La Jeune Fille Violaine* (1ère Version, Acte I).

[9] *Le Soulier de Satin* (*Der Seidene Schuh*, 2. Tag, Szene III). In *Claudel est-il un écrivain catholique?* (Paris 1950) hat der Priesterdichter François Ducaud-Bourget noch andere anfechtbare "Definitionen" der Ehe aufgedeckt (aufgenommen und ergänzt in: F. D.-B., *Les Précurseurs: Claudel, Mauriac et Cie. Catholiques de Littérature*, Chiré-en-M.: Editions de Chiré, 1978; S. 36-38).

[10] "Je me suis converti, j'avais 17 ou 18 ans. Je connaissais l'enfer et le péché car j'avais de mauvaises habitudes, mais je concevais la pureté et je me dégoûtais beaucoup. Vous qui êtes médecin que pensez-vous de cela? Ma conversion faite, les mauvaises habitudes ont cessé. Cinq ou six ans de pureté réelle ... la foi est venue et la lumière! Et je croyais que c'était fini. Je suis parti en Chine! Mauvais

— vergeblich — versucht, diesen von der Ehe abzubringen), daß er die Beziehungen zwischen Mann und Frau niemals anders wiederzugeben vermochte als in Ausdrücken des Konflikts: entweder ist es der Mann, der die Frau demütigt und beherrscht und sie erdrückt, oder aber sie ist es, die sich selbst und den Partner (Geliebten oder Verlobten) zu einer Entsagung zwingt, die man als Läuterung verstehen möchte, die aber leider sehr zweideutig bleibt. Darum ist der Schleier, der auf den ersten Blick ein gemeinsames Thema von Gertrud von le Fort und Claudel zu bilden scheint, bei diesem schließlich doch meistens das Symbol der Trennung und der Illusion,[12] und nicht das der Demut wie bei

---

moment, j'étais orgueilleux, j'avais mauvais caractère, je me suis querellé avec tout le monde. Malgré tout, je pensais que j'étais délivré de l'enfer. Et tout à coup, j'ai connu le vrai enfer, j'ai connu cette femme et c'était bien pis que les mauvaises habitudes, cela a duré quatre ans et j'en ai été délivré par miracle car, si elle ne m'avait pas quitté, je ne l'aurais jamais quittée. Enfin elle m'a quitté, mais je n'ai été sauvé qu'en apparence car je savais ce que c'était que l'enfer et ça revient, ça revient toujours même quand on est vieux. ... Bien sûr, je communie tous les jours. C'est un grand bien! mais ce n'est pas toujours facile. Il y a la confession. Pensez-vous que ce soit supportable de toujours avouer la même faute." ("Ich habe mich bekehrt, als ich 17 oder 18 Jahre alt war. Ich kannte die Hölle und die Sünde, denn ich hatte schlechte Angewohnheiten, aber ich begriff, was Reinheit bedeutet, und ich ekelte mich sehr vor mir selbst. Was denken Sie als Arzt davon? Nach meiner Bekehrung haben die schlechten Angewohnheiten aufgehört. Fünf oder sechs Jahre wirklicher Reinheit ... der Glaube ist gekommen und das Licht! Und ich dachte, daß es vorbei sei. Ich bin nach China gereist! Eine schlechte Zeit, ich war hochmütig, ich hatte einen schlechten Charakter, ich habe mit allen Streit angefangen. Trotz allem habe ich gedacht, ich sei von der Hölle befreit. Und auf einmal habe ich die wirkliche Hölle kennengelernt, ich habe diese Frau kennengelernt, und das war viel schlimmer als die schlechten Angewohnheiten; es hat vier Jahre gedauert und ich bin durch ein Wunder von ihr befreit worden, denn wenn sie mich nicht verlassen hätte, ich würde sie niemals verlassen haben. Endlich hat sie mich verlassen, aber ich war nur dem Anschein nach gerettet, denn ich wußte, was die Hölle ist, und es kommt wieder, es kommt immer wieder, selbst wenn man alt ist. ... Sicher, ich kommuniziere jeden Tag. Das ist eine große Wohltat! aber es ist nicht immer leicht. Es gibt die Beichte. Glauben Sie, daß es zu ertragen ist, immer dieselbe Schuld zu bekennen?"), Georges Duhamel, *Le livre de l'amertume. Extraits du Journal de Blanche et Georges Duhamel*, présentés et annotés par Bernard Duhamel, Paris: Mercure de France, 1983; S. 216.

11 S. *Paul Claudel - Louis Massignon (1908-1914). Correspondance établie et annotée par Michel Malicet*, Paris: Desclée De Brouwer, 1973. Vornehmlich Claudels Brief an Massignon vom 16.09.1913: "Le mariage est un état saint. Mais pourquoi n'avouerais-je pas que je vous verrais avec regret entrer à votre tour dans cette voie médiocre où nous pataugeons tous. Ah, j'espérais autre chose de vous! Je voyais autre chose pour vous qu'une vie partagée entre le ménage et l'érudition! Votre vie sera un calque de la mienne. ... Ah, ce sera un vrai crève-cœur pour moi de vous voir entrer dans la voie plate et médiocre où je suis moi-même. J'étais tellement heureux de vous voir me dépasser, de savoir qu'il y a des âmes plus fortes et moins indignes de Dieu que la mienne. Enfin?" ("Die Ehe ist ein heiliger Stand. Aber warum sollte ich nicht gestehen, daß ich es bedauern würde, Sie jenen mittelmäßigen Weg nehmen zu sehen, auf dem wir uns alle mühsam bewegen. Ach, ich hatte anderes von Ihnen erhofft! Ich sah etwas anderes für Sie voraus als ein zwischen Haushalt und Forschung geteiltes Leben! Ihr Leben wird ein Abbild des meinen sein. ... Ach, es wird mir wirklich das Herz zerreißen, Sie den flachen und mittelmäßigen Weg nehmen zu sehen, auf dem ich mich selbst befinde. Ich freute mich so, Sie mich überragen zu sehen, zu wissen, daß es Seelen gibt, die stärker und weniger unwürdig vor Gott sind als meine. Nun?"), ebd., S. 212-213.

12 Vgl. Jean Rousset, *La structure du drame claudélien: l'écran et le face-à-face*, in: J.R., *Forme et signification: Essai sur les structures littéraires de Corneille à Claudel*, Paris: Corti, 1962; S. 171-189. Vgl. auch Jacques Petit, *L'image du voile*, in: *La Revue des Lettres Modernes* 196 (2) (Nr. 134-136); S. 111-112.

Gertrud von le Fort. „Die Frau", sagt Claudel, „ist ein Versprechen, welches nicht gehalten werden kann" (**La Ville**).

Es findet sich bei Claudel keine Spur der ehelichen Liebe, wie sie die Kirche versteht. Die scharfsichtigsten Kritiker haben das gut gemerkt. Hans Urs von Balthasar meint, daß Claudel „die Nacht der Mystik in die Nacht des Eros verschleift".[13] Die fixe Idee der Begierde und des Ehebruchs dominiert so sehr, daß die Ehe in seinen Dramen mehr wie eine Prüfung erscheint. „Welch bittere, seltsame Theologie", erklärt Paul-André Lesort, „die aus der Liebe ein Paradies macht, das dem Verbot bestimmt ist, und aus der Ehe eine Züchtigung in diesem Tal der Tränen. ... Man wird vergeblich in seinem Werk die Spuren dieses *Mysteriums* suchen, das für den heiligen Paulus der höchste Ausdruck der Vereinigung Christi mit der Kirche ist. Für Claudels Personen gibt es nur eine Vereinigung außerhalb der Zeit ... . Ein Glaube, der mehr katharisch als christlich ist ... ."[14]

Eine unangenehme Konsequenz dieses Claudelschen "katharischen Glaubens" besteht darin, daß dadurch unentwirrbare dramatische Situationen geschaffen werden, denen die Personen nur um den Preis von sublimen, aber unmenschlichen Entschlüssen entrinnen. Es ist eine Tatsache, daß nichts der katholischen Religion — als der des menschlich Möglichen schlechthin — fremder ist als diese Claudelsche falsche Erhabenheit. Und übrigens, die im Bereich des Geistigen sublimsten Szenen sind nicht frei von einer diffusen Sinnlichkeit von sehr schlechtem Geschmack.

So zum Beispiel Violaine: ist sie eine Heilige? Gertrud von le Fort scheint das ohne weiteres anzunehmen: „Es ist das Kind des geliebten, ihr einst zum Gatten bestimmten Mannes, das sie zum Leben erweckt, aber sie erweckt es als sponsa Christi".[15] Aber mußte denn Claudel dieser angeblichen geistigen Mutterschaft eine so fleischliche Wendung geben? Die Augen des Kindes werden blau wie die seiner neuen Mutter, und diese bekennt vor Jacques Hury: „Ach, sag nicht, daß ich von dir nichts kenne! Sag nicht, ich wüßte nicht, was es heißt, durch dich zu leiden. Und daß ich die Mühen nicht kenne und die Zerreißung der Frau, die ein Leben schenkt!" Dieses "Wunder" der blauen Augen bekommt seinen wahren Sinn, wenn man es zum **Seidenen Schuh** in Beziehung setzt, wo Maria Siebenschwert, Tochter von Proëza und Camillo, durch das Wirken der Wahlverwandtschaften ihrem anderen "Vater" Rodrigo gleicht. Entsteht denn geistige Kindschaft durch Ehebruch? Welch köstliches Paradox: zu sehen, wie Claudel

---

13 H. U. von Balthasar, *Bernanos* , Köln und Olten: Hegner, 1954; S. 83.

14 P.-A. Lesort, *Paul Claudel par lui-même,* Paris: Seuil, (1963) 1972 (Ecrivains de toujours 63); S. 83 ("Amère, étrange théologie, qui fait de l'amour un paradis voué à l'interdiction, et du mariage un châtiment dans la vallée de larmes. ... On chercherait en vain dans son œuvre les traces de ce *mystère* dont saint Paul fait la plus haute expression de l'union du Christ et de l'Eglise. Pour les personnages de Claudel, il n'est d'union que hors du temps ... . Foi cathare plus que chrétienne ... .").

15 *EF* (s. Anm. 4), S. 156.

sich zum Nacheiferer des „großen feierlichen Esels" Goethe macht, dem er nichts zu verdanken behauptete!

Gertrud von le Fort hat ihrerseits das Thema der geistigen Mutterschaft auf eine viel überzeugendere Weise illustriert als Claudel. Der ganze Unterschied zwischen beiden Dichtern tritt klar zutage, wenn man **L'Annonce faite à Marie** mit dem **Gericht des Meeres** vergleicht. Mit welcher Zartheit zeigt Gertrud von le Fort das Erwachen des mütterlichen Gefühls bei Anne de Vitré, wie sie den kleinen kranken Prinzen dem Leben wiedergibt! Unnötig, die Augenfarbe des Kindes zu ändern oder uns zu schildern, was Anne empfindet: jeder hat schon verstanden, daß sie von nun an die wahre Mutter des Kindes ist.

Wie dem auch sei — in der Verzweiflung, daß sie ihr Kind nun zum zweiten Mal verloren hat, sieht Mara keinen anderen Ausweg, als die Schwester zu töten. Gertrud von le Fort übergeht diesen Mord schamhaft mit Schweigen und begnügt sich zu sagen: „Mara ... findet zuletzt Vergebung und Trost darinnen, daß sie Violaines Schwester sei".[16] Wir aber haben das Recht zu fragen: wollte Claudel den Gedanken glaubwürdig machen, daß Gott hier fähig ist, ein Wunder zu vollbringen, das doppelsinnig genug ist, um eine Unglückliche zum Schwestermord zu treiben?

Wir müssen also folgerichtig schließen. Die weiblichen Werte des Christentums sind in Claudels Werk zwar vorhanden, aber verfälscht durch eine Atmosphäre, die im Ganzen eher zwielichtig und oft durch einen kleinen Schuß Sadomasochismus gewürzt ist. Behaupten zu wollen, daß Claudels Dramen trotz allem mit einer im christlichen Sinne glücklichen Lösung enden, wäre eine simple Ausflucht, die durch das "etiam peccata" des heiligen Augustinus (als Patron des **Seidenen Schuhs** mißbräuchlich angerufen) keineswegs gerechtfertigt wird. Von den Beurteilungen Gertrud von le Forts — für die Claudels Werk „von einem Ende bis zum anderen den Stempel des Dogmas trägt" — und Bernanos' — welcher fand, daß Claudel „sich mit dem Erhabenen beschmiert"[17] — ist leider die letztere die richtige.

*

---

[16] Ebd., S. 150.

[17] G. Bernanos, *Journal d'un Curé de campagne*: "Remarque que ce M. Claudel est un génie ... , mais ces gens de lettres sont tous pareils: dès qu'ils veulent toucher à la sainteté, ils se barbouillent de sublime, ils se mettent du sublime partout! La sainteté n'est pas sublime ... " ("Beachte dabei, daß dieser Herr Claudel ein Genie ist ... , aber diese Literaten sind alle gleich; sobald sie an die Heiligkeit rühren wollen, beschmieren sie sich mit dem Erhabenen und machen sich von oben bis unten voll damit. Die Heiligkeit ist nicht erhaben ... ").

BERNANOS

„Jamais mère sur le chemin du retour, et qui rêve au merveilleux petit corps qui tiendra bientôt tout entier dans sa caresse, n'eut dans le regard plus d'impatience et de candeur ..."
(Sous le Soleil de Satan)

Es wird sich als zweckmäßig erweisen, zuerst einiges über den allgemeinen Aufbau der Romane von Bernanos zu sagen. Erst bei dem Erscheinen des **Monsieur Ouine** (deutscher Titel: **Die tote Gemeinde**) haben die Kritiker wirklich erkannt, welche Verbindung zwischen der Form dieser Romane und dem fundamentalen Problem des Guten und des Bösen besteht. Claude-Edmonde Magny gab damals eine geglückte Definition der Bernanosischen Welt, als sie deren "en creux"-Struktur analysierte: Bernanos „läßt Gott selbst durch seine Abwesenheit erscheinen, die Natur beweist die Übernatur, das Loch, das in der Mitte der Welt durch die Gegenwart des Bösen gegraben wird, prophezeit den möglichen Triumph des Guten".[18] So gesehen, illustriert das ganze Werk von Bernanos nicht durch seinen Inhalt allein, sondern durch seine Form selbst die theologische Definition des Bösen: "absentia boni", "privatio boni" — Abwesenheit des Guten und Entbehrung des Guten. Diese Technik von Bernanos — von ihm übrigens mehr oder weniger unbewußt angewandt — ist nicht ohne Gefahren. Dem Dichter wurde öfter vorgeworfen, das Böse zu sehr in den Vordergrund gestellt zu haben, und Gertrud von le Fort gehörte sicher zu den gemäßigsten, als sie erklärte: „Mauriac schenkt der Sünde zuviel Raum und in Abstand tut dies auch Bernanos".[19]

Dies sei vorausgeschickt. Richtig bleibt aber, daß in der Bernanosischen Welt die Wichtigkeit der positiven, d.h. der "weiblichen" Werte oft durch ihre Abwesenheit oder durch ihre Unmöglichkeit, zum Ausdruck zu kommen, hervorgehoben wird. Und sicher: das Böse entfaltet sich nur auf einem dazu günstigen Boden und der Sünder ist niemals allein verantwortlich. „Es gibt eine Gemeinschaft der Heiligen und auch eine Gemeinschaft der Sünder", sagt der kleine Pfarrer von Ambricourt.[20] Die Bernanosischen Werke zeigen uns, wie das Böse nicht so sehr bei den einzelnen am Werk ist, als vielmehr bei ganzen Gemeinschaften, in "toten Gemeinden" wie der von Fenouille — einem großen Körper,

---

[18] "Ainsi Bernanos fait-il paraître Dieu par son absence même, la nature atteste la surnature, le trou que creuse au sein du monde la présence du Mal, prophétise le triomphe éventuel du Bien" (C.-E. Magny, *"Monsieur Ouine". Le dernier roman de Bernanos*, in: *La Revue des Lettres Modernes* 1964 (5), Nr. 108-110; S. 22. Der Aufsatz ist 1946 zuerst erschienen.).

[19] Gertrud von le Fort an Aline Epstein-Rosenberg (zitiert in A. E.-R., *La "Virgo" dans l'œuvre de Gertrud von le Fort*, Université de Clermont-Ferrand, D.E.S., 1956, Masch. ; S. 236).

[20] *Journal d'un Curé de campagne* (*Tagebuch eines Landpfarrers*).

in dem die Gnade Gottes nicht mehr kreist. Um den Lebensfluß wieder herzustellen, bedarf es des Opfers verborgener und verkannter Heiliger, welche stellvertretend für ihre menschlichen Brüder leiden und ihnen die Verzeihung Gottes erwirken. Das ist die Umkehrbarkeit der Verdienste, die bei Bernanos dauernd gegenwärtig ist.

Besonders interessant ist, daß bei den Bernanosischen Heiligen, wenn es sich um Männer handelt, die weibliche, und wenn es sich um Frauen handelt, die männliche Seite ihrer Seele vom Autor ins Licht gesetzt wird. Das gilt in erster Linie von den Priestergestalten. Bernanos hat wahrscheinlich besser als jeder andere Schriftsteller die mütterliche Dimension der priesterlichen Seele untersucht. Wenn Gertrud von le Fort und er mit gleichem Erfolg das Thema der geistigen Vaterschaft illustriert haben, die den Beichtvater mit dem einen oder anderen seiner Beichtkinder verbindet (man denkt an das Paar, das Pater Angelo und Veronika bilden oder Abbé Chevance und Chantal de Clergerie), muß man Bernanos allein das Verdienst lassen, die treffendsten Töne gefunden zu haben, um die rührende und mütterliche Sorge eines Priesters für seine Gemeinde darzustellen.[21]

Diese Medaille hat dennoch eine Kehrseite. Bernanos ist durch das priesterliche Zölibat oder allgemeiner durch die Gott geweihte Virginität in einer Weise fasziniert, daß er die Möglichkeit, auch in der Ehe die Heiligkeit zu erlangen, nicht in Betracht zieht. Hans Urs von Balthasar erklärt:

„... für ihn gehört die Ehe zur christlichen Mühlsal des Lebens, durch den Segen des Sakraments geheiligt, aber von keiner besonderen Leuchtkraft. Die Ehe ist das einzige Sakrament, das bei Bernanos zu keinem Existenzbereich im schriftstellerischen Werk aufgefaltet wird ... . Die Ehe ist bei ihm unangefochten, aber er müßte nicht der geistige Bruder Péguys und Claudels sein, nicht der Verehrer Dostojewskijs, nicht der Enkel Pascals und Kierkegaards, nicht über all das hinaus einer jener Laien, die um einer besonderen christlichen Sendung willen auf das amtliche Priestertum verzichtet haben, wenn die Ehe in seinem Werk wesentlich mehr wäre als ein irdisches Haus, von welchem aus der Blick durchs Fenster nach dem Ewigen sucht ..."[22]

---

[21] Eine der in dieser Hinsicht schönsten Stellen ist diejenige, wo Bernanos in seiner Vorstellung Abbé Donissan sieht, wie dieser zur Kirche geht, um Beichte zu hören: "Le rude jeune prêtre, à cette pensée, s'émeut d'une tendresse inquiète; il hâte le pas sans y songer, avec un sourire si doux et si triste qu'un roulier qui passe lui tire son chapeau sans savoir pourquoi... On l'attend. Jamais mère sur le chemin du retour, et qui rêve au merveilleux petit corps qui tiendra bientôt tout entier dans sa caresse, n'eut dans le regard plus d'impatience et de candeur...", *Sous le Soleil de Satan*, in: G.B., *Œuvres romanesques* (Paris: Gallimard, 1961; Bibliothèque de la Pléiade), S. 156. Unerklärlicherweise ist gerade diese Stelle in allen im Buchhandel erhältlichen deutschen Übersetzungen bis jetzt um die Hälfte verstümmelt worden.

[22] *Bernanos* (S. Anm. 13), S. 351.

Neben seinen Priestern mit mütterlicher Seele zeichnet Bernanos heroische heilige Frauen mit soldatischer Seele. Eine Chantal de Clergerie, eine Constance de Saint-Denis zeigen einen Geschmack für das Wagnis, einen Opferdurst, einen Sinn für ihre Pflicht, eine Verachtung der Gefahr, die sie zu "guten Soldaten Christi" machen. Bekanntlich räumte Bernanos unter allen Heiligen Jeanne d'Arc und Therese vom Kinde Jesu einen bevorzugten Platz ein. Es ist daher bezeichnend, daß er das Bedürfnis empfunden hat, der Gestalt der Blanche de la Force nicht nur dank dem Thema der "christlichen Ehre" etwas mehr Relief zu geben, sondern ihr auch noch eine Heroine nach seinem Herzen als Gefährtin zu schenken. In der Tat, während die Rolle der Schwester Constance bei Gertrud von le Fort nur skizziert ist, wird sie in den **Dialogues** beinahe ebenso wichtig wie die der Blanche.

Aus diesen Beispielen lassen sich bereits einige Schlußfolgerungen ziehen. Gertrud von le Fort und Bernanos betonen beide die Rolle der weiblichen Werte: aber während die erste sie uns am Werk vorführt, läßt der andere ihre Bedeutung meistens durch ihre Abwesenheit ahnen. Alle beide betonen die gegenseitige Ergänzung der weiblichen und männlichen Eigenschaften, aber die heiligen Frauen von Bernanos stellen gerne ihren Mut zur Schau, während die Heroinen Gertrud von le Forts in ihrem Opfer diskreter bleiben.

Hier ist der Zeitpunkt, an dem wir auf die Begriffe von der Umkehrbarkeit der Verdienste und des stellvertretenden Opfers zurückkommen müssen. Wenn es nämlich darum geht, die **Dialogues des Carmélites** und **Die Letzte am Schafott** zu vergleichen, dann sind es gerade diese Begriffe, auf die viele sich stützen, um dem französischen Text eine größere mystische Tiefe zuzuschreiben als dem deutschen Original. Als erster machte seinerseits der wenig dankbare Albert Béguin die unfeine Bemerkung: „Daß Frau von le Fort, bei einer so entscheidenden Veränderung ihrer Hauptfigur, die eigentliche Absicht und Bedeutung des Bernanos'schen Werks nicht recht fassen konnte, ist allzu verständlich".[23] Aber auch ein profunder Kenner wie André Espiau de La Maëstre ging in derselben Richtung. Die Tatsache, daß Gertrud von le Fort in ihrer Stellungnahme zu den **Dialogues**[24] den „Austausch der Tode" ("échange des morts") zwischen der Priorin und Blanche nicht eigens erwähnt, scheint ihm das Zeichen, daß die

---

23 A. Béguin, *Communio Sanctorum* (Brief an die Redaktion der *Christlichen Kultur*), in: *Neue Zürcher Nachrichten*, 29. Juni 1961, Blatt 4 und (Zitat:)5.

24 Diese Stellungnahme liegt in zwei verschiedenen Fassungen vor: a) Brief an Iso Keller, in Kellers Artikel *Georges Bernanos. "Die begnadete Angst". Weg und Wandlung des Stoffes*, in: *Christliche Kultur* (*Neue Zürcher Nachrichten*), 08.06.1951, Blatt 4 (etwas gekürzt, unter dem Titel *Schöpfung und Neuschöpfung. Zur Frage des geistigen Eigentums* auch in: *Das Literarische Deutschland*, 05.07.1951); b) *Zu Georges Bernanos' Die begnadete Angst*, in: *Der Krystall* (*Die Furche*), 20.10.1951 (aufgenommen in: G. von le Fort, *Aufzeichnungen und Erinnerungen*, Benziger 1951). S. ferner le Forts - in dieser Form - unveröffentlichte Replik auf Béguins Artikel, in der sie die Bemerkung, sie hätte "die eigentliche Absicht und Bedeutung des Bernanos'schen Werkes wohl nicht recht fassen können" entschieden zurückweist (Beilage zu einem Brief der Dichterin an Iso Keller vom 05.07.1951 im Deutschen Literaturarchiv in Marbach).

Bernanosische Mystik dem "germanischen" religiösen Empfinden im allgemeinen fremd ist:

„... ein gewisser christlicher "Absurdismus", sublimiert und geklärt durch den großen Bernanosischen Gedanken der wechselseitigen Beeinflussung und des mystischen Tausches der Schicksale und der Tode — einen Gedanken, den Gertrud von le Fort selbst in ihrem Zeugnis nicht betont hat —, war nicht und ist wahrscheinlich noch nicht dem germanischen Empfindungsvermögen oder dem germanischen literarischen Geschmack vertraut und akzeptierbar."[25]

Ist all dieses sehr plausibel? Kann man vernünftigerweise annehmen, daß Gertrud von le Fort nicht verstanden hat, was der Franzose mit dem „Austausch der Tode" ausdrücken wollte? Nein, die Grundunterscheidung zwischen der **Letzten am Schafott** und den **Dialogues** sollte nicht — meiner Meinung nach — eine mehr oder weniger weite Auffassung von der Gemeinschaft der Heiligen als Kriterium haben, sie muß vielmehr von der Art ausgehen, wie das stellvertretende Opfer vollzogen wird. Ich sagte weiter oben, daß die Heldinnen Gertrud von le Forts ihr Opfer in gänzlicher Zurückgezogenheit vollbringen oder — um einen bereits erwähnten Ausdruck zu gebrauchen — "unter dem Schleier". Was liest man nun genau in der Novelle? Als Marie de l'Incarnation, die schon bei der Einkleidung Blanches den Entschluß gefaßt hatte, „durch außerordentliche Akte der Liebe und Buße" der Seele der Novizin zu Hilfe zu kommen, nun in der Vorstellung des bevorstehenden Martyriums „ihre Askesen und Gebete für Blanche verdoppelt", unterbricht der Ich-Erzähler den Bericht, um folgendes zu bemerken:

„Ich habe diese Opfer seither nicht wieder erwähnt, um ihnen nicht den Charakter ihrer eigentümlichen Schönheit zu rauben, d.h. ihre vollkommene Heimlichkeit. Außer Madame Lidoine ahnte wohl niemand in Compiègne etwas davon. Besonders suchte Marie de l'Incarnation sie strenge vor Blanche selbst zu verbergen. ... sie hat die ihr anvertraute junge Novizin nie zuerst psychologisch zu beeinflussen versucht, sondern sie wollte — genau wie in bezug auf die Welt — immer nur durch Opfer und Gebete wirken, immer nur durch Gott selbst, dem sie diese beiden darbrachte."[26]

---

25 " ... un certain "absurdisme" chrétien, sublimé et résolu par la grande idée bernanosienne de l'interaction et de l'échange mystique des destins et des mots (sic; lies: morts), — idée que G. von Le (sic) Fort elle-même n'a pas soulignée dans son témoignage —, n'était pas, et n'est sans doute pas encore, aussi familier et acceptable à la sensibilité religieuse ou au goût littéraire germaniques", A. Espiau de La Maëstre, *Bernanos et la critique germanique,* in: *La Revue des Lettres Modernes* 1966 (4), Nr. 141-145, S. 155. S. auch vom selben Verfasser: *Bernanos und die menschliche Freiheit,* Salzburg: Otto Müller, 1963; S. 88-89.

26 Dazu auch folgende Äußerung G. von le Forts: " ... meine Dichtung ist ... nicht ... im Psychologischen verblieben: die aufgelöste Persönlichkeit Blanche's bedeutet ja gerade das Ende aller psychologischen Möglichkeiten und läßt nur noch eine übernatürliche Lösung der Todesangst zu" (Beilage zum Brief an Iso Keller vom 05.07.1971, s. Anm. 24).

Was bleibt in den **Dialogues** von dieser Verschwiegenheit im Opfer übrig? Nur wenig. Sicher, um den Glaubenssatz von der Gemeinschaft der Heiligen und der Umkehrbarkeit der Verdienste zu illustrieren, mußte Bernanos uns Blanche gleichsam in einem mystischen Netz der Solidarität zeigen, wo ihre Schwachheiten durch die Stärke ihrer Schwestern kompensiert werden und wo sie wiederum — ohne es zu wissen — der Heiligung ihrer Gefährtinnen dient. „Drei auserwählte Seelen nehmen sich der Seele Blanches an und tragen die Verantwortung für sie vor Gott"[27] : die Priorin (Madame de Croissy), Mutter Marie de l'Incarnation und Constance de Saint-Denis. Soweit bleibt alles sehr überzeugend. Aber niemand scheint diesen grundsätzlichen Unterschied im Vergleich mit der Novelle Gertrud von le Forts bemerkt zu haben: daß bei Bernanos Blanche gezwungen ist, Zeuge jener Opfer zu sein, die die Schwestern für sie bringen; zumindest ist sie in gebührender Weise davon unterrichtet. So wird Blanche, der die Priorin erklärt hat, sie würde nichts für sie zu opfern haben als ihren sehr armseligen Tod, durch die Priorin selber gezwungen, deren Todeskampf beizuwohnen. Wenig später eröffnet ihr Schwester Constance in kaum verhüllten Worten die mystische Bedeutung dieses mühseligen Todes. Blanche weiß nun sehr wohl, daß eine erste Person sich für sie geopfert hat. Danach ist es der Beichtvater des Klosters, der ihr anvertraut, daß eine der Schwestern an die Stelle der Priorin getreten ist: „Ich weiß", sagt er, „daß Schwester Marie de l'Incarnation vor Gott für Sie die Verantwortung übernommen hat" (Drittes Bild, Szene 13).[28] Und schließlich geschieht es in Gegenwart von Blanche, daß Schwester Constance sich für sie öffentlich demütigt (Viertes Bild, Szene 8 und 13).

Kurz, es gibt in den **Dialogues** außer den Opfern selbst, deren Wert selbstverständlich über allem steht, eine ganze Pädagogik des Entsagens — bestimmt, auf Blanche "psychologisch" einzuwirken; und Albert Béguin irrt sich, wenn er behauptet, daß die Bernanosische Fassung „jedem Versuch einer psychologischen Deutung absichtlich fremd bleibt".[29] Die Frage betrifft weniger die Form als den Inhalt: Wenn ich mich für jemand opfere, muß ich ihm zugleich — um auf seinen Glauben erziehend einzuwirken — davon Mitteilung machen oder auch nur ihm das zu verstehen geben? Wird der andere dann nicht den Eindruck haben, in der Falle einer Erpressung zu sitzen, wo wenig Wert auf seinen freien Willen gelegt wird, ja wo man ihn wider seinen Wunsch rettet? Bernanos war sich der Schwere und der Vielschichtigkeit dieser Frage vollkommen bewußt, die — wie dem auch sei — das menschliche Verstehen übersteigt. Seine

---

[27] "Trois âmes d'élite prennent en charge l'âme de Blanche et répondent d'elle devant Dieu" (Michel Estève, *Métamorphose d'un thème littéraire à propos des "Dialogues des Carmélites"*, in: *La Revue des Lettres Modernes* 1960, Nr. 56-57; S. 287 f.).

[28] Eine derartige Eröffnung seitens eines Beichtvaters (der das Gewicht seiner Worte genau kennt) ist kaum möglich ohne Verletzung eines Geheimnisses, das ihm von Mutter Marie anvertraut wurde. Vorsichtigerweise läßt Bernanos den Priester daher sagen: "Ich verletze kein Geheimnis, wenn ich Ihnen sage, daß seit dem Tod unserer hochwürdigen Priorin die Liebe der Mutter Marie Sie überschattet hat" (ebenda). Aber das klingt nicht ganz echt.

[29] A. Béguin, a.a.O. (s. Anm. 23).

innerste Überzeugung war, wie das Emmanuel Mounier sehr gut formuliert hat, daß „der Retter ebenso wenig eine Wahl trifft wie der Schiffbrüchige".[30]

Darum hört man in den besten Stellen bei Bernanos die "Retter"-Figuren, wenn sie von ihren eigenen Opfern sprechen, Worte sagen, deren Sinn ihnen selbst teilweise entgeht. Man denke hier an den atemberaubenden Wortwechsel zwischen Chantal und dem Pfarrer von Ambricourt, wo alles in drei messerscharfen Sätzen zusammengefaßt ist:

„ "Glauben Sie denn, Sie könnten gegen meinen Willen über mich verfügen? Ich kann sehr gut in mein Verderben rennen, wenn ich es so will." — "Ich verbürge mich für Sie", sagte ich, ohne weiter nachzudenken, "eine Seele für die andere." "[31]

In diesem Dialog, deren Tiefe man nur bestaunen kann und der seinesgleichen in der christlichen Dichtung sucht, steht und fällt alles mit dem Nebensatz „ohne weiter nachzudenken". Ohne diesen Einschub wäre der Priester entweder naiv oder hochmütig, auf keinen Fall aber ein Heiliger. Nur durch ihn wird seine radikale Aufrichtigkeit glaubwürdig. Zugleich beweist diese berühmte Stelle die Schwierigkeit, ja beinahe die praktische Unmöglichkeit, ein echtes Opfer im christlichen Sinne des Wortes dichterisch darzustellen. Denn das Opfer *muß* ja verborgen bleiben, und sobald der Dichter es expliziert, bricht in ihm der Theologe, in den schlimmsten Fällen gar der Moraltheologe durch.

In den **Dialogues** hat Bernanos meines Erachtens zuviel Gewicht auf die pädagogische Absicht seiner "Retter"-Figuren gelegt. Die "große" Szene des Todeskampfes der Priorin hätte vom schauspielerischen Standpunkt aus an Wirksamkeit gewonnen und vom religiösen aus an Wahrscheinlichkeit, wenn Blanche durch ihre eigene, von der Gnade erleuchtete Überlegung die mystische Bedeutung dieses Todes entdeckt hätte, oder aber sie einfach überhaupt nicht entdeckt hätte. Bernanos' letztes Werk, das viele dennoch für sein Meisterwerk halten, ist in dieser Hinsicht weniger geglückt als **L'Imposture** und **La Joie**, wo Chevance und Chantal de Clergerie sich für Cénabre opfern, ohne daß dieser es anders als nur dunkel versteht und errät. In den **Dialogues** leidet die Beweisführung (wenn dieses Wort in einem solchen Kontext einen Sinn hat) des Dogmas von der Gemeinschaft der Heiligen an einem Übermaß von Argumenten.

Ich erreiche vielleicht mit meiner Kritik einen gerechteren und bescheideneren Standpunkt, wenn ich der Tatsache Rechnung trage, daß Bernanos im Bewußtsein seines nahen Endes ein Werk hinterlassen wollte, das eine Synthese aller der Themen sein sollte, die ihm am meisten am Herzen lagen. Daß dann dieses seine Aufgabe nicht leichter, sondern im Gegenteil schwieriger machte — durch

---

30 "Le sauveteur ne choisit pas plus que le naufragé ... " (E. Mounier, *Un surnaturalisme historique. Georges Bernanos*, 1949 zuerst erschienen , in: E.M., *Œuvres* IV, Paris: Seuil, 1963; S. 385).

31 *Journal d'un Curé de campagne* (*Tagebuch eines Landpfarrers*).

den Rahmen, der ihm von Anfang an aufgezwungen war, sei es durch die historischen Gegebenheiten wie durch die Novelle von Gertrud von le Fort und das Drehbuch von Pater Bruckberger und Philippe Agostini — das sind Dinge, die wohl nicht zu leugnen sind.

*

GERTRUD VON LE FORT

„Da habt Ihr recht, mein junger Freund,
eines Weibes Tränen bedeuten wenig,
und auch eines Weibes Barmherzigkeit bedeutet wenig,
aber wenn ein Mann barmherzig wird,
dann bewegt sich die Welt!"
(Die Tochter Farinatas)

Es ist kaum möglich, von den weiblichen Werten im dichterischen Werk Gertrud von le Forts zu sprechen, ohne zuvor daran zu erinnern, daß, in einer allgemeinen Weise, ihre Hauptpersonen — seien es Männer oder Frauen — "weiblich" sind oder werden; es sind dies — möchte ich sagen — Antihelden, die, wenn ihre Aufgabe einmal erfüllt ist, sich aus dem Vordergrund zurückziehen. Sie haben ihren eigenen Willen in den Dienst eines höheren Willens gestellt, der sie führt, und alle nehmen — bewußt oder nicht — Christus selbst oder Maria zum Vorbild der Demut.

Es ist die natürliche Berufung der Frau als Spenderin und Beschützerin des Lebens, sich der Verteidigung der Schwachen und den Werken der Barmherzigkeit zu widmen. Gertrud von le Fort zeigt uns also mehrere bewunderungswürdige Frauen wie Bice, Caritas oder Anne de Vitré. Aber das Christentum erwartet von den Männern, daß sie bereit sind, ihrerseits die weiblichen Werte zu übernehmen. Von einem rein dramatischen Standpunkt aus ist übrigens der Beweis der Notwendigkeit dieser Werte im Heilsplan viel schlagkräftiger, wenn er von einer männlichen — ja sogar virilen — Person erbracht wird. Es ist bekannt, welchen Vorteil Gertrud von le Fort aus dieser Gegebenheit gezogen hat. Während z.B. Bernanos sein Modell des "weiblichen" Mannes ausschließlich auf die Gestalt des Priesters beschränkt, bietet uns Gertrud von le Fort Porträts von Männern der Tat, die in der Welt stehen und ringen, bis sie für ihr Leben einen Sinn in Opfer und Entsagung gefunden haben. Sie zeigen sich barmherzig dort, wo andere nur an berechtigte Rache denken würden: ohne ein Wort zu sagen, ertragen sie ungerechten Argwohn und grundlose Beschuldigungen. Sie sind die großen und edlen Männergestalten, die das Werk von Gertrud von le Fort wie Marksteine säumen: der Tilly der **Magdeburgischen**

Hochzeit und vor allem der Prinz von Beauvau (**Der Turm der Beständigkeit**) und Farinata (**Die Tochter Farinatas**), die demütig darein einwilligen, für ihr Heil und das der anderen, ihre Tage verlassen und verkannt zu beschließen.

Aber statt jetzt eine zu allgemeine Untersuchung der weiblichen Werte im Werk Gertrud von le Forts vorzunehmen, möchte ich die Selbständigkeit der Autorin an zwei in dieser Hinsicht sehr bezeichnenden Beispielen zeigen: dem Platz, den in ihrer Dichtung einerseits das Sakrament der Ehe, andererseits das Laienapostolat einnehmen.

Man findet bei vielen christlichen Schriftstellern (und vielleicht ganz besonders bei den katholischen) eine eigenartige und schädliche Unfähigkeit, vom Sakrament der Ehe mit Gelassenheit zu sprechen. Claudel und Bernanos z.B. — möge es ihren Verehrern nicht mißfallen — steuern hier einen ganz falschen Kurs, weil sie, im Gegensatz zu Gertrud von le Fort, die Dramen ihres Privatlebens nie ganz überwinden konnten. Die Lehre der Kirche von dem Sakrament der Ehe ist zugleich dem Menschen angemessener und viel erhebender. Um sich davon zu überzeugen, braucht man nur die wenigen Sätze — so fried- und lichtvoll — zu lesen, die Charles de Foucauld an den weiter oben bereits erwähnten Louis Massignon schrieb (man vergleiche seine Zeilen mit denen von Claudel!):

„Der Stand der Ehe ist keine Buße, sondern ein heiliger Stand, in den man durch ein Sakrament eintritt, in dem man sich und die anderen heiligen kann und muß ..."[32] „Gott wird niemals erlauben, daß alle Seelen, die ihn aus ganzem Herzen lieben, in den Ordensstand treten: einer gewissen Zahl unter ihnen wird er ... die Berufung geben, in der Heiligkeit der Ehe zu leben: mitten in der Welt, um hier das Beispiel der Tugend zu geben, in einem Apostolat zu wirken, wie es den Priestern in dieser Form nicht möglich ist, das Licht des Christentums in Kreise eindringen zu lassen, in die der Priester nicht oder nur selten kommt."[33]

---

32 "L'état du mariage est non une expiation, mais un état saint, dans lequel on entre par un Sacrement, dans lequel on peut et on doit se sanctifier et sanctifier les autres..." (Brief an Massignon vom 30.09.1913, in: Frère Charles de Jésus (Charles de Foucauld), *Œuvres spirituelles*, Paris: Seuil, 1958; S. 774-775).

33 "Dieu ne permettra jamais que toutes les âmes qui L'aiment de tout leur cœur, entrent dans la vie religieuse: à un certain nombre d'entre elles Il donnera ... la vocation de vivre dans la sainteté du mariage, au milieu du monde, pour y donner l'exemple de la vertu, y faire un apostolat que les prêtres ne peuvent pas faire, faire pénétrer la lumière chrétienne dans des milieux où le prêtre n'entre pas ou entre peu", Brief an denselben, ebenda, S. 775.
S. auch Daniel Massignon, *La rencontre de Charles de Foucauld et de Louis Massignon d'après leur correspondance*, in: *Présence de Louis Massignon. Hommages et témoignages*, textes réunis par D.M., Paris: Editions Maisonneuve et Larose, 1987; S. 188.
Ergänzend sei noch hinzugefügt, daß Louis Massignon, der mit Paul Petit, dem französischen Übersetzer von le Forts *Hymnen an die Kirche*, befreundet war, später ein glühender Bewunderer der deutschen Dichterin werden sollte, wie es sein unveröffentlichter Brief an sie vom 22.06.1953 (im Deutschen Literaturarchiv in Marbach) beweist.

Es besteht kein Zweifel, daß Gertrud von le Fort diese Sätze ohne Zögern unterschrieben hätte. Es liegt mir fern, aus ihr eine katholische Ehetheologin machen zu wollen. Ihre Mühe, im **Kranz der Engel** ihr Thema zu meistern, würde — wenn es nötig wäre — zur Vorsicht mahnen. Nichtsdestoweniger muß daran festgehalten werden, daß es ihr in mehreren Büchern gelungen ist, dem Leser die Größe dieses Sakramentes — wo die Frau als Mitgift dem Mann „die Hälfte einer Welt mitbringt" — sichtbar zu machen. **Plus ultra** z.B. zeigt, daß die eheliche Liebe — oft als ein Hindernis zwischen dem Menschen und Gott verstanden — im Gegenteil eine Form der Liebe zu Gott ist. In der **Magdeburgischen Hochzeit** ist es das Ehepaar Bake, das uns zeigt, was eine christliche Familie sein kann. Gertrud von le Fort hat hier sichtlich beweisen wollen, daß die Frau nicht nur eine Mutterrolle zu spielen hat, sondern daß sie — oft auch in einem Ehepaar — das mäßigende Element, der Gleichgewichtsfaktor ist. So erscheint die junge Frau Bake hier, trotz ihrer körperlichen Zartheit, wie der Tragpfeiler, der die ganze Familie stützt.

Man sollte aber hauptsächlich beim **Schweißtuch der Veronika** und der Gestalt der Jeanette verweilen. Jeanette ist die Frau eines flatterhaften und willenlosen Mannes, der nach jedem Schiffbruch glücklich ist, zu ihr zurückkehren zu können und sie treu auf ihrem Posten zu finden. Diese demütige kleine Frau, die Jacques Madaule sehr hübsch „diese Art von menschlichem Engel" nennt,[34] bewahrt ihr Vertrauen zu Gott und bezeugt die Heiligkeit eines Bandes, das nur der Tod, nicht aber die Untreue lösen könnte. Ihre Würde und ihr Glaube erzwingen selbst den Respekt eines Agnostikers wie Veronikas Großmutter. Gleichzeitig ist Jeanette eine frappierende Illustration der Worte Pater de Foucaulds: als Haushälterin in einer Familie lebend, die von keinem Priester besucht wird, legt sie dort Zeugnis ab von dem, was eine christliche Ehefrau sein soll — und dies um so mehr, als sie unglücklich verheiratet ist; so erfüllt sie ein Werk des Laienapostolats.

Wir sind also schon dank der Gestalt der Jeanette beim zweiten Beispiel angelangt, an dem sich die Originalität von Gertrud von le Fort offenbart. Und hier möchte ich nur an **Die Consolata** erinnern, wo die Berufung aller Laien zum Apostolat noch besser als anderswo verherrlicht wird. Sehr wichtig ist, daß in dieser Erzählung die Hauptperson nicht ein einzelner ist, sondern eine ganze Laienbruderschaft. Die "Consolata" hat sich das Ziel gesetzt, die Betrübten zu stärken, die Gefangenen zu besuchen, den zum Tode Verurteilten in ihrem letzten Augenblick beizustehen, den Familien der Verschollenen zu helfen. Die anonymen Mitglieder dieser Bruderschaft (man stellt sich gerne vor, daß unter der „unscheinbaren bürgerlichen Kleidung" und den spitz gezipfelten Kapuzen Männer aus allen Ständen der Gesellschaft vereint sind für eine gemeinsame Aufgabe) erfüllen ihre Werke der geistigen und leiblichen Barmherzigkeit ohne Rücksicht auf Gefahren und in einer totalen Entsagung. Ist es übertrieben zu sagen, daß Gertrud von le Fort in der zeitgenössischen christlichen Literatur

---

[34] "Cette espèce d'ange humain" (J. Madaule, *Gertrud von le Fort*, in: J.M., *Reconnaissances* II, Paris: Desclée De Brouwer, 1944; S. 106).

zweifellos die einzige ist, die eine Erzählung dieser Art geschrieben hat, zum Ruhme eines Dritten Ordens von franziskanischem Geist?

Es wird das große Verdienst Gertrud von le Forts als katholische Schriftstellerin gewesen sein, daß sie gezeigt hat, wie die weiblichen Werte ein wesentlicher Teil der Frohen Botschaft sind und daß sie die Bedingung ihrer Verkündigung sind. Die Versöhnung des Menschen mit Gott verlangt das demütige einzelne Fiat, das ein jeder in seinem Herzen sprechen muß, mit dem aufrichtigen Wunsche, am Werk der Erlösung mitzuwirken. Aber Gertrud von le Fort zeigt ebenso, daß das Opfer und die Selbsthingabe, so schwer sie immer sein mögen, deshalb doch nicht unmenschlich sind. Noch einmal: die katholische Religion ist die des menschlich Möglichen schlechthin; Gertrud von le Fort schreibt nicht starre Moraltraktate, sie baut ihre Bücher nicht auf komplizierten erdichteten Gewissensfällen auf, sie spricht lieber vom Guten als vom Bösen. Sie ruft vor unseren Augen Männer und Frauen ins Leben, die uns weithin gleichen und deshalb keine unerreichbaren Modelle sind.

*

Es versteht sich, daß die vorliegende Studie — die alles andere sein will als ein *Wert*urteil über die dichterische Leistung dreier im Schaffen zwar kongenialer, ihrer ganzen Veranlagung nach aber grundverschiedener Autoren — keinen Anspruch auf Vollständigkeit erheben darf. Ihr Ziel wäre schon erreicht, wenn sie durch die Berichtigung von inadäquaten, weil pauschalen Formeln wie „le Fort, ein deutscher Claudel" den Leser zum Nachdenken und zur Diskussion anregen würde.

Rudolf Freudenberg

Zum Beispiel Thomas Mann

Elemente einer Narrativik auf semiotischer Grundlage

0. Vorbemerkung

Walter Falks 'Marburger Kreis für Epochenforschung' entfaltet seine fruchtbare Tätigkeit in räumlicher und personeller Nachbarschaft zur Marburger 'Arbeitsgruppe Narrativik' (Leitung: Wolfgang Brandt und Rudolf Freudenberg) — beide mit unterschiedlichen Erkenntnisinteressen, Zielrichtungen und Methoden, gleichzeitig aber verbunden durch vielfältige persönliche Kontakte und regen Gedankenaustausch, vor allem jedoch durch arbeitsteiliges, dem gemeinsamen Fach Germanistik verpflichtetes Interesse am literarischen Text. So möge der besondere Anlaß dazu genutzt werden, einige Ergebnisse der Marburger Narrativik vorzustellen und zu einigen alten Fragen neue Antworten zu versuchen, dies alles vornehmlich am Beispiel von *Thomas Mann* [1]. Um Wiederholungen zu vermeiden, wird dabei gelegentlich auf frühere Veröffentlichungen (Freudenberg 1986/1988) zu verweisen sein.

Was beide Marburger Forschungsschwerpunkte trotz aller Unterschiede sachlich wie methodisch verbindet, ist
(1) das gemeinsame Interesse an epochenspezifischen Erscheinungen und damit an Historizität,
(2) der konsequent deduktiv-analytische Ansatz.

Zu (1) vermag die Narrativik derzeit noch wenig beizutragen. Solange die internationale Literaturgeschichtsschreibung den Wandel von Erzähltechniken überhaupt nicht oder bestenfalls peripher behandelt, als handle es sich hierbei um eine formalistische Randerscheinung (Ein neueres anglistisches Beispiel nennt Weimann 1962,410), wird ein auf sich selbst gestellter Erzählforscher über zufällige Einzelbeobachtungen nicht hinauskommen — nicht im Bereich einer Nationalliteratur, geschweige denn in internationalen Zusammenhängen. Vom gesamteuropäischen "Verschwinden des Erzählers aus dem Text" gegen Ende des 19. Jahrhunderts — um ein Beispiel zu nennen — wird noch die Rede sein. Einstweilen sei konstatiert: F.K. Stanzel beobachtet für den neuen, "erzählerlosen" Roman "seit der Jahrhundertwende stetig zunehmende Beliebtheit" und fordert damit G. Müller-Schwefe zu der Rückfrage heraus: "Ist das nicht um fünfzig Jahre zu spät angesetzt?"; auch in der englischen Literatur schwanken die Datierungen zwischen 1880 und 1919 (alle Angaben nach Weimann 1962,410). In dieser Lage erscheint die triviale Feststellung, es gebe "nun mal Übergangsperioden", wenig hilfreich; zuvörderst müßten undeutliche "Gesamteindrücke" durch genauer benennbare *Kriterien* ersetzt werden.

Zu (2). Die Marburger Narrativik weiß sich mit Walter Falks Epochenforschung darin einig, daß textuale Aussagen mit generalisierendem Anspruch

---

[1] Beim bibliographischen Nachweis neuerer Zeitschriften-Aufsätze zur Erzähltechnik Thomas Manns waren die studentischen Hilfskräfte Jutta Gerhardt und Ute Kauer (Institut für Germanistische Sprachwissenschaft der Universität Marburg) behilflich. - Dankbare Erwähnung verdienen die Korrekturhinweise von Klaus Kirchmeyer, Marburg.

- zunächst vom Text in seinem genauen Wortlaut ausgehen müssen ("textnahe Betrachtungsweise"),
- sodann zu plausiblen, intersubjektiv überprüfbaren Verallgemeinerungen fortschreiten sollten ("konsensfähige Hypothesenbildung durch Reduktion von Komplexität"),
- zuletzt stets aufs neue am Text überprüft werden müssen ("deduktive hermeneutische Vorgaben"), wobei sich
- die (ebenfalls intersubjektiv überprüfbaren) Kriterien auf möglichst elementare analytische Kategorien beziehen sollten ("Beschreibungsinventar").

Wesensschau findet dabei nicht statt, und auch Metaphern vom Typ "Der Autor erzählt hinter einer Maske" oder "Der Roman erzählt sich gewissermaßen selbst" dürfen nicht das letzte Wort zur Sache sein, soll nicht der gesamte Wissenschaftsbegriff zur Disposition gestellt werden.

Bezogen auf den oben erwähnten "erzählerlosen" Roman des 20. Jahrhunderts, bedeutet die Forderung nach analytischer Operationalisierung zugleich die Einsicht in die Mehrdimensionalität dieses Phänomens: Wenn der "moderne" Erzähler

a) hinter den Text zurücktritt,
b) häufig im Präsens erzählt,
c) seine Allwissenheit verliert,
d) eine Figurenperspektive annimmt,
e) bevorzugt Szenen wiedergibt und
f) sich der erlebten Gedankenrede bedient,

so handelt es sich dabei um genau fünf voneinander unabhängige Merkmale auf der Grundlage folgender Parameter:

a) Ausgestaltung der Erzähler-Ebene
b) Zeitliches Verhältnis des Erzählers zum Geschehen
c/d) Informationshorizont des Erzählers
e) Behandlung des zeitlichen Ablaufs durch den Erzähler
f) Art der Gedankenwiedergabe durch den Erzähler.

Daß sich die genannten Merkmale in modernen Romanen zu einer Gesamtkonstellation zusammenfügen, sollte nicht dazu verleiten, sie von vornherein zu amalgamieren, wie dies in der Literaturwissenschaft unter dem Stichwort "Rückzug des Erzählers" allzu häufig geschieht.

Wenn die Marburger Narrativik dieser "Gesamtschau" das Konzept einer analytischen Betrachtung entgegenstellt, so gibt sie damit ihre textlinguistisch-semiotische Provenienz zu erkennen: Ein Beschreibungsrepertoire sollte so angelegt sein, daß es nicht nur für das begrenzte Korpus der tatsächlich untersuchten

Texte gilt, sondern tentativ auch auf mögliche Texte anwendbar ist [2]. Daß dieses Wissenschaftsverständnis nicht auf Linguisten beschränkt bleibt, zeigt — bei allen Unterschieden in der Zielrichtung — Walter Falks Marburger Epochenforschung [3].

1. Das Verhältnis von Autor und Erzähler

Beim *nichtfiktionalen* Erzählen des *Alltags*, von trivialen Anlässen über Reportagen bis hin zu Zeugenaussagen, ist das Zusammenwirken genau zweier Vektoren unmittelbar einsichtig, nämlich

- zum einen des objektiven Geschehens, also der außertextualen, vorsprachlichen Wirklichkeit (im folgenden nach dem Vorbild der antiken Rhetorik als *Res* bezeichnet),

- zum andern des diesen Sachverhalt textual wiedergebenden und damit versprachlichenden Erzählers (im folgenden *Narrator* genannt).

Daß das Ergebnis, nämlich die Resultante Text (im folgenden auch *Narratio*), aus dem Zusammenspiel dieser beiden Vektoren hervorgeht, entspricht ebenso unserer Alltagserfahrung wie deren Trennbarkeit. Kein vernünftiger Rundfunkhörer würde die Unbeholfenheiten eines Sportberichterstatters mit dem tatsächlichen Spielverlauf in eins setzen, weil sich beides angeblich "nicht trennen läßt". Gleichermaßen dient die Aussage (Narratio) eines Zeugen (Narrator) der Justiz als Rohmaterial für die Beantwortung der Frage "Wie war es wirklich?" (Res).

---

[2] So wird sich eine linguistisch ansetzende Narrativik nicht mit dem So-Sein eines Erzähltextes begnügen, sondern zusätzlich die weiterführenden Fragen stellen: Was wird im vorliegenden Text *nicht* erzählt? Wie hätte der Sachverhalt auch *anders* erzählt werden können?

[3] Innerhalb der literaturwissenschaftlichen Erzählforschung scheint vor allem die Schule von Robert Weimann unserem eigenen Ansatz nahezukommen; vgl. etwa die exemplarische narrative Beschreibung zu 'Buddenbrooks' bei Diersen (1960). — Von völlig anderen, nicht immer ganz einsichtigen Voraussetzungen geht Enders (1965) aus.

Analogen Bedingungen unterliegt das *fiktionale* Erzählen in *literarischen* Texten[4]. Eine (fiktive) Res wird von einem (fiktiven) Narrator[5] widergespiegelt und im Ergebnis als (fiktionaler) Text präsentiert[6]. Daß sich die beiden Konstitutiva Res und Narrator justament bei fiktionalen Texten "nicht trennen lassen" sollten, bleibt uneinsichtig. Im Gegenteil: Wer unter "Erzählweise" sowohl das Narrator-Verhalten (Beachtung der zeitlichen Sukzession, Erzähltempo, Ausgestaltung der versprachlichten Wiedergabe usw.) wie auch die dahinterstehende Wirklichkeit der Res (Alter und Schicksal der agierenden Personen, Entstehung und Lösung von Konflikten usw.) versteht, ohne Einsicht in den elementaren ontologischen Unterschied erkennen zu lassen[7], ebnet das narrative Profil eines literarischen Erzähltextes in unzulässiger Weise ein und verstößt damit gegen die *Logik des Erzählens*.

Die einzige, gleichzeitig aber auch entscheidende Besonderheit literarisch-fiktionalen Erzählens liegt im ontologischen Stellenwert der Vektoren: Sowohl Res als auch Narrator sind "nicht von dieser Welt", beide existieren nur als Fiktion. Dies gilt insbesondere für den Narrator: Mag sich dieser im Text noch so deutlich als Ich-Figur mit Namen und eigener Biographie profilieren, mag er sich umgekehrt so hinter dem Text verbergen, daß man nachgerade vom "Verschwinden des Erzählers" sprechen kann — er bleibt allemal als fiktives Instrument zur Wiedergabe von Res präsent. Im ontologischen Sinne real ist einzig der Autor, der — häufig in einem einzigen Arbeitsgang[8] — nicht nur die vorsprachliche Wirklichkeit, sondern vor allem auch den versprachlichenden Erzähler schafft.

---

[4] Auch W. Kaysers "epische Ursituation" (1959,349: "ein Erzähler erzählt einer Hörerschaft etwas, was geschehen ist") kennt noch keinen Gegensatz zwischen epischer Dichtung und Alltagserzählen. Insoweit scheint dieser von Klesczewski (1973,127) mißverstanden zu sein.- Zu K. Hamburgers Versuch, dem fiktionalen Erzählen Sonderbedingungen zuzuschreiben (Hamburger 1977), vgl. etwa die Zurückweisung durch Gabriel (1975,56-62).

[5] Dieser auf den ersten Blick etwas linguistisch gestelzt wirkende Term wird übrigens auch von Thomas Mann gebraucht. In 'Die Entstehung des Doktor Faustus' (1949) bezeichnet er — wohl nach englischem Vorbild — Zeitblom als "Narrator" (XI,164).

[6] Streng genommen verkürzt die hier verwendete Dichotomie 'nichtfiktionales Alltagserzählen vs fiktional-literarisches Erzählen' die möglichen narrativen Konstellationen unangemessen. Für eine exhaustive Klassifizierung auf der Grundlage von fünf Merkmalpaaren s. Freudenberg (1988, 280).

Für die Absichten dieses Beitrags mag es gleichwohl ausreichen, das Augenmerk vornehmlich auf den Gegensatz zwischen fiktivem und nichtfiktivem Narrator zu lenken. Würde ein Alltagserzähler die Unwahrheit sagen oder konfabulieren und damit eine erdachte Wirklichkeit vortäuschen, so könnte er sein Tun allenfalls durch Erinnerungsschwäche, geistige Erkrankung o.ä. exkulpieren, nicht aber durch das Eingreifen einer "höheren Instanz": Er selbst ist es, der kommunikativ die letztinstanzliche Verantwortung trägt. Demgegenüber bleibt der fiktive Narrator bei allem scheinbaren Eigenleben eine Marionette des über ihm waltenden Autors.

[7] So K. Matthias in dem ansonsten sehr verdienstvollen Aufsatz 'Zur Erzählweise in den 'Buddenbrooks' ' (1965): Ab S. 240 wird unversehens, wenngleich nicht konsequent, der Aufbau der Res thematisiert.

[8] Daß die Vorarbeiten zum Aufbau einer vortextualen Res als regelrechter "Schöpfungsvorgang" (Scherrer/Wysling 1967, 12) ablaufen können, zeigt Thomas Manns Nachlaß zur Entstehung der 'Buddenbrooks'. Daraus ergibt sich, daß der Autor vorweg eine exakte Familienchronologie

Damit sind die logisch-strukturellen Übereinstimmungen zwischen nichtfiktionalem Alltagserzählen und fiktional-literarischer Epik ebenso hinreichend geklärt wie die entscheidenden Unterschiede. Die Übereinstimmungen gestatten es, auch komplexere literarische Muster durch Rekurs auf elementare Alltagserfahrungen aufzuschlüsseln. Was die Unterschiede anlangt, so erkennen wir hinter dem heuristischen Konstrukt des Narrators, aber auch hinter der imaginierten Wirklichkeit den Autor als verantwortliche Instanz, als schöpferischen Demiurg, als *Creator*.

Die hiermit vollzogene konsequente Trennung von textschaffendem Autor und textimmanentem Narrator war im Prinzip schon 1910 von Käte Friedemann[9] vollzogen worden. Dennoch scheint sich diese Erkenntnis erst gegen Ende der fünfziger Jahre durchgesetzt zu haben[10], und bis in die jüngste Zeit finden sich Beispiele für die Gleichsetzung von Autor und Narrator — sei es aus Nachlässigkeit[11], sei es vorbedacht[12]. Insbesondere Thomas Mann verführt hierzu: In seinem gesamten Œuvre äußert der sich einmischende anonyme Narrator nirgends Meinungen und Ansichten, die erkennbar von denen des Autors abweichen[13]. Umso bedeutsamer sind für die Forschung jene Aussagen, in denen

---

ausgetüftelt hat (Scherrer/Wysling 1967,12-20. Vgl. auch Lämmert 1963, 197f.; Lehnert 1965,66; Mendelssohn 1982,20). Eher als Kuriosum sei registriert, daß dem sorgfältig rechnenden Autor offenbar doch ein kleines Versehen unterlaufen ist: K. Matthias (1965,212) hat entdeckt, daß der 1868 im Jubiläumskapitel auftretende bucklige Lehrling (501 f.) sechs Jahre später noch immer keine Gesellenprüfung abgelegt hat und nach wie vor Depeschen austrägt (675) !

9 Die Rolle des Erzählers in der Epik. Leipzig 1910, inbes. S. 26.

10 So Stanzel 1985,27. Ein besonderes Verdienst gebührt dabei Wolfgang Kayser, der die bohrende Frage "Wer erzählt den Roman?" 1957 sogar zum Thema eines Vortrags gemacht hat. Vgl. Kayser (1958,91): "Das heißt also, daß der Erzähler in aller Erzählkunst niemals der bekannte oder noch unbekannte Autor ist, sondern eine Rolle, die der Autor erfindet".

In einer Übergangsphase scheinen halbherzige Formulierungen wie "Autor und Erzähler" (Stanzel 1955,24 u.ö.) und "Verfasser (resp. Erzähler)" (Meyer 1963,18) im Schwange gewesen zu sein. Vgl. zuletzt noch Dorrit Cohn (1983), die dem Narrator im 'Tod in Venedig' die (in diesem Fall etwas irreführende) Bezeichnung "second author" gibt.

Zu K.Hamburgers beharrlicher Gleichsetzung von Autor und Narrator (Hamburger 1977) vgl. etwa Gabriel (1975,56-62).

11 J.R. Frey hätte bei seinem informativen Überblick 'Author-intrusion in the narrative. German theory and some modern examples' (1948) vor dem Hintergrund der amerikanischen Diskussion eigentlich merken müssen, daß die von ihm referierte Kontroverse nicht den Autor, sondern den Narrator meint. So kommt er zu der verblüffenden Feststellung, der Autor könne überhaupt nicht verschwinden, weil sonst der Roman ungeschrieben bliebe: "[The author's] personal role commences with the very choice of subject and extends through his handling of composition, chronology of events, language, dialogue, introduction of characters, personalia, characterization, and the interplay of presentation (*Darstellung*) and report (*Bericht*). Because of this he will always stand between the fictional happenings and the reader" (S.278 f.).- Vgl. auch Richter 1966,41: In Gestalten und Handlungsführung äußere sich "Bewußtsein und Subjektivität des Erzählers".

12 Admoni/Silman (1966) beziehen sich bei ihren Bemerkungen zur Erzählweise Thomas Manns durchgängig auf die (von der Figurensprache abgesetzte) "Autorensprache" (S. 127 et passim).

sich entweder Thomas Mann selbst oder sein Narrator zu der Frage "Wer spricht im Roman?" äußert.

2. Erster Exkurs: Thomas Mann und der "Geist der Erzählung"

Thomas Mann hat verschiedentlich als narrative Instanz einen "Geist der Erzählung" beschworen und damit für erhebliche Verwirrung gesorgt[14]. Wolfgang Kayser (1958,98) gelangt zu einer Deutung, die im Wortlaut zitiert zu werden verdient:

> "Wer ist aber denn nun der Erzähler des Romans, ob er sich die Maske eines persönlichen Erzählers vorhält oder ein Schemen bleibt? Die Analogie zum Erzähler des täglichen Lebens mußten wir zerstören. Dafür hat sich eine andere aufgedrängt: die zum allwissenden und allgegenwärtigen Gott oder den Göttern. Der Erzähler des Romans — das ist nicht der Autor, das ist aber auch nicht die gedichtete Gestalt, die uns oft so vertraut entgegentritt. Hinter dieser Maske steht der Roman, der sich selber erzählt, steht der Geist dieses Romans, der all-

---

[13] Daß die Übereinstimmungen bis in biographische Details reichen, zeigt I. Feuerlicht (1970,419 f.) an mehreren Beispielen — mit dem erzähltheoretisch fatalen Resultat: "Im Falle Thomas Manns ist [...] die Unterscheidung von Verfasser und Erzähler von geringer Bedeutung und oft anfechtbar" (S. 419). Noch apodiktischer gibt sich V. Lange (1975,66): "Kein Zweifel, dieser eindringliche, ja zudringliche Sprecher ist prinzipiell keine fiktiv figurierte Erzählgestalt, sondern in jedem Fall Thomas Mann selbst. Er erzählt den Roman". Hier wird offensichtlich von (partieller oder totaler) *Kongruenz* auf *Identität* geschlossen.

Derartige erzähltheoretisch unhaltbare Vorstellungen müßten in letzter Konsequenz auch auf Figuren übertragbar sein: Wie R. Pascal (1957,94 f.) zeigen konnte, tragen im 'Zauberberg' nicht nur Castorp, sondern auch Settembrini und Clavdia Chauchat Äußerungen vor, die in Thomas Manns eigenen 'Betrachtungen eines Unpolitischen' wiederkehren. Vgl. hierzu aus dessen Zauberberg-Vortrag in Princeton (XI,613): "[Settembrini ist] zuweilen auch das Mundstück [= engl. *mouthpiece* 'Sprachrohr'!] des Autors, aber keineswegs der Autor selbst."

[14] Die Fülle der in den letzten Jahrzehnten publizierten Meinungen kann hier weder erfaßt noch gar referiert werden. Als Auswahl seien genannt: Feuerlicht (1970,427-429); Hamburger (1977,144.267); Haubrichs (1976,9-11); Henze (1965,190.194.198-201); Hillebrand (1978,2); Hohmeyer (1965,65-68.77-85); Kayser (1955,35. 1956,200 f.); Klesczewski (1973); Kroepfle (1962,130-132); Lämmert (1970,66); Leopold (1985); Petersen (1967,218); Stanzel (1985,28-33); Weimann (1966,335); Žmegač (1965, 264 f.). Erzähltheoretisch unergiebig sind Bense (1956) und Wolffheim (1953).

Die Stellungnahme der Arbeitsgruppe um Roland Barthes konnte leider nicht eingesehen werden. Vgl. hierzu Klesczewski (1973,128 u. Anm. 7).

> wissende, überall gegenwärtige und schaffende Geist dieser Welt. Die neue, einmalige Welt entsteht, indem er Gestalt annimmt und zu sprechen beginnt, indem er sie mit seinem schöpferischen Wort selber hervorruft. Er selber schafft sie, und in ihr kann er allwissend und überall gegenwärtig sein. Der Erzähler des Romans, in einer Analogie verdeutlicht, ist der mythische Weltschöpfer."

Nicht ohne Häme paraphrasiert R. Klesczewski (1973,127) diese bemerkenswerten Gedankengänge folgendermaßen:

> "Nicht der Erzähler erzählt den Roman, vielmehr erzählt der Roman sich selbst, hinter dem wiederum der Geist des Romans steht. Anders gewendet: Der eigentliche Erzähler eines Romans ist nicht der Erzähler, sondern der Geist der Erzählung, der zunächst sich selbst und dann die Romanwelt schafft; gleichzeitig erzählt der Roman sich selbst. Der Ursprung des Geistes des Romans bleibt im Dunkeln. Die Wendung "nimmt Gestalt an" und der Vergleich mit dem mythischen Weltschöpfer legt die Annahme nahe, daß er nach Kayser aus dem Nichts entsteht oder schon immer da ist."

Kehrt man nach diesen Kayserschen Höhenflügen in die Gefilde von Thomas Manns Texten zurück, so erweist sich, daß der Autor insgesamt sechsmal den ominösen "Geist der Erzählung" beschwört[15]:

(A) 'Der Zauberberg' (1924):
> "Wo sind wir? Was ist das? Wohin verschlug uns der Traum? [...] Und wir sind scheue Schatten am Wege, schamhaft in Schattensicherheit, und keineswegs gesonnen, uns in Prahlerei und Jägerlatein zu ergehen, aber dahergeführt *vom Geist der Erzählung*". (1002)

(B) 'Joseph in Ägypten' (1936):
> "Denn auch Mut-em-enet [...], die aus der Nähe zu sehen *der Geist der Erzählung* uns freundlich vergönnt". (421)

(C) 'Die Kunst des Romans' (Vortrag in Princeton 1939):
> "Vielleicht ist der epische Geist, der ja übrigens das lyrische und dramatische Element mit zu umfassen vermag, so gut wie im Drama auch Epos und Lyrik beschlosssen sind, — vielleicht, sage ich, ist *der Geist der Erzählung*, das Ewig-Homerische, dieser weltweite, weltwissende, kündende Geist der Vergangenheitsschöpfung die verehrungswürdigste Erscheinungsform des Dichterischen und der Erzähler, dieser raunende Beschwörer des Imperfekts, sein würdevollster Repräsentant." (X,349)

---

[15] Soweit nicht anders angegeben, stammen *alle Hervorhebungen innerhalb von Textzitaten vom Verfasser dieses Beitrags.*

(D) 'Sechzehn Jahre' (Zur amerikanischen Ausgabe von 'Joseph und seine Brüder' in einem Bande. 1948):

> "*Der Geist der Erzählung,* wenn man meine mythische Meinung hören will, ist ein bis zur Abstraktheit ungebundener Geist, dessen Mittel die Sprache an sich und als solche, die Sprache selbst ist, welche sich als absolut setzt und schließlich nicht viel nach Idiomen und sprachlichen Landesgöttern noch fragt." (XI,680)

(E) An Samuel Singer (Brief vom 8.3.1948):

> "Die Geschichte [nämlich 'Der Erwählte'] lasse ich von einem irischen Mönch [...] aufschreiben. Er ist etwas abstrakt von Person, eigentlich '*der Geist der Erzählung*', und es ist weder ganz sicher, *w a n n* [Hervorhebung i.O.] er dort sitzt, noch in welcher Sprache er eigentlich schreibt. Er sagt, es sei die Sprache selbst." (351)

(F) 'Der Erwählte' (1951). Da hier mehrfach auf den "Geist der Erzählung" Bezug genommen wird, sei nur die einführende Ersterwähnung zitiert:

> "Wer also läutet die Glocken Roms? — *Der Geist der Erzählung* [Hervorhebung i.O.]. — [...] Er ist luftig, körperlos, allgegenwärtig, nicht unterworfen dem Unterschiede von Hier und Dort. Er ist es, der spricht: 'Alle Glocken läuteten', und folglich ist er's, der sie läutet. So geistig ist dieser Geist und so abstrakt, daß grammatisch nur in der dritten Person von ihm die Rede sein und es lediglich heißen kann: 'Er ist's.' Und doch kann er sich auch zusammenziehen zur Person, nämlich zur ersten, und sich verkörpern in jemandem, der in dieser spricht und spricht: 'Ich bin es. Ich bin *der Geist der Erzählung,* der, sitzend [...] in der Bibliothek des Klosters Sankt Gallen im Alamannenlande, [...] diese Geschichte erzählt, indem ich [...] die Glocken Roms läute, id est: berichte, daß sie an jenem Tage des Einzugs sämtlich von selber zu läuten begannen.'
> Damit aber auch die zweite grammatische Person zu ihrem Recht komme, so lautet die Frage: Wer bist du denn, der Ich sagend an Notkers Pulte sitzt und *den Geist der Erzählung* verkörpert? — Ich bin Clemens der Ire". (8)

Soweit die Belegstellen, deren Deutung nunmehr vor dem Hintergrund des erzähllogischen Creator/Narrator-Konzepts versucht werden soll.

Text A läßt an Deutlichkeit nichts zu wünschen übrig. Im 'Zauberberg' hatte der als souveräner Creator wirkende Autor einen Narrator geschaffen, der, den logischen Gesetzen des Erzählens folgend, bereits zu Beginn des Erzählvorgangs die gesamte Erlebniswelt von 1907 bis 1914 kennt und der deshalb nur seine Erinnerung zu bemühen braucht, um als "raunender Beschwörer des Imperfekts" (7) rückblickend sein Wissen in versprachlichter Form preiszugeben. Dabei bedient sich der Zauberberg-Creator keinerlei Begründungen, um dieses Wissen zu legitimieren (etwa über vorgefundene Nachlässe oder Augenzeugenschaft). Ohne Angabe rechtfertigender Gründe ist der Narrator von vornherein damit ausgestattet, so daß er selbst (etwas ausweichend) bekennen muß:

"Und dennoch fabeln wir nicht, sondern halten uns genau an unseres schlichten Helden persönliches Erlebnis, *dessen Kenntnis uns auf eine Weise, die sich freilich der Untersuchung entzieht, gegeben ist*". (882)

Dieser Narrator, der tausend Seiten hindurch die Abgeschiedenheit eines Davoser Sanatoriums *in präteritaler Erinnerung* wiedergegeben hatte, sieht sich nun im epilogartigen Finale (Text A) zu seiner eigenen Verblüffung unversehens in das Trommelfeuer der Westfront versetzt und ohne Vorwarnung *präsentischem Erleben* ausgesetzt. Wer anders als der Autor in seiner Funktion als regieführender Creator sollte es sein, der ihn "dahergeführt" (1002) hat? Was sich außertextual als Schriftsteller Thomas Mann präsentiert, wird textimmanent zum "Geist der Erzählung" chiffriert. Um im Beschreibungsmodell zu bleiben: Dieser Geist der Erzählung ist nichts anderes als die für fiktive Res und fiktiven Narrator verantwortliche Instanz, nämlich der Creator, im bürgerlichen Leben auch Autor genannt.

Gleiches gilt für *Text B*. Hier bedankt sich der Narrator beim Geist der Erzählung für die ihm zugedachte Gelegenheit, der schönen Mut-em-enet aus der Nähe ansichtig zu werden. Dieser Dank kann aber keinem anderen als dem übergeordneten Creator gebühren.

Auch *Text C* geht zunächst von dieser Vorstellung aus. Nach wie vor ist der Geist der Erzählung nichts anderes als der "Geist der Vergangenheitsschöpfung" (X,349), und nach wie vor ist der Narrator ("Erzähler") der nachgeordnete "Repräsentant" (ebd.) des Creators.

Gleichzeitig wird indes der Begriff 'Geist der Erzählung' um eine Facette bereichert, und zwar bezeichnenderweise zunächst im theoretischen Kontext eines bei den altindischen Veden ansetzenden poetologischen Vortrags[16]. Sowohl dieser Vortrag als auch die gleichzeitige Arbeit am Josephs-Roman ('Joseph, der Ernährer', 1943 erschienen) behandeln dasselbe Thema, nämlich das *Nacherzählen* von *Mythen*. Hatte schon der Zauberberg-Narrator, der "raunende Beschwörer" (7) der Vergangenheit, mit einer Einfärbung ins Mythische geliebäugelt, so führt Thomas Manns Schaffensprozeß nunmehr — theoretisch wie praktisch — zu den "ewig-homerischen" Anfängen des Erzählens schlechthin. Damit mußte sich ihm aber die Frage nach dem eigentlichen Creator neu stellen. Den Josephs-*Narrator* mochte er gerne (und nicht ohne Schmunzeln) selbst verantworten; die *Res* hingegen war irgendwie im Dunkel der Vorgeschichte entstanden, und zwar überregional, in weltweiten eurasischen Zusammenhängen. Was der Autor Thomas Mann seinem Narrator anvertraut und zu ironischem Spiel überläßt, sind nicht eigene Schöpfungen, sondern Überlieferungen als Ergebnis eines breit angelegten Quellenstudiums. Der eigentliche Schöpfer ist wiederum, wenngleich jetzt in neuem Licht, der "Geist der Erzählung".

---

16 Anders Feuerlicht (1970,427 f.): "Thomas Mann selbst hat aber seinem 'Geist der Erzählung' keine tiefere, theoretische oder mystische Bedeutung beigelegt und erwähnt ihn nicht in seinen Essays. Er war ein viel zu bewußter und selbstkritischer Erzähler, als daß er sich von einem 'Geist der Erzählung' hingerissen gefühlt hätte."

Neun Jahre später greift Thomas Mann diesen Begriff erneut auf, einerseits bezogen auf den Josephs-Roman, andererseits sicherlich auch unter dem Eindruck der schwierigen ersten Arbeit am nächsten mythischen Roman: dem 'Erwählten'[17]. In *Text D* wächst dem Geist der Erzählung eine neue Komponente zu; sein "Mittel" ist "die Sprache selbst", welche nicht viel von "sprachlichen Landesgöttern" hält. Hinter dieser Formulierung, die das Verständnis der Thomas-Mann-Interpreten auf eine harte Probe gestellt hat, scheint erzähltheoretisch zweierlei zu stehen, nämlich

- einerseits die Vielsprachigkeit der mythischen Überlieferung, auf die Thomas Mann beim Quellenstudium immer wieder (bei der Josephs-Geschichte wie bei der Gregorius-Legende) stößt, so daß er die Ur-Form nur im Gewande von "Sprache an sich" zu denken wagt,
- anderseits die Vorstellung, am Anfang des Mythos habe nicht etwa eine nichtfiktionale, erst später mythologisierte Res gestanden ("mythologischer Realismus"), sondern der Mythos sei bereits in statu nascendi sprachlich gewesen ("mythologischer Nominalismus").

Letzteres will — wenn es denn so gemeint war — nicht ganz einleuchten: Im Grunde genommen "schafft" jeder Autor noch so trivialer fiktionaler Literatur "Wirklichkeit durch Sprache", und erst durch die oben unter 1. angestellten deduktiven Überlegungen erweist sich, daß dabei in einem einzigen Arbeitsschritt Wirklichkeit (Res) und Wiedergabe-Medium (Narrator) gleichermaßen imaginiert wurden. Insoweit sollte Thomas Manns poetische Bildlichkeit poetologisch nicht über Gebühr strapaziert werden.

Zu alledem kommt möglicherweise ein individualpsychologischer Anstoß, der durch Thomas Manns Anglizismen ausgelöst wurde:

- Schon im Josephs-Roman hatte der Narrator mit allerlei "Idiomen" gespielt und dabei auch Entlehnungen aus dem Englischen ins ironische Spiel gebracht[18]. So erwähnt der unserem Text (D) unmittelbar vorausgehende Satz ausdrücklich "gelegentliche, gern zugelassene angelsächsische Abfärbungen auf seinen deutschen Vortrag" (XI,680).
  Gleiches gilt für den soeben in Angriff genommenen, nicht minder ironisch verspielten 'Erwählten'.
- Nach Erscheinen des 'Doktor Faustus' (1947) war dem Schriftsteller wiederholt vorgehalten worden, sein Sprachgefühl habe unter dem Einfluß des Englischen etwas gelitten. Hierauf hat der Autor stets allergisch reagiert und — vielleicht wider besseres Wissen — alle vorgelegten Einzelbeispiele zu entkräften versucht[19]. Zwar konzediert er "ein gewisses leichtsinniges Vertrauen in mein

---

[17] Nach Peter de Mendelssohn (1980,277 f.) bestanden diese Anfangsschwierigkeiten in der Suche nach einem geeigneten Narrator. Er hält es für möglich, daß Thomas Mann erst bei der zwischengeschobenen Arbeit an der Vorrede zur amerikanischen Josephs-Ausgabe (unser Text D) auf den erlösenden Einfall kam.

[18] Man denke an Amenhoteps Abschiedsworte: "Ade, Schwanenhals, Morgenwölkchen, goldumsäumt, — *so lange*!" (190)

[19] So in seinem Brief an Abraham Suhl vom 9.1.1949 (214). Vgl. etwa: "Und 'aufgepickt' ist viel besser als 'aufgegabelt'. Das Bild ist einfach netter."

'Sprachgefühl', das ich im Grunde nicht für 'slipping' halte", doch beruhigt er gleichzeitig seinen wohlmeinenden Briefpartner: "Die Annahme, daß es nun dahin mit mir gekommen, daß dies nun traurigerweise meine durch das Exil erzeugte Schreibweise sei, wäre zu pessimistisch"[20].
In ebendiesem Zusammenhang, nämlich bei der Replik auf Anglizismus-Vorhaltungen, macht sich Thomas Mann die kurz zuvor dem Geist der Erzählung zugeschriebenen Attribute zu eigen: "Im Uebrigen halte ich nicht mehr viel von sprachlichen Landesgöttern. Gott ist Geist, und über den Sprachen ist die Sprache"[21].

In seinem Brief an den Germanisten Samuel Singer (*Text E*) bezieht Thomas Mann den Geist der Erzählung erstmals ausdrücklich auf den 'Erwählten'. Dieser Geist sei ein irischer Mönch, "etwas abstrakt von Person", und die von ihm bei der Niederschrift der Legende verwendete Sprache sei letztlich "die Sprache selbst".

Dieser kühne letzte Schritt wird mit der Veröffentlichung des 'Erwählten' 1951 auch öffentlich vollzogen (*Text F*). Der dort eingeführte irische Mönch Clemens nennt sich wenig später "Inkarnation *des Geists der Erzählung*" (11), was bedeutet, daß "*der Geist der Erzählung* sich zu meiner mönchischen Person, genannt Clemens der Ire, zusammenzog" (12); "als Personifizierung *des Geists der Erzählung* erfreue ich mich jener Abstraktheit, für die ich nunmehr das zweite Merkmal gebe" (12). Bei der Beschreibung dieses Merkmals bedient sich Thomas Mann wörtlich der in Text D auf den Josephs-Roman und in seinem Brief an Abraham Suhl auf mögliche Anglizismen bezogenen Formulierungen:

> "Aber es ist ganz ungewiß, in welcher Sprache ich schreibe [...]. Keineswegs behaupte ich, daß ich die Sprachen alle beherrsche, aber sie rinnen mir ineinander in meinem Schreiben und werden eins, nämlich Sprache. Denn so verhält es sich, daß *der Geist der Erzählung* ein bis zur Abstraktheit ungebundener Geist ist, dessen Mittel die Sprache an sich und als solche, die Sprache selbst ist, welche sich als absolut setzt und nicht viel nach Idiomen und sprachlichen Landesgöttern fragt. [...] Gott ist Geist, und über den Sprachen ist die Sprache" (12 f.).

Neu an diesem Konzept ist die bereits in Text E angekündigte Fleischwerdung des Geistes der Erzählung als Mönch Clemens. Ansonsten gelten die oben zu Text D gemachten Ausführungen: Diese Inkarnation namens Clemens ist Creator und Narrator in einem. Er schreibt "Alle Glocken läuteten"[22] (Narrator), und

---

[20] Brieflich am 29.4.1952 an den Germanisten Hermann J. Weigand im Zusammenhang mit englischen Spuren im 'Erwählten' (417 f.). Ähnlich am 3.6.1951 an Paul Amann: "Die Sprachscherze haben mit meinem Exulanten-Schicksal nichts zu tun" (395).

[21] Wie Anm. 19.

[22] Da Hohmeyer (1965,66) fälschlich im Präsens ("Alle Glocken *läuten*") zitiert, muß er zwangsläufig zu einer fehlerhaften Einschätzung des Sachverhalts kommen. Zwar behauptet der

deshalb ist er auch der Urheber (Creator) dieses Wunders. Gleichzeitig gelten aber auch die oben vorgebrachten Einwände. Diese Amalgamierung von Narrator und Creator läßt sich nämlich auf jedweden fiktionalen Autor anwenden. Wenn Agatha Christie schreibt "Hercule Poirot verließ das Haus", dann ist ihr Bericht gleichzeitig Schöpfung einer (vergangenen) Wirklichkeit: Hercule Poirot konnte nur deshalb das Haus verlassen, weil die Autorin diesen Satz niedergeschrieben hatte[23]. Zwar wissen wir, daß Thomas Mann immer wieder nach Deutungen für das ihm suspekte Geschäft des Fingierens von Wirklichkeit gesucht hat (vom "Zaubern" bis zum "Hochstapeln"), und verstehen deshalb den Mönch Clemens als einen weiteren Versuch, das Wesen des Epischen auszuloten. Gleichzeitig vermissen wir aber den noch 1939 (Text C) deutlichen Bezug auf die vorgeschichtliche Herkunft des Creators mythischer Erzählungen und kommen damit zu dem Schluß: Der Geist der Erzählung in E und F ist anders zu verstehen als noch in C, wobei D den Übergang ankündigt. Im übrigen werden wir, der übermütig-verspielten Existenz des Mönchs Clemens zum Trotz, aus heuristischen Gründen weiterhin an der Trennung von Narrator und Creator festhalten.

Soweit unser Versuch, Thomas Manns Metaphorik erzähllogisch zu interpretieren und kritisch zu würdigen. Was die zünftige Literaturwissenschaft aus dieser Metapher gemacht hat, kann hier im einzelnen nicht referiert werden, so daß pauschal auf die oben (Anm. 14) gebotene bibliographische Auswahl verwiesen sei. Bei Sichtung der Sekundärliteratur fällt vor allem auf:

1. Kaum einer der Interpreten scheint auch nur mit der Möglichkeit zu rechnen, daß sich Thomas Manns Konzeption eines 'Geistes der Erzählung' im Laufe der Jahrzehnte geändert haben könnte. So mußte der deutenden Öffentlichkeit auch entgehen, daß dieser 1939 noch *neben* dem Erzähler steht, seit 1948 jedoch mit ihm *eins* ist. Der Mönch Clemens ist eben nicht die Inkarnation des (vorsprachlichen) Demiurgen, sondern Demiurg und Berichterstatter in einem.

2. Kaum einer der Interpreten rechnet ernsthaft mit einer konzeptionellen Schwäche von Thomas Manns Metapher. Selbst resignierende Eingeständnisse wie "unpersönlich-objektiver Nebel" (Feuerlicht 1970, 429) werden noch mit ästhetischer Absicht befrachtet.

3. Fast durchgängig wird der Geist der Erzählung mit einer anderen Metapher in Verbindung gebracht, nämlich der "Geschichte, die sich selbst erzählt"[24]. Thomas

---

Mönch Clemens in der angezogenen Passage (Text F) zunächst zuversichtlich: Ich *läute* die Glocken, doch präzisiert er anschließend ("id est") seine Aussage: Ich *berichte*, daß sie *läuteten*.

[23] Die Vorstellung, ein Autor fiktionaler Erzähltexte *schaffe* (vergangene) *Wirklichkeiten*, ist nicht neu. Kayser (1958,99) erinnert an Moritz von Blanckenburg ("Weltschöpfer") und Otto Ludwig ("unumschränkter Herr über Ort und Zeit").

[24] Vgl. Kayser (1958,98): Hinter allem "steht der Roman, der sich selber erzählt, steht der Geist dieses Romans".

Mann selbst hat diese Verbindung nirgends hergestellt. Mit der Vorstellung einer "sich selbst erzählenden Geschichte" bezieht sich der Autor wohl vor allem auf jene psychologisch bedingten Besonderheiten seines Schaffensprozesses, die ihn häufig — quantitativ wie qualitativ — in unvorhergesehene Dimensionen und Richtungen zwingen, so daß sich das einmal begonnene Werk zu verselbständigen scheint ("Ein Werk hat unter Umständen seinen eigenen Ehrgeiz"[25]). Diese Erfahrung hat Thomas Mann nicht erst im Josephs-Roman, wo die "Geschichte" ihr Eigenleben zu führen scheint[26], sondern bereits im 'Zauberberg' und in den 'Buddenbrooks' gemacht — fernab vom 'Geist der Erzählung'.

4. Was Thomas Mann nach Ausweis des Textkorpus (von B bis F) auf das Nacherzählen tradierter Mythen bezogen hatte, wird von seinen Interpreten zunächst auf dessen episches Œuvre verallgemeinert (so etwa Kroepfle 1962, 130-132) und sodann als moderne Romantheorie schlechthin ausgegeben. K. Hamburger (1977, 144) versteht Thomas Manns Geist der Erzählung so, daß wir (mit Goethe) "nur die Stimme der Muse im allgemeinen vernehmen"; B. Hillebrand bezieht in seiner Einleitung zum Sammelband 'Zur Struktur des Romans' W. Kaysers Begrifflichkeit auf den "allwissenden, überall gegenwärtigen Erzähler des 19. Jahrhunderts" (1978,2); für W. Kayser selbst ist der Geist der Erzählung zum Inbegriff einer allgemeinen Romantheorie geworden, für welche die eingangs zitierte Passage symptomatisch erscheint.

5. Damit nehmen W. Kayser wie auch seine Protagonisten in Kauf, daß eine erzähltheoretisch fruchtbare Einsicht wieder in Frage gestellt wird, deren Durchsetzung ein Verdienst desselben W. Kayser gewesen war: die Einsicht in den

---

[25] Thomas Mann in seinem Zauberberg-Vortrag, Princeton 1939 (XI,607 f.).

Schon 1923 hatte Thomas Mann von einem "eingeborenen Objektivismus des Epos" gesprochen, "dessen Vortrag ja niemals ein Reden des Autors ist", "sondern eine Selbstaussage der Dinge durch das Medium des Dichters". "Darum ist Erzählen etwas vollständig anderes als Schreiben." (X,631)

1942 geht er in seinem Library-of-Congress-Vortrag über den Josephs-Roman ausführlich darauf ein: "Wir haben da ein ästhetisches Problem, das mich oft beschäftigt hat. Die erörternde Rede [...] braucht nicht aus der Kunst zu fallen, sie kann ein Bestandteil davon, selber ein Kunstmittel sein. Das Buch weiß das und spricht es aus, indem es auch noch den Kommentar kommentiert. Es sagt von sich selbst, daß die oft erzählte und durch viele Medien gegangene Geschichte hier durch eines gehe, worin sie gleichsam Selbstbesinnung gewinne und sich erörtere, indem sie sich abspiele. Die Erörterung [...] ist eigentlich nicht die Rede des Autors, sondern die des Werkes selbst". (XI,655 f.)

[26] Allerdings verdankt der Josephs-Roman diese Autonomie z.T. auch der dahinterstehenden, vom Autor Thomas Mann "lediglich" aufgegriffenen mythischen Überlieferung. Vgl. die folgenden Zitate aus 'Joseph in Ägypten': "Niemals sind wir darauf ausgegangen, die Täuschung zu erwecken, wir seien der Urquell der Geschichte Josephs. Bevor man sie erzählen konnte, geschah sie; sie quoll aus demselben Born, aus dem alles Geschehen quillt, und *erzählte* geschehend *sich selbst*." (164)

"Sollte der Erzähler anders vorhanden sein denn als anonyme Quelle der erzählten oder eigentlich *sich selber erzählenden* Geschichte [...]?" (ebd.)

Diese von uns oben als "mythologischer Nominalismus" bezeichnete, am vorgeschichtlichen Schöpfungsprozeß der Geschichte orientierte Auffassung zieht sich als Topos durch den ganzen Roman (vgl. S. 171,340,546,595 u.ö.), und zwar ohne erkennbaren Bezug zum 'Geist der Erzählung'. Dieser greift nur ein, um dem Narrator seine Funktion zuzuweisen (Text B).

Zur Verdinglichung der Josephs-Geschichte vgl. im übrigen auch Hohmeyer (1965,66 ff.).

grundsätzlichen Unterschied zwischen dem eine Wirklichkeit schaffenden Creator ("Autor") und dem versprachlichenden Narrator ("Erzähler")[27,28].

Insgesamt besteht keinerlei Veranlassung, den von Thomas Mann aus narrativ einsichtigen Gründen an drei Stellen seines epischen Schaffens beschworenen 'Geist der Erzählung' für eine universelle Roman- oder gar Erzähltheorie zu bemühen.

3. Das Verhältnis von Geschehen und Erzählen

Das oben entwickelte narrative Modell führt zwangsläufig zum Postulat von zwei den Erzählvorgang konstituierenden Ebenen: der des (vorsprachlichen) Geschehens ("Res-Ebene") und der des (versprachlichenden) Erzählers ("Narrator-Ebene"). Somit wird nunmehr zu fragen sein nach

- der Ausgestaltung der Res-Ebene,
- der Ausgestaltung der Narrator-Ebene,
- der Beziehung zwischen beiden Ebenen.

3.1. Die Ebene des Geschehens

Die Ebene der Res ist zu denken als die Gesamtmenge aller Vorgänge und Zustände, die einer Narratio zugrunde liegen und die dem Rezipienten als Wirk-

---

[27] Vgl. Stanzel (1985,29): "Es ist ein höchst eigentümlicher Umstand, daß gerade Kayser, dessen großes Verdienst es ist, die Gestalt des [...] Erzählers vom Autor klar geschieden und damit für den interpretierenden Zugriff verfügbar gemacht zu haben, hier diese Gestalt wieder preisgibt, indem er sie zu einer vagen Metapher reduziert."

[28] Daß die formale Unterscheidung zwischen Autor und Narrator auch substantiell so ausreichend definiert werden muß, daß der 'Geist der Erzählung' keinen Schaden anrichten kann, zeigt die Deutung durch Henze (1965, 198): "Der Erzähler steht im Banne des 'Geistes der Erzählung'. [...] Die Unterscheidung von Autor und fiktivem Erzähler ist [...] die Unterordnung des Autors unter den 'Geist der Erzählung'. Der fiktive Erzähler ist die Anpassung des Autors an die dem Stoff wesensgemäße Erzählhaltung. Die Anpassung ist Unterordnung."

lichkeit angeboten werden. Zu dieser Wirklichkeit gehören u.a. auch die auftretenden Personen ("Figuren") mit ihrem Fühlen, Denken und Handeln einschließlich sprachlicher Interaktionen ("Dialoge").

Bei fiktionalen Texten liegt die Verantwortung für die imaginierte Wirklichkeit stets beim Autor. In der Regel ist er der Schöpfer (Creator) dieser Wirklichkeit, selbst wenn er beim Schaffensprozeß auf einen separaten Arbeitsgang zur Konstruktion von Res verzichtet. Sollte er ausnahmsweise einmal die quasiobjektive Realität bereits in (mündlicher oder schriftlicher) Tradition vorfinden, so stellt sich ihm die Frage nach der persönlichen Verantwortung für das Geschehen in der Deutlichkeit, in der sich Thomas Mann im Josephs-Roman und im 'Erwählten' damit auseinandergesetzt hat (Problematik des "Nacherzählens").

Erscheint der Narrator als Figur in dieser Res — sei es als zentrale Person, sei es als Randfigur —, so spricht man üblicherweise von einer *ICH*[29]*-Erzählung*; dies gilt auch für den Fall, daß der ICH-Erzähler ausnahmsweise seine physische Präsenz am Ort des Geschehens zu verschweigen sucht und der Leser deshalb auf versteckte Indizien angewiesen ist (z.B. bei A. Robbe-Grillet 'La jalousie'). Ist er hingegen nicht auf der Ebene der Res zugegen, so handelt es sich um eine *ER-Erzählung*.

3.2. Die Ebene des Erzählens

Von der Res-Ebene abgesetzt ist die Narrator-Ebene als Ebene des Erzählens zu denken. Von hier aus wird die vorsprachliche Wirklichkeit sprachlich wiedergegeben, d.h. erzählt. Dabei können die von Karl Bühler[30] deduktiv für jeden Sprechenden postulierten Merkmale Person/Zeit/Raum ("Sprecher-Origo") auf den sprechenden Erzähler ("Erzähler-Origo") übertragen werden: Der Narrator wird stets durch die Merkmalskonstellation ICH/JETZT/HIER konstituiert, wobei der Redemoment JETZT entweder als konstant gedacht ("fester Redemoment") oder aber, dem Verlaufscharakter des Erzählvorgangs folgend, als fortschreitend behandelt wird ("wandernder Redemoment").

---

[29] Hier und im folgenden werden Großbuchstaben verwendet, wenn nicht grammatisch-lexikalische Formen, sondern deiktische Funktionen gemeint sind; Wendungen wie "Der Verfasser dieser Zeilen" fallen somit unter die ICH-Funktion der 1. Person. Zum deiktischen Charakter einer textlinguistisch ansetzenden narrativen Typologie vgl. auch Rauh (1978), insbes. S. 60-89 ('Zeitdeixis'), 116-119 ('Das Zeigfeld des Autors'), 120-127 ('Das Zeigfeld des Erzählers'), 127-135 ('Die Zeigfelder erzählter Figuren').

[30] Sprachtheorie. Die Darstellungsfunktion der Sprache. 2. Aufl. Stuttgart 1965, insbes. S. 79-148. Vgl. hierzu Mann, Friedrich: Narrativik und Erzähler-Typologie. Karl Bühlers Organonmodell als Grundlage einer Textlinguistik im Bereich des Epischen. Magisterarbeit, Fachbereich 08 der Philipps-Universität Marburg. 1979.

Diese elementaren Vorüberlegungen zur Narrator-Origo gelten grundsätzlich für alle Formen nichtfiktionalen Alltagserzählens. Sie werden beim fiktional-literarischen Erzählen *simuliert*, wobei die Verantwortung für die Ausgestaltung der Narrator-Ebene beim Autor als dem Creator des Erzählers liegt. Erscheint der Narrator explizit auf der Ebene des Erzählens, so nennen wir ihn mit F.K. Stanzel[31]*auktorial*; ein impliziter, nicht unmittelbar erkennbarer Narrator ist demgegenüber *nichtauktorial*.

Was die zur Unterscheidung zwischen explizit und implizit erforderlichen Kriterien anlangt, so reduzieren wir diese — im Gegensatz zu Stanzel[32] — auf die oben genannten Merkmale der Narrator-Origo und definieren Auktorialität über die Signale ICH und/oder JETZT und/oder HIER der Narrator-Ebene als expliziten Ausdruck des Erzählenden im Redemoment (und ggf. am Rede-Ort).

3.3. Die Beziehung zwischen den Ebenen des Geschehens und des Erzählens

Die hier vorgeschlagene strikte Trennung von Res- und Narrator-Ebene mit jeweils binärer Typologisierung führt zu insgesamt vier narrativen Grundkonstellationen:

- auktoriale ER-Erzählung, etwa in Thomas Manns 'Zauberberg'
- nichtauktoriale ER-Erzählung, z.B. in 'Tod in Venedig'
- auktoriale ICH-Erzählung, z.B. in den 'Bekenntnissen des Hochstaplers Felix Krull'
- nichtauktoriale ICH-Erzählung. In dieser Konstellation ist u. a. Thomas Manns frühe Erzählung 'Gerächt' von 1899 geschrieben.

Es erscheint offensichtlich, daß diese vierfache Typenbildung keineswegs nur schematische Stringenz für sich beanspruchen kann[33]. Insbesondere die Gliederung des ICH-Erzählens in auktorial vs nichtauktorial spiegelt eine ganz unterschiedliche, vom Leser intuitiv nachempfundene Erzählhaltung wider: im ersteren Fall den expliziten Kontrast zwischen erlebendem und erzählendem ICH, im letzteren Fall das völlige Absehen des ICH-Erzählers vom JETZT-

---

[31] Erstmals in: Stanzel (1955).

[32] Vgl. hierzu Freudenberg (1986,139 Anm. 36). Gleichwohl teilen wir nicht die Bedenken von I. Diersen (1967,633), "auktorial" verweise in mißverständlicher Weise auf den Autor statt den Narrator. Andererseits darf man natürlich "auktorial" nicht synonym mit einem ad hoc erfundenen "autorial" verwenden, wie dies M. Weiß (1976, 213-215 vs 218-222) tut.

[33] Daß auch eine streng formale, nämlich strukturalistische Betrachtungsweise zu ähnlichen Ergebnissen kommt, zeigt Doležel, Lubomír: Die Typologie des Erzählers: 'Erzählsituationen' ('Point of View' in der Dichtung). In: Ihwe, Jens (Hrsg.): Literaturwissenschaft und Linguistik. Ergebnisse und Perspektiven. Bd. 3: Zur linguistischen Basis der Literaturwissenschaft II. Frankfurt a.M. 1972 (=Ars poetica.8,III), S. 376-392. [Nachdruck in: Hillebrand 1978, 370-387]

Standpunkt (übrigens eine Haltung, mit der sich Thomas Mann zeit seines Lebens nie recht anfreunden konnte).

Problematischer als die durch das Zusammenspiel beider Ebenen bewirkte Konstellationstypologie ist die zeitliche Relation zwischen diesen Ebenen. Bisher waren wir stillschweigend davon ausgegangen, daß dem JETZT des Narrators ein DAMALS der Res gegenübersteht, so daß der Erzähler mit dem Gestus *präteritalen Erinnerns* im *epischen Präteritum* berichtet — meist die Illusion eines unbegrenzten Gedächtnisses vortäuschend, gelegentlich aber auch mit dem Eingeständnis von Erinnerungslücken[34]. Dieses *Vergangenheitserzählen* gilt gemeinhin als Ausdruck epischer Grundhaltung schlechthin.

Daneben war uns indes oben beim Zauberberg-Epilog eine alternative Möglichkeit begegnet: die des *präsentischen Erlebens* im *epischen Präsens,* häufig verbunden mit allen Anzeichen von Unmittelbarkeit (*Gegenwartserzählen*). Zwar stellt dieser neue Erzählgestus, dessen Ursprünge übrigens im dunkeln liegen[35], eine gewisse Herausforderung an die Plausibilität der Erzählsituation dar, so daß man versucht ist, sich notdürftig an der Textsorte 'Direktreportage' zu orientieren. Andererseits zeigt sich jedoch, daß mit dem Begriff 'Reportagesituation' das Gegenwartserzählen vorschnell auf den Teilbereich der sinnlichen Wahrnehmung von Szenen reduziert würde: Die Lese-Erfahrungen des heutigen kompetenten Lesers gestatten es ihm offenbar, das unmittelbare Miterleben eines Geschehens auch dann zu akzeptieren, wenn die engen Grenzen plausibler reportageartiger Beobachtung überschritten werden. Dies gilt nicht nur für die Fülle präsentisch geschriebener Gebrauchsliteratur (Kriminalromane, Kurzgeschichten usw.), sondern auch für elaborierte literarische Texte: Kafkas präsentisch erzählte Parabel 'Vor dem Gesetz' überschreitet in

---

[34] So etwa Th. Storms Narrator im Eingang der Novelle 'Auf dem Staatshof' (1859): "Ich kann nur einzelnes sagen; nur was geschehen, nicht wie es geschehen ist; ich weiß nicht, wie es zu Ende ging und ob es eine Tat war oder nur ein Ereignis, wodurch das Ende herbeigeführt wurde. Aber wie es die Erinnerung mir tropfenweise hergibt, so will ich es erzählen." (586)

Einen Versuch, sein unbegrenztes Gedächtnis wenigstens punktuell zu rechtfertigen, unternimmt Th. Manns Krull-Narrator: "Ich kann die Aufmerksamkeit nicht nennen, mit der meine Seele alles, was er [Professor Kuckuck] in der Folge noch sagte, in sich sog. Aber wäre ich ohne sie [...] wohl heute, nach so vielen Jahren, imstande, dieses Tischgespräch wenigstens in seinen Hauptpunkten *fast wörtlich, ich glaube: ganz wörtlich* wiederzugeben?" (288). Vgl. zu dieser Stelle auch W. Kayser (1958,93).

Zu der Schwierigkeit, wörtliche Redewiedergabe als Produkt der Erinnerung plausibel zu machen, äußert sich der nichtfiktive Narrator Alfred Andersch in einem (in mehrfacher Hinsicht narrativ aufschlußreichen) 'Nachwort für Leser' seiner Erzählung 'Der Vater eines Mörders': "Jeder auch nur halbwegs kritische Leser wird einwenden, daß es ausgeschlossen sei, sich nach über fünfzig Jahren an den genauen Ablauf eines Wortwechsels zu erinnern." (136 f.)

[35] Daß das Gegenwartserzählen bereits in der frühen deutschen Kunstballade vorkommt, konnte Petra Häsing-Oepen in einer ungedruckten Marburger Seminar-Arbeit über 'Formen präsentischen Erzählens in der deutschen Kunstballade von Gellert bis Stolberg' (Sommersemester 1984) nachweisen. Hierzu erscheint demnächst: Stamm, Christiane: Das Präsens in der frühen deutschen Kunstballade. Marburg, Phil. Diss. 1988/89.

den raffenden Passagen (z.B. "Dort sitzt er Tage und Jahr") deutlich die Grenzen des unmittelbarer Beobachtung Zugänglichen.

Typologisch bleibt zu fragen, inwieweit die oben entwickelten vier narrativen Grundkonstellationen auch für das Gegenwartserzählen Geltung beanspruchen können, genauer: inwieweit der dort entwickelte Auktorialitätsbegriff beim Gegenwartserzählen noch sinnvoll ist. Diese skeptische Frage gilt
- schon für den ER-Erzähltyp der nunmehr das Merkmal NUNC erhält,
- erst recht für den ICH-Erzähltyp mit der Merkmalskoppelung NUNC/EGO.

Solange die Möglichkeit von Auktorialität beim Gegenwartserzählen nicht grundsätzlich geklärt ist, empfiehlt es sich, Auktorialität als Eindringen des JETZT in ein DAMALS zu verstehen und insoweit auf das Vergangenheitserzählen zu beschränken[36].

4. Narrative Ebenen und normative Forderungen

Die unter 3.3. entwickelten Vorschläge einer narrativen Typologie sind beschreibender Natur, also deskriptiv zu verstehen. Wertende und somit präskriptive Vorstellungen lassen sich damit nicht verbinden; über den Unterschied zwischen guten und mißlungenen Erzähltexten wird nach anderen Kriterien geurteilt. Darüber hinaus erhebt das vorgeschlagene Modell kraft seines deduktiven Ansatzes den Anspruch auf Generalisierbarkeit im Sinne einer allgemeinen Erzähltheorie.

Damit brechen wir in zweifacher Hinsicht mit einer langjährigen literaturwissenschaftlichen Tradition. Zum einen war es nämlich bis in jüngste Zeit üblich, *Erzähltheorie* und *Romantheorie* entweder gleichzusetzen oder nur vage gegeneinander abzusetzen (Die Diskussion um eine angemessene *Novellentheorie* blieb dabei außerhalb erzähltheoretisch-narrativer Erwägungen). Noch Franz K. Stanzels 'Theorie des Erzählens' (3. Aufl. 1985) schwankt immer wieder zwischen logisch abgeleiteten allgemein-narrativen Theoremen und empirisch-korpusbezogener Romantypologie.

---

[36] Beim präsentischen ER-Erzählen erwecken immerhin Narrator-Kommentare und Leser-Apostrophen wegen des Merkmals EGO den Eindruck von Auktorialität. Anders das präsentische ICH-Erzählen: Hier ist der Narrator mit seinen Merkmalen EGO/NUNC/HIC auf einer einzigen Ebene zugegen, die gleichzeitig das Geschehen und das Erzählen repräsentiert.

Vor allem aber waren die grundlegenden, von uns aus den narrativen Ebenen abgeleiteten erzähltechnischen Möglichkeiten immer wieder Gegenstand normativer Forderungen an die Autoren. Hier scheint erst Stanzels 1955 einsetzende Typologisierung[37] dafür gesorgt zu haben, daß — zumindest im deutschsprachigen Raum — die Gleichberechtigung unterschiedlicher "Erzählsituationen" erkannt und akzeptiert wurde.

4.1. ICH- oder ER-Erzählen?

Jeder *Autor* sieht sich der Vorentscheidung ausgesetzt, ob er seinen Narrator auf der Res-Ebene[38] ansiedeln (ICH-Erzählen) oder von dort fernhalten soll (ER-Erzählen). Die damit verbundene, von der Erzählforschung eingehend gewürdigte Problematik[39] hat zu mancherlei Reflexionen — von selbstkritischer Überprüfung bis zur Verunsicherung — Anlaß gegeben. So hat Gottfried Keller die zweite Fassung seines 'Grünen Heinrich' von der ER- in die ICH-Form transponiert, bis zuletzt im Zweifel über die angemessenere Erzählhaltung, so daß er gar von der zünftigen Literaturwissenschaft Aufschlüsse erhoffte — offenbar vergeblich, denn in einem Brief vom 11.4.1881 beklagt er sich bei Theodor Storm über die Reaktion des Literarhistorikers Otto Brahm[40]:

> "[Dieser hat] die philologische Methode noch verkehrter angewendet, [...] während er die Hauptfrage der Form: Biographie oder nicht? gar nicht berührte. Diese Frage umfaßt nämlich auch die andern nicht stilgerechten epischen Formen; Briefform, Tagebuchform und die Vermischung derselben, in welchen nicht der objektive Dichter und Erzähler spricht, sondern dessen Figurenkram, und zwar mittels Tinte und Feder. Hier ist der Punkt, wo die Kritik einzuspringen hat. [...] Diese Untersuchung ist aber [...] eine rein ästhetische Sache und Arbeit." (Zitiert nach Kayser 1958,83)

Franz Kafka hat im 'Schloß' von der ursprünglich vorgesehenen ICH-Haltung zum ER-Erzählen gewechselt, und noch neuerdings fragt Alfred Andersch im Nachwort seiner autobiographischen Erzählung 'Der Vater eines Mörders' (1980):

---

[37] Stanzel, Franz K.: Die typischen Erzählsituationen im Roman. Dargestellt an 'Tom Jones', 'Moby-Dick', 'The Ambassadors', 'Ulysses' u.a. Wien/Stuttgart 1955.

[38] Anders K. Hamburger (1977,116). Dort wird nicht zwischen Res- und Narrator-Ebene unterschieden, so daß der sog. "Ich-Erzähler" auch auktorial gemeint sein kann.

[39] Besonders informativ ist das Kapitel über 'Ich-Bezug — Er-Bezug' bei Stanzel 1985 (109-148). Dort wird auch die ältere Literatur (K. Forstreuter, B. Romberg, M. Henning) ausgebreitet.

[40] Nach Kayser 1958, 82 f.

"Warum berichte ich von mir in der dritten Person, nicht in der ersten?" (129) und antwortet mit narrativ bemerkenswerter Hellsichtigkeit[41]:

> "Er gestattet mir eine gewisse Freiheit des Erzählens, die das Ich, diese tyrannische Form [...] nicht zuläßt. Ich sehe — das läßt nicht zu, anderes zu sehen als das, was ich sehe, sah oder sehen werde, indessen Er sein Blickfeld nicht so rigoros einzuschränken braucht."(131)

Zu einem ähnlichen Ergebnis kommt Dubois (1974,268). Das ER sei "oft ein Ich, das nicht wagt, seinen Namen zu sagen"; "das ER ist ein auf Distanz gehaltenes ICH".

Offenbar spielen bei dieser grundsätzlichen Vorentscheidung drei Faktoren eine besondere Rolle:

1. erzähltechnisch im Sinne von Andersch das (letztlich zur ICH-Perspektive führende) eingeschränkte Blickfeld,

2. erzählpsychologisch das dem ICH-Erzähler anhaftende Höchstmaß an personeller Unmittelbarkeit und Bekenntnishaftigkeit,

3. erzähllogisch die Überlegung, daß sich der textschließende Tod einer Figur nur über ein ER-Erzählen vermitteln läßt. Hierzu vergleiche man etwa bei Ernest Hemingway das tragische Scheitern der Zentralfigur in 'For whom the bell tolls' (ER) gegenüber 'A farewell to arms' (ICH).

Dabei ist es für die narrative Struktur unerheblich, welche Funktion das ICH wahrnimmt, ob die einer im Geschehenszentrum stehenden Identifikationsfigur ("Protagonist") oder eines peripheren Augenzeugen (z.B. Dr. Watson in Conan Doyles 'Sherlock Holmes'). Soweit allerdings ein förmliches Herausgeber-ICH vorgeschaltet wird, gerät dieses leicht in Gefahr, seine Kompetenzen zu überschreiten und damit an Plausibilität einzubüßen. Dies war schon Goethe im 'Werther' vereinzelt unterlaufen[42], und auch Th. Mann durchbricht im 'Dr. Faustus' gelegentlich die Herausgeberfiktion, indem er seinem Chronisten Zeitblom Kenntnisse zumutet, die dieser schlechterdings nicht besitzen kann[43].

---

41 Übrigens mutet das gesamte 'Nachwort für Leser' (127-140) streckenweise wie eine sachkundige Lektion in Narrativik an.- Vgl. zum folgenden Zitat auch Christa Wolf: Nachdenken über Christa T. (2. Aufl. Neuwied/Berlin 1969, 19.Kap.,S.216): "Ich begreife das Geheimnis der dritten Person, die dabei ist, ohne greifbar zu sein, und die [...] mehr Wirklichkeit auf sich ziehen kann als die erste: ich. Über die Schwierigkeit, ich zu sagen."

42 Nachgewiesen von Aizu, Yukiko: Die Rollenprofilierung des Herausgebers in Goethes 'Werther' und in Kestners 'Nachrichten über den Tod Jerusalems'. Ein narrativer Vergleich. Magisterarbeit, Fachbereich 08 der Philipps-Universität Marburg. 1986.

43 Einzelheiten bei Feuerlicht 1970 (425. 429 f.). Die Legitimation des XXV. Kapitels ('Teufelskapitel') zweifelt der Autor allerdings zu Unrecht an: Schon im ersten Satz stellt Zeitblom klar, daß er "Adrians geheime Aufzeichnung" über dieses Gespräch dem ihm laut I. Kapitel übereigneten Nachlaß verdankt. — Zum Realitätsgrad des Teufelsgesprächs gibt es übrigens einen

Was die einschlägige *Literaturtheorie* anlangt, so hat es an programmatischen Wertungen nicht gefehlt. Friedrich Spielhagen sah seine frühnaturalistische Forderung nach Objektivität vor allem beim ICH-Erzählen verwirklicht, weil sich hier das Autoren-Ich zunächst in ein Er verwandle, um sich sodann in "ein neues, künstlich seiner Beschränkung enthobenes, reflektiertes" Ich zu transformieren (Stanzel 1985, 110 f.). Wolfgang Kayser sieht in der extremen ICH-Entfaltung des modernen, mit den Stilmitteln des inneren Monologs und der erlebten Rede operierenden Bewußtseinsromans eine Gefährdung des Romans schlechthin und wünscht sich den "eigenwertigen", d.h. auktorialen Erzähler des 19. Jahrhunderts zurück:

> "In der herkömmlichen Icherzählung [...] steht der Erzähler, meist ausdrücklich durch einen längeren Zeitraum getrennt — also auf einer anderen Alters- und Reifestufe —, dem erzählten Geschehen gegenüber. Selbst wenn er im Geschehen die Hauptfigur darstellt, ist er als Erzähler ein anderer."[44] (Kayser 1955, 33 Anm. 29)

Ansonsten scheint die Gleichberechtigung beider Erzählhaltungen allgemein anerkannt zu sein, sei es als Ausdruck zweier unterschiedlicher narrativer Welten (Stanzel), sei es als unerhebliches Oberflächenphänomen (Booth 1974, 155f.).

Für *Thomas Mann* hatte das Verhältnis von ICH und ER keine programmatische Bedeutung. Zehn von 24 frühen Erzählungen und drei seiner sieben Romane sind ICH-erzählt[45]; dabei richtete sich seine Entscheidung offenbar vornehmlich nach der ästhetischen Funktion (und möglicherweise z.T. auch nach dem Umfang autobiographischer Anteile[46]), so daß er auf theoretische Rechtfertigungen verzichten konnte. Mit einer Ausnahme: Als Käte Hamburger in einer schwedischen Rezension des 'Dr. Faustus' die bloße Existenz des zwischen-

---

wichtigen Hinweis Thomas Manns: "Ferner bleibt die Frage der Objektivität des Gesprächspartners zweifelhafter. Es kann sein, daß Adrians Gehirnzustand ihm seine Erscheinung vorspiegelt, kann aber auch sein, daß er es ihm *ermöglicht* [Hervorhebung i.O.], ihn zu sehen." (Briefl. am 7.3.1950 an Frau Landau-Silex. S. 246)

Zu Inkonsequenzen auf der Ebene der Unterhaltungsliteratur vgl. nunmehr Schlicht, Katharina: Die Figur des Erzählers bei Johannes Mario Simmel. Ein Beitrag zur narrativen Gestaltung des modernen Unterhaltungsromans. [Mit einem Anhang: Interview der Verfasserin mit Simmel.] Marburg 1989 (=Marburger Studien zur Germanistik 12); vorher Marburg,Phil.Diss. 1988.

44 Vgl. hierzu Burkert (1968,1-3). — Offenbar vermag sich W. Kayser das erzählte ICH der Geschehensebene nur über die sinnstiftende Instanz des erzählenden ICH vorzustellen. Daß der von ihm gemeinte "altgewordene Held" (1958,94), z.B. "der altgewordene Simplizissimus oder der älter gewordene Felix Krull" (1958,92), zwar ein gängiges literarisches Muster auktorialen ICH-Erzählens, keineswegs jedoch die einzige Möglichkeit sinnvoller ICH-Entfaltung darstellt, zeigen Hemingways nichtauktoriale ICH-Erzähltexte, z.B. 'A farewell to arms'.

45 Burkert 1968,3 f. Vgl. auch Hoffmeister 1965,72 Anm. 19.

46 Auf diesen für die Erzählungen u.U. nicht ganz bedeutungslosen Aspekt verweist Burkert (1968,6).

geschalteten ICH-Chronisten Zeitblom rügte, reagierte er in einem Brief an die Verfasserin vom 2.2.1948 bitterböse:

> "[...] nicht eine Spur von Zugänglichkeit [...] findet sich in Ihren intelligent gelangweilten Aussagen. Mehr als einmal versagt selbst die Intelligenz. Der Erzähler wird weggewünscht — alsob ohne dies Medium dieser Lebensbericht überhaupt erträglich gewesen wäre."(133)

4.2. Auktorial oder nichtauktorial?

4.2.1. Die "Spielhagen-Kontroverse"

Schon die Diskussion um ER vs ICH auf der *Handlungsebene* war zuletzt bei Wolfgang Kayser in die Frage eingemündet, ob ein handelndes ICH ohne sinnstiftende Unterstützung durch ein erzählendes ICH auf der *Narrator-Ebene* gestalterisch vertretbar sei. Die damit verbundene Grundsatzdiskussion um die Berechtigung bzw. Verpflichtung des Autors zu auktorialem Narrator-Verhalten schlechthin hat ein ganzes Jahrhundert die Gemüter bewegt, und zwar — mangels eines konsensfähigen Fachterms — mit Umschreibung wie "Verschwinden/Tod/Entmündigung des Erzählers" bzw. "Eindringen/ Einmischung des Erzählers".

In *Deutschland*[47] hatte schon Goethe in seiner Diskussion mit Schiller 'Über epische und dramatische Dichtung' vom Dezember 1797 gefordert:

> "Der Rhapsode sollte als ein höheres Wesen in seinem Gedicht nicht selbst erscheinen, er läse hinter einem Vorhange am allerbesten, so daß man von aller Persönlichkeit abstrahirte und nur die Stimme der Musen im Allgemeinen zu hören glaubte."[48]

In diesem (übrigens durchaus interpretationsbedürftigen[49])Sinn, wenngleich aus dem Geist einer anderen Epoche forderte Friedrich Spielhagen vom Erzähler völlige "Objektivität":

> "Was verlange ich von einem "dichterischen Roman"? Dies: daß er zuerst — und ich möchte sagen: und zuletzt — wie das homerische

---

[47] Soweit nicht anders angegeben, beruhen die Angaben für den deutschsprachigen Raum auf der materialreichen Darstellung von Frey (1948). Vgl. auch die Stellennachweise bei Feuerlicht (1970,434 Anm.20).

[48] Goethes Werke. Weimarer Ausg. Abt.I.Bd.41/II,S.220-224 (Zitat S. 223).

[49] Goethe meint hier wohl das reine Vers-Epos (Man denke an den Auktorialitätsverzicht in 'Hermann und Dorothea'!). In seinen Romanen dominiert stets der auktoriale Narrator.

> Epos, nur handelnde Personen kennt, hinter denen der Dichter völlig und ausnahmslos verschwindet, so, daß er auch nicht die geringste Meinung für sich selbst äußern darf: weder über den Weltlauf, noch darüber, wie er sein Werk im ganzen, oder eine spezielle Situation aufgefaßt wünscht; am wenigsten über seine Personen, die ihren Charakter, ihr Wollen, Wähnen, Wünschen ohne seine Nach- und Beihilfe durch ihr Tun und Lassen, ihr Sagen und Schweigen exponieren müssen."[50]

Nach dieser naturalistischen — später auch impressionistischen — Erzähltheorie ("Romantheorie") sollte eine fiktive Hauptfigur die vormals dem Erzähler zugedachte Rolle des sinnstiftenden Kristallisationspunktes übernehmen: Nicht der Narrator, sondern die Zentralfigur des Geschehens sollte die Wirklichkeit aus ihrer Sicht ("Perspektive", engl. "point-of-view") widerspiegeln.

In der Folgezeit fühlten sich die episch orientierten Autoren immer wieder zu Stellungnahmen herausgefordert. Ihre Äußerungen fielen teils entschieden, teils vermittelnd aus und ließen gelegentlich sogar Widersprüche zum eigenen Schaffen erkennen. Theodor Fontane tat 1879 die Forderung Spielhagens als "reine Quackelei" ab[51], lenkte aber 1896 in einem Brief an Spielhagen ein:

> "Das Hineinreden des Schriftstellers ist fast immer vom Übel, mindestens überflüssig. Und was überflüssig ist, ist falsch. [...] des Urteilens, des Predigens, des klug und weise Seins muß er [der Schriftsteller] sich enthalten"[52].

Wenig später meinte Jakob Wassermann: "Vom Erzähler wird Unsichtbarkeit verlangt, von dem, was er erzählt, höchste Sichtbarkeit"[53], und noch 1938 forderte Hans Brandenburg: "Objektivität muß den Erzähler auszeichnen. Seinen persönlichen Affekten hat er Schweigen zu gebieten, mit Interjektionen stört er nur"[54].

Die Gegenposition vertrat etwa Alfred Döblin, als er 1929 fragte: "Darf der Autor im epischen Werk mitsprechen, darf er in diese Welt hineinspringen? Antwort: ja, er darf, und er soll und muß"[55]. Hier war bei Döblin ein Sinneswandel vorausgegangen: In dem im selben Jahr erschienenen 'Berlin Alexanderplatz'

---

50 Spielhagen, Friedrich: Die epische Poesie und Goethe. In: Goethe-Jahrbuch 1895, S. 5. Zitiert nach Frey (1948,274).- Zur Genese der Spielhagen-Theorie vgl. nunmehr auch Fischbacher (1988).

51 Brieflich an Wilhelm Hertz (Richter 1966,41 Anm.3).

52 Zitiert nach Richter 1966,41 Anm. 3.

53 Erstmals 1901. Zitat im Wortlaut von 1928 nach Frey (1948,280).

54 ebd.

55 ebd.

hatte sich Döblin erstmals eines auktorialen Narrators bedient, und zwar ebenso ausgiebig wie funktional überzeugend: Das "Wir" des Narrators ist es, was der wechselvollen Lebensgeschichte des Franz Biberkopf einen übergeordneten Sinn verleiht und damit die Stoffülle des Romans zusammenhält.

Heute scheint die literarische Kontroverse abgeklungen zu sein. Der Gegensatz zwischen auktorial und nichtauktorial wird offenbar kaum noch wahrgenommen — schon gar nicht unter dem Vorzeichen "traditionell" vs "modern" ...

Von Seiten der zünftigen Universitätsgermanistik bekannte sich einzig Wilhelm Scherer nach anfänglicher Abwehr voll zu Spielhagen; auf dem traditionellen auktorialen Erzähler bestanden Literaturwissenschaftler wie Oskar Walzel (samt seiner Schülerin Käte Friedemann), Emil Ermatinger und Robert Petsch[56]. Aus dieser Vorgeschichte wird deutlich, daß Wolfgang Kaysers Urteil "Der Tod des Erzählers ist der Tod des Romans"[57] am Ende einer bis weit ins 19.Jahrhundert zurückreichenden Diskussion steht. Wenn auch die Literaturtheorie inzwischen vom wertenden Entweder-Oder[58] zum typisierenden Sowohl-Als-Auch gefunden hat, so läßt sich dieser Stimmungsumschwung ziemlich genau auf 1955, das Todesjahr Thomas Manns, datieren. Damals sorgten sowohl Eberhard Lämmerts 'Bauformen des Erzählens' als auch vor allem Franz K. Stanzels Typenlehre (Stanzel 1955) für eine Versachlichung der Diskussion (Vgl. hierzu etwa Adolphs 1983, 27-39).

Aus der Sicht eines amerikanischen Germanisten mochte die doch recht hitzig geführte Kontroverse als verwunderliches Beispiel für teutonischen Dogmatismus erscheinen: John R. Frey stellt in seinem Aufsatz 'Author-intrusion in the narrative. German theory and some modern examples' (Frey 1948) diesen "both German schools of thought" (281) den "common-sense approach" (ebd.) der *britischen und amerikanischen* Literaturkritik gegenüber. Bei näherem Zusehen zeigt sich jedoch, daß die angloamerikanische point-of-view-Diskussion im Anschluß an Henry James und dessen Forderungen spätestens seit Percy Lubbock (1921) und Edward M. Forster (1927) mit gleicher Frontenstellung und ähnlichem Temperament geführt wurde[59]. Was den Dogmatismus anlangt, so häufen sich die Klagen über die Intoleranz, mit der an englischen und vor allem amerikani-

---

[56] Nachweise bei Frey (1948,275).

[57] Kayser 1955,34. Diese immer wieder zitierte barsche Feststellung gilt gemeinhin als Inbegriff einer "konservativ-kritischen Haltung gegenüber dem literarisch Neuen" (Diersen 1967,651 f.). Hier tut man indes Wolfgang Kayser unrecht: Die auf dieses Aperçu folgenden Ausführungen (S.34 f.) relativieren die zuvor gemachte Aussage bis zu deren Widerlegung. Vgl. hierzu auch die gemäßigten Formulierungen bei Kayser 1956,188.

[58] Noch 1950 glaubte Herman Meyer (1963, 17 f. 23 f.) das Eingreifen des Erzählers gegen "das Stirnrunzeln der Kunstrichter" (S.24) verteidigen zu müssen.

[59] Vgl. hierzu den ausführlichen Beitrag von Weimann, Robert: Erzählerstandpunkt und 'point of view'. Zu Geschichte und Ästhetik der Perspektive im englischen Roman (Weimann 1962), ferner Booth 1974 (passim).

schen Universitäten die nichtauktoriale Erzählweise als einzig mögliche vertreten wird — bis hin zu Creative-writing-Kursen und zu Lehrbüchern vom Typ "A Guide to Fiction-writing"[60].

Da der gegen Ende des 19. Jahrhunderts einsetzende "Rückzug des Erzählers" nicht nur in Deutschland und im englischsprachigen Raum sowie natürlich in Frankreich (Flaubert, Zola), sondern auch in *Skandinavien*[61] zu beobachten ist, handelt es sich offenbar um ein Epochenphänomen, dessen Existenz zwar immer wieder stillschweigend vorausgesetzt wird[62], dessen interdisziplinäre Aufarbeitung in gesamteuropäischen Zusammenhängen aber noch aussteht.

Was die *Deutung* dieser erzähltechnischen Veränderung angeht, so herrscht offenbar weithin Einvernehmen: Da der bürgerliche Roman ein Produkt der bürgerlichen Gesellschaft darstellt, spiegelt die Krise der Gattung Roman letztlich die Krise des Bürgertums wider. Wilhelm Schäfer hatte 1939 (übrigens in ideologisch verräterischer Begrifflichkeit) festgestellt:

> "Der Zuhörer braucht einen Führer, dem er vertrauen kann, und führen kann nur, wer die Geschehnisse ganz übersieht und diese Übersicht in der ruhigen Bestimmtheit aller seiner Schritte und Weisungen zur Schau trägt"[63],

und daraus folgerte Wolfgang Kayser (1955,33) für den zeitgenössischen Roman, heute sei

> "die Undurchsichtigkeit der Welt so stark und die Frage nach Sinngehalten so unlösbar, daß es unmöglich sei, von einem entfernteren Standpunkt aus (eben dem des epischen Erzählers) Überblick zu gewinnen, in sich geschlossenes Geschehen wahrzunehmen, zentralen Sinnbezug aufzudecken und überhaupt schon die Sicherheit einer betrachtenden Haltung zu gewinnen. Der Erzähler muß in die völlige Unsicherheit der Welt und des Lebens einbezogen werden, so scheint es die Echtheit zu gebieten."

---

60 Vgl. Booth (1974), insbes. das Kapitel 'Berechtigte Kritik und Erstarrung im Dogma' (S.30-36), sowie Stanzel (1985,35 f.). Nach Stanzel hat das 'Times Literary Supplement' vom 26.10.1967 eine volle Seite der Klage eines Schriftstellers darüber gewidmet, daß "das kritische Klima, vor allem an amerikanischen Universitäten, einer persönlichen [=auktorialen] Erzählweise noch immer nicht hold sei" (S.35).

61 Vgl. hierzu nunmehr Holliger, Christine: Das Verschwinden des Erzählers. Die Entwicklung der Erzählerrolle in der skandinavischen Prosa 1870-1900. Frankfurt a.M./Bern /New York/Paris 1988 (= Texte und Untersuchungen zur Germanistik und Skandinavistik. 20).

62 So etwa von W. Kayser (1955,28-31. 1958,84).

63 Zitiert nach Kayser (1955,34).

In gleiche Richtung zielte die marxistische Deutung. Auch Robert Weimann (1962) leitete die Krise des auktorialen Erzählers aus der Krise der Bourgeoisie ab: "Die Individualperspektive des seiner Gesellschaft entfremdeten Romanciers verselbständigt sich" (414); "die ihm fremd und unberechenbar erscheinenden Gesetze der kapitalistischen Gesellschaft entziehen sich seiner erzählerischen Übersicht" (415). Seine Schlußfolgerung entsprach letztlich der pessimistischen Prognose Wolfgang Kaysers:

> "Die Kunstform des bürgerlichen Romans, die sich durch die forschende Perspektive einer menschlich bedeutsamen und gesellschaftlich beziehungsreichen Erzählerpersönlichkeit konstituierte, endet mit der Zerstörung dieser Persönlichkeit. Am Ende steht nicht nur der Verlust einer menschlichen Perspektive, sondern die Zurücknahme des Humanismus und die Zerstörung der Erzählkunst." (416)

Fünf Jahre später urteilt Inge Diersen (1967) differenzierter. Zwar sieht auch sie im auktorialen Erzählen immer noch eine erprobte Möglichkeit, "die Erkenntnisse des Marxismus-Leninismus wie die Erfahrungen der vom Menschen beherrschten gesellschaftlichen Gesetzmäßigkeit im Sozialismus" über einen "souverän wissenden medialen [d.h. auktorialen.R.F.] Erzähler" (658) zu vermitteln, und nach wie vor zeigt sich für sie im Auktorialitätsverlust (etwa bei Kafka) die "Unfähigkeit, Zusammenhänge zu durchschauen, "und" dem Wesen der Erscheinungen auf die Spur zu kommen" (ebd.). Gleichwohl räumt sie ein, daß

- einerseits auch "eine religiöse Weltanschauung oder auch eine auf Rassismus und Nationalismus eingeschworene Weltanschauung durchaus zu jener Sicherheit verleiten [kann], die ein Autor braucht, um einen medialen [d.h. auktorialen.R.F.] Erzähler als klar urteilende und wertende Instanz aufbauen zu können" (ebd.),

- andererseits die (sozialistische) Sinndeutung des auktorialen Narrators jederzeit durch die einer Zentralfigur ersetzbar ist.

Dabei grenzt sie sich sicherlich nicht so sehr gegen Weimann ab (irreführend S. 631), der ein Jahr zuvor in 'Sinn und Form' allen normenpoetischen Forderungen ebenfalls eine Absage erteilt hatte (Weimann 1966), sondern allenfalls gegen einen Aufsatz von Erwin Pracht und Werner Neubert 'Zu aktuellen Grundfragen des sozialistischen Realismus in der DDR' (so S. 632), letztlich aber gegen ein ästhetisch konservatives Verständnis von sozialistischem Realismus, dessen Protagonist erst 22 Seiten später namhaft gemacht wird: *Georg Lukács*. Daß kurz zuvor[64] mit Hermann Kants Roman 'Die Aula' auch in der DDR ein Werk erschienen ist, in dem das sozialistische Bewußtsein nicht von einem sinndeutenden Narrator, sondern von der Zentralfigur des Geschehens ausgeht, wird von ihr ausdrücklich vermerkt.

---

[64] 1964 in der Zeitschrift 'Forum', 1965 in Buchform.

Da auch I.Diersens Bekenntnis zum ideologieneutralen Charakter von Erzähltechniken (samt der damit verbundenen kritischen Stanzel-Rezeption) etwas vorsichtig ausfällt, sei das Fazit hier nachgetragen:

a) Die Sinndeutung eines auktorialen Narrators kann auch Ausdruck eines "falschen Bewußtseins" sein.
b) Die Verlagerung der Sinndeutung auf eine Figur kann durchaus "richtiges Bewußtsein" vermitteln.
c) Somit besteht kein zwingender Zusammenhang zwischen Handhabung der Auktorialität und Botschaft des Textes.

Insgesamt herrscht derzeit wenig Neigung, die Positionen von Auktorialität und Nichtauktorialität wechselseitig als epigonal-altfränkisch bzw. modernistisch-dekadent zu diffamieren und mit normativen Sanktionen zu belegen. Die Entscheidung zugunsten einer der beiden Positionen entspricht dem jeweiligen ästhetischen Bedürfnis, nicht einer gesellschaftspolitischen Haltung.

4.2.2. Das Ende des Erzählers und die Anfänge der Narrativik

Die gesamteuropäische, in Deutschland mit dem Namen Friedrich Spielhagens verbundene Forderung nach objektivem, von keinem expliziten Narrator gestörten Erzählen hatte zu einer hundertjährigen Kontroverse geführt und das Bewußtsein der literarischen Öffentlichkeit, seien es Autoren oder Literaturkritiker, für eine "reine", von Erzähl-Inhalten absehende Erzähltheorie[65] (*"Narrativik"*) geschärft. Dabei hatte sich die Deutung der Narratorfunktion zunehmend von der ästhetischen auf die literatursoziologische Ebene verlagert und zugleich den Charakter einer normativen Wertung angenommen: Noch in der zweiten Hälfte des 20. Jahrhunderts bedeutete der Verzicht auf den auktorialen Erzähler für Wolfgang Kayser (1955) den "Tod des Romans" und für Robert Weimann (1962) "die Zerstörung der Erzählkunst".

Obwohl inzwischen, vor allem unter dem Einfluß Franz K. Stanzels (1955), an die Stelle eines wertenden Gegeneinanders ein typologisches Nebeneinander getreten ist, bleibt diese narrative Typologie nach wie vor dem seit hundert Jahren tradierten Erkenntnisinteresse verhaftet. Zum einen spricht sie von Erzähltypologie, obwohl es ihr um Romantypologie geht, so daß *allgemeine* Aussagen über den vielschichtigen kommunikativen Akt 'Erzählen' *empirisch* aus einer begrenzten Menge von prototypischen Exemplaren der literarischen

---

65 Für eine allgemeinere Romantheorie siehe Lämmert,Eberhard u.a. (Hrsg.): Romantheorie. Dokumentation ihrer Geschichte in Deutschland seit 1880. 2. Aufl. Königstein i.T. 1984; vgl. auch Hillebrand,Bruno: Theorie des Romans. 2 Bde. München 1972, insbes. dens.: Deutsche Romanpoetologie nach 1945. [Nachdruck in Hillebrand (1978,489-539)].

Zur Außenseiterrolle der Protagonisten im modernen Roman (von Leopold Bloom über Joseph K. bis zu Franz Biberkopf) vgl. etwa Stanzel (1985,23).

Gattung 'Roman'[66] abgeleitet werden; darüber hinaus reduziert sie nach wie vor ihr Interesse auf das Verhältnis zwischen "altem" und "neuem" Erzählen[67].

Die seit Spielhagen mit dem Gegensatz 'traditionell vs modern' belegte Dichotomisierung der narrativen Typologie findet sich — angereichert durch die dritte Möglichkeit des ICH-Erzählens — zuletzt noch in Stanzels Opposition zwischen auktorialer und personaler Erzählhaltung[68]. Wie bereits zu Beginn dieses Beitrags in anderem Zusammenhang ausgeführt, wird jede der beiden "Erzählsituationen" als ein Ensemble narrativer Merkmale verstanden, ohne daß eine analytisch stringente Hierarchisierung versucht würde. Sobald auch nur eines der Merkmale nicht mehr prototypisch ausfällt, beginnt das gesamte Profil zu verschwimmen, und die zunächst antithetisch anmutende Zweiteilung erweist sich als ein skalär angelegtes Modell mit zahllosen "Übergängen"[69]. Hierzu einige Beispiele:

- Wenn Auktorialität mit Allwissenheit[70] gleichgesetzt wird, so mag dies empirisch für eine bestimmte Gattung einer bestimmten Epoche (nämlich den prototypischen Roman des 19. Jahrhunderts) zutreffen. Logisch hat diese Verknüpfung keinen Bestand: Der auktoriale Narrator muß nicht zwangsläufig allwissend sein.[71]

- Wenn Auktorialität und Perspektivierung[72] als zwei sich ausschließende Möglichkeiten empfunden werden, so mag dies empirisch für eine bestimmte Gattung in einem bestimmten Epochenwandel (nämlich den prototypischen Roman beim Übergang vom 19. zum 20. Jahrhundert) zutreffen. Logisch entbehrt diese Alternative der Stringenz: Auch der auktoriale Narrator kann eine Perspektive einnehmen[73].

---

66 F.K.Stanzel hat seine 'Typischen Erzählsituationen' von 1955 im wesentlichen aus je zwei "traditionellen" und "modernen" Romanen entwickelt. — Eine saubere Trennung zwischen literaturgeschichtlicher Gattungslehre und narrativer Typologie findet sich bei Lämmert (1975,15-18).

67 Der Gegensatz wird didaktisch geschickt herausgearbeitet von Neis (1965).

68 Stanzel (1976. 1985,242-257: 'Von der auktorialen zur personalen Erzählsituation').

69 Vgl. hierzu Stanzels "Typenkreis" (1976,52-55. 1985,240-300 u. Diagramm).

70 Zum allwissenden Narrator siehe unten unter 5.1.

71 Zur gängigen Vorstellung von der Allwissenheit jedes auktorialen Narrators vgl. immerhin W. Kaysers vorsichtige Einschränkung, wonach dieser Erzähler "allwissend ist *bzw. sein kann*" (1956,199). Etwas deutlicher wird I. Diersen (1967,647): "Vorstellungen, die das Vorhandensein eines medialen [d.h. auktorialen.R.F.] Erzählers mit erzählerischer Alllwissenheit gleichsetzen", seien "fragwürdig".

Umgekehrt kann sich übrigens ein nichtauktorialer Narrator nach unserer Definition durchaus allwissend verhalten.

72 Zum perspektivischen Narrator siehe unten unter 5.1.

73 Umgekehrt ist ein nichtauktorialer Narrator nach unserer Definition keineswegs zwingend auf Perspektivierung festgelegt.

- Wenn unter dem Begriff 'Perspektive' automatisch die erzähltechnischen Mittel der erlebten Gedankenrede und des inneren Monologs subsumiert werden, so mag dies empirisch für eine bestimmte Gattung einer bestimmten Epoche (nämlich den prototypischen Roman des 20. Jahrhunderts) zutreffen. Logisch sind weniger ausgeprägte, gleichwohl perspektivisch eingesetzte Mittel der Gedankenwiedergabe denkbar (und nachweisbar)[74].

Derartigen Schwierigkeiten einer literaturwissenschaftlichen Gesamtschau versucht der diesem Beitrag zugrundeliegende, textlinguistisch-semiotischen Vorstellungen verpflichtete analytische Ansatz zu begegnen — durchaus im Sinne von I. Diersen, die schon vor zwei Jahrzehnten (1967,635) eine Reduktion auf elementare Parameter gefordert hatte:

> "Die logisch-theoretische Trennung des in der Romanform Zusammenfließenden hat nur die eine Aufgabe, die Funktion der Elemente im jeweils einmaligen Kunstwerk zu erschließen. Das aber kann die wissenschaftliche Interpretation um so besser leisten, als die einzelnen Elemente theoretisch exakt von einander abgegrenzt bestimmt sind."

Wenn dabei oben (3.2.) Auktorialität *formal*[75] als grammatikalisierte Repräsentanz[76] einer expliziten Narrator-Ebene — insbesondere als Narrator-Präsens in präteritaler Umgebung — definiert wurde, so geschah dies in der Zuversicht, mit diesem Kriterium tatsächlich alle in der Auktorialitäts-kontroverse intuitiv gemeinten Erscheinungen[77] abzudecken und gleichzeitig dem Anspruch auf intersubjektive Überprüfbarkeit zu genügen — im Gegensatz zu Stanzel (1985), für den die Auktorialität in einem "Kontinuum" (32 f.) steht, so daß die jeweilige

---

74 Zum Sonderfall der perspektivischen Verweigerung von Gedankenwiedergabe vgl. Freudenberg 1988 (275.277).

75 Auf die *Funktionen* von Auktorialität — und zwar als System, nicht als Katalog — kann hier nicht eingegangen werden. Einen Vergleich der "reflektierenden Einmischung des Verfassers [lies: Narrators. R.F.]" im 'Wilhelm Meister' und im 'Zauberberg' unternimmt Meyer (1963, 23 f.). Für eine allgemeine Charakterisierung des auktorialen Narrators vgl. auch Diersen (1967,633 f.).

76 Dieser ausdrückliche Bezug auf grammatische Kriterien gestattet es, auch verkappte Formen der Narratorpräsenz ("*indirekte Auktorialität*") mit geläufigen linguistischen Operationen aus der ICH/JETZT/HIER-Origo abzuleiten, seien es referenzielle Deiktika wie "*damals*" (bezogen auf JETZT) oder "*dort drüben*" (bezogen auf HIER), seien es subjektivierende Modalpartikeln wie "*vermutlich*" (mit der Paraphrase "*ich vermute, daß*", also tiefenstrukturellem ICH/JETZT). Von dieser Konzeption aus lassen sich auch jene Passivkonstruktionen bei Robert Musil ohne weiteres als auktorial identifizieren, bei denen Feuerlicht (1970, 434 Anm. 24) annimmt, dahinter halte sich "der Erzähler *versteckt*".

77 Schon Th. Fontane hatte 1896 in einem Brief an Spielhagen zum "Hineinreden des Schriftstellers" deutlichere Kriterien vermißt: "[Es wird] mitunter schwer festzustellen sein, wo das Hineinreden beginnt." (Zitiert nach Richter 1966,41 Anm. 3)

Zuordnung "auch der Neigung des einzelnen Lesers überlassen" (150) wird, also "häufig offen bleiben" muß (253).[78]

Hinter unserer operationalisierten Auktorialitätsdefinition steht die generelle Forderung, das Instrumentarium zur Beschreibung narrativer Phänomene vor der Anwendung auf seine Brauchbarkeit zu überprüfen. Dies kann nicht *induktiv* anhand einzelner Exemplare der Gattung *Roman* geschehen, sondern muß *deduktiv* aus einer allgemeinen Logik des *Erzählens* abgeleitet werden. Die schwierige Frage nach dem Stellenwert des Romans in einer Gesellschaft — ob Seismograph, Spiegel oder Kompaß — kann füglich einer sich literaturkritisch verstehenden Literaturwissenschaft überlassen bleiben.

4.2.3. Zweiter Exkurs: Der auktoriale Erzähler bei Thomas Mann

Thomas Manns Verhältnis zur Auktorialität ist immer wieder zum Gegenstand literaturhistorischer und literaturkritischer Untersuchungen — z.T. auf der Grundlage von Detailanalysen[79] — gemacht worden, so daß es an dieser Stelle mit einem interpretierenden bzw. ergänzenden Überblick sein Bewenden haben kann.

a) Thomas Mann und das auktoriale Prinzip

Thomas Mann hat sich zeitlebens dem auktorialen Erzählen als einer epischen Grundhaltung verpflichtet gefühlt. Allen literarischen Zeitströmungen und Programmen trotzend, bringt er stets den Redemoment seines Narrators explizit ein, sei es als Interpreten der eigenen, ICH-erzählten Jugend[80] ('Felix Krull'), sei es als reflektierenden Deuter einer ER-Erzählung ('Zauberberg'). Selbst wenn der Autor seinem Narrator die sinnstiftende Funktion einer auktorial-übergeordne-

---

[78] Stanzel verwischt die Narrator-Konturen, indem er den Gegensatz zwischen *szenischer Darstellung* und *raffendem Bericht* der Auktorialitätsproblematik zuordnet. Tatsächlich liegt jedoch die *Zeitbehandlung* mit den beiden Polen 'streckend' vs 'raffend' auf einer anderen Ebene: Auch ein expliziter Narrator mit ausgeprägt auktorialem Profil vermag jederzeit szenisch darzustellen. Hier rächt sich wieder einmal das Festhalten an vorgegebenen Roman-Prototypen.- Daß Stanzel in verdienstvoller Weise den Begriff 'auktorial' eingeführt und damit zu definitorischer Klärung herausgefordert hat, bleibt davon unberührt.

[79] Neben Frey (1948) ist hier vor allem der strikt auf Auktorialitätserscheinungen konzentrierte Aufsatz von Ignace Feuerlicht 'Der Erzähler bei Thomas Mann' (1970) zu nennen. Feuerlichts zusammenfassende Darstellung fußt offenbar auf einer genaueren Untersuchung von Th. Manns Gesamtwerk, und zwar (ohne theoretische Ableitung) im Sinne des auch von uns vertretenen Auktorialitätskonzepts.

[80] Zu unserer (gegen die Mehrheitsmeinung aufgestellten) Forderung, die Opposition auktorial vs nichtauktorial auch beim ICH-Erzähler zu berücksichtigen, siehe oben (3.3.). Anders — neben Stanzel — auch Frey (1948, 283 Anm. 42): "As for the Novellen, a number of them are written in the first person, which device excludes them automatically from this discussion [nämlich der Auktorialitätsdiskussion.R.F.]."

ten Deutung entzieht und die Geschichte "sich selbst erzählen" lassen möchte, meldet sich der Narrator ohne ersichtlichen Grund vereinzelt zu Wort.

b) 'Buddenbrooks'

Insbesondere die *'Buddenbrooks'* wirken (abgesehen von dem als "narrativer Fremdkörper" einmontierten Typhus-Kapitel XI,3) so nichtauktorial konzipiert, daß bei flüchtiger Lektüre der Eindruck aufkommen mag, "nirgends benennt sich dort ein Aussagesubjekt außerhalb der erzählten Geschichte und tritt einem Leser gegenüber" (Hohmeyer 1965,7). Gleichwohl lassen sich etliche Textstellen ausfindig machen, die nach der oben (3.2.) gegebenen Definition, aber auch nach dem unbefangenen Leser-Eindruck als auktorial gelten müssen[81]. Soweit nicht anders angegeben, stehen alle im folgenden herausgegriffenen Passagen in einem Kontext, der eine Interpretation als Figurendenken (im Sinne erlebter Rede) ausschließt.

- (A) "Und zwischen zwei Kriegen [...] spielt der kleine Johann [...] die Spiele seiner viereinhalb Jahre ... Diese Spiele, deren Tiefsinn und Reiz kein Erwachsener mehr zu verstehen vermag, und zu denen nichts weiter nötig ist als drei Kieselsteine oder ein Stück Holz, das vielleicht eine Löwenzahnblüte als Helm trägt: vor allem aber die reine, starke, inbrünstige, keusche, noch unverstörte und uneingeschüchterte Phantasie jenes glückseligen Alters, wo das Leben sich noch scheut, uns anzutasten, wo noch weder Pflicht noch Schuld Hand an uns zu legen wagt, wo wir sehen, hören, lachen, staunen und träumen dürfen, ohne daß noch die Welt Dienste von uns verlangt ... wo die Ungeduld derer, die wir doch lieben möchten, uns noch nicht nach Anzeichen und ersten Beweisen quält, daß wir diese Dienste mit Tüchtigkeit werden leisten können ... Ach, nicht lange mehr, und mit plumper Übermacht wird alles über uns herfallen, um uns zu vergewaltigen, zu exerzieren, zu strecken, zu kürzen, zu verderben ...
Große Dinge geschahen, während Hanno spielte." (VII,8. 444 f.)

Hier meldet sich der Narrator mit einer verallgemeinernden Aussage im sog. "gnomischen Präsens" zu Wort. Der Übergang zur Auktorialität ist denkbar unauffällig gestaltet: Das zunächst dominierende historische Präsens wird inmitten der Satzkonstruktion in ein auktoriales JETZT umfunktioniert. Dabei dient die durch Auslassungspunkte separierte wiederaufnehmende Nominalphrase "Diese Spiele" als Scharnier: Im Satzverlauf wirkt sie zunächst rein

[81] Zur Auktorialität in den 'Buddenbrooks' vgl. neben Einzelbeobachtungen bei Hohmeyer (1965) vor allem Petersen 1967, insbes. S. 125-129 ('Das Hineinreden des Erzählers').

Für den hier vorgelegten Beitrag konnte außerdem auf zwei aus der Marburger Arbeitsgruppe 'Narrativik' hervorgegangene ungedruckte Untersuchungen zurückgegriffen werden, nämlich

Theiß, Irmgard: Möglichkeiten und Grenzen perspektivischen Erzählens. Zum Begriff 'Personale Erzählsituation' am Beispiel von Thomas Manns 'Buddenbrooks'. Wiss. Hausarbeit im Fach Deutsch. Marburg 1980, insbes. S. 22-26 ('Das Vorhandensein von *Rest-Auktorialität*');

Heinemann, Angelika: Berichtende und szenische Erzählform in Thomas Manns Roman 'Buddenbrooks'. Magisterarbeit, Fachbereich 09 der Philipps-Universität Marburg. 1981, insbes. S. 99-105 ('Erzählermerkmale').

anaphorisch ('die eben genannten Spiele'), doch alsbald entpuppt sie sich als generalisierend ('derartige Spiele'). Das Ende des auktorialen Einschubs wird typographisch durch Absatz und grammatisch durch Weiterführung im epischen Präteritum signalisiert. — Zur Verwendung der grammatischen Person hatte Feuerlicht (1970, 419) gemeint, hier schließe "sich der Erzähler mit [...] Hanno und mit seinen Lesern in einem 'wir' zusammen". Pronominalgrammatisch trifft dies sicherlich zu: Die Einbeziehung des Lesers ist es, die den besonderen auktorialen WIR-Ton[82] schafft. Referenzsemantisch hingegen steht in diesem Fall die 1. Pers.Pl. eindeutig für "Wir Menschen", also letztlich für "Der Mensch": Was der Narrator "uns" für die Zukunft prophezeit, ist für Produzent wie Rezipient längst biographische Vergangenheit. Somit stellt der Gebrauch der grammatischen *Person* hier ein formelhaftes Oberflächenphänomen dar; einzig das grammatische *Tempus* verbürgt in seiner Sentenzenform den auktorialen Charakter der Aussage.
Textfunktional verbirgt sich hinter dieser Äußerung des Narrators einerseits eine durch Rührung erzeugte Sympathiewerbung für den kleinen Hanno, andererseits eine sublime Vorausdeutung künftiger Konflikte — beides verdeckt durch den Anschein überindividueller Allgemeingültigkeit (Vgl. hierzu auch Lämmert 1963,209f.).

- (B) "Aber es kommt ein Augenblick, von dem an die Hoffnung der Angehörigen etwas Künstliches und Unaufrichtiges ist. Schon hat sich eine Veränderung mit dem Kranken vollzogen, und etwas der Person Fremdes, die er im Leben darstellte, ist in seinem Benehmen. Gewisse, seltsame Worte kommen aus seinem Munde, auf die wir nicht zu antworten verstehen, und die ihm gleichsam den Rückweg abschneiden und ihn dem Tode verpflichten. Und wäre er uns der Liebste, wir können nach alldem nicht mehr wollen, daß er aufstehe und wandle. Würde er es dennoch tun, so würde er Grauen um sich verbreiten wie einer, der dem Sarge entstiegen ..." (IX,1.575)

Hier werden die generalisierenden Möglichkeiten des *gnomischen* Präsens fast überschritten: Der Leser dürfte wohl weniger an allgemeine Lebenserfahrungen (JETZT und IMMER) als an das Schicksal der erzählten Figur (DAMALS) denken und sich den ganzen Abschnitt in *historisches* Präsens "übersetzen"[83].
Textfunktional werden durch diesen auktorialen Einschub die unmittelbar vorausgegangenen optimistischen Prognosen des Hausarztes Dr. Grabow am Krankenbett der Konsulin korrigiert. Der Erzähler wird nachgerade "zu einem urteilenden oder das Erzählte gar verurteilenden Narrator" (Petersen 1967,127).

---

[82] Dieses besondere, den Adressaten *eindeutig* einschließende WIR scheint vor allem bei generalisierenden Aussagen vorzukommen. Zu dem davon fernzuhaltenden Narrator-WIR unter Ausschluß des Adressaten vgl. Feuerlicht (1970, 418); danach nennt sich in Thomas Manns epischem Gesamtwerk der auktoriale Narrator einer ER-Erzählung insgesamt nur dreimal "*Ich*" (neben regelmäßigem "*Wir*").- Vgl. auch Leopold (1985, 141 f.).

[83] So erklärt sich die typologische Nähe der zitierten Stelle zum späteren Typhus-Kapitel (XI,3). — Vgl. zu dieser "direkten Bemerkung" des Erzählers auch den Hinweis bei Lämmert (1963,228).

- (C) "Es gibt einen Zustand der Depression, in dem alles, was uns unter normalen Umständen ärgert und eine gesunde Reaktion unseres Unwillens hervorruft, uns mit einem matten, dumpfen und schweigsamen Grame niederdrückt ... So grämte Thomas sich über das Benehmen des kleinen Johann". (VIII, 5.501)

Auch hier wird der Appell an die allgemeine Lebenserfahrung auf eine harte Probe gestellt. Läßt man einschlägige autobiographische Erfahrungen des hinter dem Narrator stehenden Autors füglich außer acht, so reduziert sich die vorgeblich generelle Aussage über "uns alle" auf eine Beschreibung von Thomas Buddenbrooks höchst individuellem Zustand.

- (D) "Unsere Wünsche und Unternehmungen gehen aus gewissen Bedürfnissen unserer Nerven hervor, die mit Worten schwer zu bestimmen sind. Das, was man Thomas Buddenbrooks 'Eitelkeit' nannte [...], war in Wirklichkeit etwas gründlich anderes." (VII,5.426)

Dieser vierte und letzte Beleg für direkte ICH-Auktorialität in den 'Buddenbrooks' — erneut in Gestalt einer WIR-Sentenz — ist textfunktional noch weiter reduziert: Was für den Narrator "mit Worten schwer zu bestimmen" ist, hat keineswegs die von J. Petersen (1967,126) unterstellte "erhellende, ja enthüllende Bedeutung". Die Aufdeckung erfolgt vielmehr erst im nächsten, präterital gehaltenen Satz; die WIR-Sentenz bildet lediglich deren Auftakt.

Daß der Eindruck generalisierender Auktorialität auch ohne explizite Einführung der 1.Pers. erzielbar ist, zeigen die folgenden Belege mit gnomischem Präsens.

- (E) "Todesfälle pflegen eine dem Himmlischen zugewandte Stimmung hervorzubringen, und niemand wunderte sich, aus dem Munde der Konsulin Buddenbrook [...] diese oder jene hochreligiöse Wendung zu vernehmen". (V,5.282)

Hier kommt der präsentischen Sentenz erneut korrigierende Funktion zu. Durch "kritisches Hineinreden" entlarvt der Narrator "die frommen Äußerungen der Konsulin [...] nicht [...] als Ausdruck echter Gottesfurcht, sondern als Zeichen menschlicher Schwäche" (Petersen 1967,126; anders Lämmert 1963,228).

- (F) "So war es nicht Übermut, daß Senator Buddenbrook [...] über dem Plane sann, sich ein großes, neues Haus zu bauen. Wer glücklich ist, bleibt am Platze. Seine Rastlosigkeit trieb ihn dazu". (VII,5.427)

Erneut kleidet hier der Narrator seinen kritischen psychologischen Durchblick in die Form einer auktorialen Sentenz, diesmal sogar als Sprichwort[84].

---

[84] Zu weit geht Petersen (1967,126) mit seiner Behauptung, "erst durch den Kommentar des Erzählers" würden "die wahren Motive für das Vorhaben des Senators" deutlich. Tatsächlich nennt der Narrator diese Motive ausschließlich während des präteritalen Erzählvorgangs.

- (G) "Tony [erwachte] am nächsten Morgen mit dem angeregten und freudigen Gefühl, mit dem man in einer neuen Lebenslage die Augen öffnet." (III,6.125)

Dieser Fall von "bloßem Mitreden" (Petersen 1967,126) des Narrators entspricht eher der Auktorialität in den 'Wahlverwandtschaften'; für die 'Buddenbrooks' ist er durchaus atypisch.

Einmal sucht sich der Narrator der Zustimmung seiner Leser zu versichern: "Jeder Mensch begreift, daß" (IV,7.217). Vgl. auch den (perspektivisch getönten) Einschub: "Herr Wenzel war, wie sich versteht, am Morgen des 7. Juli der erste Gratulant" (VIII,5.487).

Gelegentlich thematisiert der auktoriale Narrator lediglich den Erzählvorgang selbst ("*metanarrativer* Kommentar"):

- (H) "Toms und Christians Jugendzeit ... es ist nichts Bedeutendes davon zu melden." (II,3.68)

Solche "erzähltechnische Bemerkungen, die auf einen Erzähler hinweisen" (Feuerlicht 1970,419), finden sich in den 'Buddenbrooks' zwar nur vereinzelt, sind aber unüberhörbar: "Hier ist zu erwähnen" (II,7.92), "Was folgt, geschah im Spätsommer" (IV,11.247).

Zu den bisher belegten Erscheinungsformen direkter Auktorialität, nämlich solchen mit ausdrücklichen ICH/JETZT-Signalen (im Sinne von 3.2.), gesellen sich solche mit *indirekter Auktorialität* (gem. Anm. 76), bei denen sich die explizite Erzähler-Origo in einer linguistisch ableitbaren Tiefenstruktur entfaltet, ohne daß der "Tonfall" weniger auktorial ausfiele.

Hierher gehören die subjektivierenden, eine Stellungnahme des Produzenten signalisierenden *Modalpartikeln*. Von diesen verwendet der Buddenbrooks-Narrator einzig das textanschließende "*übrigens*" in der Bedeutung 'Nebenbei gesagt':

- (I) "Thomas [...] war ein kluger, regsamer und verständiger Mensch, der sich übrigens aufs köstlichste amüsierte, wenn [...]". (II,3.66)

Häufig gebraucht Thomas Manns Narrator allerdings die Partikel "*übrigens*" durchaus hintersinnig, nämlich mit beschwichtigendem, die Bedeutung herunterspielendem und damit funktional um so bedeutsamerem Unterton. Zu dem bekannten Beispiel in der Novelle 'Tristan'[85] stellen sich in den 'Buddenbrooks' zwei weitere, ebenfalls nur aus dem Kotext zu entschlüsselnde Belege:

---

85 Im Anschluß an das enervierende musikalische Tristan-Erlebnis des 8. Kapitels wird über die Therapie der lungenkranken Gabriele Klöterjahn berichtet: "Übrigens legte er [Doktor Leander] am folgenden Tage wegen Überbürdung die Behandlung nieder und übertrug sie an Doktor Müller" (250). Es bleibt dem Leser überlassen, aus dieser wie beiläufig erwähnten sanatoriumsinternen Überweisung das Todesurteil über Gabriele herauszuhören (Doktor Müller ist für die infausten Fälle zuständig).

- (K) "Übrigens wurde nach ein paar Tagen [...] dennoch der Beschluß gefaßt, Möllendorpfs Anton zu engagieren." (II,5.81)

- (L) "Übrigens eignete sie [Tony] sich die Gewohnheit an, immer, wenn die Glocke der Windfangtür über die große Diele schallte, auf den Treppenabsatz zu eilen, um zu sehen, wer käme ... Was mochte dies zu bedeuten haben? Das wußte wohl nur Ida Jungmann". (VI,2.316)

Fernzuhalten sind allerdings diejenigen Modalpartikeln, deren Kotext perspektivische Verwendung (*"Figurensicht"*) erkennen läßt oder zumindest nahelegt. Wenn sich Herr Köppen einiger Dialektschwächen "*leider* noch nicht entwöhnen" konnte (I,4.21), so sehen wir — gegen Petersen (1967,127) — darin keine Kritik des Narrators "durch den Gebrauch eines ablehnenden Wortes", sondern vielmehr das (vom Narrator in ironisierender Absicht übernommene) Bedauern von Köppens Umgebung ("kollektive Perspektive"): Selbstredend würde ein versuchsweise angestellter Substitutionstest zu der Paraphrase "es *war* [aus damaliger Sicht der Beteiligten] bedauerlich, daß" (Res-Ebene) führen — keinesfalls zu einem "Es *ist* [aus meiner heutigen Sicht] bedauerlich, daß" (Narrator-Ebene). Dies gilt insbesondere für Partikeln, mit denen Vermutungen geäußert, also Informationsschwächen zugestanden werden: Wenn der Narrator in der Eingangsszene der 'Buddenbrooks' mutmaßt, Großvater Johann habe seiner Enkelin "wahrscheinlich" das kleine Examen nur abgenommen, um sich über den Katechismus mokieren zu können (I,1.8), so legt der Kotext die Paraphrase "Man vermutete" (kollektiv-perspektivisch), nicht etwa "Ich vermute" (auktorial) nahe [86].

Eine besondere Erscheinungsform indirekter Auktorialität bilden die in einem Erzähltext auftretenden *Interjektionen*, verstanden als kommunikative Äußerungen eines expliziten Narrators (mit Ausdrucksfunktion im Sinne K. Bühlers). Bereits oben in Beleg (A) war das bekümmerte "*Ach*" als auktoriale Klage des Erzählers begegnet ("Ach, nicht lange mehr"), jener deutsche Weltschmerz-Seufzer, der den Übersetzern so manche Schwierigkeiten bereitet...

Einmal hat der Narrator Veranlassung zu besorgter Klage über Tony:

- (M) "Ach, sie sah nicht gut aus!" (VIII,9.560; vgl. Feuerlicht 1970,419)

---

[86] Weitere Beispiele: "augenscheinlich" (II,3.68); "ohne Zweifel" (VIII,5.501); "sicherlich" (I,2.14; II,3.66); "wohl" (unser obiger Beleg L).

Insgesamt zeigt sich, daß die *Aufgaben* einer expliziten Origo entweder vom Narrator oder von Figuren wahrgenommen werden, so daß sich insoweit die oben wiederholt referierte Alternative 'Auktorialität oder Figurenperspektive?' tatsächlich so anzubieten scheint, wie sich dies u.a. auch in der erlebten Rede zeigt. Gleichwohl sind beide Begriffe *konstitutiv* unterschiedlichen Ebenen zuzuordnen und somit nicht kompatibel.

Auch sonst gilt vor allem Tony das sorgende Mitleid des Narrators. Im 8. Kapitel von Teil VI wird der am Ende des 7. Kapitels erstmals vernommene Ausruf [87] "Arme Tony!" dreimal leitmotivisch wiederholt.

Bei solchen Interjektionen ist je nach Kotext die Möglichkeit figurenspezifisch-perspektivischer Verwendung ebenfalls mit zu bedenken:

- (N) "Jeder wollte die Verfassung und das Wahlrecht revidieren [...] Kein Wunder, daß Buddenbrooks Trina auf Gedanken verfiel wie der [!] mit dem Sofa und dem seidenen Kleid. *Ach*, es sollte noch ärger kommen. Die Dinge drohten eine fürchterliche Wendung zu nehmen..." (IV,2.180 f.)

Hohmeyers Kritik (1965,11), die Vorausdeutung des vorletzten Satzes müsse als "ein unbeabsichtigter Verstoß gegen die Gesetze des fiktionalen Er-Romans gewertet werden", trifft den Sachverhalt nicht ganz: Wenn hier der weitere Verlauf der Unruhen von 1848 nachgerade als eine Art von Jakobiner-Herrschaft prognostiziert wird, so doch sicherlich aus der vom Narrator mit Ironie wiedergegebenen Perspektive eines verängstigten Patriziats, dem auch die Wehklage "Ach" zuzuschreiben ist. Daß die Wiedergabe einer in die Zukunft gerichteten Befürchtung in Gestalt einer scheinbar sicheren Voraussage ("es sollte noch ärger kommen") hier nicht ganz geglückt ist, bleibt davon unberührt.[88]

Von der Möglichkeit, auktoriale *rhetorische Fragen* zu stellen, macht der Narrator keinen Gebrauch. Alle ermittelten Belege erweisen sich kotextuell als erlebte Gedankenrede und damit als perspektivisch[89].

Der Vollständigkeit halber sei abschließend erwähnt, daß auch die (metanarrative) Thematisierung des Erzählvorgangs in elliptischen Wendungen

---

87 Dieser Ausruf über Tony dürfte schwerlich als Zuruf an die Figur und damit als Figuren-Anrede zu interpretieren sein. — Im übrigen stellen *Figuren-Apostrophen* ein erzähllogisches Problem besonderer Qualität dar: Da die Zuwendung zur Figur mit einer Abwendung vom Leser verbunden ist, handelt es sich im Grunde um einen unepischen Einschub.

88 Weitere Belege für Interjektionen, deren Kotext figuren-perspektivische Verwendung entweder erkennen läßt oder zumindest nahelegt: ach (X,2.640.641; X,3.649; XI,2.717); in der Tat (V,8.296;VI,6.354); ja (II,1.56; II,6.84; V,2.264); nein (VII,7.442; vgl. Hoffmeister 1965,58); o ja (VIII,4.478); wahrhaftig (I,5.31; VI,6.351). Fernzuhalten sind naturgemäß Interjektionen in direkter Redewiedergabe, so etwa ein briefliches "Wahrlich" (V,7.294); apart wirkt die Verwendung in indirekter Rede: "Ach, Doktor Langhals habe ihn der Nerven wegen hergeschickt, antwortete Thomas Buddenbrook" (X,6. 679; vgl. hierzu Hoffmeister 1965,47).

Bei der szenischen Gestaltung einer Gesprächsrunde (I,8) paßt sich der in erlebter Rede berichtende Narrator durch gehäufte Interjektionen dem allgemeinen Konversationsstil an: "nein", "ja", "na", "oh", "gottlob" (S.37-41).

Problematisch wird die Unterscheidung zwischen Narrator- und Figuren-Origo, wenn der Erzähler der Meinung anderer beipflichtet und sich dadurch mit ihr identifiziert, vornehmlich durch einleitendes "Ja" (VIII,1.455; VIII,9. 561; XI,2.719).

89 Vgl. etwa "Wo war Doktor Grabow?" (I,7.35) sowie die eindringliche Wiederholung "Was fürchtete er?", "Was fürchtete Thomas Buddenbrook?" (X,5.659.660), aber auch unseren obigen Beleg L.

vom Typ "Wie angedeutet" (II,6.81), "Wie gesagt" (V,8.301) o.ä. die Gestalt indirekter Auktorialität annehmen kann.

Insgesamt hat dieser — hier erstmals in erforderlicher Breite[90] und mit dem Anspruch auf vertretbare Systematik unternommene — Versuch, die auktorialen Elemente in den 'Buddenbrooks' näher zu bestimmen, folgende Resultate erbracht:

1. Entgegen dem vagen Gesamteindruck eines flüchtigen Lesers[91] meldet sich in diesem Roman der Narrator sehr wohl mit auktorialen Einschüben zu Wort. Dieser Befund behält selbst dann seine Gültigkeit, wenn man sich streng an die oben aufgestellten Auktorialitätskriterien hält und weder zukunftsgewissen Vorausdeutungen[92] noch erzählgrammatischen Streckformen ("*Periphrasen*")[93], geschweige denn raffenden Berichten[94] das Merkmal 'auktorial' zubilligt.

---

[90] Vgl. auch Lämmert (1963,220). Dieser hat auf den ersten vierzig Seiten der 'Buddenbrooks' zehn "Erzähler-Einhilfen" gezählt, allerdings auf der Grundlage anderer Kriterien.

[91] Vgl. neben Hohmeyer (1965,7) auch Leopold (1985,140): "The one thing he [the author of the 'Buddenbrooks'. R.F.] does not do is intrude into the story and comment in the first person on what he has written. The author is constantly there as an omniscient 'Geist der Erzählung', but this spirit never becomes incarnate or even articulate."

[92] Die wenigen Vorausdeutungen in den 'Buddenbrooks' lassen vorsichtigen, funktional stets plausiblen Gebrauch erkennen:
- Ankündigung eines unmittelbar folgenden Geschehens: "Der Tod ihres zweiten Kindes war weder der letzte noch der härteste Schlag, der sie treffen sollte ..." (VI,8.377); vgl. auch unseren obigen Beleg N.
- Vorwegnehmende Korrektur eines spontanen Eindrucks: "Sie durften später diese traurige Prophezeiung als Irrtum erkennen" (VII,5.430).
- Zeitsprung zur Beendigung eines Handlungsstranges: "Später, auf irgendeine niemals aufgeklärte Weise, ist einzelnen Familienmitgliedern das 'Wort' bekanntgeworden" (VI,11.401).

Einen ungewollt hellseherischen Ton bekommt die zukunftsgewiß-futurische Vorhersage, wenn sie aus dem historischen Präsens heraus erfolgt: "Ehrgeiz und Eitelkeit wühlen im stillen. Eingesargte Hoffnungen regen sich, stehen auf und werden enttäuscht. Der alte Kaufmann Kurz in der Beckergrube [...] wird wiederum [...] in seiner Wohnung sitzen und des Rufes harren; aber er wird auch diesmal nicht gewählt werden, er wird fortfahren [...], und er wird [...]" (VII,3.415).

Mit diesen Stellennachweisen erledigt sich Hohmeyers Kritik (1965,11), wonach der obige Beleg N als einmaliger, "unbeabsichtigter Verstoß gegen die Gesetze des fiktionalen Er-Romans" zu werten sei: Dem Buddenbrooks-Narrator sind diese angeblichen "Gesetze" fremd...

[93] Hierzu einige Beispiele: "Denn so verhielt es sich" (VII,6.437); "Die Sache war die" (I,1.12; IV,2.182; V,1.260; X,6.676); "Was Clara Buddenbrook betraf" (V,6.290); "Was die kleine Elisabeth betraf" (VIII,8.542); "Was Klothilde betraf" (VIII,8.551); "Was Kai betraf" (X,2.635); "Was den letzteren anging" (II,6.81). Diese nichtauktorialen Periphrasen sollten — gegen Petersen (1967,123f.) — nicht nur graduell, sondern prinzipiell von auktorialen Streckformen des Typs "Was Christian Buddenbrook betrifft" (XI,1.709) getrennt werden.

[94] Dem Verhältnis zwischen *raffendem Bericht* und *szenischer Darstellung* in den 'Buddenbrooks' ist A. Heinemann in einer ungedruckten Untersuchung (wie Anm. 81) nachgegangen. Danach werden mit der szenischen Erzählweise nicht nur "äußere Höhepunkte der Handlung", sondern auch "psychische und geistige Entwicklungen" dargestellt (S.125 f.); Aufgabe des Erzählerberichts ist demgegenüber der Brückenschlag von Szene zu Szene.

2. Daß dieser auktoriale Unterton dem Leser nicht so recht bewußt wird, ist verständlich: Quantitativ handelt es sich um eingestreute Elemente, die sich (qualitativ) nur schwer zu einer Gesamtkonzeption zusammenfügen wollen. Im Gegensatz zum 'Zauberberg', dessen auktorialer Narrator vom ersten, ankündigenden Satz bis zur textschließenden rhetorischen Frage allzeit interpretierend und bewertend das Wort nimmt, verzichtet der Buddenbrooks-Erzähler auf Kommentierungen des Gesamtgeschehens, ja sogar auf Leser-Apostrophen[95]. Somit handelt es sich bei der Auktorialität in den 'Buddenbrooks' weniger um ein konstitutives narratives Prinzip als vielmehr um einen erzählerischen Grundton, eine "epische Geste", auf die Thomas Mann, allen erzähltheoretischen Programmen trotzend[96], zeitlebens nicht verzichten wollte.

3. Wenn es eine Figur gibt, der gegenüber der Narrator seine Auktorialität funktional überzeugend ausspielt, dann ist es die der Tony: Seine "humorvoll-warmherzige Parteinahme" (Lämmert 1963,214) verrät allenthalben mitleidige Überlegenheit. Hätte der Narrator seine Interjektion "Ach!" und seine Attribuierung "arm" auch nur ein einziges Mal auf Thomas oder Hanno gerichtet (statt dies dem Leser zu überlassen) — der sensibel zwischen Sympathielenkung und Distanzierung operierende Roman wäre heillos aus dem Gleichgewicht geraten[97].

c) Sonstige Werke

Meldete sich das auktoriale ICH *pronominal* in den 'Buddenbrooks' nur ganz sporadisch und schemenhaft zu Wort, so profiliert es sich in *'Königliche Hoheit'* (1909) um einiges deutlicher: Durch Wendungen wie "bei uns", "unsere Presse" und "unsere Öffentlichkeit" gibt sich der Narrator als (anonym bleibender) Einwohner des Kleinstaates zu erkennen (Leopold 1985,141 f.), ohne indes von seinen bewußtseinssteuernden Möglichkeiten Gebrauch zu machen. *'Lotte in Weimar'* (1939) hingegen gilt als "fast"[98] nichtauktorial — abgesehen von Einwürfen wie "Und doch kann man sagen" oder "Dem Bericht Demoiselle

Zur Rolle des szenisch-"dramatischen" Erzählens im Umfeld der Spielhagen-Diskussion vgl. auch Feuerlicht (1970,421), Frey (1948,277) und Hoffmeister (1965,45).

95 Zur Anrede des Lesers bei Th. Mann vgl. Feuerlicht (1970,422 f. 431) und Henze (1965,190 f. 194).

96 Gleichwohl erklärt Lämmert (1963,230) die Zurückhaltung des Buddenbrooks-Narrators aus dem literarischen Zeitgeist: "An der Schwelle des 20. Jahrhunderts ist es dem Romanautor verwehrt, in direktem Umgang mit dem Leser, sei es in Vorrede oder unverblümter Einrede, über die wünschenswerte Einschätzung der Geschichte und ihrer Hauptpersonen zu befinden."

97 Wenn Lämmert (1963,214) in der Person des Erzählers den "Fluchtpunkt" aller "vielverzweigten und widerstreitenden Teilidentifikationen" des Romans sieht, so offenbar im Hinblick auf die Perspektivenwahl, nicht etwa die auktorialen Eingriffe.

98 Vgl. Frey 1948,283 ("to a certain degree"); Leopold 1985,146 ("almost completely").

Schopenhauers ist hier ungestörter Zusammenhang gewahrt worden" (Žmegač 1965,266).

Was die *Novellen* anlangt, so konnte I. Feuerlicht (1970, 418) einzig den 'Kleinen Herrn Friedemann' (1897) und 'Wälsungenblut' (1906) als nichtauktorial identifizieren; die ebenfalls von ihm genannten Erzählungen 'Das Wunderkind' (1903) und 'Unordnung und frühes Leid' (1926) sind präsentisch erzählt und deshalb dem Zugriff eines auktorialen Narrators nicht ohne weiteres zugänglich.

Wie wenig Bedenken Thomas Mann trug, seinen Narrator zumindest pronominal zu exponieren, zeigen 'Der Tod in Venedig' (1911) und 'Die Betrogene' (1953): Beide Texte sind zwar weitgehend nichtauktorial erzählt, lassen aber jeweils im ersten Satz — gewissermaßen als Auftakt — über das Possessivpronomen der 1. Pers.Pl. den Narrator erkennen, und zwar formelhaft in "unser Kontinent" (für 'Europa') bzw. "unser Jahrhundert" (für 'Das zwanzigste Jahrhundert')[99].

d) Resümee

Immer wieder ist versucht worden, Thomas Manns Behandlung des auktorialen Narrators in Gesetzmäßigkeiten einzupassen. So habe er sich in seinen Romanen zunehmender Auktorialität bedient (Frey 1948, 283 Anm. 42; Leopold 1985, 139; Žmegač 1965,267), wogegen die Entwicklung in den Erzählungen umgekehrt verlaufen sei (Frey 1948, 283 Anm. 42; (Žmegač 1965,259)[100]. Ehe derartige Verallgemeinerungen zur Grundlage weiterführender Hypothesen gemacht werden, sollte — ähnlich wie oben bei den 'Buddenbrooks' — die scheinbar so elementare Grundhaltung der Auktorialität quantitativ nach der *Häufigkeit* des Vorkommens und qualitativ nach deren *Funktion* befragt werden. J.R. Frey (1948,283) hat hierzu bei Th. Mann folgende Haltungen ("attitudes") registriert:

> "authority, doubt, uncertainty, hesitation, timidity, reverence, humility, sympathy, nonchalance, amazement, repulsion, acquiescence, tolerance, compassion".

Von derartigen Selbstdarstellungen zu trennen sind die oben als erzählgrammatische Streckformen bezeichneten stereotypen Periphrasen, mit denen der

---

[99] Vgl. hierzu oben den Buddenbrooks-Beleg A mit wiederholtem "wir" in der Bedeutung 'Wir Menschen'. — Zum 'Tod in Venedig' vgl. auch Roßbach, Bruno: Der Anfang vom Ende. Narrative Analyse des ersten Kapitels der Novelle 'Der Tod in Venedig' von Thomas Mann. In: Sprache in Vergangenheit und Gegenwart. Beiträge aus dem Institut für Germanistische Sprachwissenschaft der Philipps-Universität Marburg. Marburg 1988 (=Marburger Studien zur Germanistik. 9), S. 237-249, insbes. S. 242.

[100] Auf den entwicklungspsychologischen Aspekt 'Auktorialität als Alterserscheinung eines Autors' macht Frey 1948,286) am Beispiel von Jakob Wassermann aufmerksam. Andererseits kommt Michielsen (1978,12) bei Fontane zum umgekehrten Ergebnis.

Narrator letztlich nur seine explizite Anwesenheit signalisiert. Hierzu hat J.R. Frey (1948,282) aus Th. Manns frühen Erzählungen eine Liste zusammengestellt:

> übrigens, wahrhaftig, siehe da, kurzum, es ist sicher, es ist (nicht) die Rede von, wie gesagt, damit ist nicht gesagt, fest steht, kein/ohne Zweifel, wobei zu bemerken ist, wobei daran zu erinnern ist, hier ist zu erwähnen, um nichts zu verschweigen, nichts mehr hierüber, abgesehen davon, zugegeben ist, man kann das dahinstellen.

Was Žmegač (1965,260) "die analytische Aufmerksamkeit und ruhige Gefaßtheit" des auktorialen Erzählers genannt hat, nähert sich hier — fernab von der breit angelegten, stimmig konzipierten Zauberberg-Auktorialität[101] — einer gewissen Manieriertheit.
Im Grunde verbirgt sich allerdings hinter der gesamten auktorialen Haltung bei Thomas Mann der Widerstand gegen die "Neigung anderer zeitgenössischer Autoren, ihre Haltung im Werk distanzlos dem Bewußtseinstrom der Gestalten anzupassen und gefügig zu machen" (Žmegač a.a.O.). Das labile Gleichgewicht zwischen auktorialer Distanzierung und perspektivischer Identifizierung ist es, was letztlich — im Kreuzfeuer der Spielhagen-Kontroverse — die Modernität des konservativen Schriftstellers Thomas Mann ausmacht[102]. Daß dieses Gleichgewicht nur allzu leicht verlorengeht, wenn Narrator-Meinung und Figuren-Denken in Konflikt geraten, zeigt das gescheiterte narrative Konzept der Novelle 'Tristan'[103].

4.2.4. Dritter Exkurs: Der Tod des Hanno Buddenbrook — eine Hommage an Theodor Fontane?

Thomas Mann hat den Romanen Theodor Fontanes allzeit besonderen Respekt gezollt. Daß vornehmlich sein Frühwerk maßgeblich von der Erzähltechnik Fontanes beeinflußt ist, ließ sich verschiedentlich am Verhältnis zwischen 'Effi Briest' und den 'Buddenbrooks' zeigen[104]. Zwar hat Th. Mann noch 1952 behauptet, er habe 'Effi Briest' erst später kennengelernt, doch konnte Peter de

101 Vgl. die ausführliche Würdigung bei Meyer (1963, 23 ff.).

102 Zur Erzähltechnik Th. Manns zwischen Tradition und Moderne vgl. etwa Burkert (1968,1-5), Lange (1975,75), Neis (1965,32), Zmegac (1965,267).- Zur Rechtfertigung der traditionellen Auktorialität beruft sich der Zauberberg-Narrator sogar auf die Meinungsfreiheit: "Wie jedermann, nehmen wir das Recht in Anspruch, uns bei der hier laufenden Erzählung unsere privaten Gedanken zu machen" (324).

103 Hierzu nunmehr ausführlich Roßbach, Bruno: Spiegelungen eines Bewußtseins. Der Erzähler in Thomas Manns 'Tristan'. Marburg 1989 (= Marburger Studien zur Germanistik, 10); vorher Marburg, Phil. Diss. 1988.

104 Vgl. etwa Lehnert (1965,62) und Mendelssohn (1982,38 f.). Ein narratives Detailproblem untersucht Michielsen (1978). — 'Effi Briest' ist 1895 erschienen, und die ersten Vorarbeiten zu den 'Buddenbrooks' datieren von 1897 (Scherrer 1958,259).

Mendelssohn (1982,14) diese Erinnerung anhand eines Briefes vom Februar 1896 korrigieren. Damit scheint auch die Herkunft des Namens "Buddenbrook" endgültig gesichert: So heißt bekanntlich bei Fontane einer der Sekundanten von Crampas. In Th. Manns Entwürfen taucht zwar zunächst die Schreibung "Buttenbroock" auf[105], aber "irgendwo in einer versteckten Gedächtniskammer mag der Name sich dennoch unbemerkt eingenistet haben, um zu gegebener Zeit zu klopfen, man möge ihn herauslassen" (Mendelssohn 1982,15).

Die zahlreichen bisher dingfest gemachten Parallelen zwischen 'Effi Briest' und den 'Buddenbrooks' seien im folgenden um eine anscheinend noch unbeachtet gebliebene ergänzt: die erzähltechnische Entsprechung des tödlichen Finales von Effi und Hanno.
In *Effi Briest* bleibt das Sterben der Titelfigur ausgespart. Der vorletzte Abschnitt zeigt Effi ein letztes Mal in szenischer Unmittelbarkeit:

> " [...] erhob sich auch Effi und setzte sich an das offene Fenster, um noch einmal die kühle Nachtluft einzusaugen. [...] Ein Gefühl der Befreiung überkam sie. 'Ruhe, Ruhe.'"

Den letzten Abschnitt, ebenfalls eine Szene, beginnt der Narrator nach einem Zeitsprung

> "Es war einen Monat später, und der September ging auf die Neige"

in aller Harmlosigkeit mit einem friedlichen Naturbericht

> "Das Wetter war schön, aber das Laub im Parke zeigte schon viel Rot und Gelb, und seit den Äquinoktien, die drei Sturmtage gebracht hatten, lagen die Blätter überallhin ausgestreut",

ehe sein Blick auf ein Detail fällt, dessen Bedeutung er erst allmählich sachlich registrierend preisgibt:

> "Auf dem Rondell hatte sich eine kleine Veränderung vollzogen, die Sonnenuhr war fort, und an der Stelle, wo sie gestanden hatte, lag seit gestern eine weiße Marmorplatte, darauf stand nichts als 'Effi Briest' und darunter ein Kreuz."

Man vergleiche hiermit das Sterben Hannos in den *Buddenbrooks*. In Kapitel XI,2 wird eine breit angelegte Szene entfaltet, an deren Ende das Narrator-Resümee steht:

> "Dies war ein Tag aus dem Leben des kleinen Johann."

---

105 Vgl. auch Scherrer/Wysling (1967,7.9).

In Kapitel XI,4 wird der Leser unvermittelt ("in medias res") in eine dialogische Szene versetzt, deren Verständnis ihm Orientierungsschwierigkeiten bereiten muß:

> "'Es ist nicht recht, es ist nicht recht, Gerda!' sagte das alte Fräulein Weichbrodt wohl zum hundertsten Male bekümmert und vorwurfsvoll."

Auch der anschließende Erzählerbericht beschränkt sich zunächst auf die anwesenden Personen, ehe — nach fast einer ganzen Seite! — der inzwischen vollzogene Zeitsprung signalisiert wird und der Narrator mit der Hiobsbotschaft herausrückt:

> "Es war nach dem Abendbrot, im Herbst; der kleine Johann (Justus, Johann, Kaspar) lag ungefähr *seit sechs Monaten*, mit den Segnungen Pastor Pringsheims wohl versehen, *dort draußen* am Rande des Gehölzes unter dem Sandsteinkreuz und dem Familienwappen."

Was hier dem Leser sachlich registrierend mitgeteilt wird, trägt den feierlichen Ton eines offiziellen Nachrufs, wie er einem *öffentlichen* Abschied, etwa in der Tagespresse, zukommen mag. Der kühle Verzicht auf *private* Anteilnahme wird durch die eigentümliche Position des Narrators gerechtfertigt: Einerseits verweisen Deiktika wie "dort draußen" und "seit sechs Monaten" (vgl. auch "Sie nahm *heute abend* [...] einen Sofaplatz [...] ein") auf die Präsenz des Narrators am Ort des Geschehens, andererseits zeigt sich dieser so uninformiert, daß er die Begleitumstände von Hannos Sterben mühsam aus Gesprächsfetzen rekonstruieren muß:

> "Es lag wie ein schweres Geheimnis über Hanno's letzter Krankheit, die in außerordentlich schrecklicher Weise vor sich gegangen *sein mußte*. Man blickte sich nicht an, während man, gedämpften Tones, in Andeutungen und halben Worten davon sprach. Und dann rief man sich jene letzte Episode ins Gedächtnis zurück ..."[106]

So scheint es, als habe der Narrator, dieser treue Chronist von zweiundvierzig Jahren Buddenbrookscher Familiengeschichte und warmherzige Anwalt des letzten Stammhalters, nicht nur dem Leser, sondern auch sich selbst das Sterben Hannos ersparen wollen.

Bis hierher mutet das Buddenbrook-Finale wie eine kunstvoll ausgestaltete Kontrafaktur zum indirekt erzählten Tod der Effi Briest an. Thomas Mann geht jedoch noch einen Schritt weiter, indem er zwischen XI,2 und XI,4 das narrativ überraschende *Typhus-Kapitel* (XI,3) einschiebt. Zwar muß der Leser die lapidaren Grenzsignale des Eingangs

> "Mit dem Typhus ist es folgendermaßen bestellt"

---

[106] Zur Perspektive dieses Narrators siehe unten unter 5.2.

und des Schlusses

"nein, es ist klar, dann wird er sterben"

als undeutlich drohende Todesbotschaft deuten; gleichwohl beschränkt sich der Narrator mit der unverhohlenen Gebärde *auktorial*-unumstößlichen Wissens auf einen im generalisierenden Präsens abgefaßten[107] Bericht über Vorgeschichte, Verlauf und Therapie der Krankheit Typhus abdominalis[108] (samt einer psychosomatischen Deutung der Prognose[109]), als wolle er dem Leser das Unheil schonend beibringen.

Einmal fällt der scheinbar aufs Geratewohl dozierende Narrator aus seiner Rolle, indem er wie zufällig den Hausarzt der Buddenbrooks ins Spiel bringt:

"Ein tüchtiger Arzt von soliden Kenntnissen, wie, *um einen Namen zu nennen*, Doktor Langhals, der hübsche Doktor Langhals, mit den kleinen, schwarzbehaarten Händen, wird [...] bald in der Lage sein, die Sache bei ihrem richtigen Namen zu nennen."

"Um einen Namen zu nennen" ... Hier bekommt der auktorial-metanarrative Kommentar beschwichtigende Funktion: Die Katastrophe soll dem Leser schonend beigebracht werden[110].

---

107 Abwegig ist der Versuch von Matthias (1965,215 f.), dieses Präsens mit dem andernorts anzutreffenden historischen Präsens in eins zu setzen und dafür die Funktion von "Hervorhebungen" zu bemühen. Das die generalisierende Beschreibung eines Krankheitsverlaufs in ihrem prognostischen Anteil "sogar noch ins Futur" übergeht (ebd.), sollte ebenfalls kein Anlaß für weiterreichende Überlegungen sein ...

108 In einem Brief an Adorno vom 30.12.1945 bekennt Th. Mann, er habe sich dabei wegen der erforderlichen "Exaktheiten" (62) "ungeniert" (61) eines Konversationslexikons bedient (nach Mendelssohn 1982,21 handelt es sich um das Meyersche).

109 Spätestens von der Aufgipfelung des prognostischen letzten Absatzes aus werden Stilbegriffe wie "theoretisierend" (Kroepfle 1962,17.21), "medizinisch-objektive Darstellung" (Matthias 1965,214) oder "wissenschaftlicher Traktatstil" (ebd.) diesem glanzvollen Beispiel Mannscher Prosakunst nicht gerecht. Nach eigenem Bekunden (Brief an Adorno 61) hat der Autor das Konversationslexikon "sozusagen" in Verse gebracht und damit einen bereits früher angeschlagenen Ton (siehe obigen Beleg B und Anm. 83) wieder aufgenommen. Zum besonderen Sprachverhalten des Narrators vgl. auch Dittmann (1969,61-64).

Petersen (1967,125) unterscheidet zwischen objektiver Darstellung und "höchst persönlichen Spekulationen", "die wissenschaftlich nicht nachprüfbar sind"; diese Zweiteilung verkennt jedoch den Crescendo-Charakter des Typhus-Kapitels.

110 Noch verhaltener läßt der Narrator durch Wendungen wie "bei gewissen Individuen", "gesetzt zum Beispiel" und "in gewissen Fällen" durchblicken, daß sich hinter dem allgemein referierten Krankheitsverlauf ein Einzelschicksal verbirgt.

Damit erweist sich das Typhus-Kapitel als eine über Fontane hinausweisende großangelegte auktoriale Montage — und narrativ als Glanzleistung indirekten Erzählens[111].

4.3. Präterital oder präsentisch?

4.3.1 Der normative Aspekt

Wenn sich das auktoriale Erzählen als Möglichkeit erzählerischer Sinnstiftung und damit als Mittel epischer Integration seit Spielhagen auf dem Prüfstand normativer Überlegungen sah, so ging es dabei letztlich um die angemessene *ästhetische Gestaltung*. Was demgegenüber völlig zurücktrat, war die nicht minder bedeutsame Frage nach dem Verhältnis zwischen Vergangenheits- und Gegenwartserzählen im oben (3.3.) erwähnten Sinn, d.h. nach der *logischen Plausibilität* des sog. "präsentischen Erzählens".

Gemeinhin gilt das mit dem Gestus der Erinnerung vorgetragene Vergangenheitserzählen (*"episches Präteritum"*) als einzige Möglichkeit epischer Präsentation. Für E. Lämmert (1975,21) ist "vor und nach Petsch" die Formel 'es war einmal' "das Einlaßtor in die fiktive Welt", die allerdings "erst dann erzählerisch gestaltet wird, wenn aus dem zuständlichen 'es war' ein 'es ward' oder 'es geschah' sich entbindet"[112]; andererseits sieht K. Hamburger (1977, 84 ff.) im fiktional gebrauchten epischen Präteritum überhaupt "keine Vergangenheitsaussage" (S. 90), sondern vielmehr eine "fiktive Gegenwartszeit" (S. 89) als einzig legitimen Ausdruck epischen Gestaltens; H. Weinrich (1967,198) geht noch über Käte Hamburger hinaus, wenn er selbst dem nichtfiktionalen Erzählen unterstellt, daß dort "die immer zeitlose Tempusform Imperfekt (oder Präteritum) überhaupt erst die Sprechhaltung 'Erzählen' konstituiert"; E. Henze (1965,196) letztlich fordert lapidar, eine Geschichte müsse "vergangen sein, ehe sie erzählt werden kann"[113]. Dabei fehlt es nicht an Berufungen auf die Autorität Thomas Manns: Dessen Bemerkung vom Erzähler als dem "raunenden Beschwörer des

[111] Noch im Alter konnte Thomas Mann einen gewissen Stolz über diese erzählerische Leistung nicht verbergen: In dem bereits mehrfach zitierten Brief an Adorno (61) merkt er an, die Typhus-Passage (samt "dem Trick der indirekten Mitteilung von Hanno's Tod") sei "ein berühmtes Kapitel geworden". — Ausführlich würdigt Lämmert (1963,227-231) das Typhus-Kapitel, wogegen Kroepfles Dissertation über 'Die Struktur des Erzählschlusses bei Thomas Mann' (1962) unergiebig bleibt.

[112] Zur Kritik an der narrativen Ableitung siehe Freudenberg 1986, Anm.22.

[113] Henzes durchgängiges Insistieren auf dem Vergangenheitserzählen als einzig legitimer epischer Haltung (S.195-200) wird zunächst (argumentativ einleuchtend) auf den auktorialen Narrator bezogen, jedoch unversehens verallgemeinert: "Eine Erörterung [durch den Narrator.R.F.] kann erst einsetzen, wenn eine Geschichte vergangen, wenn sie in ihrem gesamten Verlauf bekannt ist. Für einen Erzähler ist Voraussetzung, daß er die Geschichte kennt, sonst könnte er sie nicht erzählen" (S.195).

Imperfekts", 1924 von seinem Zauberberg-Narrator im Prolog (S. 7) vorgetragen, wurde fünfzehn Jahre später von ihm selbst in seinem Princeton-Vortrag über 'Die Kunst des Romans' (X,349) erneut aufgegriffen (s. oben unter 2. den Beleg C) und gilt seitdem als poetologisch festgeschrieben.

Angesichts einer derartigen Fixierung auf das (präteritale) Vergangenheitserzählen als angeblich einziger Möglichkeit epischer Darstellung sei an die oben (3.3.) genannte Alternative des Gegenwartserzählens im *epischen Präsens* erinnert[114]. Selbst *Thomas Mann* hat von dieser Form "direkter Wiedergabe" wiederholt Gebrauch gemacht: 'Das Wunderkind' (1903) und 'Unordnung und frühes Leid' (1926) sind durchgängig im Präsens erzählt, und sowohl 'Tristan' (1903) wie auch 'Königliche Hoheit' (1909) beginnen mit einer präsentisch erzählten Szene, deren deiktischer Tonfall ("Hier ist 'Einfried', das Sanatorium!"; "Ein Wunder! Ein phantastischer Auftritt!") keinen Zweifel an der Unmittelbarkeit des vorgefundenen Geschehens aufkommen läßt. Offenbar bezieht sich Th. Manns Bekenntnis zum "Imperfekt"[115] auf den raunenden Tonfall mythischen Erzählens, fernab narrativer Dogmatik ...

Anders *Wolfgang Kayser* (1955,33 Anm. 30) über den "durchgängigen Gebrauch des Präsens als Erzählform":

> "Indem der Erzähler nicht mehr von der Zukunft weiß als die Gestalten, ist ihm mit dem Überblick die Sicherheit genommen. Hier ist der Erzähler [...] zum Eunuchen geworden. Jeder Leser [!?] empfindet das peinliche Gefühl: warum beginnt hier einer zu sprechen, der noch nicht weiß, was werden wird und ob es sich lohnt? Wenn es sich aber lohnt, wie der Charakter als Buch zu zeigen scheint, warum die Fiktion des Nichtwissens, die nun als Unaufrichtigkeit wirkt?"

Mit diesem — u.a. auf Franz Werfels 'Lied von Bernadette' gemünzten — Verdikt gibt Kayser erneut die von ihm selbst andernorts so lebhaft postulierte Unterscheidung zwischen Autor und textimmanentem Narrator preis: Der Autor (als Creator) ist es doch, der zunächst ein Geschehen (als Res) für erzählenswert hält und sodann einen widerspiegelnden Narrator einsetzt, entweder als erinnernden oder als erlebenden. Der Narrator hingegen findet diese Konstellation vor und reagiert auf sie durch die Wahl des Tempus.

Gleichwohl gibt Wolfgang Kayser wenigstens zu erkennen, daß er die präsentische "Erzählform" beim Wort nimmt: Narrator und Res stehen für ihn im Verhältnis der Gleichzeitigkeit. Anders *Franz K. Stanzel* (1985,234-239): In

---

114 Zur dritten Möglichkeit, dem Erzählen zukünftigen Geschehens, vgl. Brandt,Wolfgang: Zukunftserzählen im 'Muspilli'. In: Althochdeutsch. Hrsg. von R.Bergmann/ H.Tiefenbach/L.Voetz. Bd.I. Grammatik. Glossen und Texte. Heidelberg 1987, S.720-736.

115 Zum Begriff 'Imperfekt' in dieser Textstelle vgl. Arntzen (1962,39f.).

seiner Auseinandersetzung mit R. Harweg[116] empfindet dieser die Ableitung von Erzählmodellen "aus nichtfiktionalen Kommunikationssituationen" (235) samt der damit verbundenen Unterscheidung zwischen Nachzeitigkeits- und Gleichzeitigkeitserzählen als textlinguistische Verengung[117]. Er stellt dem die "erzähltheoretische Sicht" der Literaturwissenschaft entgegen, und zwar auf der Grundlage von *Käte Hamburgers* 'Logik der Dichtung' (1977). Die dort entwickelte Theorie von der Vergegenwärtigungsfunktion des epischen Präteritums[117a] läßt unter normativem Aspekt überhaupt keinen Raum für präsentische Erzählweisen — nicht für das epische Präsens, ja nicht einmal für das *historische Präsens*[117b]. Weil das epische Präteritum wie ein Präsens wirke (Hamburger 1977,56-111), sei "das historische Präsens in der Fiktion überflüssig" (100); es mache sogar "in allzu aufdringlicher Weise darauf aufmerksam", "daß wir es mit fiktiven Verhältnissen zu tun haben" (98).[117c] Als Beispiel für derartige Aufdringlichkeiten nennt Hamburger (ebd.) das angeblich einzige Buddenbrooks-Kapitel mit historischem Präsens: den Bericht von der Senatorenwahl (VII,4)[118]. Wenn aber beim fiktionalen Erzählen das historische Präsens stört, weil es lediglich für episches Präteritum steht, welches seinerseits präsentisch wirkt, werden alle Erörterungen über die zeitliche Relation zwischen Narrator und Geschehen überflüssig, weil der rezipierende Leser das Gelesene

---

116 Das zitierte Kapitel trägt die Überschrift 'Die Erzählsituation in Thomas Manns 'Tristan' aus textlinguistischer und erzähltheoretischer Sicht'. — Zu Harwegs Tristan-Analyse vgl. nunmehr auch Roßbach,Bruno (wie Anm. 103).

117 Immerhin sei daran erinnert, daß die vergleichbaren kommunikativen Situationen von Botenbericht vs Mauerschau zum Arsenal abendländischen Erzählens gehören.

117a Zur Kritik an K.Hamburgers "paradoxaler These" vgl.etwa Rauh 1978 (7-20 u. 327f.).

117b Zur deiktischen Funktion des historischen Präsens s. neuerdings Rauh 1978,323-326.

117c Soweit K. Hamburger damit dem historischen Präsens eine besondere Rolle beim nichtfiktionalen Alltagserzählen zuweist, entspricht dies durchaus dem Ergebnis gegenwärtiger Diskursanalysen. Vgl. hierzu Freudenberg 1986, 125f.

Eine gegenläufige Meinung vertrat zu seiner Zeit J.C.Adelung: Über den Deutschen Styl. Im Auszuge von Theodor Heinsius. 2. Ausg. Berlin 1807, S.200. Danach gehört das historische Präsens zum "unerlaubten Schmuck". "Da dieses sehr leicht den Zeitpunkt einer Begebenheit verrücken kann, und Täuschung hervorbringt, so sieht man leicht, daß es in der wahren Geschichte in den meisten Fällen sehr zur Unzeit angebracht ist." Es folgen mehrere Beispiele.

118 Ausführlich zitiert bei Hamburger 1977,89. — Genauer gelesen hat Matthias (1965,215f.) den Roman. Korrigiert man einige Fehldeutungen (Das Typhus-Kapitel XI,3 zeigt generalisierendes Präsens, desgl. II,2, der Abschnitt über die Vorbereitung der Senatorenwahl in VII,3 hingegen keineswegs), so kommt man auf insgesamt sechs historisch-präsentische Passagen, und zwar in aufschlußreicher Verteilung: II,3 (Christians erste Einübungen eingebildeter Schluckbeschwerden durch einen imaginären Pfirsichkern); VII,1 (Taufe); VII,3 (Vorbereitung der Senatorenwahl); VII,4 (Senatorenwahl); VII,8 (Krieg); VIII,5 (Höhepunkt des Gästeempfangs während des Jubiläums). Es mag durchaus sein, daß die schubweise Verwendung des historischen Präsens dem Autor ohne funktionale Absicht gewissermaßen "unterlaufen" ist.

Feuerlichts verdienstvolle Auflistung (1970,420) läßt leider eine deutliche Scheidung zwischen epischem und historischem Präsens vermissen.

allemal vergegenwärtigt. Und prompt bemüht K. Hamburger die "Selbsterfahrung eines bedeutenden Romanciers [...] als Bestätigung":

> "Es ist vollkommen gleichgültig und eine rein technische Frage, ob der Epiker im Präsens, Imperfekt oder Perfekt schreibt, er wird diese Modi [!] wechseln, wo es ihm gut dünkt. [...] Für jeden [!?], der ein episches Werk liest, laufen die Vorgänge, die berichtet werden, jetzt ab, er erlebt sie jetzt mit, da kann Präsens, Perfektum oder Imperfektum stehen, wir stellen im Epischen die Dinge genau so gegenwärtig dar, und sie werden auch so aufgenommen". (Alfred Döblin 1929)[119]

Hier werden erzähl*logische* Kriterien durch rezeptions*psychologische* ersetzt, wobei der freigebige Umgang mit Wendungen wie "Jeder Leser empfindet" (Kayser 1955, 33 Anm. 30) oder "Wir empfinden" (Hamburger 1977, 98) eine allgemeine Lesererfahrung suggerieren soll. Gleichzeitig wird deutlich, welch mehrdeutige Bewandtnis es mit dem schillernden Begriff '*Vergegenwärtigung*' hat: Vergegenwärtigende Wirkung hat

- das epische Präteritum allgemein,
- das historische Präsens im besonderen,
- das epische Präsens ohnehin,
- aber sicherlich auch das szenische Erzählen im Gegensatz zum Erzählerbericht[120].

Um diesen in narrative Sackgassen führenden Gedanken auf die linguistische Spitze zu treiben: Letztlich wird jede sprachliche Äußerung vom Rezipienten im jeweiligen JETZT wahrgenommen und "wirkt" insoweit als unmittelbarer Eindruck.

Diese Eindrucksnarrativik wird sogar durch *Plausibilitäts*erwägungen angereichert: Wenn Gerhart Hauptmann eine autobiographische Reisebeschreibung ('Griechischer Frühling',1907) im Präsens abfaßt, ist sich K. Hamburger (1977, 85) sicher, "wir wissen diese Reise als eine vor längerer oder kürzerer Zeit stattgefundene [Wortlaut im Original. R.F.]", und zwar deshalb, weil "der Erzähler diese Vorgänge nicht während des Wanderns usw. aufgeschrieben haben kann". Hier wird sogar noch der letzte Schritt vollzogen und das *Empfinden* des Lesers durch dessen *Wissen* ersetzt. Da nimmt es nicht wunder, wenn letztlich selbst dem — natürlich zu einem früheren Zeitpunkt niedergeschriebenen — auktorialen Präsens Vergangenheitswert zugeschrieben wird: "To the reader even the writer's present is the past"[121].

---

[119] Zitiert nach Hamburger 1977, 98 Anm.81.

[120] Zu entsprechenden Überlegungen in Otto Ludwigs Romantheorie und deren Weiterführung durch Oskar Walzel vgl. Hoffmeister (1965,45).

[121] Frey, John R.: The Historical Present in Narrative Literature, particularly in Modern German Fiction. In: JEGP 45 (1946),53. — Vgl. auch Casparis, Christian Paul: Tense without Time. The Present Tense in Narration. Bern 1975; Markus,Manfred: Tempus und Aspekt. Zur Funktion von Präsens, Präteritum und Perfekt im Englischen und Deutschen. München 1977.

Mag sein, daß sich das epische Präsens nur bei der Geschehenswiedergabe "in actu"[122] in seiner reinsten Form entfaltet (etwa in Kurzgeschichten von E.A. Poe); mag sein, daß Franz Werfels 'Lied von Bernadette' vornehmlich wegen des durchgehaltenen Präsens auf K. Hamburger (1977,101 f.) "so unordentlich erzählt" wirkt; mag sein, daß es sich dabei für Literaturwissenschaftler auch heute noch um einen "ungewöhnlichen Tempusgebrauch" (Stanzel 1985, 235 Anm. 54) handelt. Gleichwohl wird sicherlich auch die Literaturwissenschaft dem epischen Präsens mit normativen Forderungen nicht beikommen. Zum einen bietet nämlich der zeitgenössische Roman Beispiele für Gegenwartserzählen, die selbst K. Hamburger (1977,102-104) als narrativ stimmig anerkennen muß; zum andern hat diese temporale Gestaltung längst die erzählende Trivialliteratur erobert, und diese *Usualisierung* wäre nach Stanzel (1985, 19) ein Indiz dafür, daß diese Erzählweise von den Autoren nur wenig "Aufmerksamkeit und kreative Anspannung bei der Abfassung fordert". Insgesamt scheint das präsentisch auftretende Gegenwartserzählen inzwischen den Rang eines *Epochenstils* erlangt zu haben.

4.3.2. Vierter Exkurs: Thomas Manns Schwierigkeiten beim Umgang mit dem epischen Präsens

Thomas Mann hat sich zeitlebens als raunender Beschwörer der Vergangenheit und damit als Sachwalter des epischen Präteritums verstanden. Mochte er auch aus gegebenem Anlaß gerne ins historische Präsens verfallen: das epische Präsens war seine Sache nicht. So konnten wir oben (4.3.1.) vor allem im 'Tristan' und in 'Königliche Hoheit' die Unmittelbarkeit rein präsentischen Erzählens nachweisen, jedesmal in der Funktion eines prologartigen Auftakts, der eine Art Tableau-Effekt[123] erzeugt, indem er Situation und Stimmung nahebringt. Im folgenden sei auf zwei Fälle aufmerksam gemacht, die — so sprachgewaltig sie auch gestaltet sein mögen — konzeptionelle Schwierigkeiten temporaler Art erkennen lassen.

'*Gladius Dei*' (1902)

- Die eigentliche Narratio beginnt mit dem zweiten Kapitel ("Es schritt ein Jüngling die Schellingstraße hinan"). Das sog. "thematische *es*"[124] signalisiert den Texteingang, und die im ersten Absatz erwähnten Requisiten in Verbindung mit dem epischen Präteritum weisen das erzählte Geschehen als zeitgenössisch im Sinne von VOR KURZEM aus.

---

[122] Stanzel 1985,235.

[123] Diese geglückte Formulierung nach Stanzel (1985,135f.).

[124] Vgl. hierzu Freudenberg 1986,131.

- Diesem zweiten Kapitel vorangestellt ist ein prologartiger Auftakt, der — ähnlich wie in 'Tristan' und 'Königliche Hoheit' im epischen Präsens gehalten und mit Leser-Apostrophen durchsetzt — ein Bild von Situation und Stimmung des Münchens der Jahrhundertwende entwirft:

> "Vogelgeschwätz und heimlicher Jubel über allen Gassen ... Und auf Plätzen und Zeilen rollt, wallt und summt das unüberstürzte und amüsante Treiben der schönen und gemächlichen Stadt.
> [..]
> Eine allseitige respektvolle Anteilnahme an ihrem Gedeihen, eine allseitige, fleißige und hingebungsvolle Übung und Propaganda in ihrem Dienste, ein treuherziger Kultus der Linie, des Schmuckes, der Form, der Sinne, der Schönheit obwaltet ..."

Der zeitliche Geltungsbereich dieses Tableaus umfaßt, für den Leser leicht erkennbar, eine ganze Epoche im Sinne von IN UNSEREN TAGEN. Damit leitet die präsentische Situationsbeschreibung nahtlos in die anschließend präterital erzählte Begebenheit über — weit nahtloser als in 'Tristan' und 'Königliche Hoheit', wo zwischen Prolog und Hauptteil eine massive temporale Zäsur spürbar wird.

- Was mag Thomas Mann veranlaßt haben, eine derart gelungene narrative Struktur zu zerstören, indem er dieses erste Kapitel präterital beginnt?

> "München leuchtete. Über den festlichen Plätzen und weißen Säulentempeln, den antikisierenden Monumenten und Barockkirchen, den springenden Brunnen, Palästen und Gartenanlagen der Residenz spannte sich strahlend ein Himmel von blauer Seide, und ihre breiten und lichten, umgrünten und wohlberechneten Perspektiven lagen in dem Sonnendunst eines ersten, schönen Junitages."

Das Präteritum verweist Situation und Stimmung in die historische Vergangenheit des EINSTMALS. Daran vermag auch der — erzählstrategisch etwas voreilige — Bezug zum eigentlichen Geschehen ("eines ersten, schönen Junitages") nichts zu ändern. Und wenn gar das einleitende "München leuchtete" am Ende wieder aufgenommen wird, so mag dies, für sich genommen, einen vollendeten Rahmen abgeben — die abrupte Rückkehr vom Präsens ins Präteritum wirkt nachgerade desorientierend:

> "Die Kunst blüht, die Kunst ist an der Herrschaft, die Kunst streckt ihr rosenumwundenes Szepter über die Stadt hin und lächelt. Eine allseitige respektvolle Anteilnahme [...] obwaltet ... München leuchtete."

Aus narrativer Sicht verträgt der präteritale Rahmen kein episches Präsens, weil andernfalls EINSTMALS und IN UNSEREN TAGEN in Konflikt gerieten; gegen eine Deutung des Binnenteils als historisches Präsens sprechen andererseits die auktorialen Spontaneitätssignale der eingestreuten Leser-Apostrophen ("Blick um dich [...]!")[125].

Der narrativ unbelastete kompetente Leser steht mit anders formulierten Fragen vor dem gleichen Zeitproblem: Ist dieser Hymnus auf die Isar-Metropole als Lobpreis eines zeitgenössischen Zustands gemeint, oder soll hier die Vergangenheit nostalgisch verklärt werden? Außertextuale Erwägungen zur Entstehungszeit (Erscheinungsjahr 1902) legen kognitiv das erstere nahe; emotiv klingt die temporale Tonart des Textes eher nach letzterem.

Wie auch immer man den Eingang von 'Gladius Dei' verstehen mag: entgegen allen Theoremen von der Zeitlosigkeit des epischen Tempusgebrauchs gilt Hans Mayers Feststellung: "München leuchtete oder München leuchtet: das ist zweierlei"[126].

'*Der Zauberberg*' (1924)

Im 'Zauberberg' bedient sich Th. Mann erneut einer präsentisch erzählten Szene, diesmal in der — narrativ wesentlich schwerer zu bewältigenden — Funktion eines Epilogs (Schlachtenpanorama). Das Profil des Narrators zeigt hier eine sorgfältig ausgeklügelte Ambivalenz:

- Einerseits wahrt er ungebrochen die Kontinuität mit seiner früheren Rolle. Er erinnert sich nicht nur an die Details der Sanatoriumszeit (bis hin zum Schlechten Russentisch), sondern verfügt auch weiterhin über Castorps Innensicht:

> "Ist unser Bekannter getroffen? Er *meinte einen Augenblick, es zu sein.*"

---

[125] Vgl. Žmegač (1965,259): Mit der "sich diskret behauptenden Sicht des auktorialen Standpunktes in der vertraulichen Anrede des Erzählers an den Leser" übernimmt der Narrator "gleichsam die Rolle eines — die Zeitform des Präsens gebrauchenden! — Fremdenführers".

[126] Mayer, Hans: "München leuchtete". Rede, gehalten anläßlich der Eröffnung der Ausstellung 'Heller Zauber. Thomas Mann in München 1894-1933' am 20. Oktober 1987 in der Villa Stuck, München. In: Kolbe, Jürgen: Heller Zauber. Thomas Mann in München 1894-1933. Berlin: Siedler 1987, S.8-15 (Zitat S.8).

Allerdings fällt die von H.Mayer versuchte Sinngebung etwas unentschieden aus. Einerseits beschwichtigt er: "Eine Erzählung im angemessenen Imperfekt. München leuchtete. [...] Das epische Handwerk wurde auch hier praktiziert" (S.8); andererseits argwöhnt er: "Die Gegenwartsform meint das Glück des erfüllten Augenblicks. [...] Das Imperfekt hingegen, "München leuchtete", raunt in der Tat ungute Beschwörungen. Man ist auf der Suche nach der verlorenen Zeit" (S. 8 f.). Mag sein, daß sich Hans Mayer hier in sublimer Polemik gegen die kommunale Obrigkeit versucht hat: Diese hatte für eine 1961 *den Freunden Münchens* gestiftete Ehren-Medaille die Präsensform "München *leuchtet*" gewählt.

Übrigens war schon 1953 der Schwabinger Schriftsteller Hans Brandenburg (1885-1968) bei seiner Autobiographie auf den Titel "München leuchtete" verfallen.

- Andererseits hat er das nach der Logik des präteritalen Erzählens zwangsläufige Vorwissen (s. oben unter 2., zu Text A)[127] verloren. Er wird zum unmittelbaren Augenzeugen, der nicht nur in spontaner Erregung den Leser anspricht ("Seht"), sondern auch auf Vermutungen angewiesen ist ("Ist unser Bekannter getroffen?"), ja sogar seine Beobachtungen korrigieren muß ("Er stürzt. Nein, er hat sich platt hingeworfen") bzw. für sich behält ("Hinweg! Wir erzählen das nicht!"). Zuletzt kommt ihm Hans Castorp "aus den Augen", und dessen weiteres Schicksal bleibt ihm verborgen.

Zu dem hier abrupt eingetretenen Rollenwechsel war oben (2., zu Text A) eine narrative Deutung versucht worden. Der bislang vorwissende, ironisch-distanzierte Narrator sieht sich zu seiner Überraschung ("Wo sind wir? Was ist das? Wohin verschlug uns der Traum[128]?") vom Autor, dem "Geist der Erzählung", "dahergeführt"[129], um als "Schatten am Wege" und in "Schattensicherheit"[130] unfreiwilliger Zeuge eines im JETZT des epischen Präsens[131] stattfindenden Geschehens zu werden. Er reagiert darauf mit dem ihm neuen Gefühl überraschter Betroffenheit[132].

Diese in sich stimmige Konzeption weist allerdings einen kleinen Bruch auf: Der als Schatten am Wege stehende Narrator weiß zwar zunächst nicht einmal, *wo* er sich befindet, alsdann *wie* er auf das Schlachtfeld gekommen ist; wohl aber weiß er *warum*, nämlich

---

127 In 'Joseph in Ägypten' nennt sich der Narrator ausdrücklich "vorwissender Betrachter" (Stellennachweis s. Frey 1948,285 Anm. 47).

128 Abwegig die Vorstellung von Feuerlicht (1970,424), der Erzähler sei hier "ein Träumer".

129 Unverständlich E.Henze (1965,194): Dies "meint aber nichts anderes, als daß die Geschichte sich demonstrieren will, daß sie Resonanz sucht, die ihr eben die Zuschauer bieten."

130 Vgl. hierzu H.Arntzen (1962,57): Indem der Narrator die Zauberberg-Geschichte aus der ironischen "Position des Überblicks" erzählen konnte, hat er sich gleichzeitig "in Sicherheit" gebracht und der Verpflichtung entzogen, "sich den Phänomenen zu stellen, um sie unverstellt darzustellen". "Ganz am Ende des Romans steht ein Wort, das solche Haltung richtet: 'O Scham unserer Schattensicherheit.'" Ob sich hinter derartigen Formulierungen ähnliche Vorstellungen verbergen, muß dahingestellt bleiben. Jedenfalls beziehen sich die Skrupel des Zauberberg-Narrators auf die ihm zugewiesene Rolle. Vgl. die vorsichtig eingeleitete Information über den Ausbruch des Krieges: "[...] Scham und Scheu halten uns ab, erzählerisch den Mund vollzunehmen [...] Nur hier keine Prahlerei, kein Jägerlatein! Die Stimme gemäßigt" (996).

131 Anders I.Feuerlicht (1970,420). Dieser rechnet den Zauberberg-Epilog zu den "spannenden Episoden in der Gegenwartsform", denkt also offenbar an historisches Präsens.

132 Kurzkes Beobachtung (1975,143), "die Distanz des Erzählers" sei, "verglichen mit dem bis dahin Erzählten, geringer geworden", trifft zwar zu, wird aber dem andersartigen Narrator-Konzept nicht gerecht. I.Feuerlicht (1970,428) leitet gar aus dem oben zitierten Ausruf "Wir erzählen das nicht!" die Feststellung ab, der Narrator gebe "sehr bald diese Haltung des unfreiwilligen Zeugen auf" und sei "rasch wieder der wägende und wählende Erzähler".

> "um [...] einem, den wir kennen, dem Weggenossen so vieler Jährchen, dem gutmütigen Sünder, dessen Stimme wir so oft vernahmen, noch einmal ins einfache Angesicht zu blicken, bevor wir ihn aus den Augen verlieren."

Bedeutsamer erscheint uns jedoch eine Schwäche der temporalen Rahmenkonzeption:

- Im *Prolog* ('Vorsatz') hatte der Narrator sein JETZT ("Redemoment") ausdrücklich in die Nachkriegszeit gelegt:

> "[Die Geschichte] spielt, oder, um jedes Präsens geflissentlich zu vermeiden, sie spielte und hat gespielt vormals, ehedem, in den alten Tagen, der Welt vor dem großen Kriege".

Was die Dauer des Erzählvorgangs anlangt, so hofft er, es würden, "in Gottes Namen, ja nicht geradezu sieben Jahre sein" — übrigens nicht nur eine Anspielung auf die sieben Jahre von Castorps Sanatoriumsaufenthalt, sondern wohl auch auf die Werkgeschichte: Thomas Mann hatte nach eigenem Bekunden den Roman 1912 begonnen[133], und die (umgearbeitete) Fassung der Einleitung ist im April 1919 entstanden[134]. - Den gesamten erzählten Zeitraum überblickt der Narrator souverän.

- Derselbe Erzähler entläßt im *Epilog* den Leser aus dem Trommelfeuer der Westfront mit einer (übrigens denkbar vagen) humanistischen Zukunftsvision:

> "Wird auch diesem Weltfest des Todes, auch aus der schlimmen Fieberbrunst, die rings den regnerischen Abendhimmel entzündet, einmal die Liebe steigen?"

Diese Verlagerung der Erzähler-Origo muß verwirren: Ist die Friedenssehnsucht der Kriegszeit oder diejenige der krisengeschüttelten ersten Nachkriegsjahre gemeint? Roy Pascal (1957,96) versucht einen Kompromiß: "Mann was well aware in 1924 that the way out of the 'festival of death' had still to be found and secured". Mag diese Deutung den persönlichen Motiven des Autors gerecht werden[135], so kann sie dennoch die temporale Situation des Narrators

---

[133] Der Zahlenfetischist Thomas Mann hat stets auf dieser Jahreszahl (und damit gleichzeitig auf einer zwölfjährigen Bearbeitungszeit von 1912 bis 1924) bestanden, so etwa im 'Lebensabriß' von 1930 (XI,133). Indes konnte Peter de Mendelssohn (1981,1011 f.) nachweisen, daß der Beginn der Niederschrift erst auf den September 1913 zu datieren ist.

Allzu verkürzt stellt Hans Mayer (1983,133) den Sachverhalt dar: "(Der Roman) spielt sich ab vor dem Weltkrieg, ist aber nachher erdacht, bedacht und niedergeschrieben". Tatsächlich war der Autor im Sommer 1915 immerhin bis zum Abschnitt 'Hippe' des Vierten Kapitels gelangt (Mendelssohn 1981,1020).

[134] Mendelssohn 1981,1023 f.

[135] Nach Mendelssohn (1981,1046) wurde die letzte Seite am 27. September 1924 niedergeschrieben.

keineswegs überzeugend klären. Die beiden auktorial-präsentischen Halbrahmen des 'Zauberberg' stimmen einfach nicht zusammen.

- Eine mögliche Erklärung könnte in den Entstehungsbedingungen des Textes zu suchen sein. Thomas Mann hatte die letzten Abschnitte "in einer für seine Begriffe atemraubenden Geschwindigkeit" zu Papier gebracht (Mendelssohn 1981,1046), und dabei mögen einzelne narrative Zusammenhänge seiner Aufmerksamkeit entgangen sein. Für diese Möglichkeit spricht eine weitere, u.W. bisher unbeachtet gebliebene konzeptionelle Unstimmigkeit. Im Epilog läßt der (Augenzeugen-)Narrator bekanntlich das weitere Schicksal Hans Castorps offen. Wehmütig verabschiedet er sich von dem das Lied vom Lindenbaum keuchenden Frontsoldaten ("Lebewohl, Hans Castorp"), und zwar mit allen Anzeichen schlimmer Mutmaßung ("Deine Aussichten sind schlecht", "wir möchten nicht hoch wetten, daß du davonkommst"). Wie stimmt dies zum früheren Abschnitt 'Fülle des Wohllauts'? Dort erklingt das Schubert-Lied zum erstenmal, und bei dieser Gelegenheit fädelt der Narrator mit äußerster Sorgfalt eine zukunftsweisende Beziehung ein:

> "Allein begreiflich zu machen, was [...] dies Lied, der alte 'Lindenbaum' ihm bedeutete, das ist nun freilich ein Unternehmen der kitzligsten Art, und höchste Behutsamkeit der Intonation ist vonnöten, wenn nicht mehr verdorben als gefördert werden soll." (915)

Diese Beziehung kulminiert in einer Generalisierung mit deutlich prognostischem Charakter:

> "Aber sein bester Sohn mochte doch derjenige sein, der in seiner Überwindung sein Leben verzehrte *und starb* [Hervorhebung von mir. R.F.], auf den Lippen das neue Wort der Liebe, das er noch nicht zu sprechen wußte. Es war so wert, dafür zu sterben, das Zauberlied! Aber wer dafür starb, der starb schon eigentlich nicht mehr dafür und war ein Held nur, weil er im Grunde schon für das Neue starb, das neue Wort der Liebe und der Zukunft in seinem Herzen - - " (918)

Was sich hier — noch vor Sarajevo, aber bereits im vorweggenommenen Tonfall des Romanschlusses! — als prophetische Botschaft einer Zukunftsvision auftut, enthält erzähltechnisch die zukunftsgewisse Vorausdeutung von Castorps Tod auf dem Schlachtfeld. Warum weigert sich der Epilog, diese Prognose einzulösen?

5. Die Erzählperspektive

5.1. Theoreme perspektivischen Erzählens

Bereits oben war im Zusammenhang mit der sog. "Spielhagen-Kontroverse" (4.2.1.) davon die Rede gewesen, daß der literarhistorisch zu beobachtende "Rückzug des Erzählers aus dem Text" (genauer: Auktorialitätsverzicht) ästhetisch zu einer Aufwertung des Figuren-Bewußtseins und damit zum Phänomen der Figuren-Perspektive führen konnte (und nach verbreiteter Meinung sogar mußte). So einleuchtend diese entwicklungsgeschichtliche Deutung anmutet und wie evident auch immer figurenperspektivische Erscheinungen im Einzelfall rezeptionsästhetisch ausfallen mögen — die theoretischen Grundlagen des perspektivischen Erzählens haben im gesamteuropäischen Rahmen nicht nur "zu einem heillosen terminologischen Durcheinander" (Weimann 1962,377), sondern insbesondere zu einem Wirrwarr von Synonymen, Ober-, Unter- und Nebenbegriffen geführt, dies alles oft genug angereichert durch Erwägungen zur Auktorialität als angeblichem Sonderfall von Perspektivierung. So gesehen, verbleibt das unisone Bekenntnis zur herausragenden Rolle perspektivischen Erzählens — "Was fesselt, sind Perspektiven"[136] — letztlich unverbindlich.
Eine Auflösung dieser "Begriffsdissonanz" (Weimann 1962,377) kann hier ebensowenig geleistet werden wie ein kritisches Referat über die kaum noch überschaubare Literatur zum Thema Erzählperspektive, Erzählstandpunkt, Innen- vs Außensicht und point of view.[137] Wir beschränken uns deshalb auf einen Vorschlag zur Systematisierung der narrativen Perspektive, und zwar — auf der Grundlage einiger an anderer Stelle (Freudenberg 1988) entwickelter Vorstellungen — in thesenartiger Verknappung.[138]

---

136 Gerd Gaiser, zitiert nach Neis (1965,38).- Eher als Kuriosum seien mögliche strafrechtliche Konsequenzen literarischer Perspektivierung registriert: Sowohl bei Flauberts 'Madame Bovary' als bei D.H.Lawrences 'Lady Chatterley's Lover' mußte auf dem Prozeßweg geklärt werden, ob die inkriminierten Anstößigkeiten vom Erzähler oder von einer Romanfigur zu vertreten seien (vgl. Stanzel 1985,177-182).

137 Über forschungshistorische Aspekte des neueren Diskussionsstands informieren u.a. Adolphs 1983, Canisius 1987 (aus semiotischer Sicht), Diersen 1967, Dubois 1974, Friedman 1955, Hasenberg 1987, Lämmert 1955,70-73, Rauh 1978 (auf semiotischer Grundlage), Stanzel 1985 (passim), Uspenskij 1975, Weimann 1962.

138 Dieser Vorschlag folgt einerseits Uspenskijs Vorstellung von der Ableitung des literarischen "Standpunkts" aus allgemeinen "Beschreibungsformen menschlichen Verhaltens" (Uspenskij 1975,97); andererseits erfüllt er Booths Forderung nach Verzicht auf narrative Regelpoetik: "Anstelle [...] abstrakter Regeln über Folgerichtigkeit und Objektivität bei der Verwendung der Erzählperspektive brauchen wir Arbeiten, die sorgfältiger und spezifischer erläutern, wie Erzählungen von Rang zustandekommen" (Booth 1974,171).

Zu anderen Systematisierungen vgl. etwa Adolphs 1983 (331: Erzählhaltung ist die "Gesamtheit der Erzählperspektiven". 337: Erzählsituation ist "eine Situation, die nicht anschaulich gegeben, sondern sprachlich vermittelt ist"), Diersen 1967 (642: Statt Erzählperspektive wird Erzählaspekt

1. Der Begriff Perspektive beziehe sich nicht auf *Meinungen und Wertungen* des Narrators im Sinne eines "ideologischen Standpunkts"[139], sondern ausschließlich auf dessen *Wissen*[140].

2. Auf der Ebene dieses Narrator-Wissens werde 'Perspektive' nicht als Oberbegriff gebraucht[141], sondern ausschließlich für Merkmale *systematischer* Wissens*beschränkung* verwendet. Damit sei Perspektive als Gegenbegriff zu '*Omniszienz* (Allwissenheit)' verstanden.[142]

---

vorgeschlagen), Dubois 1974 (306-310: Dem "Erzählstandpunkt" werden die Koordinaten 'Repräsentation des Erzählers' und 'Relation zwischen Erzähler und Personen' zugeordnet), Friedman 1955 (154-169: Erzählperspektive ist innerhalb eines schrittweisen Übergangs von der Auktorialität bis hin zum Kamera-Auge zu sehen), Lindemann 1987 (auf S. 17 werden einige Systeme synoptisch dargestellt), Rauh 1978 (134-147: Perspektive wird als Beziehung zwischen Zeigfeldern verstanden), Stanzel 1985 (11: Die Definition von Perspektive wurde bereits in der 2. Aufl. neu formuliert. 149 ff.: Perspektive überspannt die Opposition Innenperspektive vs Außenperspektive, Standpunkt oder point of view die Parameter Perspektive und Person), dazu schon vorher Stanzel 1976a (562 A.14: Abgrenzung von der Opposition perspektivisch vs aperspektivisch der russischen Formalisten), Uspenskij 1975 (siedelt den "Standpunkt" des Erzählers auf vier Ebenen an, von denen die der "Phraseologie", der "Raum-Zeit-Charakteristik" und der "Psychologie" unserem Perspektive-Begriff entsprechen), Warren/Brooks 1943 (607: point of view ist "the basic attitude or idea of the author". Demgegenüber heißt "the mind through which the material of the story is presented" focus of narration), Weimann 1962 (377-379: Erzählperspektive ist der Oberbegriff für Erzählerstandpunkt als "Bewertung und Tendenz des Dargestellten" und point of view oder Erzählwinkel als "erzählerische Gestaltung" des Textes).

139 Dieser Parameter spielt u.a. eine Rolle bei Adolphs 1983 (331: Erzählperspektive ist "die besondere Form der Ansicht literarischer Gegenstände"), Uspenskij 1975 (17 ff.: Die Standpunkte "auf der Ebene der Ideologie"), Warren/Brooks 1943 (607: Zum point of view gehört etwa auch "a Christian point of view"), Weimann 1962 (378: der Erzählstandpunkt erfaßt das "soziale, ethische und psychische Verhältnis des [...] Erzählers zu der Wirklichkeit als seinem Stoff"). Theodor W. Adornos Aufsatz 'Standort des Erzählers im zeitgenössischen Roman' (1958) thematisiert gar weder den Standort noch den Erzähler im narrativen Sinn, sondern das Verhältnis des Autors zur Wirklichkeit.

140 In dem bereits mehrfach zitierten 'Nachwort für Leser' seiner perspektivischen ER-Erzählung 'Der Vater eines Mörders' setzt sich der Autor Alfred Andersch kritisch mit den Möglichkeiten und Grenzen seines Perspektiven-Trägers auseinander: Dieser kann wichtige ergänzende Angaben "nicht machen, weil er über [die Titelfigur] nicht mehr weiß, als was [man] ihm berichtet hat und was er [...] gesehen und gehört hat" (133). Zur Konstituierung von Perspektive durch den Parameter Wissen vgl. Lindemann 1987,26f.

141 Als Oberbegriff für "überschauendes" und "figurengebundenes" Erzählen schlägt Inge Diersen (1967,643) die Bezeichnung Erzählaspekt vor. Übrigens kommt die Verfasserin mit ihrer anschließenden Hierarchisierung der "Figurenbindung" (ebd.) unseren eigenen Vorstellungen ziemlich nahe.

142 Aus dieser Definition folgt, daß

- von Allwissenheit erst gesprochen werden sollte, wenn keinerlei systematische Beschränkungen des Narratorwissens erkennbar sind,
- die Phänomene Omniszienz und Auktorialität auf unterschiedlichen Ebenen lokalisiert und deshalb — entgegen verbreitetem Brauch — gesondert zu beurteilen sind.

3. Die als Wissensbeschränkung des Narrators verstandene Perspektivierung ist in hierarchischer Abfolge vierfach gestuft.

a) *Fokussierung*. Diese — häufig übersehene — schwächste Ausprägung von Wissensbeschränkung fesselt den Narrator an ausgewählte Anteile des Gesamtgeschehens (Res) und verwehrt es ihm, einen bestimmten Bannkreis, nämlich denjenigen einzelner Figuren des Geschehens[143], zu überschreiten.

b) *Sinnliche Wahrnehmung*. Hierbei erstreckt sich das Narrator-Wissen zusätzlich auf die sinnliche Wahrnehmung einzelner Figuren des Geschehens.

c) *Bewußtsein*. Auf dieser dritten Stufe kennt der Narrator außerdem sowohl die Gedanken als auch die Gefühle einzelner Figuren des Geschehens.

d) *Informationshorizont*. Auf dieser letzten Stufe ist die Perspektive voll ausgestaltet: Der Narrator verfügt über den vollständigen Informationsspeicher einzelner Figuren des Geschehens.[144]

4. Die perspektivische Beschränkung kann sich auf eine einzige Figur des Geschehens, den sog. *Protagonisten*, konzentrieren (*"Monoperspektive"*). Ein derartiges monoperspektivisches Erzählen in voller Ausprägung ist mit dem ICH-Erzählen kongruent.[145] Die Beschränkung kann sich aber auch auf mehrere Figuren des Geschehens erstrecken (*"Polyperspektive"*)[146], ja sogar eine ganze Gruppe umfassen (*"kollektive Perspektive"*).

---

143 Diersen (1967,643) bezeichnet diese schwächste Form von Perspektivierung als "sehr lockere" Figurenbindung, bei der "nur das erzählt wird, was in den Gesichtskreis, ins Erlebnisfeld einer Figur fällt, ohne daß der Erlebnisbereich durch die sinnlichen Wahrnehmungen der Figur, ihr Denken und Fühlen gefiltert wird".

144 Mit dieser vierten Stufe ist das aktuelle Bewußtsein des Perspektiven-Trägers deutlich überschritten. Der Narrator kann darauf verzichten, "die innerepische Außenwelt der Figur" — "in der Regel mit den Darstellungsformen innerer Monolog und erlebte Rede" —"nur soweit durchscheinen [zu] lassen, wie sie im Denken und Fühlen der Figur Reflexe hervorruft" (Diersen 1967, 643), solange er nur im Informationsanspruch die plausiblen Möglichkeiten seiner Figur nicht überschreitet.

Beim modernen psychologisierenden Erzählen wird diese bewußtseinsüberschreitende Darstellungsform gerne durch Rückgriff auf die dritte Stufe umgangen. Zur "Aktualisierung" etwa von Selbstbeschreibungen durch reflektierenden Blick in den Spiegel oder auf eine Fotographie siehe Freudenberg 1988,276; vgl. auch Booth 1974, 175 ("die vielen umständlichen 'Selbstbetrachtungen im Spiegel'").

145 Hans Mayer (1983,90) spricht — wenngleich unter autobiographischem Blickwinkel — bei Thomas Manns 'Tod in Venedig' von einer "geheimen Ich-Darstellung".

Zu Alfred Anderschs Versuch, eine nichtfiktionale ICH-Erzählung in monoperspektivisches ER zu transformieren, vgl. die aufschlußreiche Rechtfertigung in 'Der Vater eines Mörders' (S. 129ff.).

146 Aus dieser Ableitung ergibt sich, daß der Begriff Polyperspektive keinesfalls für omniszientes Narrator-Verhalten gebraucht werden sollte, denn ein allwissender Erzähler "kennt die Gedanken *aller* Figuren" (W.Jens, zitiert nach Matthias 1965,216 Anm.4).

5. Eine Figur im oben genannten Sinn ist in der Regel *real* im Geschehen anwesend (*"Figurenperspektive"*). Sie kann aber mitunter auch innerhalb des Geschehens eine *immaterielle* Existenz als Perspektiventräger "ohne Leib"[147] führen. In diesem Fall sprechen wir — in Anlehnung an den Sprachgebrauch der physikalischen Optik — von *"virtueller Perspektive"*.[148]

6. Wechselt im Textverlauf die Perspektive, so kann es sich um einen funktional bedingten Wechsel — ggf. unter Ausschöpfung des Konzepts der Polyperspektive — handeln (*"Perspektivenwechsel"*). Tritt dieser Wechsel hingegen dysfunktional auf, so sprechen wir von *"Perspektivenbruch"*.[149]

5.2. Zum perspektivischen Erzählen bei Thomas Mann

Wie bereits oben (4.2.3.a) ausgeführt, konnte eine streng perspektivische Beschränkung im soeben genannten Sinn Thomas Manns Sache nicht sein. Sich auf Gedeih und Verderben, ohne kritisch-ironische Distanzierung oder mehrwissende Sinnstiftung, mit einer Figur zu identifizieren, hätte seinem erzählerischen Ethos widersprochen[150] — es sei denn, ein ICH-Erzähler vom Zuschnitt eines Felix Krull oder Serenus Zeitblom habe die textimmanente Subjektivität zu verantworten.
Welche Möglichkeiten Thomas Mann gleichwohl nutzt, um seinen Narrator von unerwünschter Allwissenheit freizuhalten, sei an einigen Beispielen perspektivischen Erzählens gezeigt.

---

[147] Die Begriffe "Ich mit Leib" und "Leiblichkeit des Ich" verwendet, wenngleich in anderem Zusammenhang, Stanzel 1985 (S.124 u.ö.).

[148] Für ein Beispiel virtueller Perspektive, nämlich den ersten Halbrahmen von Theodor Storms 'Immensee', siehe Freudenberg 1988,273 f. Allerdings wird dort das Phänomen der virtuellen Narratorperspektive in mißverständlicher Weise auf die Stufe der sinnlichen Wahrnehmung beschränkt.

[149] Beispiele für derartige Brüche bei Klassikern der Weltliteratur nennt Friedman 1955 (S.173 Anm.30).

[150] Welche Mühe es Thomas Mann kostet, sich auf den nichtauktorialen Ton einzustellen, zeigt 'Die Betrogene' (1953). Der bereits oben (4.2.3.c) erwähnte formelhafte Auftakt "unser Jahrhundert" (S.407) leitet zunächst eine subtile, aber unüberhörbare Haltung der Auktorialität ein: bei generalisierenden Ortsbeschreibungen (407: die schönen Parkanlagen, "die diese Stadt auszeichnen"), vor allem aber bei metanarrativen Kommentaren (411: "wie es so geht"; 413: "man kann nicht sagen", "es ist nicht zu sagen"). Erst ab S.414 wird der Redemoment konsequent zurückgenommen, sowohl bei allgemeinen Beschreibungen (418: "die Straße 'Malkasten' führte dorthin") wie auch auf der metanarrativen Ebene (462: "so konnte man sagen").

a) 'Buddenbrooks'

In den 'Buddenbrooks'[151] bleibt die narrative Profilierung des Narrators seltsam undeutlich, so daß die Forschung zu mancherlei Fehldeutungen und vorschnellen Verallgemeinerungen kommen konnte. Nicht nur die oben (4.2.3.b) nachgewiesenen auktorialen Elemente werden gelegentlich übersehen, etwa von Hohmeyer (1965,7) und Leopold (1985,140); auch zur Perspektivierung fehlt es nicht an gegensätzlichen Meinungen. Leopold (ebd.) etwa spricht schlankweg von "neutral omniscience": Der Erzähler "adopts any point of view at will". Petersen (1967,114-124) schwankt allenthalben, ob er die Perspektive "vielen", "allen" oder "beinahe allen" Figuren zuerkennen soll (zusammenfassend S. 124: Der Erzähler kann "eine beliebige Figurenperspektive wählen"). Auch für Hoffmeister (1965,46) ist zunächst "das Wissen des Erzählers [...] nahezu unbegrenzt"; später (S.66-72) schränkt er diese Aussage jedoch so sehr ein, daß sein Befund eher unserem Begriff der Polyperspektive entspricht (vgl. etwa, mit irreführender Wortwahl, S. 71: Der Erzähler ist "inbezug auf das Innenleben" von Tony, Thomas und Hanno "allwissend und allverstehend").
Auch andere haben versucht, die vorgefundene Polyperspektive zu systematisieren und damit interpretatorisch auszuwerten. Nach Lehnert (1965,66) soll der Leser von Anfang an durch die Wahl der Perspektiven "besonders die dritte Generation intim kennenlernen"; Hoffmeister (1965,67 f.) registriert perspektivische Abwendung bei Figuren, die "nicht dem Hause Buddenbrook angehören"; Thomas Mann selbst scheint — zumindest nachträglich, nämlich aus der Erinnerung des Vierundsiebzigjährigen — Hanno für die Rolle einer Identifikationsfigur vorgesehen zu haben[152].
Daß eine sorgfältige Lektüre zu differenzierteren Ergebnissen führt, zeigt (neben den frühen Einsichten von Lerch 1914) vor allem die genaue Untersuchung von Matthias (1965,216 f.), auf der eine — bislang noch nicht abschließend geleistete — Detailanalyse aufbauen müßte.[153] Dabei sollte u.a. folgenden Aspekten Aufmerksamkeit geschenkt werden.

- Der — häufig als narratives Paradigma zitierte[154] — *Eingang* stimmt den Leser sogleich auf den damals modernen Erzählton des französischen Naturalismus

[151] Vgl. hierzu etwa Diersen 1960 (exemplarisch), Hoffmeister 1965, Jurgensen 1988, Lämmert 1963, Lehnert 1965 (S.66f.), Matthias 1965. Für unsere Fragestellung unergiebig bleibt Adolphs 1983 (S.265-283 zur "Erzählsituation" in den 'Buddenbrooks').

[152] Hierzu kritisch Lämmert 1963,214. Zu Recht macht Lämmert geltend, daß "die Rechnung mit der festen Instanz im Roman selbst so glatt nicht aufgeht".

[153] Die klarsichtige Analyse von Inge Diersen (1960) beschränkt sich leider auf drei Kapitel des Romans.- Zu ungedruckten Vorarbeiten der Marburger 'Arbeitsgruppe Narrativik' s. oben Anm.81.

[154] Vgl. etwa Petersen (1967,114.118), Vogt (1983,13-18. 128f.) und Žmegač (1965,260 f.), jeweils mit weiteren Literaturangaben. J.Vogt (1972,26-30) hat diesen Eingang als Beispiel für eine sog. personale Erzählsituation ausführlich kommentiert; vgl. hierzu die Richtigstellung durch Stanzel (1976a,566 Anm.16).

ein[155]: Unvermittelt ("in medias res") setzt der Narrator mit einer Szene ein, deren rein dialogische Anteile ("direkte Redewiedergabe") erst nachträglich in den situativen Kontext von Zeit, Raum und Personen gestellt werden ("nachgetragene Exposition")[156]. Alsbald werden auch die Perspektiven verteilt: Tonys Gedanken und Gefühle sind dem Narrator bekannt ("Innensicht" = "internal point of view"), wohingegen er bei Großvater Johann auf Vermutungen angewiesen ist ("Außensicht" = "external point of view")[157]:

> Johann Buddenbrook "hatte *wahrscheinlich* nur zu diesem Zwecke das kleine Examen vorgenommen".

Bei alledem läßt der Buddenbrooks-Narrator mit keinem Wort erkennen, daß er später (erstmals II,1.53: "Es kann nicht geleugnet werden") die Haltung mitredender Auktorialität einzunehmen gedenkt. Ein derartiges Verfahren muß, gelinde gesagt, verwundern: Wer — entgegen allgemein üblicher Schreib- und Lesegewohnheit — während des Erzählvorgangs einen derartig unmotivierten Tonwechsel vornimmt[158], setzt sich dem Verdacht aus, seine narrative Konzeption nicht im voraus genügend bedacht zu haben ...

- Zur Systematisierung der Wissensbeschränkung im oben (5.1.) genannten Sinn gehört auch die konsequent durchgehaltene perspektivische Abwendung im Sinne genereller *Außensicht* ("Perspektivenverweigerung"). Davon betroffen sind nicht etwa die an der Peripherie des Geschehens angesiedelten "Nebenpersonen"[159]; auch Chargenrollen wie Zahnarzt Brecht[160] und vor allem Doktor Grabow[161] werden sehr wohl gelegentlich "von innen" gesehen.

---

155 Daß insbesondere die Romane der Goncourts bei Thomas Mann einen lebhaften Eindruck hinterlassen haben, hat dieser später nachdrücklich bestätigt. So dachte er bei der Vorplanung der 'Buddenbrooks' in der Tat daran, durch Zusammenarbeit mit seinem Bruder Heinrich zu einem deutschen Gegenstück der Brüder Goncourt heranreifen zu können. Zur Eingangsstrategie des frühen Thomas Mann im zeitgenössischen literaturästhetischen Kontext vgl. (z.T. in kritischer Auseinandersetzung mit Wolfdietrich Rasch) Žmegač 1965.

156 Der von Žmegač (1965,256 A.3) verwendete Begriff 'Vorspann' erscheint weniger glücklich, da er dieses Phänomen ungewollt in die Nähe eines Prologs rückt.

157 Damit definieren wir Außensicht — im Gegensatz zu andernorts entwickelten Vorstellungen — als eine vornehmlich durch *Negativsignale* angezeigte Verweigerung der Innensicht.

158 Für Žmegač (1965,256) erweist sich "der plötzliche, unvorbereitete Einsatz als untrügliches Symptom einer unpersönlichen Erzählhaltung". Da diese Einsicht jedoch nur auf zwei Erzählungen Th.Manns bezogen wird, gerät ihm die inkonsequente "Erzählhaltung" in den 'Buddenbrooks' aus dem Blick.

159 So fälschlich Hoffmeister 1965,67 f. (ausgehend vom Stilmittel der erlebten Rede). Deutlicher erkennt Petersen (1967,118.121) die Perspektive bei "Randfiguren"; unklar bleibt der Befund bei Matthias (1965, 216f.). Vgl. auch Vogt (1983,129f.).

160 Vgl. etwa "Ein schwerer Fall! dachte Herr Brecht und verfärbte sich" (X,7.691).

161 Sein innerer Monolog auf Christians Hypochondrie (I,7. 36 f.) hat immer wieder Aufmerksamkeit gefunden. Vgl. etwa Dittmann (1969,45) und Weiß (1976,219 f.).

Vielmehr sind es die aus der Fremde kommenden, in die Fremde zurückgehenden und letztlich stets fremd bleibenden Figuren, denen die Perspektive verweigert wird: Weinschenk, Permaneder[162], Grünlich[163] — vor allem aber Gerda, deren rätselhafte Fremdartigkeit auf einer konsequent ausgesparten Innensicht beruht.[164]

- Überblickt man das Ensemble der (weit über Tony, Thomas und Hanno hinausreichenden) Perspektiventräger, so erscheint der Begriff Polyperspektive vollauf gerechtfertigt. Gleichzeitig wird aber auch deutlich, daß einem polyperspektivisch erzählenden Narrator nicht alle Protagonisten in stets gleichbleibender Intensität zugänglich sind: Die Strategie der narrativen Profilierung fordert gelegentlich zum *Perspektivenwechsel* heraus. So kann es geschehen, daß etwa die vertraute Identifikationsfigur Thomas Buddenbrook plötzlich von außen gesehen wird (X,7.687 f.):

> Vor dem Portal des Rathauses "vernahm der eine der beiden Soldaten", die dort postiert waren, "ein kurzes, diskretes Zischen im Innern des Gebäudes". [...] "Die Infanteristen machten Front", und "zwischen ihnen hindurch schritt ziemlich geschwind, mit gelüftetem Zylinder, ein kaum mittelgroßer Herr [...]. Senator Thomas Buddenbrook verließ heute lange vor Schluß der Sitzung das Rathaus."

Auch die weiteren Schritte — es handelt sich um Thomas' Weg zum Zahnarzt — werden zunächst in Außensicht registriert (man sah; man konnte beobachten; verschiedene Leute bemerkten; er sah übernächtigt aus), ehe der Erzähler endlich zur perspektivischen Innensicht zurückkehrt:

---

162 Man denke sich die Münchener Ehe aus der Sicht Permaneders erzählt! Mag sein, daß Tony ihrerseits dabei nicht allzu gut wegkäme ...

163 Inge Diersen (1960,49) hat auf eine punktuelle Grünlich-Perspektive hingewiesen. Als Grünlich wie nebenbei erwähnt, er bewohne "ein paar Zimmer" im Gasthof, denkt die Konsulin: "ein *paar* [Hervorhebung i.O.] Zimmer", "und dies war es auch, was sie nach Herrn Grünlichs Absicht denken sollte" (III,1.99). Angesichts des perspektivischen Kontextes geben wir zu bedenken, daß es sich hier wohl um eine Mutmaßung des Narrators im Sinne von "offensichtlich" handeln dürfte. Das letzte Wort hat indes wie stets der kompetente Leser ...

Zur perspektivischen Zurückweisung der in die Buddenbrook-Sippe Einheiratenden s. auch Hoffmeister 1965,68. Dieser unterstellt den Betroffenen, ihr "Innenleben" sei "wohl zu durchschnittlich, unkompliziert und uninteressant, als daß es einer besonderen Aufmerksamkeit [...] wert wäre". Damit wird die subjektive Erlebniswirklichkeit des Narrators als bare Münze einer "objektiven" Realität genommen. Vgl. demgegenüber die präzise Deutung der Fokus-Abwendungen bei Lerch 1914,488.

164 Vgl. hierzu etwa Freudenberg (1988,275 u. Anm.6), Hoffmeister (1965,68 f.), Lämmert (1963,221-223), Matthias (1965,244).

Besonders deutlich wird die perspektivische Abwendung im Verlauf der Trotha-Episode (X,5). Der Narrator verharrt mit Thomas vor der Türschwelle des Salons, in dem Gerda und der Leutnant musizieren, und so wird der Leser nie erfahren, was "wirklich" geschieht, sobald die Klänge des Duos einer als qualvoll empfundenen Stille Platz machen. Vgl. hierzu Diersen (1960,50 f.) und Matthias (1965,215.217).

"[...] sagte am Anfang der Mühlenstraße jemand zu ihm, den er nicht hatte kommen sehen. Es war Stephan Kistenmaker, der plötzlich vor ihm stand".

- Was die 'Buddenbrooks' von einem streng perspektivisch angelegten Bewußtseinsroman unterscheidet, ist — neben der bereits genannten auktorialen Ebene — vor allem die immer wieder eingenommene *kollektive Perspektive*, verstanden als das gemeinsame Wissen einer (mehr oder weniger deutlich definierten) Gruppe. Dabei kann es sich um physisch Anwesende handeln; so nimmt nach allgemeiner Auffassung der während der Senatorenwahl (VII,4) vor dem Rathaus verharrende Erzähler "die Perspektive des wartenden Volkes an" (Lehnert 1965,66)[165]. Häufig repräsentiert jedoch die kollektive Perspektive ein allgemeines Wissen, das "man"[166] hat — sei es als Familienmitglied, sei es als Stadtbewohner. Dieses allgemeine Wissen bekundet der Narrator bereits im Texteingang (I,1), wenn er — unbeschadet von Tonys Innensicht und Großvater Johanns Außensicht — in eigener Zuständigkeit mit Informationen aufwartet, über die man 1835 in der Mengstraße verfügt.
Daß diese kollektive Perspektive nichts mit Allwissenheit zu tun hat, sei an zwei Beispielen gezeigt.

1. Nachdem Tony aus München durchgebrannt ist, weigert sie sich beharrlich, das entscheidende "desperate Wort, das [...] Herr Permaneder sich hatte entschlüpfen lassen" (VI,11.401), preiszugeben, so daß es mit zahlreichen Andeutungen — Matthias (1965,215) hat deren neunzehn gezählt — sein Bewenden hat. Aber auch der Narrator muß es sich versagen, von Tonys Wissen aus den Leser ins Vertrauen zu ziehen. Erst als "später, auf irgendeine niemals aufgeklärte Weise, [...] einzelnen Familienmitgliedern das 'Wort' bekanntgeworden" (VI,11.401) ist, vermag er das Interesse des Lesers zu befriedigen.[167]

2. Als gegen Ende des Fünften Teils Gerda ihren Einzug im Hause Buddenbrook hält und damit ihr Debüt im Roman gibt, stellt sie der Narrator feierlich als "die Mutter zukünftiger Buddenbrooks" (V,9.309) vor. Was sich hier vernehmen läßt, ist alles andere als die Stimme des nach der Logik präteritalen Erzählens

---

[165] Eine (hier nicht vorgesehene) differenziertere Analyse müßte berücksichtigen, daß die innerhalb der Menschenmenge wartende Tony gleichzeitig von außen (als unbekannte "Dame mit Schleier") und von innen (erlebte Rede!) gesehen wird.- Zur Tempuswahl s. oben Anm.118.

[166] I.Diersen (1960,50) spricht, wenngleich unter Bezug auf ein anderes Kapitel, von "der Sicht eines anonymen 'man'", d.h. "der Sicht der 'Leute'".

[167] So auch Petersen (1967,115): "Offenbar kannte auch er dieses Wort vorher nicht"; vgl. ferner Lämmert (1963,217 f.).

Übrigens sei versichert: Permaneders Verbalinjurie wirkt auf Münchener Ohren weder wie ein "nicht sehr bös gemeinter Gutenachtgruß" unter Ehegatten (so Lämmert S.217), noch ist die Wiedergabe des Idioms überzeugend "lautgetreu" (Lämmert S.218). Was Thomas Mann (trotz eines späteren Dementis) sicherlich seinem dialektkundigen jüngeren Bruder Viktor verdankt, hat er sich nicht sorgfältig genug notiert: Die Entsprechung von mhd. *luoder* läßt nämlich in seiner Lesart sowohl den Diphthong als auch die *r*-Vokalisierung vermissen. Eine korrekte Version bietet Viktor Mann: Wir waren fünf. Bildnis der Familie Mann. Berlin/Darmstadt/Wien 1964, S.133 f.

zukunftsgewiß vorausdeutenden Narrators (zumindest der Plural wird durch den Gang der Ereignisse widerlegt); es ist vielmehr die Meinung der Beteiligten, sei es der Umstehenden, der Sippe oder der ganzen Stadt, ist kollektive Perspektive. Damit erweist sich die hoffnungsvoll-zuversichtliche Botschaft als Ausdruck perspektivierter Subjektivität in Form der sog. erlebten Rede.

- Das gruppenspezifische Fluidum einer kollektiven Perspektive kann leicht dazu verführen, einen mit derartigem Gemeinschaftswissen ausgestatteten Narrator als Repräsentanten dieses Kollektivs aufzufassen, ihn damit zu einer "Figur ohne Leib" im oben (5.1.Nr.5) genannten Sinn zu verdinglichen und etwa in den 'Buddenbrooks' nachgerade von einem "Familienmitglied" zu sprechen (so Lerch 1914, 489).[168]

Von derartigen Hypostasierungen eines kollektiven Wissens ist abzuraten. Das oben vorgeschlagene Konzept der *virtuellen Perspektive* als Verdichtung perspektivischer Merkmale zu einer imaginären Figur sollte nur dort Verwendung finden, wo der Narrator — insbesondere durch Signale der Wissensbeschränkung oder den Einsatz von Deiktika — tatsächlich mit individuellen Zügen ausgestattet ist. So wird etwa in der soeben (unter 'Perspektivenwechsel') zitierten Passage (X,7.688) Thomas Buddenbrook auf seinem letzten Weg zu Zahnarzt Brecht von einem schattenhaft gegenwärtigen Erzähler begleitet, dessen imaginäre Eigenexistenz durch ein ganzes Ensemble sprachlicher Merkmale signalisiert erscheint.

Abschließend sei als Beispiel für das Wirken eines virtuell-perspektivisch anwesenden Narrators erneut auf die bereits oben (4.2.4) unter anderem Aspekt herangezogene letzte Szene des Romans (XI,4) eingegangen.[169] Zunächst lassen zeitlich-räumliche Deiktika als Merkmale erlebter Rede[170] die perspektivische Anwesenheit des Erzählers erkennen: Fräulein Weichbrodt "nahm *heute abend* [...] einen Sofaplatz [...] ein"; der kleine Johann "lag ungefähr *seit sechs Monaten,* mit den Segnungen Pastor Pringsheims[171] wohl versehen, *dort draußen* am

---

168 Vgl. die oben (4.2.3.c) zitierte Personalisierung des auktorialen Narrators in 'Königliche Hoheit' durch Leopold (1985,141). Dieser umschreibt den Erzähler zunächst kollektiv, nämlich durch Gleichsetzung "with a limited group: the inhabitants of a petty state", dann aber individuell ("a very shadowy personal narrator — an unidentified member of a limited group — has emerged").

169 Völlig ohne perspektivische Überlegungen kommt die ausführliche Untersuchung des Erzählschlusses bei Kroepfle (1962,17-23) aus.

170 Eine instruktive Auswahl derartiger Deiktika in den 'Buddenbrooks' bietet Petersen (1967,116: dort hinten, hier irgendwo, hier oben, heute, heute morgen, gestern). Allerdings bleibt seine narrative Interpretation (Der Erzähler hält sich "gleichsam in der Nähe des Geschehens auf", so daß sich "das epische Ich geradezu in Sichtweite befindet") undeutlich.

171 Werkgeschichtlich hat es mit diesem Namen seine eigene, seltsam unklare Bewandtnis. Thomas Mann hat den Pastor Andreas Pringsheim im Tauf-Kapitel (VII,1.404), dessen Entstehung gegen Ende 1898 zu datieren sein dürfte, neu eingeführt — also fünf Jahre ehe er auf seine künftige Ehefrau Katia, Tochter des Mathematikprofessors Alfred Pringsheim, aufmerksam wurde (zunächst im Konzertsaal, dann in der Straßenbahn). Wie mag er so früh auf den für ihn später bedeutsamen Namen verfallen sein? Schwerlich nur deshalb, weil *Pringsheim* nach den Recherchen von Nieschmidt (1988,58) im zeitgenössischen Lübeck durchaus vertreten war.

Rande des Gehölzes"; Klothilde "hatte *vorhin* [...] zugelangt und saß *nun da*". Ein vereinzeltes Unsicherheitssignal verweist — noch relativ unspezifisch — auf ein im Raum anwesendes Bewußtsein: Die Konsulin Kröger "war unpäßlich und hatte *vielleicht* auch kein präsentables Kleid anzuziehen; *das war nicht zu entscheiden*" (von wem: vom autonomen Narrator oder von den Anwesenden?). Erst beim längst erwarteten Rückgriff auf die Vorgeschichte präzisiert der Narrator seine perspektivische Position:

> " Es lag wie ein schweres Geheimnis über Hanno's letzter Krankheit, die in außerordentlich schrecklicher Weise vor sich gegangen *sein mußte*. Man blickte sich nicht an, während man, gedämpften Tones, in Andeutungen und halben Worten davon sprach. Und dann rief man sich jene letzte Episode ins Gedächtnis zurück".

Schattenhaft im Raum anwesend, also aus virtueller Perspektive nimmt der Erzähler die Szene wahr. Dabei versucht er sich in rekonstruierenden Mutmaßungen über Hannos Sterben, das er nicht nur dem Leser, sondern auch sich selbst erspart hatte.

Faßt man die Beobachtungen zur Position des Narrators in den 'Buddenbrooks' vorläufig zusammen, so eröffnet sich auf den ersten Blick neben der schwach ausgeprägten und funktional undeutlich legitimierten Auktorialitätsebene eine verwirrende Vielfalt unterschiedlicher, jeweils perspektivisch bestimmter Identifikationsangebote, abgelöst durch nicht minder wechselnde "Außenseiterperspektiven" (Lehnert 1965,66 f.). Eberhard Lämmert (1963,214) hat sich an einer zusammenführenden Synthese versucht: "Die einzige Instanz, in der alle diese vielverzweigten und widerstreitenden Teilidentifikationen ihren Fluchtpunkt haben, ist [...] die Person des Erzählers." Wir ergänzen: eines Erzählers, der konsequent in der perspektivischen Beschränkung eines WIR HIER verbleibt (im

---

Eine mögliche Antwort könnte im vorausgegangenen Jahrzehnt zu finden sein. Ca.1888 hatte der gefeierte Münchener Maler Fritz August Kaulbach unter dem Titel 'Kinderkarneval' die fünf Pringsheim-Geschwister (vier Pierrots und eine Pierrette) porträtiert. Alsbald wurde dieses Genrebild so populär, daß Reproduktionen weite Verbreitung fanden und auch nach Lübeck gelangten, wo sich der Gymnasiast Thomas Mann ein Exemplar mit Reißnägeln über seinem Pult befestigte. Ist es da abwegig zu vermuten, er habe sich in seiner neuen Münchener Heimat nach den Hintergründen dieses Bildes erkundigt und sei dabei auf den Namen Pringsheim gestoßen? Widerlegt wäre dann die Vermutung von Winston (S.248), erst angesichts des Originals, einem im Hause Pringsheim hängenden Ölgemälde, sei ihm "früher oder später" der Zusammenhang zwischen der einstigen Pierrette und der von ihm umworbenen Tochter des Hauses aufgegangen.

Katia Mann selbst kann nicht weiterhelfen. Rückblickend bekennt sie (S.19): "[...] zu welcher Zeit er [Thomas Mann.R.F.] die Identität erkannt hat, könnte ich nicht sagen. Ob sein Interesse für mich damit zusammenhing, daß er das Bild als Junge besessen hatte, weiß ich nicht. Ich habe ihn nie danach gefragt." Leider hat niemand Katia gefragt, ob ihr denn nicht das Erscheinen ihres Namens in den 'Buddenbrooks' aufgefallen sei. Daß sie den Roman gelesen hatte, ehe sie persönlich mit dem Autor Bekanntschaft machte, gibt sie jedenfalls selbst zu Protokoll (S.20).

Die diesem Exkurs zugrundeliegenden Sachverhalte sowie die Zitate stammen aus: Mann,Thomas: Katia Mann zum siebzigsten Geburtstag. Festrede 1953 (XI,521-526); Mann,Katia (1976); Winston,Richard: Thomas Mann. Das Werden eines Künstlers, 1875 bis 1911. München/Hamburg 1985 (Engl.Original 1981).

Zentrum das Dreigespann Tony/Thomas/Hanno, angelagert die Sippe der Buddenbrooks, an der Peripherie die Gesellschaft der Hansestadt) und der diesen Insider-Standpunkt säuberlich gegen DIE ANDEREN DORT abgrenzt. Daß Thomas Mann dieses Prinzip in fast dreijähriger Arbeit konsequent durchgehalten hat — Bereits ein einziger innerer Monolog Gerdas hätte alles zerstört! —, ist umso bemerkenswerter, als dahinter offenbar kein vorgeplantes narratives Konzept, sondern einzig die unerbittliche psychologische Einstellung des Autors zu seinem Stoff stand.

b) 'Tristan'

Daß es für einen Autor unter Umständen nicht ungefährlich ist, an die Stelle einer vorbedachten narrativen Konzeption die Zuversicht auf die gestalterische Kraft der "richtigen Intuition" zu setzen, zeigt Thomas Manns Novelle 'Tristan'. Da hierzu inzwischen eine erschöpfende narrative Kritik (Roßbach 1989, wie Anm. 103) vorliegt, seien lediglich die oben (4.2.3.d) geäußerten Vorbehalte kurz aufgegriffen, und zwar am Beispiel der Opern-Paraphrase des achten Kapitels. Wie brillant auch immer Richard Wagners Gesamtkunstwerk sprachlich-atmosphärisch nachempfunden wurde, so bleibt doch offen, wer denn hier eigentlich interpretiert — Spinell oder der Narrator. So recht zutrauen mag man diesen eindringlichen Hymnus eigentlich keinem von beiden... Ignace Feuerlicht (1970,424) hat die (von ihm klar erkannte) zentrale Unstimmigkeit durch Begrifflichkeiten zu retten versucht: "Es handelt sich hier um einen lyrischen Durchbruch oder Umbruch". Wir wagen es, weder von Durch- noch Umbruch zu sprechen, sondern schlechterdings von einem konzeptionellen Bruch.

c) 'Der Tod in Venedig'

Was den 'Tod in Venedig' anlangt, so ermöglicht es die von uns vorgeschlagene Abstufung des Perspektive-Begriffs, scheinbar divergenten Meinungen gleichermaßen gerecht zu werden und hinter vorgeblichen "Fluktuationen der Erzählerperspektive" ein stimmiges narratives Konzept zu erkennen.
Fokussierung, sinnliche Wahrnehmung und Informationshorizont weisen Gustav Aschenbach als protagonistischen Perspektiventräger und damit die ganze Novelle als monoperspektivisch erzählt aus. Nie weicht der Narrator von seiner Seite, stets teilt er dessen Wahrnehmungen, und selbst sein kognitives Wissen (von den biographischen Daten bis zur späten Identifizierung der rätselhaften Seuche) überschreitet zu keiner Zeit dasjenige Aschenbachs.[172]
Anders die Stufe des geschehensdeutenden Bewußtseins. Hier melden sich verschiedene Stimmen zu Wort, nämlich zum einen der meist in erlebter Gedankenrede reflektierende Aschenbach als Perspektiventräger, zum andern

---

[172] So etwa auch Nicklas (1968,92-97: 'Erzählperspektive') und Stanzel (1985,152).

der nur vereinzelt vernehmbare, aber von Anfang an präsente auktoriale Narrator[173], der das Geschehen mit generalisierenden Bemerkungen begleitet:

> "Seltsamer, heikler ist nichts als das Verhältnis von Menschen, die sich nur mit den Augen kennen, [...] und die Sehnsucht ist ein Erzeugnis mangelhafter Erkenntnis." (612) [174]

Zwischen beide Ebenen schiebt sich als drittes eine Erzählerstimme, die — teils affirmativ interpretierend, teils kritisch distanzierend — in scheinbar unauffälligem präteritalen Berichtston sich immer wieder von ihrem Protagonisten entfernt und Aschenbachs Existenz ironischer Brechung aussetzt. Diese — im Verlauf der Erzählung zunehmende — Distanzierung[175] wird vom Leser so kongruent nachvollzogen, daß der (perspektivisch streng genommenen nicht mögliche) Tod Aschenbachs[176] keineswegs einem irritierenden Bruch gleichkommt.

Dieses konzeptionell nicht ungefährliche Zusammenspiel von Narrator- und Figurenreflexion gerät nie aus dem Lot. Daß die Grenze zwischen der Meinung Aschenbachs und der seines Narrators gelegentlich unscharf wird und die Frage "Wer denkt hier?" mitunter offenbleibt, wird vom Rezipienten ohne Verunsicherung oder Desorientierung hingenommen. Vermutlich liegt dies daran, daß Thomas Mann — übrigens ohne die Theorien Sigmund Freuds gekannt zu haben[177] — psychoanalytische Vorstellungen zugrunde legt: Die warnende Kritik des Narrators ist letztlich in tieferen Bewußtseinsschichten des Protagonisten Aschenbach selbst verankert.[178] So können die scharfen Grenzen

---

173 Zum pronominal-auktorialen Auftakt "unser Kontinent" s.oben unter 4.2.3.c. Unmittelbar darauf meldet sich der Narrator mit einem weiterführenden Relativsatz zu Wort ("worin nach Cicero das Wesen der Beredsamkeit besteht"), ehe er vorübergehend auf jegliche Auktorialität verzichtet. Anders Nicklas (1968,97 f.): Die "Verbindung zum Leser" werde einzig im ersten Satz durch die Verwendung der 1.Pers. hergestellt.

Die auktoriale Eigenständigkeit des Narrators verbietet es, den 'Tod in Venedig' mit Hans Mayer (oben Anm.145) als "geheime Ich-Darstellung" zu verstehen. Damit entfernen wir uns gleichzeitig von Bruno Roßbach (1988, wie Anm.99), für den der soeben genannte präsentische Relativsatz "auch als Gedankenprodukt Aschenbachs vorstellbar wäre" (S.243).

174 Fritz Martini (1970) interpretiert den Schluß des Vierten Kapitels auf 47 Seiten mit bewegenden Worten, ohne das auktoriale Tempus dieses Absatzes auch nur zu erwähnen.

175 Vgl. hierzu etwa Pike (1967,136), Stanzel (1985,152), vor allem aber die narrativ weiterführende Studie von Cohn (1983,226 u.ö.).

176 In seinen Ausführungen zum 'Sterben in der Ich-Form' geht Stanzel (1985,290-294) ausdrücklich auf den Tod Aschenbachs ein (S.293).

177 Vgl. hierzu Wysling,Hans: Thomas Manns Rezeption der Psychoanalyse. In: Festschr. Sokel (1983),S.201-222, insbes. S.203-205; siehe auch Finck, Jean: Thomas Mann und die Psychoanalyse. Paris 1973.

178 Hirsch (1928,140) geht soweit, die Figuren der Novelle als Verdichtungen von Aschenbachs Innenleben aufzufassen — eine Auffassung, die angesichts der halluzinatorischen Aura der mehrfachen Todesboten nicht ganz abwegig scheint.

zwischen Innensicht (Figurenreflexion) und kritischer Distanz (Narratorreflexion) aufgehoben werden, ohne daß der heutige, mit psychoanalytischen Grundvorstellungen vertraute Leser die Orientierung verliert. Jedenfalls ist sich die Literaturkritik weitgehend einig: "Irgendwie" hat sich Aschenbach von Anfang an durchschaut und alles kommen sehen.[179]

d) 'Der Zauberberg'

Im 'Zauberberg' letztlich erreicht die schon im 'Tod in Venedig' angelegte Grundstruktur ihren gestalterischen Höhepunkt. Einerseits beherrscht der Narrator mit seiner sinnstiftenden auktorialen Gegenwärtigkeit das berichtete Geschehen, und zwar bis hin zur textschließenden Botschaft eines emphatischen Menschheitsappells; andererseits übernimmt er auf der Geschehensebene die Perspektive seines Protagonisten Hans Castorp. Damit bürdet sich der Narrator eine Doppelfunktion auf: Zum einen soll er distanziert seine eigene Meinung sagen, zum andern soll er sich mit seinem "Sorgenkind" identifizieren. Dieser heikle Balanceakt zwischen auktorialer Nüchternheit und perspektivischem Rausch (Kurzke 1975,140) ist von der Forschung immer wieder thematisiert worden — mit beredten Worten und unterschiedlichem Erfolg[180]. Eine nach wie vor ausstehende erschöpfende Detailuntersuchung[181] müßte — neben der bereits oben (4.3.2) angesprochenen Problematik der auktorialen Rahmung durch Prolog ('Vorsatz') und Epilog (Schlachtenpanorama und Menschheitsappell) — u.a. folgenden Gesichtspunkten Aufmerksamkeit schenken.

- Der präsentisch eingreifende Narrator nimmt seine auktoriale Funktion sinnvoller als in den 'Buddenbrooks' und deutlicher als im 'Tod in Venedig' wahr. Dabei zeigt er nicht nur ein ausgeprägtes intellektuelles Profil im Sinne eines "Weltbildes"[182], sondern verrät auch emotionale Beteiligung[183]. Mit anderen Worten: Dieser per definitionem "ohne Leiblichkeit" angelegte Erzähler bekommt nachgerade anthropomorphe Züge, so daß mancher Interpret der

---

179 Zu T.J.Reeds Verdikt, das letzte, emphatische Hervortreten des Narrators (637: "Er saß dort, der Meister") sei inkonsequent gehandhabt und komme deshalb — ähnlich wie im 'Tristan' — einem konzeptionellen Bruch gleich, vgl. die scharfsinnig zu Ende gedachten Überlegungen von Cohn (1983,242-245).

180 Mit gebotener Klarheit äußern sich Diersen (1967,646. 659), Ziolkowski (1972,86.90 f.) und Stanzel (1985,232-234). Undeutlich bleiben die Ergebnisse bei Admoni/ Silman (1966,125-129), Feuerlicht (1970,424 f.), Henze (1965,193), Meyer (1963,22), Žmegač (1965,262 f.). Teilaspekte werden treffend herausgearbeitet von Neis (1965,35 f.) und Pascal (1957,90-92).

181 Eine genaue Analyse wird derzeit von der Marburger 'Arbeitsgruppe Narrativik' vorbereitet.- Die Ergebnisse einer von Inge Diersen betreuten Staatsexamensarbeit über die Erzählverhältnisse im 'Zauberberg' (Diersen 1967,646 Anm.14) sind offenbar unveröffentlicht geblieben.

182 Zum ideologischen Standpunkt des Narrators — in teilweiser Übereinstimmung mit Settembrini wie auch kontrastiv zu Thomas Mann — vgl. Diersen (1967,647-649).

183 Beispiele bei Freudenberg (1988,272 f.).

Versuchung erlegen ist, den an seinem Schreibtisch sitzenden Autor als personalisiertes Narrator-ICH zu imaginieren.[184]

- Der perspektivische Narrator hält sich streng an die ihm auferlegte Wissensbeschränkung; jegliche Form von Allwissenheit ist ihm fremd[185]. Weder weiß er, was sich hinter Castorps Rücken abspielt, noch kennt er die Wahrnehmungen, Gedanken und Gefühle sowie das Wissen anderer Figuren. Von den unentwegten Streitgesprächen zwischen Naphta und Settembrini erfährt er nur, soweit Castorp zugegen ist; was beide unter vier Augen diskutieren, bleibt ihm verborgen. Als der Narrator es gar wagt, anläßlich der Beisetzung Joachim Ziemßens den Blick vom Hochgebirge aus ins Flachland zu richten, versichert er sich ausdrücklich der perspektivischen Partnerschaft Castorp (übrigens ein narrativ kühnes Unterfangen, das nur gelingt, weil dem Präsens der Auktorialität ein historisches Präsens der Geschehenswiedergabe zugeordnet wird):

> "Wir lassen den Vorhang fallen, zum vorletzten Mal. Doch während er niederrauscht, wollen wir im Geiste mit dem auf seiner Höhe zurückgebliebenen Hans Castorp fern-hinab in einen feuchten Kreuzesgarten des Flachlandes spähen und lauschen, woselbst ein Degen aufblitzt und sich senkt, Kommandoworte zucken und drei Gewehrsalven, drei schwärmerische Honneurs hinknallen über Joachim Ziemßens wurzeldurchwachsenes Soldatengrab." (756)

Übrigens handelt es sich bei diesem historischen Präsens letztlich um die aus der Dramentheorie bekannte Vergegenwärtigung von Vergangenem durch präsentische Bühnenanweisungen — ein im 'Zauberberg' öfter angewandter epischer Kunstkniff (vgl. Kroepfle 1962,149 f.):

> "Während also die Lippen Hans Castorps und Frau Chauchats sich im russischen Kusse finden, verdunkeln wir unser kleines Theater zum Szenenwechsel." (842)

---

184 Zur ideologischen Differenz zwischen Zauberberg-Narrator und Thomas Mann siehe Diersen (1967,649 ff.). Ein ausführlicher kontrastiver Vergleich müßte vornehmlich bei den gleichzeitig entstandenen 'Betrachtungen eines Unpolitischen' ansetzen.

185 Gegen die immer noch verbreitete Vorstellung, Auktorialität bedeute stets Überlegenheit und damit zwangsläufig Omniszienz, führt I.Diersen (1967,646 f.) zu Recht den 'Zauberberg' als Gegenbeispiel an. Feuerlicht (1970,424 f.) zeigt sich immerhin irritiert, weil bei dem angeblich "sonst allwissenden Erzähler des 'Zauberberg'" "die Allwissenheit [...] nicht immer konsequent durchgeführt" ist. Übrigens ist obendrein eins der von ihm zitierten Beispiele schlecht gewählt: Wenn der Narrator darlegt, daß ihm die Kenntnis von Castorps innerem Erlebnis "auf eine Weise, die sich freilich der Untersuchung entzieht, gegeben ist" (S.882), so thematisiert er damit nicht den Umfang seines Wissens, sondern dessen Legitimation. Vgl. zu dieser Stelle auch oben 2., zu Text A.

Abwegig sind die Ansichten von Leopold (1985,142 f.: Der 'Zauberberg' sei ebenso omniszient erzählt wie die 'Buddenbrooks') und von Žmegač (1965,262 f.: Die Verwendung des auktorialen Präsens im Ersten Kapitel des 'Zauberberg' signalisiere Allwissenheit).

- Scheinbar außerhalb aller Perspektivierungstechniken bewegt sich die gesprochene Figurenrede als Bestandteil des vom Narrator wahrgenommenen und registrierten Geschehens. Dieser erzähllogisch evidente Sachverhalt wird vom Zauberberg-Narrator wiederholt thematisiert:

> "Es ist ihm [nämlich Hans Castorp. R.F.] überlassen geblieben, von der Figur des neuen, unerwarteten Gastes ein ungefähres Bild zu zeichnen, und er hat seine Sache nicht schlecht gemacht, — wir hätten sie auch nicht wesentlich besser machen können." (770)

> "[...] das Wort 'Verhältnis' kommt auf seine [nämlich Hans Castorps. R.F.] Rechnung, wir lehnen die Verantwortung dafür ab." (zitiert nach Henze 1965,193)

> "Übrigens kommt dieser Ausdruck [nämlich 'Schurke'. R.F.] auf unsere Rechnung oder allenfalls auf die Hans Castorps". (419)

Darüber hinaus bedient sich Thomas Mann im 'Zauberberg' eines erheblich komplizierteren Verfahrens, nämlich der "Methode des bewußten oder unbewußten Zitierens der Romangestalten untereinander" wie auch der "Übernahme typischer Redeweisen der Gestalten durch den Erzähler" (Admoni/Silman 1966,125); so kann gelegentlich ein Wort Hans Castorps, "gleichsam in unsichtbaren Anführungszeichen", "als Zitatwort in der Autorensprache [lies: Narratorsprache. R.F.] eingefangen" werden (Admoni/Silman 1966,129). Dieses Zitieren in unsichtbaren Anführungszeichen hat deutlich perspektivische Konsequenzen, sobald der Erzähler — in präteritalem Kotext! — die EGO/HIC-Position Castorps einnimmt und von "uns hier oben" spricht:

> "Aber das natürliche Jahr bei uns hier oben folgte dem Kalender zurückhaltend". (516)

> "das Wiederatmen der Luft, unserer unvergeßlich leichten, nichtigen und erhitzenden Luft hier oben". (704)

Daß ein derartiger Gebrauch von Deiktika der "Versetzung des Narrators auf den Schauplatz" nahekommt, ändert nichts am perspektivierenden Zitatcharakter dieser Erscheinung; alle anderen Deutungen wären entweder tautologisch oder widersprüchlich.

- Die durch Kursivdruck besonders hervorgehobene Forderung "*Der Mensch soll um der Güte und Liebe willen dem Tode keine Herrschaft einräumen über seine Gedanken*" (694 f.) gilt gemeinhin als zentrale Botschaft des 'Zauberberg'. Allzu leicht wird dabei übersehen, daß dieser Satz nicht vom Narrator stammt, sondern Bestandteil von Hans Castorps Bewußtseinsstrom im Abschnitt 'Schnee' ist.[186]

---

[186] Vgl. den Hinweis (mit plausibler Erklärung) bei Diersen (1967,650 f.).

- Angesichts einer insgesamt ausgewogenen Gesamtkonzeption sind noch so geringfügige perspektivische Abweichungen auf ihre Funktion im Sinne eines Perspektivenwechsels bzw. -bruchs zu befragen. Wir haben deren zwei ausfindig gemacht.

a) Als Hans Castorp den schicksalhaften Entschluß faßt, im Sanatorium zu verbleiben, und diese Entscheidung mit Hofrat Behrens bespricht ('Jähzorn. Und noch etwas ganz Peinliches',S.590 f.), verlegt der Erzähler die Perspektive auf den mutmaßenden Vetter Ziemßen und überläßt es ihm, dieses entscheidende Gespräch aus seiner Sicht zu rekonstruieren. Anschließend bleibt der perspektivische Fokus noch einige Zeit bei dem in seinem Zimmer grübelnden Ziemßen, ehe die vertraute Castorp-Perspektive wiederhergestellt ist — zunächst nur vorläufig (Ziemßen ging "in seinem Zimmer auf und ab, *wie Hans Castorp hörte*"), alsbald aber endgültig (Ziemßen kamen ernste Zweifel: "Das war keine Kleinigkeit, in keinem Sinne, *Hans Castorp fühlte es dem ruhelos wandernden Vetter nach*").

b) Wenn sich Hans Castorp auf therapeutische Gespräche mit dem Psychoanalytiker Dr. Krokowski einläßt ('Veränderungen',S.514 f.), zieht sich der Narrator diskret zurück.[187] Zunächst nimmt er die Perspektive Ziemßens ein, der "die Unterhaltung nebenan nicht verstehen" konnte und "übrigens auch nicht den leisesten Versuch dazu" machte; anschließend beantwortet er die selbst gestellte Frage "Worüber plauderten die Kameraden?" einen ganzen Abschnitt hindurch mit "Vorschlägen und Vermutungen", ehe der folgende Abschnitt in den Alltag der Castorp-Perspektive zurückführt.

Vergegenwärtigt man sich die besondere Bedeutung beider Stellen, so scheint hinreichend gesichert, daß hier kein auf Nachlässigkeit beruhender Perspektivenbruch vorliegt[188], sondern der Narrator aus sorgfältig kalkulierten Gründen die Perspektive wechselt: Die tiefsten Schichten von Hans Castorps Existenz unterliegen diagnostisch einer vom Creator auferlegten *Schweigepflicht*.

---

[187] Daß sich Thomas Mann als Creator möglicherweise der Konstruktion eines psychoanalytischen Gesprächs nicht ganz gewachsen fühlte, liegt außerhalb des Bereichs narrativer Erwägungen.-

Mit welchem Taktgefühl der Narrator im Übrigen die Intimsphäre Castorps wahrt, zeigt das Ende von 'Walpurgisnacht' (S.483). Als Clawdia Chauchat zu nächtlicher Stunde Hans Castorp indirekt nahelegt, sie auf ihr Zimmer zu begleiten, zieht sich der Narrator diskret zurück, und fast widerwillig gibt er später preis, daß dieser damals "so viel später auf sein Zimmer zurückgekehrt war" als sein Vetter ('Veränderungen',S.488).

[188] Die subtile Funktion dieses Perspektivenwechsels wird noch nicht deutlich erkannt bei Freudenberg 1988 (S.278 f.). Diersen (1967,646) spricht allgemein von "sehr wenigen Abweichungen", die "nicht belangvoll genug [sind], als daß sie [...] ernsthaft berücksichtigt werden müßten".

e) Resümee

Insgesamt lassen sich die an vier Erzähltexten gewonnenen Einsichten in die Handhabung der Perspektive durch Thomas Mann auf folgenden knappen Nenner bringen.

1. Thomas Mann beherrscht sehr wohl die Technik des perspektivischen Erzählens. Soweit diese Technik als modern im Sinne der Spielhagen-Kontroverse gelten kann, ist Thomas Mann *modern*.[189]

2. Thomas Mann weigert sich, auf den auktorialen Erzähler zu verzichten. Soweit dies als konservativ im Sinne der Spielhagen-Kontroverse gelten kann, ist Thomas Mann *konservativ*.[190]

3. Die daraus resultierende Verbindung von Perspektive und Auktorialität ist im 'Zauberberg' zur Vollendung gebracht worden: Die monoperspektivisch begrenzte Sicht des Protagonisten und das auktoriale Wissen des Narrators wirken in vielfältiger Weise zusammen. Was im Verlauf der Spielhagen-Kontroverse als unvereinbarer Konflikt zwischen Auktorialität und Perspektive gesehen wurde, geht im 'Zauberberg' eine gelungene Synthese ein. Soweit diese Synthese eine erzähltechnische Neuerung darstellt, ist Thomas Mann *innovativ*.[191]

---

189 Die Anfänge des perspektivischen Erzählens werden gemeinhin mit den Namen Flaubert, Zola und Henry James verbunden. Hierzu sei die Frage erlaubt, ob nicht etwa das Prinzip einer systematisierten Wissensbeschränkung — etwa in Gestalt vorübergehender Perspektivierung — zu den erzähltechnischen Universalien schlechthin gehört. Was das 19.Jahrhundert anlangt, so ist jedenfalls Theodor Storms 'Immensee' (1849) nicht nur auktorialitätsfrei, sondern — ohne erzähltheoretische Vorgaben — konsequent monoperspektivisch erzählt.

Ob die Vermutung von Hoffmeister (1965,71) zutrifft, wonach die Polyperspektive der 'Buddenbrooks' "für den deutschen Roman [...] etwas Neues" darstellt, wäre noch zu überprüfen.

190 Auch hier scheinen genauere Untersuchungen zum Profil des auktorialen Erzählers im ausgehenden 19.Jahrhundert erforderlich. Die von Weimann (1962,408-413) am englischen Roman beobachtete Individualisierung und Personalisierung des auktorialen Erzählers entspricht eher dem 'Zauberberg' als etwa den 'Buddenbrooks', wohingegen der damit verbundene Verzicht auf Allwissenheit bei Thomas Mann durchgängig zu beobachten ist.

Inwieweit der auktoriale Erzähler seinerseits als epochenspezifisches Phänomen sich erst "mit der Lösung des bürgerlichen Romans aus dem [...] Barock-Roman heraus" gebildet hat und deshalb "ein sehr junges Phänomen ist" (Diersen 1967,637), bedarf ebenfalls weiterer Überprüfung. Orientiert man sich nämlich mit Inge Diersen — über die Gattung Roman hinaus — "am Alter des Epischen oder gar an dem Tatbestand, daß zwischen Menschen etwas erzählt wird" (ebd.), so bietet sich eher die Gegenthese an, daß auch die Auktorialität zu den erzähltechnischen Universalien gehört. Dann wäre es letztlich der Spielhagen-Autor, der seinem (nichtauktorialen) Narrator Zwang antut ...

191 I.Diersen (1967,659 f.) sieht in der Verbindung von nicht-allwissender Auktorialität und stream-of-consciousness-Perspektive "ein charakteristisches Merkmal der Modernität" des 'Zauberberg', das sich später in anderer Form bei Heimito von Doderer und Johannes Bobrowski, aber auch bei Uwe Johnson und — mit Polyperspektive — in Anna Seghers' 'Siebtem Kreuz' wiederfindet.

Andererseits verdanken wir derselben Inge Diersen (1967,638-642.644) den Hinweis, daß bereits in Wilhelm Raabes 'Abu Telfan' (1867) Auktorialität und Monoperspektive eine gelungene Synthese eingehen! Auch hier wird also noch einiges zu überprüfen sein.

5.3. Deskriptoren der Redewiedergabe

Unter plausiblen narrativen Rahmenbedingungen ist der Narrator legitimiert, die Gedanken von Figuren wiederzugeben ("Introspektion"). Hierzu zählt — neben der per definitionem uneingeschränkten Omniszienz und dem narratorbeschränkten ICH-Erzählen[192] — vor allem das perspektivische Erzählen auf der Ebene der Bewußtseinswiedergabe. Insbesondere die monoperspektivische Innensicht gilt nachgerade als Inbegriff der modernen Bewußtseinsperspektive. Da es bei der Beschreibung von Gedankenwiedergabe zu unerwünschter terminologischer Vielfalt gekommen ist, hat die Marburger Arbeitsgruppe 'Narrativik' begriffsklärende Vorschläge entwickelt, die hier in Thesenform referiert und eigenen Untersuchungen künftig zugrunde gelegt werden.

1. Entgegen der allgemeinen Lebenserfahrung, die sich in elementaren Erkenntnissen der Kognitionspsychologie niederschlägt, versteht ein Autor Denkvorgänge stets als gedachtes Sprechen und verbalisiert sie entsprechend. Was sich hier als erzähltechnisches Universale darstellt, ist gekoppelt mit einem grammatischen Universale: Denken und Sprechen unterliegen gleichen grammatischen Regeln.[193] Aus diesem Grund seien die beiden Phänomene

- *äußere Rede ("Äußerungsrede")* in gesprochener oder geschriebener Form und
- *innere Rede ("Gedankenrede")* in gedachter Form unter dem Oberbegriff *Rede* subsumiert.

2. Für die Wiedergabe von (äußerer oder innerer) Rede stehen im Deutschen ebenso wie in den typologisch verwandten europäischen Sprachen insgesamt vier Möglichkeiten zur Verfügung, nämlich

- *direkte Rede* als wörtliches Zitat,
- *indirekte Rede* in syntaktisch abhängiger Konstruktion,
- *erlebte Rede* in syntaktisch unabhängiger Konstruktion[194],
- *berichtete Rede* (*"Redebericht"*) in einer vom Narrator mit eigenen Worten wiedergegebenen und dabei meist gerafften Form.

---

[192] Zum Sonderfall des seine Gedanken und Gefühle verweigernden ICH-Erzählers ("unterkühlter Ton") siehe Freudenberg (1988,277).

[193] Vgl. hierzu den Regelapparat bei Rauh (1978,273-323: "Analyse von Redeformen").

[194] Gelegentlich wird verkannt, daß auch die Verwendung der erlebten Rede allgemeineren Regularitäten ohne Gebrauchsbeschränkung unterliegt. So gilt insbesondere:

- Die erlebte Rede ist keineswegs auf Gedankenrede beschränkt. Eugen Lerch, der als erster auf dieses Mittel der Redewiedergabe im Deutschen aufmerksam gemacht hat (Lerch 1914), leitet sogar die Gedankenrede logisch aus der Äußerungsrede ab. Vgl. auch Theiß (wie Anm.81), S.52 und Hoffmeister (1965,48 ff.).

- Die erlebte Rede kann durchaus im Präsens stehen. Vgl. die Buddenbrooks-Belege bei Lerch (1914,485), der damit seinen eigenen terminologischen Vorschlag "Imperfekt der Rede" widerlegt.

- Gegen Hoffmeister (1965,73) kann sich auch der ICH-Erzähler sehr wohl der erlebten Rede bedienen, wie ein kurzer Blick in Thomas Manns 'Bekenntnisse des Hochstaplers Felix Krull' zeigt. Vgl. etwa "*Wofür würde ich mich entscheiden*? Im Grunde ahnte mir, daß mein Stolz, oder meine Eitelkeit, sich als stärker erweisen würde als meine Habsucht." (S.178 f.)

3. Die Begriffe 'Bewußtseinsstrom' und 'äußerer/innerer Monolog' sollten als präzise termini technici nur verwendet werden, wenn damit eine zureichende Definition verbunden ist.

5.4. Zur perspektivischen Redewiedergabe bei Thomas Mann

Die "Dimensionen der Rede im Erzählvorgang" — dies die Überschrift der zusammenfassenden Darstellung bei Lämmert 1975, 195-242 — sind besonders an Werken Thomas Manns verschiedentlich untersucht und exemplarisch dargestellt worden.[195] Bei der direkten *Äußerungsrede*[196] überwiegt (vom Hopfenhändler Permaneder bis zu Professor Kuckuck, vom Großkaufmann Klöterjahn bis zu Mynheer Peeperkorn) der individuell gestaltete Figurenstil; die indirekte Äußerung mit ihrem distanziert-relativierenden Ton wird sparsam und in sorgfältiger Dosierung angewandt.[197] Ganz besonderes Interesse hat die vor allem mit der *Gedankenrede* verbundene Erscheinung der erlebten Rede bei Thomas Mann gefunden: Über die 'Buddenbrooks' wurde die deutsche Literaturwissenschaft überhaupt erst auf diese Form der Redewiedergabe aufmerksam.[198]

Als Ausdruck eines im Text erkennbaren Bewußtseins präzisiert eine derartige Gedankenrede nicht nur die Figurenperspektive, sondern setzt diese häufig auch in Beziehung zum Narrator, sei es in der Regel kontrastiv, sei es im Einzelfall auch integrativ.[199] Insbesondere bei Thomas Mann war bereits oben (5.2.) auf das Zusammenwirken von Narratorwissen und Figurensicht hingewiesen worden. Diese eigenartige, für dogmatische Vertreter einer puristischen Perspektivenlehre wenig plausibel anmutende Doppelsichtigkeit zeigt sich in Ansätzen

---

[195] Jochen Vogt bestreitet das Kapitel 'Personenrede in der Erzählung' seiner kurzen Einführung in die Narrativik vor allem mit Beispielen aus Romanen Thomas Mann (Vogt 1972,68-82).- Zur Notwendigkeit, gerade bei diesem Autor elementar zwischen Narrator- und Figurenrede zu unterscheiden, vgl. die Kritik von Nicklas (1968,130 Anm.344) an Koopmann 1971.

[196] Vgl. die allgemein gehaltenen Beobachtungen von M.Weiß über "Die direkte Rede als eine Erzählmethode in dem Roman Th.Manns 'Buddenbrooks'" (Weiß 1976).

[197] Vgl. zum 'Zauberberg' Meyer (1963,23), zum 'Doktor Faustus' Vogt (1972,72 f.).

[198] Schon Eugen Lerch (1914) hatte sich in seiner Pilot-Untersuchung über "Die stilistische Bedeutung des Imperfektums der Rede" ausschließlich auf die 'Buddenbrooks' gestützt. Gleiches gilt für Etienne Lorck (1921), der an diesem Roman den heutigen Terminus "erlebte Rede" durchsetzte. Vgl. später erneut Lerch,Eugen: Ursprung und Bedeutung der sog. 'Erlebten Rede' (Rede als Tatsache). In: GRM 16 (1928),459-478 sowie nunmehr auch Hoffmeister (1965).

[199] Vgl. neben Stanzel (1985,248-250: "Die 'Ansteckung' der Erzählersprache durch die Figurensprache") auch Uspenskij (1975,42-68: "Die Wechselbeziehung des Autoren-Worts und des Wortes des Helden").

bereits in den '*Buddenbrooks*'[200]. Zu welchen Konsequenzen eine derartige perspektivische Ambivalenz später führen sollte, sei abschließend an Einzelbeispielen gezeigt.

- Eine der sprachgestalterischen Höhepunkte im '*Doktor Faustus*', die Interpretation von Beethovens Klaviersonate opus 111, hat Thomas Mann dem stotternden Musikdozenten Wendell Kretzschmar in den Mund gelegt (VIII. Kapitel) und die Weitergabe an den Leser dem ICH-Narrator Serenus Zeitblom anvertraut. Da der Vortrag nicht ausdrücklich als direkte Redewiedergabe gekennzeichnet ist, konnte die Sprachstörung des Referenten unberücksichtigt bleiben; diese ist vom Leser "mitzudenken". Ob die brillanten Formulierungen auf das Konto des Sprechers Kretzschmar (Wiedergabe von Figurenrede) oder des Erzählers Zeitblom (Erzählerbericht) gehen, mag dahingestellt bleiben; intellektuell wird man diese Leistung — mehr oder weniger — beiden zutrauen.

- Anders eine Dialogszene[201] im '*Tod in Venedig*'. In einem englischen Reisebüro erfährt Gustav Aschenbach endlich, welche Bewandtnis es mit den geheimnisvollen Hygienemaßnahmen hat (Fünftes Kapitel): Ein Angestellter sagt ihm "in seiner redlichen und bequemen Sprache die Wahrheit" (628). Was dann folgt, ist weder redlich noch bequem formuliert. Vor allem die unvermittelt einsetzende Schilderung des Ganges-Deltas als des Ursprungsgebietes der Cholera stellt einen beziehungsreichen, mit allerlei Anspielungen durchsetzten sprachlichen Höhepunkt der Novelle dar, dessen elaborierte Gestaltung dem Angestellten nie und nimmer zuzutrauen ist. Nachträglich versucht der Narrator diesem Einwand Rechnung zu tragen: "Von diesen Dingen sprach der Engländer *das Entscheidende* aus" (630).
Wer spricht hier tatsächlich, wer ergänzt die angeblich "entscheidenden" Sachinformationen um eine sinnstiftende Dimension? Die Deutung von Nicklas (1968,94), es handle sich hier um "Bewußtseinselemente Aschenbachs" und deshalb um dessen "Zutat", wird der kommunikativen Situation dieser Szene nicht gerecht, so daß eine Korrektur angebracht erscheint: Der Narrator ist es zunächst einmal, der die Äußerungen mit eigenen Worten wiedergibt ("Redebericht"). Daß dieser wiederum die Bewußtseinsperspektive Aschenbachs einnehmen kann — nicht muß! —, ist bereits oben (5.2.) ausgeführt worden.[202]

---

200 Siehe hierzu Petersen (1967,149-173) über "Die Duplizität der Perspektiven" in den 'Buddenbrooks'; vgl. auch Hoffmeister (1965,45-72: "Die erlebte Rede in 'Buddenbrooks'") und Jens 1960. Verfehlt ist das Urteil von Dittmann (1969,44 f.): Bei dem von ihm zu Recht diagnostizierten "Ineinander der Sprache der Figur und der des Erzählers" handelt es sich um einen klaren Fall von erlebter Rede.- Eine detaillierte Untersuchung von Form und Funktion der Redewiedergabe in den 'Buddenbrooks' wird derzeit innerhalb der Marburger 'Arbeitsgruppe Narrativik' vorbereitet.

201 Daß Aschenbach, der "Einsam-Stumme", kaum Dialoge eingeht, hat Nicklas (1968,98) genauer herausgearbeitet.

202 Eigenartigerweise bemüht Reed (1983,129 f.) für das Eingreifen des "ominös-vorausdeutenden Erzählers" ein früheres Dschungelszenarium, nämlich die erlebte Gedankenrede des mit Reiseplänen befaßten Aschenbach: "Nicht gar weit, nicht gerade bis zu den Tigern" (Erstes Kapitel 564). Tatsächlich bezieht sich der Protagonist hier abwehrend auf eine vorausgegangene eigene Vision (562: "er sah, sah eine Landschaft", in der "die Lichter eines kauernden Tigers funkeln").

Mit anderen Worten: Das Zusammenspiel zwischen Angestelltem, Aschenbach und Erzähler ist zwar kompliziert, entbehrt aber nicht der narrativen Logik.

- Im '*Zauberberg*' zwingt die von Anfang an eingenommene Monoperspektive den Narrator, alle Retrospektiven über das Bewußtsein des Perspektiventrägers Castorp laufen zu lassen. Dies bleibt unproblematisch, soweit es sich um Castorps eigene Vorgeschichte handelt. Das hierfür vorgesehene Zweite Kapitel signalisiert schon im ersten Satz mit dem Begriff "Erinnerungen" (31), daß sich dieser Bericht auf den Informationshorizont des Protagonisten beschränkt, und zwar so chronologisch, daß am Ende die jüngste Vorgeschichte Anschluß an den Bezugszeitpunkt gewinnt (55: "Und nun saß er seit über fünf Monaten im Internationalen Sanatorium"). Noch deutlicher wird die Castorp-Perspektive des Narrators beim Nachtrag einer Episode aus der Schulzeit (Abschnitt 'Hippe'); hier übernimmt dieser das Bewußtsein Castorps, der sich aus gegebenem Anlaß "auf einmal in jene frühe Lebenslage versetzt" (169) fühlt und erst am Ende aus "der Tiefe seiner Entrücktheit" (174) wieder in den Alltag zurückfindet.
Wie wird ein derartig perspektivisch fixierter Narrator legitimiert, sich auf die Vorgeschichte einer Außensicht-Figur, nämlich Naphtas, einzulassen? Der hierfür vorgesehene Abschnitt 'Operationes spirituales' scheint zunächst auf einem massiven Perspektivenbruch zu beruhen, und zwar vom ersten Satz an: "Leo Naphta stammte aus einem kleinen Ort in der Nähe der galizisch-wolhynischen Grenze" (615). Erst nachträglich (erzähltechnisch vergleichbar der oben erwähnten Episode im 'Tod in Venedig') wird die Perspektive wieder zurechtgerückt: "Diese Dinge nebst Weiterem und Genauerem erfuhr Hans Castorp gesprächsweise von Naphta selbst" (625). Damit sind die Stationen des Informationsflusses deutlich: von Naphta (gesprächsweise) zu Castorp, von diesem (perspektivisch) zum Narrator.
Dieses Konzept hat allerdings einen Schwachpunkt. Naphtas Leben wird nämlich in einem sarkastischen Ton vorgetragen, der sicherlich nicht von Naphta selbst und schwerlich vom "Zwischenträger" Castorp stammen kann.[203] Hier hat der Narrator selbst seine Hand im Spiel!

Insgesamt zeigen die angeführten Beispiele von Redewiedergabe erneut, wie schwer es Thomas Mann fällt, seinem Narrator Zurückhaltung aufzuerlegen. Sein ausgeprägtes Selbstbewußtsein zwingt ihn nachgerade dazu, selbst beim nichtauktorialen Erzählen den gedanklichen Willen des Narrators durchzusetzen, und sei es um den Preis, gegen die Plausibilitätsvorstellungen einer inzwischen klassisch gewordenen Perspektivenlehre zu verstoßen. Im Vorgriff auf die oben (Anm. 181) angekündigte Detailuntersuchung sei bereits jetzt die Vermutung geäußert, daß insbesondere der Zauberberg-Narrator die latente Bereitschaft zeigt, jederzeit so aus der Rolle zu fallen, wie dies bei der Wiedergabe der Naphta-Biographie manifest geworden ist.[204]

---

203 So auch — mit ausführlicher Begründung — Pascal (1957, 90: "this section is an alien body in the organism of the novel"). Zur nachträglichen Legitimation der Naphta-Biographie aus dem Wissen Castorps äußert sich Diersen (1967,646).

204 Zum Verhältnis zwischen Zauberberg-Narrator und Castorp siehe auch Admoni/Silman (1966,128 f.), Neis (1965,33-36), Petersen (1967,189 f.) sowie vor allem Stanzel (1985,232-234), der

6. Ausblick

Daß Thomas Mann zwischen Tradition und Moderne steht, ist eine ständig wiederholte Feststellung von geringer Aussagekraft. Zum einen müßte präzisiert werden, was denn eigentlich an seinem Œuvre noch als traditionell und was bereits als modern gelten kann; zum andern sollte klargestellt werden, daß sich die damit verbundene historische Problematik vornehmlich auf die Technik des Erzählens in ihrem epochenspezifischen Wandel bezieht (wobei die narrativen Gestaltungsmittel letztlich die "Botschaft des Textes" konkretisieren).
Thomas Mann selbst hat sich klärender Äußerungen enthalten und es mit dem resignativen Stolz eines Endzeitlichen bewenden lassen. So schreibt er am 3.Nov. 1951 an Eberhard Hilscher:

> "Nicht ungern fühle ich mich als einen Späten und Letzten, einen Abschließenden und einen Vollender. Das ist mein Traditionalismus, *der sich auf eine für diese Übergangszeit wohl charakteristische Weise mit dem Experimentierenden mischt.* [...] Endbücher zu schreiben scheint seit 'Buddenbrooks' meine Aufgabe zu sein,- ja zuweilen kommt es mir vor, als sei unsere ganze höhere Literatur nichts anderes als ein rasches Rekapitulieren des abendländischen Mythus, der abendländischen Kulturüberlieferung — vor Torschluß, vorm Fallen des Vorhangs, der sich gewiß nur zu einem sehr neuen Stück wieder heben kann,- einem Stück, *zu dem wir* Künder des Endes, eben als solche, *doch auch schon gewisse Beziehungen haben.*" (408)[205]

Welche typologische — und damit gleichzeitig auch chronologische — Bewandtnis hat es mit diesem als neu apostrophierten "modernen Erzählen"? Sieht man von Wolfgang Kaysers bis ins 18. Jahrhundert ausholendem Verständnis von epischer Modernität ab[206], so bietet sich als Beginn einer im weiteren Sinn verstandenen Moderne die Spielhagen-Kontroverse in der zweiten Hälfte des 19. Jahrhunderts an. Den seitdem als progressiv gefeierten Rückzug des auktorialen Erzählers mochte Thomas Mann zeit seines Lebens nicht mitmachen; von der damit verbundenen Perspektivierungstechnik

---

auf Bulhofs Begriff "Transpersonalismus" aufmerksam macht. Vgl. hierzu Bulhof, Francis: Transpersonalismus und Synchronizität. Wiederholung als Strukturelement in Thomas Manns 'Zauberberg'. Groningen 1966.

205 So auch (nahezu wörtlich) zwei Tage später brieflich an Hermann J.Weigand (S.411). Ähnlich Katia Mann (1976, 161): "Das Gefühl, ein letzter deutscher großer Erzähler zu sein, hatte er wohl. Daß das bürgerliche Zeitalter vorbei war und daß etwas anderes kommen sollte und wird, darüber war er sich klar. Aber er gehörte noch dieser Epoche an, wenn er auch geneigt war, ihre Schwächen zu parodieren. [...] Er hat eigentlich ohne jeden Abschiedsschmerz vom bürgerlichen Zeitalter gesprochen. [...] Er betrachtete sich persönlich als einen Letzten einer großen Epoche."

206 In "Entstehung und Krise des modernen Romans" (Kayser 1955) werden vor allem die Leistungen des 18. und 19.Jahrhunderts gewürdigt.

hingegen hat er ausgiebig und mit Raffinement Gebrauch gemacht. Daß er sich dabei alle Erzähltheorien vom Leib gehalten hat, zeigt die merkwürdig unernste Kontroverse mit Bertolt Brecht um den "Vater Spielhagen".[207]
In der Tat hat es den Anschein, als sei — abseits theoretischer Programme — die ausgefeilte Technik des perspektivischen Erzählens das besondere Neue unseres Saeculums. Dabei mag dem auffällig undialektisch angelegten monoperspektivisch-solipsistischen Bewußtseinsroman eher die Rolle einer Übergangserscheinung zukommen; im ganzen zeichnet sich beim zeitgenössischen Erzählen eher jenes Zusammenspiel unterschiedlicher Perspektiven ab, das Inge Diersen (1967,660) zu der Feststellung veranlaßt hat: "Die sehr ausgeprägte Aspektfluktuation, das Sichdurchkreuzen verschiedener Sichtweisen ist zweifellos eine Erscheinung speziell der modernen Epik". Hat sich schon der Zauberberg-Narrator dem überschaubaren Gegensatz zwischen Erzähler-Autonomie und Figurensicht entzogen, indem gedankliche Anleihen mit Zitatcharakter immer wieder die Perspektivengrenzen durchbrechen, so kann es beim gegenwärtigen Erzählen durchaus geschehen, daß der Kernsatz einer epischen Aussage Figurenbewußtsein zeigt, gleichzeitig aber die eingebetteten Attribuierungen ironische Brechungen eines autonomen Narrators signalisieren.[208]
Zur Beschreibung derartiger Entwicklungstendenzen bedarf es eines begrifflichen Instrumentariums, das nicht (induktiv) aus einem begrenzten Korpus von Einzeltexten gewonnen wurde und somit nur für diese Texte gültig sein kann; jeder neu hinzukommende Text könnte eine Revision des ganzen Modells erzwingen. Der hier unternommene Versuch, ein (deduktiv) an der "Logik des Erzählens" orientiertes Beschreibungsmodell am Beispiel Thomas Manns zu erproben, könnte dazu ermutigen, auch die derzeit nur vage erkennbare "Postmodernität" zeitgenössischer Erzähltexte auf den narrativen Begriff zu bringen.

---

207 Hierzu ausführlich Hans Mayer ('Thomas Mann und Bertolt Brecht. Zur Interpretation einer Feindschaft'. In: Mayer 1983,386-400, insbes. 388 ff.). Vgl. insbesondere die abschließende Replik Thomas Manns im 'Berliner Tageblatt' vom 10. Okt. 1926 (XI,751-757, Zitat S.753 f.): "Ich habe nie eine Zeile von Spielhagen gelesen. [...] Ich habe von Spielhagen gar nichts gelernt, auch nicht, wie ich es keinesfalls zu machen hätte, und meinem Verhältnis zu ihm fehlt jede Gereiztheit, es war und ist das vollendeter Apathie."

Offenbar wußten weder Brecht noch Mann so recht, welche Bewandtnis es mit den Forderungen Spielhagens hat. Mag sein, daß Spielhagen inzwischen, das Schicksal jeder "Avantgarde von gestern" teilend, als Synonym für 'altmodisch' stand.

208 Derartige Beobachtungen wurden im Rahmen eines Seminars der Marburger 'Arbeitsgruppe Narrativik' u.a. an Texten von Ingeborg Bachmann gemacht. Vgl. insbesondere 'Ihr glücklichen Augen' (in: Ingeborg Bachmann: Simultan. München 1972).

7. Verzeichnis der abgekürzt zitierten Literatur

A. Werkausgaben

Andersch, Alfred: Der Vater eines Mörders. Eine Schulgeschichte. Zürich 1982. (= ders.: Werkausgabe in Einzelbänden. 16). (Erstausgabe 1980).

Fontane, Theodor: Frau Jenny Treibel. Effi Briest. München 1959. (= ders.: Sämtliche Werke. 7).

Mann, Thomas:
- Romane und Erzählungen. Zitiert wird nach der Frankfurter Ausgabe (Gesammelte Werke in Einzelbänden. Hrsg. v. Peter de Mendelssohn. Frankfurt a.M.1980-1986).
- Theoretische Schriften. Die Zitate stammen aus den Bänden X und XI (= Reden und Aufsätze. 2.3) der Gesammelten Werke in zwölf Bänden. 1. Aufl. Frankfurt a.M.1960.
- Briefe. Als Textgrundlage dient: Thomas Mann. Teil III: 1944-1955. Hrsg.v.Hans Wysling u.M.v.Marianne Fischer. Frankfurt a.M.1981 (= Dichter über ihre Dichtungen. 14).

Storm, Theodor: Auf dem Staatshof. In: ders.: Sämtliche Werke. 1: Gedichte. Märchen und Spukgeschichten. Novellen. Hrsg.v.Peter Goldammer. 4. Aufl. Berlin/Weimar 1978 (= Sämtliche Werke in vier Bänden), 586-620.

B . Sekundärliteratur

Admoni, Wladimir/Silman, Tamara (1966): Wandlungsmöglichkeiten der Erzählweise Thomas Manns. In: Wenzel, Georg (Hrsg.): Betrachtungen und Überblicke. Zum Werk Thomas Manns. Berlin/Weimar, 120-130.

Adolphs, Dieter Wolfgang (1983): Literarischer Erfahrungshorizont. Aufbau und Entwicklung der Erzählperspektive im Werk Thomas Manns. Washington Univ., Department of Germanic Languages and Literatures. Phil. Diss. (Ann Arbor, University Microfilms International. 1985).

Adorno, Theodor W. (1958): Standort des Erzählers im zeitgenössischen Roman. In: ders.: Noten zur Literatur. (I.) Berlin/Frankfurt a.M., 61-72. (Nachdruck in: Hillebrand 1978,104-110. Vorher u.d.T. 'Form und Gehalt des zeitgenössischen Romans' in: Akzente 1.1954).

Arntzen, Helmut (1962): Der moderne deutsche Roman.Voraussetzungen, Strukturen, Gehalte. Heidelberg. (S.37-57: II. Thomas Mann: 'Der Zauberberg').

Bense, Max (1956): Der Geist der Erzählung. In: ders.: Rationalismus und Sensibilität. Krefeld/Baden-Baden, 36-43.

Booth, Wayne C. (1974): Die Rhetorik der Erzählkunst. Bd.1. Übers.v. Alexander Polzin. Heidelberg.

Burkert, Gertrud (1968): Der fiktive Icherzähler im Werke Th.Manns. München, Phil.Diss.

Canisius, Peter (1987) (Hrsg.): Perspektivität in Sprache und Text. Bochum. (= Bochumer Beiträge zur Semiotik.6).

Cohn, Dorrit (1983): The Second Author of 'Der Tod in Venedig'. In: Festschr. Sokel, 223-245.

Diersen, Inge (1960): Beispiele für die Veränderung der Erzählweise in den 'Buddenbrooks' (Exkurs). In: dies.: Untersuchungen zu Th.Mann. Berlin,49-53.

Diersen, Inge (1967): Darbietungsformen des Erzählens. In: Weimarer Beiträge 13,630-660.

Dittmann, Ulrich (1969): Sprachbewußtsein und Redeformen im Werk Thomas Manns. Untersuchungen zum Verhältnis des Schriftstellers zur Sprachkrise. Stuttgart/Berlin/Köln/ Mainz. (= Studien zur Poetik und Geschichte der Literatur. 10).

Dubois,J./Edeline,F./Klinkenberg,J.M./Minguet,P./Pire,F./Trinon,H. (1974): Allgemeine Rhetorik. Übers.u.hrsg.v. Armin Schütz. München. (Frz.Original u.d.T. 'Rhétorique générale'. Libraire Larousse 1970).

Enders, Horst (1965): Der doppelte Beginn mit Hans Castorp. Zu Thomas Manns 'Der Zauberberg'. In: Miller,Norbert (Hrsg.): Romananfänge. Versuch zu einer Poetik des Romans. Berlin, 289-316.

Festschr. Sokel 1983 = Probleme der Moderne. Studien zur deutschen Literatur von Nietzsche bis Brecht. Festschrift für Walter Sokel. Hrsg.v. Bennett, Benjamin/ Kaes, Anton/ Lillyman, William J. Tübingen.

Feuerlicht, Ignace (1970): Der Erzähler bei Thomas Mann. In: The German Quarterly 43,418-434.

Fischbacher, Andrea (1988): Anfänge der modernen Erzählkunst. Untersuchungen zu Friedrich Spielhagens theoretischem und literarischem Werk. Bern/Frankfurt a.M./New York/Paris. (= Narratio. Arbeiten zur Geschichte und Theorie der Erzählkunst.1).

Forster, E.(dward) M.(organ) (1927): Ansichten des Romans. Berlin/Frankfurt a.M. 1949. (Engl.Original u.d.T. 'Aspects of the Novel'. London 1927. 8. Aufl.1947).

Freudenberg, Rudolf (1986): Erzähltechnik und "Märchenton". In: Das selbstverständliche Wunder. Beiträge germanistischer Märchenforschung. Hrsg.v.

Wilhelm Solms i.V.m. Charlotte Oberfeld. Marburg (=Marburger Studien zur Literatur.1),121-141.

Freudenberg, Rudolf (1988): Das perspektivische Erzählen als literarisches Stilmittel. In: Sprache in Vergangenheit und Gegenwart. Beiträge aus dem Institut für Germanistische Sprachwissenschaft der Philipps-Universität Marburg. Hrsg.v.Wolfgang Brandt i.V.m. Rudolf Freudenberg. Marburg (= Marburger Studien zur Germanistik.9),270-282.

Frey, John R. (1948): Author-Intrusion in the Narrative: German theory and some modern examples. In: The Germanic Review 23,274-289.

Friedman, Norman (1955): Erzählperspektive im Roman.Die Entwicklung eines kritischen Konzeptes. In: Hillebrand (1978),141-176. (Engl. Original u.d.T. 'Point of View in Fiction'. In: PMLA 70,1955,1160-1184).

Gabriel, Gottfried (1975): Fiktion und Wahrheit. Eine semantische Theorie der Literatur. Stuttgart - Bad Cannstatt.

Hamburger, Käte (1977): Die Logik der Dichtung. 3.Aufl. Stuttgart. (1.Aufl. 1957).

Hasenberg, Peter (1987): Erzählen ohne Erzähler? Probleme der 'point of view'-Analyse, dargestellt am Beispiel von Henry James' 'The Ambassadors'. In: Canisius (1987), 52-82.

Haubrichs, Wolfgang (1976): Einleitung: Für ein Zwei-Phasen-Modell der Erzählanalyse. Ausdrucksform und Inhaltsform in mittelalterlichen und moderneren Bearbeitungen der Gregoriuslegende. In: ders. (Hrsg.): Erzählforschung 1. Theorien, Modelle und Methoden der Narrativik. Mit einer Auswahlbibliographie zur Erzählforschung. Göttingen (= Zeitschrift für Literaturwissenschaft und Linguistik. Bh.4),7-28.

Henze, Eberhard (1965): Die Rolle des fiktiven Erzählers bei Thomas Mann. In: Die Neue Rundschau 76,189-201.

Hillebrand, Bruno (1978) (Hrsg.): Zur Struktur des Romans. Darmstadt. (= Wege der Forschung.488). (Darin: ders.: Einleitung. Zur Struktur des Romans. S.1-22).

Hirsch, Arnold (1928): Der Gattungsbegriff 'Novelle'. Berlin. (= Germanische Studien.64).

Hoffmeister, Werner (1965): Studien zur erlebten Rede bei Thomas Mann und Robert Musil. London/The Hague/Paris.

Hohmeyer, Jürgen (1965): Thomas Manns Roman 'Joseph und seine Brüder'. Studien zu einer gemischten Erzählsituation. Marburg. (= Marburger Beiträge zur Germanistik.2).

Jens, Walter (1960): Nachwort. In: Thomas Mann: Buddenbrooks. Verfall einer Familie. Taschenbuchausgabe. Frankfurt a.M. (=Exempla Classica.13),518 ff.

Jurgensen, Manfred (1988): Die Erzählperspektive. In: Moulden/von Wilpert (1988),109-127.

Kayser, Wolfgang (1955): Entstehung und Krise des modernen Romans. 2.Aufl.Stuttgart. (1.Aufl. 1954).

Kayser, Wolfgang (1956): Das Problem des Erzählers im Roman. In: Hillebrand (1978),188-202. (Ursprüngl.in: The German Quarterly 29,1956,225-238; vorher als Vortrag 1955).

Kayser, Wolfgang (1958): Wer erzählt den Roman? In: ders.: Die Vortragsreise. Studien zur Literatur. Bern, 82-101. (Vorher als Vortrag 1957).

Kayser, Wolfgang (1959): Das sprachliche Kunstwerk. 5.Aufl. Bern/München. (Zuletzt 19.Aufl. Bern 1983).

Klesczewski, Reinhard (1973): Erzähler und 'Geist der Erzählung'. Diskussion einer Theorie Wolfgang Kaysers und Bemerkungen zu Formen der Ironie bei Th.Mann. In: Archiv f.d.Studium der neueren Sprachen 210,126-131.

Koopmann, Helmut (1971): Die Entwicklung des 'intellektualen Romans' bei Thomas Mann. Untersuchungen zur Struktur von 'Buddenbrooks', 'Königliche Hoheit' und 'Der Zauberberg'. 2.Aufl. Bonn. (Zuletzt 3.Aufl. Bonn 1980; ursprüngl. Bonn, Phil.Diss.1960).

Kroepfle, Hans Herbert (1962): Die Struktur des Erzählschlusses bei Thomas Mann. Münster, Phil.Diss.

Kurzke, Hermann (1975): Wie konservativ ist 'Der Zauberberg'? In: Gedenkschrift für Thomas Mann 1875-1975. Hrsg.v. Rolf Wiecker. Kopenhagen. (= Text u. Kontext. Sonderreihe.2).

Lämmert, Eberhard (1963): Thomas Mann, Buddenbrooks. In: Der deutsche Roman. Vom Barock bis zur Gegenwart. Struktur und Geschichte. Bd.2. Hrsg.v. Benno von Wiese. Düsseldorf,190-233.

Lämmert, Eberhard (1970): Doppelte Optik. Über die Erzählkunst des frühen Thomas Mann. In: Literatur, Sprache, Gesellschaft. Hrsg.v. Karl Rüdinger. München,50-72.

Lämmert, Eberhard (1975): Bauformen des Erzählens. 6.Aufl. Stuttgart. (1.Aufl. 1955).

Lange, Victor (1975): Thomas Mann. Tradition und Experiment. In: Thomas-Mann-Symposion Bochum 1975. Vorträge und Diskussionsberichte. Hrsg. v. Paul Gerhard Klussmann u. Jörg-Ulrich Fechner. Kastellaun 1978,60-78.

Lehnert, Herbert (1965): Thomas Mann. Fiktion, Mythos, Religion. Stuttgart/Berlin/Köln/Mainz.

Leopold, Keith (1985): Point of view in the novels of Thomas Mann. In: ders.: Selected Writings. Edited by Manfred Jurgensen. New York/Berne/Frankfurt a.M.,139-147. (Zuvor in: AUMLA 8, Mai 1958).

Lerch, Eugen (1914): Die stilistische Bedeutung des Imperfektums der Rede ('style indirect libre'). In: GRM 6,470-489.

Lindemann, Bernhard (1987): Einige Fragen an eine Theorie der sprachlichen Perspektivierung. In: Canisius (1987),1-51.

Lorck, Etienne (1921): Die 'Erlebte Rede'. Eine sprachliche Untersuchung. Heidelberg.

Lubbock, Percy (1921): The Craft of Fiction. 5th printing. New York 1963. (Zuerst: London 1921).

Mann, Katia (1976): Meine ungeschriebenen Memoiren. Hrsg.v. Elisabeth Plessen u. Michael Mann. Frankfurt a.M. (Original 1974).

Martini, Fritz (1970): Thomas Mann, Der Tod in Venedig. In: ders.: Das Wagnis der Sprache. Interpretation deutscher Prosa von Nietzsche bis Benn. 6.Aufl. Stuttgart,176-224.

Matthias, Klaus (1965): Zur Erzählweise in den 'Buddenbrooks'. In: Lübeckische Blätter 125,209-217.240-244.

Mayer, Hans (1983): Thomas Mann. 2.Aufl. Frankfurt a.M. (1.Aufl. 1980).

Mendelssohn, Peter de (1980): Nachbemerkungen des Herausgebers. In: Thomas Mann: Der Erwählte. Frankfurt a.M. (= Gesammelte Werke in Einzelbänden. Frankfurter Ausgabe), 263-297.

Mendelssohn, Peter de (1981): Nachbemerkungen des Herausgebers. In: Thomas Mann: Der Zauberberg. Frankfurt a.M. (= Gesammelte Werke in Einzelbänden. Frankfurter Ausgabe),1007-1066.

Mendelssohn, Peter de (1982): Nachbemerkungen zu Thomas Mann. 1. Frankfurt a.M. (S.7-46: 'Buddenbrooks').

Meyer, Herman (1963): Zum Problem der epischen Integration. In: ders.: Zarte Empirie. Studien zur Literaturgeschichte. Stuttgart,12-32. (Auch in: Hillebrand 1978,83-103; zuerst in: Trivium 8,1950,299-318).

Michielsen, Gertrude (1978): The Preparation of the Future. Techniques of Anticipation in the Novels of Theodor Fontane and Thomas Mann. Bern/Frankfurt a.M./Las Vegas. (= Canadian Studies in German Language and Literature. 21).

Moulden, Ken/von Wilpert, Gero (1988): Buddenbrooks-Handbuch. Stuttgart.

Neis, Edgar (1965): Struktur und Thematik der traditionellen und modernen Erzählkunst. Paderborn. (S.21 ff.: III. Die personale Erzählhaltung in der modernen Erzählkunst des 20.Jahrhunderts). (2.Aufl.1972; inzwischen 3.Auflage).

Nicklas, Hans W. (1968): Thomas Manns Novelle 'Der Tod in Venedig'. Analyse des Motivzusammenhangs und der Erzählstruktur. Marburg. (= Marburger Beiträge zur Germanistik.21).

Nieschmidt, Hans-Werner (1988): Die Eigennamen. In: Moulden/von Wilpert (1988),57-61.

Pascal, Roy (1957): The German Novel. Studies. Second impression. Manchester. (First published 1956).

Petersen, Jürgen (1967): Die Rolle des Erzählers und die epische Ironie im Frühwerk Thomas Manns. Ein Beitrag zur Untersuchung seiner dichterischen Verfahrensweise. Köln, Phil.Diss.

Pike, Burton (1967): Thomas Mann and the Problematic Self. In: Publications of The English Goethe Society 37,120-141.

Rauh, Gisa (1978): Linguistische Beschreibung deiktischer Komplexität in narrativen Texten. Tübingen. (= Tübinger Beiträge zur Linguistik.106).

Reed, T.J. (1983): Thomas Mann. Der Tod in Venedig. Text, Materialien, Kommentar mit den bisher unveröffentlichten Arbeitsnotizen Thomas Manns. München/Wien. (= Literatur-Kommentare.19).

Richter, Karl (1966): Resignation. Eine Studie zum Werk Theodor Fontanes. Stuttgart/Berlin/Köln/Mainz.

Scherrer, Paul (1958): Bruchstücke der Buddenbrooks-Urhandschrift und Zeugnisse zu ihrer Entstehung 1897-1901. In: Die Neue Rundschau, 258-291.

Scherrer/Wysling 1967 = Scherrer, Paul: Aus Thomas Manns Vorarbeiten zu den 'Buddenbrooks'. Zur Chronologie des Romans. In: Scherrer, Paul/Wysling, Hans: Quellenkritische Studien zum Werk Thomas Manns. Bern/München (= Thomas-Mann-Studien.1),7-22.

Stanzel, Franz (1955): Die typischen Erzählsituationen im Roman. Dargestellt an Tom Jones, Moby-Dick, The Ambassadors, Ulysses u.a. Wien/Stuttgart. (= Wiener Beiträge zur englischen Philologie.63). (Unveränderter Nachdr. 1965).

Stanzel, Franz K. (1976): Typische Formen des Romans. 8.Aufl. Göttingen. (1.Aufl.1964).

Stanzel, Franz K. (1976a): Zur Konstituierung der typischen Erzählsituationen. In: Hillebrand (1978),558-576. (Originalbeitrag 1976).

Stanzel, Franz K. (1985): Theorie des Erzählens. 3.Aufl. Göttingen. (Nunmehr 4.Aufl. 1989).

Uspenskij, Boris Andreevič (1975): Poetik der Komposition. Struktur des künstlerischen Textes und Typologie der Kompositionsform. Hrsg.u. ... bearb.v. Karl Eimermacher. Aus dem Russ. übers. v. Georg Mayer. Frankfurt a.M. (Russ. Original: Moskau 1970).

Vogt, Jochen (1972): Aspekte erzählender Prosa. Düsseldorf. (= Grundstudium Literaturwissenschaft. Hochschuldidaktische Arbeitsmaterialien. 8).

Vogt, Jochen (1983): Thomas Mann. 'Buddenbrooks'. München.

Warren, R.P./Brooks, Cleanth (1943): Understanding Fiction. New York.

Weimann, Robert (1962): Erzählerstandpunkt und 'point of view'. Zu Geschichte und Ästhetik der Perspektive im englischen Roman. In: Zeitschr.f.Anglistik u. Amerikanistik 10,369-416.

Weimann, Robert (1966): Erzählsituation und Romantypus. Zu Theorie und Genesis realistischer Erzählformen. In: Hillebrand (1978),316-346. (Vorher in: Sinn und Form. Beiträge zur Literatur 18,1966,109-133).

Weinrich, Harald (1967): Tempus, Zeit und der Zauberberg. In: Vox Romanica 26,193-199.

Weiß, M. (1976): Die direkte Rede als eine Erzählmethode in dem Roman Th. Manns 'Buddenbrooks'. In: Rezeption westeuropäischer Autoren in der Sowjetunion. Auswahlkriterien und Kritik. Tl.1. Hrsg.v. Irene Nowikowa unter Mitarb.v. Beatrice Haas. Hamburg (= Hamburger Beiträge für Russischlehrer.12),213-222.

Wolffheim, Hans (1953): Das 'Interesse' als Geist der Erzählung. Ein Beitrag zur Stilphysiognomie Thomas Manns. In: Euphorion 47,351-389.

Ziolkowski, Theodore (1972): Strukturen des modernen Romans. Deutsche Beispiele und europäische Zusammenhänge. München. (S.67-93: III. Thomas Mann, Der Zauberberg).

Žmegač, Viktor (1965): Zur Form und Funktion des Erzähleinsatzes bei Thomas Mann. In: Sinn und Form. Beiträge zur Literatur. Sonderheft Thomas Mann,255-267.

Harald Wagner

Begegnungen mit der Dichterin Ingeborg Bachmann

Der Verfasser dieses Beitrags ist weder Germanist noch Literaturwissenschaftler, sondern Theologe. Zwar hat er sich von der Schulzeit bis heute ein großes Interesse an literarischen Inhalten und Vorgängen bewahrt,um es einmal so auszudrücken; zwar muß er von Berufs wegen ständig mit Sprache umgehen — in Predigt, Vortrag, Aufsatz und Buch; zwar hat er sich in einem bestimmten Kreis auch öfters als Laienregisseur versucht — trotz dieser vielen "zwar" bleibt aber: er hat weder Germanistik noch Literaturwissenschft studiert. Also fühlt er sich nicht eigentlich kompetent und berechtigt, eine fachkundige Analyse und Deutung des Werkes von Ingeborg Bachmann vorzulegen.

Aber er ist Ingeborg Bachmann begegnet. Er ist ihr nicht nur begegnet, wie man Goethe bei der Lektüre begegnen kann. Auch so ist er ihr begegnet, denn das Werk der Ingeborg Bachmann ist nicht so umfangreich, als daß man es nicht in relativ kurzer Zeit sich per Lesen aneignen könnte. Aber darüber hinaus ist er ihr "leibhaftig" begegnet und zwar nicht nur einmalig oder selten, sondern er ist ihr begegnet im Rahmen einer mehrjährigen Bekanntschaft, ja, Freundschaft. Als sie dann — 1973, viel zu früh — starb, von da an war sie ihm in neuer Weise gegenwärtig, wenn er das eine oder andere von ihr las, und so ist es bis heute. So mögen also Deutungen des Werkes von Ingeborg Bachmann, die da und dort zu lesen sind, legitimer sein als das, was im folgenden an deutenden Gedanken einfließen wird. Was hier zu erwarten ist, kommt jedenfalls aus dem Gesamtzusammenhang eines freundschaftlichen Umgangs mit dieser Frau, der jetzt schon ein hervorragender Platz in der zeitgenössischen Literaturgeschichte gewiß ist.

Bis zum Zeitpunkt des Kennenlernens ist Ingeborg Bachmann schon eine angesehene Dichterin, eine bekannte Frau. Wir wollen zuerst gemeinsam ihren Weg verfolgen bis zu jenem März 1970, als der Schreiber dieser Zeilen sie zum ersten Mal sah.

1. Ingeborg Bachmann wird am 25. Juni 1926, also jetzt vor etwa 65 Jahren, in Klagenfurt geboren. Sie ist das älteste von drei Kindern des Lehrers und späteren Hauptschuldirektors Matthias Bachmann und seiner Frau Olga Bachmann. Bis Kriegsende lebt sie in Klagenfurt, wo sie Volksschule, Gymnasium und Oberschule besucht, wo sie Abitur macht und 1944 einen Abiturientenkurs an der Lehrerbildungsanstalt besucht, diesen nach einem Jahr — 1945, bei Kriegsende — aber abbricht.

Mir scheinen im Zusammenhang dieser Jahre zwei Hinweise wichtig. Ingeborg Bachmann stammte also aus Klagenfurt, d.h. aus Kärnten. Sie hat sich gern und oft zu dieser Herkunft bekannt. Aber sie hat es nicht so getan, wie man es in Österreich von ihr erwartete: als "unsere Kärtner Dichterin", und damit als Österreichs große Dichterin, die — im Sinne einer Eigenständigkeit österreichischer Literatur — den Ruhm dieses Landes in alle Welt tragen würde. Bachmann hat sich später oft mit feinem Spott gegen diese Mentalität ergangen. Sie verstand sich weder als Bannerträgerin österreichischer Gegenwartsliteratur noch gar als "Heimatdichterin", auch nicht im positiven Sinn. Diesem ihrem Spott entsprach ein gewisses Totschweigen von seiten der österreichischen Literaturpäpste. Es hat lange gedauert, bis sie in ihrem Heimatland recht gewürdigt wurde, nämlich 1968, als sie den Großen Österreichischen Staatspreis für Literatur erhielt — eigentlich 20 Jahre zu spät, an ihrer Bedeutung gemessen. Dennoch: Ingeborg Bachmann stand zu ihrer Herkunft aus Kärnten. Aber dieses Kärnten, das war mehr und anderes für sie als ein Bundesland der Republik Österreich. Es war das Land (und so ist es ja bis heute), in dem sich die Kulturen und Mentalitäten kreuzen. Das Land, in dem Deutsches und Slawisches sich mitunter heftig befehdeten, bis heute, aber auch in einen fruchtbaren Austausch treten. Das Land, das schon Land des Südens ist, nach Norden durch eine Alpenkette abgeriegelt und von daher auch stets italienischen Einflüssen offen. So steht Kärnten gerade für den weiten Blick, den weiten Horizont, ein diametraler Gegensatz zu österreichischem Provinzialismus, wie er sich nach dem Krieg — verständlicherweise! — gerade auch im Kulturschaffen zeigte, denn Österreich wollte sich ja zum Beispiel im Gesamt der deutschsprachigen Literatur gegenüber der erdrückenden Fülle dessen, was aus Deutschland kam, profilieren. Doch verlassen wir jetzt Kärnten und den Umkreis und Inhalt von Ingeborg Bachmanns Klagenfurter Jahren. 1945/46, im Wintersemester, beginnt Ingeborg Bachmann mit dem Studium der Philosophie in Innsbruck, ein Studium, das sie in Granz und Wien fortsetzt. Als Nebenfächer bzw. nebenbei studiert sie auch Jura, Germanistik, Psychologie. Unsere Dichterin hat ihre philosophische Ausbildung weder verleugnen können noch wollen. Es gibt von ihr philosophisch orientierte Essays, zum Beispiel einen Versuch über Ludwig Wittgenstein. In ihrer umfangreichen Bibliothek befanden sich nicht wenige philosophische Werke, und ich weiß, daß sie bis zum Schluß immer wieder darin gelesen hat. Nachdem sie infolge ihres Umzuges 1971 eine ganze Reihe dieser Bücher verschenkt hatte, befinden sich auch etliche dieser Werke in meiner Privatbibliothek. Die Dissertation der Bachmann geht über Martin Heidegger, und ganz stolz hat sie mir einmal erzählt, daß Martin Heidegger, der große Philosoph, gern in ihren Gedichten gelesen habe.

Wie es in diesem Beruf normal ist, wagt Ingeborg Bachmann zuerst tastende Schritte auf dem literarischen Parkett, so mit ersten Gedichten und Hörspielen, Ende der Vierziger, Anfang der Fünziger Jahre. Diese Aktivität brachte sie immerhin schon 1952 mit der lange Zeit maßgeblichen "Gruppe 47" zusammen. Ein Durchbruch, wie man sagt, kommt aber erst 1953, mit der Veröffentlichung des Gedichtbandes " Die gestundete Zeit". Die FAZ erkannte damals: "Ingeborg

Bachmanns Gedichte verleugnen nicht die Tradtion, sind weder Bewußtseinslyrik noch Naturlyrik, sondern reine, große Poesie". Vielleicht eine noch größere Breitenwirkung hatte der drei Jahre später, also 1956, erschienene Gedichtband "Anrufung des Großen Bären". Die SZ konnte kommentieren: "Ingeborg Bachmann begeht unbegangene Wege der Sprache und sie begeht sie mit traumwandlerischer Sicherheit ..." Der schmale Gedichtsband trägt seinen Namen nach einem darin enthaltenen Gedicht:

ANRUFUNG DES GROSSEN BÄREN

Großer Bär, komm herab, zottige Nacht,
Wolkenpelztier mit den alten Augen,
Sternenaugen,
durch das Dickicht brechen schimmernd
deine Pfoten mit den Krallen,
Sternenkrallen,
wachsam halten wir die Herden,
doch gebannt von dir, und mißtrauen
deinen müden Flanken und den scharfen
halbentblößten Zähnen,
alter Bär.

Ein Zapfen: eure Welt.
Ihr: die Schuppen dran.
Ich treib sie, roll sie
von den Tannen im Anfang
zu den Tannen am Ende,
schnaub sie an, prüf sie im Maul
und pack zu mit den Tatzen.

Fürchtet euch oder fürchtet euch nicht!
Zahlt in den Klingelbeutel und gebt
dem blinden Mann ein gutes Wort,
daß er den Bären an der Leine hält.
Und würzt die Lämmer gut.

's könnt sein, daß dieser Bär
sich losreißt, nicht mehr droht
und alle Zapfen jagt, die von den Tannen
gefallen sind, den großen, geflügelten,
die aus dem Paradiese stürzten.

Nun gewinnt Bachmann größeres Ansehen und Renomee, erhält bedeutende Preise, zum Beispiel 1957 — also immerhin mit schon etwa 30 Jahren — den Literaturpreis der Freien Hansestadt Bremen, 1959 den damals begehrten Hörspielpreis der Kriegsblinden. Letzteren verdankt sie einem Hörspiel mit dem Titel "Der gute Gott von Manhattan". Es war eine große Überraschung für angebliche Kenner, daß die Lyrikerin sich der Gattung des Hörspieles zuwandte und daß sie auch noch eines von solchem Rang schaffen konnte. Die Presse überschlägt sich im Lob. So die ZEIT in ihrem literatischen Teil: "Wie hier die Steigerung rein aus der Sprache erreicht wird, verdient Bewunderung. Das Ganze ist mehr als ein Hörspiel — es ist ... Dichtung überhaupt". Es gibt maßgebliche Leute, wie Hans-Jürgen Bader, die den "Guten Gott von Manhattan" für das größte Werk der Bachmann überhaupt halten.

Was an diesem Vorgang überrachte, bestätigte sich immer wieder neu: Ingeborg Bachmann war eine äußerst vielseitige Frau. Sie war nicht nur Lyrikerin, Essayistin, Hörspielautorin. Im Wintersemester 1959/60 übte sie mit Bravour eine Gastdozentur für Poetik an der Universität Frankfurt aus, in den gleichen Jahren schrieb sie Textfassungen (Libretti) für musikalische Werke — so für Hans-Werner Henze, mit dem sie zeitlebens eine enge Freundschaft verband. Er ist offensichtlich der "Hans" in der Erzählung: "Undine geht".

Überhaupt hat Ingeborg Bachmann, die angeblich große Einsame (und die tatsächlich mindestens in Rom recht für sich lebte), viele Freunde und Beziehungen in der Welt. Sie hütete in ihren Berliner Jahren (ab 1963) die Kinder von Günther Grass, der ihr Büchlein "Ort für Zufälle" mit Zeichnungen ausstattete. Sie hatte einen engen und herzlichen Kontakt zu Marie-Luise Kaschnitz, sie war vertraut mit Großen der italienischen Literatur, wie Ungharetti, sie hatte mehr als geschäftliche Beziehungen zu bekannten Verlegern wie Piper, suhrkamp (Unseld) und dem Italiener Feltrinelli. Wenn man Glück hatte, konnte man Brosamen von diesem reichen Tisch erhaschen, und hin und wieder hatte ich dieses Glück. So kam Martin Walser eigens nach Rom, um ihre letzten Werke zu lektorieren, und auf diese Weise habe ich ihn auch kennengelernt.

1961 überraschte die Bachmann wiederum als Meisterin auf einem Gebiet, das sie bisher noch nicht betreten hatte. Es erscheint der Erzählband "Das dreißigste Jahr". Die Frankfurter Rundschau bemerkt damals lapidar: "Ingeborg Bachmanns Arbeiten stehen auf einsamer Höhe", und der Rheinische Merkur: "Ingeborg Bachmanns erstes Prosabuch ... ist ein literarisches Ereignis hohen Ranges ... Man muß schon auf Albert Camus zurückgreifen, wenn man sich einer Situation entsinnen will, in der man mit ähnlicher innerer Spannung eine Reihe von Erzählungen las ... Die Begegnung mit den ersten Erzählungen von Ingeborg Bachmann ist in jedem Fall ein existentielles Abenteuer".

Nach 1961 wird es allerdings still um die Dichterin. Sie hat, wie angedeutet, ihren Wohnsitz an verschiedenen Orten, so in Rom — Zürich — Berlin und wieder in Rom. Zum Stichwort Zürich ist zu bemerken, daß Ingeborg Bachmann (was weniger bekannt ist) lange Zeit mit dem bekannten Dichter Max Frisch zwar nicht verheiratet, aber liiert war. Von den äußeren Ereignissen in diesen Jahren, in denen kaum etwas erschien (mit der Ausnahme einigen Libretti und Übersetzungen), ist eines von ganz hervorragender Bedeutung. Schon 1952, fast noch ein Mädchen, hatte die Bachmann eine längere Italienreise unternommen. Italien hat sie nie mehr losgelassen. Nachdem sie 1953 bis 1957 schon in Italien gelebt hatte, vorzüglich in Rom, verlegte sie 1966 ganz ihren Wohnsitz nach dort, und zwar in die Via Bocca di Leone 60, ganz nahe bei der Spanischen Treppe. Ihre Wohnung lag in einem äußerlich unscheinbaren Haus dieser engen Gasse, im I. Stock, hatte wohl drei oder vier Zimmer und vor allem eine große Terrasse, die einen köstlichen Einblick in das Leben italienischer Familien (in deren Küchen, Zimmer, auf deren Terrassen) gewährte. Bachmann mochte die Italiener, und die italienischen Nachbarn mochten sie, "la professoressa", wie sie ihr Tabakhändler, bei dem sie ihre "Gitans" kaufte, respektvoll nannte. Sie gab sich zwar unpolitisch und war es im Grunde wohl auch, kannte sich aber bestens aus in der politischen Szene Italiens und zeigte sich hervorragend informiert, wenn man sie etwa auf die Tendenz einer bestimmten Zeitung ansprach.

Den Essay "Was ich in Rom sah und hörte" halte ich für eine der köstlichsten Schilderungen römischen Lebens und für eine große Liebeserklärung an die Ewige Stadt.

"In Rom sah ich, daß der Tiber nicht schön ist, aber unbekümmert um seine Kais, aus denen Ufer treten, an die keiner Hand legt.

Die rostgebräunten Frachtschiffe benützt niemand, auch die Barken nicht. Sträucher und hohes Gras sind mit Schmutz beworfen, und auf den einsamen Balustraden schlafen in der Mittagshitze die Arbeiter regungslos. Noch nie hat sich einer umgedreht. Nie ist einer hinuntergestürzt. Sie schlafen, wo die Planeten ihnen einen Schatten aufschlagen, und ziehen sich den Himmel über den Kopf. Schön ist aber das Wasser des Flusses, schlammgrün oder blond — wie das Licht ihn strählt. Den Tiber soll man entlanggehen und nicht von den Brücken sehen, die als Wege zur Insel gedacht sind.... In Rom sah ich, daß die Peterskirche kleiner erscheint als ihr Maße und doch zu groß ist. Es heißt, Gott wolle seine Kirche auf einem Felsen fest stehen haben. Diese nun erhebt sich über dem Grab ihres Heiligen, das man freilegt. So ist's der Heilige selbst, der sie in Gefahr bringt und schwächt. Trotzdem treten die großen Feste noch laut auf, mit Balletten in Purpur unter Baldachinen, und in den Nischen ersetzt Gott das Wachs. Chiesa grande divozzione poca. Noch sorgen die Armen in ihrer Behutsamkeit dafür, daß die Kirche nicht fällt, und der sie gegründet hat, verläßt sich schon auf den Schritt der Engel... In einer römischen Bar sah und zählte ich: eine Katze mit witzigen Ohren und einem fast nackten Gesicht, weißen Beinkleidern und einer honigfarbenen Weste aus einer besseren Zeit. Einen Kellner, der den Kaffee verschüttete und die Aperitifgläser überschwappen ließ. Einen kleinen Jungen mit vorgebundener Schürze, der die Tassen und Gläser wusch und nie vor Mitternacht zu Bett ging. Gäste, die kamen und gingen, und einen Gast, der immer wieder kam und von kleinen Schlucken Bitterkeit lebte.

In Rom habe ich die großen Villen gesehen, mit natürlichen Pinien und Zedern, auch Buchs, zu Phantasiegetier geschnitten. Auf dem Kapitol den Lorbeerbaum und das verräterische wilde Gras ums Forum, und gehört habe ich, wenn das

Gras über die verschlagenen Säulen und zerbrochenen Mauern in der Dämmerung herfiel, den Lärm der Stadt, täuschen fern und sanft das Gleiten der Autos.... Auf dem Bahnhof Termini sah ich, daß in Rom die Abschiede leichter genommen werden als anderswo. Denn die fortfahren, lassen denen, die bleiben, einen Gepäckschein auf Sehnsucht zurück. An den Bahnhof grenzt ja ein Rest der Diokletiansmauer, und gegen die neue schwebende Glaswand gestochen erscheinen drei Zypressen in einer unmißverständlichen Schrift. Das Klassische ist das Einfachste, und alte und neue Texte vertreten es gleich gut.
Wenn ein Geldstück in die Fontana die Trevi wirft, um wiederzukommen, fürchtet, es könnte nicht angenommen werden. Aber er kann getrost sein. Nachts setzt sich ein Junge auf den Brunnenrand und pfeift, lockt die anderen hervor. Wenn alle sich versammelt haben, legt der Junge die Kleider ab und steigt lässig ins Wasser. Mond belichtet die Szene, während er sich fröstelnd bückt und die Münzen einsammelt. Am Ende pfeift er wieder, und in seinen Händen verschmelzen alle Währungen zu Silber. Die Beute ist unteilbar unter dem Mond, denn der Junge hat das Aussehen eines Gottes gegenüber den anderen, die ihre Gestalten billigen Anzügen verdanken....
In Rom freilich habe ich gehört, daß mancher das Brot hat, aber nicht die Zähne, und daß die Fliegen auf die mageren Pferde gehen. Daß dem einen viel und dem anderen nichts geschenkt ist; daß, wer zuviel zieht, zerreißt und nur eine feste Säule das Haus hundert Jahre aufrecht hält. Ich hörte, daß es in der Welt mehr Zeit als Verstand gibt, aber daß uns die Augen zum Sehen gegeben sind."

Nebenbei gesagt, Ingeborg Bachmann war nicht katholisch. Sie gehörte der kleinen evangelischen Minderheit in Kärnten an, stammte aus dieser Minderheit. Ich weise darauf hin, weil es im folgenden noch eine gewisse Rolle spielen wird.

2. Ich selbst bin im Jahr 1965 nach Rom gekommen, also ein Jahr, bevor Ingeborg Bachmann ihren Wohnsitz nach dort verlegte. Ich kam nach dort als Theologiestudent an der Päpstlichen Universität Gregoriana, als Alumne des deutschen Collegium Germanicum. Und sieben lange (im nachhinein kurze) Jahre habe ich dort verbracht — bis zum Abschluß des Grundstudiums mit dem Doktorat 1972. In der Hausgemeinschaft unseres Kolleges gab es, und so ist es wohl bis heute, verschiedenste Ämter, die die Studenten in Selbstverwaltung wahrnahmen bzw. wahrnehmen. So hat einer das Amt des sogenannten Akademiedirektors inne, das heißt, er kümmert sich in vielfältiger Weise um kulturelle Kontakte, die die Studentenschaft mit verschiedenen Kulturschaffenden — Dichtern, Sängern, Regisseuren usw. — in der Ewigen Stadt anknüpfen kann. Eines Tages wurde ich vom österreichischen Kulturinstitut angerufen, ob uns an einer Bekanntschft mit Ingeborg Bachmann gelegen sei. Der freundliche Herr, der mich da anrief, nahm den Umweg über die Vermittlung einer Autofahrt nach Triest: Ingeborg Bachmann brauchte dringend einen Fahrer, und wenn dieser Fahrer aus dem Germanicum sei — so mein

Mittelsmann — , könnte es ja sein, daß sie auch einmal eine Dichterlesung dort im deutschen Theologenkolleg abhalten könnte. Wider Erwarten sagte Ingeborg nach der Fahrt nach Triest zu, im Germanicum eine Dichterlesung abzuhalten. Das war am 6. März 1970. In Begleitung eines männlichen Bekannten erschien eine scheue und eher zerbrechlich wirkende Frau, vom Äußeren her ein bißchen bohèmehaft, aber außerordentlich gepflegt, und, wenn ich mich recht erinnere, mit einer getönten Brille. Scheu, zurückhaltend las sie dann aus einer Erzählung, die später in dem Sammelband "Simultan" erschienen ist. Ich bin vor einiger Zeit wieder auf den Zettel gestoßen, auf dem ich die begrüßenden Worte formuliert hatte, die ich von Amts wegen (kraft meines Amtes als "Akademiedirektor") sprechen mußte. Ich habe damals wörtlich gesagt (mit klopfendem Herzen, versteht sich):

"Sehr verehrte, liebe Frau Dr. Bachmann! Wie Karl Rahner vor nicht allzu langer Zeit sehr schön herausgestellt hat, gibt es eine enge Verwandtschaft zwischen Priester und Dichter, denn beiden dienen dem Wort und der Verheißung. In diesem Sinne sind wir dankbar, daß Sie heute zu uns gekommen sind, in eine Gemeinschaft von Priestern und zukünftigen Priestern. Darüber hinaus freuen wir uns, die Möglichkeit der Begegnung mit einer der bedeutendsten Persönlichkeiten der deutschsprachigen Kolonie Roms zu haben. Ich begrüße Sie herzlich im Namen von uns allen und bitte Sie, daß Wort zu ergreifen." — Und in eine atemlose Stille hinein hörten wir damals die Lesung von Ingeborg Bachmann, die zuvor tatsächlich niemals in Rom gelesen hatte (immerhin also mehr als vier Jahre nicht). Bis heute ist es mir ein Rätsel, ja, das eigentliche Grundrätsel, wie Ingeborg Bachmann dazu kam, diese Lesung im Germanicum zuzusagen und dann, wie wir hören werden, diesem Haus verbunden zu bleiben. In der Tat hat sie, die große (mindestens) in Rom Scheue (oder als scheu geltende) noch zweimal in kurzen Abständen vor Studenten des Germanicums gelesen, nie hingegen an anderer Stelle in Rom, obwohl doch dazu sehr viele Gelegenheiten gewesen wären. Ingeborg Bachmann lebte und — um es pathetisch zu sagen — blühte förmlich in unserem Kreis auf. Sie redete nur von "meinem lieben Collegio" und schien den Umgang mit uns als Lebenselixier zu empfinden. Die Verbundenheit ging soweit, daß in unserem Landhaus außerhalb von Rom, etwa 30 km, in den Sabiner Bergen (San Pastore) sich ganz fröhlich mit den Theologen im Swimmingpool tummelte. Das alles erklärt, warum ich vorher bewußt darauf hingewiesen habe, daß Ingeborg Bachmann nicht etwa katholisch war, ja, überhaupt keine kirchlich-konfessionelle Ausrichtung hatte, wenn ich das richtig beurteile. Es ging ihr also gewiß nicht darum, etwa "Theologen nachzulaufen", weil dies ein ganz besonderes Genus ist.

Nun ist es aber an der Zeit, ein Wort zu sagen zu meiner persönlichen Beziehung zu Ingeborg Bachmann, soweit man über so etwas reden oder schreiben kann. Nach dem Besuch von Ingeborg Bachmann im Germanicum im März 1970 habe ich mehrfach mit ihr telefoniert, einfach zu dem Zweck, ihr einmal einen Dankesbesuch für diese unerwartet übernommene Lesung abzustatten, und weil es mich einfach reizte, diesen Kontakt nicht zu verlieren. Am 19. Juni 1970 kam es dann zu einem Besuch in ihrer Wohnung. Ich habe zu der Zeit Tagebuch geführt. Unter dem 19. Juni 1970 steht folgender Eintrag:

"Begegnung mit Ingeborg Bachmann ... Ich komme um 17.05 h hin. Bringe sieben Rosen mit. Sie trägt einen weiten, hellbraunen Hosenanzug. Sie arbeitet an ihrem Werk, fragt mich, ob der Titel anstößig sei, weil biblisch: Das Buch Malina. Ich verneine. Sie fragt mich wegen der Farbe, legt eine hellbraune und eine blaue vor. Ich wähle die blaue. So hat sie sich auch entschieden. Wir reden bis nach 19.00 h. Es gibt Tee, noch mehr Tee, zum Schluß einen Whisky. Sie zeigt mir den chinesischen Glücksbringer von Ungharetti. Wir reden über Literatur, über Menschliches. Eine große Frau! Ich möchte diesen Kontakt nicht verlieren."

Ich habe dann das Tagebuchschreiben aufgegeben. In den wenigen Notizen nach Sommer 1970 findet sich nichts mehr über Ingeborg Bachmann. Aber der tatsächliche Kontakt zu ihr hat sich eher noch intensiviert. Ich habe recht häufig Ausflüge mit ihr unternommen, meist zusammen mit ein oder zwei Kollegen, bevorzugt mit solchen aus Kärnten. Wir waren gemeinsam essen, in einfachen Trattorien und in eleganten Lokalen. Wir haben viel geredet zusammen. Immer war dieses Reden eine Bereicherung. Dabei muß man sich vor der Vorstellung hüten, es sei dabei um hochgeistige Dinge gegangen. Es ging auch gelegentlich um hochgeistige Dinge. So war es für mich höchst aufregend, wie Ingeborg Bachmann zu der Gottesfrage Stellung nahm. Aber im übrigen unterhielt man sich über Dinge, über die sich Menschen überall in der Welt unterhalten. Wobei hervorzuheben ist, daß man mit Ingeborg Bachmann wirklich über alles reden konnte: Über das Wetter, die Marktpreise und das Auto ebenso wie über Städte, Reisen und Bücher. — Und viel telefoniert haben wir zusammen, oft sehr spät am Abend, denn Ingeborg Bachmann hatte einen eigenartigen und gefährlichen Lebensstil: Sie arbeitete oft bis in den frühen Morgen mit Kaffee und Zigaretten, ging dann zu Bett, legte den Hörer neben die Gabel und schlief mit Schlaftabletten. Das Telefon war dann lange Zeit besetzt. Wenn man Glück hatte, wurde es nachmittags um drei, vier Uhr (auch später) wieder frei. Oft rief sie auch noch später an und fragte, ob sie eventuell jemand zum Schwimmen in unser Landgut fahren könnte.

In dieser Zeit fallen die wichtigsten und abschließenden Arbeiten an dem Roman "Malina". "Malina" sollte das erste Buch einer Triologie sein, die den Namen "Todesarten" tragen sollte. So ist es auch richtig in der Gesamtausgabe angegeben. Nach meiner Erinnerung sprach Ingeborg Bachmann von den drei Bänden mit dem Titel "Malina" (damals noch: "Das Buch Malina"), "Goldmann" und "Jordan". Es heißt nun in der endgültigen Ausgabe einfach "Malina". Der zweite Band heißt nicht Jordan, sondern "Der Fall Franza" und der dritte "Requiem für Fanny Goldmann". Das Buch "Malina" ist bekanntlich 1971 erschienen, nicht ohne wiederum großes Aufsehen zu erregen. Erstens erwartete man von Ingeborg Bachmann schon gar nichts mehr, nachdem sie zehn Jahre geschwiegen hatte. Zweitens wußten die Kritiker wiederum nichts anzufangen mit der Änderung der Gattung: Wie, auch als Romanschriftstellerin sollte Ingeborg Bachmann etwas leisten können? — Sie konnte. Daran ändert auch manche eher bissige

Kritik nichts, wie etwa jene in einer großen Tageszeitung (ich weiß nicht mehr, welche), die überschrieben war: "Eine ehemals große Dichterin ändert ihren Stil."

Der schon erwähnte Band "Simultan", der fünf Erzählungen vereinigt, ist eine Gelegenheitssache. Bachmann hatte einzelne ihrer Erzählungen auf Anregung des Verlages Piper zusammenzustellen — sie, die mit dem Buch "Malina" zu suhrkamp gewechselt war. Wenn ich sage "Gelegenheitssache", so meine ich nur das Zustandekommen, nicht etwa die Qualität.

Nach mehr als zwei Jahren einer guten, herzlichen Beziehung zu Ingeborg Bachmann verließ ich Rom, nachdem ich mein Studium mit dem Doktorat abgeschlossen hatte. Ingeborg Bachmann schenkte mir zum Abschied noch ein Gedicht, selbst auf der eigenen Schreibmaschine getippt. Ich war für einige Zeit (irrtümlich) der Auffassung, es sei unveröffentlicht. Jedoch finden sich in der Gesamtausgabe die genauen Belege der Veröffentlichung. Allerdings bin ich stolz auf diese Fassung, und mein Exemplar hat im Vergleich mit der in der Gesamtausgabe abgedruckten Fassung sogar zwei kleine Textvarianten.

BÖHMEN LIEGT AM MEER

Sind hierorts Häuser grün, tret ich noch in ein Haus.
Sind hier die Brücken heil, geh ich auf guten Grund.
Ist Liebesmüh in alle Zeit verloren, verlier ich sie hier gern.

Bin ichs nicht, ist es einer, der ist so gut wie ich.

Grenzt hier ein Wort an mich, so lass ich grenzen.
Liegt Böhmen noch am Meer, glaub ich den Meeren wieder.
Und glaub ich noch ans Meer, so hoffe ich auf Land.

Bin ichs, so ists ein jeder, der ist soviel wie ich.
Ich will nichts mehr für mich. Ich will zugrunde gehn.

Zugrund - das heißt zum Meer, dort find ich Böhmen wieder.
Zugrund gerichtet, wach ich ruhig auf.
Von Grund auf weiß ich jetzt, und ich bin unverloren.

Kommt her, ihr Böhmen alle, Seefahrer, Hafenhuren und Schiffe
unverankert. Wollt ihr nicht böhmisch sein, Illyrer, Vero-
neser und Venezianer alle. Spielt die Komödien, die lachen
machen

Und die zum Weinen sind. Und irrt euch hundertmal,
wie ich mich irrte und Proben nie bestand,
doch hab ich sie bestanden, ein um das andere Mal.

Wie Böhmen sie bestand und einen schönen Tags
ans Meer begnadigt wurde und jetzt am Wasser liegt.

Ich grenz noch an ein Wort und an ein anderer Land,
ich grenz, wie wenig auch, an alles immer mehr,

Ein Böhme, ein Vagant, der nichts hat, den nichts hält,
begabt nur noch, vom Meer, das strittig ist, Land seiner
Wahl zu sehen.

Nach meinem Weggang aus Rom wurde ich zunächst Kaplan in Frankfurt. Von dort habe ich mit der Bachmann häufig telefoniert, habe also versucht, den Kontakt zu halten, und auch ihr lag wohl daran. Persönlich gesehen habe ich sie zum letzten Mal im Sommer 1972. Meine Mutter war sehr beeindruckt von einem Telefonat (ich war gerade nicht zuhause), in dem Ingeborg Bachmann in eindringlicher Weise zum Ausdruck brachte, wie viel auch ihr der Kontakt mit mir bedeutet hatte.

Am 26.9.1973 erlitt Ingeborg Bachmann einen Brandunfall in ihrer römischen Wohnung. Der genaue Hergang wird wohl nie mehr zu rekonstruieren sein. Alles aufgetauchte Gerede von Selbstmord oder gar Mord ist absoluter Unsinn. Viel eher ist wahrscheinlich, daß sie, ihrer Art folgend, bis zum frühen Morgen unter Kaffee-Einfluß arbeitete, dann doch einnickte, und daß ihr Zigarettenasche auf das Nylonkleid oder Nylonnachthemd fiel. Jedenfalls wurde sie mit schweren Brandverletzungen in die römische Spezialklinik "San Eugenio" gebracht, Hilfe hatte sie selbst noch herbeiholen können. Die Bildzeitung wählte zur Nachricht über ihren Tod die Überschrift: "Sie starb, als wär's von ihr erdacht". Wenn ich auch für den Stil der Bildzeitung nicht sehr viel übrig habe, so ist es doch ein eigenartiger Zufall, wie sehr das Feuermotiv in ihren Werken diesem eigenartigen Tod entspricht. So heißt es in ihrem Roman "Malina": "... ich muß aufpassen, daß ich mit dem Gesicht nicht auf die Herdplatte falle, mich selbst verstümmle, verbrenne, ich richte mich auf, glühend im Gesicht von der rotglühenden Platte, auf der ich so oft Fetzen von Papier angezündet habe, nicht etwa, um etwas Geschriebenes zu verbrennen, sondern um Feuer zu bekommen für eine letzte und allerletzte Zigarette." Auch in anderen, sehr seriösen Zeitungen wurde auf diesen merkwürdigen Zusammenhang verwiesen. So zum Beispiel auf einen ihrer letzten Verse, wo es heißt: "Wird ein Kohlenbecken angefüllt mit fester Glut? Doch Glut tut's nicht. Erlöse mich! Ich kann nicht länger sterben". Oder schon im "Guten Gott": "Und zurückbleiben wird ein Bett, an dessen Rand die Eisberge sich stoßen und an dessen unterem Rand jemand Feuer legt." -

Ingeborg Bachmann hat auf dem Friedhof Klagenfurt-Annabichl (in unmittelbarer Nähe des gleichnamigen Flugplatzes von Klagenfurt) ihre letzte Ruhe gefunden. -

3. Was bleibt von dem Werk der Dichterin Ingeborg Bachmann? Wenn ich in einem kurzen letzten Teil ein paar Antworten darauf versuche, dann wiederum nicht — bitte erinnern Sie sich an das eingangs Gesagte — als literarisch Kompetenter, sondern als literarischer Amateur und Autodidakt, wobei dies im Fall Bachmann wohl etwas wettgemacht wird durch den aufgezeigten persönlichen Zusammenhang.

Gleich zu Anfang darf ich mich aber doch einem bekannten Literaturkritiker anschließen, Schriftsteller er selber, Horst Bienek. Er sagt in seinem Nachruf auf Ingeborg Bachmann einen Satz, den ich voll und ganz meine unterstreichen zu können: "Ingeborg Bachmann war eine so originäre Stimme, neben der (ausgenommen der alte Benn) alles andere leiser wurde oder gar verstummte." Ihre Sprache ist es natürlich, die es rechtfertigt, hier von einer "originären Stimme" zu reden. Diese ist so eigenartig, so unverwechselbar, daß man für ihr gesamtes sprachschöpferisches Werk von einem "Bachmann-Land" gesprochen hat. Tatsächlich muß man ein paar Spaziergänge (wenigstens) in dieses Land hinein getan haben, um ganz zu verstehen, was da gemeint ist. Mir scheint, daß es an ihrem berühmten Gedicht "Die gestundete Zeit" in besonderer Weise deutlich wird.

DIE GESTUNDETE ZEIT

Es kommen härtere Tage.
Die auf Widerruf gestundete Zeit
wird sichtbar am Horizont.
Bald mußt du den Schuh schnüren
und die Hunde zurückjagen in die Marschhöfe.
Denn die Eingeweide der Fische
sind kalt geworden im Wind.
Ärmlich brennt das Licht der Lupinen.
Dein Blick spurt im Nebel:
die auf Widerruf gestundete Zeit
wird sichtbar am Horizont.

Drüben versinkt dir die Geliebte im Sand,
er steigt um ihr wehendes Haar,
er fällt ihr ins Wort,
er befiehlt ihr zu schweigen,
er findet sie sterblich
und willig dem Abschied
nach jeder Umarmung.

Sieh dich nicht um.
Schnür deinen Schuh.
Jag die Hunde zurück.
Wirf die Fische ins Meer.
Lösch die Lupinen!

Es kommen härtere Tage.

Woher kommt diese Sprache, die Ingeborg Bachmann zu einer so angesehenen Dichterin machte? Grundsätzlich und im letzten läßt sie sich natürlich nicht beantworten, denn das hieße ja, Antwort zu geben auf die Frage, woher überhaupt eine Begabung kommt, die in der Lage ist, so etwas wie "Kunst" hervorzubringen. Ganz äußerlich darf man hier vielleicht noch einmal an die Kärntner Herkunft Bachmanns verweisen, räumlich und geistig. Dort, wo Kulturräume und geistige Welten zusammentreffen, ist vielleicht eher als anderswo die Chance fruchtbaren Austausches gegeben, ist vielleicht eher als anderswo der Boden für die Entwicklung des Künstlers, der Künstlerin gegeben.

Näherhin kann man auf drei Umstände aufmerksam machen. Ingeborg Bachmann kommt, wir hörten es bereits, von der Philosophie her. Konkret kommt sie her von Wittgenstein, Carnap, Heidegger — alles Philosophen, denen die Sprache ein großes Anliegen war. Wittgenstein, Carnap, die sogenannten Wiener Neopositivisten also, haben ebenso die Sprache zu ihrem Hauptthema gemacht wie Heidegger. Man wird sagen dürfen, daß gerade der "kommandierende Sprachrhythmus" der Bachmann von dieser Seite her geschärft, wenn nicht sogar unter diesem Einfluß entwickelt, gewachsen ist. Es geht ihr nie um Personen und Ereignisse, sondern die Sprache selbst ist der Ort des Geistes, ist die Stelle, wo sich das Absolute manifestiert, wo sich das Sein zeigt, kann man vielleicht im Anklang an Heidegger sagen. Von daher fällt Licht auf zwei bezeichnende Umstände: Ingeborg Bachmann hat auch im persönlichen Umgang nie Auskunft gegeben, wahrscheinlich nicht geben können, über den "Sinn" von bestimmten Aussagen oder Wendungen in ihren Werken. Tat sie es doch, dann mit einer seltsamen Unbeholfenheit, die ins Banale abglitt und für den Unkundigen enttäuschend wirken konnte. Auf die Frage, warum sie eine ihrer Personen Mirinda genannte habe, antwortete sie mir, dies sei einfach die Abwandlung des Namens einer italienischen Limonadenmarke. Und im übrigen identifiziere sie sich, da sie selbst auch nicht so gerne arbeitet, mit dieser "faulen" Mirinda. Schon gar nicht konnte sie grundsätzliche Auskünfte über ihr Tun geben. Natürlich wurde sie vielfach angefragt, wie ihre Meinung zu bestimmten Bereichen des Lebens sei. Selten hat sie geantwortet, und wenn überhaupt, dann in einer nur sehr kurzen und wohl enttäuschenden Weise. Wenn sie in Frankfurt über Literatur dozierte, dann lag das auf einer ganz anderen Ebene, dann betraf das das Handwerk, die Technik und Fertigkeit, betraf literaturgeschichtliche Zusammenhänge. Über ihr eigenes Sprechen in der Dichtung konnte sie aber wahrscheinlich deshalb nur so wenig sagen, weil sie der Sprache nicht einfach gegenüberstand, sondern sich rauschartig von ihr bemächtigen ließ. Von daher fällt vielleicht auch Licht auf Bachmanns übersetzerische Tätigkeit. Auch hier spürt man: es geht nicht einfach um Sprachtechnik. Es geht darum, sprachlich-geistige Helle und Erschließung von einem Sprachgewand in ein anderes zu überführen.

Eine zweite Wurzel und Deutung der unverwechselbaren Sprache der Bachmann ist sicher auch ihre Verbundenheit mit der Musik. Denken sie an ihre Libretti, an die Verbindung zu Henze! Es gibt auch noch andere (hier nicht auszubreitende) Belege über die persönliche Nähe der Dichterin zur Musik. Von daher ist dann auch eine große musikalische Empfindsamkeit in ihrer Sprache erklärbar und verstehbar. Beides zusammen, das logisch Klare, die geistige Strenge und Helle einerseits, die Musikalität andererseits machen (in dieser eigenartigen Verbindung, wie sie bei ihr anzutreffen ist) das Besondere und die dichterische Größe der Bachmann aus.

Damit komme ich zum Schluß noch einmal auf die Wirklichkeit zu sprechen, die für das Leben der Bachmann so viel bedeutete, und in deren Umkreis sie auch ihr Leben vollendete. Ich meine den Süden, Italien, Rom. Dies ist doch gerade Ort und Wirklichkeit, der — wie sich vielfach aus der Literaturgeschichte nachweisen läßt — Gefühl, Empfinden und geistige Klarheit, Strenge in gültiger Weise zusammenzubinden vermag. Zur edlen Einfalt, stillen Größe, was ja nach meinem Dafürhalten nicht nur das Wesen der literarisch-architektonischen Klassik in Deutschland ausmacht, sondern was man als Wesen all dessen bezeichnen darf, was die Bezeichnung "klassisch", bleibend, gültig wahrhaft verdient. Ich meine, in diesem Sinne ist Ingeborg Bachmann eine von unseren klassischen Dichtern. Ich erinnere an ihre Worte aus den Wahrnehmungen über Rom: "Das Klassische ist das Einfachste, und alte und neue Texte vertreten es gleich gut."

Dieser kleine Beitrag, der unter der Hand Erinnerungen enthält wie Bachmann-Ehrung in einem geworden ist, sei zugleich eine Ehrung für jenen Mann der Literatur, der es wie kaum ein anderer verstanden hat, die Brücke zu schlagen von seinem Fach hin zu anderen Disziplinen, nicht zuletzt hin zur Theologie. Ich meine Walter Falk aus Marburg.

Hans-Joachim Lope

El pleyto de Hernán Cortés

Bemerkungen zu einem historischen Drama von José de Cañizares (1676-1750)

Das umfangreiche Theaterwerk von José de Cañizares ist trotz verstärkter Forschungsbemühungen in jüngerer Zeit nach wie vor weitgehend unbekannt.[1] Zwar ist der Platz des Autors zwischen Traditionalismus und Innovation in der spanischen Theatergeschichte der 1. Hälfte des XVIII. Jahrhunderts inzwischen so unbestritten, daß Giuseppe Carlo Rossi ihn genau "entre la escuela de Calderón y los propugnadores del rigorismo y de las restricciones neoclásicas" stellen kann,[2] aber das ändert wenig an der Tatsache, daß weite Teile seines Werkes bis heute kaum zugänglich sind. Abgesehen von den neun *comedias*, die schon früh in Band XLIX der Biblioteca de autores españoles aufgenommen wurden[3], liegen nur einige wenige Einzelwerke in kritischen Editionen vor.[4] Für den Rest seines Œuvres, das sich über alle Genera der Bühnenliteratur von der *comedia de magia* und der *comedia de santo* bis zum Mantel- und Degenstück, zum Ehrendrama, zur *comedia heroica y militar*, aber auch bis zur mythologischen Tragödie, zum *entremés* und zur *loa* erstreckt[5], bleibt Angel Valbuena Prats Feststellung auch heute noch gültig: "Conviene acudir a los textos antiguos".[6] Das im folgenden näher zu behandelnde historische Drama *El pleyto de Hernán Cortés*, dessen Titel zuweilen auch vollständiger mit *El pleyto de Hernán Cortés con Pánfilo de Narvaez* angegeben wird, ist nur in wenigen *pliegos sueltos* des XVIII.

---

[1] Cf. Alva V. Ebersole: J. de Cañizares, dramaturgo olvidado del siglo XVIII. Madrid: Insula 1974; E. Rull: El picarillo de España de J. de Cañizares. In: La picaresca, origen, textos y estructuras, dir. M. Criado del Val, Madrid: FUE 1979, pp. 849-861; Donald C. Buck: Popular theology, miracles and stragecraft in the Comedia de Santo: Cañizares: A cual mejor, confesada y confesor... In: Dieciocho 5 (1982), pp. 3-17.

[2] Giuseppe Carlo Rossi: La teórica del teatro en Juan Pablo Forner. In: Id.: Estudios sobre las letras en el siglo XVIII, Madrid: Gredos 1967, p. 128.

[3] BAE 49, Madrid 1859, enthält folgende Stücke von Cañizares: El domine Lucas; El picarillo de España, señor de la gran Canaria; Abogar por su ofensor, y barón del Pinel; El honor da entendimiento y el mas bobo sabe mas; La mas ilustre fregona; Por acrisolar su honor, competidor hijo y padre; Yo me entiendo y Dios me entiende.

[4] J. de Cañizares: Angelica y Medoro, ed. J.A. Molinaro/W.T. Mc. Cready, Turin: Quaderni Iberoamericani 1958; Id.: El anillo de Giges, ed. J. Alvarez Barrientos, Madrid: CSIC 1983.

[5] Cf. der Überblick bei F. Aguilar Piñal: Bibliografia de autores españoles del siglo XVIII, t. II, Madrid: CSIC 1983, pp. 159-191.

[6] A. Valbuena Prat: Historia de la literatura española, t. II, 1968, Barcelona: Editorial G. Gili.

Jahrhunderts erhalten, die zudem allesamt erst nach dem Tode des Autors gedruckt zu sein scheinen.[7] Über Aufführungen, Publikumsecho, beteiligte Schauspielergruppen und andere Detailfragen ist bislang nichts bekannt. Das Stück findet nicht einmal in der Summa der Madrider Theatergeschichte des XVIII. Jahrhunderts, in René Andiocs *Teatro y sociedad en el Madrid del siglo XVIII*, Erwähnung.[8]

Trotz dieser schwierigen Quellenlage ist *El pleyto de Hernán Cortés* nicht ohne Interesse, da der Autor sich hier einmal nicht als der umstrittene Repräsentant eines magischen und religiösen Theaters darstellt, dessen Name immer wieder im Zusammenhang mit dem Verbot der *autos sacramentales* von 1764/65 diskutiert wird. Hier konfrontiert er sich vielmehr mit einer historischen Persönlichkeit, die im Kontext der europäischen Aufklärung vor allem mit dem Reizthema der *leyenda negra* in Verbindung gebracht und somit ins Zentrum der allenthalben geführten kulturkritischen, völkerrechtlichen und politisch-religiösen Diskussionen gerückt wurde.[9] Zwar verlagert Cañizares die Gewichte insofern, als er die Handlung seines komplizierten Intrigendramas nicht nach Amerika, sondern an den spanischen Hof verlegt, wo Cortés nach Abschluß seiner Eroberungen der Mißgunst seiner Feinde, allen voran Pánfilo de Narvaez, sowie des menschlich substanzlosen Thronfolgers, des späteren Philipp II., ausgesetzt ist. Aber das ändert wenig an der grundsätzlichen Brisanz des Themas, das bei zahlreichen Autoren — De Pauw, Raynal, Robertson, Campe u.a.[10] — erscheint und das, zumal in der explosiven Verbindung mit dem Mythos des 'Guten Wilden'[11], oftmals mit offen spanienfeindlichen Tönen einhergeht. Demgegenüber vertreten spanische Autoren der Zeit, unter ihnen Feijoo[12] und Cadalso[13], eine

---

[7] Hierzu die Angaben bei Aguilar Piñal. Ferner Kim Lewis Johns: J. de Cañizares: Traditionalist und Innovator, These, Chapel Hill 1976, p. 199 n. 2.

[8] Valencia: Fundación Juan March 1976. Dieses Werk enthält zahllose Einzelheiten (passim), die zur Einordnung Canizares' in das spanische Theaterleben des XVIII. Jahrhunderts unerläßlich sind. Weitere Materialien bei D.C. Buck: Theatrical production in Madrid's Cruz and Principe Theatres during the reign of Felipe V, These Austin/Texas 1980.

[9] Allgemein hierzu Bärbel Becker-Cantarino: Die Schwarze Legende. Zum Spanienbild in der deutschen Literatur des 18. Jahrhunderts. In: Zeitschrift für deutsche Philologie 94 (1975), pp. 183-203. Ferner Wilfried Floeck: Das Spanienbild der französischen Aufklärer und seine Auswirkungen auf die spanische 'Ilustración'. In: Iberoromania 13 (1981), pp. 62-76.

[10] De Pauw: Recherches philosophiques sur les Américains, ou memoires intéressants pour servir à l'histoire de l'espèce humaine, Berlin 1768-1769 (2 vols.); Abbé Raynal: Histoire philosophique et politique des établissements et du commerce des Européens dans les deux Indes, Paris 1770 (anonym); William Robertson: History of America, London 1771; Johann Heinrich Campe: Die Entdeckung von Amerika, Braunschweig 1781.

[11] cf. die Materialien bei Giuliano Gliozzi: La scoperta dei selvaggi. Antropologia e colonialismo da Colombo a Diderot, Mailand 1975.

[12] Feijoo: Glorias de España 23-35. In BAE 46, pp. 208-210.

weitaus positivere Sicht des spanischen Wirkens in Übersee[14], wenn sie nicht gar, wie Juan de Nuix y de Perpiñá in seinen *Reflexiones imparciales* (Madrid: Ibarra 1782) in eine panegyrische Verherrlichung der mexikanischen *conquista* verfallen[15]. Dieser apologetischen Sicht sind auch die Schriften einiger in Italien lebender spanischer Jesuiten, wie z.B. Raimundo Caballero und Mariano Llorente[16], gewidmet. Außerhalb dieser im engeren Sinne ideologiekritischen Diskussionen war Cortés im XVIII. Jahrhundert jedoch auch schon seit langem ein selbständiger literarischer Held geworden. Seine Taten inspirieren die *Hernandia* (1755) des in Mexiko gebürtigen Francisco Ruiz de León, die breit angelegte *Mexico conquistada* (Madrid: Imprenta Real 1798) von Juan de Escoiquiz und noch 1820 die in Neapel erschienene *Conquista de Mégico* von Pedro Montengón y Paret[17]. Erwähnung verdienen auch die *Elogios Poéticos* (1773) von Francisco Gregorio de Salas[18] und die bekannten *Naves de Cortés destruidas* von Nicolas Fernández de Moratín[19] und die 40 weiteren Bearbeitungen desselben Stoffs, die anläßlich des Lyrik-Wettstreits von 1778 der Real Academia zugeschickt wurden[20]. Auch im Kontext des spanischen Theaters des XVIII. Jahrhunderts steht Cañizares mit seinem Interesse für Cortés nicht allein. Sein *Pleyto* findet sich vielmehr umgeben von zahlreichen ähnlich gearteten Unternehmungen: P. Pérez de Guzman (Hernán Cortés), L. de Villaroel (Hernán Cortés), Bernardo Garcia (Hernán Cortés), Juan Rangel (Montezuma)[21]. Das übrige Europa teilt diese Mode. 1744 präsentiert Alexis Piron in Paris seine Tragödie *Fernand Cortez ou Montezuma,* Marmontels Incas enthalten einen langen Exkurs zur mexikanischen *conquista* und in Deutschland publizierte

---

13 H.-J. Lope: Cadalso y Hernán Cortés. In: Dieciocho 9 (1986), pp. 188-200.

14 Zum Hintergrund François Lopez: Cadalso y la cuestion nacional. In: Coloquio internacional sobre J. Cadalso, Abano Terme: Piovan Editore 1985, pp. 235-25.

15 Manfred Tietz: Amerika vor der spanischen Öffentlichkeit des XVIII. Jahrhunderts. In: Lateinamerikastudien 13 (1983) = Homenaje a G. Siebenmann, t. II, pp. 986-1016.

16 R. Caballero: L'eroismo di Ferdinado Cortese contro le censure nemiche, Roma 1806: M. Llorente: Saggio apologetico degli storici e conquistatori spagnoli, Parma 1804.

17 Santiago García-Saez: La visión del indio en La Conquista de Mégico por Hernán Cortés. Poema épico de don Pedro Montengón y Paret. In: Diechiocho 4 (1981), pp. 135-154; Maurizio Fabbri: La Hernandia de Francisco Ruiz de León en la épica del siglo XVIII. In: La época de Fernando VI, Oviedo: Cátedra Feijoo 1981, pp. 367-381.

18 F.G. de Salas: Elogios poéticos, dirigidos a varios Héroes... naturales de la provincia de Extremadura, Madrid: Ramirez 1773.

19 BAE 2, pp. 39-44.

20 Jaime Delgado: Hernán Cortés en la poesía española de los siglos XVIII y XIX. In: Revista de Indias 9 (1948), pp. 393-469.

21 Cf. M. Fabbri: La Hernandia..., p. 379 n. 56.

Friedrich Wilhelm Zacharias mit seinem Cortés-Roman von 1766 ein Werk, das möglichweise "zu den besseren Leistungen des Jahrhunderts" zu zählen ist[22]. Hinzu kommen die Montezuma-Opern von Antonio Vivaldi[23] und Carl Heinrich Graun, letztere bekanntlich mit einem Libretto Friedrichs des Großen[24]. Weitere Mexiko-Opern lieferten Francesco Majo (Turin 1765), Giovanni Paisiello (Rom 1773), Antonio Sacchini (London 1775), Niccolo Antonio Zingarelli (Neapel 1781). Noch 1809 wird der *Fernand Cortez* von Gasparo Luigi Spontini zum größten Opernerfolg der Pariser Theatersaison.

Vor dem Hintergrund dieser Cortés-Mode des XVIII. Jahrhunderts gewinnt Cañizares *Pleyto de Hernán Cortés* sein Gewicht und seine Originalität, zumal es sich um ein vergleichsweise frühes Zeugnis dieser Mode handelt, die, wie die oben genannten Titel beweisen, erst in der zweiten Jahrhunderthälfte ihren Höhepunkt erreichte. Der Inhalt des Dramas ist schnell erzählt:

> 1. Akt
> Toledo 1528. Cortés ist aus Amerika zurückgekehrt und besucht Kaiser Karl V. und den Thronfolger Philipp. Nach einer eindrucksvollen *relación* über die Eroberung des Aztekenreiches [25] wird Cortés mit Ehren überhäuft. Er wird zum Marqués del Valle de Oaxaca, zum Comendador des Santiago-Ordens, zum Capitán general de la Nueva España und zum kaiserlichen Privado ernannt. In Toledo trifft er auch die schöne Doña Juana de Zúñiga, die er heiratet, obwohl der Thronfolger Philipp ihr den Hof macht. Aus Eifersucht und verletzter Eitelkeit wird dieser fortan Cortés altem Widersacher Pánfilo de Narvaez seine Sympathie schenken. Narvaez war, wie man sich erinnert,

---

[22] Die Neue Welt in den Schätzen einer alten europäischen Bibliothek, Wolfenbüttel: Herzog August-Bibliothek 1976, pp. 116-117.

[23] Die Bedeutung dieser Oper wurde besonders von Alejo Carpentier in seinem Roman *Concierto barroco* (1976) hervorgehoben.

[24] Zugänglich (mit italienischem Text) in C.H. Graun: Montezuma. Oper in drei Akten, ed. A. Mayer-Reinach, Leipzig 1904. Dazu P. Rummenhöller: Die Musik und das Musikleben am preußischen Hof. In: Panorama der Friderizianischen Zeit, ed. J. Ziechmann, Bremen 1985, pp. 304-305.

[25] Diese *relación* gipfelt in den Worten:

> "Todas aquestas grandezas,
> Cesar grande, invicto Carlos,
> te las arrojo a tus pies,
> ...
> vive, triumpha, vence, impera,
> Phenix en la edad, los años,
> y goza los que te rindo
> con glorias, tropheos, lauros" (I.fol.5v)

Wir zitieren nach dem *pliego suelto* mit dem Titel: Comedia famosa. El pleyto de Hernán Cortés con Pánfilo de Narvaez, de Don José de Cañizares, Madrid: Antonio Sanchez 1762 (Bn Madrid T-3.279 und T-20.586). Akte und Seitenzahlen werden direkt im Text angegeben.

am 29. Juni 1520 Cortés in der Schlacht von Cempeola in Mexiko unterlegen und hatte diese Niederlage nie verwunden. Seine Intrigen werden Cortés von nun an das Leben schwer machen.

2. Akt
Toledo, 15 Jahre später. Der gealterte Held lebt mit Juana und seinem inzwischen geborenen Sohn Martin in größter Armut. Er hat während der vergangenen Jahre Erniedrigungen und Rückschläge aller Art erlitten und außerdem noch an der völlig gescheiterten Algier-Expedition Karls V. von 1541 teilgenommen. Narvaez sonnt sich in der Gunst des Thronfolgers und schwärzt ihn bei Hofe an. Als Cortés dort erscheint, um den Verleumdungen entgegenzutreten, wird er verhaftet. Er sitzt im Gefängnis, bis der vom deutschen Kriegsschauplatz zurückgekehrte Kaiser ihn persönlich befreit.

3. Akt
Karl V. kündigt seinen bevorstehenden Rückzug von den Regierungsgeschäften an. Ein Duell zwischen Cortés und Narvaez wird verhindert, aber der Held darf immer noch nicht bei Hofe erscheinen, um seinen Fall zu vertreten. Erst als der Kaiser sich der weltlichen Machtvollkommenheit entsagend in die Einsamkeit von Yuste zurückgezogen hat, erwirkt Cortés ein klärendes Gespräch und erreicht, daß Karl, gewissermaßen als letzte Amtshandlung, die Ehre seines treuesten Vasallen wiederherstellt:

> "... antes de que el sol agonice,
> se havra visto vuestra causa" (III, fol.36v).

Narvaez entzieht sich der gerechten Strafe durch die Flucht und Philipp II., nunmehr im Besitz der Macht, erklärt alle Anklagen gegen Cortés für null und nichtig. Das Stück endet mit einer Doppelhochzeit zwischen Cortés altem Mitstreiter Juan de Figueroa und Doña Isabel de Toledo, sowie des *gracioso* Zarambeque und der Dienerin Inés.

Schon dieser kurze Überblick zeigt, wie sehr Cañizares der Ästhetik des *siglo de oro* verhaftet bleibt[26]. Sein *Pleyto* folgt dem von Lope de Vega, Calderón und anderen Vertretern der Blütezeit vorgegebenen Muster der in drei *jornadas* gegliederten *comedia heroica y militar* mit ihrer Haupt- und Staatsaktion, ihren Mantel- und Degenelementen, ihrer Ehrkasuistik, ihren höfischen Intrigen, aber auch mit ihren durch die *graciosos* eingebrachten komischen Zügen[27]. Cortés bleibt von der ersten bis zur letzten Szene der ideale Vasall, der durch seine stolz-resignative Haltung auch in der tiefsten Erniedrigung noch die menschliche Substanzlosigkeit seiner Gegner entlarvt. Selbst als Philipp ihn in Abwesenheit des Kaisers seiner Güter beraubt und ihn verhaften läßt, begehrt er nicht auf:

> "Lo que es tuyo
> recibe como hombre sabio,
> que nunca el Rey hace agravio
> en recobrar lo que es suyo" (II, fol.21r).

---

[26] Zu Cañizares "nostalgia por el siglo de oro" cf. G. Carlo Rossi: La teorica..., p. 133.

[27] K.L. Johns: J. de Cañizares..., pp. 179-180.

Cortés ist also bereit, dem Kaiser zu geben, was des Kaisers ist. Und zu dem Diener, der den Haftbefehl ausführt, sagt er:

"Tu me aprisionas a mi;
mas si eres del Rey la mano,
cedo en tu diestra a su ley" (II, fol. 22r).

Diese stolze und zugleich ergebene Haltung ist letztlich vom Vertrauen in die Gerechtigkeit des Monarchen geprägt. Sie findet ihre Entsprechung im Ehrbewußtsein des Dienervolkes. So weist Zarambeque entrüstet das Ansinnen Philipps zurück, er solle bei der Verhaftung seines Herrn behilflich sein:

"........cosa tan
indigna no havia de hacer,
Señor, yo no he de prender
a quien me ha dado su pan" (II, fol.22r).

Der Vasallentreue von Cortés steht zumindest *idealiter* die Treuepflicht des Monarchen — "the monarch's responsability toward his loyal subject"[28] — gegenüber. Wie im Drama Lope de Vegas und mehr noch Calderons wäre es Aufgabe des von Gott eingesetzten Souveräns, "unaufhörlich für das Wohl seiner Untertanen zu sorgen", denn "ein guter Herrscher hat die Tugend zu verkörpern, was jedoch offensichtlich mit der Welt der Politik unverträglich ist"[29]. Immerhin hat Karl V. den ehrlichen Willen, diese Verpflichtung einzulösen. Der von Eifersucht verblendete und von Schmeichlern umgebene Philipp ist dazu — vorerst jedenfalls — unfähig. So setzt Kaiser Karl es nur um den Preis eines Disputs mit seinem Sohn durch, daß dieser Narvaez Anklageschrift gegen Cortés vernichtet:

"......... las obras
de Cortés ya las sabemos,
las palabras ignoramos
de sus contrarios...
....
¡ Rompe los papeles!" (I, fol.3r).

Mit diesen Worten stellt der Kaiser eine gestörte Ordnung zumindest provisorisch wieder her. Auf Philipps Frage: "... pues, en que he errado?" antwortet er zornig und unter Hinweis auf das Bild Spaniens bei den Nachbarnationen:

"En escuchar lenguas falsas;
¡ El Marques del Valle preso!
....

28 ibid., p. 145.

29 Norbert Sorg: Pedro Calderón de la Barca, Salzburg: Andreas & Andreas 1980, p. 93.

Pues, las Naciones contrarias,
que dirán de mi, de vos?" (II, fol.23r).

Folgerichtig wird Karl V. in seiner letzten Amtshandlung bewirken, daß sein Nachfolger Cortés endgültig rehabilitiert[30].

Zwischen Cortés und Karl V. besteht ein Einvernehmen, das der unerfahrene und von Eifersucht verblendete Thronfolger zunächst nicht nachvollziehen kann. Erst am Schluß wird er Narvaez Intrigen durchschauen und sich selbst — und damit auch andere — beherrschen lernen. Er rehabilitiert Cortés, weil er erkennt:

"......... que no tuvo
Rey, en quanto el Orbe ciñe,
mejor vasallo que vos" (III, fol.37v).

Kim Lewis Johns kommentiert: "The solution of the play's problem and the reestablishment of order is implicit in Felipe's realization that his reason has been clouded by his jealousy"[31].

Zu Cortés Vasallentreue tritt die christliche Tugend der Mildtätigkeit. So lehrt er seinen Sohn Martin, eine offene Hand gegenüber den Leidenden zu haben:

"Martin, da limosna a pobres;
da quanto adquirido has,
en mejor lugar lo cobres:
nunca como avaro obres,
da limosna, y su consuelo
sea tu mayor anhelo,
que el que en amorosa calma
diere a los pobres el alma
sera el mas rico del Cielo" (II, fol.16r).

Diese Freigebigkeit entspringt einem Wissen um die Vergänglichkeit irdischer Güter, das auch der Kaiser kommentiert:

"Que hago yo con los dominios,
que en poco tiempo se dexan,
si aventuro los que duran,
sin que nunca descaezcan" (III, fol.28r).

Vergänglichkeitsmeditationen dieser Art entsprechen einer barocken Topik, die Cañizares mitten im aufgeklärten XVIII. Jahrhundert auch noch durch eine Gei-

---

30 III. fol. 28 v: "... mira que merece
que le honres, y que le quieras".

31 K.L. Johns: J. de Cañizares..., p.147.

stererscheinung unterstreicht. Auch Cortés weiß um die Eitelkeit von Ruhm und Reichtum. Das Beispiel des Kaisers, der der weltlichen Macht entsagt, um sein Leben der Meditation und der Askese zu weihen, beeindruckt ihn tief:

> "Voy rota el alma
> herido en el pecho
> de un Santo Ejemplar que avisa
> que gloria mundana es viento" (III, fol.34v).

Von hieraus führt eine direkte Linie zu Calderon[32]. Aber in der internen Ökonomie des *Pleyto de Hernán Cortés* nährt dieser letzte Gleichklang der Empfindungen von Souverän und Vasall eine neue Wertschätzung, die auf identischen Welterfahrungen beruht. Es wäre zu einfach, dieses Einvernehmen nur vor dem Hintergrund gemeinsamer 'Fronterfahrungen' zu erklären, auch wenn es an einer Stelle heißt:

> "....... los Soldados viejos
> nos entendemos el habla" (II, fol.24v).

In Wahrheit mag Cortés bei seinem letzten Gespräch mit Karl V. die Unvereinbarkeit von "Herrschermacht und Herrschvermögen" erkennen, entspricht es doch auch seiner eigenen Erfahrung, daß "die dem König eigene Pflicht, die Kontinuität des Gemeinwesens zu garantieren... ihn zum Märtyrer und Tyrannen in einem" machen kann. Denn:

> "... indem er in einer Extremsituation die ihm verliehene unbeschränkte Macht voll ausnützt, was in der Tyrannis enden kann, ist er zugleich ein Opfer seines Standes, seines beschränkten Menschseins, das mit der Totalität der ihm übertragenen Funktion kollidiert"[33].

Wer sollte das besser verstehen können als der Eroberer von Mexiko, der mehr als jeder andere mit der fließenden Grenze von Heldentum und Verbrechen konfrontiert worden ist. Und so wird das Verhältnis von Vasall und Souverän schließlich zu einer "personal friendship based upon a similar life experience which ultimately erases the political distinction between subject and monarch"[34]. Nun, da Karl V. selber ein Untertan wird und nicht mehr der allmächtige Kaiser ist, macht er sich Cortés Sache ganz zu eigen und übergibt ihm zum Abschied den klärenden Brief an Philipp II.:

---

[32] Vgl. J. García López: Historia de la literatura española, Barcelona 1965, p.328: "Las glorias terrenas 'no son mas que una ilusion', 'humo, polvo, sombra y viento'. Sin embargo, hay algo estable y definitivo que oponer a los valores ficticios de este mundo: la virtud".

[33] N. Sorg: Calderón, p. 94.

[34] K.L. Johns: J. de Cañizares..., p. 170.

"Tomad, vasallo querido,
del que algun dia fue vuestro
Señor, esse villetico,
y en viendo de mala el cuento
dadselo al Rey..." (III, fol.34r).

Damit steht die Haupthandlung von Cañizares Drama in ihren Grundzügen vor uns. Es zeigt sich bald, daß der komplizierte zwischenmenschliche Mikrokosmos des Stücks nur um den Preis eines dichterisch freien Umgangs mit der Historie konstruierbar war. Cañizares spannt den Handlungsrahmen seines Dramas von 1528 (Cortés Auftritt in Toledo) bis 1557 (sein Besuch in Yuste). Um das letzte klärende Gespräch in die Zeit nach der Abdankung des Kaisers vorlegen zu können, mußte Cañizares das Leben seines Helden um mehr als zehn Jahre verlängern. Der historische Cortés ist bekanntlich schon am 2. Dezember 1547 in Castilleja de la Cuesta bei Sevilla gestorben. Nur der Kunstgriff des Autors ermöglicht, daß Cortés schließlich als rehabilitierter Mann auf der Bühne steht. In der geschichtlichen Wirklichkeit hat er die Zuneigung des Kaisers nach dem gescheiterten Algier-Unternehmen von 1541 nicht wiederzugewinnen vermocht.

Auch in bezug auf die Familienverhältnisse des conquistadors erlaubt Cañizares sich manchen Anachronismus[35]. Er verschweigt Cortés mexikanische Ehe, seine Verbindung mit der Malinche, seine fünf unehelichen Söhne, und suggeriert zudem, daß der in Wahrheit schon 1532 in Cuernavaca geborene Martin erst während des Algier-Feldzugs geboren sei. Das führt zu weiteren Unstimmigkeiten, denn Martin tritt zu Beginn des 2. Aktes als etwa fünfzehnjähriger Knabe auf. Demnach müßte der gescheiterte Feldzug nach Nordafrika um 1529 und nicht erst 1541 stattgefunden haben. Auch daß Cortés, Narvaez, Karl V. und Philipp II. sich auf einer Bühne treffen, verdanken sie dem dichterischen Anachronismus. In Wahrheit haben sie sich nie alle vier gleichzeitig an einem Ort aufgehalten. Pánfilo de Narvaez, der Cañizares Helden bis ans Ende des Dramas als intriganter Widersacher verfolgt, ist in Wirklichkeit schon 1528 gestorben, in dem Jahr also, in dem der Autor sein Stück überhaupt erst beginnen läßt. Zu diesem Zeitpunkt aber war Philipp, der Cortés im Drama als etwa zwanzigjähriger Rivale im Kampf um die Gunst Doña Juanas gegenübertritt, gerade ein Jahr alt. In der Tat: "The historical facts in themselves are of little value unless one considers the dramatist's obvious technical reasons for changing chronology as he does"[36]. Wie auch sonst im historischen Drama geht es hier nicht um historische Faktentreue, sondern darum, die historisch dokumentierten Ereignisse in eine affektgeladene Bühnenrealität zu überführen und die Gestalten auf einer Bühne zusammenzubringen, in deren Beziehung zueinander sich das Drama glaubhaft entfalten kann. Die psychologische Wahrscheinlichkeit gibt den

---

35 Die im folgenden erwähnten Details aus Cortés Leben entstammen Richard Konetzke: Entdecker und Eroberer Amerikas, Frankfurt: Fischer 1963.

36 K.L. Johns: J. de Cañizares..., p. 1570.

Ausschlag gegenüber der historischen Wirklichkeit. Ein historisches Drama ist kein Dokumentarspiel.

Aber nicht nur auf der Ebene der individuellen Beziehungen hat Cañizares eine eigenständige, nur den dramaturgischen Bedürfnissen gehorchende Chronologie geschaffen. Diese ergreift auch die Zeichnung der das ganze Stück durchziehenden politischen Problematik. So ist Cortés im Unterschied zur Aussage des Dramentextes niemals *comendador* des Santiago-Ordens oder gar *privado* des Kaisers geworden und die Würde eines *capitán general de la Nueva Espana* hatte er schon 1522 und nicht erst seit 1528 inne. Besonders deutlich wird die von Cañizares intendierte chronologische Distorsion bei der Darstellung der Abdankung des Kaisers. Historisch handelt es sich hierbei um einen langwierigen juristischen und politischen Prozeß mit zahlreichen Einzeletappen, die schließlich in Brüssel und nicht wie bei Cañizares in Spanien ihren Abschluß fanden. Der Autor kondensiert die Abdankung jedoch in einer einzigen Szene und verleiht ihr damit die starke Intensität, die das Drama gerade in dieser Phase erfordert[37].

So besitzen Cañizares Bühnengestalten ein literarisches Eigenleben, das sie von der historischen Wirklichkeit unabhängig macht. Sie sind literarische, nicht historische Figuren. Ganz deutlich zeigt sich das in Cortés Verhältnis zu Doña Juana. Zu Beginn des 1. Aktes wird der Eroberer des Aztekenreichs, der 1528 immerhin schon 43 Jahre alt war, als junger Mann gezeigt, der sich Hals über Kopf verliebt:

> "Absorto, ay de mi,
> a sus rayos,
> me deslumbro, mariposa,
> mejor digera, me abraso" (I, fol.6v).

Cortés Verliebtheit gibt auch Anlaß zu einer der wenigen wirklich komischen Szenen des Dramas, wenn sich folgender Dialog zwischen dem verliebten Helden und seinem vorlauten Diener Zarambeque entspinnt:

Cortés:	"Yo he visto una mujer...
Zarambeque:	Y yo quatro...
Cortés:	... que me lleva el corazón.
Zarambeque:	Vistes con pencas de cardo, que si la vieras desnuda echarás el alma de asco.
Cortés:	Ay, que son Etnas sus ojos!
Zarambeque:	Y mas estan chorreando...

[37] ibid., pp.158-159: "... by synthezising Carlos' abdication into a single scene of farewell which is symbolic of a much larger historical event... Cañizares reveals keen dramatic intuition and creates a scene rich in human meaning and depth".

Cortés:	Que, pícaro?
Zarambeque:	... Nectar puro,
	que son de los ojos zarzos
	las purisimas leganas.
Cortés:	Debes de estar ya borracho
	como sueles..." (I, fol.8r).

Der verliebte Cortés als Gegenstand des Spottes des *gracioso*, auch diese Dimension ist Cañizares Drama nicht fremd.

Wir müssen uns mit diesen Andeutungen begnügen, obwohl noch viele Themen im Zusammenhang mit Cañizares *Pleyto* erwähnenswert wären. Hierher würde zum Beispiel die Nebenhandlungen um die *graciosos*, vor allem also Zarambeque und Inés — die er am Schluß heiratet — gehören. Aber auch die Anwendung bestimmter Formen und Metren für bestimmte Ausdruckszwecke ist augenfällig: *romances* für die *relaciones*, *redondillas* für die normale Unterhaltung, *silvas* zur Charakteristik hochgestellter Persönlichkeiten, etc.[38] Desgleichen wäre die Stellung des *Pleyto de Hernán Cortés* innerhalb der historischen Dramen von Cañizares — *Cuenta del gran Capitan, Carlos V sobre Tunez, Don Juan de Espina en su patria, Don Juan de Espina en Milan* — zu beleuchten, besonders im Hinblick auf die dem Autor oftmals zugeschriebene Mittlerstellung zwischen einem sich überlebenden *siglo de oro* und dem spätestens mit Luzans *Poética* von 1737 sich ankündigenden *neoclasicismo* der 2.Jahrhunderthälfte. Unbeantwortet muß vorerst auch die Frage nach der 'Botschaft' des Stückes bleiben. Immerhin könnte man auf die durchaus kritische Zeichnung einer Monarchie verweisen, in der die königliche Macht in wenig idealer Weise auf den eigentlichen Throninhaber und den Thronfolger verteilt ist. In dieser Konstellation kann die Krone nicht harmonieschaffend in die Gesellschaft hineinwirken. Sie verfehlt ihre Bestimmung und läßt es zum Beispiel zu, daß Intriganten und Schmeichler die Ehre eines im Dienst des Vaterlandes ergrauten Helden verletzen. Hierbei wird — wie bei Calderón, aber auch wie in Garcia de la Huertas neoklassischer *Raquel* — der von "der absolutistischen Staatstheorie zum obersten Gerichtsherrn und direkten Vertreter Gottes im profanen Bereich weltlicher Herrschaft" erklärte Monarch "der Tugendbewährung unterworfen", wobei sich implizit auch die Frage nach dem Machtübergang auf einen wenig geeignet erscheinenden Thronfolger stellt[39]. Fragen dieser Art konnten zur Regierungszeit Ferdinands VI. durchaus als brisant empfunden werden, mochte der Autor sie auch in einem eher an Lope de Vega oder Calderón erinnernden Sinne aufbereiten. Zwar wird die Geschichte für Cañizares zum "eigentlichen Inhalt des Trauerspiels", aber:

---

[38] Hierzu der Hinweis auf Lopes Arte nuevo de hacer comedias bei K.L.Johns: J. de Cañizares..., pp. 182-183.

[39] N. Sorg: Calderón..., p. 91.

> "Jener das Trauerspiel prägenden Historie kommt ... kein Eigenwert zu, und sie kann auch nur dann in das Kunstwerk Eingang finden, wenn die exemplarische Gültigkeit des herangezogenen Beispiels außer Frage steht. Denn die Interpretation steht schon fest; sie wird dem historischen Gegenstand nicht entnommen, sondern auf ihn projiziert. Im Mittelpunkt steht fast immer die Bewährung der Tugend eines Fürsten und die Beschreibung der von ihm zu lenkenden Staatsmaschinerie, wodurch infolge der Zentrierung auf die Herrschergestalt theatralisches und historisches Geschehen zusammenfallen"[40].

Implizit bedeutet das auch die Frage nach dem Schicksal eines Staatswesens, dessen Führung der gestellten Aufgabe nicht gerecht wird. Der bei Cañizares als eitel und verblendet dargestellte Thronfolger Philipp, der erst am Ende des Dramas seine eigentliche Aufgabe ernstzunehmen beginnt, hätte einen weniger edlen Charakter als Hernán Cortés möglicherweise in die offene Rebellion getrieben. Hier werden spätere Forschungen vielleicht neue Akzente setzen. Für den Augenblick bleibt als vorläufige Schlußfolgerung nur, daß José de Cañizares, den Juan Pablo Forner seinen Zeitgenossen in aller Parteilichkeit als "el mejor escritor de nuestro siglo" präsentiert[41], mit seinem *Pleyto de Hernán Cortés* ein kompliziertes Drama um die vieldiskutierte Cortés-Gestalt herum konstruiert hat und daß dieses Drama möglicherweise verdient, in die weiteren Diskussionen um das spanische Theater der 1. Hälfte des XVIII. Jahrhunderts einbezogen zu werden.

---

[40] ibid.

[41] J.P. Forner: Exequias de la lengua castellana, ed. P. Sainz y Rodriguez, Madrid 1925, p. 133.

August Nitschke

Der ritterliche Kampf

— den Traurigen zur Freude, ein Schauspiel für die Damen?

In der Zeit zwischen 1243 und 1247 wohnte ein junger Franziskaner in Pisa. Er stammte aus Parma und trug den Namen Salimbene. Wie es sich für Franziskaner schickte, bettelte er.

Eines Tages nun traf er einen Mann, den er nicht kannte, und dieser sagte, er sei aus Parma, aus der Heimatstadt dieses Bettelmönches, und er begann Salimbene hart anzufahren und zu schelten: "Geh nur, Elender, geh! Du läufst nach Brot bettelnd von Haus zu Haus und nimmst es denen, die nichts besitzen, während du — dank der Güter deines Vaters — im Überfluß viele Arme ernähren könntest. Du solltest jetzt auf einem hohen Roß durch Parma reiten und mit dem Lanzenspiel Traurige fröhlich stimmen, so daß du Damen ein angenehmes Schauspiel wärest und den Zuschauern ein Trost; denn dein Vater wird von Schmerz verzehrt, und deine Mutter verzweifelt — aus Liebe zu dir, den sie nicht sehen kann — gleichsam an Gott."[1]

Dies war die Situation vieler junger Adliger und reicher Kaufmannssöhne im 13. Jahrhundert. Sie hatten auf väterliches Hab und Gut verzichtet, waren ihrem Stand untreu geworden und bettelten. Die Verwandten und Freunde zürnten und spotteten, daß dies unter christlichen Aspekten eine recht törichte Handlung sei.Wenn sie wirklich Armen helfen wollten, würden sie besser das Geld ihres Vaters dazu verwenden. Als Bettler nähmen sie nur denen, die ohnehin kaum etwas hätten, ihr letztes Brot.

In diesen Auseinandersetzungen schildern die empörten Freunde und Verwandten uns gleichzeitig das frühere Leben dieser jungen Männer. Da waren sie Ritter gewesen, hatten Lanzenspiele aufgeführt, "Turniere"[2] genannt. Von diesen

---

1 Salimbene de Adam von Parma, Cronica, MONUMENTA GERMANIAE HISTORICA, Scriptores 32, Hannover 1913, S. 45.

2 Thomas Szabo, Das Turnier in Italien, bringt Belege für die einzelnen Bezeichnungen. Das Wort "giostro" kommt aber in der 2. Hälfte des 13. Jahrhunderts viel häufiger vor, als er annimmt, in: Josef Fleckenstein (Hg.), Das ritterliche Turnier im Mittelalter, Göttingen 1985, S. 357, s. nächste Anmerkung.

Spielen nun sagen sie, sie seien den Traurigen zur Freude und den Damen ein Schauspiel, was doch wohl heißen will, ein angenehmes, erfreuliches Schauspiel. Auf welche Weise nahmen die Damen dieses wahr?

Martino da Canale, ein venezianischer Chronist des 13. Jahrhunderts, erzählt uns folgendes: "Im Jahre 1253, nach dem Tode des Herrn Marino Moresino, des edlen Dogen, wurde der Herr Rainieri Zeno zum Dogen von Venedig gewählt. Dann wurden Tribünen errichtet auf den Platz von San Marco, und alle wurden mit Gewändern aus Seide bedeckt, und der Platz selber wurde so geschmückt. Und dann stiegen Damen und unverheiratete Damen auf die Tribünen, und in allen Palästen der Nachbarschaft begaben sich die unverheirateten Damen und die verheirateten Damen an die Fenster..." Er schließt seinen Bericht mit der Bemerkung: "Wenn Ihr, o Herr, da anwesend gewesen wäret, hättet Ihr viele schöne Lanzenstöße gesehen..., viele turnierten sehr, sehr schön."[3]

Wir müssen nun fragen: Wie konnte ein Kampf froh stimmen und aus welchen Gründen hatten gerade die Damen daran ein besonderes Vergnügen? Und: hängt diese Einstellung zum Turnier möglicherweise mit damals verbreiteten Körpererfahrungen zusammen und läßt sich aus diesen die Wahrnehmungsweise jener Gesellschaft rekonstruieren?

Am Ende wollen wir somit lernen,so wie die Damen in Parma und Venedig zu fühlen und so wie die Damen und Ritter jener Zeit die Welt zu sehen. Betrachten wir erst einmal den Kampf.

Aus dem 13. Jahrhundert schildert uns ein Chronist ein Turnier am Hofe des sizilianischen Königs. Er berichtet: "Nachdem die Kämpfenden sich fertig gemacht hatten, um in dem Stadion zu turnieren, und nachdem mit großer Sorgfalt ihre Pferde gegürtet waren, ertönte ein Horn, schallte der Lärm der vielen Zuschauer. Die Reiter ließen nun die Zügel zum Hals, verließen die Ausgangsposition und stürmten voran, indem sie mit den Lanzen wechselseitig auf ihre Köpfe zielten. Sie richteten die Lanzen gegenseitig auf die behelmten Köpfe, stießen zu, und nachdem ein Helm herunter geschlagen war, verletzten sie sich gegenseitig. Gelegentlich blieb einer, manchmal aber auch keiner im Kampf unversehrt... Selten erhob sich ein Pferd höher, ohne daß der Reiter, der sich dabei aufgerichtet hatte, herunterfiel. Es konnte auch sein, daß einer von der Lanze nicht herabgedrückt wurde, der andere jedoch, durch den ungeheuren Anprall bedrängt, sich mit den Füßen nach oben wandte, mit dem Haupt den Boden suchte und so schmählich zur Erde fiel."[4] So sahen also die Ritterspiele

---

[3]Martino da Canale, La Cronaca dei Veneziani, in: Archivio Storico Italiano 8, Florenz 1845, S. 420. In dieser Chronik auch weitere Belege für die Bezeichung "giostro".

[4] Saba Malaspina, Historia, hg. von Giuseppe Del Re, Chronisti e Scrittori Napolitani 2, Neapel 1868, S. 313. Vgl. auch Nitschke, Bewegungen in Mittelalter und Renaissance, Kämpfe, Spiele, Tänze, Zeremoniell und Umgangsformen, in: Armin Reese, Uwe Uffelmann (Hg.), Historisches Seminar 2, Düsseldorf 1987, S. 66 .

aus, die fröhlich stimmten und die den Damen so zusagten. Ich gebe noch eine andere Schilderung.

König Karl von Anjou wünschte einmal unbekannt an einem Turnier teilzunehmen. Dieses Turnier lief folgendermaßen ab: "Als er und sein Gegner, jeder auf seiner Seite, zum Kampf gerüstet standen, begannen sie nach dem dritten Trompetenstoß loszustürmen. Sie trafen bald aufeinander. Und so tapfer fiel ein Held den anderen an, daß alle darüber staunten. Sie fielen nicht von den Rossen, keiner wankte nur im Sattel seines Rosses. Und doch traf einen den anderen so heftig ins Gesicht, daß beider Lanzen zersplitterten, von der Spitze bis zur Hand jedes Ritters." Nun gingen sie zur nächsten Kampfform über, zum Kampf mit der Keule: "Danach wollte König Karl mit der Keule fechten und hielt freiwillig dem ersten Schlag stand." Das heißt mit anderen Worten: beim Kampf mit der Keule mußte einer der Ritter an einem Platz stehen bleiben, während der andere mit erhobener Keule gegen ihn angaloppierte. So war es auch: "Der Ritter aus Kampanien, der Gegner Karls von Anjou, stürmte so gegen Karl wie ein Sperber auf ein Vögelchen oder der Habicht gegen eine Ente. Indem er die Keule mit beiden Händen faßte, schlug er sie so stark auf das Haupt seines Gegners nieder, daß, wenn er richtig getroffen hätte, Karl unzweifelhaft tot hinabgestürzt wäre." Der Hieb glitt aber an Karls Haupt ab und über die Schulter an seine Hüfte und traf dort mit solcher Wucht auf den Sattel des Pferdes, daß das Tier in die Knie sank, dem König zwei Rippen brachen und er das Bewußtsein verlor. Als er später zu sich kam, wollte er auf sein Pferd, um seinerseits mit der Keule gegen seinen Gegner anzugehen, doch dieser, der inzwischen erfuhr, daß er, ohne es zu wissen, gegen seinen König gekämpft hatte, hatte bereits die Flucht ergriffen[5].

Das waren recht blutige Kämpfe. Die Waffen wurden zwar etwas stumpf gemacht. So hatten die Lanzen keine Spitze. Aber sie blieben gefährlich genug. Es war auch oft davon die Rede, daß einer Wunden empfing, Knochen brach, eines Arztes bedurfte, der ihn oft wochenlang pflegen mußte. Warum erfreuen diese Spiele die Traurigen, warum finden die Damen sie anziehend?

An einem darf sicher nicht gezweifelt werden: Damen schätzten diese Kämpfe besonders. Von Wilwolt von Schaumburg etwa wird erzählt, daß eine angesehene Dame ihn voll ausrüstete, damit er zu ihrer Freude auf Turniere ziehen konnte. Und so hat er dann einen Kampf nach dem anderen ihr zuliebe ausgeführt[6]. In Wilwolts Biographie bat eine andere junge Adlige einen ihr befreundeten Mann ausdrücklich darum, er möge doch endlich ihr wieder das Vergnügen bereiten, an Kampfturnieren teilzunehmen. Da dieser einen Gegner benötigte, wandte er sich an Wilwolt, und diesem gefiel der Plan sehr. Und so ritten sie gegeneinander, zersplitterten ihre Speere oder hoben sich aus dem Sattel. Die Dame war richtig glücklich darüber[7].

---

[5] Salimbene, S. 599; Nitschke, Bewegungen, S. 67.

[6] Wilwolt von Schaumburg, Geschichten und Taten, hg. von A. Keller, Stuttgart 1859, S. 60 f.

[7] Wilwolt, ebd., S. 158 ff.

Keiner wundert sich übrigens, jeder findet dies nur natürlich. Solche Taten kann eine Frau von dem Mann, den sie liebt und der ihr zugetan ist, erwarten.

Auch Bilder jener Zeit zeigen diese Kämpfe. Zwei Ritter reiten hoch auf dem Roß gegeneinander; sie richten die Lanzen auf die mit Helmen versehenen Köpfe. Der eine durchdringt das Visier, so daß Blut aus dem Gesicht spritzt und sein Gegner vom Pferd fällt. Die Damen schauen von oben zu.[8] Warum haben die adligen Damen ein so abwegiges Verlangen? Es konnte im Grunde jederzeit dazu führen, daß die Menschen, die sie liebten, verletzt, möglicherweise gar tödlich verletzt den Turnierplatz verließen. Das wußten sie. Die Schilderungen und die Bilder lassen daran keinen Zweifel.

Diese blutigen Spiele können wir nur verstehen, wenn wir etwas genauer danach fragen, wie sie entstanden, mit welchen anderen Spielen sie zu vergleichen waren und welche Haltung und Bewegung dabei von den Beteiligten erwartet wurde.

Die Entstehung: Auch aus dem 9. Jahrhundert haben wir Berichte über Reiterspiele. Die Enkel Karls des Großen, zwei Könige, Karl und Ludwig, nahmen daran teil. Ein Verwandter von ihnen, der als Laie durchaus sachverständig gewesen sein muß, berichtet uns:

> "Man kam da zusammen, wo es für das Zuschauen zweckmäßig schien. Während hüben und drüben das ganze Volk stand, stürzten zuerst von beiden Seiten in gleichen Zahl Sachsen, Basken, Austrasier und Bretonen in schnellem Lauf aufeinander, als ob sie sich bekämpfen wollten. (Die Männer, die aus diesen Stämmen genommen wurden, saßen dabei auf Pferden.) Darauf machten die einen kehrt und taten, als wollten sie sich, mit dem Schilde gedeckt, den Verfolgern durch Flucht zu den Ihrigen entziehen. Dann aber suchten sie wieder diejenigen zu verfolgen, vor denen sie flohen, bis zuletzt beide Könige, umgeben von einer ganzen Mannschaft, mit lautem Geschrei in gestrecktem Lauf, die Lanzen schwingend, voranstürmten und bald dem einen, bald dem anderen nachjagten, wenn diese sich zur Flucht wandten."[9]

Dieses Kampfspiel unterscheidet sich nun in vielerlei Hinsicht von den späteren Turnieren. Die Zuschauer waren nicht Damen, sondern es sah das Volk zu — nach dem Bericht wohl in erster Linie Männer. Die Bewegungsweise war nicht so festgelegt wie bei den Turnieren des 13. Jahrhunderts. Bei dem frontalen Angriff, Pferd gegen Pferd, mußten die Ritter im 13. Jahrhundert eine Lanze unter den

---

[8] Nitschke, Bewegungen, S. 131, Abb. 8, 10.

[9] Nithard, Vier Bücher Geschichten, hg. v. R. Rau, Freiherr-vom-Stein-Gedächtnisausgabe 5, Darmstadt 1962, III 6, S. 442. Vgl. Nitscke, Bewegungen S. 54.

rechten Ellbogen klemmen und so mit eingelegter Lanze, die auf den Kopf des Gegners gerichtet war, voranstürmen. Sie konnten somit die Lanze nicht schwingen, wie es in der Karolingerzeit üblich war. Vor allem jedoch: im 13. Jahrhundert bestand die Aufgabe nur darin, daß die Angreifer frontal aufeinander stießen. Waren die Lanzen gesplittert, dann mußten sie — vom Gegner unbehelligt — das Roß wenden, um einen neuen Angriff zu planen. Entweder wurden den Rittern dafür frische Lanzen gegeben, so daß jeder wieder frontal gegen seinen Gegner angaloppieren konnte, oder einer erhielt die Keule. Dann mußte der andere stehenbleiben, während der Keulenträger in gestrecktem Galopp auf diesen zuritt und mit der Keule auf ihn einschlug.

Im 9. Jahrhundert hingegen wechselten Angriffe und Scheinfluchten. Die Lanzen wurden frei geschwungen. Die Schilde dienten dazu, sich bei der Flucht damit zu decken, die Arme und der Körper — das geht daraus hervor — blieben beweglich[10].

So unterscheidet sich die Kampfesweise bei diesen Zweikämpfen durch die unterschiedliche Beweglichkeit. In den älteren Kampfspielen sind die Reiter wendiger, sie stürmen heran, sie fliehen weg, sie wenden sich zur Seite, sie schwingen die Waffen und haben alle die Möglichkeiten, die ein bewaffneter Mann auf einem Pferd nutzen kann, um sich mit Gegnern auseinanderzusetzen. Aus anderen Berichten wissen wir, daß sie gelegentlich auch mit Pfeil und Bogen schossen und mit den Schwertern schlugen[11]. Im 13. Jahrhundert ist davon nicht mehr die Rede. Die Reiter nehmen nun auf dem Pferd eine feste Haltung ein. Diese wird während des ganzen Kampfes beibehalten. Sie können das Pferd nicht zur Seite lenken und schon gar nicht Scheinfluchten vortäuschen und haben auch keine Möglichkeit, mit der Lanze Bewegungen auszuführen.

Die Kampfesweise des 13. Jahrhunderts hatte nun eine sehr wichtige Folge. Wenn die Ritter so starr in einer Haltung im vollen Galopp sich frontal angriffen, vermochten sie vor dem Lanzenstich des Gegners nicht auszuweichen. Beim Keulenkampf mußten sie sogar die an einem Platz eingenommene Position wahren. Damit verloren sie die Chance, durch Bewegungen des Körpers den drohenden Stichen oder Schlägen zu entgehen. So blieb ihnen nur eine Form der Verteidigung: sie mußten sich mit möglichst undurchdringlichen Rüstungen schützen. Auf den Lederpanzer nähten sie Metallteile. An deren Stelle traten später Metallplatten. Der Kopf wurde mit Helm und Visier bedeckt, und das Visier mußte beim Kampf geschlossen werden[12]. Je besser, je undurchdringlicher diese

---

[10] Ähnlich liefen auch die Kämpfe im Kriege ab, s. Liudprand von Cremona, Antapodosis, Freiherr-vom-Stein-Gedächtnisausgabe 8, Darmstadt 1971, II 21, S. 277 ff. Nitschke, Bewegungen, S. 54 f. Auch auf Bildern wird diese Kampfesform dargestellt, s. Nitschke, Bewegungen, S. 130, Abb. 5 f.

[11] Nitschke, Bewegungen, S. 55 ff.

[12] Ortwin Gamber, Die Bewaffnung der Stauferzeit, in: Württ. Landesmuseum (Hg.), Die Zeit der Staufer 3, Stuttgart 1977, S. 114 ff.

Rüstungen wurden, umso unbeweglicher saßen die Ritter allerdings auf ihren Pferden. Wir wissen, daß sie schließlich so gut geschützt waren, daß ihre Knappen sie auf das Pferd heraufheben mußten. Sie saßen dann in der Haltung, die zum Angriff führte, und durften nicht daran denken, sich zur Seite zu bewegen. Bei Schwenkungen des Kopfes wäre das Visier so verrutscht, daß sie nichts mehr sehen konnten. Und bei Neigungen des Körpers hätte das Gewicht des Panzers sie allzu leicht nach unten gezogen.

Die Schwere dieser Rüstung wurde noch dadurch vergrößert, daß die Eisenteile nicht auf der bloßen Haut liegen konnten. Die Ritter benötigten eine Stoffunterlage, die recht dick sein mußte, damit das Metall nicht scheuerte[13]. Dieses ließ die Last der Rüstung weiter wachsen und verringerte die Beweglichkeit noch mehr.

So hatte der neue Kampfstil zur Folge, daß eine Rüstung konstruiert werden mußte, die zur Verteidigung zwar geeignet sein mochte, die jedoch die vom Ansatz her gegebene Unbeweglichkeit der Ritter steigerte.

Diese Art des Kampfes war nur beizubehalen, wenn jeder Gegner sich ebenfalls zu ihr bekannte. Sie war von Regeln bestimmt, ähnlich wie das Fußballspiel heutzutage. Es sind ja auch bei diesem nicht alle Tritte erlaubt, und der Körper des Gegners muß geschont werden. Selbstverständlich konnten damals wie heute die Regeln gebrochen werden. Dann wurde man des Spieles verwiesen. Der Ritter verlor auf diese Weise seine Ehre. Im Krieg kam es allerdings gelegentlich vor, daß Ritter, die von dem Gegner keine Schonung erwarteten oder die selber aus irgendwelchen Gründen von vornherein darauf bedacht waren, den Gegner zu vernichten, sich dessen Rüstung zunutze machten, um ihn gegen alle Sitten zu schädigen. Karl von Anjou etwa hat die spanischen Ritter Konradins, die er für Verräter hielt, durch Knappen an ihren Füßen von ihren Pferden herunterziehen lassen. Dann lagen sie, bedrückt vom Metall ihrer Rüstungen, hilflos auf der Erde, und die Knappen kamen mit Hämmern und erschlugen sie[14]. Dies war jedoch eine Ausnahme. Im allgemeinen wurden die Regeln respektiert, ähnlich wie bei den sportlichen Spielen heutzutage. Seit wann wurden bei Kampfspielen gerade diese Regeln aufgestellt?

Byzantische Quellen berichten uns, wie ein Kaiser von Konstantinopel den Beginn dieser Kampfesweise beobachtete. Während die byzantinischen Truppen nicht gewohnt waren, hoch zu Roß, leicht vornübergeneigt mit eingelegter Lanze frontal den Gegner anzugreifen, kannten Söldner, die in Italien angeworben waren, dieses Vorgehen schon. Niketas erzählt uns, daß Kaiser Manuel zur Zeit Friedrich Barbarossas der erste war, der diesen Wandel wahrnahm und sich dann genauer mit dieser Kampftechnik beschäftigte.

---

13 Alwin Schultz, Das höfische Leben zur Zeit der Minnesänger 2, Leipzig 1889, S. 40 ff.

14 Giovanni Villani, Florentinische Geschichten, Muratori SS 13, Mailand 1728, VII 27, S. 252.

"Manuel wußte, daß sich die Lateiner mit ihren Lanzen und ihrer geschickten Handhabung brüsteten. Er vereinbarte deshalb einen Tag, um Kampfspiele mit stumpfen Lanzen auszutragen. Als dieer Tag erschien, führte er die besten Lanzenkämpfer des Heeres und seine Verwandten auf die Kampfstätte, eine breite Ebene, die Platz genug bot, um zwei Reiterhaufen einander gegenüber zu stellen. Ein kleines Lächeln auf den Lippen, blickte er aufgeräumt auf seine Leute. Er trug den Speer hoch erhoben und hatte einen kleinen, sehr feinen Mantel übergeworfen, den eine Spange über der rechten Schulter zusammenhielt, so daß sich die Rechte darunter frei bewegen konnte. Er saß auf einem mit Gold gezäumten, langmähnigen Streitroß, das den Hals leicht gebogen hielt, ungeduldig tänzelte und an Glanz und Pracht mit seinem Herrn wetteifern konnte. Auch seinen Verwandten und allen, die zum Kampf mit den Italienern ausgewählt worden waren, hatte der Kaiser aufgetragen, so prächtig wie möglich zu erscheinen. Als die Schlacht begann, stürmten von beiden Seiten die Kämpfer mit ihren Lanzen hitzig aufeinander los und wichen den Speeren der Gegner aus. Da sah man einen auf Schulter und Schädel stürzen, dort flog ein anderer im hohen Bogen aus dem Sattel, der eine fiel zu Seite herunter, der andere rücklings, wieder ein anderer warf das Pferd herum und floh eiligst davon. Der eine erbleichte vor Angst vor der Lanze des Gegners und vergrub sich ganz hinter seinem Schild; dieser wieder bekam Mut, wie er den anderen sich niederducken sah.
Der Kaiser selbst setzte zwei Ritter auf einmal auf die Erde. Gegen den einen sprengte er, die Lanze eingelegt, und dieser riß im Sturz noch einen Nebenmann mit, so wuchtig hatte ihn Manuel getroffen."[15]

Bei dieser Schlacht verwandten die Byzantiner noch eine leichte Bewaffnung. Dies erlaubte ihnen, gegebenenfalls das Pferd zu wenden und zu fliehen. Die Technik allerdings ist die neue; man klemmt eine Lanze unter den Ellbogen, reitet frontal gegen den Gegner und ist bemüht, ihn mit der Lanze aus dem Sattel zu heben. Seit dem 12. Jahrhundert verbreitete diese sich somit in Europa[16].

Vergleichbare Spiele: Diese Kampfesweise im Turnier erwartete von allen Beteiligten, daß sie eine Haltung unverändert wahren sollten. Gab es nun noch andere Spiele, die ähnliche Forderungen an die Spielenden stellten? In den alten Schwerttänzen, die uns Tacitus beschreibt, ging es nirgends darum, aufrecht eine Haltung beizubehalten. Die jungen Männer sprangen zwischen Schwertern und Speeren in die Höhe[17]. Aus dem byzantinischen Zeremoniell kennen wir Spiele von Goten. Diese schritten in Tänzen und schlugen mit Stäben auf ihre Schilder.

---

15 Choniates Niketas, Historia, hg. v. J.A. Van Dieten, Berlin 1975, S. 108. Vgl. Nitschke, Bewegungen S. 64 f.

16 Die frühesten Zeugnisse bei Schultz, S. 107 ff.

17 Tacitus, Germania, Cap. 24. Vgl. Nitschke, Bewegungen, S. 72.

Auch da war nicht davon die Rede, daß sie eine aufrechte Haltung einnahmen, die sie gegen alle Widerstände durchsetzen mußten[18]. Unsere Berichte ändern sich im 12. Jahrhundert.

Aus England hören wir im 12. Jahrhundert, daß in der Stadt London junge Männer zur Osterzeit auf der Themse Ruderwettkämpfe ausfochten. Einer wurde an die Spitze eines Bootes gestellt, andere ruderten ihn mit großer Kraft und außerordentlich schnell, unter Ausnutzung der Strömung, gegen einen Pfahl. Der Stehende an der Spitze des Bootes hatte eine Lanze unter seinen Arm gelegt, und mit dieser Lanze mußte er auf den Pfahl stoßen. Seine Aufgabe war es, so zu treffen, daß die Lanze zersplitterte. Da er sie an den Körper gedrückt hatte, konnte es geschehen, daß die Lanze unversehrt blieb, diese ihn jedoch wegen des heftigen Aufpralls aus dem Boot warf, so daß er ins Wasser fiel — zum Vergnügen der Zuschauer, die vom Ufer her das Spiel der jungen Herren betrachteten[19]. So erzählt uns ein Zeitgenosse.

Dieser Zeitvertreib hatte nun nichts mit dem Krieg zu tun, doch forderte er von dem Spielenden etwas Ähnliches wie das Turnier vom Ritter: Er mußte zeigen, daß er seinen Körper aufrecht zu halten vermochte und auch bei einem heftigen Anprall diese Stellung nicht aufgab. Erfüllte er diese Forderung, dann zersplitterte die Lanze, und er blieb stehen.

Das Ziel dieser Spiele und Kampfspiele war nicht ausschließlich die Überwindung des Gegners. Statt dessen kam es darauf an, eine aufrechte, leicht vornübergeneigte Haltung, auch wenn man — etwa vom Pferd oder vom Boot — rasch nach vorn bewegt wurde, zu wahren. Dieses Spiel konnte in verschiedene Varianten auftreten, auf dem Land und zur See. Was bedeutete diese Haltung?

Die geforderte Haltung: Der Sinn dieses Spieles erschließt sich nur, wenn wir die Haltung genauer analysieren. Ein Vergleich mit Darstellungen aus der Antike mag helfen. Griechische Statuen nehmen seit dem 5. Jahrhundert eine sogenannte kontrapostische Stellung ein. Auf einem Bein ruht das Gewicht, das andere bleibt locker. In diesen Statuen belasten die Personen manchmal bis an die Grenze des Ertragbaren einseitig das eine, das Standbein, während das andere einen spielerischen Charakter behält[20]. Diese Körperhaltung setzt voraus, daß man am Körper seine Schwere erfährt. Gegen diese Schwere vermag der Mensch dank seiner Muskeln sich aufzurichten und somit die Last seines Körpers zu tragen. So beschrieben griechische Architekten auch die Tempel. Die Säulen dienten

---

18 Constantinus Porphyrogenetos, De Ceremoniis Aulae Byzantinae, hg. v. I.I.Reiske, Bonn 1829, S. 381. Vgl. Nitschke, Bewegungen, S. 72 ff.

191 John Stow, Survey of London, hg. v. C. L. Kingsford, 2, Oxford 1908, S. 226 f. Vgl. Nitschke, Bewegungen, S. 61 f.

20 Burkhard Fehr, Bewegungsweisen und Verhaltensideale, Bad Bramstedt 1979, S. 26 ff, 31.

dazu, sagen sie, die Last des Giebels zu tragen[21]. Auch bei griechischen Reiterbildern aus der vorchristlichen Zeit spürt ein Betrachter, welche Schwere auf dem Pferd lastet und wie der Reiter es versteht, mit erhobenen Armen gegen seinen Gegner anzugehen und dabei die eigene Schwere zu überwinden[22].

Anders ist die Situation beim Turnier. Der Reiter benutzt die Geschwindigkeit des Pferdes, um mit seiner Lanze den Gegner aus dem Sattel zu heben. So hat er den aufrechten Oberkörper leicht nach vorn geneigt mit der Tendenz, bei einem Widerstand ihn noch weiter nach vorn zu schieben. Diese Konzentration auf Schulter und Kopf gelingt dadurch, daß er mit Rückgrat sich unten auf einen Sattelwulst stützt. Es führt eine Linie vom Wulst über das Rückgrat, über die Schultern und Arme gegen den Gegner[23]. Mit diesem angespannten Rücken schützt er sich auch vor dem Anprall, den er erfährt, wenn sein Speer den Helm des Gegners erreicht und ihn, falls dieser Widerstand leistet, nach hinten drückt — oder wenn der Gegner auf seinen Kopf trifft und so Druck auf ihn ausübt. Der Körper ist somit von der Hüfte her schräg nach oben und vorne hin gespannt. Ein Gefühl der Schwere kann der Ritter dabei nicht haben. Diese Erfahrung des eigenen Körpers wird durch die Haltung der Beine noch etwas modifiziert. Ein Ritter stützt sich nicht auf den Steigbügel; er nutzt diese auch nicht, um sich abzustemmen und so die Last des Körpers nach oben zu heben[24]. Statt dessen schiebt er die Knie nach vorn an den Hals des Pferdes[25]. Diese dienen dazu, das Tier zu lenken. — Das mag häufig genug notwendig gewesen sein; denn Pferde sind nicht gewohnt, frontal ein anderes Pferd anzugreifen.

Mit dieser Beinhaltung kann sich auch kein Schweregefühl verbunden haben. Denn der Ritter hatte seine Aufmerksamkeit darauf zu richten, ob er an der rechten oder an der linken Seite einen stärkeren Druck auf den Hals des Tieres auszuüben hatte.

So wird der Körper des Reiters gewissermaßen in zwei Teile zerlegt. Der obere Teil des Körpers ist aufrecht nach vorn gerichtet. Dabei führt eine Linie vom Ansatz des Rückgrats unten nach oben. Die Konzentration gilt Schulter und Kopf, mit denen ein Widerstand aufgefangen und vielleicht auch ein Widerstand überwunden werden muß. — Der untere Teil des Körpers dient nur dazu, den oberen Teil im Gleichgewicht zu halten und dabei den Hals des Tieres nach rechts oder links zu drücken.

---

[21] Vitruv, 10 Bücher über die Architektur IV 1, Darmstadt 1964, S. 170.

[22] August Nitschke, Kunst und Verhalten. Analoge Konfigurationen, Stuttgart-Bad Cannstatt 1975, S. 80, Abb. 51.

[23] Nitschke, Bewegungen, S. 131, Abb. 8, 9, S. 133, Abb.15.

[24] Diese Ansicht von Lynn White läßt sich nicht belegen, Die mittelalterliche Technik und der Wandel der Gesellschaft, München, 1968.

[25] Schultz, Das höfische Leben, S. 64, 75., 90, 155, 278, 287.

Wer diese Haltung einnimmt, spürt, daß sein Körper in verschiedene Richtungen drängt. Die nach vorn geschobenen Knie steuern auf eine Linie, von der das Pferd nicht nach rechts oder links abweichen darf. Das Rückgrat unten muß Kontakt zu dem Sattelwulst suchen und sich so leicht nach hinten schieben. Die Hauptkonzentration liegt, wie wir bereits sahen, auf Schulter und Kopf, die nach oben und vorn drängen.

Die Körpererfahrung ist somit sehr eigentümlich. Innerhalb des Körpers wird wahrgenommen, daß dieser an einigen Stellen nach rechts oder links, an einigen Stellen leicht nach vorn oder leicht nach hinten und an einer zentralen Stelle nach oben zielt. Dort möchte er sich ausdehnen und ausbreiten können.

Die Voraussetzung dieser Körpererfahrung allerdings ist, daß der Ritter insgesamt kaum eine Schwere spürt, was er durch seinen Sitz auf dem Pferde erreicht. Wer so eine sitzende Haltung einnimmt, kann, statt auf die Schwere zu achten, die verschiedenen Richtungen, in denen sein Körper sich vorzuschieben sucht, wahrnehmen.

Diese Interpretation läßt sich nun anhand der Modelle überprüfen, die die Naturwissenschaftler jener Zeit benutzten, um Haltung und Bewegungen von Lebewesen zu erklären. Albertus Magnus etwa beobachtete, daß Menschen und einige Affenarten aufrecht auf zwei Beinen gehen. Er schloß daraus folgendes: "Diese Bewegung haben sie nur wegen der Leichtigkeit und der Wärme des Feuers." Er fuhr dann fort: "Die Körper der Lebewesen, die wärmer sind — und so mehr Feuer in sich enthalten und weniger Erdstoff haben —, werden aufgerichtet und in die Höhe gehoben." Albert ging somit von der Erfahrung aus, daß ein Mensch in sich spürt, wie etwas ihn aufrichtet und ihn sich erheben läßt. Für diese Erfahrung suchte er eine Erklärung. Die Erklärung fand er in der Tatsache, daß im Menschen ein Element dominiert, das ihn nach oben drängt. Dieses Element, vermutete er, ist das Feuer. Es könnte auch die Luft sein; denn warme Luft strebt ebenfalls in die Höhe. So nimmt Albertus an, daß die "Vögel wegen der Menge der Luft und der Leichtigkeit ihrer Körper nach oben hinaufgelenkt werden"[26].

Albertus Darstellung folgt somit der Körpererfahrung, die wir bei Rittern beobachteten. Sie spürten während des Turniers, wie in ihnen unterschiedliche Substanzen wirkten. Eine drängte sie zur Seite, eine andere nach vorn oder nach hinten. Wieder andere, und das waren für sie die entscheidenden, ließen sie sich nach oben aufrichten.

Das Eigentümliche bei dieser Erfahrung ist nun, daß die Teile des Körpers unterschiedlich bewertet werden. Wer eine Bewegung nach vorn lenkt, hat eine geringere Würde als derjenige, der sich nach oben wendet. Das hängt sicher mit der

---

[26] Albertus Magnus, De animalibus XX, 1 c.4, hg. v. H.Stadler, Beiträge zur Geschichte der Philosophie des Mittelalters 16, 1921, S. 1283 f. Vgl. August Nitschke, Naturerkenntnis und politisches Handeln im Mittelalter. Körper — Bewegung — Raum, Stuttgart 1967, S. 128.

unterschiedlichen Effizienz dieser Bewegungen zusammen. Der Kampf wird ja nicht durch die Beinhaltung der Ritter entschieden, sondern aufgrund des Lanzenspiels oder des Keulenschlags. Für diesen werden bewegliche und kräftige Schultern und Arme benötigt. Mit deren Hilfe vermag ein Ritter von oben her seine Widersacher zu besiegen[27]. Allerdings müssen Schultern und Arme in einer Bewegung "an den Gegner herangebracht" werden. So wird dem Ritter in seiner Körpererfahrung auch bewußt, daß er auf die Teile des Körpers angewiesen bleibt, die seine Bewegung ermöglichen, und das sind nun beim Ritter die Beine, die das Pferd lenken.

Was so am Körper geschieden wird, läßt sich nun auch auf verschiedene Personen übertragen. So ist vorstellbar, daß eine Person bevorzugt dem Drang, der nach oben führt, nachgibt und daher eine aufrechte Haltung einnimmt, in der sie mit Schultern, Armen und Kopf über sich hinausweist. Andere Personen können sich darauf konzentrieren, sich mit ihrem Körper nach vorn oder hinten, nach links oder rechts zu wenden. In ihrer Haltung wirkt sich dann das Element der Erde stärker aus.

Wer so auch dem Element Erde folgte, blieb allerdings auf die Personen angewiesen, die ein in die Höhe drängendes zur Wirkung kommen ließen. Dies nun waren die oben auf Tribünen oder an Fenstern sitzenden Damen, die den unten turnierenden Rittern zusahen.

Wie die Bilder jener Zeit uns zeigen, sitzen oder stehen die Damen über dem siegenden Ritter in gerader Haltung und weisen gar noch nach oben über sich hinaus. Sie nahmen wahr, daß bei dem Ritter, der im Kampf auf dem Pferde unbeirrbar seine Stellung wahrte, die in ihm wirkenden elementaren Kräfte ihn nach oben und nach vorne drängten, so daß nichts ihn von seiner aufrechten Haltung abzubringen vermochte. Darin konnte die Dame ihn unterstützen, wenn sie ihrerseits, beim Kampf zuschauend, die aufwärts strebenden Kräfte in sich wirken ließ. Er hatte die Unterstützung auch nötig; denn die Bewegung auf dem Pferd und der Widerstand seines Gegners zwangen ihn ja dazu, mit Beinen und Rücken auch nach anderen Richtungen zu zielen. Wenn er trotzdem nicht stürzte, lag es daran, daß er und die Damen zusammen sich ergänzten, und sein Sieg war ihr Triumph. Warum sollte ihr dies nicht Freude bereiten?

Doch damit kommen wir zu unserer zweiten Frage: Läßt sich aus diesen Körpererfahrungen die Wahrnehmungsweise der Menschen erschließen?

Eine entscheidende Bedeutung besaß nach diesen Schilderungen der Naturwissenschaftler das Feuer und somit die Wärme. Die Wärme ließ den Körper sich aufrichten; sie vermittelte eine Leichtigkeit. Sie konnte vom Feuer oder von warmer Luft ausgehen. Doch entscheidend war an diesen Elementen ihr warmer

---

27 August Nitschke, Die Skepsis des Historikers und zu wenig beachtete Raum- und Zeitvorstellungen, Saeculum 26, 1985, S. 105 f. Ders., Bewegungen, S. 147 f.

Charakter. Dieser mußte so beschaffen sein, daß er eine Leichtigkeit hervorrief. Diese Beobachtung würden auch Physiker unserer Tage für zutreffend halten.

Von allen Menschen jener Zeit wurden die Wesen, die über Leichtigkeit verfügten, besonders hoch geachtet. Das galt etwa für die Vögel. Der Geliebte wurde daher mit einem Falken oder Adler verglichen[28]. Die Jagd mit Vögeln war ehrenvoller als die Jagd mit Vierfüßlern, die sich auf der Erde bewegen. Sie war auch schwieriger, da Vögel sich nur aufgrund von Überlegungen zähmen und abrichten ließen, zumal Raubvögel, die keine Nahrung zu sich nahmen wie Körner, mit deren Hilfe der Mensch sie listigerweise fangen konnte. Das sind alles Überlegungen, die Friedrich II. in seinem Buch "Die Kunst, mit Vögeln zu jagen" ausführlich darlegte[29]. Für uns ist daran nur wichtig zu sehen, daß das, was Leichtigkeit besitzt, innerhalb dieser Wahrnehmungsweise über eine Würde verfügt, die nicht so leichte Wesen nicht beanspruchen können. Die Wissenschaftler jener Zeit beschrieben auch — wie die heutigen Physiker — , daß Wärme sich von gasförmigen Körpern auf flüssige und von flüssigen auf feste Körper übertragen läßt[30]. Immer wenn feste Körper, die bisher unter stärkerer Kälte zu leiden hatten, Wärme erhielten, veränderten sich diese. Am auffälligsten war es bei den Pflanzen im Frühjahr. Sie keimten unter dem Einfluß der Wärme, entfalteten Blätter, ließen Blüten und Frucht entstehen. Es war für sie Wärme und Lebendigkeit miteinander verbunden. Die Wissenschaftler sprachen von einer "mit Leben erfüllten Wärme"[31].

Dabei wuchsen die Pflanzen im Frühjahr nach oben. Dies bestätigte die Meinung der Naturwissenschaftler, daß diese Wärme vor allem in den Wesen einen Drang, sich aufzurichten, erzeugte[32]. Somit beobachteten diese Menschen die Wärme, die von Körper zu Körper weitergegeben wurde. Sie brachten sie irrtümlich mit den Elementen Feuer und Luft in einen Zusammenhang, doch sie beschrieben ihre Wirkung zutreffend. Jeder Körper, der etwas von ihr erhielt und an ihr teilhatte, veränderte sich. Viele Körper wurden darüber größer, leichter und strebten nach oben, gewannen mehr Beweglichkeit.

---

28 Schultz, Leben 1, 1889, S. 485.

29 August Nitschke, Friedrich II. — Ein Ritter des Hohen Mittelalters, in: Gunther Wolf (Hg.), Stupor Mundi, Darmstadt 1966, S. 663 ff.

30 Zu diesen Beobachtungen bei Thierry von Chartres, Wilhelm von Conches u.a., s. Nitschke, Naturerkenntnis, S. 94 ff.

31 Thierry von Chartres, De opere sex dierum, c 14, hg. von N. Haring, Archives d'histoire doctrinale et litteraire du moyen-age 30 (1955/1956), S. 189. Vgl. Nitschke, Naturerkenntnis, S. 95 f.

32 Die Entstehung der Pflanzen wird auch aus der Wärme, die der feuchten Erde hinzugefügt wird, erklärt und somit "natürlich", ohne daß Gott einzugreifen braucht, dies übrigens fast von allen Wissenschaftlern des 12. Jahrhunderts, s. Nitschke, Naturerkenntnis, S. 94 ff.

Diese Beobachtungen ließen nun auf bestimmte Veränderungen achten. Es wurde nicht, wie seit dem 15. Jahrhundert, danach gefragt, wer einen einzelnen Bewegungsvorgang auslöste, einen Stoß etwa oder einen Zug[33]. Statt dessen beschäftigten sich die Menschen damit, welche Ursachen eine bestimmte Beweglichkeit schufen. Sie interessierten sich für die Wärme, die einen Körper so leicht werden ließ, daß er nach oben steigen konnte und sich in der Höhe dann beweglich zu entfalten vermochte.

Aufgrund dieser Beobachtungen trennten sie in ihrer Umgebung verschiedene Orte voneinander. Alles, was der Erde nah war, hatte eine geringere Qualität als die höher und weiter von der Erde entfernt gelegenen Bereiche. Dies ließ sie "oben" und "unten" streng voneinander unterscheiden[34]. Es führte auch zu Kampfspielen, in denen es eine Schande war, nach unten zu fallen, und eine Ehre, aufrechte Haltung zu wahren.

So trennten sie auch den Winter vom Frühling und besangen die Freuden, die diese warme Jahreszeit brachte[35].

Lebten die Wesen in einem höheren Bereich, etwa als Vögel in der Luft oder als Ritter auf Burgen, zumal auf Burgen mit Türmen, die womöglich auch noch auf einem hohen Berg lagen, dann besaßen sie mehr Ansehen als die Männer und Frauen, die sich unten aufhalten mußten[36].

In ganz seltenen Fällen konnten Personen, die sich nach vorn und zur Seite bewegen mußten, sich auch noch nach oben aufrichten. Eine solche Situation war bei den Turnieren gegeben. Der Reiz war noch zu erhöhen, wenn Ritter ihre Lanzen für diejenigen Damen splitterten, die dadurch, daß sie die wirklich vollkommene, die nur in die Höhe weisende Haltung einnahmen, das Anliegen der Ritter unterstützten. Deren Ansehen vermochten die Ritter ihrerseits, wenn sie nicht vom Pferde stürzten, ebenfalls zu steigern. Was einer Person allein nicht gelang, konnten dabei Herr und Dame gemeinsam vollbringen: erfüllt von einer Leichtigkeit, gleichzeitig die mannigfaltige Beweglichkkeit und den Glanz der nach oben strebenden Kräfte darstellen.

Nun wird verständlich, warum der Herr aus Parma dem jungen Franziskanermönch so bittere Vorwürfe machte. Es ging ihm nicht nur darum, daß dieser mit

---

[33] August Nitschke, Vom Wandel des Wirkens, erläutert an der Tatbestandsaufnahme im Prozeßverfahren am Anfang des 16. Jahrhunderts, in: Hans Süssmuth (Hg.), Historische Anthropologie. Der Mensch in der Geschichte, Göttingen S. 128 ff.

[34] Nitschke, Naturerkenntnis, S. 120 ff., 136.

[35] Schultz, Leben 1, S. 447 f.

[36] Lambert von Ardre, Historica comitum Ghisnensium, MGH SS. 24, S. 589 f., 594, 596, 599 f. Vgl. August Nitschke, Die fremde Architektur, in: Joachim Knoht, Harald Kleinschmidt, Peter Dinzelbacher (Hg.), Das Mittelalter — unsere fremde Vergangenheit, Stuttgart 1990, S. 56ff.

dem Geld seines Vaters den Armen helfen konnte. Ihn verstörte und ärgerte, daß ein Ritter seine Chance nicht nutzte, in Lanzenspielen die Bekümmerten froh zu stimmen und den Damen ein Schauspiel zu bieten, das diese erfreuen würde. Er hätte den Damen zeigen können, wie Männer von einer lebendigen, wärmenden Kraft, vom Feuer selber ergriffen, unerschüttert gegen einen Gegner zogen. Er hätte so das Wirken jener Ursache vorgeführt, die Blumen und Bäume im Frühling keimen, sich entfalten und blühen läßt.

Gleichzeitig konnten die Damen bei einem Turnier spüren, daß die Kraft, die den Ritter auf dem Pferde hielt, auch in ihnen mächtig war, ja sie völlig durchdrang, so daß ein Ritter mit ihnen zusammen die Mannigfaltigkeit und die Ordnung der Welt in Bewegung und Körperhaltung sichtbar werden ließ.

So ist der Unwille des Bürgers aus Parma nur zu gut zu verstehen, der ihn dazu trieb, den jungen Salimbene mit heftigen Worten anzugreifen.

Wir jedoch, Jahrhunderte später, entnehmen aus diesem Streitgespräch, in welcher Weise die bürgerlich-ritterliche Gesellschaft Italiens im 13. Jahrhundert sich und ihre Umgebung, Zeit und Raum, wahrzunehmen gewohnt war. Dieses erkennen wir, wenn wir darauf achten,

- welche Bewegungsweisen von dieser Gesellschaft geschätzt, gelernt und oft wiederholt wurden und

- welche Antriebe bei diesen Bewegungen erfahren wurden, wobei nur die Antriebe zu rekonstruieren sind, die auch ein Physiker unserer Tage beobachten kann[37].

Solange Menschen dieser Wahrnehmungweise entsprechend sahen und empfanden, gehörten sie einer Epoche an. Innerhalb dieser mag es noch weitere, auch zeittypische Veränderungen gegeben haben. Sobald sich jedoch diese Wahrnehmungsweise — im 15. Jahrhundert — änderte, kam es erneut zu einem Epochenwandel[38].

---

[37] Vgl. August Nitschke, Körper in Bewegung. Gesten, Tänze und Räume im Wandel der Geschichte, Stuttgart 1989, S. 232 ff.

[38] August Nitschke, Revolutionen in Naturwissenschaft und Gesellschaft, Stuttgart-Bad Cannstatt 1979, S. 79 f. Vgl. auch oben Anm. 33 und ders., Skepsis, S. 106, ders., Bewegungen, S. 150 ff.

Beate Gödde-Baumanns

"Jede Epoche ist unmittelbar zu Gott" (Leopold von Ranke)

Fundstück aus einem klassischen Text

Die Distanz zwischen der Neuen Epochenforschung und der klassisch-modernen Geschichtswissenschaft beruht auf Gegenseitigkeit. Sie liegt in der Natur der geistigen Sache — der Kluft zwischen den Denkkategorien von Historismus und Strukturforschung. Das Konzept der historischen Individualität paßt nicht zu der Idee einer vorgegebenen Ordnung. Unüberbrückbar gar scheint der Gegensatz zwischen der These, "daß in der Geschichte eine nicht von Menschen geschaffene Ordnung wirksam ist"[1], und jenem Ausspruch Leopold von Rankes, der als "radikalste Formulierung des Historismus"[2] gilt: "Das Real-Geistige, welches in ungeahnter Originalität dir plötzlich vor den Augen steht, läßt sich von keinem höheren Prinzip ableiten"[3]. So nimmt es nicht Wunder, daß Walter Falk im Rahmen seiner Auseinandersetzung mit dem Fortschrittsgedanken bei Kant, Hegel und Marx zwar mehrfach auf Herder rekuriert, Leopold von Ranke aber nur einmal beiläufig als den Historiker erwähnt, mit dem "die streng empirische Historiographie" eingesetzt habe[4].

Das bezieht sich auf das innovative Arbeitsprogramm, mit dem der junge Ranke 1824 gegen die damals vorherrschende moralisierende Geschichtsschreibung antrat: Er wolle weder die Vergangenheit richten noch Lehren für die Zukunft geben, sondern "bloß zeigen, wie es eigentlich gewesen"[5]. Diesem Zweck diente die quellenkritische Methode, die zur Grundlage der modernen Geschichtswissenschaft geworden ist. Strenge Methode, nüchterne Zielsetzung und Verneinung eines höheren Prinzips, nach dem Geschichte ablaufe, bilden indes

---

[1] Walter Falk, Die Ordnung in der Geschichte. Eine alternative Deutung des Fortschritts, Stuttgart/Bonn, 1985, S.34.

[2] E. Rothacker, zit. nach Berding, a.a.O., S. 8.

[3] Leopold von Ranke, Politisches Gespräch, (1836), zit. nach: Sämtliche Werke, Bd. 49/50, S. 325.

[4] Falk, a.a. O., S. 108.

[5] Leopold von Ranke, Geschichten der romanischen und germanischen Völker von 1494-1514, (1824), zit. nach: Sämtliche Werke, Bd. 33, S. vii.

nur die eine, in der Tat bedeutende, wirkungsreiche und daher auch stets betonte Seite von Rankes historischem Denken.

Auf der anderen, schmalen und auch wegen des vorwaltenden Verständnisses von Wissenschaftlichkeit häufig vernachlässigten Seite steht Rankes Überzeugung von der Existenz geistiger Gesetze auf dem Urgrund von Sprache und historischen Abläufen. Über die Zeitspanne mehrerer Jahrzehnte hin hat er ihr wiederholt Ausdruck gegeben und schließlich sogar davon gesprochen, daß sich in der "Aufeinanderfolge der Zeiten" eine "göttliche Ordnung der Dinge" manifestiere, die "nicht geradezu nachzuweisen, aber doch zu ahnen" sei[6]. Bereits in dem gleichen Text, in dem der junge Ranke der Vorstellung von einem höheren Prinzip widerspricht, heißt es auch: "Erst durch umfassende historische Untersuchung und Kombination wird man sich zu ahnender Erkenntnis der in der Tiefe waltenden, alle beherrschenden geistigen Gesetze erheben"[7]. Besonders eindrucksvoll hat er seine Anschauung dieser Dinge in den einleitenden Vorträgen "Über die Epochen der neueren Geschichte" formuliert[8].

Um Mißverständnissen von vornherein vorzubeugen, sei in aller Deutlichkeit gesagt, daß diese oft vernachlässigte Seite von Rankes Geschichtsauffassung hier nicht in Erinnerung gerufen werden soll, um eine geistige Filiation zu konstruieren. Weder läßt sich Leopold von Ranke zu einem Vorläufer der Neuen Epochenforschung stilisieren. Noch lassen sich die neuen Vorstellungen vom epochalen Wandel auf den Epochenbegriff bei Ranke zurückführen. Die einzige Absicht dieses Beitrages zur Festschrift ist es vielmehr, auf erstaunliche Ähnlichkeiten in Aussagen über Geschichte aufmerksam zu machen, die aus ganz unterschiedlichen Fragestellungen, Zielsetzungen und Denkkategorien erwachsen sind und auch — wenn man Walter Falk folgt — aus einer andersartigen "epochalen Welterfahrung"[9].

Die Entstehungs- und Überlieferungsgeschichte von Rankes Abhandlung "Über die Epochen der neueren Geschichte" ist ausführlich in der Einleitung zu der von Theodor Schieder und Helmut Berding herausgegebenen historisch-kritischen Ausgabe dargestellt[10]. So mag hier der Hinweis genügen, daß der erstmals posthum im Jahre 1888 veröffentlichte Text aus stenographischen Niederschriften nach den Vorträgen entstanden ist, die Leopold von Ranke im Herbst 1853 in Berchtesgaden auf dessen Einladung vor König Max II. von Bayern gehalten hat.

---

6 Zitiert nach Vierhaus, a.a. O., S. 291.

7 Ranke (wie Anm. 3), S. 324.

8 Vgl. Anm. 10.

9 Falk, a.a. O., S. 127.

10 Leopold von Ranke, Aus Werk und Nachlaß — Bd. 2: über die Epochen der neueren Geschichte. Historisch-kritische Ausgabe. Hrsg. von Theodor Schieder und Helmut Berding, München 1971, S. 7-43.

Die im Jahre 1854 für den König angefertigte Reinschrift trägt den Titel: "Versuch, die welthistorischen Epochen der neueren Zeit zu bestimmen und zu charakterisieren ..."[11]. Ihr folgt die historisch-kritische Ausgabe, der wiederum der nachfolgende Auszug entnommen ist. Die Varianten zu den hier ausgewählten Passagen sind rein stilistischer Art; sie enthalten keine sinnändernden Elemente.

„1. Wie der Begriff 'Fortschritt' in der Geschichte aufzufassen sei

Wollte man mit manchen Philosophen annehmen, daß die ganze Menschlichkeit sich von einem gegebenen Urzustande zu einem positiven Ziel fortentwickelte, so könnte man sich dieses auf zweierlei Weise vorstellen: entweder, daß ein allgemein leitender Wille die Entwicklung des Menschengeschlechtes von einem Punkt nach dem anderen förderte, oder daß in der Menschheit gleichsam ein Zug der geistigen Natur liege, welcher die Dinge mit Notwendigkeit nach einem bestimmten Ziel hintreibt. Ich möchte diese beiden Ansichten weder für philosophisch haltbar noch für historisch nachweisbar halten. Philosophisch kann man diesen Gesichtspunkt nicht für annehmbar erklären, weil er im ersten Fall die menschliche Freiheit geradezu aufhebt und die Menschen zu willenlosen Werkzeugen stempelt, und weil im anderen Falle die Menschen geradezu entweder Gott oder gar nichts sein müßten.
Auch historisch sind diese Ansichten nicht nachweisbar. Denn fürs erste findet sich der größte Teil der Menschheit noch im Urzustande, im Ausgangspunkt selbst. Und dann fragt es sich: was ist Fortschritt? Wo ist der Fortschritt der Menschheit zu bemerken? ... Wir können ... im allgemeinen die in der historischen Bewegung begriffenen Nationalitäten nicht als im stetigen Fortschritt befindlich ansehen.

... die fortdauernde Bewegung der Menschheit ... beruht darauf, daß die großen geistigen Tendenzen, welche die Menschheit beherrschen, sich bald auseinanderheben, bald aneinanderreihen. In diesen Tendenzen ist aber immer eine bestimmte partikuläre Richtung, welche vorwiegt und bewirkt, daß die übrigen zurücktreten. ... In jeder Epoche der Menschheit äußert sich also eine bestimmte große Tendenz, und der Fortschritt beruht darauf, daß eine gewisse Bewegung des menschlichen Geistes in jeder Periode sich darstellt, welche bald die eine, bald die andere Tendenz hervorhebt und in derselben sich eigentümlich manifestiert.
Wollte man im Widerspruch mit der hier geäußerten Ansicht annehmen, dieser Fortschritt bestehe darin, daß in jeder Epoche das Leben der Menschheit sich höher potenziert, daß also jede Generation die vorhergehende vollkommen übertreffe, mithin die letzte die bevorzugte, die vorhergehenden aber nur die Träger der nachfolgenden wären, so würde das eine Ungerechtigkeit der Gottheit sein. Eine solche gleichsam mediatisierte Generation würde an und für sich eine Bedeutung nicht haben.

---

[11] Ebd., S. 45.

Sie würde nur insofern etwas bedeuten, als sie die Stufe der nachfolgenden Generation ist und würde nicht in unmittelbarem Bezug zum Göttlichen stehen. Ich aber behaupte: jede Epoche ist unmittelbar zu Gott, und ihr Wert beruht gar nicht auf dem, was aus ihr hervorgeht, sondern in ihrer Existenz selbst, in ihrem Eigenen selbst. Dadurch bekommt die Betrachtung der Historie, und zwar des individuellen Lebens in der Historie, einen ganz eigentümlichen Reiz, indem nun jede Epoche als etwas für sich Gültiges angesehen werden muß und der Betrachtung höchst würdig erscheint. Der Historiker hat also sein Hauptaugenmerk erstens darauf zu richten, wie die Menschen in einer bestimmten Periode gedacht und gelebt haben, und dann findet er, daß, abgesehen von gewissen unwandelbaren ewigen Hauptideen, zum Beispiel den moralischen, jede Epoche ihre besondere Tendenz und ihr eigenes Ideal hat. Wenn nun aber auch jede Epoche an und für sich ihre Berechtigung und ihren Wert hat, so darf doch nicht übersehen werden, was aus ihr hervorging. Der Historiker hat also fürs zweite auch den Unterschied zwischen den einzelnen Epochen wahrzunehmen, um die innere Notwendigkeit der Aufeinanderfolge zu betrachten. Ein gewisser Fortschritt ist hierbei nicht zu verkennen. Aber ich möchte nicht behaupten, daß sich derselbe in einer geraden Linie bewegt, sondern mehr wie ein Strom, der sich auf seine eigene Weise den Weg bahnt. Die Gottheit — wenn ich diese Bemerkung wagen darf — denke ich mir so, daß sie, da ja keine Zeit vor ihr liegt, die ganze historische Menschheit in ihrer Gesamtheit überschaut und gleich wert findet. Die Idee von Erziehung des Menschengeschlechtes hat allerdings etwas Wahres an sich, aber vor Gott erscheinen alle Generationen der Menschheit als gleich berechtigt, und so muß auch der Historiker die Sache ansehen.

2. Was von der sogenannten leitenden Idee in der Geschichte zu halten sei

Die Philosophen, namentlich aber die Hegelsche Schule, haben hierüber gewisse Ideen aufgestellt, wonach die Geschichte der Menschheit wie ein logischer Prozeß in Satz, Gegensatz, Vermittlung, in Positivem und Negativem sich abspinnt. In der Scholastik aber geht das Leben unter, und so würde auch diese Anschauung von der Geschichte, dieser Prozeß des sich nach verschiedenen logischen Kategorien entwickelnden Geistes auf das zurückführen, was wir oben bereits verwarfen. Nach dieser Ansicht würde bloß die Idee ein selbständiges Leben haben. Alle Menschen aber wären bloß Schatten oder Schemen, welche sich mit der Idee erfüllten. Der Lehre, wonach der Weltgeist die Dinge gleichsam durch Betrug hervorbringt und sich der menschlichen Leidenschaften bedient, um seine Zwecke zu erreichen, liegt eine höchst unwürdige Vorstellung von Gott und der Menschheit zugrunde; sie kann auch konsequent nur zum Pantheismus führen. Die Menschheit ist dann der werdende Gott, der sich durch einen geistigen Prozeß, der in seiner Natur liegt, selbst gebiert.

Ich kann also die leitenden Ideen nicht anders bezeichnen, als daß sie die herrschenden Tendenzen in jedem Jahrhundert sind. Diese Tendenzen können indessen nur beschrieben, nicht aber in letzter Instanz in einem

Begriff summiert werden. Sonst würden wir auf das oben Verworfene neuerdings zurückkommen.
Der Historiker hat nun die großen Tendenzen der Jahrhunderte auseinanderzunehmen und die große Geschichte der Menschheit aufzurollen, welche eben der Komplex dieser verschiedenen Tendenzen ist. Vom Standpunkt der göttlichen Idee kann ich mir die Sache nicht anders denken, als daß die Menschheit eine unendliche Manigfaltigkeit von Entwicklungen in sich birgt, welche nach und nach zum Vorschein kommen, und zwar nach Gesetzen, die uns unbekannt sind, geheimnisvoller und größer, als man denkt."[12]

[12] Ebd., S. 54-67. Die Schreibweise ist hier den modernen Regeln angepaßt worden.

Literatur

Helmut Berding, Leopold von Ranke, in: Deutsche Historiker I, hrsg. v. Hans-Ulrich Wehler, Göttingen 1971 (Kleine Vandenhoeck-Reihe Nr. 331/332/333, S. 7-24).

Georg G. Iggers, Deutsche Geschichtswissenschaft. Eine Kritik der traditionellen Geschichtsauffassung von Herder bis zur Gegenwart, München 1971 (dtv WR 4059).

Gerhard Lozek, Der Epochebegriff bei Ranke, in: Zeitschrift für Geschichtswissenschaft, Jg. 35 (1987), S. 291-297.

Leopold von Ranke und die moderne Geschichtswissenschaft, hrsg. von Wolfgang J. Mommsen für die Kommission für Geschichte der Geschichtsschreibung des Comité International des Sciences Historiques, Stuttgart 1988.

Rudolf Vierhaus, Leopold von Ranke — Geschichtsschreibung zwischen Wissenschaft und Kunst, in: Historische Zeitschrift, Bd. 224 (1987), S. 285-298

Peter Krüger

Zwei Epochen: Erfolg und Mißerfolg amerikanischer Einwirkung auf den Verfassungswandel in Deutschland nach dem Ersten und Zweiten Weltkrieg

In einer Festschrift zu Ehren von Walter Falk erscheint es geradezu als unausweichlich, ein Thema zu wählen, das im engeren oder weiteren Sinne zur Epochenforschung zählt, und sei es auch nur in dem bescheidenen Rahmen eines Vergleichs zweier Epochen, wie es der Titel meines Beitrags andeutet. Der Unterschied allerdings, der trotzdem bestehen bleibt, liegt schon im Gegenstand begründet. Denn während es der von Walter Falk entwickelten Neuen Epochenforschung um die Epochen selbst geht, um ihre Gestalt, ihr Sinnsystem, ihr zeitspezifisches Signum im größeren Zusammenhang einer bestimmten Abfolge von deutlich faßbaren Epochen, geht es mir um konkrete politische Entscheidungen in zwei historischen Situationen, die sich zwar nicht einfach wiederholten, aber immerhin ähnelten und jeweils tiefe historische Einschnitte bedeuteten. Doch weil diese Einschnitte zusammenfallen mit der Anfangsphase zweier Epochen, denen Walter Falk besonderes Interesse entgegenbringt, nämlich der Zeit um 1920 und 1950, so ist es nicht ausgeschlossen, daß dies sogar weiterreichende Überlegungen in der Epochenforschung anregt.

I. Die Herausforderung der Vereinigten Staaten durch Europa

Wie behandelt man Deutschland — dies wurde eines der wesentlichen Probleme amerikanischer Außenpolitik im 20. Jahrhundert. Kaum eines war wichtiger, auch nicht das japanische, ausgenommen dasjenige, das besonders nach dem Zweiten Weltkrieg alle übrigen in den Schatten stellte: die Frage, wie man die Sowjetunion behandeln sollte. Deutschland rief nicht nur in der Politik und Diplomatie Schwierigkeiten hervor, sondern verwirklichte eine zur Stellungnahme herausfordernde oder manchmal beunruhigende Alternative zum amerikanischen, liberal-individualistischen Weg in die moderne Industriegesellschaft, von der Wirtschafts- und Sozialpolitik bis zur Verfassungsentwicklung. Dabei war Deutschland nur ein, wenn auch machtpolitisch exponierter und ziemlich problematischer Teil der europäischen Herausforderung insgesamt, die seit dem Ende des 19. Jahrhunderts das amerikanische Überlegenheitsgefühl der gesellschaftlichen, wirtschaftlichen und politischen Ordnung in Zweifel zu ziehen begann. Das zeigte sich zuerst darin, daß sich eine einflußreiche Minderheit in den Vereinigten Staaten — Wissenschaftler vor allem und Politiker der

Fortschrittsbewegung, des "progressive movement" — für einen stärkeren Einfluß des Staates und für eine moderene, effiziente Verwaltung einsetzten, um den außerordentlichen Problemen, die mit dem vollen Durchbruch der Industrialisierung das Land tiefgreifend veränderten, gewachsen zu sein und die bürgerliche Gesellschaft in der nachhaltig spürbar werdenden, noch unabsehbaren Phase beschleunigten Wandels steuern zu können, und zwar ohne Verzicht auf die traditionellen Werte von "self government", individueller Freiheit und Dezentralisierung oder auf die Weiterentwicklung politischer Demokratie und wirtschaftlichen Handlungsspielraums.

Die Verfechter solcher neuen Auffassungen von der Rolle des Staates in der modernen Gesellschaft — unter ihnen spielte der Staatsrechtler Woodrow Wilson eine wichtige Rolle — scheuten sich nicht, einige politische Lösungen, die man in Europa (Europa bedeutete dabei vornehmlich Kontinentaleuropa) für drängende gesellschaftliche Probleme gefunden hatte, als nützliche Anregung oder gar als vorbildlich zu betrachten.[1] Die Mehrheit der Amerikaner blieb hingegen der überkommenen Abneigung gegen das verrottete Europa verhaftet, das von unaufhörlichen Auseinandersetzungen, gesellschaftlichem Aufruhr, bürokratischem Zentralismus, Klassenschranken, Despotie und Militarismus beherrscht schien, von dem nichts zu lernen war, sondern das im Gegenteil, wenn es gerettet werden wollte, von Amerika zu lernen hatte. Beide Richtungen waren im übrigen recht differenziert, und es konnte vorkommen, daß sie im Falle einzelner europäischer Länder, besonders Deutschlands, teilweise zusammenliefen.

Deutschland — das war für die meisten Amerikaner fast identisch mit Preußen, und Preußen wurde mehr und mehr, vor allem seit dem Ausbruch des Ersten Weltkriegs, zur Steigerung, zum negativen Symbol dessen, was ihnen an Europa mißfiel und ihren eigenen politischen und gesellschaftlichen Weg in Frage zu stellen schien. Das "borussifizierte" Deutschland bildete demgemäß im Zeitalter der Weltkriege eine Konzentration des negativen Bildes der europäischen Herausforderung. Es lenkte ab von einer aufgeschlossenen Auseinandersetzung der Amerikaner mit dem, was Europa im Hinblick auf die Rolle des Staates und der Reform in der modernen Gesellschaft zu bieten hatte. Viele Amerikaner wurden, vor allem durch die Gegnerschaft zu Deutschland im Ersten Weltkrieg und durch den Zwang zur Organisierung aller Kräfte für den Krieg, in ihrer Abneigung gegen Europa bestärkt. Diese Ablenkung, die Verdunklung der Möglichkeiten eines amerikanisch-europäischen Dialogs über die angemessene Antwort auf die tiefgreifenden Wandlungsprozesse der Industrieländer deutete sich schon vor 1914 an, als sich das Bild Deutschlands und seiner politischen Ordnung in den Vereinigten Staaten zunehmend verschlechterte. Später, nach dem Ende des Krieges, erleichterten diese Vorgänge auch den Rückzug der Amerikaner auf sich

---

[1] Siehe dazu meinen Beitrag: "Gesellschaft und Verfassung — ihr Spannungsverhältnis im Kaiserreich von 1871 aus amerikanischer Sicht", in: Gesellschaftsgeschichte. Festschrift für Karl Bosl zum 80. Geburtstag, hrsg. von Ferdinand Seibt. Bd. 1, München 1988, S.105-120. Dort auch weitere Literaturhinweise.

selbst, auf ihre traditionellen Werte und Verhaltensweisen und damit auf den so häufig und so wirksam beschworenen Weg zurück in die Normalität gegenüber allen Neuerungen, Ungewißheiten und Herausforderungen. Aber die Unzufriedenheit mit dem Überkommenen, die Suche nach neuen, eigenen Wegen und Ausdrucksformen hatte sich schon vor dem Ersten Weltkrieg entwickelt, kam nicht nur von außen, sondern war eine amerikanische Bewegung besonders unter Intellektuellen, Künstlern, Journalisten und Kritikern, die zugleich eine Antwort suchten auf die Impulse aus Europa. Die europäische Herausforderung verstärkte aber den Druck zur Veränderung auf jedem Gebiet. Sie traf vor allem das, was "the American innocence" genannt worden ist, und trieb eine kulturelle Revolution voran, die schon begonnen hatte, als die Vereinigten Staaten 1917 in den Krieg eintraten[2] und damit gerade Schriftstellern und Künstlern erschütternde neue Erfahrungen verschafften, die folgenreich waren.

Die Entscheidung der amerikanischen Regierung, in den Ersten Weltkrieg einzugreifen, hatte Rückwirkungen, die über die außenpolitische und militärische Bedeutung weit hinausgingen. Die bloße Tatsache, daß Außenpolitik und Streitkräfte aus ihrer vergleichsweise untergeordneten Stellung heraustraten, brachte eine Verschiebung im amerikanischen politischen System mit sich, und das in einer Phase der Veränderung und der wachsenden Unsicherheit. Scharfsichtige Zeitgenossen begriffen 1917, daß die Vereinigten Staaten unter der Oberfläche lauter militärischer und politischer Aktivität am Scheideweg standen. Die Entscheidung, einzugreifen in den alle in seinen Bann ziehenden, zerstörerischen Krieg der europäischen Staaten, machte nachhaltige Veränderungen, selbst in der politischen Kultur, unvermeidlich. Die Amerikaner mußten bereit sein, ihre besondere Spielart von Unbeteiligtsein und Zurückgezogenheit endgültig aufzugeben. Infolgedessen ließ sich absehen, daß ihr politisches Verhalten dem der Europäer allmählich ähnlicher werden würde. Die Europäer lebten in einem eng verflochtenen System durchorganisierter Machtstaaten, traditionell eine schreckliche Vorstellung für Amerikaner. Der Journalist Frederick Lewis Allen, der allerdings nicht das Sprachrohr der optimistischen Mehrheit war, drückte das damals so aus:

> "The question is whether we can remain true to the American tradition in time of war. War necessitates organization, system, routine, and discipline. [...] We shall have to give up much of our economic freedom. We shall be delivered into the hands of officers and executives who put victory first und justice second. We shall have to lay by our good-natured individualism and march in step at their command. The only way to fight Prussianism is with Prussian tools. The danger is

---

2 Henry F. May: The end of American innocence. A study of the first years of our own time, 1912-1917. New York 1959. — Allgemein Erich Angermann: Die Vereinigten Staaten von Amerika seit 1917 (dtv-Weltgeschichte des 20. Jahrhunderts). München 1978 (stark erweiterte Ausgabe).

lest we forget the lesson of Prussia: that the bad brother of discipline is tyranny."[3]

Im Interesse der Kriegsanstrengung, den Individualismus der amerikanischen Gesellschaft zu disziplinieren, war tatsächlich eine gewaltige Aufgabe für so unterschiedliche Führungsgruppen wie die Progressiven oder die Technokraten der rüstungswirtschaftlichen Bereitschaft und Effizienz. Das ungeliebte und meist uneingestandene Vorbild war Deutschland; "the vision of a rationalized German society was never far from the minds of American preparedness groups"[4]. So trat hier unter dem Druck der Kriegserfordernisse eine späte Erkenntnis und Auswirkung jenes Konzeptes zutage, das Gerhard Oestreich "Sozialdisziplinierung" nannte und als wichtigstes Prinzip für den Aufbau des frühmodernen, insbesondere des absolutistischen Staates herausarbeitete[5], ein Prinzip, das im übrigen nicht nur für die Entwicklung Preußens maßgebend war, sondern ebenso für die Grundlegung industrieller Gesellschaften und das Aufholen von modernen Entwicklungsrückständen. Der entscheidende Unterschied bestand aber in den Zielen und Mitteln. Das Problem war in den Vereinigten Staaten, eine freie Gesellschaft unter Wahrung ihrer liberalen und demokratischen Prinzipien zu organisieren, und dem lag die Frage zugrunde, welcher politischen Organisationsform die Zukunft gehören werde.

Die große Mehrzahl der Amerikaner und ihrer politischen Führer hielten — manchmal pathetisch — ihre Überzeugung hoch, daß sie den besseren Teil der Menschheit und damit die Zukunft repräsentierten. Daraus leiteten sie eine besondere Mission ab, nicht eigentlich nur gegen Preußen oder Deutschland zu kämpfen, sondern gegen alle üblen Traditionen und alles, was verderbt war in Europa und sogar in der ganzen Welt. Es war ein propagandistisch sehr wirkungsvoll untermalter Aufbruch, um autokratische, militaristische Regierungen und unaufgeklärtes, unvernünftiges und deshalb barbarisches Verhalten zu bekämpfen — von handfesten wirtschaftlichen und politischen Interessen einmal abgesehen. Dieser Aufbruch in eine weitere neue Welt war von Anfang an zugleich eine abenteuerliche Entdeckungsreise in die innere Welt der Vereinigten Staaten auf der Suche nach einer amerikanischen Antwort auf die Herausforderungen und Wandlungsprozesse des modernen Lebens. Das Streben nach einer homogenen Ordnung, ausgerichtet an den amerikanischen demokratischen Idealen, um die Gefahren neuer sozialer Antagonismen und politischer Unzufriedenheit zu überwinden, blieb charakteristisch für die amerikanische Innen- und Außenpolitik. Man mußte allerdings entdecken, daß es gleicher-

---

3 Zitiert nach David M. Kennedy: Over here. The First World War and American society. New York-Oxford 1980, S. 43.

4 Robert D. Cuff: The War Industries Board. Business-government relations during World War I. Baltimore 1973, S. 20.

5 Gerhard Oestreich: "Strukturprobleme des europäischen Absolutismus", in ders.: Geist und Gestalt des frühmodernen Staates. Berlin 1969, S. 179-197.

maßen schwierig war, die "eine Welt" im Inneren zu retten wie die "eine Welt" außerhalb zu gestalten.

Hinzu kam, daß die Infragestellung liberal-demokratischer Prinzipien und Institutionen, die in Europa am Ende des 19. Jahrhunderts deutlicher hervortrat in dem Protest gegen das 19. Jahrhundert, in neuen Ideologien, kulturellen Strömungen, sozialen und nationalistischen Massenbewegungen, auch in den Vereinigten Staaten Beunruhigung und Irritationen auslöste, um so mehr, als Krisenerscheinungen des überkommenen politischen Systems im eigenen Land nicht zu übersehen waren. Die Sicherung, Erneuerung und Weiterentwicklung der Demokratie, ein wesentlicher innerer Antrieb des "progressive movement", schien besser erreichbar, beständiger und überzeugender zu sein, wenn man sie auch außerhalb der Vereinigten Staaten energisch förderte und ausbreitete — der Ausbruch aus einer unangenehmen Lage. Diese neue außenpolitische Einstellung erreichte unter einem der Führer des "progressive movement", dem Präsidenten Woodrow Wilson, ihren Höhepunkt mit dem Kriegseintritt 1917, "when the country was supposed to turn the entire world from its wicked ways and convert it into a global United States"[6].

Progressive Politik also nach außen gewendet — der Einfluß war noch unter F.D. Roosevelt am Ende des Zweiten Weltkriegs spürbar. Solchen Anstrengungen lag ein eigentlich konservatives Verlangen nach stabilen Verhältnissen zugrunde. Als eines der wichtigsten Elemente dieser Politik setzte sich schließlich doch das optimistische Selbstvertrauen durch, daß sich die amerikanischen Ideen als überlegen erweisen und die bessere Zukunft auf ihrer Seite haben würden. Wilson und F.D. Roosevelt suchten, jeder auf seine Weise, der Welt diesen Glauben an liberale Prinzipien einzuprägen. Für beide stellte Deutschland die konkrete, bedrohliche Herausforderung schlechthin dar und zugleich die große Gelegenheit zur Ausbreitung der amerikanischen politischen Philosophie, ihrer gesellschaftlichen und wirtschaftlichen Vorstellungen. Was Ross Gregory über die Schrecken des Ersten Weltkriegs feststellte, gilt erst recht für den Zweiten: Sie stärkten in den Vereinigen Staaten das Gefühl dafür, daß die amerikanischen Interessen mit denen der Welt zusammenfielen [7]. Doch war die Begeisterung, dem Präsidenten in den Krieg zu folgen, unter Wilson noch stärker ausgeprägt als unter Roosevelt. Dazwischen lag eine Phase bitterer Desillusionierung, das für die Kriegsideale und Friedenshoffnungen enttäuschende Ergebnis wie es sich in der internationalen Ordnung zwischen den Kriegen und in der Weltwirtschaftskrise offenbarte.

Zweifellos verkörperte Preußen geradezu die Antithese zum amerikanischen politischen System. Zwar hatte sich die absolutistische Tradition, die ihren Ursprung hatte in den frühmodernen Phasen der Organisierung von Staat und

---

[6] Robert Dallek: The American style of foreign policy. New York und Scarborough (Mentor Taschenbuch) 1984, S. 68, außerdem Kap. 3, S. 67-90, insgesamt.

[7] Ross Gregory: Origins of American intervention in the First World War. New York 1971, S. 138.

Gesellschaft, im 19. Jahrhundert beträchtlich verändert. Aber sie war im Kaiserreich keineswegs völlig abgestorben, vielmehr erhielt sie in verwandelter, sozusagen modernisierter Form Auftrieb durch die neuen Phänomene der Massenbewegungen, des Nationalismus, des Militär- und Verwaltungsstaats in einer sich rapide industrialisierenden Welt. Während die meisten Amerikaner dies als ein schwer begreifliches Relikt der Vergangenheit betrachteten- um so mehr als Kaiser Wilhelm II. in einzigartiger Weise die obsoleten Formen monarchischer Herrschaft vorzuführen schien — , erkannten wenige, wie der Sozial- und Wirtschaftswissenschaftler Thorstein Veblen, die drohenden Gefahren, die künftig aus der alarmierenden Verbindung von autoritärer Regierungsform, Hochindustrialisierung und einer ideologisch beeinflußten Massenkultur entstehen konnten. Wenn Wilson daher seine Entschlossenheit zur Schau trug, "to show the world that we are the better fellow"[8], und auch sein schärfster Gegenspieler, Senator Henry Cabot Lodge, in ähnlicher Stimmung erklärte[9], daß man einem Versuch, die Menschheit in längst überwundene Formen der Regierung zurückzustoßen, Widerstand leisten müsse: dann scheint dies doch auch Ausdruck eines Kampfes für die Zukunft und gegen die ihr drohenden Gefahren gewesen zu sein. Schließlich hatten die Vereinigten Staaten seit ihrer Gründung eine Tradtion des Fortschritts zu verteidigen, mochte ihnen dies auch infolge ihrer imperialistischen Verstrickungen inzwischen schwerer fallen[10]. Jedenfalls wurden die Prinzipien der Freiheit, Unabhängigkeit und Gerechtigkeit gegen das "verpreußte" Deutschland gesetzt, in dem alle Macht konzentriert und einem autokratischen Regime zur Verfügung zu stehen schien, eine Bedrohung für alle Nachbarn von der Mitte Europas aus. Kurz gesagt, der Zusammenstoß zwischen den Vereinigten Staaten und Deutschland wurde dargestellt als das Ringen zwischen republikanischer Freiheit und autoritäter Herrschaft, zwischen 'commonwealth' und 'domination'.

II. Unentschiedenheit: Der Erste Weltkrieg

Der Erste Weltkrieg brachte Extreme und eine Verhärtung des Denkens und Urteils hervor. Es konnte unmöglich so sein, daß die europäische Herausforderung alles als falsch erweisen sollte, wofür Amerikaner eintraten. In einer Mischung aus Selbstbewußtsein und Selbstverteidigung bekräftigten sie unter der Führung Wilsons, daß ihre und die Sache der Verbündeten durch und durch gut war. Folgerichtig mußte der Feind vollkommen schlecht sein: allein die Deut-

---

8 John L. Snell: "Wilson on Germany and the Fourteen Points", in: Journal of Modern History 26 (1954), S. 367.

9 Kennedy (wie Anm. 3), S. 42

10 Dazu instruktiv Erich Angermann (Hg.): Revolution und Bewahrung. Untersuchungen zum Spannungsgefüge von revolutionärem Selbstverständnis und politischer Praxis in den Vereinigten Staaten von Amerika. München 1979 (Beiheft 5 zur Historischen Zeitschrift, mit Beiträgen von E. Angermann, H. Wellenreuther und H.-J. Schröder).

schen standen einem weltweiten Triumph und einem künftigen Zeitalter des Glücks und Friedens im Wege[11]. Es blieben jedoch einige ernste Schwierigkeiten und verborgene Widersprüche bestehen. Herbert Hoover und andere amerikanische Politiker waren der Meinung, daß es zu einem Rückfall in die Barbarei käme und weder Hoffnung auf Demokratie, Liberalismus und amerikanische Sicherheit noch auf einen wirklichen, dauerhaften Frieden bestünde, sofern nicht das deutsche politische System, das den Krieg gebracht habe, ein für allemal ausgemerzt werden könnte[12]. Wie war es dann aber möglich, einen Wilson-Frieden zu erlangen, also einen Frieden, der auch für die Besiegten einigermaßen akzeptabel wäre? Gelegentlich traten verborgene Zweifel zutage. Noch 1915 hatte Hoover selbst erklärt, daß Wut und Haß die Völker so tief durchdrungen hätten, daß keine Regierung Frieden schließen könne zu Bedingungen, die sich im Rahmen des Möglichen hielten[13].

Wenn dem so war, genügte dann Wilsons Anspruch, er bekämpfe die deutsche Regierung, nicht das deutsche Volk — es sei denn als Taktik, um innere Unruhe in Deutschland zu erzeugen? Selbst unter der Annahme, daß die liberalen Kräfte im Reich die Macht gewännen und ein demokratischer Verfassungswandel stattfände, war es unbedingt notwendig, über lange Zeit hinweg beträchtliche Anstrengungen darauf zu verwenden, das neue politische System in Deutschland zu stärken und seine Bindungen an die westliche Welt zu festigen. Denn es war völlig unwahrscheinlich, daß sich Veränderungen, die so tief in das politische Leben Deutschlands einschneiden würden, innerhalb weniger Wochen oder Monate bewerkstelligen ließen. Diese Unvereinbarkeiten bedürfen genauerer Betrachtung.

Es war für das politische Denken Wilsons und seiner Anhänger grundlegend, daß eine starke Wechselbeziehung bestehe zwischen der innerstaatlichen und der internationalen Ordnung. Eine stabile liberale Demokratie in jedem Lande hielt man daher für die beste Garantie eines von politischem und wirtschaftlichem Liberalismus getragenen internationalen Systems, in dem Recht herrschen und dauerhafter Frieden und kollektive Sicherheit in einem Völkerbund organisiert werden könnten. Dies würde wiederum die demokratische Entwicklung in der ganzen Welt stärken. Derartige Ideen gehörten zur besten Tradtion der politischen Aufklärung, theoretisch ausgearbeitet vor allem von Immanuel Kant in seiner Schrift "Zum ewigen Frieden" (1795). Ein weniger kongenialer, aber ebenfalls alter Gedanke fand sich in Wilsons Friedensprogramm mit dieser Idee vermischt: Daß eigentlich das Volk gut sei und nur von schlechten Regenten und Ordnungen befreit werden müsse. Im übrigen wurden auf diese Weise die ganz speziellen historischen Erfahrungen, eine bestimmte Denktradtion vor

---

11 H.F. May (wie Anm. 2), S. 387.

12 Francis William O'Brien (Hg.): The Hoover-Wilson wartime correspondence, Sept. 24, 1914 to Nov. 11, 1918. Ames (Iowa) 1974, S. 21 (4.4.1917).

13 Ebd., S. 14 (3.9.1915).

allem aus der verklärten Gründungsphase der Vereinigten Staaten, auf das internationale System des 20. Jahrhunderts übertragen. Edward House, der engste Mitarbeiter Wilsons, feierte den Präsidenten nach dem Waffenstillstand: "Die Autokratie ist tot. Lang lebe die Demokratie und ihr unsterblicher Führer."[14] Eine verfrühte und wenig zutreffende Feststellung, aber sie stand völlig im Einklang mit den angedeuteten Vorstellungen.

Thorstein Veblen vertrat eine abweichende und weit skeptischere Auffassung in seiner recht eigenwilligen, aber tiefdringenden Untersuchung "Imperial Germany and the industrial revolution" (1915)[15]. Was er auf keinen Fall befürwortete, war eine Trennung zwischen Regierung und Regierten in Preußen, jener staatlichen Machtzusammenballung, die über den überwältigenden Einfluß, die Entscheidungsgewalt im Reich verfügte. Die preußischen Errungenschaften beschränkten sich — und hier kommt eine der Überspitzungen Veblens zum Vorschein — auf die jahrhundertelang geübte Fähigkeit, Macht zu organisieren. Sie seien militärischer und politischer Art und auf Kampf und Herrschaft ausgerichtet. In der autokratischen, konstitutionell verbrämten Hohenzollern-Monarchie konzentriere sich diese besonders effiziente Variante des dynastischen Staates, der vor allem in einem Punkt sehr modern gewesen sei: Er habe dafür gesorgt, daß jede moderne Entwicklung, allen voran und mit ungeheurer Wirkung die Industrialisierung, übernommen, verarbeitet und zur Machtsteigerung und höchsten Kriegsbereitschaft genutzt worden sei.

Es handle sich jedoch — so Veblen — bei der Dominanz Preußens nicht bloß um das Ergebnis der Anstrengungen einer kleinen Führungsschicht oder weniger herausragender Staatsmänner. Denn infolge langer Gewöhnung sei das ganze deutsche Volk im Dienst für staatliche Machtsteigerung erzogen worden und geübt im Geist der Unterordnung und Disziplin. Veblen erfaßte das Wesen einer solchen Verbindung zwischen politisch-verfassungsmäßiger Rückständigkeit und wirtschaftlich-technischer Modernität, die Verbindung einer dynastischen Herrschaft und Verfassung mit moderner Technik, Industrie, Organisation und Massenbeeinflussung, die ebenso effizient wie gefährlich war. Damit hat er übrigens zugleich gezeigt, daß es zur Industriegesellschaft auch noch einen anderen als den von Liberalen und Marxisten gewiesenen Weg über die Modernisierung der Gesellschaft und der politischen Verhältnisse, also über eine volle Entfaltung des bürgerlichen Kapitalismus gab[16].

Veblen berief sich, ebenso wie andere Amerikaner, die Deutschland kannten, auf Treitschke, wenn er behauptete, Deutschland, das ist Preußen. Er erörterte ziem-

---

[14] Foreign Relations of the United States, 1919 (abgekürzt: FR). The Paris Peace Conference (abgekürzt: PPC), Bd. I, S. 1.

[15] Siehe dazu auch Anm. 1.

[16] Thorstein Veblen: Imperial Germany and the industrial revolution. New York 1954 (4. Aufl. der Neuedition von 1939), S. 151 ff., 160, 165, 168.

lich eingehend die unterschiedliche politische Kultur in den industriell entwickelten Ländern, und zwar an Hand des frappierenden Gegensatzes zwischen Preußen-Deutschland und den angelsächsischen Staaten — die dabei übrigens auf Grund der sozialwissenschaftlich begründeten Kriterien Veblens ebenfalls nicht sonderlich gut abschnitten. Das Ergebnis wirkte sich — unbeabsichtigt — dahin aus, daß einer der Grundannahmen für Wilsons Deutschlandpolitik der Boden entzogen wurde, der Vorstellung nämlich, daß man das deutsche Volk nur von seinem autoritären Regierungssystem befreien müsse, damit es sich demokratisch entfalte. Langfristig möge dies unter dem Einfluß fortschreitender Modernisierung und infolge industrieller Entwicklung zwar stimmen, aber

> "it remains true that to the German people of today such a change would seem untoward, not to say disastrous. The current Imperial system of mitigated repression and bureaucratic guidance is apparently acceptable to the German people and apparently works to good effect among them, although it would presumably not be workable if imposed on a population with a different recent historical past."[17]

Veblens Buch war der Regierung gut bekannt, und Wilson benutzte seine Schlußfolgerungen in seinen Erklärungen. Ausgewählte Passagen wurden vom Committee on Public Information verteilt als "telling attack on the character of German society"[18] und zur Rechtfertigung des amerikanischen Kriegseintritts. Aber niemand schien sich an der Diskrepanz zwischen Veblens Analyse und den offiziellen Verlautbarungen zu stören, die von Deutschlands Befreiung und rascher Umwandlung überzeugt klangen. Veblen selber allerdings zeigte sich unsicher bei den zu ziehenden Konsequenzen. Einige Entwicklungsmerkmale schienen ihn immerhin zu faszinieren, vor allem die Disziplin in Verbindung mit den Anforderungen des Maschinenzeitalters, die Orientierung auf Produktivität und soziale Sicherung anstelle schrankenlosen Geschäftemachens sowie Ansätze zu einer Lenkung der Ressourcen — wenn das alles nicht im Sinne des autoritären dynastischen Staates erfolgt wäre. Zwar hielt er angesichts der enormen Zukunfts-Herausforderungen eine gründliche Reform auch der traditionellen demokratischen, liberal-kapitalistischen Gesellschaft für unumgänglich, aber er trat trotzdem in seinem Buch "An inquiry into the nature of peace and the terms of its perpetuation" (1917) zunächst für eine nachhaltige Demokratisierung Deutschlands durch die Alliierten und seine Eingliederung in einen starken Völkerbund ein. Zu diesem Zweck sollte ein umfassender Sieg der Alliierten ausgenutzt werden. Unerläßliche Voraussetzung für eine wirkliche Neuregelung auf lange Sicht war ihm allerdings das dauernde Engagement der Vereinigten Staaten in diesen Fragen. Im übrigen war er der Auffassung, der Druck der im Krieg lebensnotwendigen modernen Industriewirtschaft und Organisationsformen werde so stark sein, daß sogar im Falle eines deutschen Sieges das Reich kein dynastischer, halbabsolutistischer Staat mehr bleiben könne. Diese in

---

17 Ebd., S. 231.

18 Kennedy (wie Anm. 3), S. 77 f.

vielem zutreffende und scharfsinnige Beurteilung — über die Irrtümer in Veblens Untersuchungen braucht hier nicht gesprochen zu werden — machte den ganzen Umfang des deutschen Problems im Rahmen der modernen Veränderungsdynamik ebenso deutlich wie die Schwierigkeit und Unsicherheit, damit umzugehen.

Wilson selber kamen hin und wieder Zweifel. Sie enthüllten Unsicherheit, die in allgemeines Mißtrauen statt in eine klare Analyse der innenpolitischen Bedingungen und der Verfassungsprobleme Deutschlands umschlug. Dieser von Ungewißheit genährte Argwohn gegenüber der deutschen Regierung hatte allerdings, was häufig übersehen wird, eine tiefere Wurzel. Gerade während der wilhelminischen Ära bereitete es auch gut informierten Amerikanern Schwierigkeiten, das politische System des Reiches und seine konkrete Macht- und Entscheidungsstruktur zu verstehen. Dies wirkte sich nach dem deutschen Waffenstillstandsgesuch etwa darin aus, daß man sich fragte, mit wem man denn nun verhandeln sollte. Ein gewisses Schwanken in der Beurteilung der Rolle Wilhelms II. führte schließlich dazu, daß man auch in der Umgebung Wilsons für eine Änderung des ganzen, nur konstitutionell verbrämten absolutistischen Systems eintrat, das darauf gerichtet sei, sich zunächst zum Herrn Europas, dann möglicherweise der Welt zu machen[19].

Politiker wie Th. Roosevelt, Taft oder Außenminister Lansing standen Wilsons Friedensprogramm skeptisch gegenüber oder lehnten es ab; sie unterschieden nicht zwischen deutscher Regierung und deutschem Volk. Im Oktober 1917 notierte Lansing: "Only a miracle can change the mental attitude of the German people."[20] Aber was mit dem deutschen politischen System tatsächlich geschehen sollte, war keineswegs klar. Auch Wilson blieb in diesem Punkt ziemlich vage. Er wollte nicht in die inneren Angelegenheiten Deutschlands verstrickt werden. Mehr als einmal lehnte er es ab, sich konkreter über seine verfassungspolitischen Forderungen zu äußern. Seit der amerikanischen Kriegserklärung verlangte er innere Reformen als Vorbedingung für Friedensverhandlungen, war jedoch entschlossen, sich in keiner Weise festzulegen. Schließlich forderte Wilson im Herbst 1918, daß die Deutschen zunächst einmal Beweise für ihre veränderten politischen Prinzipien und Verhaltensweisen liefern sollten.

Trotz alledem gab es weitgehende Übereinstimmung über wesentliche Elemente dessen, was politisch in Deutschland anders werden müßte. Die Forderung nach einem Verfassungswandel, nach Dezentralisierung und nach drastischer Verringerung preußischer Macht als Voraussetzung für die Aufnahme eines fried-

---

[19] Die Bemerkungen über Wilson stützen sich auf Arthur Link (Hg.): The papers of Woodrow Wilson, besonders die Bde. 40-58 (Princeton 1982-88), passim.

[20] Zitiert nach Jürgen Möckelmann: Das Deutschlandbild in den USA 1914-1918 und die Kriegszielpolitik Wilsons. Diss. Hamburg 1965, S. 159; außerdem Lawrence E. Gelfand: The Inquiry. American preparations for peace, 1917-1919. New Haven und London 1963, S. 190 f.; Snell (wie Anm. 8), S. 366.

fertigen deutschen Staates in eine neue internationale Ordnung gehörte schon in der Ära Wilson zu den Leitlinien der Deutschlandpolitik. Die Ursprünge reichten noch weiter zurück. Aufgrund der Eindrücke, die er von der deutschen Haltung während der Friedenskonferenzen 1899 und 1907 empfangen hatte, schrieb etwa der Außenminister Elihu Root, "Germany under her present government is the greatest disturber of peace in the world"[21]. Die Schlußfolgerung, das Reich nach dem Sieg derart zu schwächen, daß es nie wieder andere Nationen bedrohen konnte, bot sich zwei recht verschiedenen Gruppierungen als Lösung an: denen, die einen wirklichen Wandel in Deutschland sowieso für unmöglich hielten, und denen, die keinerlei Risiko für die internationale Sicherheit eingehen wollten. Die zweite Gruppe riet darüber hinaus zu Verfassungsänderungen; dies forderte auch eine dritte Gruppe, jene nämlich, die Deutschlands Macht reduzieren, es aber nicht als Großmacht zerstören wollten, sofern sie für ein neues internationales System akzeptabel war.

Überlegungen über Verfassungsänderungen konzentrierten sich auf Demokratisierung und Dezentralisierung. Insbesondere die "Inquiry", die Arbeitsgruppe zur Vorbereitung der Friedensverhandlungen, forderte die Errichtung einer parlamentarisch verantwortlichen Regierung im Reich und in den Einzelstaaten sowie eine durchgreifende Änderung der Wahlgesetze, vor allem in Preußen[22]. Vorschläge für eine Dezentralisierung stellten sich schon als wesentlich komplizierter heraus. Doch diese entscheidende Frage erhielt unter Wilson nicht den ihr gebührenden Rang. Jeder, der sich damit beschäftigte, mußte sich mit den Schwierigkeiten und Eigentümlichkeiten des deutschen Föderalismus auseinandersetzen, in erster Linie mit der überragenden Machtstellung und Größe Preußens. Preußen verzerrte das föderative System völlig und war zugleich das weitaus wichtigste Thema der amerikanischen Kriegs- und Friedensziele als Hort der Autokratie, des Militarismus und des Ausdehnungsdrangs in Deutschland. Aber anders als 25 Jahre später brachte man beides nicht folgerichtig und entschlossen auf den Punkt und in ein klares Konzept. Zwar gab es verstreute Hinweise in den Denkschriften der "Inquiry" und in den Beratungen, daß es möglich sei, Preußen zu schwächen, indem man die anderen deutschen Staaten stärke. In diesen Zusammenhang gehört auch die interessante Erwägung, ob nicht Österreich nach der Zerschlagung der Habsburger Monarchie mit dem Deutschen Reich sich vereinigen sollte, um ein Gegengewicht gegen den preußischen Einfluß herzustellen[23]. Aber zu konkreten politischen Vorschlägen kam es nicht.

Immerhin, die Probleme wurden erörtert, und man machte sich mit ihrer Bedeutung besser vertraut als vorher. Dies wurde auch durch Anregungen von außen gefördert. Die französische Regierung trat mit Hingabe für eine weitgehende Föderalisierung Deutschlands ein — so sehr, daß sie schließlich eher das

---

21 Zitiert nach Möckelmann, S. 33.

22 Gelfand (wie Anm.20), S. 198 f.

23 FR, PPC, Bd. I, S. 43; Bd. XII, S. 40, 66.

Gegenteil zu bewirken drohte. Sie schwächte die durchaus vorhandenen föderativen Bestrebungen in Deutschland, denn die von ihr heraufbeschworene Gefahr des Separatismus, ja der Auflösung der Reichseinheit stärkte die Verfechter eines deutschen Einheitsstaates. Auch die amerikanische Regierung wurde mißtrauisch, sie ließ die Hände davon, und dabei zeigte sich allerdings auch, daß gerade das Fehlen einer klaren eigenen Konzeption sie dazu brachte, im Grunde gar nichts mehr zu tun. Und dies, obwohl im Anfangsstadium der deutschen Verfassungsberatungen Hugo Preuß, erster Innenminister der Republik und maßgeblich an der Weimarer Reichsverfassung beteiligt, sich bei den Amerikanern um Unterstützung für seinen bekannten ersten Verfassungsentwurf bemühte, der eine Aufteilung Preußens vorsah und später vor allem unter Hinweis auf die nötige Klammerfunktion Preußens für die Reichseinheit von Reichsregierung und Nationalversammlung verworfen wurde[24]. Das alles hatte keinen Einfluß auf Wilsons Politik, während in den Vorbereitungen für die Politik nach dem Zweiten Weltkrieg die Föderalisierung Deutschlands gerade in den Planungen des schließlich erfolgreichen amerikanischen Außenministeriums eine wesentliche Rolle spielte.

Eng verknüpft mit Demokratie und politischem Liberalismus spielte der wirtschaftliche Liberalismus, der Grundsatz der "offenen Tür" und der Nichtdiskriminierung eine wesentliche Rolle im amerikanischen Friedensprogramm. Weltweiten Handel, wirtschaftliche und finanzielle Verflechtung und liberalkapitalistische Prinzipien betrachtete auch Wilson als wichtiges Mittel, um friedliche Beziehungen und Interessen zu sichern, insbesondere für eine so bedeutende wirtschaftliche Macht wie Deutschland. Die Vereinigten Staaten waren alarmiert von der drohenden Gefahr deutscher Durchdringung und Vorherrschaft in Europa, was ihren eigenen Ausschluß bedeutet hätte. Die deutschen Mitteleuropa-Pläne dienten als Beweis dafür. Auch hier bot die tiefgreifende Analyse des Verhältnisses von Verfassung und Expansion bei Veblen den Maßstab. Veblen übertrug die absolutistische Tradition deutscher Regierung konsequent auf das Gebiet der Wirtschaft, denn sie war seinen Untersuchungen zufolge ebenso wie das politische System dem Vorrang der Erfordernisse eines autokratischen und militaristischen Staates unterworfen. Deshalb seien in Deutschland immer noch merkantilistische Grundsätze maßgebend; sie zielten auf "the illusory ideal of one-sided trade in exports"[25]. Dies in Beziehung gesetzt zur deutschen Machtpolitik und dem Streben nach einer unerschütterlichen, beherrschenden Stellung in Europa, ergebe die Begründung für die bevorzugte wirtschaftliche Unabhängigkeit und eine aggressive Handelspolitik des Reiches. Eine solche Analyse mag unvollständig gewesen sein, aber sie lenkte die Aufmerksamkeit auf eine starke und gefährliche Tendenz zur Autarkie in einer von Deutschland abhängigen Einflußsphäre. Dies war eines der umstrittensten und folgenreichsten Themen in der deutschen innenpolitischen Debatte seit dem

---

[24] FR, PPC, Bd. I, S. 366; Bd. II, S. 106 f., 140, 159 f.

[25] Veblen (wie Anm. 16), S. 184.

späten 19. Jahrhundert[26]. Für die amerikanische Regierung jedenfalls blieb der Grundsatz geradezu entscheidend, daß politischer und wirtschaftlicher Liberalismus unentbehrlich sei als Basis eines freien und stabilen internationalen Systems. Ebenso unstrittig war der Nutzen dieser Prinzipien, wenn es gelang, sie in Deutschland zur Anerkennung zu bringen. Diejenigen, die für die amerikanische Außenpolitik verantwortlich waren, erkannten auch durchaus, daß einem liberalen Verfassungssystem wesentliche Bedeutung für eine liberale Wirtschftsordnung — national und international — zukam. Damals schien das Problem durch die neue Weimarer Reichsverfassung behoben zu sein. Schließlich waren die Amerikaner in der Nachkriegszeit energischer und erfolgreicher in der Beeinflussung der weltwirtschaftlichen Strukturen als der inneren politischen Ordnung Deutschlands. Aber auch dies war weniger den politischen Initiativen der Regierung als vielmehr dem wirtschaftlichen Gewicht und den Interessen der Vereinigten Staaten zu verdanken.

Alles in allem kann kein Zweifel daran bestehen, daß der Sieg der Vereinigten Staaten und die Bemühungen Wilsons um einen Verfassungswandel in Deutschland die politische Entwicklung des Reiches nachhaltig beeinflußten — wenn auch eher indirekt. Die Voraussage von House erfüllt sich: Sobald sich das Kriegsglück wende, werde die Liberalisierung der Verfassung durchgeführt[27]. Das war allerdings eine unglückliche und auf längere Sicht gefährliche Verknüpfung. Wilson hatte es frühzeitig klargemacht, daß er nach dem Sieg nur bereit sei, mit einer Reichsregierung über den Frieden zu verhandeln, die wirklich das Volk vertrete. Schon die Reichstagsmehrheit, die hinter der Friedensresolution von 1917 stand — Sozialdemokraten, Zentrum und Linksliberale — zeigte sich davon nicht unbeeindruckt. Stärker und unmittelbar spürbar wurde Wilsons Einfluß auf die Abdankung des Kaisers während des deutsch-amerikanischen Notenwechsels über die Herbeiführung des Waffenstillstands im Oktober 1918. Aber hierbei wie auch gegenüber der neuen Reichsregierung nach der Novemberrevolution war seine Haltung zwiespältig und uneineinheitlich. Die Wirkung schlug sich eher in verstärkter Unsicherheit als in Stabilität nieder, und von einer entschiedenen, klar formulierten Politik zur Beeinflussung der neuen Verfassungsordnung in Deutschland konnte keine Rede sein.

Die innen- und außenpolitischen Gründe für die Fehlschläge des Wilsonschen Friedensprogramms — es waren immerhin auch Erfolge zu verzeichnen — müssen hier nicht erörtert werden[28]. Die wesentlichen Unterschiede zwischen

---

26 Peter Krüger: "Zu Hitlers 'nationalsozialistischen Wirtschafts-erkenntnissen'", in: Geschichte und Gesellschaft, 6 (1980), S. 263-82.

27 Charles Seymour (Hg.): Intimate papers of Colonel House, Bd. III. Boston 1927, S. 132. — Über den geistigen Einfluß der amerikanischen Verfassungsentwicklung auf die deutsche bereite ich weitere Untersuchungen vor.

28 Siehe dazu vor allem Klaus Schwabe: Deutsche Revolution und Wilson-Frieden. Düsseldorf 1971 (amerikanische Neuausgabe: Woodrow Wilson, revolutionary Germany, and peace-making. Chapel Hill 1985).

der Situation von 1918/19 und der nach 1945 liegen auf der Hand. Das Reich war 1918 nicht so schwer besiegt und völlig zerstört wie 1945, die Machtstellung der Vereinigten Staaten nicht so überragend und die Schwäche ihrer Verbündeten nicht so groß, und außerdem zeigten sich die Amerikaner 1918 keineswegs überzeugt von der Notwendigkeit, den Deutschen drastische Veränderungen ihrer inneren Ordnung aufzuerlegen. Was jedoch schon 1918 zutage trat, war sowohl ein Komplex von genauer umrissenen Problemen als auch von Voraussetzungen und Überlegungen für die Lösung der deutschen Frage in weitestem Sinne. Dessen wurden sich führende Vertreter der Vereinigten Staaten bewußt, als sie darüber nachdenken mußten, wie das Reich zu behandeln sei. Auf diesem Wege nahmen sie wichtige Elemente einer umfassenden Konzeption vorweg, auch wenn diese Konzeption 1918/19 noch nicht deutlich in Erscheinung trat.

Es handelte sich dabei vor allem um folgende Erkenntnisse: Während der Friedensvorbereitungen kamen Erwägungen zum Vorschein, die in zunehmendem Maße zum Bewußtsein brachten, daß grundlegende Änderungen in Deutschland nur bewirkt werden könnten, wenn das Land völlig besiegt sei und die Vereinigten Staaten sich dort intensiv und auf längere Zeit engagierten. Wilson sah durchaus die Vorteile, völlig freie Hand im Vorgehen gegenüber Deutschland zu haben. Er dachte über die Nützlichkeit einer bedingungslosen Kapitulation des Reiches nach und wich aus, als House ihn davor warnte, die Deutschen von dem geplanten Friedenskongreß auszuschließen[29]. Zweifellos ließen sich einschneidende Veränderungen durchführen, sofern Deutschland als Großmacht zerstört, an den Beratungen über sein Schicksal nicht beteiligt und im übrigen gezwungen worden wäre, die Beschlüsse der Sieger zu akzeptieren. Außenminister Lansing hatte ähnliches im Sinn, als er den Schluß zog, daß es wahrscheinlich der sicherere und bessere Weg sei, die Macht jener Nation zu zerstören, die verantwortlich sei für dieses schreckliche Verbrechen gegen die Menschheit, den Krieg; und jedes Mittel sei dabei gerechtfertigt. Deshalb müßten die deutschen Armeen zerschlagen und die Industrien vernichtet werden, wenn man einen dauerhaften Frieden schaffen wolle[30]. Unter diesem Gesichtspunkt lag die Vorstellung nicht mehr fern, daß die Deutschen ihr Denken und Handeln insgesamt ändern oder dazu gebracht werden müßten. Wilson erwähnte dergleichen schon, aber erst aufgrund der deutschen Verbrechen unter dem Nationalsozialismus wurde daraus tatsächlich ein wesentlicher Punkt in der Planung für das Vorgehen nach dem Zweiten Weltkrieg. Abhilfe gegen ein aggressives, Macht konzentrierendes Deutsches Reich bot auch das Mittel einer gründlichen vor allem gegen Preußen gerichteten Dezentralisierung. Eine durchgreifende föderative Verfassung für Deutschland kam gelegentlich in den Vorbereitungen zur Sprache, hätte sich auch gut in die amerikanische Verfassungstradition eingefügt; aber dies wurde von Wilson ebenfalls nicht weiter verfolgt. Doch die Schwierigkeit, einschnei-

---

29 Arthur Walworth: America's moment: 1918. New York 1977, S. 43, 89, 95.

30 Gelfand (wie Anm. 20), S. 190 f. Über die tatsächliche Politik der USA siehe das Standardwerk von Werner Link: Die amerikanische Stabilisierungspolitik in Deutschland 1921-1932. Düsseldorf 1970.

dende Maßnahmen unter den Umständen von 1918/19 zu treffen, verdeckte nicht die Tatsache, daß Deutschland die Schlüsselposition in Kontinentaleuropa zukam und dies die gesamte Europapolitik der Vereinigten Staaten im 20. Jahrhundert maßgeblich beeinflußte.

Abgesehen von den Schwierigkeiten, die eine wirksame Intervention in den inneren Angelegenheiten Deutschlands verhinderten, traten Unsicherheiten über die Basis jeder derartigen Maßnahme zutage. Im Ersten Weltkrieg hatten die Vereinigten Staaten eine völlig neue Lage zu bewältigen. Es ging um die Anpassung ihrer Auffassung von Außenpolitik, die in einer besonders günstigen, also unüblichen historischen Situation und Entwicklung wurzelte, an die Komplexität und ungewohnte Problematik Europas. Erschwert wurde diese Anpassung dadurch, daß beide, Europa wie die Vereinigten Staaten, sich in einer schwierigen Phase der Wandlung und des Übergangs auf dem steinigen Weg in die Moderne befanden. Dies kann Unsicherheiten und Mängel der Deutschlandpolitik erklären helfen.

Wenn die eher ideologische Behauptung, man müsse trennen zwischen Regierung und Volk, sich zumindest als zu simpel herausgestellt hatte, dann in erster Linie deswegen, weil die moderne Gesellschaft und ihre Verfassungsordnung erheblich komplexer sind. Das wirkliche Problem bestand für die Regierung der Vereinigten Staaten darin, alle jene Gruppen herauszufinden und zu fördern, die für einen republikanischen Wechsel im politischen System des Reiches eintraten. Grundlegender Wandel ist ein mühsamer Prozeß, der Zeit, Geduld und beständigen, aber behutsamen politischen Einsatz verlangt, auch von den Regierungen, die ihn in einem anderen Land fördern wollen. Aber die amerikanische Regierung befriedigte mit ihrem Drängen auf eiliges Auswechseln der politischen Führung in Deutschland vor allem den verbreiteten Wunsch nach raschen Lösungen. Der Kongreß und die amerikanische Öffentlichkeit hätten ein stärkeres Engagement kaum zugelassen. Außerdem war Wilson selber ungeduldig und mißtrauisch auch gegenüber den neuen politischen Kräften der Weimarer Koalition. Sie handelte nicht so, wie er sich das gedacht hatte, aber sie war die einzige funktionsfähige Alternative zum alten System. Als der Widerstand der Regierung Scheidemann gegen die zu erwartenden Friedensbedingungen wuchs, antwortete Wilson mit dem Vorwurf, die Deutschen seien immer noch militaristisch, und er hielt sogar nach anderen politischen Kräften in Deutschland Ausschau, die sich den amerikanischen Absichten willfähriger zeigten. Diese Vorgänge boten ein Beispiel unzulänglicher politischer Analyse, vermischt mit ideologischen Prämissen. Wilson wollte außerdem zuviel in zu kurzer Zeit und mit einem Minimum an amerikanischem Einsatz: Eine funktionierende neue internationale Ordnung; territoriale Veränderungen, die den ganzen europäischen Kontinent in fast revolutionärer Weise erschütterten; die Demokratisierung Deutschlands — aber zugleich Waffenstillstand, Frieden und Rückzug der Amerikaner aus Europa zum frühest möglichen Zeitpunkt. Die Verpflichtungen der Vereinigten Staaten sollten möglichst niedrig gehalten werden.

Trotzdem — in Anbetracht der amerikanischen Tradition erweisen sich die Verpflichtungen, die Wilson einzugehen bereit war, als eindrucksvoll: die Friedensverträge, der Völkerbund, der Garantievertrag für Frankreich. Vielleicht hätte das noch nicht ausgereicht, aber es bedeutete einen hoffnungsvollen Start. Unglücklicherweise hat der Senat diesen Wechsel auf die Zukunft nicht diskontiert; keiner der Verträge wurde von den Vereinigten Staaten ratifiziert. Dieser Vorgang zeigte, daß sie zunächst einmal entscheiden mußten, ob sie die europäische Herausforderung annehmen wollten oder nicht. Erst dann konnten sie sich anschicken, die internationale Ordnung und deren belastenden Unsicherheitsfaktor, das deutsche politische System, neu einzurichten. Sie konnten jedoch nicht auf halbem Wege stehenbleiben; und sich wieder völlig auf sich selbst wie auf eine riesige geschützte Insel zurückzuziehen, war offensichtlich unmöglich. Die Vereinigten Staaten mußten neue Lasten, wirtschaftliche und politische Verantwortung auf sich nehmen — besonders, wenn sie Veränderungen bewirken wollten. Dann war es unvermeidlich, daß sie in europäische Angelegenheiten verwickelt, ja sogar etwas europäischer wurden, und das begann mit der Sorge um die inneren Entwicklungen in anderen Ländern und endete bei der Anerkennung von Prinzipien wie dem internationalen Gleichgewicht. Es scheint fast banal, das hier zu wiederholen, ebenso die Tatsache, daß die Europäer selber unter dem gesellschaftlichen Veränderungsdruck der modernen politischen und industriellen Dynamik sich weit entfernt hatten von ihrem Erscheinungsbild um 1800.

Europa und die Vereinigten Staaten näherten sich also auch deswegen an, weil sie ähnlichen tiefgreifenden Veränderungen unterworfen waren und vor ähnlichen Problemen standen aufgrund ihrer führenden Rolle im Modernisierungsprozeß, der zunehmend Bedingungen einer globalen Interdependenz entfaltete. Der Künstler, der Literat, der Intellektuelle ist häufig der empfindlichste Seismograph für die Erschütterungen und Brüche in der Gesellschaft. Dies zeigt sich besonders in der amerikanischen Literatur, in den "Rebellen" der Jahre vor 1917 und in der "lost generation" danach[31]. Die sich fast erschreckend ausweitende Erfahrung jenseits der Tradition des Idealismus, der überkommenen Regeln, der Einheitlichkeit vor allem der politischen Kultur; das Vordringen des Irrationalen wie des Naturalismus; der Rückzug ins Private und in die Subjektivität ebenso wie der Sog und die Stimmung der Massen, die Krise der eigenständigen Persönlichkeit und des hilflosen menschlichen Wesens in der Gewalt anonymer Kräfte; schließlich als Antwort der Versuch eines neuen gesellschaftlichen und politischen Engagements, vor allem nach den erschütternden Erfahrungen des Ersten Weltkriegs: Alles spiegelte die Vieldeutigkeit der modernen Welt und ihrer Probleme, in den Vereinigten Staaten wie in Europa, und sowohl den Protest

---

[31] Dazu Henry F. May (wie Anm. 2.) und — immer noch grundlegend — Alfred Kazin: On native grounds. An interpretation of modern American prose literature. New York 1942 (Neuausgabe San Diego-New York-London 1982); außerdem John Aldridge: After the lost generation. A critical study of the writers of two wars. New York 1951. - Über Anklänge an das Empfinden der "lost generation" im deutschen Sprachraum nach 1918 Peter Krüger: "Wilhelm von Medinger, die internationale Ordnung nach 1918 und der Schatten des Mannes aus der Mancha", in: Bohemia, 26 (1985), S. 262-65.

gegen traditionelle Verhaltensweisen als auch die Unüberschaubarkeit neuer Orientierungen. In gewissem Sinne wurde der Krieg, der Schock des Krieges, "a metaphor for the modern condition rather than a counterpoint to it"[32]. Aber die traditionellen Kräfte waren sehr lebendig, sogar gestärkt durch die Rechtfertigung und Ideologie des amerikanischen Kriegseintritts. Der amerikanische Traditionalismus, als Abwehr gegen Modernität, führte zu einer nationalistischen und isolationistischen Stimmung und verachtete und diskreditierte die Wilsonschen Ideale. Doch auch in der amerikanischen Gesellschaft wuchsen Spannungen und Dissens.

Auch die Amerikaner waren also in eine Phase in Frage gestellter Identität geraten und bedurften einer neuen Selbstgewißheit. In keiner Weise in Frage gestellt war allerdings die atemberaubende Entfaltung aller Ressourcen, die eine Weltmacht brauchte. Die inneren Diskrepanzen wurden zusammengehalten von der harten Schale einer aufsteigenden, überlegenen Macht, ein Ergebnis auch der Weltpolitik Wilsons. Von der Richtung, die sich in der inneren Entwicklung der Vereinigten Staaten durchsetzen würde, hing in Zukunft die Intensität der amerikanischen Einwirkung auf das politische System in Deutschland ab. Stabilisierung als vorrangige politische Aufgabe der amerikanischen Regierung stellte sich außerdem immer klarer als zweifache Anforderung heraus, auf dem Felde der internationalen wie der inneren Politik. Schließlich hatte der neue politische Rahmen und Gehalt, den Wilson den internationalen Beziehungen hatte geben wollen, weitreichende Konsequenzen. Wenn die Amerikaner sich gezwungen sahen, "innocence" und "splendid isolation" aufzugeben und sich in die Angelegenheiten Europas und der Welt zu stürzen, dann stellte sich die Frage, was dieses Opfer zu rechtfertigen und die amerikanischen Prinzipien und Traditionen zu gewährleisten vermochte. Obgleich es nach 1919 vehement bestritten und überhaupt nur auf längere Sicht wirksam wurde, schien die einzige umfassende Antwort auf diese Frage darin zu bestehen, die amerikanischen Grundsätze des Regierens und der gesellschaftlichen Ordnung über die Welt auszubreiten und andere Länder soweit wie möglich in ihren Institutionen, Auffassungen und Verfahrensweisen den Vereinigten Staaten anzunähern.

III. Entscheidung über Deutschland: Der Zweite Weltkrieg

Die amerikanische Planung für die Nachkriegszeit beruhte ganz allgemein auf den Grundvorstellungen der Wilson-Ära, vor allem auf dem wesentlichen Zusammenhang zwischen innerer und internationaler Ordnung. Auch unter dem Präsidenten Franklin Delano Roosevelt galt dies als beste Voraussetzung internationaler Ordnung und amerikanischer Interessen. Mittel, Methoden und Ansatzpunkte dieser Politik hingegen mußten weiterentwickelt werden auf der Basis der Ideen und Erfahrungen seit dem Ersten Weltkrieg und der beträchtlich veränderten Lage. Der Aufstieg des Nationalsozialismus, die deutsche Gewalt-

[32] Kennedy (wie Anm. 3), S. 229.

herrschaft über große Teile Europas und die japanische Herausforderung wälzten das internationale System um und verbreiteten Terror, Tod und Unterdrückung. Die Unmenschlichkeit, die man den Deutschen im Ersten Weltkrieg anlastete, wurde zur kaum vorstellbaren Wirklichkeit des Schreckens im Zweiten Weltkrieg. In mancher Hinsicht schien der Zweite Weltkrieg die Streitfragen des Ersten wirklich auszukämpfen. Sie schienen 1917-1919 entfernter, abstrakter; eine Sache der amerikanischen Prinzipien und Ideale zwar, aber in ihrer internationalen Dimension ein Antrieb nur für wenige Politiker, Literaten und Geschäftsleute. Die bemerkenswerte Tatsache der leicht und rasch zu erregenden, sich gelegentlich bis zur Hysterie steigernden öffentlichen Umtriebigkeit im Namen der Kriegsideale hatte entschieden mehr mit der gestiegenen Unsicherheit und den Zweifeln über die innere Entwicklung der Vereinigten Staaten zu tun als mit Sorgen über die internationale Lage. Danach wurden die Ideale und Prinzipien aber nicht mehr völlig vergessen, und 20 Jahre später stellten sich diese Fragen erneut mit unerwarteter Heftigkeit und erhielten eine bestürzende Aktualität. Die Friedensstifter von 1919 hatten wohl doch nicht, wie man ihnen bald vorwarf, zuviel versucht und getan, sondern nicht genug. Deshalb erschien es dringend, eine neue, stabile internationale Ordnung zu erzwingen, Deutschlands Macht zu zermalmen und diesmal alles gründlich zu tun.

Die Wilsonschen Prinzipien blieben also gültig und boten das einzig überzeugende Programm, das sowohl der amerikanischen Tradition als auch der werbenden Kraft einer neuen Mission in der internationalen Politik entsprach. Die Regierung unter Roosevelt glaubte noch stärker daran, daß sie diesen Verpflichtungen nachkommen müsse; denn dies konnte als wesentlicher Teil der Aufgabe der Vereinigten Staaten im 20. Jahrhundert betrachtet werden, eine neue amerikanische Tradition zu begründen und die nationale Identität und Selbstgewißheit wiederherzustellen. Darüber hinaus schien das Programm Wilsons das einzige zu sein, das eine einheitliche Grundlage für die innere und die internationale Stabilisierung schuf. Mehr denn je galt, daß ein liberales System in der Welt durchgesetzt und behauptet werden mußte, wenn es zu Hause Bestand haben sollte. Und als unbedingt notwendige Voraussetzung dafür mußten die Freiheit des Menschen und der Individualismus überall verteidigt werden. Eine im Vergleich zur Zeit des Ersten Weltkriegs deutlich veränderte, gelassenere, positivere Einstellung der meisten Amerikaner zur Entwicklung der inneren Angelegenheiten in der Ära des New Deal unter Roosevelt kam solchen Bestrebungen zugute; wie Robert Dallek es formulierte: "United, free, victorious over the Depression, and moving toward victory in the war, a majority of Americans expected their enemies to adopt American habits after defeat."[33]

Diese Leitlinien amerikanischer Politik hatten zwei wesentliche Konsequenzen. In ihrer Einwirkung auf die westdeutsche Verfassungsentwicklung nach 1945 brachte die amerikanische Regierung liberal-individualistische Züge dezidiert zur Geltung. Dies war um so wichtiger und wirkte um so belebender, als sich die deutsche etatistische und korporative Traditon damit immer schwer getan hatte

[33] Dallek (wie Anm. 6), Kap. 5, hier S. 139.

und der Mangel eines wirklichen Liberalismus und Pluralismus auch in der Weimarer Republik deutlich spürbar und belastend geblieben war. In der Außenpolitik schließlich vermochte die Verbreitung amerikanischer liberaler Ordnungsvorstellungen es zu rechtfertigen und zu erleichtern, daß die Vereinigten Staaten ihren traditionellen Widerwillen gegen Bündnisse und Verpflichtungen — "entangling alliances" — überwanden. Denn in einer Welt, die sich amerikanischen Werten und Interessen — und amerikanischer Macht — öffnete, war das Risiko, durch engere Verflechtung mit dem Ausland die eigenen Ideale zu korrumpieren, geringer geworden. Mehr noch, es war nur folgerichtig, daß sich die Vereinigten Staaten, wenn sie zur Sicherung ihrer politischen, wirtschaftlichen und gesellschaftlichen Prinzipien deren Ausbreitung für unerläßlich hielten, mit gleichgesinnten Ländern zur gegenseitigen Stützung liberal-demokratischer Ordnungen verbanden.

Ungeachtet tiefer Meinungsverschiedenheiten innerhalb der Regierung Roosevelt war die Vorbereitung auf die Behandlung des besiegten Deutschland vor allem im Hinblick auf die gründlich zu ändernde Verfassungsstruktur sehr intensiv und zeugte von weit größerem Verständnis für die damit verbundenen Probleme, als es unter Wilson der Fall war. Dazu trug allerdings auch der Einfluß deutscher Emigranten bei[34]. Unter ihnen befanden sich viele Intellektuelle, die sich mit der Reform der Verfassung und des politischen Lebens in Deutschland beschäftigten. Deutsche Wissenschaftler wurden von der amerikanischen Regierung herangezogen, an der Nachkriegsplanung mitzuarbeiten. Verfassungsexperten wie Carl J. Friedrich und Arnold Brecht oder Historiker wie Hajo Holborn[35] waren einflußreich.

Einig war man sich in den zahlreichen, mit der Nachkriegsplanung befaßten amerikanischen Dienststellen und Stäben darin, daß es zu durchgreifenden Änderungen im deutschen Verfassungssystem kommen müsse, ungeachtet der Streitigkeiten, die über Methoden, Ausweitung und Radikalität der Änderungen bestanden. Die grundlegenden Elemente der Nachkriegspolitik gegenüber Deutschland, über die Einvernehmen herrschte, waren nicht neu, sondern schon 1917-19 erwogen worden, wenn auch wenig präzise und eher am Rande bleibend. Hieran ließ sich anknüpfen: Um die Voraussetzungen für eine dauerhafte neue Ordnung zu schaffen, war die volle Verfügungsgewalt über Deutschland notwendig. Die Deutschen mußten die Unausweichlichkeit ihrer vollständigen Niederlage mit allen ihren Konsequenzen zu spüren bekommen und einsehen. Dies machte die bedingungslose Kapitulation, die Besetzung des ganzen Landes

---

34 Wertvolle Hinweise: Jahrbuch für Amerikastudien, 10 (1965). — Guter Überblick über die neue Forschung zur amerikanischen Deutschlandpolitik und zu den deutsch-amerikanischen Beziehungen im 20. Jahrhundert Hans-Jürgen Schröder: "Deutsch-amerikanische Beziehungen im 20. Jahrhundert. Geschichtsschreibung und Forschungsperspektiven", in: Frank Trommler (Hg.): Amerika und die Deutschen. Opladen 1986.

35 Unentbehrlich für die weitere Forschung Erich J.C. Hahn: "Hajo Holborn: Bericht zur deutschen Frage. Beobachtungen und Empfehlungen vom Herbst 1947", in: Vierteljahrshefte für Zeitgeschichte (VfZ), 35 (1987), S. 135-166.

und den Ausschluß der Deutschen von irgendwelchen Verhandlungen über ihre Zukunft erforderlich. Mit solchen Maßnahmen sollte das, was man ihnen auferlegen wollte, gewährleistet werden. Dazu gehörte vor allem: Die Fundamente deutscher Macht sollten zerstört werden, militärisch durch vollständige Entwaffnung, wirtschaftlich durch die Vernichtung jeglicher Rüstungsindustrie als Mindestmaßnahme. Deutschland sollte außerdem auf jeder Ebene dezentralisiert, vielleicht sogar aufgeteilt werden. Wirksame und dauernde Kontrollen mußten stattfinden, eingefügt in ein neues Weltsystem, die UNO, und überwacht von den führenden Großmächten, also unter voller Beteiligung der Vereinigten Staaten.

Als wesentliche Ergänzung aller dieser Maßnahmen war daran gedacht, Denken und Verhalten, womöglich sogar den Charakter der Deutschen zu verändern. Eine Unterscheidung zwischen Volk und Regierung, wie sie noch unter Wilson üblich war, verwarf man ausdrücklich. Bestrafung, Entnazifizierung und Umerziehung sollten gründlich angewandt werden. Schon die Analyse von Thorstein Veblen im Jahre 1915 hätte, folgerichtig zu Ende geführt, nur zwei Möglichkeiten gelassen: die Deutschen umzuerziehen oder ihren Staat zu zerstören. Es ist bemerkenswert, daß Veblens Buch über das kaiserliche Deutschland erneut Aufmerksamkeit erregte und neu herausgegeben wurde, als die hemmungslose Gewaltanwendung und die Bereitschaft des nationalsozialistischen Deutschland zum Krieg offensichtlich wurden[36]. Der eigentliche Kern aller Maßnahmen war es also, eine deutsche Republik zu errichten mit einer demokratischen und stark föderalistisch-dezentralistischen Verfassung, gegründet auf liberale politische und wirtschaftliche Prinzipien. Im großen und ganzen fand ein derartiges Programm die Unterstützung der Mehrheit der Amerikaner, eine Tatsache, die für alle wichtigeren Entscheidungen Roosevelts bedeutsam war[37].

Einer der Angelpunkte der verfassungspolitischen Überlegungen war wieder, wie im Ersten Weltkrieg, die Stellung Preußens und die zentralisierte Machtstruktur Deutschlands. Aber diesmal hatte man die Probleme des deutschen Föderalismus gründlich durchdacht und in den Mittelpunkt der amerikanischen Planungen für die Einrichtung einer demokratischen deutschen Verfassung gerückt. Einige Details mögen das illustrieren.

Nach wie vor hatte Deutschland eine Schlüsselposition in der amerikanischen Europapolitik inne. Es ging also darum, es zu einem zuverlässigen Partner in einem neuen, gemäß amerikanischen Vorstellungen aufgebauten Weltsystem zu machen, sofern man nicht vorzog, es als Faktor von einiger internationaler Bedeutung ganz auszuschalten. Daraus ergab sich in jedem Falle die Notwendig-

---

[36] Veblen (wie Anm. 16), S. XII-XXI (Einführung von Josef Dorfman).

[37] George H. Gallup (Hg.): The Gallup Poll. Public opinion, 1935-1971. Bd. I, New York 1972; Michael Leigh: Mobilizing consent. Public opinion and American foreign policy, 1937-1947. Westport, Conn., 1976; Claude Fohlen: "The foreign policy of F.D. Roosevelt", in: Amerikastudien, 21 (1976), S. 109-18; Dallek (wie Anm. 6), S. 135-39 (mit drastischen Zitaten Roosevelts auf S. 135).

keit, nicht nur eine ausgewogene demokratische Verfassung einzuführen, sondern auch dafür zu sorgen, daß die Deutschen sie voll akzeptierten und von sich aus an ihr festhielten, sobald sie erst einmal, nach der Umerziehung, ihre politische Verhaltensweise geändert hatten. Es leuchtete allen vernünftigen Leuten ein, daß unbegrenzte, anhaltende Kontrolle, Eingriffe und Zwangsmaßnahmen gegen ein Volk nicht durchzuhalten seien. Die Geister schieden sich an der Frage, ob es eine gemäßigte oder radikale Lösung geben sollte. Die Entscheidung hing zum einen davon ab, wie man die Deutschen und ihre Fähigkeiten beurteilte, zum anderen davon, welche Interessen man verfolgte und wie man die Lage in Europa betrachtete, und schließlich, welche Ergebnisse man von bestimmten Maßnahmen erwartete.

Beide Richtungen, die gemäßigte, vertreten etwa von Außen- und Kriegsministerium, und die radikale, mit Nachdruck im Finanzministerium verfochten, stimmten immerhin insofern überein, als für beide ein nachhaltiger Wandel der politischen Kultur in Deutschland unerläßlich war, mochten auch die Mittel, dies zu erreichen, umstritten sein. Andernfalls mußte auch dieses Mal der Kampf gegen deutsche Tyrannei und barbarische Inhumanität vergebens bleiben. Das kam recht gut zum Ausdruck in einem Memorandum mit Richtlinien für die amerikanische Militärregierung in Deutschland[38], in dem es hieß:

> "It can be said that no matter what rearrangements of an economic, political or geographical nature are made in an effort to eliminate the German menace to peace, no settlement will be permanent nor effective unless basic changes occur in the German culture. [...] It happens that the German culture is a bad culture which also represents a menace to orderly world society. [...] The German culture is extremely authoritarian and has made real democracy an impossibility."

Ein anderer wichtiger Punkt, die rechtliche Basis für drastische Eingriffe in Deutschland, wurde 1944 von einem bedeutenden Juristen erörtert, dem in die Vereinigten Staaten emigrierten Hans Kelsen. Er wies darauf hin, daß die einzig mögliche Vorgehensweise unmittelbar nach der bedingungslosen Kapitulation darin bestehe, auf der Grundlage der Debellatio ein Kondominium der Siegermächte über Deutschland unter Ausschaltung jeder deutschen Beteiligung zu errichten. In Erinnerung an das Schicksal des Versailler Vertrags und der Weimarer Reichsverfassung war der leitende Gesichtspunkt für Kelsen, daß keine künftige deutsche Regierung mit der Verantwortung für die einschneidenden Veränderungen belastet werden könne, wenn alle Veränderungen bereits von den Siegern oder unter ihrer Verantwortung veranlaßt worden wären. Die Erklärungen der Siegermächte vom 5. Juni 1945 in Anbetracht der Niederlage Deutschlands eröffneten genau diesen Weg[39].

---

[38] Zitiert nach Hansjörg Gehring: Amerikanische Literaturpolitik in Deutschland 1945-1953. Stuttgart 1976, S. 17.

[39] Siehe Hans Kelsens Beiträge im American Journal of International Law, 38 (1944), S. 689-94 und 39 (1945), S. 518-26.

Die radikale Position fand ihren markantesten Ausdruck im Morgenthau-Plan und war vor allem Ausdruck einer pessimistischen Auffassung von dem künftigen Verhalten der Deutschen. Auf dieser Grundlage war der Morgenthau-Plan durchaus folgerichtig, und seine Verfechter setzten sich für neue Lebens- und Entwicklungsbedingungen ein, für ein politisches und wirtschaftliches System in Deutschland, das völlig verschieden war von allem, was ihm vorausging. Jede Möglichkeit, Macht zu konzentrieren — politisch, militärisch, wirtschaftlich — , sollte ausgeschaltet werden und eine Gesellschaft auf der Grundlage von Landwirtschaft, Kleingewerbe, Leichtindustrie in dezentralisierter Form entstehen. Dahinter stand auch eine alte gesellschaftliche Vision der überschaubaren Dimensionen und menschlichen Verhältnisse, verschärft durch die Abneigung gegen bestimmte Auswirkungen der Industrialisierung, eine Vision, die heute wohl mehr Verständnis und Anhänger finden würde als 1944/45. Das Deutsche Reich sollte aufgeteilt werden und jeder der vorgesehenen zwei neuen Staaten eine föderalistische, zum Staatenbund tendierende Struktur erhalten, "with emphasis on states' rights and a large degree of local autonomy". Die Mischung aus Vorstellungen John Calhouns und Hugo Preuß' wurde durch den Vorschlag abgeschlossen, "to make the Prussian provinces separate states"[40]. Ein schlüssiges Programm weitgehender Föderalisierung und einer aufgelockerten lokalen Struktur stand damit zu Verfügung.

Allerdings war es nicht Morgenthau, der sich durchsetzte. Die Gemäßigten traten zwar ebenfalls ein für eine beträchtliche Schwächung deutscher Macht, für politische und wirtschaftliche Dezentralisierung, für Umerziehung etc., aber nicht für die Zerstückelung Deutschlands und nicht für die Vernichtung seiner hochentwickelten Struktur. Davon abgesehen hatten auch die Gemäßigten eine klare und schlüssige Vorstellung von einer föderativen, demokratischen deutschen Verfassung. "To that end", so hieß es in einer Anweisung an die Besatzungstruppen vom 23. März, die Präsident Truman am 10.5.1945 billigte, "you will encourage autonomy in regional, local and municipal agencies"[41]. Dabei blieb es auch in den folgenden Jahren. "German governmental structure shall be federal in character [...], and the constituent units hereof shall be States", hieß es in einer grundlegenden Richtlinie der Militärregierung vom 30.9.1946, in der auch das Prinzip der Volkssouveränität betont und soweit möglich die Dezentralisierung anempfohlen wurde[42]. Die Absicht, Deutschland zu föderalisieren, hatte 1943 auf der Ebene der Ministerialbürokratie konkrete Gestalt angenommen und gehörte seitdem zur Argumentation vor allem des Außenministeriums, das im übrigen

---

40 FR, 1944, Quebec Conference, S. 101-06.

41 FR, 1945, Bd. III, S. 486. — Zur amerikanischen Politik generell Hermann-Josef Ropieper: "'Deutschland' und die amerikanische Stabilisierungspolitik in Europa 1945-1955", in: Peter Krüger(Hg.) : Kontinuität und Wandel in der Staatsordnung der Neuzeit. Marburg 1991, S. 112-128.

42 Instruktiv Barbara Fait: "'In einer Atmosphäre von Freiheit'. Die Rolle der Amerikaner bei der Verfassunggebung in den Ländern der US-Zone 1946", in: VfZ 33 (1985), S. 420-55.

von Anfang an für die Auflösung Preußens eintrat,[43] eine dezidierte Distanzierung von der Weimarer Reichsverfasung. Bis in die Vorbereitungskurse für die künftigen Besatzungsoffiziere reichte die einhellig propagierte Auffassung, daß die beherrschende Stellung Preußens die bundesstaatliche Struktur des Reiches völlig verzerrt und erheblich zum Zusammenbruch der Weimarer Republik beigetragen habe. Einige wenige offizielle und private Stimmen warnten davor, daß Föderalisierung die wirtschaftliche Lage verschärfen werde. Im allgemeinen sah man diese Gefahr als gering an; der einheitliche Wirtschaftsraum sollte davon nicht berührt werden.

Aufschlußreich ist das gemeinsame Programm von Außen- und Kriegsministerium aus dem März 1945. Es läßt darauf schließen, daß die Experten in beiden Ministerien sich vertraut gemacht hatten mit der deutschen lokalen Selbstverwaltung, dem deutschen Föderalismus und seinen territorialen Problemen und mit den Reichsreform-Diskussionen in der Weimarer Republik. Die sich daraus ergebende traditionelle Struktur begünstigte es, den Neuaufbau einer deutschen Demokratie bei den Gemeinden zu beginnen. "Political decentralization", stellte ein vorbereitender Ausschuß fest, "may be provided by Federalism. Federalism is construed to mean a constitutional distribution of legislative, judicial, executive, and administrative functions" zwischen der Zentralregierung und den Einzelstaaten oder Ländern. Das bedeutete die Wiedereinrichtung von Ländern als Staaten im eigentlichen Sinne, ausgestattet mit allen erforderlichen politischen und administrativen Funktionen. Damit war zugleich der Grundsatz der Gewaltenteilung als maßgebend zum Ausdruck gebracht. Föderalismus und lokale Selbstverwaltung, die als besonders wichtig galt, sollten "to the maximum" ermutigt werden. Das Prinzip der Homogenität lag der Forderung zugrunde, die Ländergrenzen zu korrigieren, den Ländern selber in den wesentlichen Punkten einander angeglichene Verfassungen zu geben und Preußen aufzulösen — dies ausdrücklich auch noch zu dem Zweck, das Bollwerk des deutschen Militarismus zu vernichten. Außerdem schlug man "intermediate levels", eine Regierungsebene zwischen der Gemeinde und dem Land vor. Alle Funktionen, die sich sinnvoll dezentralisieren ließen, sollten so weit unten wie möglich angesiedelt werden[44]. Es war also durchaus folgerichtig, daß die amerikanische Regierung sich zunächst einmal intensiv um den Aufbau der Länder, ihre demokratische und administrative Struktur und den Prozeß ihrer Verfassunggebung kümmerte. Und es handelte sich um mehr als eine bloße Formalität, als der alliierte Kontrollrat am 25.2.47 in seinem Gesetz Nr. 46 entschied: "Der Staat Preußen, der seit jeher Träger des Militarismus und der Reaktion in Deutschland gewesen ist, hat in Wirklichkeit zu bestehen aufgehört." Seine Auflösung war "geleitet von dem Interesse an der Aufrechterhaltung des Friedens und der Sicherheit der Völker und erfüllt von dem Wunsche, die weitere Wiederherstellung des politi-

---

43 Harley Notter: Postwar foreign policy preparation, 1939-1945. Department of State, Washington, D.C. 1949, S. 554-60; FR, 1944, Bd. I, S. 306.

44 "Decentralization of the Political Structure of Germany", 23.3.1945; VfZ 24 (1976), S. 316-20.

schen Lebens in Deutschland auf demokratischer Grundlage zu sichern"[45]. Ein negatives Symbol war ausgelöscht. Zugleich wurde damit aber die Basis geschaffen für einen wirklichen Föderalismus und das Prinzip der Dezentralisation bekräftigt.

Im selben Monat, in dem Truman die maßgebenden Denkschriften und Empfehlungen billigte, im Mai 1945, veröffentlichte Arnold Brecht, Staatsrechtler und hoher Ministerialbeamter im preußischen Innenministerium in der Weimarer Republik, sein einflußreiches Buch über: "Federalism and regionalism in Germany. The division of Prussia." Es war eine gründliche und klare Untersuchung, die hauptsächlich auf Erfahrungen mit der Weimarer Republik beruhte, Empfehlungen für die Wiedereinrichtung des Föderalismus enthielt, und im übrigen die Auffassungen der Gemäßigten in der amerikanischen Regierung untermauerte. Die Absicht war, einen Beitrag zu Deutschlands künftiger Stellung im Zusammenhang des europäischen Wiederaufbaus zu leisten. Brecht wirkte als Universitätsprofessor und als Dozent in amerkanischen Regierungsinstitutionen mit an den Vorbereitungen für die Nachkriegszeit. In einzigartiger Weise verband er die Schulung als Jurist und Politikwissenschaftler mit unvergleichlicher Erfahrung als hoher Regierungsbeamter in den Debatten über die Reichsreform in der Weimarer Republik. Später, im Frühjar 1948, wurde er amerikanisches Mitglied in einer internationalen Untersuchungs- und Beratergruppe von fünf Wissenschaftlern, die Deutschland besuchten und mit deutschen Politikern und Experten in der amerikanischen Besatzungszone den föderativen Wiederaufbau erörterten[46]. Dies geschah unmittelbar bevor die westlichen Alliierten die Vorbereitungen für einen westdeutschen Staat in Gang setzten. Brecht legte der amerikanischen Militärregierung seinen Bericht eine Woche nach der Übergabe der Frankfurter Dokumente am 1.7.1948 an die westdeutschen Ministerpräsidenten vor.

Brechts Bericht, eine wichtige Quelle, bietet eine Mischung amerkanischer und deutscher Auffassungen, und die Kluft zwischen ihnen schien nicht sehr groß. Die Schwierigkeiten konzentrierten sich in den klassischen föderalistischen Themen, die in Deutschland früher ebenso umstritten waren wie im Parlamentarischen Rat 1948/49, in der Debatte über die Kompetenzen der Länder auf dem Gebiet der Gesetzgebung und Besteuerung und in der Gestaltung einer föderativen Kammer eines künftigen Parlaments. Über eine föderative Kammer stand in den amerikanischen Planungen wenig — aus naheliegenden Gründen. Brecht schlug eine Lösung vor, die jener sehr nahe kam, die schließlich Aufnahme in das Grundgesetz fand. Es lohnt sich, diese Passage als zusammengedrängtes Fazit des Diskussionsstandes in Westdeutschland Mitte 1948 ausführlich zu zitieren:

---

45 Amtsblatt des Kontrollrats in Deutschland, Nr. 14, S. 81.

46 Arnold Brecht: Mit der Kraft des Geistes. Lebenserinnerungen, zweite Hälfte, 1927-1967. Stuttgart 1967, S. 335-38, 353, 357-69, 464-69.

> "The opinion generally expressed by the Germans consulted has been that the second federal chamber should be composed of representatives of the Laender governments as had been the various federal councils (Bundestag, Bundesrat, Reichsrat) from 1815 to 1933; and that the consent of a majority in the second chamber should be required for any act of legislation and any federal regulation of administrative practices. The provision made in the Weimar Constitution for an overruling of the Council's veto by a 2/3 majority of the Reichstag should be discarded. In view of the fact that the Military Governments wish the German Laender to be strong within the German federation, it seems to me that some such structure of the second chamber as here described should be favored. A full share of the Laender in the federal legislative process is the strongest possible guaranty for the preservation of Laender rights in federal legislation. [...] It is true that popular election as in the U.S. of senators, free to express their own views and not bound in their votes by the views of their home governments, would have certain advantages also in Germany, especially in developing non-bureaucratic patterns of regional influences. However, it is obvious that the influence of the state governments will be stronger when their own representatives form the second chamber than it would be if the American model were adopted. [...] No views were expressed on the number of votes to be held by each state in the second chamber. It seems to me that neither full equality of votes nor full proportionality to population figures should be favored but rather classification in such a way as to give the largest Laender three votes, the smallest one and the average two votes each."[47]

In der Absicht, das deutsche Regierungssystem zu dezentralisieren, die Länder zu stärken und größere Verzögerungen zu vermeiden, wich die amerikanische Regierung auch von den eigenen verfassungspolitischen Traditionen und Überzeugungen ab und stimmte einer Lösung zu, die einige der herkömmlichen Mängel des deutschen Föderalismus bis in die Bundesrepublik übertrug. Die Vertretung der Länder im Bundesrat sollte weder gleich sein, noch aus einer Wahl hervorgehen: sie bildete wie bisher ein Bollwerk der hohen Bürokratie und verkörperte ein Relikt der staatenbündischen Tradition seit 1815. Außerdem bereitete das Steuersystem große Probleme im Hinblick auf die Festsetzung, die Steuerquellen und ihre Verteilung und die Verwaltung. Der Bericht Brechts und vor allem die Auseinandersetzungen im Parlamentarischen Rat spiegelten diese Schwierigkeiten wider. Die konkrete Ausgestaltung des Föderalismus war es denn auch, die eine ernste Meinungsverschiedenheit mit den Amerikanern und eine alliierte Intervention in den Beratungen verursachte. Die Vertreter der drei westlichen Alliierten verlangten eine stärkere gesetzgeberische Kompetenz der Länder gegenüber dem Bund, vor allem in der konkurrierenden Gesetzgebung, und eine bessere Fundierung der Befugnisse der Länder, ihre eigenen Finanzen

---

[47] Ebenda, S. 465 f.

zu regeln — alles in allem nur mit recht begrenztem Erfolg[48]. Immerhin, während der Gestaltungsphase von 1945-1949 gelang es den Vereinigten Staaten, die Voraussetzungen zu schaffen für eine föderative, demokratische Republik in Westdeutschland, die in den Grundzügen ihren Vorstellungen entsprach. Dies gelang auch deshalb ohne größere Schwierigkeiten, weil der Zusammenbruch staatlicher Macht in Deutschland 1945 vollständig war und die Militärregierung trotzdem unter weitgehender Berücksichtigung deutscher Traditionen vorging. Sie handelte, bei aller energischen Vertretung der eigenen Interessen, im Einklang mit der großen Mehrheit der Deutschen und ihrer politischen Repräsentanten.

Gerade mit Hilfe des föderativen Prinzips läßt sich schließlich auch noch einmal der tiefere Zusammenhang zwischen innen- und außenpolitischer Konzeption in der ausgreifenden amerikanischen Politik zeigen. Denn von einem übernationalen Standpunkt erhielt das Bestehen auf föderativen Grundsätzen noch eine weiterreichende Bedeutung. Die Reorganisation der internationalen Ordnung und die Wiederherstellung des Rechtes als universale Norm, das waren die maßgebenden, übergeordneten Richtlinien, sowohl in Regierungskreisen als auch in der öffentlichen Diskussion. Hervorragende Gelehrte wie Quincy Wright gaben den Belastungen und den Kämpfen des Zweiten Weltkriegs eine fundamentale und umfassende Bedeutung: "The alternatives which the world faces are imperial organization of the world by conquest, or a federalistic organization of the world by general consent. These alternatives constitute the issue about which the war is being fought."[49] Föderalismus empfahl sich als eines der besten Mittel, Macht zu begrenzen und auszubalancieren, innerhalb eines Staates ebenso wie innerhalb des internationalen Systems. Der Jurist Lawrence Preuss forderte, indem er Hugo Preuß und die Weimarer Reichsverfassung zitierte, daß man die Prinzipien des Völkerrechts sogar in die Länderverfassungen einfügen müsse, um sie dauerhaft zu verankern[50]. Die Debatte erstreckte sich von dem Ziel, eine neue Weltorganisation ähnlich dem Völkerbund zu gewährleisten, bis zu dem dringenden Verlangen, überall in der Welt die Herrschaft des Rechts, die bürgerliche Freiheit und die Gewaltenteilung aufzurichten, vor allem in den Ländern, die sich nicht daran gehalten hatten und zu einer Gefahr für die Menschheit geworden waren. Dies lief auf das Bemühen hinaus, den ungeheuren Problemen nach dem Zweiten Weltkrieg und der Sorge um eine bessere Zukunft auf der Basis liberaler Grundsätze, Methoden und Interessen zu begegnen.

Der Föderalismus als bevorzugtes Mittel supranationaler Organisation gewann besondere Bedeutung für die Wiederherstellung Europas. Das zeigte sich etwa in

---

48 Hans-Jürgen Grabbe: "Die deutsch-alliierte Kontroverse um den Grundgesetzentwurf im Frühjahr 1949", in: VfZ 26 (1978), S. 393-418.

49 The American Journal of International Law, 37 (1943), S. 98.

50 Ebenda, 41 (1947), S. 888-99.

der Erwartung, daß ein föderalisiertes Deutschland eine Verfassung annehmen würde, die offen sei für seine Eingliederung in einen europäischen Staatenbund[51]. Die Initiative des Marshall-Plans zielte in die gleiche Richtung. Allerdings weckte "a Germanocentric view of European affairs"[52] auch Zweifel wegen der Fortdauer jener besonderen Position, die Deutschland seit dem Anfang unseres Jahrhunderts in den amerkanischen Überlegungen über die politische Ordnung in Europa einnahm.

In jedem Fall aber waren die Veränderungen in der amerikanischen Politik, verglichen mit den Jahren 1917-1919, offensichtlich geworden; sie war ausgreifender, planvoller, energischer. Doch alle geschilderten Tendenzen enthüllen noch einen besonderen, in seinen Voraussetzungen schon 30 Jahre zuvor angelegten Aspekt der amerikanischen Politik, soweit sie sich mit dem deutschen politischen System beschäftigte. Die Vereinigten Staaten suchten womöglich die Welt, wenigstens aber eine größere Gruppe von Staaten, denen ihr besonderes Interesse galt, so einzurichten, daß sie im Einklang standen mit dem amerikanischen Verfassungs- und Gesellschaftssystem und daß sich internationale Bedingungen entfalteten, die ein liberales Rechts- und Interessensystem gewährleisteten. Derartige Bemühungen erhielten starke Unterstützung auf wirtschaftlichem Gebiet durch den Marshall-Plan, der auf Europa konzentriert und von besonderer Tragweite für Deutschland war. Die Regierung der Vereinigten Staaten war also bereit, internationale Verpflichtungen und Bindungen zu übernehmen, sofern die anderen Länder mit amerikanischen Grundsätzen übereinstimmten und amerikanischen Interessen neue Entfaltungsmöglichkeiten gaben. Den Frieden hielt sie für unvollständig, solange er nicht fest gegründet war in einem liberalen weltpolitischen und weltwirtschaftlichen System unter den Normen des Rechts. Als der Traum dahinschwand, ein solches globales System, verkündet in der Atlantik-Charta, unter Einschluß der unterentwickelten Länder aufzubauen, da hatte es eine gewisse Folgerichtigkeit, die amerikanischen Anstrengungen auf entwickelte Länder von ähnlicher Struktur zu konzentrieren, die — aus welchen Gründen auch immer — mit den amerikanischen Vorstellungen übereinstimmten. Dies war eine der Wurzeln des Marshall-Plans, der teilweise den Restbestand der globalen Pläne bildete, angepaßt an die ganz ungewöhnliche Situation in Europa.

Darüber hinaus waren all diese Anstrengungen, das weltpolitische und weltwirtschaftliche System entsprechend amerikanischen Ideen zu stabilisieren, verknüpft mit ähnlichen Anstrengungen zu Hause. Die Zukunft der amerikanischen Ideale galt es zu verteidigen gegen Desillusionierung, fundamentale Kritik und gesellschaftliche Spannungen. Mit dem Zweiten Weltkrieg hatte die europäische Herausforderung für die Vereinigten Staaten eine neue Dimension erreicht. Deutschland verursachte ungeheure Veränderungen und Zerstörungen

---

51 Brecht (wie Anm. 46), S. 469.

52 Henry Cord Meyer: Five images of Germany.Washington, D.C. 1960, S.33. — Allgemein Hans-Jürgen Schröder (Hg.) : Marshallplan und westdeutscher Wiederaufstieg. Stuttgart 1990, bes. S. 239-253.

in Europa, neue Probleme und Machtstrukturen, die weit über Europa hinausreichten, und Gefahren, die eine außergewöhnliche amerikanische Anstrengung erforderlich machten. Die Situation wurde verschärft durch die Tatsache, daß hinter der europäischen Herausforderung die sowjetische sich erhob. Demgegenüber erschienen Verhaltensweisen, die man bisher verabscheut und gemieden hatte, unausweichlich: Dauernde amerikanische Verpflichtungen, traditionelle Machtpolitik und ein Bündnis mit den übrigen westlichen, liberaldemokratischen Ländern. Dazu gehörte in besonders wichtigen und umstrittenen Regionen, wie in Deutschland, auch die Durchsetzung ähnlicher, Gemeinsamkeit verbürgender Verfassungsstrukturen. Mitten durch Deutschland ging dabei die Frontlinie zwischen antagonistischen Machtbereichen, politischen und gesellschaftlichen Systemen. Daher war die deutsche Teilung bis zu einem gewissen Grade auch eine Folge der amerikanischen Verfassungspolitik in Deutschland und der grundlegenden Verfassungsentscheidungen beider Seiten, der Westdeutschen wie der Amerikaner.

Germán Ruipérez

Zum Einsatz des Personalcomputers im universitären Fremdsprachenunterricht*

0. Vorbemerkung

Die theoretische Grundlage für die Verwendung des Computers im Unterricht waren die Thesen des amerikanischen Psychologen B.F. Skinner in den fünfziger Jahren. Aufgrund seiner Überlegungen entwickelte sich in den USA im Laufe der sechziger Jahre mit dem Auftreten des Computers im Unterricht eine neue wissenschaftliche Disziplin, die den Namen CAI (Computer Aided Instruction) trug. Darin sah man die Chance für einen Bildungsfortschritt, für die Individualisierung des Unterrichts und letzten Endes aufgrund der Verwendung des Computers als "Lehrmaschine" einen gangbaren Ausweg aus dem damaligen Bildungsnotstand. Andererseits war es für die Industrie eine günstige Gelegenheit, neue bisher unbekannte Märkte zu erschließen[1]. All diese Elemente führten zwangsläufig zu einer am Anfang ansehnlichen Popularität von CAI in den USA.

Diesem Ziel entsprechend entstanden in der Folge berühmt gewordene Projekte, wie z.B. PLATO (Progammed Logic for Automatic Teaching Operations), dessen Hauptzentrum die University of Illinois war. Dieses großangelegte Vorhaben umfaßte zahlreiche Disziplinen, die vom Einsatz des Computers profitieren konnten, darunter selbstverständlich den deutschen Fremdsprachenunterricht (Erfahrungsberichte vermitteln uns u.a. Grundlehner[2] und Smith[3]).

Die USA erlebten damals eine Zeit der Computer-Euphorie, da diese Rechner bisher unbekannte Möglichkeiten im Unterricht boten. Dennoch entwickelte sich später eine gewisse Enttäuschung, weil sich die Anwendung des Computers

---

* Diesem Aufsatz liegt der am 26. Juni 1987 an der Philipps-Universität Marburg gehaltene Vortrag zugrunde.

1 Lechleuthner, A.: Computerunterstützter Unterricht — nicht mehr aufzuhalten. In: Computer Persönlich, 1986, Heft 8, S.125.

2 Grundlehner, Ph.: PLATO: German reading, English as a second language, and bilingual education. In: System, 1974, S.69-76.

3 Smith, B.: PLATO gibt Deutschstunden? In: H. Brückner (Hrsg.), Lehrer und Lernende im Deutschunterricht — Kongreßbericht der VI. Internationalen Deutschlehrertagung vom 4.-8. August 1980 in Nürnberg, Berlin-München-Wien-Zürich 1981, S.506 f.

öfters auf ein Frage-Antwort-Spiel beschränkte und alles mit sehr hohen Kosten verbunden war. Man arbeitete in der damaligen Zeit lediglich auf Großrechnern oder Mainframes, deren Anschaffungs- und Wartungskosten stets beträchtlich gewesen sind. Im Grunde wurde die Effektivität solcher Medien und ihr tatsächlicher Einsatz — nicht jedes Bildungszentrum konnte die Erwerbung eines monströsen und kostspieligen Großrechners in Erwägung ziehen — in Frage gestellt.

Als die Mikrocomputer in den siebziger Jahren auf dem Markt erschienen, änderte sich plötzlich diese Situation. Sie waren verhältnismäßig erschwinglich, klein und sehr beweglich, so daß erst zu diesem Zeitpunkt ihr Einsatz im Unterricht in Frage kam; deshalb wurden sie anfangs zur Durchführung einfacher Übungen eingesetzt, denn ihre anfänglichen Leistungsmerkmale waren hinblicklich ihres geringen Arbeitsspeichers, ihrer niedrigen Verarbeitungsgeschwindigkeit und des mageren Softwareangebots beschränkt. Zu Beginn der achtziger Jahre wurden jedoch die technischen Leistungen dieser kleinen Rechner derart verbessert, daß sie die Mainframes zu verdrängen begannen: außer ihrer leichten Transportierbarkeit waren sie z.B. in den Graphikmöglichkeiten vielen Großrechnern überlegen, selbst wenn einige der bereits erwähnten Nachteile teilweise immer noch vorhanden waren[4].

Der computerunterstützte Unterricht (CUU) verbreitete sich rapide, aber im Fremdsprachenunterricht verspätete sich der Einsatz aus verschiedenen Gründen (vgl. Ahmad et al.[5] und Leech/Candlin[6]). Roberts[7] begründet diesen Interessenmangel mit der Behauptung, der Computer sei für viele Fremdsprachendozenten kein adäquates Mittel, da die Beherrschung der gesprochenen Sprache, die im Unterricht von Fremdsprachen von größter Bedeutung ist, mittels dieser Maschine — falls vorhanden — generell unvereinbar sei.

In Europa verzögerte sich ihr Einsatz, da der Computer erst seit sehr wenigen Jahren im Unterricht eigeführt worden ist. Der Alte Kontinent hat aber jetzt die Folgen dieser langjährigen Vernachlässigung von CAI zu tragen, wie Geens durchblicken läßt[8].

---

[4] Lechleuthner, A.: Computerunterstützter Untericht... 1986, S.125.

[5] Ahmad et al.: Computers, Language Learning and Language Teaching. London-New York-New Rochelle-Melbourne-Sidney 1985.

[6] Leech, G./Candlin, C.N. (eds.): Computers in English Language Teaching and Research. London-New York 1986.

[7] Roberts, G.: Computers and second language learning. In: C. Terra (Hrsg.). Using Micro-Computers in Schools, New York 1985, S.147-156.

[8] Geens, D.: Computers and Language Education: A Case for Cognitive Learning. In: Review of Applied Linguistics, 66/1985, S.49-60.

Wir wollen nun unseren Blick auf den CALL (Computer Assisted Language Learning), — auch computergestützter Fremdsprachenunterricht genannt — richten, und in dieser breit angelegten Thematik möchten wir zwei Einschränkungen machen:

1. Unsere Überlegungen richten sich hauptsächlich auf den Einsatz von Personalcomputern im Hochschulbereich. Sicher gibt es Gemeinsamkeiten mit dem CALL an Schulen, was andererseits gewisse Differenzen nicht ausschließt. Zunächst handelt es sich also lediglich um Erwachsenenausbildung, die erfahrungsgemäß durch besondere Lernbedingungen gekennzeichnet ist. Die schnellere Verarbeitungszeit jüngerer Erwachsener ermöglicht hier eine zügigere Einarbeitung in die "Computer-Denkweise", so daß das für jeden Anfänger lästige und zeitraubende Vertrautwerden mit diesen Rechnern auf ein Minimum reduziert werden kann, damit der Computer im Sprachunterricht nicht selbst Ziel ist, sondern ein nützliches Mittel werden kann. Zum anderen weisen Universitäten in der Regel einen langjährigen Umgang mit den Computern auf, denn die meisten von ihnen verfügen über ein Rechenzentrum. Man muß jedoch zugeben, daß bisher sehr oft fast lediglich die naturwissenschaftlichen Abteilungen Zugang dazu gehabt haben. Für Geisteswissenschaftler sind die Computeranlagen der Rechenzentren teilweise "gesperrt" gewesen, und infolgedessen haben sie sehr sporadisch davon Gebrauch gemacht, wie Solveig Olsen, Professor für Germanistik an der North Texas State University, es hinsichtlich amerikanischer Universitäten konstatiert hat[9].

2. Wir möchten uns nur auf die sogenannten Personalcoumputer beschränken, deren Definition nicht ganz leicht ist. Da es eine deutliche definitorische Abgrenzung zwischen verschiedenen Bezeichnungen für kleine Computer nicht gibt (z.B. Mikro-, Mini-, Home-, Pocket- und Personalcomputer), möchten wir hier zunächst zwischen dem kleinen und zumeist tragfähigen Mikrocomputer und dem Großrechner oder Mainframe differenzieren. (Vgl. Berger[10], Schulze[11]).

In der Unterrichtspraxis ist gegenwärtig der Personalcomputer gegenüber dem Großrechner durch verschiedene Merkmale gekennzeichnet, die bei seinem Einsatz im Unterricht von höchster Bedeutung sein können. Zunächst bietet der Persoalcomputer gewisse Dezentralisierungsmöglichkeiten, so daß die stets wenig angenehme Arbeit an Terminals nicht mehr erforderlich ist und darüber hinaus eine größere Bewegungsfreiheit gewonnen wird.

---

[9] Olsen, S.: Foreign Language Departments and Computer-Assisted Instruction: A Survey. In: The Modern Language Journal, 64/1980, S.341-349.

[10] Berger, R.: Microcomputer im Lehren und Lernen einer Fremdsprache. In: IDV-Rundbrief, 1984, Heft 33, S.24-32. Insbesondere S.27.

[11] Schulze, H.H.: Das Rororo-Computer-Lexikon. Reinbek b. Hamburg 1984.

Aber auch ihre meist höhere Anwenderfreundlichkeit zählt zu ihren Stärken. Die Hersteller möchten immer breitere Bevölkerungsschichten, unabhängig von ihrem Bildungsstand, mit ihren kleinen Computern verlocken, um ihre Umsätze steigern zu können. Da die noch heute schwierige Handhabung dieser Geräte negative Auswirkungen auf eine eventuelle Kaufentscheidung hat, wird immer häufiger seitens der Computerbranche — sowohl der Hardware- wie auch der Softwarehersteller — gesteigerter Wert auf Anwenderfreundlichkeit gelegt. Deshalb läßt sich z.B. die hohe Anzahl von guten Textverarbeitungsprogrammen sowie Interpretern mit einem überdurchschnittlich hohen Grad von Interaktivität verstehen, die für viele dieser Personalcomputer verfügbar sind (vgl. Gregor/Krifka[12]). Mainframes sind, was die Software angeht, eher auf compilierte Programmiersprachen mit einer bei weitem höheren Verarbeitungsgeschwindigkeit angewiesen.

1. Determinierende Faktoren

Über den Personalcomputer-Einsatz im Sprachunterricht wurde bisher von verschiedenen Seiten berichtet. Im folgenden wollen wir die *positiven* Merkmale dieses Mediums hervorheben, die aus der Unterrichtspraxis in verschiedenen Ländern herausgestellt wurden. Wir stützen uns dabei vor allem auf Berichte von engagierten Dozenten und Lehrern, die hautnah die Folgen der Einführung dieses neuen Arbeitsmittels miterlebt haben (u.a. Olsen[13], Schäffer[14], Hope[15], Etzler[16], Fauconneau Dufresne[17] und Friedrich[18]). In unseren Ausführungen sind wir von der z.Z. realistischen Bestandsaufnahme des CALL ausgegangen, daß der Computer vorwiegend für Übungsaufgaben eingesetzt wird. Auf andere Anwendungen insbesondere im Bereich der sogenannten Künstlichen Intelligenz[19], die künftig einen reibungslosen Dialog Mensch-Maschine bewirken

---

[12] Gregor, B./Krifka, M. (Hg.): Computerfibel für die Geisteswissenschaften. Einsatzmöglichkeiten des Personalcomputers und Beispiele aus der Praxis. München 1986. S.45ff.

[13] Olsen ,S.: Foreign Language... 1980.

[14] Schäffer, R.H.: Meaningful practice on the computer: Is it possible? In: Foreign Language Annals, 14/1981,S.133-137.

[15] Hope, G.: Elementary French computer-assisted instruction In: Foreign Language Annals, 15/1982, S.347-353.

[16] Etzler,H.: Rechtschreibschwächen ade. In: Computer Persönlich, 1986, Heft 8,S.124.

[17] Fauconneau Dufresne, E.: Konzeption und Anwendung eines Lernprogramms für deutsche Grammatik. In: Zielsprache Deutsch, 1986,Heft 2, S.3-6.

[18] Friedrich, M.: Einsatz eines Apple IIe-Mikrocomputers in der Sprachabteilung des Goethe-Instituts Madrid. In: Zielsprache Deutsch,1986, Heft 2, S.13-23.

[19] Zum mittlerweile klassischen, von Joseph Weizenbaum 1966 entwickelten Programm für eine computerunterstützte natürliche Kommunikation namens ELIZA, siehe Jung, U.: Angewandt-

könnte, möchten wir nicht eingehen, wie auch nicht auf den Computer als Fernsteuerungsgerät.

Im Vergleich zu anderen Medien gibt es bei computerunterstützten Übungen eine beträchtliche Steigerung der Motivation unter den Lernenden, was anscheinend mit der hohen Anziehungskraft (Prestigesymbol?) zu tun hat und generell für die Anwendung des Computers im Unterricht gilt. Sogar bei jungen Legasthenikern zeigte sich der Computer als das geeigneteste Mittel, und das, wie Etzler berichtet[20], aus verschiedenen Gründen. Einerseits wirkte die Bedienung einer Computer-Tastatur streßmindernd, da die einzelnen Buchstaben bereits auf der Tastatur gezeichnet waren, und so wurde die Konzentration der Legastheniker im Vergleich zum traditionellen Unterricht erheblich erleichtert. Ferner verschwand hier die bei Legasthenikern übliche Angst vor unbeherrschbaren Reaktionen des Lehrers, weil der Computer keine Fehler bestraft und einen emotional entspannten Lernprozeß möglich macht. All das führte zu äußerst positiven Ergebnissen: "Unter der Aufsicht von Psychologen, Heilpädagogen und Erziehern wurde das Programm getestet. Bei einer systematischen Anwendung des Programmes ergab sich ein um 35 Prozent höherer Lernzuwachs, als mit herkömmlichen Trainingsmethoden erreicht worden wäre"[21].

Von Anfang an zeigte der Computer hervorragende Charakteristika für den individualisierten Lernprozeß, was ohne Zweifel mit geeigneter Software verstärkt werden kann[22]. Vor dem Bildschirm sitzt bei Computerübungen in der Regel lediglich eine Person, die mit diesem Rechner kommuniziert. Zusätzliche Teilnehmer an diesem Kommunikationsvorgang sind wohl möglich, aber angesichts der spezifischen Arbeitsbedingungen des Computers nur mit Schwierigkeiten denkbar. So kann der Computer aufgrund seiner Interaktivitätsmöglichkeiten das individualisierte Üben fördern, und dementsprechend eine individuelle Fehlerdiagnose und -korrektur vornehmen.

Ein entscheidender Faktor bei der hohen Interaktivität eines Computers ist nämlich seine sofortige Rückmeldung bei geeigneter Courseware. Nach der Eingabe der entsprechenden Daten seitens des Lernenden kann der Computer eine Antwort geben, und damit wird der Lernende zu einer weiteren Handlung gefordert.

Linguistische Aspekte des Einsatzes von Computern im Sprachunterricht. In: Langenscheidt Redaktion (Hrsg.), Computergestützter Fremdsprachenunterricht — Ein Handbuch. Berlin-München 1985, S.77-91.

20 Etzler, H.: Rechtschreibschwächen ade... 1986.

21 Etzler, H.: Rechtschreibschwächen ade... 1986. S.124.

22 Bennet, T.J.A.: Computer-Assisted Language Learning (CALL). In: Bulletin CILA,41/1985,S.111-119.

Bei guter Lernsoftware sollte diese Rückmeldung immer mit einer spontanen Antwort eines Lehrers in ähnlicher Situation vergleichbar sein[23].

Bei computergestützten Sprachübungen wird der Lehrer durch den Computer ersetzt, was zu einer beträchtlichen Arbeitsentlastung desselben führt. Die sehr oft durch Monotonie gekennzeichneten Sprachübungen werden von dem Computer selbständig erledigt, so daß sich der Lehrer auf kreativere Dinge konzentrieren kann. Die damit einhergehende Steigerung der Lehrleistungen wird durch ein Gerät ermöglicht, das eine unbegrenzte Geduld hat, v.a. bei Sprachübungen (drill-and-practice)[24]. Da die meisten Sprachübungen auf Computer-Basis außerhalb der Unterrichtsstunden durchgeführt werden, wird der Unterricht selbst von viel Monotonie, die bei Drill-Sprachübungen entstehen kann, zugunsten der Kreativität befreit.

Im Vergleich zu anderen im Sprachunterricht einsetzbaren technischen Medien wie Video und Tonband unterscheidet sich der Personalcomputer durch seine fehlende Linearität beim Zugriff der gespeicherten Information. Die Aufteilung seiner Information kann so gestaltet werden, daß der Zugriff auf gespeicherte Angaben — mit Hilfe z.B. von geeigneten Directorys, indexierten Dateien usw. — ohne Verzögerung erfolgen kann. So kann beispielsweise fortlaufend eine automatische Anpassung an die Bedürfnisse des Lernenden stattfinden. Hinzu kommt die bei den meisten Programmiersprachen existierende Random-Funktion, die (Pseudo)-Zufallszahlen generiert und bei geeigneter Verwendung in der Lernsoftware den Eindruck von einer erheblichen Steigerung der erwähnten Nicht-Linearität erwecken kann.

Es gibt andere Faktoren, die gegen die Verwendung des CALL sprechen. Hervorzuheben ist die Tatsache, daß verschiedenen Berichterstattungen zufolge eine starke computerfeindliche Einstellung der Universitätsverwaltung oft das größte Hindernis gewesen ist, um den Computer im Unterricht einsetzen zu können. Diese *negativen* Aspekte sind verschiedenster Art und treten in den meisten Fällen nicht isoliert auf.

In der von Olsen[25] durchgeführten Umfrage waren unter den 62 befragten Sprachabteilungen an amerikanischen Universtitäten die hohen Kosten der Hardware bei weitem einer der entscheidenden Faktoren, die beim Einsatz des Computers für Sprachübungen am meisten hindernd gewirkt haben. Man arbeitete vorwiegend an Terminals, die an teuren Großrechnern angeschlossen waren, so daß dieser Einwand als gerechtfertigt angesehen werden kann.

---

23 Hope et al.: Der Einsatz von Computern im Fremdsprachenunterricht. In: Langenscheidt Redaktion (Hrsg.), Computergestützter Fremdsprachenunterricht... 1985, S.7-66. Insbesondere S.9 u. 16.

24 "The computer is an obedient beast and will readily take on the role of drudge if required to" Higgings, J./Johns, T.: Computers in Language Learning. London-Glasgow 1984, S.9.

25 Olsen, S.: Foreign Language... 1980.

Heutzutage werden für diese Aufgaben die erschwinglicheren Personalcomputer vorgezogen. Trotzdem besteht man häufig auf diesem Einwand. Die Leistungsfähigkeit eines Personalcomputers wird mit der von Büchern verglichen, und so fällt die Entscheidung oft zu Lasten des Computers aus: Das Buch kennt in den meisten Fällen keine Preissenkung und wird mit der Zeit aufgewertet, was beim Computer nicht der Fall ist — jedesmal sind sie qualitätsmäßig besser und billiger, und gekaufte Geräte müssen oft jährliche Entwertungen von ca. 20 bis 30 % hinnehmen, was zwangsläufig zu einer stetigen Verzögerung der Kaufentscheidung führen kann, so daß die angestrebte Erwerbung eines derartigen Rechners manchmal nie erfolgt.

Da heutzutage viele Anwendungen des CALL sich lediglich auf nicht sehr überzeugende computergestützte Sprachübungen beschränken, fühlen sich viele potentielle Benutzer enttäuscht, sogar frustiert, wenn sie nach einem ersten Kontakt mit dem Computer in Erfahrung bringen, daß er die meisten Tätigkeiten eines Fremdsprachendozenten nicht ausführen kann. Sie nehmen so zur Kenntnis, daß der Einsatz des Personalcomputers als Lehrmaschine, wenigstens nach dem heutigen Entwicklungsstand, sehr unbefriedigend ist[26].

Administrative Hindernisse haben aber nach Meinung vieler CALL-Interessenten einen negativeren Effekt als ursprünglich erwartet, wenn es um die Einführung des Computers im Sprachunterricht geht. Abgesehen von der bereits erwähnten computerfeindlichen Einstellung vieler Beamter, die oft bei der Erwerbung einer Computeranlage mitentscheiden müssen, hört man oft Vorwürfe, inwiefern der Computer in einer geisteswissenschaftlichen Abteilung, die eher mit "Buchwissenschaften" zu tun hat, eine Sinn haben sollte. Da außerdem solche Abteilungen über die Infrastruktur, welche die Wartung, Ubikation, Aufsicht etc. derartiger Geräte ermöglicht, nicht zu verfügen pflegen, fällt eine positive Kaufentscheidung noch schwerer. Seitens dieser Abteilungen können außerdem zusätzliche interne Schwierigkeiten entstehen, wie z.B. das von vielen Professoren beklagte Manko an CAI-Fachpersonal. Aus der von Olsen[27] durchgeführten Umfrage läßt sich z.B. ableiten, daß in vielen Universitäten die Einführung von CALL der Pionierarbeit von einzelnen Lehrkräften zu verdanken war.

Die computerfeindliche Meinung vieler Lehrkräfte, die im Fremdsprachenunterricht tätig sind, ist of ein unüberwindbares Hindernis bei der Verwirklichung von CALL-Projekten. Manchmal stützen sie sich auf das Argument, der Computer im Unterricht trüge nur zur Enthumanisierung des Unterrichts bei, so daß die immer im Fremdsprachenunterricht anzustrebende mündliche Kommunikation verloren gehe[28].

---

26 Olsen, S.: Foreign Language... 1980. S.343.

27 Olsen, S.: Foreign Language... 1980.

28 Higgings, J./Johns, T.: Computers in Language... 1984. S.9ff.

Andererseits wird die Computer-Ära mit der industriellen Revolution gleichgestellt: Genauso wie damals bewirke der Einsatz von Maschinen zur Erledigung von Tätigkeiten, auf die zahlreiche Arbeitskräfte angewiesen seien, massive Entlassungen von Arbeitnehmern. Deshalb würde der Computer im Unterricht ebenfalls einen "Jobkiller-Effekt" haben[29].

Das sind die verbreitesten Argumente von Lehrkräften, die bisher keine eigene Erfahrung mit diesem neuen Medium gehabt haben. Dennoch beklagen sich einige CALL-Anwender über Frustrationsgefühle kurz nach dem ersten Kontakt mit dem Computer, vor allem angesichts bescheidener Ergebnisse im Vergleich zu den hohen Erwartungen, die darauf gerichtet worden waren[30].

Zuletzt möchten wir auf die gegen CALL geübte Kritik an der Software eingehen. Satistisch bewiesen scheint die Tatsache, daß die große Mehrheit von CALL-Benutzern über Programmierkenntnisse verfügt und darüber hinaus es wagt, ihre eigene maßgeschneiderte Software herzustellen. Aus diesem Grunde scheint es nicht verwunderlich zu sein, daß der große Zeitaufwand, den jede Programmierung mit sich bringt, als besonders nachteilig empfunden wird. Oft muß man lange Zeit vor dem Bildschirm sitzen, um nur eine einfache und oft in der Praxis wenig überzeugende Übung programmieren zu können.

Andere CALL-Anwender, die auf "hausgemachte" Lernsoftware verzichten wollen und sich eher für kommerzialisierte Programme entscheiden, werden mit der Tatsache konfrontiert, daß es auf dem Markt kaum Courseware für das Fach Deutsch als Fremdsprache gibt. Dieses eklatante Manko verschärft sich noch dadurch mehr, daß die Qualität der lieferbaren Programme viele Wünsche offen läßt; erst seit kurzem sind qualitätsmäßig bessere Programme auf den Markt gebracht worden[31]. Dennoch sind immer noch sehr kritische Stimmen diesbezüglich zu hören, wie z.B. Hertkorn[32], der in bezug auf die von den Softwareverlegern angegebene Gefahr von Raubkopien behauptet, "bei Deutsch als Fremdsprache besteht bisher keine Gefahr aus Mangel an qualitativ guten Programmen"[33]. Der meist angegebene Vorwurf ist nämlich, daß diese Software auf ungeeignete Weise an die CALL-Bedürfnisse angepaßt wurde. Zum anderen gibt es eine Fülle von Public-Domain-Software, die von engagierten CALL-Eingeweihten hergestellt wurde, die aber — wenn man überhaupt dazu Zugang hat und es sich

---

[29] Hope et al.: Der Einsatz ... 1985. S.12.

[30] Higgings, J./Johns, T.: Computers in Language... 1984. S.11.

[31] Taylor, H.: D.G. Liebowitz, Basic Vocabulary Builder on Computer, Lincolnwood 1984 (Apple II+/Apple IIe). Rezension . in: The Modern Language Journal, 69/1985, S.429 f.

[32] Hertkorn, O.: Buchbesprechung zu "Langenscheidt Redaktion (Hrsg.), Computergestützter Fremdsprachenunterricht... 1985". In: Informationen Deutsch als Fremdsprache [Info DaF] , 12/1985, S.500-503.

[33] Hertkorn, O.:Buchbesprechung ... , S.501.

um tatsächlich abgeschlossene Programme handelt, die fehlerfrei laufen können — ebenfalls an Qualitätsmangel leiden.

Der Professor für Germanistische Sprachwissenschaft an der Arizona State University, Daniel T. Brink[34], gibt verschiedene Gründe an, die "dieses Qualitätsproblem bei Programmen für den Fremdsprachenunterricht" bewirkt haben: 1.) Der anscheinend relativ wenigversprechende Markt; 2.) die Schwierigkeiten bei der Entwicklung von Lernsoftware, und 3. der Mangel an allgemein anerkannten Prinzipien und Merkmalen, die diese Programme aufweisen müssen.

Aus diesen Überlegungen muß nicht unbedingt abgeleitet werden, daß CALL im Fach Deutsch als Fremdsprache nutzlos ist. Trotz der meist gerechtfertigten Kritik gegen den Computer im Unterricht sind wir dennoch überzeugt, daß der Personalcomputer bei geeigneter Benutzung ein nützliches Hilfsmittel im universitäten Fremdsprachenunterricht sein kann. Man muß jedoch zugeben, daß zu diesem Zweck bestimmten Punkten eine größere Aufmerksamkeit als bisher geschenkt werden muß, um eine optimale Verwendung zu erreichen.

Ferner muß man eindeutige Vorstellungen haben, welche Lernziele wirklich mit dem Computer zu verfolgen sind. Erst dann würde CALL effektiv einsetzbar werden. Nach den bisherigen Ergebnissen hat sich der Computer als ausgezeichnetes Hilfsmittel zur Durchführung von Sprachübungen bei Anfängerkursen bewährt, eine Meinung, die von den Betroffenen ausnahmslos bestätigt wurde (u.a. Olsen[35], Hope[36]und Etzler[37]).

Innerhalb der angegebenen (positiven und negativen) Faktoren gibt es endogene (Hardware und Software) und exogene (administrative), die den Einsatz des Computers verhindern. Die exogenen Aspekte können durch adäquate Aufklärungsmaßnahmen entscheidend entkräftet werden. Da sich der computergestützte Unterricht nur durch eine Milderung der negativ auswirkenden endogenen Faktoren behaupten kann, scheint es notwendig, auf diese Faktoren näher einzugehen. Aus diesem Grunde werden im folgenden verschiedene Mindestanforderungen an die CALL-Hardware und -Software gestellt, denn damit können die meisten Einwände gegen CALL relativiert werden.

---

[34] Brink, D.: MLJ-Computer Corner. In: The Modern Language Journal, 69/1985, S.147-150, 275-279 u. 391-393.

[35] Olsen, S.: Foreign Language... 1980.

[36] Hope, G.: Elementary French computer-assisted... 1982.

[37] Etzler, H.: Rechtschreibschwächen... 1986.

2. Hardware

Die CPU der Zentraleinheit sollte mit einem modernen Mikroprozessor arbeiten, der u.a. Graphik etc. unterstützen kann. Das System sollte benutzerfreundlich sein: möglichst klein, tragfähig und ergonomisch. Diese Zentraleinheit sollte außerdem an einer professionellen Tastatur angeschlossen sein, und die Verwendung einer Maus sollte, falls diese in der Grundausstattung nicht eingeschlossen ist, vorgesehen sein. Sie würde bei Bildschirmeditoren — den geeignetesten bei Textverarbeitungssystemen — den Umgang mit den oft verwirrenden Cursor-Tasten überflüssig machen.

Vernetzungsfähige Personalcomputer sind nicht unbedingt vorzuziehen, denn im CALL wird der Computer vorwiegend nicht als Lehrmaschine gebraucht, sondern vor allem als individuelles Hilfsmittel, so daß man von teuren Vernetzungen Abstand nehmen kann und eher "stand-alone-computer" in Erwägung ziehen sollte[38].

Die Erzeugung von Zeichen auf dem Bildschirm sollte nicht ausschließlich mithilfe des ROM-Speichers erfolgen — d.h. durch einen fest gespeicherten Zeichengenerator — , um die Bildung von fremden Graphen, insbesondere diakritischen Zeichen, nicht zu behindern. Heutzutage leiden die meisten Personalcomputer und vor allem Großrechner unter diesem Fehler, so daß die Generierung von anderen Buchstaben, die im Festspeicher nicht vorhanden sind, oft unmöglich ist, ohne in die Innereien des Computers einzugreifen, wie es z.B. durch die Inhaltsänderung des programmierbaren Festwertspeichers oder EPROM mit Hilfe ultravioletten Lichtes öfters geschieht.

Im Fremdsprachenunterricht ist dies von höchster Bedeutung, denn der Lernprozeß verläuft in den meisten Fällen auf bilingualer Basis, so daß jeder Computer für den Fremdsprachenunterricht immer die Möglichkeit bieten sollte, eine unbegrenzte Zahl von Graphen auf dem Bildschirm zu erzeugen. Die bisher übliche und akzeptabelste Lösung ist die Verwendung von geeigneten Programmen, die als softeware-orientierte Zeichengeneratoren fungieren.

Der Tischrechner sollte, was die Lärmerzeugung angeht, möglichst umweltfreundlich sein. Noch heute werden viele Personalcomputer gebaut, die gegen die Erhitzung der inneren Mikroprozessoren geräuscherzeugende Lüfter verwenden, die Konzentrationsstörungen des Lernenden zur Folge haben. Zum anderen ist die Lärmerzeugnung vieler Laufwerke für den Unterricht vollkommen unannehmbar.

Die Peripheriegeräte der Personalcomputer sollen auch besondere Merkmale aufweisen, um eine optimale Verwendung zu erreichen. So z.B. sollte der Bildschirm u.a. über eine möglichst hohe Bildauflösung verfügen, um die Augen der Studenten nicht überflüssig zu strapazieren. Er sollte die Wiedergabe von aus-

---

[38] Brink, D.: MLJ-Computer... 1985. S.149.

ländischen Graphen uneingeschränkt ermöglichen (s.o), was durch die Benutzung von Graphik-Bildschirmen stark vereinfacht wird. Farbbildschirme sind vor Schwarz-Weißen nicht vorzuziehen, denn außer für ausgefallene Graphikzwecke (z.B. CAD/CAM) spielt Farbe bei computergestützten Übungen keine entscheidende Rolle. Im Gegenteil, die Auflösung und damit die Schärfe der Buchstaben bei Farbbildschirmen ist oft kleiner als bei vergleichbaren, die auf Schwarz-Weiß-Basis arbeiten.

Der externe Massenspeicher sollte aus — vorzugsweise in das Grundgerät eingebauten — Laufwerken bestehen, auf denen 5.25" (oder noch besser die robusteren 3.5") Disketten laufen. Die Speicherkapazität der Disks sollte nicht weniger als 300/500 KByte sein, um in jeder Arbeitssitzung nur mit einer Diskette arbeiten zu können.

Ein Drucker — z.B. ein erschwinglicher Near-Letter-Quality-Nadeldrucker — kann gute Dienste im CALL leisten. Dabei ist es äußerst wichtig, bestimmte Punkte zu beachten, vor allem, daß er jede Art von Graphen ausdrucken kann. Wenn er nicht über ausländische Zeichensätze verfügt, sollte er wenigstens die Software- bzw. Hardeware-Implementierung von fremden Zeichen möglich machen. Dazu sind die Graphik-Drucker, die sich auf eine Einzelnadel-Steuerung stützen, vorzuziehen[39].

Zusammenfassend muß hervorgehoben werden, daß eine geeignete Computer-Anlage die CALL-Sitzungen erheblich erleichtern kann. Da bisher die Computer insbesondere für Zahlenverarbeitungszwecke benutzt wurden, ist es nicht verwunderlich, daß ihr Umgang mit Strings in den meisten Fällen immer noch sehr primitiv vor sich geht. Die Erzeugung von ausländischen Zeichen — sowohl auf dem Bildschirm wie auf dem Drucker — ist bei den meisten Computern keine Selbstverständlichkeit, sondern eher die Ausnahme, obwohl diese für den Sprachunterricht von äußerster Bedeutung ist.

3. Software

Wir wollen uns zunächst mit den Mindestanforderungen an die CALL-Software beschäftigen, um anschließend bestimmte Merkmale der zur Zeit verfügbaren Mittel zur Herstellung dieser Software (Programmiersprachen etc.) zu erörtern.

Die Lernsoftware für den Fremdsprachenunterricht sollte zunächst einen hohen Grad von Kompatibilität zeigen. Die Austauschbarkeit von Lernsoftware bei Computern mit unterschiedlichen Mikroprozessoren ist in den meisten Fällen vollkommen ausgeschlossen, es sei denn, man verfügt über den richtigen Emulator, was oft recht schwierig ist und unerwartete Systemabstürze nicht ausschließt. Auf Computern, deren CPU mit demselben Prozessor arbeitet, sollte theoretisch die Software reibungslos undifferenziert laufen. Das ist in den mei-

---

[39] Brink, D.: MLJ-Computer... 1985. S.391ff.

sten Fällen aus verschiedenen Gründen jedoch nicht möglich; darunter gibt es einige, die am häufigsten auftreten: sie verfügen über verschiedene Betriebssysteme und/oder differenzierte Aufzeichnungsformate bei dem externen Speicher und/oder unterschiedliche interne Speicheradressierung.

Diese Nichttransportierbarkeit der CALL-Software hat dazu geführt, daß generell die CAI-Software, die auf den Markt gebracht wird, für die verbreitetsten Personalcomputer geschrieben wurde — hauptsächlich Apple II und mit Abstand IBM-PCs oder Kompatible — , um damit an einen breiteren Kreis von Anwendern zu gelangen, denn beide Modelle sind heutzutage angesichts der Anzahl von bisher verkauften Geräten quasi zum Standard geworden.

Manchmal vermißt man bei Lernsoftware eine ausgedachte Programmiergestaltung, so daß der Eindruck entstehen kann, daß viele Einzelheiten improvisiert wurden. Das betrifft nicht nur das allgemeine Konzept des ausgearbeiteten Programms, sondern auch einzelne Aspekte wie Graphik und Sound.

Auf die Dokumentation muß man ebenfalls viel Wert legen: Eine unvollständige oder mangelhafte Bedienungsanleitung kann das beste Programm untauglich machen. Der Informationsgehalt sollte groß sein, was nicht bedeuten muß, daß die Dokumentation irreführend bzw. unverständlich ist; bei einer aufmerksamen Lektüre sollte außerdem der eventuelle CALL-Benutzer einen detaillierten Eindruck über die Leistungen des Programmes erhalten, um das bei mangelhaften Programmen übliche "Probieren geht über Studieren" vermeiden zu können.

Nach Pusack[40] zeigt sich die Qualität eines CALL-Programms darin, inwiefern es die fehlerhaften Eingaben des Benutzers meistern kann. Er stellt dabei folgende Typologie für Fehlerbehandlung auf: 1.) Nichtauswertung, bei der nach einer kurzen Unterbrechung der Anwender weitergehen kann; 2.) die Falsch-/Richtig-Bewertung, welche die einfachste und geläufigste ist; 3.) Das "Pattern Markup" lokalisiert den Fehler, aber er wird nicht erklärt; 4.) Mithilfe der Fehlerantizipation werden die üblichsten Fehler im Programm berücksichtigt, damit sie bei ihrem Auftreten angemessen kommentiert werden; 5.) "Parsing": Jede Eingabe wird nach grammatischen Kriterien zerlegt und anschließend bewertet; dieses komplizierte Verfahren bringt viel Zeitaufwand beim Programmieren mit sich und nimmt andererseits viel Speicherkapazität, die bei Personalcomputern oft begrenzt ist, in Anspruch.

Es gibt weitere Punkte, die von großer Bedeutung sind, wie z.B. eine überlegte und komfortable Verzweigung oder Menüsteuerung und vor allem die statistische Auswertung. Die letztgenannte macht von der bei Computern gebotenen Möglichkeit Gebrauch, wonach die richtigen und falschen Antworten und der

---

[40] Pusack, J.P.: Answer-processing and error correction in foreign language CAI. In: System, 11/1983, S. 53-64. Siehe auch die in IFS Bibliographie M o d e r n e r Fremdsprachenunterricht (14/1983, Heft 1, S.73) erschienene Rezension.

zeitliche Prozeß jeder Computer-Sitzung statistisch erfaßt werden können. Bei der Kenntnisnahme solcher numerischen Ergebnisse seitens des Lernenden ist jedoch Vorsicht geboten, angesichts der möglichen Ressentiments, die gegen den Computer entwickelt werden können[41].

Zu den geläufigsten Mitteln zur Herstellung von CALL-Software zählen einige, die wir nach Schwierigkeitsgrad für den Programmierer geordnet haben: 1.) Autorensysteme, 2.) Autorensprachen und 3.) Programmiersprachen.

Mithilfe von Autorensystemen ist die Herstellung von maßgeschneiderten Sprachübungen eine relativ einfache Angelegenheit, selbst bei oberflächlichen Computer-Vorkenntnissen. Der Programmierer braucht nur einen vorgegebenen Übungstyp anzuwählen, um anschließend den jeweiligen Text der auszuarbeitenden Übung einzutippen. Der Rest wird vom Autorensystem erledigt, und auf diese Weise wird eine CALL-Übung hergestellt. In diesem Falle geht die vereinfachte und großzügige Übungsprogrammierung auf Kosten der beschränkten Zahl und Gestaltung der vorgegebenen Übungsmuster.

Die Autorensprachen — darunter ist PILOT wahrscheinlich die bekannteste — sind im Grunde übungsorientierte Programmiersprachen, die mehr als Grundkenntnisse in Informatik erfordern, um akzeptable Sprachübungen schreiben zu können. Die Zahl der Befehle zur Gestaltung von computergestützten Übungen ist sehr hoch, so daß die Verwendung dieser Sprachen zur Anfertigung jeder Courseware sehr anzuraten ist. Als nachteilig wird dabei die starke Linearität und damit die Nicht-Strukturierbarkeit empfunden.

Unter den höheren und prozedurorientierten Sprachen, die generell bei CAI und damit bei CALL ein breiteres Echo gefunden haben, ist BASIC mit Abstand die vorherrschende. Das liegt sicher an der Tatsache, daß diese Programmiersprache in den meisten Mikrocomputern implementiert bzw. in der Grundausstattung mitgeliefert wird. Die hohe Anzahl von bestehenden CAI-Programmen, die in BASIC geschrieben sind, ist ein entscheidender Vorteil dieser Sprache (vgl. Alegre[42]); ansonsten ist sie unter Progammierern sehr verrufen: Die Einheitlichkeit dieser Sprache ist nur vorgeblich vorhanden, denn es gibt auf dem Markt eine unüberschaubare Menge von untereinander nicht kompatiblen BASIC-Dialekten, die außerdem zum großen Teil nicht strukturiert sind. Darum erhalten oft strukturierte Sprachen wie PASCAL, dBASE III etc. den Vorzug, wenn es um die Entwicklung von CAI-Software geht (Daubach[43]; Kenning/Kenning[44]; Sacht[45]; Brehm/Karl[46]).

---

41 Hope et al.: Der Einsatz... 1985. S.44

42 Alegre, A.: Utilización de recursos informáticos en la didáctica de lenguas extranjeras. 1986. Manuskript .

43 Daubach, G.: Microsoft-Basic 80 für Personalcomputer mit CP/M Betriebssystem. Vaterstetten b. München 1983.

Zusammenfassend kann man für jede CAI-Sprache behaupten, daß generell Stringbefehle vermißt werden, die auf der traditionellen Grammatik beruhen, wie z.B. — auf der Grundlage der BASIC-Schreibweise — word$, vowel$, diphtong$, sentence$ usw. Diese Befehle sollten außer aus einem operativen Teil, auch aus einem deklarativen bestehen, um die Varietäten jeder Sprache im Auge haben zu können. So könnten wir am Anfang jedes Programms definieren, was wir beispielsweise unter Vokal in der deutschen Sprache verstehen, mit der folgenden Deklaration: vowel$ = "a", "e", "i", "o", "u", "ä", "ö", "ü". Solche Befehle würden die Arbeit von sprachorientierten Programmierern stark vereinfachen, denn der Umgang mit nichtenglischen Strings würde keine zusätzlichen Probleme nach sich ziehen. Die Schwierigkeiten sind allgemein bekannt, welche bei den in Computern nicht einheitlich genormten "fremden" Zeichen — also vom amerikanischen Normcode ASCII ursprünglich nicht vorgesehen — wie den umlautenden deutschen Vokalen oder dem Konsonanten ß, entstehen und nicht immer auf überzeugende Weise gemeistert werden können.

Andererseits ist bei diesen Sprachen der Mangel an Befehlen zur Berücksichtigung desselben Datenfeldes bei wiederholten Suchprozeduren in Datenbanken sehr beklagenswert.

4. Schluß

Trotz dieser Einwände sind wir doch überzeugt, daß der Personalcomputer eine wirkungsvolle Hilfe im universitären Fremdsprachenunterricht sein kann, vor allem zur Erledigung von individualisierten (Drill-)Übungen, um die Leistungen anderer Medien wie z.B. Sprachlabor zu ergänzen.

Um einen wirkungsvolleren und optimalen Einsatz des Computers im universitären Fremdsprachenunterricht zu erreichen, müssen jedoch v.a. die Hardware- und Softwarebedingungen stark verbessert werden, da exogene Faktoren wie computerfeindliche Einstellung des Lehrpersonals außer mit zielgerichteten Aufklärungsmaßnahmen zum Abbau vieler Mißverständnisse mit überzeugenderen Programmen und letzten Endes mit ausgezeichneten Ergebnissen entscheidend entkräftet werden können.

- Hardware: Eine stärkere Berücksichtigung textueller Bedürfnisse ist zu wünschen: Darstellung (auf dem Bildschirm und auf dem Papier) beliebiger Graphen in jeder Größe und in jedem Stil. So sind Personalcomputer wie Apple

---

[44] Kenning, M.J./Kenning, M-M.: Introduction to Computer Assisted Language Teaching. Oxford 1984.

[45] Sacht, H.-J.: BASIC-Dialekte verstehen und vergleichen. München 1985.

[46] Brehm, J./ Karl, G.A.: dBASE III — Einführung für Einsteiger und Nachschlagewerk für Profis.Niedernhausen/Ts. 1985.

Macintosh heutzutage der Trend (alternative Zeichensätze, akzeptable Sprach- und Musikausgabe, Graphikbildschirm, äußerst klein, kein lärmerzeugender Lüfter und Existenz von Emulatoren für Apple II-Programme) oder à la Macintosh (beispielsweise die Atari-ST-Familie).

- Software: Wünschenswert wäre qualitativ bessere CALL-Software, die aus gut durchdachten Programmen und unter besonderer Berücksichtigung der letzten für CALL relevanten Hardware-Fortschritte bestehen sollte — die meiste CALL-Software läuft vorwiegend auf einem vor etwa zehn Jahren konzipierten Personalcomputer (Apple II).

Die vom Medien-Referenten des Goethe-Instituts (München) geäußerte Meinung scheint deshalb in hohem Maße zutreffend zu sein: "Wir stehen sicher noch am Anfang im Einsatz des Mikrocomputers für den Sprachunterricht, die Möglichkeiten sind längst noch nicht ausgeschöpft, die Entwicklung geht weiter, und es wird sicher immer mehr nützliche und überzeugende Programme geben"[47].

---

[47] Berger, R.: Mikrocomputer im Lehren und Lernen einer Fremdsprache. In: Langenscheidt Redaktion (Hrsg.), Computergestützter Fremdsprachenunterricht — Ein Handbuch. Berlin-München 1985, S.109-114. Zitiert von S.114.

Bibliographie Walter Falk

Schmerz und Wort. Eine Studie über Frida Bettingen als Dichterin des Schmerzes. Phil.Diss. (Masch.), 2 Bde. - Freiburg 1957, 475 S.

Rilkes spanische Reise. — In: Spanische Forschungen der Görresgesellschaft. 1. Reihe, 14. Bd. 1959, S. 210-240.

Leid und Verwandlung. Rilke, Kafka, Trakl und der Epochenstil des Impressionismus und Expressionismus. — Salzburg 1961 (= Trakl-Studien, Bd. VI), 500 S. (Spanische Übersetzung von Mario Bueno Heimerle unter dem Titel: Impresionismo y Expresionismo. Dolor y transformación en Rilke, Kafka, Trakl. Madrid 1963, (erweitert um ein Nachwort), 628 S.)

Die Deutschen und der Stierkampf. — In: Festschrift für Johannes Vincke. 2 Bde. — Madrid 1962/63. 2. Bd., S. 795-849.

Heidegger und Trakl. — In: Filología Moderna. Madrid. H.4, 1961, S. 1-19 (Spanische Fassung von Pilar Cano). Deutsche Fassung — In: Literaturwissenschaftliches Jahrbuch. Neue Folge, Vierter Band 1963, S. 191-204.

Das Ereignis des Expressionismus. Zur Geschichte eines Stilwandels in der deutschen Literatur. — Habilitationsschrift (Masch.), 3 Bde. - Marburg 1967, 603 S.

Die erste deutsche Begegnung mit Góngora (Gleim - Jacobi - Herder). — In: Germ. Rom. Mschr. N.F. XVII, 1967, S. 26-52.

Wolframs Kyot und die Bedeutung der "Quelle" im Mittelalter. — In: Literaturwissenschaftliches Jahrbuch. Neue Folge, Neunter Band 1968, S. 1-63.

Impressionismus und Expressionismus. — In: Expressionismus als Literatur. Hrsg. v. Wolfgang Rothe. — Bern und Freiburg i. Br. 1969, S. 69-86.

Die Anfänge der deutschen Kunstballade. — In: Deutsche Vierteljahresschrift für Literaturwissenschaft und Geistesgeschichte. Jg. 44, 1970, S. 670-686.

Der erste moderne deutsche Roman: "Die drei Sprünge des Wang-Lun" von Alfred Döblin. — In: Zeitschrift f. dt. Philologie, 89. Bd., 1970, S. 510-531.

Komponentenanalyse und Epochendeutung. — In: Hommage à Maurice Marache. Les Belles Lettres Nice. Publications de la Faculté des Lettres et Sciences humaines de Nice. Nº11 1972, S. 139-153.

Das Nibelungenlied in seiner Epoche. Revision eines romantischen Mythos. — Heidelberg 1974, 267 S.

Der epochengeschichtliche Wandel beim frühen Goethe. — In: August Nitschke (Hg.) : Verhaltenswandel in der Industriellen Revolution. Stuttgart 1975, S. 41-48.

Vom Strukturalismus zum Potentialismus. Ein Versuch zur Geschichts- und Literaturtheorie. — Freiburg i. Br./München 1976, 400 S.

Der kollektive Traum vom Krieg. Epochale Strukturen der deutschen Literatur zwischen "Naturalismus" und "Expressionismus". — Heidelberg 1977, 294 S.

Über die Potentialgeschichte und ihre Perioden in der deutschen Literatur 1750-1890. — In: W. Haubrichs (Hrsg.): Probleme der Literaturgeschichtsschreibung. Zeitschrift für Literaturwissenschaft und Linguistik (LiLi), Beiheft 10. Göttingen 1979, S. 124-154.

Stil und Epoche. — In: Jahrbuch der Internationalen Germanistik, Jg. XII, 1981, S. 98-114.

Auswirkungen des epochalen Wandels auf Formen der Religiosität des 20.Jahrhunderts. — In: Religion und Zeitgeist im 20. Jahrhundert. Hg. von E. Horst Schallenberger. Stuttgart/Bonn 1982, S. 179-220.

Bemühungen um Erhellung der Gegenwart — Ein Weg zur kurzfristigen Diagnose der geistigen Situation. — In: ibw-Journal, 21. Jahrgang November 1983, Heft 11, S. 178-183.

Des Teufels Wiederkehr. Alarmierende Zeichen der Zeit in der neuesten Dichtung. Stuttgart/Bonn 1983, 80 S. (Slowenische Übersetzung des Beitrags über Tankred Dorst von Franc Friskovec in: Dialogi, Maribor 11/1984, S. 83-86.)

Epochale Hintergründe der antiautoritären Bewegung. Ein Beitrag zur literaturwissenschaftlichen Diagnose der Sozialgeschichte. Frankfurt/Bern 1983, 270 S.

Handbuch der literaturwissenschaftlichen Komponentenanalyse. Theorie, Operationen, Praxis einer Methode der Neuen Epochenforschung. In Zusammenarbeit mit den Mitgliedern eines Marburger Forschungsseminars. Frankfurt am Main/Bern/New York 1983, 227 S. (Japanische Übersetzung von Katsuhide Takenaka, Toyohashi 1987 ff.)

Parallele Ägypten. Die epochengeschichtlichen Verhältnisse in der ägyptischen und deutschen Literatur des 20. Jahrhunderts. In Zusammenarbeit mit den Mitgliedern des Projekts "Kairener Gegenwartsdiagnose". Frankfurt am Main/ Bern/New York/Nancy 1984, 200 S. (Arabische Übersetzung von Moustafa Maher, Kairo 1986).

Die Entdeckung der potentialgeschichtlichen Ordnung. Kleine Schriften 1956-1984. I. Teil: Der Weg zur Komponentenanalyse, 430 S. — II. Teil: Der Weg zur komponentialen Ordnung in der Geschichte, 378 S.- Frankfurt/Bern/New York 1985. Darin enthalten sind folgende bisher nicht veröffentlichte Vorträge und Studien:

Ein Brief an Martin Heidegger (verfaßt 1957). — In: Teil I, S. 61-82.

Der Gral, die Sünde und die Gnade bei Wolfram von Eschenbach (verfaßt 1961). — In: Teil I, S. 157-176.

Wer war Volker? (verfaßt 1962 / 1980). — In: Teil I, S. 177-202.

Der literarische Expressionismus in Deutschland (verfaßt 1964). — In: Teil I, S. 333-358.

Komponentenanalyse und Dialogik (verfaßt 1967). — In: Teil I, S. 379-390.

Gehört die Literatur zum 'Überbau'? (verfaßt 1970). — In: Teil II, S. 29-46.

Kategorien der Literatur (verfaßt 1971). — In: Teil II, S. 47-66.

Futurologische Möglichkeiten der Literaturwissenschaft (verfaßt 1972). — In: Teil II, S. 85-100.

Textlinguistik und Komponentenanalyse (verfaßt 1973). — In: Teil II, S. 101-112.

Die Neue Epochenforschung und Kant (verfaßt 1977). — In: Teil II, S.123-142.

Vorüberlegungen zur Identifizierung des Faktors X in der Geschichte (verfaßt 1977). — In: Teil II, S. 143-184.

Epochengeschichtliche Aspekte der Dichtungen von Barbara Frischmuth (verfaßt 1977/78). — In: Teil II, S. 215-234.

Das Problem des Fortschritts heute (verfaßt 1981). — In: Teil II, S. 253-266.

Neue Einsichten in die Ordnung des Menschlichen in Christa Wolfs 'Kassandra' (verfaßt 1984). — In: Teil II, S. 315-329.

Die Begriffe 'Gott', 'Teufel', 'Engel' in der komponential-analytischen Forschung (verfaßt 1983/84). — In: Teil II, S. 331-348.

Franz Kafkas Roman 'Das Schloß' im epochengeschichtlichen Zusammenhang (verfaßt 1984). — In: Teil II, S. 349-370.

Der Beitrag der Komponentenanalyse zur interpretatorischen Methodik. In: Germanistik — Forschungsstand und Perspektiven. Vorträge des Deutschen Germanistentages 1984, herausgegeben von Georg Stötzel. 2. Teil, Berlin/New

York 1985, S. 339-450. (Übersetzungen ins Arabische von Moustafa Maher, ins Chinesische von Yong Ping Li, ins Französische von Marguerite Pelissier, ins Japanische von Katsuhide Takenaka, ins Italienische von Nicoletta Negri, ins Portugiesische von Americo Vinga-Martins, ins Spanische von Walter Falk.)

Die Ordnung in der Geschichte. Eine alternative Deutung des Fortschritts. Stuttgart/Bonn 1985, 477 S. Darin enthalten sind die folgenden bis dahin nicht veröffentlichten Arbeiten:

Der Faktor X in der Geschichte (verfaßt 1973), S. 106-138.

Die Krise des normativen Denkens und ihre Überwindung (verfaßt 1974), S. 139-165.

Möglichkeiten der Diagnose und Prognose durch literarische Analysen (verfaßt 1980), S. 166-187.

Ein alternatives Modell des Fortschritts (verfaßt 1981), S. 188-308.

Um was soll es heute im Geschichtsunterricht gehen? — In: Helmut Bernsmeier (Hg.) : Der Geschichtslehrer vor neuen Aufgaben. Frankfurt/Bern/New York 1986, S. 13-78.

Über die Problematik christlicher Dichtung im 20. Jahrhundert. — In: Lothar Bossle/Joël Pottier (Hg.) : Christliche Literatur im Aufbruch. Im Zeichen Gertrud von le Forts. Würzburg 1988, S. 14-33.

Leo Wohleb. — In: Joël Pottier (Hg.): Christen im Widerstand gegen das Dritte Reich. Stuttgart/Bonn 1988, S. 447-452.

Die Literatur vor dem Ersten Weltkrieg. Funkkolleg Jahrhundertwende 1880-1930. Die Entstehung der modernen Gesellschaft. Studienbegleitbrief 4, Weinheim und Basel 1988, S. 39-75.

(Mit Lorenz Dittmann:) Auflösung aller Vertrautheit — Kandinsky, Klee und Kafka. Funkkolleg Jahrhundertwende 1880-1930. Die Entstehung der modernen Gesellschaft. Studienbegleitbrief 11. Weinheim und Basel 1989, S. 49-59.

(Mit Viktor Žmegač und Gisela Brude-Firnau:) Literaturwissenschaftliche Betrachtungsweisen II. (= Langs Germanistische Lehrbuchsammlung Bd. 65/II). Bern/Frankfurt am Main/New York/Paris 1989. Darin: Über die geistesgeschichtliche Verfahrensweise, S. 7-93.

Über die Bedeutung des Todes in der deutschen Literatur der achtziger Jahre. — In: Harald Wagner (Hg.): Ars moriendi. Erwägungen zur Kunst des Sterbens. — Freiburg/Basel/Wien 1989, S. 176-198.

Über die Bedeutung des Projektes "Kairener Gegenwartsdiagnose". In: Al Harafisch. Beiträge zur arabischen und deutschen Literatur und Sprache. Festschrift für Moustafa Maher, hrsg. von Alaaeldin Hilmi u. Ursula Müller-Speiser. (= Stuttgarter Arbeiten zur Germanistik Nr.242). Stuttgart 1990, S.69-94.

Franz Kafka und die Expressionisten im Ende der Neuzeit. Frankfurt am Main/ Bern/New York/Paris 1989, 420 S.

Heil mir, daß ich Ergriffene sehe". Literatur vor dem Ersten Weltkrieg. — In: August Nitschke, Gerhard A. Ritter, Detlev J.K. Peukert, Rüdiger vom Bruch (Hg.) : Jahrhundertwende. Der Aufbruch in die Moderne 1880-1930. Bd.1. Reinbeck bei Hamburg 1990, S. 230-257.

(Mit L. Dittmann:) Auflösung aller Vertrautheit. Kandinsky, Klee und Kafka. — In: August Nitschke, Gerhard A. Ritter, Detlev J.K. Peukert, Rüdiger vom Bruch (Hg.) : Jahrhundertwende. Der Aufbruch in die Moderne 1880-1930. Bd.2. Reinbeck bei Hamburg 1990, S. 184-194.

Wissen und Glauben heute. Von der Evolutions- zur Fulgurationstheorie. Neue Voraussetzungen des Gesprächs. (= Teinacher Gespräche Bd.6). Stuttgart/Bonn 1990, 82 S.

Hawking irrt! Über das Problem der Zeit. (= Teinacher Gespräche Bd.7). Stuttgart/Bonn 1991, 93 S.

Über die Autoren und Herausgeber

Dr. Helmut Bernsmeier, Studienleiter am Gustav-Stresemann- Gymnasium in Bad Wildungen. Forschungsschwerpunkte: Literatur des 19. u. 20. Jahrhundert; Epochenforschung; Studien zu Sprachgesellschaften.

Dr. Christopher Dannenmann, geb. 1938, ist Präsident des Christlichen Jugenddorfwerkes Deutschlands.

Prof. Dr. Rudolf Freudenberg, geb. 1929, lehrt germanistische Sprachwissenschaft an der Philipps-Universität Marburg. Forschungsschwerpunkte: Dialektologie, Syntax und Narrativik.

Prof. Dr. Leonard Froese, geb. 1924, lehrt Erziehungswissenschaften an der Philipps-Universität Marburg. Forschungsschwerpunkte: Geschichte der Pädagogik; Vergleichende Erziehungswissenschaften; Bildungsreform.

Dr. Beate Gödde-Baumanns, geb. 1936, Historikerin. Forschungsschwerpunkte: Geschichtsschreibung; deutsch-französische Beziehungen; Europabewußtsein.

Prof. Dr. Peter Krüger, geb. 1935, lehrt Neuere Geschichte an der Philipps-Universität Marburg. Forschungsschwerpunkte: Geschichte des 19. und 20. Jahrhunderts, insbesondere die Geschichte der internationalen Beziehungen sowie der deutschen und der amerikanischen Verfassungsentwicklung.

Prof. Dr. Hans-Joachim Lope, geb. 1939, lehrt Romanische Philologie an der Philipps-Universität Marburg. Forschungsschwerpunkte: Spanische Kultur- und Literaturgeschichte des 18. Jahrhunderts; französischsprachige Literatur Belgiens.

Prof. Dr. Moustafa Maher, geb. 1936, lehrt deutsche Literaturwissenschaft an der Ain Schams Universität in Kairo (Ägypten). Forschungsschwerpunkte: Interkulturelle Erscheinungen, besonders auf dem Gebiet Sprache und Literatur; deutschsprachige Ägyptenreiseliteratur; Rezeptionsforschung; Übersetzungen aus dem Deutschen ins Arabische, aus dem Arabischen ins Deutsche. Maher ist Mitglied des Obersten Kulturrates in Ägypten und hat die Germanistik in seinem Land aufgebaut.

Prof. Dr. August Nitschke, geb. 1926, lehrt an der Universität Stuttgart Mittelalterliche Geschichte und Historische Verhaltensforschung. Forschungsschwerpunkte: Rechts- und Verfassungsgeschichte des Mittelalters; Naturwissenschaftsgeschichte in Antike, Mittelalter und Renaissance; Verhaltensgeschichte in europäischen und außereuropäischen Kulturen; Geschichte des Tanzes, Geschichte des Sports.

Rainer Paslack, geb. 1950, ist Wissenschaftlicher Angestellter am "Universitätsschwerpunkt Wissenschaftsforschung" der Universität Bielefeld. Forschungsschwerpunkte: Wissenschaftssoziologie und -theorie.

Dr. Joël Pottier, geb. 1948, ist Maître de conférences am Germanistischen Institut der Universität Limoges (Frankreich) und Lehrbeauftragter an der Université de l' Ouest (Angers). Forschungsschwerpunkte: Christliche Literatur im 20.Jahrhundert; Geschichte des christlichen Widerstandes gegen den Nationalsozialismus.

Prof. Dr. Germán Ruipérez lehrt Germanistik an der Universidad Nacional de Educacion a Distancia Madrid (Spanien).

Prof. Dr. Hans G. Skitter, geb. 1936, lehrt Germanistik an der Millersville University of Pennsylvania (USA). Forschungsschwerpunkte: Neuere amerikanische Literatur unter vergleichender Berücksichtigung der neueren deutschen Literatur.

Prof. Dr. Harald Wagner, geb. 1944, lehrt katholische Theologie an der Philipps-Universität Marburg. Forschungsschwerpunkte: Fundamentaltheologie, Ökumene, Religionspädagogik.

Hans-Peter Ziegler, M.A., geb. 1947; Pädagogischer Leiter an der Jugenddorf-Christophorusschule Oberurff; Referent für Lehrerfortbildung im Christlichen Jugenddorfwerk Deutschlands.